U0468276

忻州文物·長城卷

如璧 書

忻州市文物局 編

山西出版传媒集团
三晋出版社

《忻州文物·长城卷》编委会

主　　任： 张振邦

副 主 任： 杨松树　王景明　王再升　李玉牛　石秀峰　于喜海　殷雪梅
　　　　　　赵泽伟　赵有祥　孙新平　杜瑞卿　孙志虎

编　　委： 秦建新　郭银堂　任青田　张春雷　李培林　丁伟高　张永正
　　　　　　胡美仓　郑　丽　何宇飞　徐军峰　张　溱　王献国

主　　编： 于喜海

执行主编： 秦建新

特邀主编： 郭　毅　贾　真

执　　笔： 张雅男　智　刚

编　　辑： 王　磊　刘红谱　路　宁　李　刚　李　隽　王　刚　李月卿

摄　　影： 杨继兴　张建军　白炜明　杨俊峰　金熙军　樊培廷　肖　巍
　　　　　　燕云生　薛平智　刘玉柱　曹　滨　黄　涛　周　伯　张会武
　　　　　　张　溱　杨雨帆　袁晋锋　常潮民　任宏寿　焦建军　张　璐
　　　　　　伊　俊　梁兴国　石丽平　李培林　何宇飞　陈金钟　尚　珩
　　　　　　武俊华　吕晓晶　高晓春　刘　飞　郭银堂

航　　拍： 郭　毅　贾　真　张　凯　郭家豪　刘恩博　张　晶　李昀姣
　　　　　　曹志翔

封扉题签： 周如璧

版面设计： 武晓东

序言

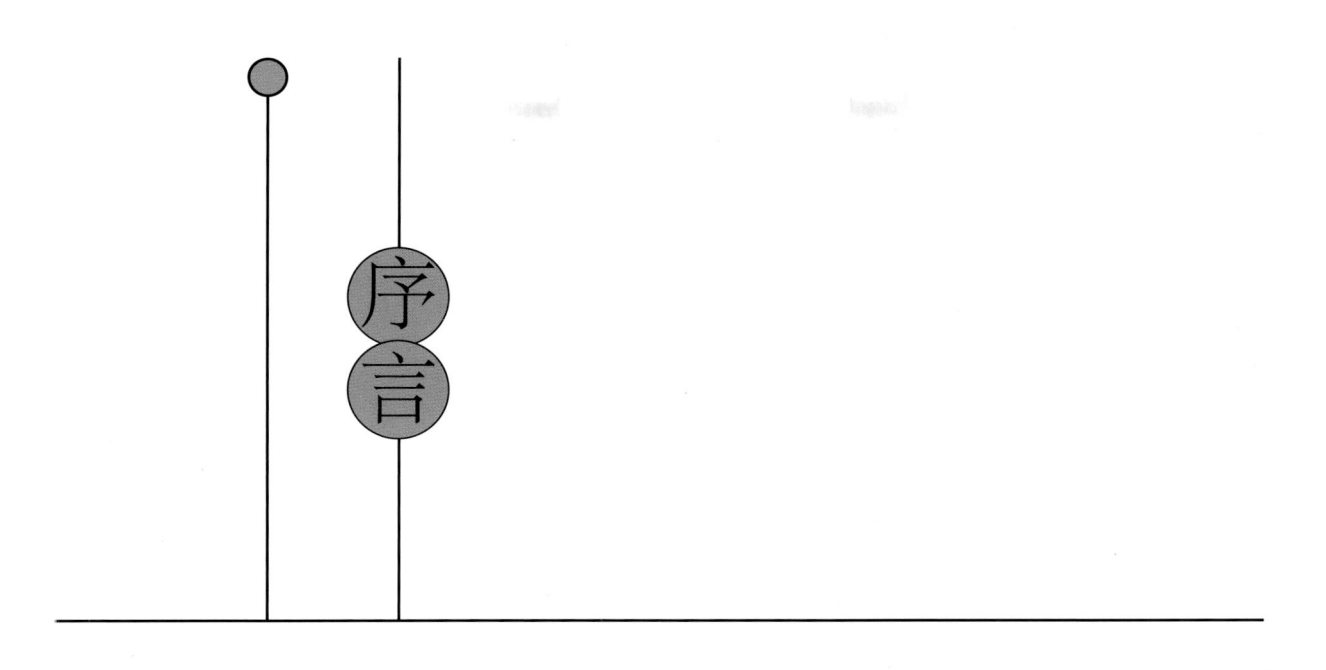

三边要高枕，万里得长城。

俯瞰人类赖以生存的这个星球，能够在岁月更迭中留下清晰印记的事物并不多见。而在世界东方，一项穿越千年的军事工程至今保留着沧桑的容颜，记录着昨日的辉煌与荣耀。

这就是中国的万里长城。

作为中华民族的脊梁和人类历史的奇迹，长城早在1987年就被联合国教科文组织列入了《世界遗产名录》。而在长城沿线的九边重镇防守区，山西北中部忻州境内的长城墙体、关隘以及城堡、敌台、烽火台等附属设施可谓星罗棋布，庞大的军事防御体系在中国历史上创造了不可磨灭的丰功伟绩。

西临黄河峡谷，东接太行山脉，北依恒山和吕梁山，南踞石岭关、赤塘关，素有"晋北锁钥"之称的忻州，自古为兵家必争之地。表里山河为军事防御系统的构筑提供了天然屏障，也形成了忻州境内历代长城的修筑线路：北沿恒山山脉和吕梁山山脉北段行进，东沿太行山脉五台山支脉行进。

铁血浇筑的东魏、北齐长城，短时平淡的北周长城，频繁修筑的隋代长城，全国唯一的宋代长城……如散落在岁月深处的遗珍，几近尘封，却仍熠熠发光。到了明代，长城的修筑达到了登峰造极的地步。东起辽宁虎山、西至甘肃嘉峪关，总长度8851.8千米的万里长城，从东向西分别设置了辽东、蓟州、宣府、大同、山西、延绥、宁夏、固原、甘肃等九个防守区，当时称为"九镇"。而九镇之一山西镇的长城主要分布在如今的忻州市境内。

掀开明代宣大山西三镇总图，可以清晰地看到忻州境内的长城脉络和军事布防。

忻州市明代长城的绝大部分属于当时的山西镇管辖，其走向由河北省阜平县入忻州市繁峙县境，西北行经神堂堡乡、平型关镇、大营镇进入大同市浑源县，沿恒山北麓西行，经朔州市应县、山阴县进入忻州市代县雁门关乡，西北行经原平市段家堡乡，宁武县薛家洼乡、阳方口镇，神池县龙泉镇，过朔城区利民镇，经神池县烈堡乡，偏关县老营镇、水泉镇到达老牛湾，南折沿黄河行经万家寨镇、天峰坪镇，河曲县刘家塔镇、楼子营镇、西口镇、巡镇等地。真保镇管辖的长城，则由河北阜平县入忻州市五台县境，行经石嘴镇、门限石乡与阜平县交界处沿太行山脉南行。

从东魏、北齐、北周、隋、宋，到明王朝一路走来，忻州境内总长度500多千米的长城，像一支挥斥方遒的巨笔，以黄河为墨，于灵山秀水间龙飞凤舞，将两千多年的华夏历史一气呵成，绘就了波澜壮阔的历史画卷。

2007年到2010年，国家文物局组织进行了全国长城资源调查，公布的结果显示，忻州市明代以前的早期长城现存长度229.857千米，分布在代县、原平、宁武、五寨、岢岚、偏关、神池等7个县（市）；明代长城则分布在繁峙、代县、原平、宁武、神池、偏关、河曲、五台等8个县（市）的19个乡镇，总长度248.731千米，沿线烽火台480座，关、堡93座。

近年来，在地方文物工作者的不断探索和发现中，五寨县、保德县、静乐县、忻府区、定襄县等地曾被遗漏的古堡和烽火台也拂去尘埃，进入了公众的视野。

调查表明，忻州市14个县（市、区）都有长城资源。

然而，尽管文物工作者积累了大量宝贵的资料和调查数据，学术界也曾发表过不少重要论文，但集中展示忻州长城资源及其研究成果的专著却少之又少。

2021年1月15日，山西省第十三届人民代表大会常务委员会批准了忻州市第四届人民代表大会常委会于2020年12月24日通过的《忻州市长城保护条例》，标志着忻州市的长城保护工作从此有了强大的法律支撑，也体现了市委、市政府对此项工作的高度重视。为了更好地宣传《条例》、落实《条例》，更好地保护长城遗产、修复长城生态、传承长城文化，为市委、市政府贯彻落实省委、省政府"黄河、长城、太行"三大板块旅游的建设要求提供准确的学术资料，忻州市文物局于2021年精心策划、拍摄、编制了图文并茂的学术专著——《忻州文物·长城卷》，力求通过精准的数据和权威的论述，全方位、多角度深入挖掘忻州长城的历史底蕴与文化内涵。

《忻州文物·长城卷》全书由以下两大部分组成：

第一部分是基础资料。内容包括2007年到2010年国家文物局调查公布的数据，以及调查时被遗漏和新发现的长城资源。以县为单位，分别介绍忻州市各县的自然环境、人文环境和长城资源。长城资源按早期和明代划分为两个阶段，分别以文字、图表和图片相结合的方式对长城墙体、关堡、单体建筑和相关遗存进行详尽的介绍。

第二部分是学术论文。精选了历年来专家学者发表于重要学术刊物的有关山西长城和忻州长城的经典论述和研究成果，均以文献为依据考证、辨析、论述，其中不乏一家之言，但结集成册，就具有了极高的学术性和权威性。

此外，摄影家们用镜头揭开忻州长城神秘的面纱，展现其无与伦比的雄姿与魅力，也是本书内容的一大亮点。

谨以此书，向中国共产党建党100周年献礼。

张振邦

中国长城调查考察回顾综述（代前言）

许慧君

田野考古工作是保护古代文化遗存的重要手段。调查、发掘、整理，是田野考古的主要内容和方法。长城作为中国古代历史上重要的军事防御工事，是我国乃至世界的珍贵文化遗产。古往今来，关于长城的调查考察者众。基于长城的特殊性，长城考古发掘甚少，多为调查考察。考古调查的目的是在不破坏遗址、遗迹的前提下，通过实地踏勘、测绘、采集标本等方式，记录长城所处的地理环境、走向与分布，长城相关建筑及设施的位置与形制，保存现状及损毁情况等信息资料。具体的考古调查方法随着时代的发展和科技的进步而不断更新。

我国真正意义上的长城调查考察工作肇始于近代，和考古学的诞生时间差不多，并随着考古学的发展而发展。

一、近代历史上外国探险家涉及长城的考古调查发掘

涉及长城考古调查发掘活动的独立外国探险家以柯兹洛夫和斯坦因最为著名和重要，局部地区还有俄国人克鲁泡特金、斯特列利比茨基和包诺索夫等。

1852年，俄国人克鲁泡特金探险时发现金岭南长城，冠名为"成吉思汗边墙"。

1894年，俄国人H.P.斯特列利比茨基考察了金东北路界壕。

1899年至1901年，俄国地理学家柯兹洛夫组织"蒙古—西藏考察队"，从阿尔泰山穿过阿拉善地区（今属内蒙古），到祁连山东部的湟源一带进行考察。其中包括敦煌、安西、玉门盆地的地质考察。1907年至1909年，柯兹洛夫再度组织对蒙古、四川地区的考察。在这次考察后的返国途中，柯兹洛夫于内蒙古西部的额济纳河左岸，发现"黑城废墟"。截至1923—1926年，柯兹洛夫在完成最后一次对蒙古、西藏地区的考察时，掘获西夏文刊本和写本达8000余种，还有大量的汉文、藏文、回鹘文、蒙古文、波斯文等书籍和经卷，以及陶器、铁器、织品、雕塑品和绘画等珍贵文物[1]。

1907年至1908年，美国人威廉·埃德加·盖洛全线考察了我国明代长城，并于1909年出版《中国长城》，真实记录了考察经过及所见，尤其是在书中首次介绍了青海长城。

1900年至1931年，英籍匈牙利人马尔克·奥莱尔·斯坦因四次考察中亚。1907年第二次考察期间，考察了敦煌东西数百里间的汉长城沿线地区。其中在敦煌西北疏勒河流域考察时首次发现敦煌汉塞遗址，掘获汉简705枚。还在酒泉考察了汉代边塞，在北大河沿岸的汉代烽燧发现一批汉简。1913—1915年第三次考察期间，重返敦煌，在敦煌汉代长城遗址又掘获汉简84枚，并沿疏勒河流域考察了甘肃瓜州、玉门和金塔等地汉代长城烽燧遗址，掘获汉简105枚，且深入居延地区，发掘了黑城遗址，掘获汉文古籍230册，西夏文书57种，抄本1100页，刻本300页，并有大量画卷。斯坦因在黑城挖掘过程中严格遵循考古程序，详细记录了出土文献的地点和出土文献种类。[2] 第三次考察后，斯坦因于1928年写成正式考古报告《亚洲腹地考古记》（亦作《亚洲腹地》）。斯坦因的三次考察，使汉代长城边塞及汉简始被世人所知。

1934年，俄国人包诺索夫调查了金代岭南长城局部，1939年，调查了金代岭北长城起点段。包诺索夫将其调查的长城冠名为"成吉思汗边墙"，他在《成吉思汗边墙初步调查》和《北部乌尔科古代边墙》中报告了有关情况。

外国探险家们在我国长城地区的考察，旨在了解中国西部地区的政治、经济及矿藏资源，是为本国侵略中国西部地区，攫取资源和财富，提供所需的情报和信息。在考察中，这些外国探险家们也调查或考察、发掘了古迹遗址，并撰写出考察报告。这些考察为世界了解中国长城及其相关建筑、设施，提供了不可多得的资料和参考依据，也成

为长城考古调查的重要组成部分。

二、近代历史上中外联合开展的涉及长城的调查考察①

在中国近现代历史上，外国学者在中国进行非法的考古调查、发掘等活动，也曾激起中国学者的反对。为此，外国学术团体亦采用与中国学者合作的方式，开展考古调查活动。其中，最重要的是中瑞西北科学考察团。

1926年冬，德国汉莎航空公司为开辟柏林—北平（今北京）—上海之间的航线，决定委派斯文·赫定再做一次横贯中国大陆的考察。此举遭到中国学术界强烈反对。后经近6个月的谈判，斯文·赫定就考察事宜与中国学术团体协会达成协议，于次年4月26日联合组成中瑞西北科学考察团：由北京大学教务长徐炳昶和斯文·赫定分别担任中、瑞双方的团长，团员有中方人员10人，外国人员17人（内有瑞典5人，丹麦1人，德国11人）。其中包括瑞典学者F.贝格曼、中国北大学者黄文弼。协议规定，各项经费由斯文·赫定负担，考察内容包括地质学、地磁学、气象学、天文学、人类学、考古学、民俗学等项；考察所获取的考古学、地质学、人类学、民俗学标本资料，须交由中国方保存，考察报告须在中国出版，等等。

1927年5月，中瑞西北科学考察团自北京出发，经包头、百灵庙至额尔济纳河流域，于1928年2月到达乌鲁木齐。此次考察涉及汉长城的成果，主要在居延地区。黄文弼等在居延地区发现汉代遗址，并采集汉简4枚。1930年，F.贝格曼主持了在额济纳河流域对汉代烽燧进行的调查和发掘工作，共掘获约1万支汉简，即"居延汉简"。F.贝格曼还对斯坦因曾经调查、编号的酒泉北大河汉代边塞进行调查，在北大河A41（T.46）和A42（T.46.i）遗址采集到数枚汉简，证明北大河不属于居延汉边塞，而是汉酒泉郡东部都尉所辖边塞。

考察于1933年结束，后由中、瑞双方分别撰写考察报告。由黄文弼主持中方学者编写的《罗布淖尔考古记》《吐鲁番考古记》《塔里木盆地考古记》等考察报告，在中国出版。1937年，经斯文·赫定主持编写的《斯文·赫定博士领导的中国—瑞典考察团在中国西北各省科学考察的报告》（简称《西北科学考察报告》）35卷完成，在斯德哥尔摩陆续出版[3]。

三、近代历史上中国学者开展的涉及长城的调查考察

随着西北舆地学的兴起，中国学者也开始关注西部地区历史文化，对包括长城在内的文物古迹进行实地调查发掘。这一时期中国学者的长城调查仍然主要着力于西北地区。

1909年夏秋，张相文两游冀北，登八达岭长城考察；后于1914年在西北期间考察今内蒙古自治区大青山白道岭长城。著有民国期间目前可见最早的长城专题论文《长城考》。

1920至1921年，金毓黻考察了黑龙江省齐齐哈尔市金长城，其考察成果见于所著《东北通史》。

1936年，张筱衡考察了魏河西长城，于1946年撰《梁惠文王河西长城考》。

1938年，顾颉刚考察甘肃省临洮、渭源两县境内战国秦长城，指出"秦城起自秦代之临洮，即今岷县，由是东折至渭源……又北至皋兰，皆有其遗迹，唯存者已仅耳"（《西北考察日记》民国二十七年2月17日），也赴岷县做过考察。

1939年至1944年，国立博物馆研究员李文信前后三次踏查了金临潢路内蒙古段界壕边堡150公里，成果见于《金临潢路界壕边堡址》。

1942年至1945年，由北京大学历史语言研究所向达、石璋如等人组成的西北科学考察团历史考古组，赴河西地区进行考古调查。1942年，劳干、石璋如等考察了敦煌市阳关和玉门关以及居延汉塞。1943年，向达考察了敦煌部分汉塞及城址。1944年，夏鼐和阎文儒对敦煌市小方盘城以东的敦煌汉代烽燧遗址进行了考察与试掘，出土汉简40余枚及晋泰始十一年乐生题记石碣等。考察结束后，结合考察及所获文物等，诸学者发表的重要成果有：劳干的《汉代边塞的概况》《两关遗址考》《释汉代之亭障与烽燧》和《论汉代玉门关的迁徙问题》等成果；向达的"瓜沙谈往"系列文章和《新获之敦煌汉简》等；阎文儒的《敦煌史地杂考》和《河西考古杂记》；夏鼐的《敦煌考古漫记》等。

1943年至1945年，佟柱臣陆续调查今内蒙古自治区赤峰一带汉长城及部分古城，撰有《赤峰附近新发现之汉前

土城址与古长城》。

1944年至1945年，由北京大学历史语言研究所、中央博物馆联合组成西北科学考察团历史考古组，向达任组长，夏鼐、阎文儒参加。考察组在两年间几乎走遍河西地区，先后考察了汉代阳关、玉门关及汉长城烽燧。考察结束后，夏鼐考释汉简后，著《新获敦煌之汉简》一书，阎文儒撰文《河西考古杂记》，记述对古迹遗址的考察和汉简的出土情况。

四、我国现代长城调查考察工作

中华人民共和国成立后，随着新中国文物管理事业的建立，各地相继成立文物管理委员会，有组织的长城考古工作逐渐开展。民间自发的长城考古调查活动也逐渐增多。

（一）全国文物普查

自20世纪50年代以来，我国先后开展了三次全国（不含港澳台地区）范围的文物普查工作。即1956年的第一次全国文物普查，1981年的第二次全国文物普查，2007年的第三次全国文物普查。三次全国文物普查，均涉及各个历史时期修建的长城资源。

第一次全国文物普查：1956年至1959年。在此基础上，1961年3月4日，国务院公布第一批全国重点文物保护单位。其中，位于北京市延庆县境内的明长城八达岭段、河北省秦皇岛市境内的明长城山海关、甘肃省嘉峪关市境内的明长城嘉峪关，入选为全国重点文物保护单位。但由于时间短、涉及普查的范围广，加之文物专业人员短缺、调查人员专业水平低、经验不足，导致调查不规范，缺乏科学、严谨；一些地区未及进行复查，遗漏了一些重要的文物遗迹，更没有留下全面、完整、系统、准确的文物统计资料。但尽管如此，作为第一次全国范围内的文物普查，对保护包括长城在内的历史文物，仍具有重要的作用。

第二次全国文物普查：1981年至1985年。此次文物普查的规模和成果，都超过第一次，对先秦长城、秦汉长城和金界壕的调查，取得重要的成果。长期以来，对先秦及秦汉长城、金界壕的分布，仅局限于文献资料记载，缺乏系统、详细的实地调查资料。在此次文物普查中，涉及先秦长城、秦汉长城和金界壕的省、市、自治区，组成文物普查工作队，基本查清本辖区内长城的分布、走向和现状，为先秦长城、秦汉长城和金界壕的研究提供了极为珍贵的第一手资料。第二次全国文物普查结束后，国家文物局在普查的成果基础上，组织编写，陆续出版了由各省、市、自治区分册组成的《中国文物地图集》。涉及历代长城所在省、市、自治区的《文物地图集》分册中，均将调查获得的长城资料作为重要内容收录。

第三次全国文物普查：2007年至2011年12月结束。通过长城资源调查和各地在普查中自发对长城所进行的调查，进一步查明历代长城资源的分布、构成、保存现状等详情，并发现了一些新的长城资源，为长城保护提供了重要依据。

（二）地方自主和国内外学者自行开展的长城考古

长城沿线各地文物部门或地方文博人员在全国文物普查的同时，也对本地区长城进行了普查或专题调查。其中，见诸资料、影响较大、较为重要者择略介绍如下。

1. 跨地理分区

1952年以来，罗哲文对多地长城进行了调查，最重要的成果主要有《长城》和《长城史话》等。1963年，罗哲文详细勘查了临洮长城坡秦长城、敦煌玉门关汉长城和嘉峪关关城及其附近明长城，并有专文介绍成果。

1972年至1992年，史念海陆续在陕西及周边宁夏、甘肃、内蒙古、山西和河南等地考察，期间以历史地理的视角考察了部分地区的长城。主要成果见于《论西北地区诸长城的分布及其历史军事地理（上、下）》《洛河右岸战国时期秦长城遗迹的探索》和《鄂尔多斯高原东部战国时期秦长城遗迹探索记》等。

20世纪50至60年代以来，内蒙古自治区文物考古研究所李逸友多次调查了区内历代长城，著有《中国北方长城考略》等。

20世纪70年代以来，中国文化遗产研究院景爱在从事沙漠考古的同时，多次实地考察长城，成果主要见于著作《长城》和《中国长城史》及专题论文若干。

20世纪80年代以来,西北师范大学李并成多次实地考察了甘肃河西地区及周边长城,著有《大漠中的历史丰碑——敦煌境内的长城和古城遗址》《河西走廊历史地理(第一卷)》及论文《河西走廊东部汉长城遗迹考》《河西走廊中部汉长城遗迹考》《河西走廊西部汉长城遗迹及相关问题考》等。

1977年至1997年,中国长城学会会员、内蒙古乌兰察布盟清水河县人民广播站编辑、记者高旺先后考察了内蒙古、陕西、宁夏、甘肃、山西、河北、北京、天津、辽宁等省区市的历代长城[4],代表作有《内蒙古长城史话》等。

1979年以来,新华通讯社高级记者成大林拍摄和考察了多地长城,代表作为《万里长城》画册。

1983年至1985年,董耀会、吴德玉、张元华三位热血青年以"华夏子"名义徒步全程考察明长城,借此完成《明长城考实》一书。

1985年8月、9月,中国秦汉史研究会长城考察队在余华清带领下,以内蒙古自治区西部和中部为重点,对陕、甘、宁、蒙、晋、冀、津、京等8省区市的战国、秦、汉长城遗址十三个地段等进行了考察,考察结束后发表有《战国、秦、汉长城调查笔谈》等成果。

1986年至1988年,宝鸡文理学院彭曦前后四次跨越甘、宁、陕、内蒙古四省区,对战国秦长城进行了全面系统考察,成为我国徒步考察战国秦简公"堑洛"和秦昭王长城的第一位学者[5],借此出版专著《战国秦长城考察与研究》及相关文章。[6]

1986年至1987年,鲁迅艺术学院摄影艺术干部专修科10名师生组成"长城摄影艺术考察队",对辽宁、河北、山西、陕西、内蒙古、宁夏、甘肃7个省区的长城进行了拍摄考察。

1987年5月至9月,北京市外事服务职业高中毕业生陈立坚、李兆兴等自山海关起至嘉峪关止,骑自行车对长城沿线进行考察。

1987年迄今,英国人威廉·林赛多次考察长城,以相机记录了长城的变化,出版有《独步长城》《Alone on the Great Wall》《万里长城百年回望——从玉门关到老龙头》(2007年)等。

1990年7月,由美国青年凯文·福斯特和约瑟夫·吉吉尔斯基及中国科学院地理研究所姜鹏、周宇等4人组成的中美长城自行车联合考察队,对西起嘉峪关东至山海关的明长城段进行考察,内容包括明长城和秦长城等长城遗址的旅游资源、长城保护情况等。

1992年8月至1993年3月,江苏省连云港市青年刘树林、王海军、徐学军从嘉峪关出发,途经甘肃、宁夏、陕西、山西、内蒙古、河北、北京、天津等地,完成了长城考察。

1994年5月16日,甘肃省金昌市金川公司龙首矿青年工人曹晓彤由明代万里长城西端嘉峪关骑自行车出发,7月10日到达东部名关山海关,历时56天。

1995年4月至5月,钟朴和胡稚书等9位内蒙古老年自行车骑游爱好者,从呼和浩特乌素图战国赵长城到河北省山海关老龙头,沿途考察了内蒙古、山西、北京、河北、天津的长城地段。

2002年9月,由从事长城历史、考古、建筑、文化、民族等方面研究的专家学者和部分新闻记者组成"中国长城考察万里行考察队",途经辽宁、河北、天津、北京、山西、陕西、宁夏、甘肃等省市,选取长城典型地段,从专业角度对长城的历史、建筑、作用、民俗、民族关系、环境与生态等方面进行了学术考察,主要发起人董耀会发表有考察日记。

2. 东北地区

1959年3月、11月和1960年9月至10月,黑龙江省文化局沙振宇和黑龙江省博物馆孙秀仁、林桂英、于志耿等分段调查了金界壕边堡东北路北段,成果主要见于《金东北路界壕边堡调查》。

1960年,辽宁省考古学家陈大为首次在辽宁省建平县境内调查先秦长城,发现长达百余里的燕、秦长城。随后,辽宁省考古学家孙守道、郭文宣等再次前往建平县进行考古调查,又发现黑水对岸冷水塘一带燕、秦长城遗迹。

1965年和1975年,内蒙古自治区昭乌达盟(今赤峰市)文物工作站调查了昭盟境内长城,昭盟文物工作站发表有《昭乌达盟燕秦长城遗址调查报告》[7]和《昭乌达盟汉代长城遗址调查报告》。

20世纪70年代中期,吉林省李殿福等调查了内蒙古自治区奈曼、库伦两旗境内的长城,《吉林省西南部的燕秦汉文化》一文介绍了调查成果。

20世纪70年代以来，内蒙古自治区呼伦贝尔盟（今呼伦贝尔市）文物工作站多次调查境内金长城，成果见于赵玉明的《岭东金代长城调查》等文。

1975年，内蒙古自治区哲里木盟（今通辽市，时属吉林省，下同）文物普查队在文物普查期间，实地踏查了盟境内和扎鲁特旗、科右中旗、科右前旗和突泉县境内金界壕边堡。吉林省文物工作队庞志国《金东北路、临潢路吉林省段界壕边堡调查》介绍了调查成果。

1975年5月至10月，辽宁省博物馆文物队李庆发、张克举、李宇峰、方殿春等赴昭乌达盟（今赤峰市，时属辽宁省，今属内蒙古自治区）和辽西及毗邻地区，调查境内的燕、秦、汉长城遗迹，发现三道横贯辽西地区，自西向东绵亘于群山峻岭中的长城。辽宁省博物馆发表有《辽西地区燕秦长城调查报告》，调查者李庆发、张克举发表有《辽宁西部汉代长城调查报告》，分别介绍了调查成果。

1978年，内蒙古文物工作队、吉林大学历史学考古专业和哲里木盟博物馆联合对科右中旗吐列毛杜古城进行了调查与试掘，并调查了附近金界壕。张柏忠《吐列毛杜古城调查试掘报告——简论金代东北路界壕》介绍了调查试掘成果。

1979年，锦州市博物馆刘谦从辽东镇长城西段与蓟镇长城交界的山海关东北锥子山起，北至义县，东至黑山，转向开原、昌图，东南至鸭绿江边，行经23个县市，全部路程1000余公里，第一次全面、系统实地考察明辽东镇长城[8]，著有《明辽东镇长城及防御考》《辽东长城考查》等。

20世纪80年代以来，辽宁省文物考古研究所冯永谦陆续考察了辽东燕秦汉长城及东北地区金界壕，著有《辽宁古长城》《东北古代长城考辨》和《金长城的考古发现与研究》等。

1980年、1986年至1987年，辽宁省阜新县文管所孙杰等调查了阜新地区燕北长城，孙杰发表有《阜新地区燕北长城调查》。

1981年，内蒙古自治区哲里木盟博物馆调查发掘了霍林河矿区金长城，取得了丰硕成果。哲盟博物馆《内蒙古霍林河矿区金代界壕边堡发掘报告》介绍了发掘成果。

同年5月，项春松踏查了内蒙古自治区巴林左旗北部金代临潢路长城局部地段，发表有《巴林左旗金代临潢路边堡界壕踏查记》。

1981年、1982年，辽宁省开原县地名办姜应贵、康洪斌、尹相臣等全面考察了境内明长城，并有《开原境内辽东边墙的初步考察》（未发表）。

1984年和1985年，辽宁省本溪市博物馆刘兴林和本溪县文物管理所佟铁山调查了本溪县境内明长城。调查者佟铁山撰有《本溪县境内明代边墙考察录》。

1986年至1990年，辽宁省文物考古研究所和辽宁省长城赞助活动办公室对境内明长城进行了大规模考察。其间，1986年，对绥中县李家乡新堡子村新台子屯九江河明代长城成桥遗址进行了发掘，1990年2月至5月，对辽东镇长城东、西两端具体起点和经行线路进行了专题调查。薛景平的《辽宁境内明长城考察发掘的重大成果》和《明辽东镇长城东西两端的实地考察》介绍了部分成果。

1987年7月，冯永谦等部分东北学者全线调查了金岭北长城，成果见于冯永谦的《金长城的考古发现与研究》。

1988年，内蒙古自治区克什克腾旗博物馆调查了境内金代临潢路长城，该馆发表有《克什克腾旗金代界壕边堡调查》。

1990年以来，通化师范学院李树林和李妍调查了位于吉林省通化、白山境内的燕秦汉辽东长城，并撰有《吉林省燕秦汉辽东长城考古调查概述》[9]。

1990年5月，丹东市文化局邀请辽宁省长城赞助活动办公室和文物考古研究所专家组成省、市联合考察组，考察了自宽甸县虎山乡虎山村起，沿宽甸县和凤城县交界山脊上的长城。确认了明长城东端起点虎山段的具体位置与行经路线。12月，中国长城学会的领导和专家、学者到虎山长城遗址实地考察。

1990年6月至8月，辽宁省铁岭市博物馆考古队发掘清理了明代镇西堡西烽火台及其附近辽东边墙。铁岭市博物馆发表有《辽宁镇西堡西烽火台、边墙发掘报告及铁岭境内的明代辽东长城》。

1992年至1998年，河北省秦皇岛市山海关区回马寨村农民李亚忠系统地考察了山海关一线境内外的4条古长城，并绘出了详细走向图，拍摄了大量照片。1999年7、8月间，他又考察了锦州、营口等地辽西一带长城。此外，还多次考察了北京等地长城。著有《中国东部燕、秦始皇、汉、北齐、唐、明长城新考》等[10]。

1998年，为配合编写《中国文物地图集·辽宁分册》，在第二次全国文物普查的基础上，辽宁省铁岭和抚顺两地区文物部门分别对辽北燕秦汉长城、辽东汉塞进行了专题调查。许志国《辽北境内燕秦汉长城及相关遗迹遗物的发现和研究》和萧景全《辽东地区燕秦汉长城障塞的考古学考察研究》等分别有所记述。

3. 华东地区

1996年至1997年，泰安市路宗元、孙立华、李继生、张广坪、和进海等5人组成的山东华夏文化促进会齐长城考察队，采用步行踏察的方法全程考察了齐长城。

2001年，任会斌实地调查了山东省淄川、莱芜、博山等地境内的齐长城，其成果见于笔者《齐长城研究》论文。

2009年，山东省第三次全国文物普查莱芜市重点区域调查中，由山东大学和莱芜市文物办组成的山东省第三次全国文物普查工作队在莱芜南部徂徕山脉发现了一处大型石墙遗迹，工作队初步确定这是一段鲁国的长城遗迹[11]。

4. 华北地区

1964年，盖山林、陆思贤等调查内蒙古自治区呼和浩特至包头段赵长城，发表有《阴山南麓的赵长城》。

20世纪70年代，北京大学唐晓峰调查了内蒙古自治区中西部秦汉长城，笔者的《内蒙古西北部秦汉长城调查记》介绍了调查情况。

1975年和1976年，盖山林、陆思贤等调查了内蒙古自治区潮格旗（今乌拉特后旗）北部长城，成果见于《潮格旗朝鲁库伦汉代石城及其附近的长城》。

20世纪70年代末至80年代，河北省长城考察队全面调查了境内明蓟镇长城及其他时代长城。承德、围场等市县配合调查。此外，1977年，结合文物普查，围场县对境内长城进行了初查。1978年和1982年，河北省部分地县调查了境内金长城。1985年至1986年，丰宁县文管所实地调查了境内燕秦长城和金界壕。成果主要有河北省文物研究所《明蓟镇长城：1981—1987年考古报告》、郑绍宗《河北省战国、秦、汉时期古长城和城障遗址》、刘建华《河北省金代长城》、布尼阿林《河北省围场县燕秦长城调查报告》、彭立平《河北围场境内的古长城和古城址》和张汉英《河北丰宁境内的古长城和金界壕》等。

1978年，河北省山海关、抚宁、卢龙和青龙等县区全面普查了境内长城。沈朝阳主编的《秦皇岛长城》有记述。

20世纪80年代，包头市文物部门陆续普查了境内战国秦汉长城及部分古城。《包头境内的战国秦汉长城与古城》专文介绍了相关情况。

1982年，河北省张家口地区和相关县区文博人员调查了辖区明代长城，成果见于刘建华的《张家口地区明代长城调查综述与分析》。

1983年，河北省保定地区文物管理所、易县文化局燕长城调查组联合调查易县燕长城。

1985年3月，地质矿产部、城乡建设环境保护部和北京市人民政府联合对北京地区长城采用航空遥感技术进行了现状调查，曾朝铭、顾巍《北京地区长城航空遥感调查》介绍了此次调查及其成果。这是我国首次大规模使用现代科技手段对长城进行调查。

1987年，内蒙古自治区乌兰察布盟（今乌兰察布市）文物工作站和卓资县文物管理所全面调查和测量了境内赵北长城。李兴盛、郝利平《乌盟卓资县战国赵长城调查》介绍了调查成果。

同年，内蒙古自治区达茂旗文物管理所调查了境内金代西南路长城，成果见于《达茂旗境内的金代边堡界壕》。

1988年及以后，考古工作者多次调查了河北省保定市境内中山长城，主要成果见于李文龙《保定境内战国中山长城调查记》。

1990年，内蒙古自治区包头市文化局张海斌调查了固阳秦长城，《认真调查、发掘、保护秦长城》有所述及；2007年初，包头市文物管理处和固阳县文体广电局使用GPS卫星定位仪再次调查，成果见于张海斌、杨悕恩主编的《固阳秦长城》。

1996年至1997年，河北省承德地区文物部门复查了境内长城重点地段，着重复查了秦汉长城，田淑华、赵晓光和王月华的《承德地区汉代长城与烽燧调查》有记述。

1997年，河北省秦皇岛市文物部门普查了境内历代长城；1999年，详细调查了山海关"边墙子"至抚宁县车厂段长城。沈朝阳主编的《秦皇岛长城》有记述。

1999年，河北省廊坊市文物管理处调查了廊坊境内文安、大城两县境内战国燕南长城，发表有《廊坊市战国燕南长城调查报告》。

2000年，山西省文物局长城调查组实地勘察了东魏肆州长城，成果见于《东魏肆州长城》。

2000年至2008年，河南省焦作市博物馆调查了山西省泽州县与河南省沁阳市交界处的大口隘关城及长城，认为属明长城，成果见于罗火金的《山西晋城大口隘关城及长城调查与研究》。

2000年以来，河北大学博物馆李文龙陆续考察河北北部战国燕北、赵北和秦始皇长城，发表有《河北北部赵、燕、秦长城的调查与研究》。

2004年以来，北京大学唐晓峰等实地考察北京市北部山区北齐长城，与陈品祥合著《北京北部山区古长城遗址地理踏查报告》。

2004年9月，内蒙古自治区文物考古研究所发掘并解剖了乌海市凤凰山东麓秦长城，成果见于武俊生的《乌海市秦长城调查》（收入张海斌、杨恬恩主编的《固阳秦长城》）。

2005年至2006年，"北朝长城东部遗迹综合考察与分析"课题组系统考察和实地踏勘了秦皇岛地区的山海关、抚宁境内和抚宁至青龙段的北朝长城，成果见于《北朝长城东部遗迹综合考察与分析课题研究》。

5. 华中地区

这一地区主要是楚长城，此外，1981年以来，河南林州市文物管理所张增午多次考察豫北长城遗址，发表有《豫北长城遗址的探索》，认为豫北地区长城有时代、国属及性质上的不同。

1991年以来，河南省社科院考古研究所张新斌陆续考察了河南省西南部和北部长城遗址，发表有《中原古长城若干问题的初步研究》。

2003年以来，李典芳、杨晓宇、潘民中实地考察了河南省平顶山市至豫冀交界的长城遗迹，发表了《河南省战国魏韩边界长城遗迹的实地考察》，认为属于三家分晋时魏国所筑韩魏边界长城。

6. 西北地区

1955年秋，中国社科院考古研究所黄河水库考古工作队勘查了陕西省华阴县城长涧河一带的魏长城；1959年，黄河水库考古工作队陕西分队勘查了大荔县西北的魏长城，复查了华阴魏长城，全面钻探和勘查了华阴、大荔两县魏长城，并选择华阴县洪崖村和西关堡两地进行试掘。这些工作的成果见于中国社科院考古研究所陕西工作队《陕西华阴、大荔魏长城勘查记》。

20世纪60年代以来，张学正、孙益民、王楷、王宗元、李并成、巩如旭、李磷等学人及文博工作者多次赴甘肃省定西市岷县专题考察秦始皇长城起首位置，但起首位置仍莫衷一是。

1960年、1966年、1986年，张耀民分别对陇西、镇原和环县等局部地段长城进行过考察。张耀民的《试论长城文化对甘肃的影响》有所述及。

20世纪70、90年代，宁夏回族自治区博物馆和固原县文物工作站对宁夏地区部分战国、秦、汉长城进行了初步调查，发表有《宁夏境内战国、秦、汉长城遗迹》。

1979年以来，许成多次考察宁夏境内战国秦和明代长城，著有《宁夏古长城》。

1972年至1986年，甘肃居延考古队对居延地区汉代遗址进行了踏查和发掘，全面揭示了居延地区军事建筑群形制和级别，出土简牍二万二千余枚和其他文物二千三百余件。甘肃居延考古队的《居延汉代遗址的发掘和新出土的简册文物》、王勤台的《居延汉代遗址考古调查回顾》和初世宾的《居延考古之回顾与展望》等多文介绍了此次居延考古及其成果。

1976年，定西地区在文物普查期间对本区战国秦长城进行了初步调查；1981年，甘肃省定西地区文化局长城考察组对本区战国秦长城进行了专题调查。成果见于甘肃省定西地区文化局长城考察组的《定西地区战国秦长城遗迹考察记》。

1979年至2002年，在相关市县文博人员配合下，甘肃省文物考古研究所（前身为甘肃省文物工作队）陆续完成了河西汉塞调查。其中，1979年6月，甘肃省文物工作队与敦煌县文化馆调查了敦煌境内69座烽燧遗址，并于同年10月对马圈湾烽燧遗址进行试掘，掌握了该烽燧遗址布局，出土汉简1217枚，其他遗物343件。成果见于吴礽骧的《河西汉塞调查与研究》、甘肃省博物馆和敦煌县文化馆的《敦煌马圈湾汉代烽燧遗址发掘简报》等。

20世纪80年代，陕西省延安地区文物普查队调查了境内战国秦长城，发表了《延安地区战国秦长城考察简报》；陕西考古研究所陕北考古队和榆林地区文物管理委员会调查了榆林市神木县窟野河上游地区秦长城，发表有《神木县窟野河上游秦长城调查记》。

20年代80年代初期，夏振英、呼林贵调查了华阴境内魏长城，发表《陕西华阴境内秦魏长城考》，认为该段长城系魏长城沿用了秦简公"堑洛"长城南端。

1980年，陈孟东、刘合心等调查了陕西省渭南地区境内魏国西长城，发表有《魏国西长城调查》。

1981年至1984年，西北师范学院（今西北师范大学）陈守忠、王宗元和李并成等全程考察了甘肃和宁夏境内的战国秦长城，成果主要见于陈守忠《陇上战国秦长城调查之一——陇西段》和《陇上战国秦长城调查之二——陇东段》等。

1984年以来，甘肃省永登县多次调查了境内汉长城，成果主要见于甘肃省永登县文化馆的《永登县汉代长城遗迹考察》。

1985年，甘肃省庆阳市博物馆长城调查小组调查了庆阳境内战国秦长城，成果见于调查者李红雄的《甘肃庆阳地区境内长城调查与探索》。

同年，罗庆庚等考察了内蒙古自治区乌兰特中旗汉武帝长城复线，发表有《汉武帝长城复线刍议》。

1986年，甘肃省文物考古研究所发掘甘肃省金塔县地湾城遗址，出土汉简约2000枚及木器、竹器、苇草器、角器、料器、陶器、铁器、铜器、皮革和织物等，并发现残笔1枚。

1988年和1991年，陕西省延安地区文管会姬乃军等踏查了陕西省富县境内洛河两岸的战国时期秦"上郡塞"长城，主要成果见于姬乃军的《陕西富县秦"上郡塞"长城踏察》。

1988年和1989年，齐鸿浩、袁继民前后两次徒步考察了黄龙县与澄城县交界处战国魏长城，发表有《陕西澄城县—黄龙县交界处战国魏长城》。

1990年至1992年，地矿部遥感中心等对宁夏地区长城联合采用航空遥感技术进行了现状调查，黎风、顾巍和曹灿霞的《宁夏长城航空遥感调查研究》介绍了此次调查及其成果。

1991年至1993年，彭曦前后三次考察秦简公"堑洛"遗迹，《秦简公"堑洛"遗迹考察简报》介绍了蒲城和白水两县堑洛遗迹。

1991年开始，神木县乔恩明先后4次考察县境内明长城遗址现状，并绘制出明长城烽火台走向详图。

1992年4月至1995年11月，甘肃省文化厅组织甘肃省文化厅文物处、甘肃省文物考古研究所和敦煌研究院等单位对疏勒河流域汉代长城进行了全线考察，成果见于《疏勒河流域汉长城考察报告》。

1994年、1995年，李磷实地考察了临洮、渭源、陇西和通渭4县5段战国秦长城遗址，发表有《甘肃境内秦长城考察纪略》。

1997年，为配合长宁天然气管道建设，宁夏文物考古研究所在盐池县博物馆配合下，对盐池县城郊乡长城村刘八庄西北管道穿越长城的两个地点进行了试掘，并对明内长城北侧的隋长城进行了调查。成果见于宁夏文物考古研究所和盐池县博物馆的《宁夏盐池县古长城调查与试掘》。

1999年，史党社等考察了甘肃省临洮县的三十里墩、长城坡、陇西县雷神堡子和宁夏回族自治区固原市明庄梁等四个地点，发表了《甘、宁地区秦长城考察记》；2002年，史党社等考察了陕西省渭南地区部分秦魏长城段落，发表了《陕西渭南地区的秦魏长城及城址考察》。

1998年以来，内蒙古自治区考古研究所会同阿拉善盟博物馆和额济纳旗文物管理所组成联合考古队，对居延遗址及其范围内的青铜时代至西夏、元代遗址进行了考古调查测绘，重点调查和发掘了汉代烽燧遗址，出土汉简500余枚及其他文物，并出版《额济纳旗汉简》。那仁巴图的《额济纳居延汉长城保护现状及利用前景》（收入张德芳、孙家洲主编《居延敦煌汉简出土遗址实地考察论文集》）有所记述。

21世纪初叶，宁夏回族自治区固原市原州区文物管理所系统调查了本区战国秦长城，并于2005年配合银（川）武（汉）高速公路穿越固原市原州区开城镇（原西郊乡）明庄村战国秦长城工程，对长城进行抢救性横断剖面发掘。张彩萍有《固原市原州区战国秦长城调查与发掘》。

2002年，岳邦湖、王元林、岳晓东和芦国华等对甘肃省敦煌至永登境内的长城进行了重点考察。王元林的《西望长城》介绍了本次调查及其成果。

2003年至2004年，在甘肃省基础地理信息中心协助下，敦煌研究院与兰州大学、甘肃省文物保护维修研究所等单位对甘肃省定西市临洮县望儿台、渭源县马家山、通渭县四罗坪和姚家湾等4个地点进行调查和试掘，确认试掘对象由基础和地上部分组成，但基础做法不完全相同。同期还对敦煌市、安西县（今瓜州县）、玉门市等三个县市的2段汉长城和20座烽燧进行了专题调查。成果见于《甘肃境内战国秦长城、汉长城（烽燧）现状调查报告》（未发表）。

2004年，为配合敖银公路建设，在灵武市文物管理所配合下，宁夏文物考古研究所和内蒙古鄂托克前旗文化局发掘了灵武市临河镇横山村红山堡城址北长城缺口和"品"字形绊马坑，并对附近长城、壕堑及其附属设施进行了调查。成果见于《宁夏灵武市古长城调查与试掘》。

2006年4月至5月，内蒙古文物考古研究所与国家博物馆遥感与航空摄影考古中心实施了内蒙古自治区额济纳旗居延遗址群航空遥感考古项目。

2006年和2008年，甘肃省文物考古研究所副所长张德芳和中国人民大学教授孙家洲发起组织两岸三地学者15人分别对居延汉简出土地考察和敦煌汉塞烽燧遗址汉简出土地进行系统考察。成果见于张德芳、孙家洲主编《居延敦煌汉简出土遗址实地考察论文集》。

2008年，为配合榆林至神木高速公路修建，陕西省考古研究院、榆林市文物考古勘探工作队和神木县文管办联合调查、发掘了神木县西沟秦长城，确认了神木县西沟乡至店塔镇秦长城遗址的存在，成果见于《神木县西沟秦长城遗址发掘、调查报告》。

2008年，敦煌市博物馆新发现一棵树烽燧，并于2009年3月发掘，出土简牍16枚以及木器、丝绸、麻布、毡片等物。成果见于杨俊的《敦煌一棵树汉代烽燧遗址出土的简牍》和李岩云的《敦煌西湖一棵树烽燧遗址新获简牍之考释》等。

2009年，中国社科院考古研究所赵现海重点考察了陕西省榆林地区明长城，发表了《榆林明长城考察记》。

2012年，甘肃省文物考古研究所、甘肃省简牍保护研究中心、西北师范大学文史学院、内蒙古额济纳旗文化广播电视局和敦煌市文物局组织40余名专家以"敦煌居延简牍之旅"为主题开展了考察活动，重点对居延汉塞和敦煌汉塞进行了考察。李逸峰的《"敦煌居延简牍之行"考察纪行》等记录了此次考察活动。

除前述考察、调查和发掘等工作，学术大家张维华、艾冲等，当地文博人员，包括长城小站志愿者在内的众多长城爱好者以及一些国际友人，也以不同形式对部分长城段落进行了考察或调查等工作，这些工作同样是我国现代长城田野考古的重要组成部分。囿于作者所见资料之局限，各地和个人自行进行的长城考古工作无法一一收录。

（三）长城资源调查[②]

经国务院同意，国家文物局自2005年启动了长城资源调查工作，以便摸清长城家底，建立记录档案和数据库，为全面加强长城保护、管理、研究和利用工作提供依据。2007年5月至2010年12月，在甘肃、河北两省试点的基础上，长城沿线16个省（自治区、直辖市）按照国家文物局、国家测绘局印发的调查工作方案和《长城资源调查工作手册》的要求，组织文物、测绘专业力量组建了省级长城资源调查机构，1295名专业技术人员在3年多的时间里，采用传统的考古学科学方法，结合现代测绘技术和遥感技术（Remote Sensing，RS）、地理信息系统（Geographical information System，GIS）、全球定位系统（Global Positioning System，GPS）等"3S"为代表的高科技手段，全面、系统地调查了全国历代长城。调查获取了包括文字记录、照片、图纸、录像等一手资料，使我们对全国历代长城的基本信息、保存现状及病害、自然与人文环境和以"四有"为核心的保护管理状况有了清楚的认识。随后，国家文物局启动了长城认定工作，组织有关专家对各省提交的长城数据资料审核、论证，予以认定。

2012年6月，国家文物局公布了长城资源调查和认定工作结果。经调查认定，中国境内历代长城总长度为21196.18千米，分布于15个省（自治区、直辖市）的403个县域，包括墙体10053段，壕堑1762段，单体建筑29507座，关堡2210座，相关设施189处，共计43721处。

五、结语

古人出于编修史志等需要，对长城做过游历考察，这些长城考察并不是科学意义上的长城调查，故文中没有收录，但是他们也为后代研究长城提供了宝贵的资料和线索。

近代长城考古调查不仅规模小，涉及范围有限，也缺乏系统性，因而对历代长城的分布、走向和保存状况，并未获得详尽资料。

中华人民共和国成立后，考古事业受到国家的重视，考古工作及考古研究不断深入，逐步建立起新中国的考古学体系，逐步规范了田野考古工作的程序、方式，考古调查的手段、方法等，对历代长城的考古调查工作也随之逐步开展。

中华人民共和国成立后对历代长城的考古调查，主要有普查、专题两种类型。

文物普查是在一个行政区划内，由文物行政主管部门组织的，对辖区内地上及地下文物资源进行的比较全面的考古调查工作。其中包括全国文物普查和各省、自治区、直辖市的文物普查。通过文物普查，旨在发现未知的文物，复查已知文物的保存现状，为科学保护文物，开展文物研究，发挥文物资源的作用，提供重要的依据和参考。在全国和地方历次文物普查工作中，对历代长城的考古调查工作是一项重要的内容，属于田野考古的范畴，主要分为准备、走访、实地勘察、测绘、采集、记录等几个程序。

2007年至2011年的全国长城资源调查工作，是中国历史上第一次在国家层面针对历代长城开展的专题调查；这次调查以统一的标准规范为指导，第一次对历代长城进行全方位的调查和资料采集，因此确保了长城调查的质量和可信度，获得了详尽的第一手长城资料，为长城保护工程的实施提供了可靠的参考依据。

在我国的长城考古工作中，具有三个特点：一是从事长城考古工作的人员中，既有专家学者，也有当地文博人员，更有众多的长城爱好者，他们每一个人的工作都是我国长城考古工作不可或缺的重要组成部分；二是长城考古的专业出发点不仅仅是考古专业，也包括历史和历史地理专业，而且后者在专家学者中占有重要分量；三是我国长城考古工作既有传统意义的考古调查、勘探和发掘，也有一般意义的学术考察，在20世纪90年代还引入了高科技手段。

作者简介：许慧君（1980—），女，内蒙古呼和浩特人，中国人民大学历史学院博士后，中国文化遗产研究院文物研究所长城项目组主要成员，主要研究方向为北方民族史、明清考古。

注释：
① 这部分内容根据斯文·赫定《从紫禁城到楼兰：赫定最后一次沙漠探险》一书内容整理。
② 这部分内容的调查数据来自长城资源调查官方公布数字。

参考文献：
[1][2] 额济纳文物流失海外纪略[N].北方新报.2010－02－09.
[3] 斯文·赫定.从紫禁城到楼兰：斯文·赫定最后一次沙漠探险[M].长春：吉林出版集团有限责任公司，2009:281.
[4] 高旺.内蒙古长城史话[M].呼和浩特：内蒙古人民出版社，1991.
[5] 彭曦.战国秦长城考察与研究[M].西安：西北大学出版社，1990.
[6] 徐卫民.秦始皇长城研究综述[J].秦汉研究，2012(第六辑):314—315.
[7] 项春松.昭乌达盟燕秦长城遗址调查报告[R].中国长城遗迹调查报告集.北京：文物出版社，1981.
[8] 刘谦.明辽东镇长城及防御考[M].北京：文物出版社，1989.
[9] 李树林，李妍.吉林省燕秦汉辽东长城考古调查概述[J].社会科学战线，2011(10):114－122.
[10] 李亚忠.中国东部燕、秦、始皇、汉、北齐、唐、明长城新考[J].中国长城博物馆，2009(3):17.
[11] 马子雷.山东发现鲁国长城遗迹[N].中国文化报，2009－07－07.

忻州市长城总述

李培林

长城是中国古代跨越地境最广、修筑时间最长、规模最为宏大的地面军事工程。从公元前685年春秋时期的五霸之一齐国开始修筑长城起，经战国、秦、汉、北魏、东魏、北齐、北周、隋、唐、五代、宋到明代晚期，历经近两千多年的断续修筑，从削山用险、石块垒筑、夯土版筑、草木混筑到青砖包砌墙体，从单纯的墙体防御到墙体上修筑马面、敌台、铺舍，与关堡、烽火台形成完整的军事防御体系，凝聚了中华民族的汗水、心血和聪明才智，是中华民族奉献给世界的不朽文化遗产。

一、忻州市长城概述

忻州市位于山西省北中部，西临黄河峡谷，东接太行山，北以恒山和吕梁山北段为障阻隔大同盆地及朔漠，南以石岭关、赤塘关毗邻省府太原。忻、代二州自古就有"晋北锁钥"及"晋北门户"之誉，地理形胜极为重要，自古为兵家必争之地。其原因首先是位于今代县的"勾注山"和"陉岭"（历史名称），位于原平的云中山，位于宁武、五寨、岢岚的管涔山脉，以及河曲、保德、偏关边沿的黄河峡谷，为进行有效的军事防御系统构设提供了天然的自然屏障。其次，以代县北山（勾注、陉岭）及管涔山为界线，其北历史上为草原游牧部落混居之地，其南为农耕定居地，在不同历史时期，先后有商代鬼方、西周猃狁、东周戎狄（林胡、楼烦）、汉代匈奴、魏晋鲜卑、北魏柔然、北齐、隋、唐突厥、宋契丹、女真、明鞑靼等少数民族混杂居住，往来反复，是少数民族进入中原之主要通道和地界，也是各民族文化贸易相互融合之场所。所以，忻州市境域修筑长城与全国其他地方有所不同，具有修筑时间长、修筑范围广、墙体长度长、修筑时代多、修筑特点多等特色。

忻州市历代长城的修筑主要是北面沿恒山山脉和吕梁山山脉北段行进，东部沿太行山脉五台山支脉行进。从2007年开始到2010年，国家文物局组织进行了全国长城资源调查，山西省文物局组织5个队伍对全省长城进行了调查。经实地调查测绘，忻州市历代长城现存遗迹分布在繁峙县、代县、原平市、宁武县、神池县、五寨县、岢岚县、偏关县、河曲县、五台县等10个县（市、区），文献记载静乐县和保德县也有早期长城，但此次调查未发现有长城遗迹存在。

（一）忻州市明代长城概述

2009年4月19日，国家文物局和国家测绘局公布了合作开展的明长城资源调查最新数据显示，明长城东起辽宁虎山，西至甘肃嘉峪关，从东向西行经辽宁、河北、天津、北京、山西、内蒙古、陕西、宁夏、甘肃、青海10个省（自治区、直辖市）的156个县域，总长度为8851.8千米。

忻州明代长城分布在8县20乡镇，长城总长度248.731千米，长城沿线县境烽火台480座，关、堡93座。近年来文物工作者又在五寨县、保德县、静乐县、忻府区、定襄县等地发现了被遗漏的古堡和烽火台。

明代山西镇管辖长城由河北省阜平县入繁峙县横涧乡，西北行与神堂堡乡的真保镇长城（蓟辽总督管辖）相连结，经横涧乡、大营镇进入大同市浑源县，沿恒山北麓西行，经朔州市应县、山阴县进入忻州市代县雁门关乡，西北行经原平市段家堡乡、宁武县薛家洼乡、阳方口镇、神池县龙泉镇，过朔城区利民乡，经神池县烈堡乡、偏关县南堡子乡、老营镇、水泉乡到达老牛湾，南折沿黄河行经万家寨镇、天峰坪镇、河曲县刘家塔镇、楼子营镇、文笔镇、巡镇镇等忻州市7县18乡镇。其中繁峙县长城遗存38.007千米，墙体附属设施敌台79座，境内烽火台33个，关堡11座，与长城修筑有关碑碣6通；代县长城遗存7.818千米，敌台14座，烽火台23座；原平市长城遗存2.794千米，

001

敌台2座，烽火台19座；宁武县长城遗存39.068千米，马面138座，敌台8座，关7座，堡12座，烽火台61座；神池县长城遗存20.745千米，马面96座，烽火台70座，关、堡14座；偏关县长城遗存119.945千米，马面52座，敌台14座，烽火台241座，关7座，堡20座；河曲县长城遗存54.831千米，马面19座，烽火台55座，敌台9座，关6座，堡11座。

明代真保镇管辖长城由河北阜平入忻州市五台县境，南行经石嘴乡、门限石乡，至与阜平交界处太行山脉南行，现存长城墙体长度680米，敌台2座，关1座，沿线烽火台19座。

（二）忻州市明代以前历代修筑长城概述

忻州市明代以前历代长城现存长度229.857千米。分布在代县、原平、宁武、五寨、岢岚、偏关、神池7县市，还有史籍文献记载保德、静乐等2县有长城遗存。经调查，保德、静乐2县未发现明代以前长城遗存。忻州市明代以前长城线路有2条主干线，一条是东西走向，由河北省蔚县入山西省大同市广灵县，沿恒山山脉脊岭经浑源县、朔州市应县，入忻州市境，西南行经代县胡峪乡、上磨坊乡、雁门关乡、原平市段家堡乡、轩岗镇、宁武县余庄乡、涔山乡、东寨镇、五寨县砚城镇、岢岚县王家岔乡、宋家沟乡、岚漪镇、阳坪乡、温泉乡进入吕梁市兴县。此条长城经忻州市5县14乡镇，长城墙体长度总长215.835千米，其中，代县长城长度40.195千米，和明代长城叠压4.218千米；原平市长城长度54.984千米，关堡4座；宁武县长城长度53.350千米，关堡8座；五寨县长城长度10.232千米，关堡1座，岢岚县长城长度57.074千米，关堡4座。

此段长城的修筑时代学界争议很大，从唐代张守节《史记正义》始，明代学者尹耕、近现代学者王国良《中国长城沿革考》、寿鹏飞《历代长城考》、张维华《中国长城建置考》、罗哲文《长城》等，各有说法，均认为战国时期赵肃侯时期修筑，但因缺乏直接文献的支持和未进行实际考古发掘，这一观点只存在理论推理上的支持，在严谨学风状态下已经被多数学者摒弃。在《长城百科全书》中，侯旭东撰全书第一条"长城"即用罗哲文之说，而李孝聪撰"赵长城"条则认为赵长城不在山西境，现代学者一致认为李孝聪说法科学。近年出版的《中国文物地图集·山西卷》将此段长城划定为东魏、北齐时代所修筑的"肆州长城"。

1. 东魏、北齐长城

《魏书·孝静纪》："（武定元年八月）是月，齐献武王召夫五万于肆州北山筑城，西自马陵戍，东至土墱。四十日罢。"（肆州即今忻州）

《北齐书·文宣帝纪》："（天保三年）九月辛卯，帝自并州幸离石。冬十月乙未，至黄栌岭。仍起长城，北至社干戍，四百余里，立三十里戍。"（离石即今地，黄栌岭在其东。社干戍在五寨北。）此长城为南北向，经调查遗迹甚少，仅五寨城南山上有一段石墙。

《北齐书·文宣帝纪》："（天保六年）是年，发夫一百八十万人筑长城，自幽州北夏口至恒州九百余里。"（幽州即今北京。恒州一般以为即今大同，实则在东魏时已寄治于今山西忻州市西北五十里处秀容郡城，天保七年始在今大同置北恒州。则此云恒州应指忻州一带。）

《北齐书·文宣帝纪》："（天保七年）先是自西河总秦戍筑长城；东至于海，前后所筑，东西凡三千余里。率十里一戍，其要害置州镇，凡二十五所。"（西河郡在今汾阳）

以上两次筑长城，起讫地不同，但时间似重合，"先是"可以包括上一年。《通鉴考异》在天保七年筑长城之下有云："去岁六月已云筑长城，而地名、长短不同，不知与此为一事为二事。《北齐书》《北史》皆然。今两存之。"总之，两条记载均与肆州（辖属忻府区、代县、原平）有关，所指即这条东西向长城。

2. 北周长城

《周书·宣帝纪》："（大象元年）突厥寇并州……六月……发山东诸州民修长城。"《通鉴》卷一七三胡注："修齐所筑长城也。"既然与并州和突厥有关，那么北齐长城当指此条长城。

3. 隋代长城

《隋书·高祖纪》："（开皇元年四月）是月发稽胡修筑长城，二旬而罢。"

《隋书·韦冲传》："高祖践祚，征为散骑常侍，进位开府，赐爵开国县侯。岁余，发南汾州胡千余人北筑长城，在途者皆亡。上呼冲问计，冲曰：'夷狄之性，易为反覆，皆由宰牧不称之所致也。臣请以理绥静，可不劳兵而定。'上然之。因命冲绥怀叛者，月余皆至，并赴长城。上下书劳勉之。"（南汾州在今吉县）

光绪《续修岢岚州志》卷二："嘉靖间有地名牛圈窊者，掘其地得石刻，其文云：隋开皇元年，赞皇县丁夫筑。"此次长城调查，我们在岢岚县岚漪镇大庙沟村从村民手中征集到一块修长城碣石，记载了隋代开皇十九年修筑当地长城的事迹，此次所修当为北齐遗存长城。

4. 宋代修筑长城

长城学者、新华社记者成大林根据宋代文献认为，岢岚段长城为宋代修筑，但仅就岢岚一县境内长城而言。宋《武经总要》前集卷十七："草城川，川口阔一里余，川口有古城。景德中筑长城，控扼贼路。"

草城川隶属岢岚军，治岚谷县，即今岢岚县。书中还记载由"瓶形寨"至"宁化军"一线防御设施，即明代由平型关至宁武关内长城一线，而均无修筑长城的记载。故宋代长城仅筑于岢岚一县。岢岚县宋长城也成为全国唯一。

此次实地调查中，在岢岚县长城沿线发现一块"隋开皇十九年修筑长城碑碣"，据此也可以认为岢岚段长城隋代也曾经修筑过，宋长城是在隋代长城基础上补筑而成。

另外一条为南北走向长城墙体，位于五寨县、神池县、偏关县，神池县现存壕沟3.733米，石墙长城0.675千米；偏关县现存长城10.289千米，分布在老营镇，其中土墙4.604千米，石墙5.347千米，山险0.338千米，当为北齐时修筑。

（三）忻州市历代长城修筑的时代背景和修筑特点

长城的修筑，从一开始就是因国与国之间、民族之间的对立而修建，因而同时兼有边、防的概念和意义。且修筑长城，首要是防守，所以利用自然地理形成的天险和障碍就成为必然。战国、秦、汉时代长城一般都因地制宜，或沿河岸（控制水源，以河为障，如汉代玉门关长城和秦河南塞地）；或沿山脊（以高制低）；或走平川，扼制险要。修筑长城的材料就地取材，或夯土成墙、或掘地成堑壕、或斩山成墙、或土石堆筑、或用红柳草枝拌泥成墙，高低不等，以达到防御目的为旨要。

1. 忻州市东魏、北齐长城修筑的时代背景和修筑特点

东魏、北齐时代是鲜卑族和鲜卑文化统治下的时代，其政治中心从北魏时的大同迁到河南洛阳继而迁到河北邺城，时局动荡，政权飘摇。太原作为东魏高欢的大丞相府，实际是军政的中心。北面雁门关以北为崛起的柔然游牧部落，北魏正光年间的"六镇起义"致使"恒代以北，尽为丘墟"。其西邻的陕西为西魏和后来的北周政权辖地，故修筑东西向和南北向长城以防御来自北方柔然民族和来自西魏、北周政权的对东魏、北齐政权的威胁成为必然。同时，在山西西部吕梁山一线地带生活着大量的山胡民族，成为北齐政权的心腹之患。于是北齐便成为我国历史上继秦代以后疯狂修筑长城的又一个政权。北齐共历六帝二十八年，在这短短的历史中，十分重视修筑长城。北部长城，主要为文宣帝高洋所筑。天保三年（552）至天保八年（557）六年时间里，较大规模地修长城有五次。修筑地点主要集中在山西、河北。而山西长城主要集中在忻州。

修筑特点。沿山脊的最高处修筑长城成为其主要特点。不同于先前的因地制宜，即有平原地带修筑长城；也不同于其后明代长城的或沿山脊、或在山麓前沿构筑墙体，东魏、北齐长城只沿山脉的最高脊岭修筑，有山险、河崄、土墙、石墙，以石墙为主。山险即利用山脊自然险峻，稍做削铲，在防御前沿做成陡壁，典型段落为宁武县管涔山段长城，既有茂密的林木，又有陡峭的崖壁，只在山脊低洼的鞍部地段修筑小段墙体。河险即利用河流做险，典型段落为宁武县苗庄村附近利用恢河做险。土墙即用砂石拌泥土夯筑，在堆土较多的山脉才做土墙，此时代土墙较少。石墙即利用石块、石片堆砌两边，中填碎石和砂土。因墙体沿山脊行进，石材取用便利。在宁武和岢岚县境的墙体还插有树干，用以加强墙体的稳固性。保存较好的石墙为岢岚县王家岔乡附近的长城墙体，墙体断面呈梯形，基宽5~7米，顶宽1.4~2米，存高3~4.6米，石片和石块砌筑，保留有插树干的椽孔。部分地段墙体顶部还保留有女墙遗迹。

2. 忻州市北周、隋代长城修筑历史背景和修筑特点

北周灭北齐，也同样面对北方朔漠新崛起的突厥民族的威胁，山西北部北齐修筑的长城成为防御的主要设施，北周在北齐的基础上加以补筑和完善。

隋代是中国历史上一个短暂的朝代，虽然统一了全国，但暴政和严苛繁役造成了严重的内乱，为了防御日益强大的突厥势力，隋代也成了中国历史上修筑长城的重要朝代。加之突厥入侵中原主要沿陕北和晋北进取，故隋代长城东西绵延长远，从陕北过黄河经吕梁兴县裴家川入忻州市岢岚县，和北齐、北周长城连成一个统一的防御体系。光绪《续修岢岚州志》卷二："嘉靖间有地名牛圈窊者，掘其地得石刻，其文云：隋开皇元年，赞皇县丁夫筑。"2007年春天，岢岚县小庙村村民窦生宽在田间劳作时发现一块隋开皇十九年修长城碣石，碣石质地为灰白色泥灰岩，长方形，长0.41米，宽0.25米，厚0.08米。碣文楷书，6行，足行7字，现存碑文34字，行间刻画竖线8，九等分碣石面。碑文如下：

开皇十九年／七月一日栾州元／氏县王黎长／宗领丁卅人筑长／城廿步一尺西至／王

此块碣石证明岢岚段长城隋代至少修筑过两次。隋代长城的修筑方法沿用古法，没有大的改变。

3. 忻州市宋代长城修筑的时代背景及特点

宋代是我国政治经济科学文化成就达到中国历史发展顶峰的一个朝代。此时在北方兴起的契丹民族建立了辽政权，西北兴起的党项族建立了西夏政权，其后兴起的女真族在北方代辽建立了金政权，在北宋的北方和西北构成了威胁。岢岚时当北方和西北要冲，当时称岢岚军。故文献记载下了岢岚修筑长城的事迹，宋代修筑长城而入记史籍只此一例，所以岢岚宋长城成为宋代修筑长城的孤例，有重要性和代表性。然而岢岚宋长城也是在北齐、北周、隋代修筑长城的基础上补修而成，是地方性的建筑防御工程。其修筑长城范围应主要围绕岢岚县城周边。

4. 忻州市明代长城修筑的时代背景和修筑特点

明朝灭掉元朝后，北方蒙古各部封建主势力长期割据长城以北地区，并多次南下进攻，影响国家的统一。同时，东北境内的女真族也强大起来，渐渐不服明政府的管辖。为了防止蒙古各部进攻和加强北方防务，明王朝在它存在的二百多年中，差不多一直没有停止过长城的修筑；而且工程之大，从秦始皇以后，没有一个朝代能够比得上，工程技术也有很大的改进，长城修得更加坚固，防御的作用也更大了。可以说，万里长城这项从秦朝开始的伟大工程，是在明朝才最后完成的。

明朝开国的第一年，公元1368年，明太祖就派大将军徐达修筑居庸关等处长城。到公元1500年前后，经过了一百多年的时间，才算基本上完成了万里长城的全部修筑工程，东起鸭绿江，西达嘉峪关，全长一万二千七百多里。在长城沿线设置了九个防守区，当时称九镇。从东向西分别是辽东、蓟州、宣府、大同、山西、延绥、宁夏、固原、甘肃。忻州市明代长城主要属山西镇管辖，也有一小部分归属宣府镇管辖。

忻州市明代长城的修筑特点。因地制宜，就地取材，方便利用。谷口、关隘和接近城池且交通便利的地方以砖墙为主。沿山脊行进的墙体为石墙，黄土塬地带以土墙为主。部分地段利用东魏、北齐时代修筑的墙体，例如在代县白草口到原平市段家堡乡张其沟段落就利用了早期长城。部分地段也利用山险。在繁峙县境内从神堂堡到横涧乡大羊坡主要是山险。河险也是长城重要的组成部分，在偏关县沿黄河处就充分利用了黄河及其险峻河谷用以防御。

明代长城除了在墙体外侧包砖用以加强墙体的坚固性外，在墙体外侧还修建雉堞、射击孔，内侧修建低矮的女墙用以保护士兵身体。在墙体上跨墙修建敌台，敌台内部中空，用以驻扎士兵，敌台上部四围砖墙，中设楼橹站，士兵用以遮蔽风雨，瞭望敌情。敌台相距一般为100米到300米不等。忻州市敌台保存较好的为繁峙县"茨字号"敌台和代县猴儿岭长城上的敌台，不仅完整，建筑形制也多样。

明代长城附属设施还有烽火台、关、堡。烽火台一般修筑在长城墙体内外两侧地势高峻而且视野开阔的地方，在长城墙体和城堡之间传递信息；关是连接在长城墙体上的城池，如平型关；堡是离开长城墙体的城池，如平型关堡，距离平型关有5里有余。长城墙体、关、堡、烽火台共同构成了严密的军事防御体系，有效地达到了防御和消灭敌人的目的。

二、忻州市文物部门近年来长城保护工作

第一，配合全国长城资源调查工作的开展，从 2007 年到 2010 年，忻州市组织两个长城调查队对忻州市及毗邻的大同市、朔州市境域分布的长城进行了为期 4 年的实地调查，基本摸清了长城走向、长度、保存状况及周边自然人文环境。

第二，公布了长城墙体为省级重点文物保护单位，划定了保护范围和建设控制地带，制作了 69 通青石材质的保护标志碑矗立在长城沿线。

第三，在长城沿线的县市招聘了长城保护员，每县 2 人，总计 20 人，负责对长城沿线进行日常看护。

第四，制定了长城段落保护规划，已经制定的长城段落有偏关县寺沟长城段、老牛湾长城段、代县雁门关长城段、繁峙县平型关长城段等 4 段。

第五，对重要长城段落进行了维修，代县雁门关段长城已经修复完毕，繁峙县平型关堡正在施工维修，纳入维修计划的还有偏关县偏关城。

三、长城保护面临的问题和存在的困难

第一，长城保护的宣传力度有待加大，长城大多处于交通不便的偏僻山野，给长城保护带来很大困难，当地群众和干部对长城的认识存在误区，以为北京八达岭的长城才是长城，而当地的石块垒砌的墙体不是长城，价值不大，所以在认知上和保护意识上不加重视，由此造成开垦农田侵逼甚至平整坍塌墙体，农田小道穿越墙体，修建房屋圈舍拆搬墙体包砖等破坏长城行为。在繁峙县韩庄，村民将长城墙体上的敌台当作牛羊圈舍。

第二，矿产资源开发、通信塔架和电力输线架杆对长城墙体的破坏。在繁峙县平型关附近、原平市段家堡乡、轩岗镇、宁武县薛家洼乡、涔山乡等地富含铁矿、铝矾土、煤炭等资源的地方，私挖滥采现象特别严重，致使长城墙体被截断、毁坏，或者被道路穿行。移动、联通通信塔架往往就矗立在烽火台旁。

第三，旅游对长城的破坏。在宁武马仑草原，北齐长城墙体的石块被游人随意堆成塔堆。

第四，缺乏文化宣传和包装。明代山西镇管辖的三关（雁门关、偏头关、宁武关）为北京城的重要外围屏障，平型关更因为抗日战役而名闻天下。《忻州日报》组织的"大美雁门关"征文活动大获成功，影响深远，充分说明了长城文化的博大厚重，也说明对长城文化情有独钟的文化人是多么关注和喜爱长城。记得看过一篇报道，说湖北省发现一段长城，总长约 17 千米，墙体低矮，高度不过 1 米，当地政府视如珍宝，立即制定了保护和开发规划。

第五，长城保护活动受经费制约。忻州市新成立的长城保护研究会筹划在代县召开一次忻州市长城保护会议，准备在会上表彰一批民间热衷于保护长城的社会各界人士，由于争取不到足够的经费而没能开成。另外受交通等因素制约，具备开发成旅游区的长城段落因缺乏投资商的热情而不能进行维修，如代表东魏、北齐、隋代、宋代长城的岢岚县长城段落，现存状况保存良好，且长城所处自然环境优美壮观，但却不为外人所知。

四、意见和建议

第一，加大《文物保护法》和《长城保护条例》的宣传力度，在群众和企业中开展宣传，让他们认识到保护长城的重要性和必要性。

第二，加大基层长城保护员队伍的建设，对于长度 450 千米的长城来说，总计 20 人的长城保护员太少，长城所在乡镇至少要有 2 名长城保护员。

第三，加大文物执法力度，对于在长城保护范围和建设地带进行生产的企业，立项开工前必须到当地文物部门进行汇报，在征得省文物行政部门的同意后方可进行施工，对于破坏长城的企业和个人要严肃查处。在这方面，忻州市地煤集团所属煤炭企业做了很好的表率。去年，位于宁武县薛家洼乡西沟村附近的煤矿企业在开工前积极联系文物部门，为此专门做了长城保护规划文本，但在省文物局组织的专家第一次评审会上未获通过，他们又在积极准备参加第二次评审。在国家利益和企业利益之间，必须优先国家利益。

第四，设立长城保护基金，争取社会各界的力量，成立忻州市长城保护基金会，用于表彰在长城研究和保护中做出贡献的人士。

第五，引入民营资本进入长城保护和利用中，政府引导，搞好规划和服务，在这方面，代县雁门关长城维修保护就是个很好的例子，值得学习和借鉴。

第六，加大研究和宣传力度，依靠社会各阶层领域的文化人士，依托传媒，做好研究和宣传工作，将忻州市长城宣传出去，扩大影响力。

作者简介：李培林，任职于忻州市文物考古研究所。

目录

序言 ································· 张振邦 001

中国长城调查考察回顾综述（代前言） ················· 许慧君 001

忻州市长城总述 ···························· 李培林 001

忻州市长城资源分布

繁峙县	002
代　县	040
原平市	060
宁武县	072
神池县	116
偏关县	142
河曲县	220
保德县	244
五寨县	252
岢岚县	258
静乐县	272
忻府区	282
五台县	288

长城论文精选

浅析岢岚县历代的军事防御
——以宋、明时期的长城防御体系为例 .... 徐 琳 300

明代雁门关防御体系研究 .... 王永茂 304

论雁门关的历史作用 .... 刘燕芳 310

从雁门山到雁门关
——雁门关历史沿革问题补正 .... 梁千里 314

《三关图说》与丫角山地望考 .... 尚 珩 320

明代万历年间山西镇《创修滑石涧堡砖城记》考释 .... 翟 禹 328

近代偏头关水上商运考
——以关河口渡为例 .... 吕轶芳 332

明长城沿线军事城镇的特色与保护方法初探
——以山西省偏关古城为例 .... 曹象明 张定青 于 洋 336

浅析烽火台 .... 刘志尧 342

山西明长城烽火传报体系研究 .... 尚 珩 347

明长城山西镇防御性军事聚落研究 .... 赵紫薇 359

明代山西镇边的城堡 .... 杜春梅 404

史实史籍 407

山西明长城文献综述 .... 尚 珩 412

山西省明长城分布区域的自然地理与地质特征 417

山西早期长城研究（节选） .... 赵 杰 422

忻州长城蕴含精彩文化 .... 李培林 494

后记 496

忻州市

长城资源分布

繁崎県

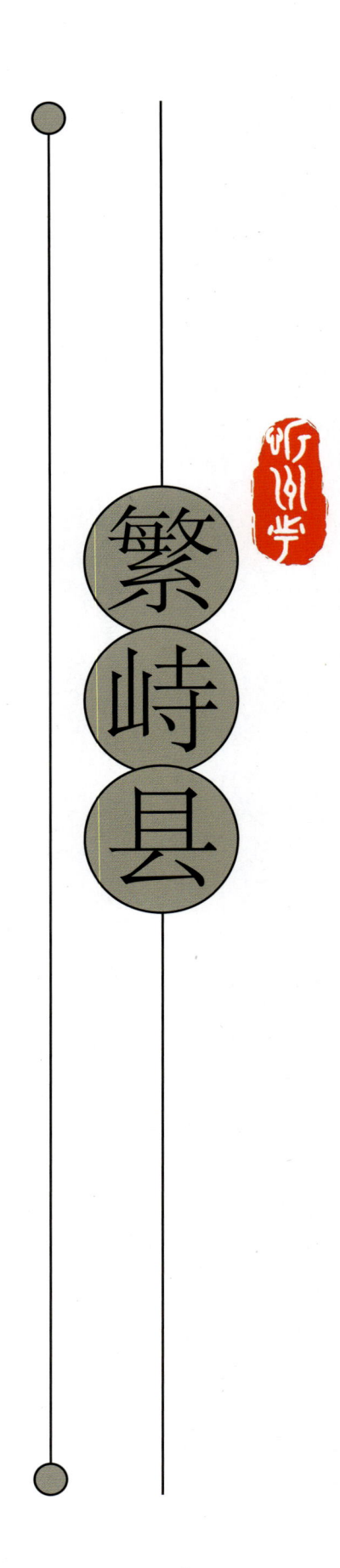

自然环境

繁峙县位于山西省东北部，地势东北高、西南低，北、东、南三面高山环绕，北、东为恒山山脉，南为五台山山脉。中部是狭长的滹沱河谷地，为忻定盆地的边缘部分。繁峙县属北温带半干旱大陆性气候，气候干寒，年平均气温6.8℃，无霜期约130天，降水量约400毫米。县境河流主要有从东向西贯穿全境的滹沱河，其支流涧头河、双井河、下寨河、赵庄河、羊眼河、峨河等南北汇入滹沱河，县境东南有大沙河支流青羊河等。长城主要位于大沙河支流青羊河和滹沱河上游以东的恒山山地，部分段附近有季节性河流，或位于季节性河谷中。

繁峙县主线长城沿繁峙县和灵丘县、浑源县交界处恒山山脉从南向北延伸，马头山长城位于马头山和大黑尖山，边墙梁长城1、2段位于边墙梁，镢柄尖山梁长城位于镢柄尖山，大王梁长城位于大王梁山，大羊坡长城位于泰戏山，平型关东段和西段长城、西跑池长城位于平型岭，杏洼岭长城1、2段位于杏洼岭，团城口长城位于目泪沱山。

人文环境

繁峙县主线长城分布于神堂堡乡神堂堡村、茨老沟村，横涧乡水沟村、桥儿沟村、马跑泉村、贾家沟村、平型关村、西跑池村，大营镇鹞涧村、团城口村。支线长城分布在神堂堡乡茨沟营村、韩庄村和横涧乡白坡头村。

神堂堡村是神堂堡乡所在，人口较多，约1300人。神堂堡乡茨老沟村，横涧乡东水沟村、桥儿沟村、马跑泉村，大营镇团城口村整体搬迁，村内无常住居民。神堂堡乡茨沟营村有400余人，韩庄村有100余人，横涧乡白坡头村有400余人，贾家沟村有400余人，平型关村有500余人，西跑池村有100余人，大营镇鹞涧村有200余人，这些村庄的居民大多外迁。

村庄居民以农业和牧业为主。繁峙县境内金、铁、铜矿等矿产资源丰富，开采业发达，长城沿线矿山多被开采，很多属于私挖滥采，导致长城所在山体破坏，甚至直接破坏长城墙体。神堂堡乡神堂堡村、茨老沟村、茨沟营村、韩庄村和横涧乡白坡头村邻近108国道，少数村民经营交通运输业或服务业。108国道是连接山西、河北省的交通要道，运输繁忙，经常发生堵车现象。神堂堡乡神堂堡村、茨老沟村附近还有通往河北省阜平县的203省道，平型关村有繁峙县通往灵丘县的公路，各村有村村通公路或土路与乡镇相通。长城沿线还有一些将墙体挖断或挖低形成的山间土路。（北）京（太）原铁路以隧道形式穿过平型关东段长城所在山体。

繁峙县

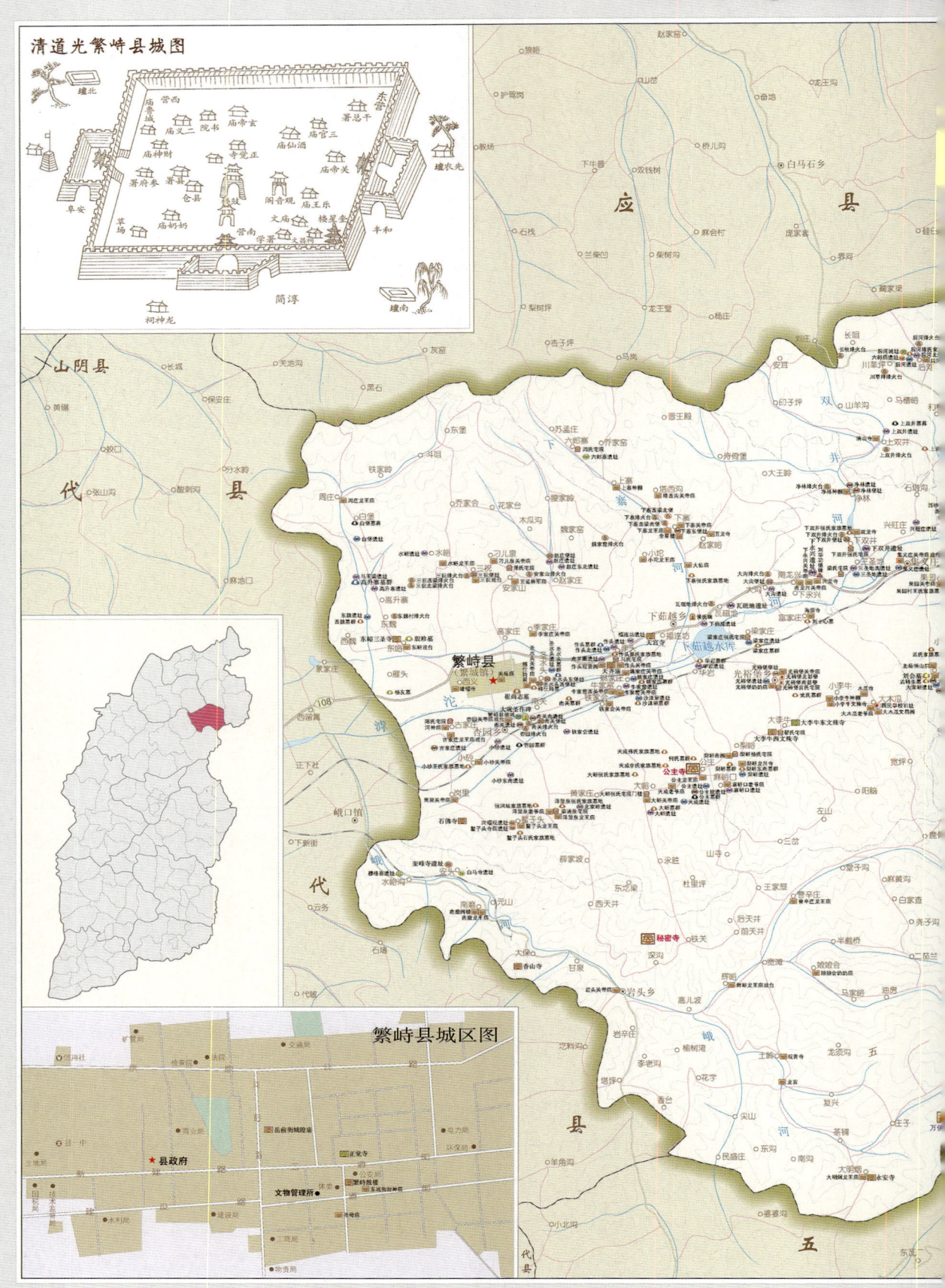

清道光繁峙县城图

繁峙县城区图

分布图

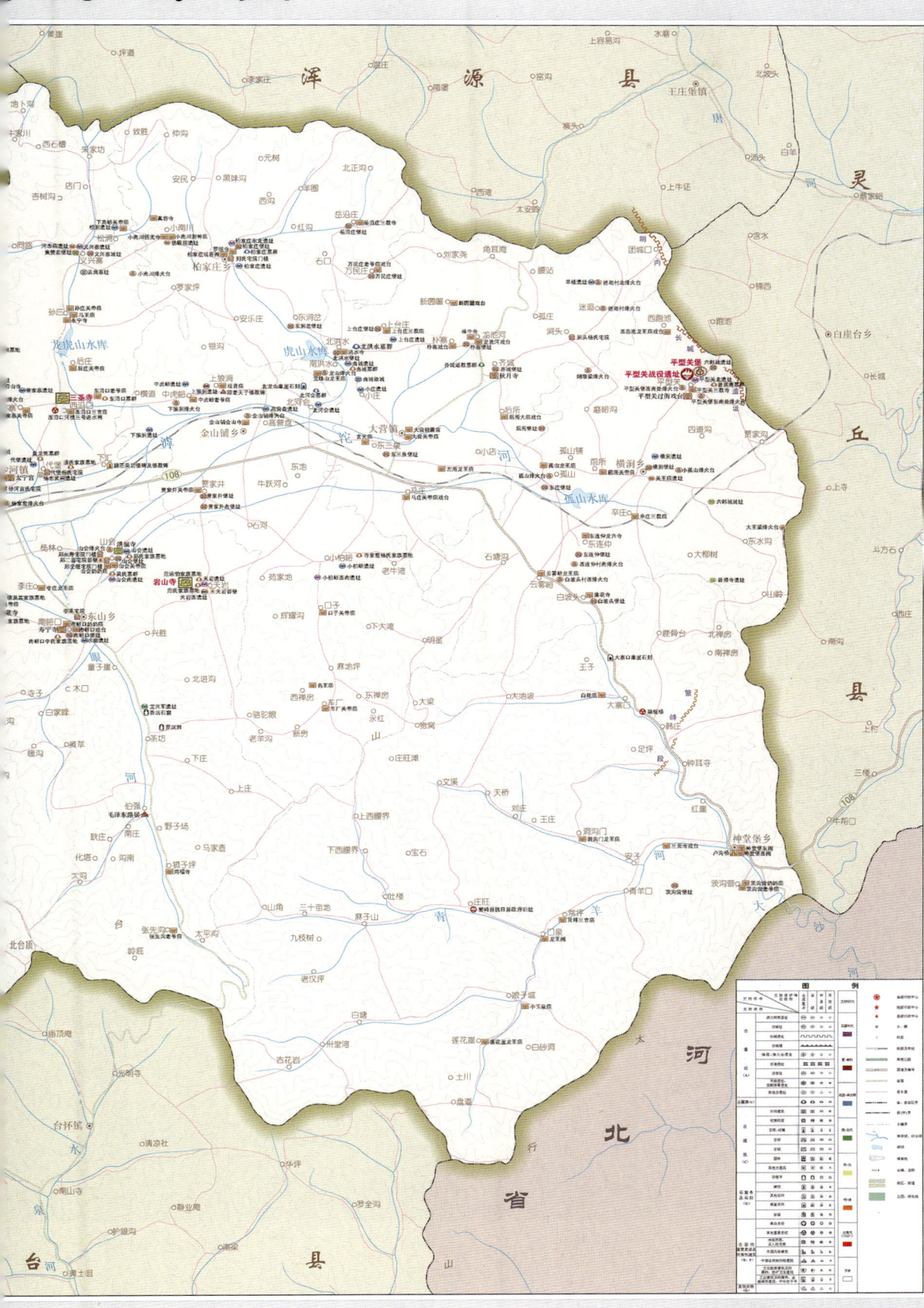

1:125000

忻州市文物局主编
北京万德兰科技发展有限公司制作
2011年5月

韩庄长城 樊培廷摄

平型关沧桑　白炜明摄

西跑池长城　刘玉柱摄

长城资源

一、繁峙县的早期长城

未发现。

二、繁峙县的明代长城

繁峙县的明代长城有：墙体 17 段，全长 37907 米；关堡 13 座，其中关 2 座、堡 11 座；单体建筑 110 座，其中敌台 77 座、烽火台 33 座；相关遗存石碑 6 块。

（一）墙体

繁峙县长城大致沿繁峙县和灵丘县交界处山脊从南向北延伸，经神堂堡乡神堂堡村东、茨老沟村东，横涧乡东水沟村、桥儿沟村东、马跑泉村、贾家沟村东、平型关村和东、西跑池村东，大营镇鹞涧村东至团城口村东南后，沿繁峙县与浑源县交界处，在浑源县王庄堡镇上牛还村西南入浑源县，是繁峙县的长城主线。另有 5 段不与长城主线连接的支线长城墙体，位于神堂堡乡茨沟营村、韩庄村和横涧乡白坡头村附近。

繁峙县长城墙体一览表（单位：米）

长城墙体段落名称	总长	编码	起点	起点坐标	止点	止点坐标	类型
马头山长城	2126	1409243821021700 01	神堂堡乡神堂堡村东南3千米（马头山）	东经：113°57′15.30″ 北纬：39°06′29.90″ 高程：1079米	神堂堡乡堡村东2千米（大黑尖山）	东经：113°56′55.80″ 北纬：39°07′25.60″ 高程：1038米	石墙
边墙梁长城1段	1500	1409243821061700 02	神堂堡乡神堂堡村东2千米（大黑尖山）	东经：113°56′55.80″ 北纬：39°07′25.60″ 高程：1038米	神堂堡乡茨老沟村东1千米	东经：113°56′35.30″ 北纬：39°08′13.30″ 高程：1123米	山险
边墙梁长城2段	1198	1409243821021700 03	神堂堡乡茨老沟村东1千米	东经：113°56′35.30″ 北纬：39°06′36.60″ 高程：1123米	神堂堡乡茨老沟村东北1千米	东经：113°56′44.00″ 北纬：39°08′46.50″ 高程：1261米	石墙
镢柄尖山梁长城	10000	1409243821061700 09	神堂堡乡茨老沟村东北1千米	东经：113°56′44.00″ 北纬：39°08′46.50″ 高程：1261米	横涧乡贾家沟村东2千米	东经：113°57′02.30″ 北纬：39°14′48.80″ 高程：1463米	山险
大王梁长城	3712	1409243821021700 10	横涧乡水沟村东北2.5千米（大王梁山）	东经：113°57′02.30″ 北纬：39°14′48.80″ 高程：1463米	横涧乡桥儿沟村东北2.5千米（大羊坡）	东经：113°57′35.30″ 北纬：39°16′29.90″ 高程：1520米	石墙
大羊坡长城	1600	1409243821061700 11	横涧乡桥儿沟村东北2.5千米	东经：113°57′35.30″ 北纬：39°14′29.90″ 高程：1520米	横涧乡贾家沟村东2.5千米	东经：113°56′52.20″ 北纬：39°17′23.10″ 高程：1576米	山险
平型关东段长城	4233	1409243821021700 12	横涧乡贾家沟村东1千米	东经：113°56′55.20″ 北纬：39°17′23.10″ 高程：1576米	横涧乡平型关村东北2.5千米	东经：113°55′24.60″ 北纬：39°19′14.30″ 高程：1546米	石墙

续表

长城墙体段落名称	总长	编码	起点	起点坐标	止点	止点坐标	类型
平型关西段长城	2577	140924382102170013	横涧乡平型关村北2.5千米	东经：113°55′21.50″ 北纬：39°19′17.20″ 高程：1547米	横涧乡西跑池村东1千米	东经：113°54′04.20″ 北纬：39°19′53.50″ 高程：1501米	石墙
西跑池长城	1244	140924382103170014	繁峙县横涧乡西跑池村东南1千米	东经：113°54′04.20″ 北纬：39°19′53.50″ 高程：1501米	繁峙县横涧乡西跑池村东北1千米	东经：113°53′37.70″ 北纬：39°20′21.60″ 高程：1565米	砖墙
杏洼岭长城1段	1400	140924382106170015	横涧乡西跑池村东北1.5千米	东经：113°53′37.70″ 北纬：39°20′21.60″ 高程：1565米	大营镇鹞涧村东南2.5千米	东经：113°53′09.70″ 北纬：39°21′01.40″ 高程：1592米	山险
杏洼岭长城2段	1482	140924382102170016	大营镇鹞涧村东南2.5千米	东经：113°53′09.70″ 北纬：39°20′01.40″ 高程：1592米	大营镇团城口村东南0.3千米	东经：113°53′21.60″ 北纬：39°21′45.80″ 高程：1594米	石墙
团城口长城	2707	140924382103170017	大营镇团城口村东南0.3千米	东经：113°53′21.60″ 北纬：39°21′45.80″ 高程：1594米	大营镇团城口村西北2千米	东经：113°52′03.30″ 北纬：39°22′21.80″ 高程：1656米	砖墙
茨沟营南岭长城	126	140924382102170006	神堂堡乡茨沟营村东南1千米	东经：113°55′41.50″ 北纬：39°05′52.60″ 高程：944米	神堂堡乡茨沟营村东南1千米	东经：113°55′43.50″ 北纬：39°05′56.20″ 高程：932米	石墙
茨沟营西岭长城	159	140924382102170005	神堂堡乡茨沟营村西1千米	东经：113°54′06.70″ 北纬：39°06′26.20″ 高程：1085米	神堂堡乡茨沟营村西1千米	东经：113°54′10.40″ 北纬：39°06′30.20″ 高程：1090米	石墙
竹帛口长城	2479	140924382102170004	神堂堡乡韩庄村南2千米	东经：113°52′53.60″ 北纬：39°09′28.60″ 高程：1271米	神堂堡乡韩庄村东北1千米	东经：113°53′46.60″ 北纬：39°10′25.00″ 高程：1266米	石墙
白坡头长城1段	1084	140924382102170007	横涧乡白坡头村西南1千米	东经：113°50′38.20″ 北纬：39°12′40.00″ 高程：1391米	横涧乡白坡头村东1千米	东经：113°51′15.80″ 北纬：39°12′43.50″ 高程：1281米	石墙
白坡头长城2段	380	140924382101170008	横涧乡白坡头村南1千米	东经：113°51′16.80″ 北纬：39°12′43.50″ 高程：1281米	横涧乡白坡头村东1千米	东经：113°51′31.50″ 北纬：39°12′45.90″ 高程：1264米	土墙
合计	38007						
百分比	100						

（二）关堡

繁峙县关堡13座，其中关2座、堡11座。

详见下表。

繁峙县关堡一览表

乡镇	关	堡	合计（座）
神堂堡乡		茨沟营堡	1
横涧乡	平型关、团城口关	平型关堡、六郎城堡	4
大营镇		齐城堡	1
金山铺乡		贾家井堡	1
东山乡		山会堡	1
集义庄乡		下双井堡	1
下茹越乡		大沟堡、下寨堡、下寨西梁北堡、下寨西梁南堡	4
合计（座）	2	11	13

1. 茨沟营堡

位于神堂堡乡茨沟营村，高程 840 米。东南距茨沟营南岭长城 0.5 千米，西距茨沟营西岭长城 2 千米。茨沟营堡西北临山、东南临沟，地形险要，堡内地势北高南低。

堡平面呈不规则形，坐西北朝东南，周长 1676 米，占地面积 16 万平方米。现存设施、遗迹有部分堡墙、城门 3 座、东门城楼 1 座、敌台 2 座、军火库遗址 1 处、街道 1 条等。堡墙为石墙，石块砌筑而成，除南墙西段消失外，余皆保存，墙体底宽 4.5、顶宽 3、残高 1～4.5 米。原有东、南、西门，现南、西门为豁口，仅东门保存较好。东门上存城楼 1 座，门额有明万历年间（1573—1620 年）石匾"应关城"，城楼北壁有天启三年（1623 年）嵌《新建楼阁碑记》石碑，据石碑碑文记载，"应关城"也称"茨沟营"，始建于万历初年。

堡墙上存 2 座敌台，北墙敌台为"茨字叁拾柒号台"敌台，外部砖石砌筑，条石基础，上部包砖，条石基础东壁 5 层，高 2.3 米，西壁 9 层，条石长 120、厚 30～50 厘米。台体平面呈矩形，剖面呈梯形，底部边长 10.7、残高 9.6 米。台体底部有台基，上部东壁有石券拱门，宽 1.1、高 1.94 米。拱门上方嵌有石匾，宽 1.1、高 0.9 米，横书"茨字叁拾柒号台"；台体东壁有箭窗 2 个、南壁有箭窗 1 个，箭窗宽 0.6、高 0.9 米；顶部有垛口墙，残高 0.5 米；垛口墙下有滴水，滴水宽 0.4、凸出墙体 1.3、高 0.3 米；台体整体保存一般，上部坍塌损毁严重，仅东壁较完整，台体顶部垛口墙坍塌损毁严重，台体内部坍塌损毁严重，结构不明。南墙敌台外部砖石砌筑，条石基础，上部包砖；台体整体保存较差，仅存台体底部，条石大多无存，上部包砖部分无存。堡内有东西向街道一条连通东、西门。街道现为水泥路。东门内北侧有军火库遗址，存石砌基址。茨沟营堡东门外 0.1 千米处有碧霞宫祠，庙前立《东岳泰山庙碑记》石碑。

堡整体保存一般。堡墙除南墙西段消失外，余皆保存但坍塌损毁较多，石块多无存。堡内建筑仅存街道和军火库遗址，街道现已为水泥路，军火库遗址仅存石砌基址。造成损毁的自然因素主要有洪灾、山体滑坡、风雨侵蚀、植物生长等；人为因素主要有居民拆毁堡墙、敌台砖石等。

茨沟营位于青羊河西岸的丘陵地区。堡内满布现代民居，有居民约150户，400余人。茨沟营村有水泥路向东与108国道相通。

2. 平型关

位于横涧乡平型关村东北2.5千米处，高程1531米。东南角台与平型关东段长城相连，西北角台与平型关西段长城相连。西南距平型关堡2千米、距六郎城堡1.4千米。

繁峙茨沟营军火库　李培林摄

关平面呈不规则形，坐西朝东，周长430米，东墙长137、南墙长80、西墙长96、北墙长117米，占地面积11475平方米。现存设施、遗迹主要有部分关墙、城门1座、角台3座等。关墙为砖墙，外部砖石砌筑；内部为夯土墙，黄土夯筑而成，夯土中夹杂碎石，夯层厚0.2米。南墙保存基本连续，东、西墙南段由于修筑公路损毁，北墙坍塌无存；保存较好的墙体，底宽5～8、顶宽1～2、残高2～5米。城门有2座，西门损毁；东门经现代重修，为条石基础的砖券拱门，条石基础高1.4米，共5层，条石长50～120、厚15～40厘米，砖券为三伏三券，门洞宽2.8、高3.79、进深2.7米。门拱上方嵌一块石匾，石匾呈横长方形，宽1.1、高0.6米，横书"平型关"三字，黑底红字。门洞内北壁嵌水泥碑记一块，碑呈横长方形，宽0.9、高0.6米，系保护标志碑记。存角台3座，平面均呈矩形，东北角台长6、宽6、残高2.5米；东南角台底部宽7、凸出墙体6、残高7米；西北角台底部宽6、

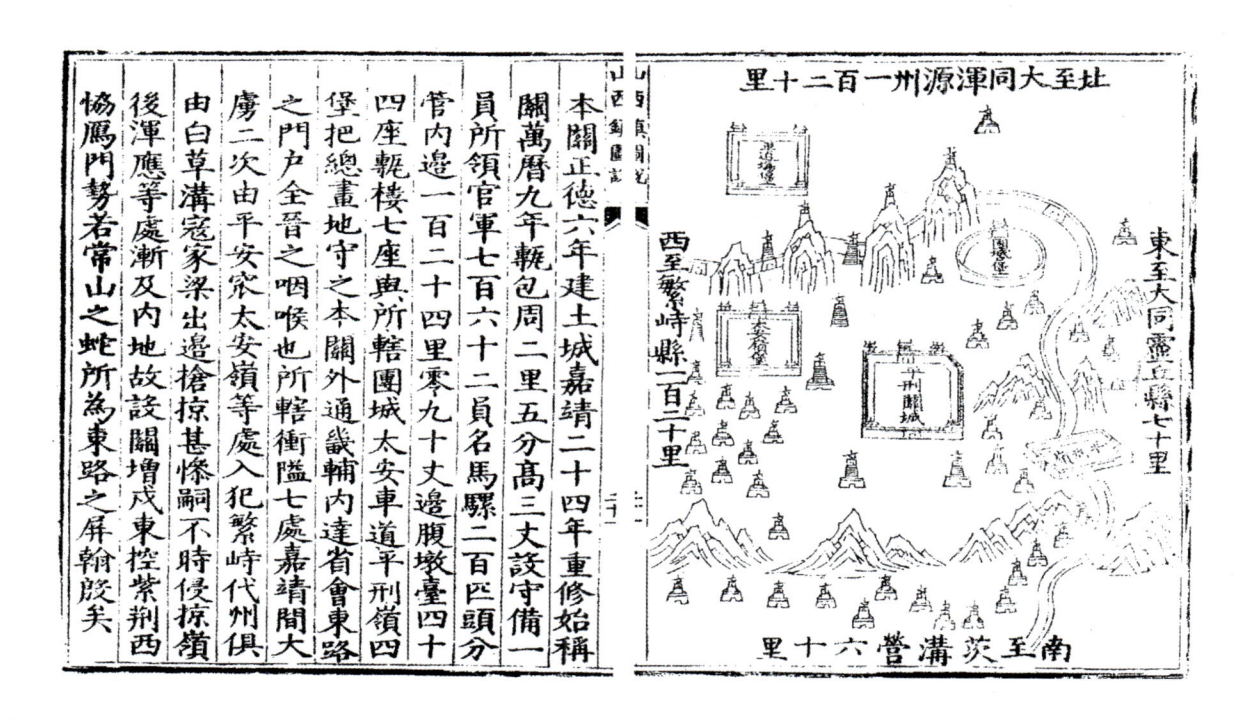

凸出墙体 7 米, 顶部宽 4、凸出墙体 3 米, 残高 8 米。

关整体保存一般。墙体除北墙和东、西墙南段外, 其余均保存; 东、西墙南段由于修筑公路损毁; 墙体坍塌损毁, 砖石大多无存。关内建筑无存。造成损毁的自然因素主要有风雨侵蚀、植物生长等; 人为因素主要有居民拆毁堡墙砖石、修路挖毁墙体等。

平型关位于两山之间的山谷地带。关内无居民。繁峙县至灵丘县的公路穿东、西墙而过。

3. 平型关堡

位于横涧乡平型关村, 平型关东段长城墙体西 1.5 千米、平型关西段长城西南 1.2 千米处, 高程 1394 米。东北距平型关 2 千米, 东距六郎城堡 0.67 千米, 东南距平型关堡东南烽火台 0.96 千米, 西南距平型关堡西南烽火台 0.86 千米。

堡平面呈矩形, 坐西朝东, 东西 206、南北 333 米, 周长 1078 米, 占地面积 68598 平方米。现存设施、遗迹主要有堡墙、城门 2 座、瓮城 1 座、铺舍 1 座、马面 2 座、角台 4 座、楼台 1 座等。堡墙为砖墙, 外部砖石砌筑, 内部为夯土墙, 黄土夯筑而成, 墙体底宽 9、顶宽 3～9、残高 2～9 米。原有东、南、北 3 座城门, 其中东门损毁。南门原为砖券拱门, 券顶塌毁, 仅存条石基础和砖砌墙体, 条石长 150、厚 25 厘米, 砖长 49、宽 18、厚 9 厘米。门洞外宽 3.5、内宽 2.5、高 3.4、外进深 5.6、内进深 2.5 米。门洞东壁嵌石碑一块, 记录了清道光十三年 (1833 年) 维修南门的事件。门洞地面有铺石; 门洞顶部有平铺的木板, 木板上方有现代堆叠的砖。北门为砖券拱门, 条石基础高 1 米, 条石长 80～120、厚 25 厘米, 砖券为五伏五券, 门洞外宽 2.8、内宽 3.5、外高 3、内高 3.2、外进深 4、内进深 9.8 米。门洞东壁嵌石碑一块, 记录了明天启七年 (1627 年) 重修平型关堡的情况。北门内两侧有登城步道, 宽 3.5～5 米, 铺砖而成。北门内门洞两侧墙体各嵌石碑一块, 碑呈横长方形, 系保护标志碑记, 西侧一块横书"平型关战役遗址"7 字, 东侧一块模糊不清。北门墙体顶部有现代砖砌城楼, 成为供神灵之所。南北门外原均设瓮城, 现南门外瓮城损毁; 北门外瓮城平面呈矩形, 东、西、北墙长 98 米。瓮城墙为砖墙, 外部砖石砌筑; 内部为夯土墙, 夯层厚 0.1～0.3 米, 墙体底宽 9、顶宽 1～8、残存最高 9 米。瓮城东墙设门, 为砖券拱门, 三伏三券, 门洞外宽 3.1 米、内宽 4 米、外高 4.1 米、内高 7.1 米、外进深 4.7 米、内进深 4.2 米。门洞内有两扇门板, 门板宽 1.7 米、高 4.4 米、厚 0.25 米, 门闩高 1.7 米、栓径 0.2 米。瓮城东门墙体底宽 7 米、顶宽 6.6 米、残高 9.8 米。北墙顶部距北门东侧 9 米处有铺舍 1 座, 东西 19 米、南北 18 米, 南北两端凸出墙体, 高 9 米。东墙在东门两侧各有 1 座马面, 南马面宽 9 米、凸出墙体 6 米、高 8 米, 北马面宽 6 米、凸出墙体 3.7 米、高 8 米。堡墙四角设角台, 东北角台宽 6 米、凸出墙体 2.9 米、高 9 米; 东南角台宽 6 米、凸出墙体 2.7 米、残高 4 米; 西南角台宽 6 米、凸出墙体 2.9 米、高 9 米; 西北角台宽 6 米、凸出墙体 2.7 米、残高 5 米。堡内有楼台 1 座, 系过街戏台, 南北通透, 面阔三间, 8.6 米, 进深两间, 8.7 米, 上下两层。戏台东西壁为砖墙, 其中东壁砖墙无存; 存戏台立柱、横梁; 顶部为硬山顶, 出檐 0.8 米。平型关堡东北侧有碧霞宫, 存清代记录重修庙宇情况的石碑 2 块。

堡整体保存一般。堡墙坍塌损毁, 砖石大多无存; 东门损毁, 南门券顶塌毁; 南门外瓮城无存;

平型关堡　何宇飞摄

堡内楼台坍塌严重。造成损毁的自然因素主要有风雨侵蚀、植物生长等；人为因素主要有居民拆毁堡墙砖石等。

平型关堡位于恒山山区地势开阔的丘陵地带。堡内满布现代民居，有居民 500 余人。

4. 六郎城堡

位于横涧乡平型关村东 1 千米、平型关东段长城墙体西 0.9 千米、平型关西段长城西南 0.55 千米处，高程 1419 米。西距平型关堡 0.67 千米，东北距平型关 1.4 千米，西南距平型关堡东南烽火台 1.4 千米，西南距平型关堡东南烽火台 1.5 千米。

堡平面呈矩形，坐西朝东，东西 120 米、南北 220 米，周长 680 米；占地面积 26400 平方米。现存设施、遗迹主要有部分堡墙。堡墙为土墙，黄土夯筑而成，夯层厚 0.2 米。南墙保存较好，长 120 米，底宽 6 米，顶宽 2～3 米；西墙存长 128 米，底宽 6 米，顶宽 1～2 米；北墙仅存数米，残高 8.5 米；东墙无存。

堡整体保存差。堡墙坍塌损毁严重。城门及堡内建筑无存。造成损毁的自然因素主要有风雨侵蚀、植物生长等；人为因素主要是堡内为耕地、农业生产活动破坏堡墙。

六郎城堡位于恒山山区地势较高的台地上，堡内无居民。

5. 团城口关

位于横涧乡团城口村，团城口长城墙体上，高程 1581 米。

关平面呈圆形，坐西北朝东南，周长 125.6 米，占地面积 1256 平方米。现存设施、遗迹主要有关墙、城门 1 座等。关墙为砖墙，外部砖石砌筑；内部为夯土墙，黄土夯筑而成，夯土中夹杂碎石，夯层厚 0.2～0.4 米。关墙底宽 5 米、顶宽 2～3 米、外侧残高 6 米、内侧残高 2～2.5 米。关墙东南有豁口，宽 6 米，可能为城门所在。

关整体保存一般。关墙仍较连续，坍塌损毁严重，砖石大多无存；城门为豁口。造成损毁的自然因素主要有风雨侵蚀、植物生长等；人为因素主要有居民拆毁堡墙砖、石等。

团城口关位于地势较高的一处山顶上关内原有居民，现外迁。

6. 齐城堡

位于大营镇齐城村中，高程 1206 米。

堡平面呈矩形，坐西朝东，周长 300 米，占地面积 3161 平方米。现存设施、遗迹主要有部分堡墙。堡墙为砖墙，外部砖石砌筑；内部为夯土墙，黄土夯筑而成。东墙中部有宽 30 米的豁口，豁口南端有长 30 米、北端有长 7 米的残墙；南墙中部为民房，民房东端有长 20 米、西端有长 10 米残墙，东段墙体底宽 4、顶宽 0.5～1.5、残存最高 8 米；西墙存南段 15 米；北墙中部有 18 米宽的豁口。

堡整体保存较差。堡墙坍塌损毁严重，断断续续，砖石大多无存，城门及堡内建筑无存。造成损毁的自然因素主要有风雨侵蚀、植物生长等；人为因素主要有居民拆毁堡墙砖石、利用堡墙建筑房屋等。

齐城堡位于滹沱河谷地北侧地势平坦的缓坡上，堡内满布现代民居，有居民 700 余人。齐城村紧邻 240 省道，交通便利。

7. 贾家井堡

位于金山铺乡贾家井村西，高程 1157 米。

堡平面呈矩形，坐北朝南，边长 61 米，周长 244 米，占地面积 3721 平方米。现存设施、遗迹主要有部分堡墙。堡墙为土墙，黄土夯筑而成，夯层厚 0.2～0.22 米。存西、北墙，东、南墙消失。堡墙底宽 2.6～3.2、顶宽 0.4～1.2、残存最高 3.4 米。

堡整体保存较差。堡墙坍塌损毁严重，城门及堡内建筑无存。造成损毁的自然因素主要有风雨侵蚀、植物生长等；人为因素主要是堡内为耕地、农业生产活动破坏堡墙等。

贾家井堡位于滹沱河谷地，堡内无居民。贾家井村位于贾家井堡东，有居民 320 余人。贾家井村北邻 108 国道和京原铁路，交通便利。

8. 山会堡

位于东山乡山会村东，高程 1115 米。

堡平面呈矩形，坐北朝南，边长 61 米，周长 244 米，占地面积 3721 平方米。现存设施、遗迹主要有部分堡墙、城门1座、敌台1座等。堡墙为砖墙，外部砖石砌筑；内部为夯土墙，黄土夯筑而成，夯层厚0.18～0.2米。墙体底宽3.8米、顶宽2.2米、残存最高3.2米。西南、西北部分墙体消失。南墙东段设城门，现为豁口，宽5米、进深4米。南墙正中有敌台1座，骑墙而建，平面呈矩形，底部东西10米、南北9米，顶部东西4.5米、南北4米、高出墙体3米。

堡整体保存较差。堡墙坍塌损毁严重，砖石大多无存。造成损毁的自然因素主要有风雨侵蚀、植物生长等；人为因素主要是堡内为耕地、农业生产活动破坏堡墙、居民拆毁堡墙砖石等。

山会堡位于滹沱河谷地南侧地势平坦的缓坡上，堡内无居民。山会村位于山会堡西，有居民560余人。贾家井村北邻108国道和（北）京（太）原铁路，西邻205省道，交通便利。

9. 下双井堡

位于集义庄乡下双井村西0.6千米处，高程1133米。

堡面呈椭圆形，坐西朝东，东西86、南北62米，周长232米，占地面积4300平方米。现存设施、遗迹主要有堡墙、城门1座、马面1座、烽火台1座等。堡墙为砖墙，外部砖石砌筑；内部为夯土墙，黄土夯筑而成，夯层厚0.2～0.22米。墙体底宽2.6～3.2米、顶宽0.4～0.8米、残高1～6.6米。东墙正中设城门1座，现为豁口，宽2.3米、高2.2米、进深3.2米。北墙西侧有马面1座，倚墙而建，平面呈矩形，底部东西4.2米、凸出堡墙4.2米。堡内东南部有下双井烽火台。

堡整体保存较差。堡墙坍塌损毁严重，砖石无存。造成损毁的自然因素主要有风雨侵蚀、植物生长等；人为因素主要是堡内为耕地、农业生产活动破坏堡墙、居民拆毁堡墙砖石等。

下双井堡位于滹沱河谷地北侧地势平坦之处，堡内无居民。下双井村位于下双井堡东，有居民500余人。下双井村南邻108国道和京原铁路。

10. 大沟堡

位于下茹越乡大沟村东0.1千米处，高程1034米。

堡平面呈矩形，坐北朝南，东西70米、南北90米，周长320米，占地面积6300平方米。现存设施、遗迹主要有堡墙、城门1座、敌台3座、角台4座等。堡墙为土墙，黄土夯筑而成，夯层厚0.18～0.22米，底宽2.4～3.6米、顶宽0.6～1.4米、残高3～8米。南墙正中设城门1座，现为豁口，宽20米。东、西、北墙正中各设敌台1座。堡墙四角各设角台一座。敌台、角台平面均呈矩形，凸出墙体4～6米、高出墙体约2米。

堡整体保存较差。堡墙坍塌损毁严重，西、北墙保存一般，东、南墙保存差。堡墙设施基本完整，南门已为豁口。造成损毁的自然因素主要有风雨侵蚀、植物生长等；人为因素主要是堡内原为耕地，现为松林，农业生产和植树造林活动破坏堡墙，堡内西部有通信塔架等。堡南墙外有1座新建寺庙。

大沟堡位于滹沱河谷地北侧地势略高的一处台地上，堡内无居民。大沟村位于大沟堡西，现有村民800余人。大沟村和大沟堡北侧紧邻108国道，南邻京原铁路。

11. 下寨堡

位于下茹越乡下寨村内，高程1148米。西北距下寨西梁南堡、北堡0.4千米。

堡平面呈矩形，坐南朝北，边长约70米，周长280米，占地面积4900平方米。现存设施、遗迹主要有堡墙、城门1座、角台4座等。堡墙为石墙，底部石块砌筑，石块基础高2.4米；上部为夯土墙，黄土夯筑而成。墙体底宽6米、顶宽0.6～1.4米、残高7.4～9.8米，堡墙基本连续。北墙中部设城门1座，为石券拱门，条石基础，石券为一伏一券。堡墙四角各有角台1座。

堡整体保存一般。堡墙基本连续，堡墙坍塌损毁严重，堡墙设施基本完整。造成损毁的自然因素主要有风雨侵蚀、植物生长等；人为因素主是利用堡墙建筑房屋、取土挖损堡墙等。

下寨堡位于滹沱河谷地北侧山坡，西临季节性河流。堡内有现代民居，有居民10余人；堡外有居民500余人。下寨村南邻108国道和京原铁路，西侧紧邻通往下茹越乡的乡村公路。

12. 下寨西梁北堡

位于下茹越乡下寨村西北0.3千米处，高程1194米。南距下寨西梁南堡0.008千米，东南距下寨堡0.4千米，西北距下寨烽火台0.4千米。

堡平面呈矩形，坐北朝南，周长230米，占地面积2550平方米。现存要设施、遗迹主要有堡墙、马面1座、角台2座等。堡墙为土墙，黄土夯筑而成，夯层厚0.18～0.22米。北墙保存一般，底宽2.6～3.6米、顶宽0.3～1.2米、残高6.6米；东墙残高3.4米；南墙残高3.4米，有两个豁口；西墙外侧残高2.6～3.6米。北墙设马面1座，马面平面呈矩形，残高8.2米。堡墙东南、西南角有角台，角台平面呈矩形，底部东西30米、南北85米。堡整体保存较差。堡墙基本连续。堡墙坍塌损毁严重。城门无存。造成损毁的自然因素主要有风雨侵蚀、植物生长等，人为因素主要是堡内为耕地、农业生产活动破坏堡墙等。下寨西梁北堡位于滹沱河谷地北侧山坡地区，东临季节性河流，堡内无居民。下寨村位于下寨西梁北堡东南，有居民500余人。下寨村南邻108国道和京原铁路，西侧紧邻通往下茹越乡的乡村公路。

13. 下寨西梁南堡

位于下茹越乡下寨村西北0.3千米处，高程1193米。北距下寨西梁北堡0.008千米，东南距下寨堡0.4千米，西北距下寨烽火台0.4千米。

堡平面呈矩形，坐南朝北，东西46米、南北65米，周长222米，占地面积2990平方米。现存设施、遗迹主要有堡墙、城门1座、角台2座等。堡墙为土墙，砂土夯筑而成，夯土中夹杂黑色碎石，夯层厚0.26米，夯层间有石灰岩、砂岩石块层。墙体底宽2.2米、顶宽0.3～0.8米、残高0.4～6.1米。西墙坍塌损毁，仅存地面痕迹，东、南、北墙较连续。北墙设城门1座，现为豁口，宽3.2米。堡墙东北、西北角有角台。

堡整体保存较差。造成损毁的自然因素主要有风雨侵蚀、植物生长等；人为因素主要是堡内为耕地、农业生产活动破坏堡墙等。

下寨西梁南堡位于滹沱河谷地北侧山坡地区，东临季节性河流，堡内无居民。下寨村位于下寨西梁南堡东南，有居民500余人。下寨村南邻108国道和京原铁路，西侧紧邻通往下茹越乡的乡村公路。

（三）单体建筑

1. 敌台

繁峙县敌台79座，详情见下表。

繁峙竹帛口长城"茨字贰拾陆号台"东匾 李培林摄

名称	编码	地点	坐标	材质	建筑方式	平面形制	剖面形制	尺寸	附属设施
马头山敌台	1409243521011170001	神堂堡乡神堂堡村东	东经：113°57′09.30″ 北纬：39°06′44.40″ 高程：997米	石	外部石块砌筑而成，石块长30～50、厚20～30厘米	矩形	梯形	台体底部边长8、残高3米	无
大王梁1号敌台	1409243521011170018	横涧乡东水沟村东北2.5千米	东经：113°57′06.80″ 北纬：39°15′08.00″ 高程：1409米	砖	外部砖石砌筑；内部为夯土台体，黄土夯筑而成，夹杂碎石，夯层厚0.2米	矩形	梯形	台体底部东西13、南北9米，顶部东西10、南北7米，东壁残高3米	无
大王梁2号敌台	1409243521011170019	横涧乡东水沟村东北3千米	东经：113°57′27.50″ 北纬：39°15′17.10″ 高程：1479米	砖	外部砖石砌筑；内部为夯土台体，砂土夯筑而成，夯层厚0.2米	矩形	梯形	台体底部边长6、顶部边长4、残高2.5米	无
大王梁3号敌台	1409243521011170020	横涧乡东水沟村东北3.6千米	东经：113°57′40.80″ 北纬：39°15′38.20″ 高程：1516米	砖	外部砖石砌筑；内部为夯土台体，砂土夯筑而成，夯层厚0.2米	矩形	梯形	台体底部东西5、南北6米，顶部东西2、南北3米，东壁残高5米	无
大王梁4号敌台	1409243521011170021	横涧乡桥儿沟村东2.5千米	东经：113°57′44.30″ 北纬：39°16′01.10″ 高程：1622米	砖	外部砖石砌筑；内部为夯土台体，夯层厚0.2米	矩形	梯形	台体底部边长11、顶部边长2、残高6.5米	无
大王梁5号敌台	1409243521011170022	横涧乡桥儿沟村东北2.3千米	东经：113°57′32.90″ 北纬：39°16′10.50″ 高程：1596米	砖	外部砖石砌筑；内部为夯土台体，砂土夯筑而成，夯层厚0.2米	矩形	梯形	台体底部边长12米，顶部东西2.5、南北6米，残高9米	无
大王梁6号敌台	1409243521011170023	横涧乡桥儿沟村东北2.3千米	东经：113°57′31.40″ 北纬：39°16′16.90″ 高程：1586米	砖	外部砖石砌筑；内部为夯土台体，夯层厚0.2米	矩形	梯形	台体底部边长15、顶部边长8、残高6米	无
大王梁7号敌台	1409243521011170024	横涧乡桥儿沟村东北2.3千米	东经：113°57′29.80″ 北纬：39°16′20.60″ 高程：1552米	砖	外部砖石砌筑；内部为夯土台体，砂土夯筑而成，夯层厚0.2米	矩形	梯形	台体底部边长10、顶部边长4、残高4.5米	无

续表

名称	编码	地点	坐标	材质	建筑方式	平面形制	剖面形制	尺寸	附属设施
大王梁8号敌台	1409243521011170025	横涧乡桥儿沟村东北2.3千米	东经：113°57′31.30″ 北纬：39°16′26.50″ 高程：1518米	砖	外部砖石砌筑；内部为夯土台体，砂土夯筑而成，夯层厚0.2米	矩形	梯形	台体底部东西12、南北14米，顶部东西2、南北6米，残高9米	无
大王梁9号敌台	1409243521011170026	横涧乡桥儿沟村东北2.5千米	东经：113°57′35.30″ 北纬：39°16′29.90″ 高程：1520米	砖	外部砖石砌筑；内部为夯土台体，砂土夯筑而成，夯层厚0.2～0.25米	矩形	梯形	台体底部边长13米，顶部东西8、南北6米，残高3米	无
平型关东段1号敌台	1409243521011170027	横涧乡贾家沟村东北1.5千米	东经：113°56′35.30″ 北纬：39°17′36.40″ 高程：1574米	砖	外部砖石砌筑；内部为夯土台体，砂土夯筑而成，夹杂碎石，夯层厚0.2～0.4米	矩形	梯形	台体底部东西14、南北11米，顶部东西11、南北8米，壁残高11、北壁残高4米	无
平型关东段2号敌台	1409243521011170028	横涧乡贾家沟村东北1.8千米	东经：113°56′25.60″ 北纬：39°17′45.70″ 高程：1631米	砖	外部砖石砌筑；内部为夯土台体，砂土夯筑而成，夹杂碎石，夯层厚0.2～0.3米	矩形	梯形	台体底部边长11，顶部边长4，残高2.5米	无
平型关东段3号敌台	1409243521011170029	横涧乡平型关村东北1.5千米	东经：113°55′31.60″ 北纬：39°18′59.40″ 高程：1622米	砖	外部砖石砌筑；内部为夯土台体，砂土夯筑而成，夹杂碎石，夯层厚0.2～0.3米	矩形	梯形	台体底部边长9，顶部边长2，残高6米	无
平型关西段1号敌台	1409243521011170030	横涧乡平型关村东北1.4千米	东经：113°55′14.50″ 北纬：39°19′18.00″ 高程：1550米	砖	外部砖石砌筑；内部为夯土台体，砂土夯筑而成，夹杂碎石，夯层厚0.2～0.3米	矩形	梯形	台体底部边长9.3、顶部边长8，残高8米	无
平型关西段2号敌台	1409243521011170031	横涧乡平型关村东北1.2千米	东经：113°55′07.20″ 北纬：39°19′15.90″ 高程：1554米	砖	外部砖石砌筑；内部为夯土台体	矩形	梯形	台体底部东西7、南北5.7米，顶部东西5、南北3.7米，残高3.5米	无
平型关西段3号敌台	1409243521011170032	横涧乡平型关村东北1.1千米	东经：113°54′59.70″ 北纬：39°19′15.90″ 高程：1556米	砖	外部砖石砌筑；内部为夯土台体，砂土夯筑而成，夹杂碎石，夯层厚0.1～0.16米	矩形	梯形	台体底部东西7、南北6.5米，顶部东西3、南北2米，残高5米	无
平型关西段4号敌台	1409243521011170033	横涧乡平型关村东北1.2千米	东经：113°54′55.20″ 北纬：39°19′20.20″ 高程：1567米	砖	外部砖石砌筑；内部为夯土台体，砂土夯筑而成，夹杂碎石，夯层厚0.2～0.24米	矩形	梯形	台体底部东西5～8、南北9米，顶部东西2～3、南北7米，残高4～9米	无
平型关西段5号敌台	1409243521011170034	横涧乡平型关村东北1.2千米	东经：113°54′48.30″ 北纬：39°19′27.10″ 高程：1540米	砖	外部砖石砌筑；内部为夯土台体，砂土夯筑而成，夹杂碎石，夯层厚0.2～0.3米	矩形	梯形	台体底部东西10、南北8米，顶部东西9、南北6米，残高6.5米	无

续表

名称	编码	地点	坐标	材质	建筑方式	平面形制	剖面形制	尺寸	附属设施
平型关西段6号敌台	1409243521 01170035	横涧乡平型关村东北1.3千米	东经：113°54′44.00″ 北纬：39°19′25.80″ 高程：1544米	砖	外部砖石砌筑；内部为夯土台体，砂土夯筑而成，夹杂碎石，夯层厚0.2米	矩形	梯形	台体底部东西8、南北6米，顶部东西5、南北4米，残高5米	无
平型关西段7号敌台	1409243521 01170036	横涧乡平型关村东北1.3千米	东经：113°54′39.40″ 北纬：39°19′29.00″ 高程：1538米	砖	外部砖石砌筑；内部为夯土台体，砂土夯筑而成，夹杂碎石，夯层厚0.25～0.4米	矩形	梯形	台体底部东西9、南北8米，顶部东西5.5、南北6米，残高6米	无
平型关西段8号敌台	1409243521 01170037	横涧乡平型关村东北1.4千米	东经：113°54′36.40″ 北纬：39°19′32.50″ 高程：1526米	砖	外部砖石砌筑；内部为夯土台体，砂土夯筑而成，夹杂碎石，夯层厚度不详	矩形	梯形	台体底部东西5、南北7米，顶部东西2、南北5米，残高6米	无
平型关西段9号敌台	1409243521 01170038	横涧乡平型关村北1.4千米	东经：113°54′30.90″ 北纬：39°19′31.70″ 高程：1540米	砖	外部砖石砌筑，条石基础，上部包砖，条石基础9层，条石长50～90、厚15～20厘米；内部为夯土台体，砂土夯筑而成，夹杂碎石，夯层厚0.1～0.25米	矩形	梯形	台体底部东西10、南北12米，顶部东西5、南北7米，残高8米	无
平型关西段10号敌台	1409243521 01170039	横涧乡平型关村北1.4千米	东经：113°54′31.40″ 北纬：39°19′34.10″ 高程：1509米	砖	外部砖石砌筑；内部为夯土台体，砂土夯筑而成，夹杂碎石，夯层厚0.2～0.25米	矩形	梯形	台体底部边长5、顶部边长3、残高3.5米	无
平型关西段11号敌台	1409243521 01170040	横涧乡平型关村北1.5千米	东经：113°54′29.20″ 北纬：39°19′35.70″ 高程：1505米	砖	外部砖石砌筑；石块基础，上部包砖，石块基础为白灰勾缝，高3.5米，石块长40～70、厚10～50厘米；内部为夯土台体，砂土夯筑而成，夹杂碎石，夯层厚0.2米	矩形	梯形	台体底部边长12米，顶部东西8、南北6米，残高5.5米	台体西壁石墙下有一块黑色岩石，宽0.3、高0.6、厚0.12米，阴刻"东跑池南界"，敌台北有东跑池村（灵丘县白崖台乡）
平型关西段12号敌台	1409243521 01170041	横涧乡平型关村北1.6千米	东经：113°54′27.60″ 北纬：39°19′40.50″ 高程：1504米	砖	外部砖石砌筑；内部为夯土台体，砂土夯筑而成，夹杂碎石，夯层厚0.2～0.3米，夯层中夹杂一层石块	矩形	梯形	台体底部边长9米，顶部东西6、南北5米，残高9米	敌台位于平型关西段长城东侧，有短墙将敌台和长城连接。短墙长12、底宽3、顶宽2米

续表

名称	编码	地点	坐标	材质	建筑方式	平面形制	剖面形制	尺寸	附属设施
平型关西段13号敌台	1409243521101170042	横涧乡平型关村西北1.7千米	东经：113°54′13.70″ 北纬：39°19′41.70″ 高程：1522米	砖	外部砖石砌筑，条石基础，上部包砖；内部为夯土台体，砂土夯筑而成，夹杂碎石，夯层厚0.14～0.25米	矩形	梯形	台体底部东西12、南北8米，顶部东西10、南北6米，残高5.5米	无
平型关西段14号敌台	1409243521101170043	横涧乡平型关村西北1.8千米	东经：113°54′12.30″ 北纬：39°19′44.20″ 高程：1519米	砖	外部砖石砌筑，条石基础，上部包砖；内部为夯土台体，夯层厚0.15～0.4米	矩形	梯形	体底部东西12、南北9米，顶部东西3、南北2米，残高8米	无
平型关西段15号敌台	1409243521101170044	横涧乡平型关村西北2千米	东经：113°54′04.20″ 北纬：39°19′50.90″ 高程：1505米	砖	外部砖石砌筑，石块基础，上部包砖，石块基础西壁高2.2米，石块长30～50、厚10～15厘米；内部为夯土台体，夯层厚0.2～0.3米	矩形	梯形	台体底部东西12、南北14米，顶部东西7、南北2米，残高12米	无
平型关西段16号敌台	1409243521101170045	横涧乡平型关村西北2.1千米，西跑池村东南1千米	东经：113°54′04.20″ 北纬：39°19′53.50″ 高程：1501米	砖	外部砖石砌筑，石块基础，上部包砖；内部为夯土台体，夯层厚0.05～0.2米	矩形	梯形	台体底部东西16、南北17米，顶部东西14、南北15米，残高9米	无
西跑池1号敌台	1409243521101170046	横涧乡西跑池村东1千米	东经：113°54′04.10″ 北纬：39°19′56.20″ 高程：1493米	砖	外部砖石砌筑，上部包砖，石块基础，西壁残高3.5米；内部为夯土台体，砂土夯筑而成，夹杂碎石，夯层厚0.2～0.3米	矩形	梯形	台体底部东西14、南北10米，顶部东西10、南北3.5米，东壁残高6、西壁残高1.5米	无
西跑池2号敌台	1409243521101170047	横涧乡西跑池村东	东经：113°54′02.10″ 北纬：39°19′57.40″ 高程：1499米	砖	外部砖石砌筑，条石基础，上部包砖，南壁条石基础10层，白灰勾缝，残高2.2米，条石长60～80、厚20～22厘米；内部为夯土台体，黄土夯筑而成，夹杂碎石，夯层厚0.2～0.3米	矩形	梯形	台体底部边长12，顶部边长8.5，残高6.6米	无

西跑池长城 刘玉柱摄

续表

名称	编码	地点	坐标	材质	建筑方式	平面形制	剖面形制	尺寸	附属设施
西跑池3号敌台	140924352101170048	横涧乡西跑池村东	东经：113°54′03.00″ 北纬：39°19′58.50″ 高程：1485米	砖	外部砖石砌筑，石块基础，上部包砖；内部为夯土台体，黄土夯筑而成，夯层厚0.15～0.25米	矩形	梯形	台体底部边长10米，顶部东西、南北5米，东壁残高5.5、西壁残高1.2米	无
西跑池4号敌台	140924352101170049	横涧乡西跑池村东	东经：113°54′01.70″ 北纬：39°19′59.60″ 高程：1478米	砖	外部砖石砌筑；内部为夯土台体，砂土夯筑而成，夹杂碎石，夯层厚0.15～0.25米	矩形	梯形	台体底部东西7、南北6米，顶部东西2、南北2.5米，残高5.5米	无
西跑池5号敌台	140924352101170050	横涧乡西跑池村东	东经：113°54′00.50″ 北纬：39°20′01.80″ 高程：1500米	砖	外部砖石砌筑；内部为夯土台体，黄土夯筑而成，夯层厚0.2米	矩形	梯形	台体底部边长4、顶部边长3、残高6.5米	无

续表

名称	编码	地点	坐标	材质	建筑方式	平面形制	剖面形制	尺寸	附属设施
西跑池6号敌台	140924352101170051	横涧乡西跑池村东	东经：113°53′59.40″ 北纬：39°20′03.80″ 高程：1500米	砖	外部砖石砌筑；内部为夯土台体，黄土夯筑而成，夯层厚0.2米，夯层中夹杂一层厚0.02米的碎石细沙	矩形	梯形	台体底部边长8.5、顶部边长6、南壁残高4、北壁残高9米	敌台位于西跑池长城东侧，有短墙将敌台和长城墙体连接；短墙长8、底宽3.5、顶宽1.2、残高5米
西跑池7号敌台	140924352101170052	横涧乡西跑池村东	东经：113°53′54.30″ 北纬：39°20′03.70″ 高程：1495米	砖	外部砖石砌筑；内部为夯土台体，黄土夯筑而成，夯层厚0.2～0.3米	矩形	梯形	台体底部边长9、顶部边长7、残高6米	无
西跑池8号敌台	140924352101170053	横涧乡西跑池村东	东经：113°53′50.30″ 北纬：39°20′07.20″ 高程：1496米	砖	外部砖石砌筑；内部为夯土台体，砂土夯筑而成，夹杂碎石，夯层厚0.2米	矩形	梯形	台体底部东西10、南北9米，顶部东西10、南北9米，残高4米	无
西跑池9号敌台	140924352101170054	横涧乡西跑池村东北	东经：113°53′46.90″ 北纬：39°20′16.40″ 高程：1502米	砖	外部砖石砌筑，石块基础，上部包砖，仅东壁残存部分石块；内部为夯土台体，砂土夯筑而成，夹杂碎石，夯层厚0.2米	矩形	梯形	台体底部边长9、顶部边长8、残高6米	无
西跑池10号敌台	140924352101170055	横涧乡西跑池村东北	东经：113°53′43.90″ 北纬：39°20′17.50″ 高程：1507米	砖	外部砖石砌筑，石块基础，上部包砖，仅南壁残存部分石块；内部为夯土台体	矩形	梯形	台体底部东西9、南北7米，顶部东西7、南北5米，残高9米	无
西跑池11号敌台	140924352101170047	横涧乡西跑池村东北1.5千米	东经：113°53′40.60″ 北纬：39°20′18.30″ 高程：1520米	砖	外部砖石砌筑；内部为夯土台体，黄土夯筑而成，夯层厚0.2～0.4米	矩形	梯形	台体底部边长8、顶部边长7、残高4米	敌台位于西跑池长城北侧，有短墙将敌台和长城墙体连接，短墙长5、底宽3.5米

续表

名称	编码	地点	坐标	材质	建筑方式	平面形制	剖面形制	尺寸	附属设施
杏洼岭2段1号敌台	140924352101170057	大营镇鹞涧村东南2.5千米	东经：113°53′09.70″ 北纬：39°21′01.40″ 高程：1592米	砖	外部砖石砌筑；内部为夯土台体，砂土夯筑而成，夹杂碎石，夯层厚0.15～0.2米	矩形	梯形	台体底部东西8、南北7.5米，顶部东西5.5、南北4.5米，东壁残高5.2米	无
杏洼岭2段2号敌台	140924352101170058	大营镇鹞涧村东南	东经：113°53′11.60″ 北纬：39°21′05.60″ 高程：1567米	砖	外部砖石砌筑；内部为夯土台体，黄土夯筑而成，夯层厚0.2～0.3米	矩形	梯形	台体底部边长6.5、顶部边长0.5、东壁高7、西壁残高2.5米	敌台位于杏洼岭长城2段东侧山坡上，有短墙将敌台和长城墙体连接，短墙长5、宽1.5、残高0.5米
杏洼岭2段3号敌台	140924352101170059	大营镇鹞涧村东南	东经：113°53′13.20″ 北纬：39°21′08.30″ 高程：1564米	砖	外部砖石砌筑，石块基础，上部包砖。石块基础北壁残高1.5米，东壁底部残存部分石块，石块长30～50、厚20厘米；内部为夯土台体，黄土夯筑而成，夯层厚0.22米	矩形	梯形	台体底部边长12、顶部边长6、东壁残高9.4、西壁残高5.4米	无
杏洼岭2段4号敌台	140924352101170060	大营镇鹞涧村东南	东经：113°53′16.30″ 北纬：39°21′11.40″ 高程：1573米	砖	外部砖石砌筑；内部为夯土台体，砂土夯筑而成，夹杂碎石，夯层厚0.2米	矩形	梯形	体底部边长10米，顶部东西6、南北7米，南壁残高7、北壁高2米	敌台位于杏洼岭长城2段东侧山坡上，有短墙将敌台和长垣墙体连接，短墙长5、底宽1.5、顶宽1～1.5、残高7米
团城口1号敌台	140924352101170061	大营镇团城口村南0.3千米	东经：113°53′21.60″ 北纬：39°21′45.80″ 高程：1594米	砖	外部砖石砌筑；内部为夯土台体，黄土夯筑而成，夯层厚0.2～0.3米	矩形	梯形	台体底部边长8、顶部边长6、残高2.8米	敌台位于团城口长城东侧，有短墙将敌台和长城墙体连接，短墙长7、底宽4.5、顶宽2.3、残高1.5米
团城口2号敌台	140924352101170062	大营镇团城口村东	东经：113°53′18.30″ 北纬：39°21′49.30″ 高程：1573米	砖	外部砖石砌筑；内部为夯土台体，黄土夯筑而成，夯层厚0.2～0.3米	矩形	梯形	台体底部边长9、顶部边长7米，残高5.5米	无

续表

名称	编码	地点	坐标	材质	建筑方式	平面形制	剖面形制	尺寸	附属设施
团城口3号敌台	1409243521011170063	大营镇团城口村东	东经：113°53′11.20″ 北纬：39°22′04.80″ 高程：1536米	砖	外部砖石砌筑；内部为夯土台体，黄土夯筑而成，夯层厚0.2～0.3米	矩形	梯形	台体底部东西6、南北12米，顶部东西5、南北10米，残高6米	无
团城口4号敌台	1409243521011170064	大营镇团城口村东	东经：113°53′09.10″ 北纬：39°22′05.90″ 高程：1567米	砖	外部砖石砌筑；内部为夯土台体，砂土夯筑而成，夹杂碎石，夯层厚0.2～0.3米	矩形	梯形	台体底部边长13、顶部边长8、南壁残高7、北壁残高5米	无
团城口5号敌台	1409243521011170065	大营镇团城口村东北	东经：113°53′05.70″ 北纬：39°22′08.80″ 高程：1550米	砖	外部砖石砌筑；内部为夯土台体，砂土夯筑而成，夹杂碎石，夯层厚0.2～0.3米	矩形	梯形	台体底部东西8、南北5米，顶部东西6、南北3米，残高5米	无
团城口6号敌台	1409243521011170066	大营镇团城口村东北	东经：113°53′04.70″ 北纬：39°22′11.60″ 高程：1555米	砖	外部砖石砌筑；内部为夯土台体，砂土夯筑而成，夹杂碎石，夯层厚0.2～0.4米	矩形	梯形	台体底部边长12、顶部边长8、东壁残高5、西壁残高2.5米	无
团城口7号敌台	1409243521011170067	大营镇团城口村东北	东经：113°53′02.40″ 北纬：39°22′17.10″ 高程：1550米	砖	外部砖石砌筑；内部为夯土台体，砂土夯筑而成，夹杂碎石，夯层厚0.2～0.4米	矩形	梯形	台体底部东西5、南北8米，顶部东西4、南北7米，残高3.5米	无
团城口8号敌台	1409243521011170068	大营镇团城口村东北	东经：113°53′00.70″ 北纬：39°22′18.60″ 高程：1542米	砖	外部砖石砌筑；内部为夯土台体，黄土夯筑而成，夹杂碎石，夯层厚0.2米	矩形	梯形	台体底部东西8、南北6米，顶部东西6、南北4米，东壁残高4米	无
团城口9号敌台	1409243521011170069	大营镇团城口村东北	东经：113°53′58.70″ 北纬：39°22′20.20″ 高程：1554米	砖	外部砖石砌筑；内部为夯土台体，砂土夯筑而成，夹杂碎石，夯层厚0.2～0.4米	矩形	梯形	台体底部边长8、顶部边长6、残高9米	敌台位于团城口长城东侧，有短墙将敌台和长城墙体连接。短墙长4、底宽5、顶宽2、残高4米

续表

名称	编码	地点	坐标	材质	建筑方式	平面形制	剖面形制	尺寸	附属设施
团城口10号敌台	1409243521011700700	大营镇团城口村东北	东经：113°52′55.70″ 北纬：39°22′21.40″ 高程：1577米	砖	外部砖石砌筑；内部为夯土台体，黄土夯筑而成，夹杂碎石，夯层厚0.2～0.3米	矩形	梯形	台体底部边长8、顶部边长6、残高6米	无
团城口11号敌台	1409243521011700711	大营镇团城口村北	东经：113°52′51.50″ 北纬：39°22′20.80″ 高程：1576米	砖	外部砖石砌筑；内部为夯土台体，砂土夯筑而成，夹杂碎石，夯层厚0.2～0.4米	矩形	梯形	台体底部东西4、南北4.5米，顶部东西2、南北1米，残高3米	无
团城口12号敌台	1409243521011700722	大营镇团城口村北	东经：113°52′44.60″ 北纬：39°22′20.10″ 高程：1572米	砖	外部砖石砌筑；内部为夯土台体，黄土夯筑而成，夯层厚0.2～0.4米	矩形	梯形	台体底部东西7、南北5米，顶部东西6、南北4米，残高7米	敌台位于团城口长城北侧，有短墙将敌台和长城墙体连接，短墙长7米
团城口13号敌台	1409243521011700733	大营镇团城口村北	东经：113°52′41.10″ 北纬：39°22′19.20″ 高程：1564米	砖	外部砖石砌筑；内部为夯土台体	矩形	梯形	台体底部东西6、南北8米，顶部东西4、南北5米，残高3米	无
团城口14号敌台	1409243521011700744	大营镇团城口村西北	东经：113°52′34.60″ 北纬：39°22′16.50″ 高程：1576米	砖	外部砖石砌筑；内部为夯土台体，黄土夯筑而成，夯层厚0.2～0.4米	矩形	梯形	台体底部东西14、南北10米，顶部东西9、南北7米，残高8米	无
团城口15号敌台	1409243521011700755	大营镇团城口村西北	东经：113°52′29.10″ 北纬：39°22′19.90″ 高程：1572米	砖	外部砖石砌筑；内部为夯土台体，黄土夯筑而成，夯层厚0.2米	矩形	梯形	台体底部长10、宽5.5、残高3米	无
团城口16号敌台	1409243521011700766	大营镇团城口村西北	东经：113°52′20.00″ 北纬：39°22′19.00″ 高程：1575米	砖	外部砖石砌筑；内部为夯土台体，黄土夯筑而成，夯层厚0.2～0.3米	矩形	梯形	台体底部东西6、南北5米，顶部东西4、南北3米，残高4米	敌台位于团城口长城北侧，有短墙将敌台和长城墙体连接，短墙长5米
团城口17号敌台	1409243521011700777	大营镇团城口村西北	东经：113°52′16.20″ 北纬：39°22′18.60″ 高程：1578米	砖	外部砖石砌筑；内部为夯土台体	矩形	梯形	台体底部东西5、南北3、残高1.5米	无

续表

名称	编码	地点	坐标	材质	建筑方式	平面形制	剖面形制	尺寸	附属设施
团城口18号敌台	1409243521011170078	大营镇团城口村西北	东经：113°52′10.70″ 北纬：39°22′17.40″ 高程：1586米	砖	外部砖石砌筑；内部为夯土台体，黄土夯筑而成	矩形	梯形	台体底部边长10米，顶部东西6、南北6米，残高7.5米	无
团城口19号敌台	1409243521011170079	大营镇团城口村西北2千米	东经：113°52′06.90″ 北纬：39°22′18.10″ 高程：1593米	砖	外部砖石砌筑；内部为夯土台体，砂土夯筑而成，夹杂碎石，夯层厚0.2~0.4米	矩形	梯形	台体底部边长8米，顶部东西5、南北6米，东壁残高7米	无
竹帛口"茨字叁拾肆号台"敌台	1409243521011170002	神堂堡乡韩庄村东南2千米	东经：113°53′01.50″ 北纬：39°09′33.10″ 高程：1189米	砖	外部砖石砌筑，条石基础，上部包砖。条石基础有8层，高3米，条石长50~110、厚30~40厘米，砖长42、宽22、厚9厘米	矩形	梯形	台体底部长10.4、宽10.3米，顶部长9.7、宽9.9米，残高9.6米	有台基，两层条石砌筑而成，长11.2、宽10.8、凸出台体0.6、高0.6米。东壁有石券拱门，宽0.8、高1.8米。拱门上方原有匾额，宽1.3、高0.5米，现无存。南、北壁有滴水，滴水宽0.2、凸出墙体0.7、高0.2米。东壁有箭窗2个，南、西、北壁有箭窗4个，箭窗宽0.62、高0.9米。箭窗下设射孔。顶部有垛口墙，残高0.8米。垛口下设射孔，射孔宽0.3、高0.35米。台体内部为回廊结构，回廊为砖券拱顶，宽1.2~1.4、高2.2米
竹帛口"茨字叁拾叁号台"敌台	1409243521011170003	神堂堡乡韩庄村东南1.5千米	东经：113°53′10.30″ 北纬：39°09′41.00″ 高程：1057米	砖	外部砖石砌筑，条石基础，上部包砖；内部为夯土台体，夹杂碎石砖	矩形	梯形	台体底部长11.5、宽7、残高8米	无
竹帛口"茨字叁拾贰号台"敌台	1409243521011170004	神堂堡乡韩庄村东南1千米	东经：113°53′19.80″ 北纬：39°09′47.40″ 高程：982米	砖	外部砖石砌筑，条石基础，上部包砖；内部为夯土台体，夹杂碎石砖，夯层厚0.2~0.3米	矩形	梯形	台体底部长15、宽7、残高6米	无

竹帛口长城　航拍/张凯、贾真

续表

名称	编码	地点	坐标	材质	建筑方式	平面形制	剖面形制	尺寸	附属设施
竹帛口"茨字叁拾壹号台"敌台	1409243352101170005	神堂堡乡韩庄村东1千米	东经：113°53′26.10″ 北纬：39°09′48.10″ 高程：1065米	砖	外部砖石砌筑，条石基础，上部包砖；内部为夯土台体	矩形	梯形	台体底部长18、宽5.5、残高2米	无
竹帛口"茨字叁拾号台"敌台	1409243352101170006	神堂堡乡韩庄村东1千米	东经：113°53′27.00″ 北纬：39°09′52.00″ 高程：1089米	砖	外部砖石砌筑，条石基础，上部包砖；内部为夯土台体，夹杂碎石砖，夯层厚0.2~0.3米	矩形	梯形	台体底部长17、宽10、残高5米	无
竹帛口"茨字贰拾玖号台"敌台	1409243352101170007	神堂堡乡韩庄村东1千米	东经：113°53′41.80″ 北纬：39°09′57.40″ 高程：1130米	砖	外部砖石砌筑，条石基础，上部包砖；内部为夯土台体，夹杂碎石砖	矩形	梯形	台体底部边长6.5、残高4米	无
竹帛口"茨字贰拾捌号台"敌台	1409243352101170008	神堂堡乡韩庄村东1千米	东经：113°53′35.70″ 北纬：39°09′59.70″ 高程：1092米	砖	外部砖石砌筑，条石基础，上部包砖，条石层残高2米；内部为夯土台体，夹杂碎石砖，夯层厚0.2米	矩形	梯形	台体底部边长10.5、残高5米	无

续表

名称	编码	地点	坐标	材质	建筑方式	平面形制	剖面形制	尺寸	附属设施
竹帛口"茨字贰拾柒号台"敌台	1409243521011700009	神堂堡乡韩庄村东1千米	东经：113°53′37.40″ 北纬：39°10′04.30″ 高程：1136米	砖	外部砖石砌筑，条石基础，上部包砖，石条层残高1.8~2.5米，条石长80~120、厚40~60厘米；内部为夯土台体，夹杂碎石砖，夯层厚0.2~0.3米	矩形	梯形	台体底部边长10.5、残高5.4米	无
竹帛口"茨字贰拾陆号台"敌台	1409243521011700010	神堂堡乡韩庄村东1千米	东经：113°53′42.70″ 北纬：39°10′07.80″ 高程：1140米	砖	外部砖石砌筑，条石基础，上部包砖，条石基础有7层，高3.4米，条石长80~120、厚40~50厘米	矩形	梯形	台体底部长11.57、宽9.08米，顶部长10、宽8米，残高11米	底部有台基，条石砌筑而成，高0.4米。上部南、北壁有石券拱门，宽0.88、高1.8米。拱门上方嵌有石匾，宽1.3、高0.7米，横书"茨字贰拾陆号台"。南、北壁有箭窗2个，东、西壁有箭窗4个，箭窗宽0.62、高1米。箭窗下设射孔。顶部有垛口墙，残高0.4米。垛口下设射孔，射孔宽0.3、高0.35米。台体内部为回廊结构，回廊为砖券拱顶，宽1.2~1.4、高2.4米
竹帛口"茨字贰拾伍号台"敌台	1409243521011700011	神堂堡乡韩庄村东1千米	东经：113°53′45.20″ 北纬：39°10′11.60″ 高程：1140米	砖	外部砖石砌筑，条石基础，上部包砖，条石基础有7层，高3.5米，条石长80~110、厚40~60厘米	矩形	梯形	台体底部长12.14、宽10.68、残高12.1米	底部有台基，条石砌筑而成，长11.8、宽10.6、高0.35米。上部南、北壁有石券拱门，宽0.82、高1.8米。拱门上方嵌有石匾，宽1.4、高0.7米，横书"茨字贰拾伍号台"。南、北壁有箭窗2个，东、西壁有箭窗4个，箭窗宽0.62、高1.1米。箭窗下设射孔。顶部有垛口墙，残高0.4米。垛口下设射孔。台体内部为回廊结构，回廊为砖券拱顶，宽1.2米

续表

名称	编码	地点	坐标	材质	建筑方式	平面形制	剖面形制	尺寸	附属设施
竹帛口"茨字贰拾肆号台"敌台	1409243521011170012	神堂堡乡韩庄村东北1千米	东经：113°53′48.20″ 北纬：39°10′14.80″ 高程：1134米	砖	外部砖石砌筑，条石基础，上部包砖，条石基础有7层，高2.7米，条石长60~110、厚20~40厘米	矩形	梯形	台体底部长12.265、宽9.15、残高10.9米	底部有台基，两层条石砌筑而成，长11.8、宽9.9、高0.6米。上部南、北壁有石券拱门，宽0.9、高1.95米。拱门上方嵌有匾额，宽1.6、高1.1米，横书"茨字拾肆号台"。北壁有箭窗2个，东、西壁有箭窗4个，箭窗宽0.62、高1米，箭窗下设射孔。顶部有垛口墙，残高0.9米。垛口下设射孔，宽0.3、高0.35米。台体内部为回廊结构，回廊为砖券拱顶，宽1.8、高2.4米
竹帛口"茨字贰拾叁号台"敌台	1409243521011170013	神堂堡乡韩庄村东北1千米	东经：113°53′46.40″ 北纬：39°10′19.50″ 高程：1189米	砖	外部砖石砌筑，条石基础，上部包砖，条石基础有7层，高2.6米，条石长70~110、厚30~40厘米	矩形	梯形	台体底部长12.65、宽10、残高10.6米	底部有台基，高0.7米。上部南、北壁有石券拱门，拱门上方嵌有匾额，横书"茨字贰拾叁号台"。北壁有箭窗2个，东、西壁有箭窗4个。箭窗下设射孔。顶部有垛口墙，残高1米。垛口下设射孔
竹帛口"茨字贰拾贰号台"敌台	1409243521011170014	神堂堡乡韩庄村东北1千米	东经：113°53′49.80″ 北纬：39°10′20.10″ 高程：1215米	砖	外部砖石砌筑，条石基础，上部包砖，条石基础有9层，高4.1米，条石长80~120、厚45~50厘米，砖长42、宽20、厚10厘米	矩形	梯形	台体底部长10.7、宽10、残高11.65米	底部有台基，长11、宽10.6、高0.35米。上部南、北壁有石券拱门。拱门上方原嵌有匾额。北壁有箭窗2个，东、西壁有箭窗4个。箭窗下设射孔。顶部有垛口墙，残高1米。垛口下设射孔

续表

名称	编码	地点	坐标	材质	建筑方式	平面形制	剖面形制	尺寸	附属设施
白坡头敌台	140924352101170017	横涧乡白坡头村南1千米处	东经：113°51′16.80″ 北纬：39°12′43.50″ 高程：1281米	土	夯筑而成，夯层厚0.2~0.25米	矩形	梯形	台体底部长14.5、宽12.5米，顶部长12、宽10米，残高4~5米	无

2. 烽火台

繁峙县烽火台33座，详情见下表。

名称	编码	地点	坐标	材质	建筑方式	平面形制	剖面形制	尺寸	附属设施
大王梁烽火台	140924353201170086	横涧乡东水沟村东北3千米的山顶上	东经：113°56′59.60″ 北纬：39°15′00.20″ 高程：1435米	砖	外部砖石砌筑；内部为夯土台体，黄土夯筑而成，夯层厚0.1~0.2米	矩形	梯形	台体底部边长12米，顶部东西5、南北6米，残高7米	无
平型关堡东南烽火台（当地俗称烟墩）	140924353201170084	横涧乡平型关村东南0.96千米	东经：113°54′32.10″ 北纬：39°18′17.20″ 高程：1415米	砖	外部砖石砌筑，条石基础，上部包砖，内部为夯土台体，夯层厚0.2米。附近散落的条石长80~120、宽40~60、厚30~50厘米	矩形	梯形	台体底部边长9.5、顶部边长7、残高5.6米	台体四周有围墙，平面呈方矩形，边长28、底宽1.3、顶宽1、外侧残高2.7米。围墙系石墙，条石无存，散落于附近
平型关堡西南烽火台（当地俗称卧羊台）	140924353201170080	横涧乡平型关村西南0.86千米	东经：113°54′07.40″ 北纬：39°18′26.40″ 高程：1390米	砖	外部砖石砌筑；内部为夯土台体，夯层厚0.1~0.3米。台体四壁有数处纵向长方形沟槽，宽0.7、高1.4~1.7、进深0.4~0.5米	矩形	梯形	台体底部边长14.5、残高12.5米	无
白坡头村西烽火台（当地俗称白坡头烽火台）	140924353201170082	横涧乡白坡头村西1千米的煤场内	东经：113°50′06.70″ 北纬：39°13′48.40″ 高程：1308米	砖	外部砖石砌筑；内部为夯土台体，夹杂碎石，夯层厚0.15~0.2米	矩形	梯形	台体底部边长6、顶部边长2.2、残高5米	无

续表

名称	编码	地点	坐标	材质	建筑方式	平面形制	剖面形制	尺寸	附属设施
西连仲村南烽火台	1409243532011700085	横涧乡西连仲村南1千米	东经：113°50′34.10″ 北纬：39°14′11.00″ 高程：1265米	砖	外部砖石砌筑；内部为夯土台体，夯层厚0.1～0.15米	矩形	梯形	台体底部东西10.5、南北6米；顶部东西9.5、南北5米，残高4米	台体四周有围墙，平面呈矩形，边长30、底宽1.6、顶宽0.6～1.2、残高2～3米
小孤山烽火台	1409243532011700081	横涧乡横涧村东约1千米的小孤山山顶上	东经：113°53′40.20″ 北纬：39°16′27.50″ 高程：1264米	砖	外部砖石砌筑；内部为夯土台体，黄土夯筑而成，夹杂碎石、砖块，夯层厚0.2米。	矩形	梯形	台体底部边长11、顶部边长9、残高8米	无
孤山烽火台（当地俗称大孤山烽火台）	1409243532011700083	横涧乡孤山铺村南孤山山顶上	东经：113°50′06.80″ 北纬：39°16′22.10″ 高程：1343米	砖	外部砖石砌筑；条石基础，上部包砖，北壁条石基础有9层，高1.6米，南壁条石基础高1.2米。条石长50～110、厚15～20厘米。东壁砖墙存高2.4、北壁砖墙存高3.2米；内部为夯土台体，夹杂碎石，夯层厚0.1～0.2米	矩形	梯形	台体底部边长13、顶部边长8.8、残高8.04米	底部有台基，凸出台体0.08、高0.14米
烟墩梁烽火台	1409243532011700089	横涧乡小西沟村北2千米	东经：113°51′03.90″ 北纬：39°18′58.20″ 高程：1538米	土	夯筑而成，夯层厚0.15～0.2米	矩形	梯形	台体底部东西8、南北10米，顶部东西6.5、南北8.5米，残高9米	台体周围有壕沟，距台体6、壕沟宽3、深3米
迷回村烽火台	1409243532011700088	大营镇迷回村东	东经：113°51′33.20″ 北纬：39°20′30.40″ 高程：1346米	砖	外部砖石砌筑；内部为夯土台体，黄土夯筑而成，夯层厚0.2～0.3米	矩形	梯形	底部东西10、南北12米，顶部东西6、南北7米，残高7.5米	无
迷回村北烽火台	1409243532011700087	大营镇迷回村北1.5千米	东经：113°51′24.60″ 北纬：39°21′09.30″ 高程：1473米	砖	外部砖石砌筑；内部为夯土台体，黄土夯筑而成，夯层厚0.1米	矩形	梯形	台体底部边长10、顶部边长8、残高5.5米	台体四周有围墙，平面呈矩形，边长30、底宽2.5、顶宽0.2～0.5、外侧残高1.5、内侧残高0.5米

续表

名称	编码	地点	坐标	材质	建筑方式	平面形制	剖面形制	尺寸	附属设施
龙山烽火台	1409243532011170112	大营镇南洪水村西龙山山顶上	东经：113°42′55.90″ 北纬：39°19′03.50″ 高程：1289米	砖	外部砖石砌筑，条石基础，上部包砖，条石基础高1.3米，砌砖高9.2米；内部为夯土台体，黄土夯筑而成，夯层厚0.2~0.3米	矩形	梯形	台体底部边长13、顶部边长10、残高10.5米	台体周围有壕沟，距台体6、宽3、深3米
金山铺烽火台	1409243532011170090	金山铺乡金山铺村北0.25千米	东经：113°40′33.70″ 北纬：39°17′51.10″ 高程：1167米	土	黄土夯筑而成，夯层厚0.26~0.28米	矩形	梯形	台体底部东西5.2、南北7.2米，顶部东西4.2、南北6米，残高3.2米	无
下狼涧烽火台	1409243532011170091	金山铺乡下狼涧村西南0.9千米	东经：113°38′15.10″ 北纬：39°18′10.10″ 高程：1134米	土	黄土夯筑而成，夯层厚0.26~0.28米	矩形	梯形	台体底部边长12.6、顶部边长8、残高7.2米	无
小南川烽火台	1409243532011170106	柏家庄乡小南川村西南2千米	东经：113°37′05.20″ 北纬：39°21′31.00″ 高程：1515米	土	黄土夯筑而成，夯层厚0.2米	矩形	梯形	台体底部边长8.2、顶部边长3.6、残高8.2米	无
西砂河烽火台	1409243532011170092	砂河镇西砂河村北0.1千米	东经：113°30′48.20″ 北纬：39°15′40.60″ 高程：1089米	土	黄土夯筑而成，夯层厚0.2米	矩形	梯形	台体底部边长8、顶部边长6、残高4.6米	无
杨家窑烽火台	1409243532011170099	砂河镇杨家堡村北0.5千米	东经：113°30′37.70″ 北纬：39°17′35.50″ 高程：1350米	土	黄土夯筑而成，夯层厚0.18米	矩形	梯形	台体底部边长9.2、顶部边长4、残高7.8米	无
川草坪烽火台	1409243532011170101	砂河镇川草坪村西0.6千米	东经：113°28′05.60″ 北纬：39°19′01.10″ 高程：1496米	砖	外部砖石砌筑；内部为夯土台体，黄土夯筑而成，夯层厚0.18~0.2米	矩形	梯形	台体底部东西9.2、南北11米，顶部东西3、南北3米，残高6米	无
长咀烽火台	1409243532011170100	砂河镇长咀村西南1.5千米	东经：113°27′14.00″ 北纬：39°12′17.30″ 高程：1672米	土	黄土夯筑而成，夯层厚0.22~0.25米	矩形	梯形	台体底部边长6、顶部边长1.5、残高5.2米	无
石塔沟烽火台	1409243532011170093	集义庄乡石塔沟村东	东经：113°29′48.10″ 北纬：39°15′21.10″ 高程：1102米	土	黄土夯筑而成，夯层厚0.18~0.22米	矩形	梯形	台体底部边长12、顶部边长6.2、残高8.8米	无

续表

名称	编码	地点	坐标	材质	建筑方式	平面形制	剖面形制	尺寸	附属设施
下双井烽火台	1409243532011 70096	集义庄乡下双井村西下双井堡内东南侧	东经：113°26′51.20″ 北纬：39°14′48.60″ 高程：1130米	土	黄土夯筑而成，夯层0.18～0.3米	矩形	梯形	台体底部东西7、南北6米，顶部东西4.8、南北5米，残高5.6米	无
净林烽火台	1409243532011 70094	集义庄乡净林村西1.5千米	东经：113°26′15.20″ 北纬：39°16′08.00″ 高程：1231米	砖	外部砖石砌筑，内部为夯土台体，黄土夯筑而成，夯层厚0.3～0.33米	矩形	梯形	台体底部边长12、顶部边长8、残高8.2米	无
上双井烽火台	1409243532011 70095	集义庄乡上双井村中	东经：113°28′07.00″ 北纬：39°17′01.40″ 高程：1303米	土	黄土夯筑而成，夯层厚0.28～0.3米	矩形	梯形	台体底部边长13.2、顶部边长6.2、残高8.1米	无
大沟烽火台	1409243532011 70097	下茹越乡大沟村北0.6千米	东经：113°24′25.40″ 北纬：39°13′50.60″ 高程：1069米	土	黄土夯筑而成，夯层厚0.18～0.2米	矩形	梯形	台体底部东西10、南北11、顶部东西7、南北8米，残高12米	无
瓦磁地烽火台	1409243532011 70098	下茹越乡瓦磁地村西0.5千米	东经：113°22′44.50″ 北纬39°13′11.60″ 高程：1021米	土	黄土夯筑而成，夯层厚0.18米	矩形	梯形	台体底部边长7.7、顶部边长5、残高5.1米	无
下寨烽火台	1409243532011 70105	下茹越乡下寨村北0.8千米	东经：113°20′54.10″ 北纬：39°15′21.80″ 高程：1308米	土	黄土夯筑而成，夯层厚0.2～0.25米	矩形	梯形	台体底部东西8.5、南北8.8米，顶部东西3.8、南北4米，残高6.8米	无
魏家窑烽火台	1409243532011 70104	繁城镇魏家窑村东0.9千米	东经：113°20′38.70″ 北纬：39°14′55.40″ 高程：1329米	土	黄土夯筑而成，夯层厚0.18～0.2米	矩形	梯形	台体底部边长9.2、顶部边长3.8、残高5.9米	底部有台基，石块垒砌而成，高1.5米

续表

名称	编码	地点	坐标	材质	建筑方式	平面形制	剖面形制	尺寸	附属设施
安家山烽火台	1409243532011170107	繁城镇安家山村东0.8千米	东经：113°16′57.70″ 北纬：39°14′00.70″ 高程：1169米	土	黄土夯筑而成，夯层厚0.26米	矩形	梯形	台体底部东西7.6、南北9.1米，顶部东西3.6、南北4.2米，残高5.2米	无
三祝烽火台	1409243532011170111	繁城镇三祝村北1千米	东经：113°15′13.10″ 北纬：39°14′02.60″ 高程：1207米	土	黄土夯筑而成，夯层厚0.2米	矩形	梯形	台体底部东西9、南北8米，顶部东西7、南北2米，残高4.2米	无
三祝北梁烽火台	1409243532011170109	繁城镇三祝村北2.5千米	东经：113°13′36.80″ 北纬：39°13′48.40″ 高程：1515米	土	黄土夯筑而成，夯层厚0.24米	矩形	梯形	台体底部东西11、南北13，顶部边长5、残高5.6米	无
三祝西梁烽火台	1409243532011170110	繁城镇三祝村西	东经：113°13′17.90″ 北纬：39°13′53.50″ 高程：1310米	土	黄土夯筑而成，夯层厚度不详	矩形	梯形	台体底部边长13、顶部边长10、残高6.3米	无
东魏村烽火台	1409243532011170108	繁城镇东魏村东0.3千米的山顶上	东经：113°12′45.50″ 北纬：39°13′00.10″ 高程：1082米	土	黄土夯筑而成，夯层厚0.12～0.14米	矩形	梯形	台体底部边长12米，顶部东西1.5、南北2米，残高8.8米	无
南关烽火台	1409243532011170102	杏园乡南关村南0.6千米	东经：113°16′52.80″ 北纬：39°10′14.50″ 高程：940米	土	黄土夯筑而成，夯层厚0.2米	矩形	梯形	台体底部东西12、南北11米，顶部东西4、南北3.5米，残高8.2米	无
杏园烽火台	1409243532011170103	杏园乡杏园村东0.1千米	东经：113°16′45.60″ 北纬：39°10′15.50″ 高程：942米	土	黄土夯筑而成，夯层厚0.2米	矩形	梯形	台体底部边长12、顶部边长4、残高8.1米	无

（四）相关遗存

在繁峙县茨沟营堡和平型关堡发现明清碑碣，茨沟营堡有明代碑碣2块，平型关堡有明代碑碣1块、清代碑碣3块。

1. 茨沟营堡东门城楼《新建楼阁碑记》石碑

嵌于茨沟营东门城楼北壁，高程832米。石碑青石质，碑身呈矩形，宽0.58米、高0.43米。碑文楷书阴刻，19行，行20字。保存较好。局部有村民刻画字迹。

碑文如下：

新建楼阁碑记

关圣之崇祀遍天下矣惟边城则崇祀最尊有恢宏／其殿宇而庄严庙貌奉为香火者比比是也茨／沟何地也前后左右环列以山城以内外合流／而流军民杂处特一偏隅耳万历初年始建城／楼台及修盖衙宇改茨沟村为茨沟营设官／募士统辖龙固二关地方予初临兹土礼谒／关圣乃知殿宇设于城之东门上借城为址规模狭／隘堂内仅容数人檐外逼接墙垣愕然曰是可／以称／大圣之居乎故命旗鼓官别卜大地为改奉计而地／卒不可得说者谓／圣像之设于斯也四十年所与其卜不可得地奚若仍／舍贯之为便予然其说及覆思之终不安其说／遂命旗鼓官相度本殿之前接其滴水从空中／建一小阁较前稍竟阔充祭祷亦竟方便悬匾／勒石记其盛挂袍东带尊其瞻视庙貌至此焕／然一新／安其神神安其位而泽民福／岂曰小补我仰／圣之灵永卫斯城予之愿毕庶无 于去后去谨识／天启三年岁次癸亥菊月朔日吉旦／钦差分守龙固二关参将河东仇时明立／掾书李鸣鹤 刘生兰／曹荣 耿德／旗鼓高示显 李斌／督工旗牌范万师

2. 茨沟营堡碧霞宫祠《东岳泰山庙碑记》石碑

位于茨沟营堡东门外0.1千米的碧霞宫祠庙前，仍竖立，高程832米。石碑青石质，碑身呈矩形，下有龟跌座。碑身宽0.72米、高1.5米、厚0.18米。碑文楷书阴刻，18行，行44字。保存较好。局部有村民刻画字迹。

碑文如下：

东岳泰山庙碑记

盖五岳者惟泰山诸仙者惟碧霞其至灵乃掌握幽明之权柄主宰阴阳之造化威灵感应于天公正赫／耀乎乾坤纠察善恶降监祸福注生死寿夭之数造贫富贵贱之基保／皇图巩固佑国家兴隆诚有罔极天恩愧无补报德今茨沟营尼僧同名秀善人郝大书徐凤山等深知惟神尊欲建庙庭尽夜存诚善化众信于是合营军民并十方客旅先舍资财置灵地址启建／玉帝殿阁天仙庙宇十王两庑四尉三门钟鼓楼堂自嘉靖四十四年兴工至万历四年少有告完气象辉煌每年／四月十八日至圣诞感格有余人四远乡来进香至祭上供神人咸悦保障无虞奈因碑记未勒善名未永于万／历三年蒙／帝命简阅参府何舍升茨沟守巡方期

035

四载化行俗美恒好道于玄门爱内外之真理
常致斋醮奉祀各庙神明／捐舍俸资济贫援
苦忠孝廉谨宽裕容忍诚与天地合其德日月
合其明与圣贤合其心志者也实乃为／帝王
之干城将相之拔萃军士之慈祖者也每遇朝
圣行香见各庙墙垣未备其心歉然亦不足为
美观者也于是／自万历五年四月内命彼名
秀之纠功仍复化于十方信善各发虔诚即岁
筑实百堵修尔垣墙甚为乎甚壮观／矣遂命
石工立碑刻铭自兹以始流芳千载播誉万年
遗后人之遐想重古今之不民孰曰非／何参
尊之创建而若是乎滹沱郡繁邑双进庠生海
安子张桴密居邻属屡访／参尊圣德昭彰今
闻洋溢触耳目惊骇形笔砚之妄作拙笔谨撰
略为碑记／钦差分守北直隶真定等处地方
副总兵兼管茨沟龙固二关参将事务都指挥
何舍　中军　王承禄　左右千总　傅廷相
罗宗道／钦差分守北直隶真定等处地方兼
管茨沟龙固贰关参将署都指挥　事尹志等／
皇明万历九年岁次辛巳季夏吉旦立　主持尼
僧真受化缘女善人贾妙善　石匠刘廷　张大
江／焚修道人　李乾灵　僧人　选择阴阳生李
孝明

茨沟营碧霞祠《东岳泰山庙碑记》　陈金钟摄

3. 平型关堡北门门洞"天启七年"石碑

嵌于平型关堡北门门洞东壁，高程1402米。石碑青石质，碑身呈矩形，宽0.96米、高0.67米。碑文楷书阴刻，19行，行16字。保存较好。

碑文如下：

天启七年分议修／钦限砖石包砌城工丈尺数目分管职各勒石于后／散委防守胡忻分管东门起迤北至西门／止砖墁城顶共长二百二十九丈里面／土筑外面砖石包砌北瓮城二十五丈／建盖大城楼一

繁峙平型关堡北城门洞嵌碑 陈金钟摄

座小角楼二座铺房三间东面敌台二座／散委提燉把总刘安分管东门迤南起至／西门止砖墁城顶共长二百二十九丈／里面土筑外面砖石包砌南瓮城二十五丈建盖大城楼一座小角楼二座南门／外卧羊台一处城周围凿补小裂缝四十七处／巡抚山西右佥都御史年／雁平兵备道右参政张／总理钱粮东路通判邢／总理工程北楼参将马／总委平刑守备沈／泥石匠任坤　张成　闫行智　殷世详　李伏义　孟世美等

据平型关堡北门门洞"天启七年"石碑所记，平型关堡周长458丈，南、北瓮城各1座，瓮城周长均为25丈；城楼2座；铺舍3间；角楼4座；敌台2座；南门外有卧羊台1处。

4. 平型关堡南门门洞"道光十三年"石碑

嵌于平型关堡南门门洞东壁，高程1385米。石碑青石质，碑身呈矩形，宽0.7米、高0.4米。碑文楷书阴刻，11行，行14字。保存较好。

碑文如下：

甲午天雨浩大潢水涨溢将此地／基冲为深沟城门坍塌阻妨出入／都府惠大老爷不惮辛劳亲督监修／会通延司王老爷令城中军民／按门派丁平填深沟实筑地基因／隆冬息工于乙未之夏又令将门洞

037

引路四漫浆灌洞壁外石瓮砖／砌内泥土筑实上架棚木木上砖／砌工筑虽工程不大然而辛苦异／常除城中集有公项外口将助口／助工平勤者一并垂名后世矣／郭有成助十千文／杨待年助四千文／李裕荣助二千文／张口口助二千文／于银助一千文／白章助一千文／郭有贵助七千文／卖废罕巷五千文／经理 李凤龄 赵瑞 王文大 张尚年 李福　　韩维时／助工人于义 师奉义 温光太 刘太智 得宝 翟明德／道光十三年闰二月 吉立

5. 平型关堡碧霞宫"乾隆四十六年"重修石碑

位于平型关堡东北碧霞宫，高程1395米。石碑青石质，圆首长方形，宽0.53米、高1.13米、厚0.13米。碑首楷书阴刻"碑记"二字，周有卷草纹。碑文楷书阴刻，13行，行27字。保存较好。

碑文如下：

序／盖谓福田不植天道无由报施善缘不培因果何时彰著亦本关旧有／城娘神庙贰座虽云刱自明代至今相传三百余年噫从前重修□□□□目今殿宇为之／倾圮墙壁乃恐颓败余等目睹大为痛惜况庙貌俨然基址□□□□时口修不惟有拂／前人之创制而且一关四分之香火又何赖为于是众人共勤胜事但愿倡／之者慨施于前和之者乐助于后诸立名以垂久矣／分镇山西北楼路参府明／分守平刑关都司带纪录三次傅／原任平刑关都司纪录七次花助银壹两／平刑关巡检军功纪录三次许助银伍两／平刑营外委千总加三级牛福助银二两／平刑营外委把总加一级毛世有助银二两／大清乾隆四十六年仲夏谷旦立。

碑末有施舍善人、工匠名录。

6. 平型关堡碧霞宫"咸丰四年"重修石碑

位于平型关堡东北碧霞宫，高程1395米。石碑青石质，碑身呈矩形，宽0.63米、高1.4米、厚0.14米。碑首楷书阴刻"壬子重修"四字，周有葡萄、莲花、牡丹纹。碑文楷书阴刻，18行，行37字。保存较好。

碑文如下：

粤稽平刑原有碧霞／圣母神宫所以育婴儿保赤子蛰蛰绳绳绵绵世派于无际也然世远年湮不知建自何代嗣后时／为补葺而历季已久殿宇为之倾委神像亦为减色城中军民目睹残塌无不心伤议／欲整修但工程浩大独力难支所幸本城吴巡司因子出生天花赴庙祷祝毕见／其颓败亦有修理之意即为恭议慨然创建然工力难大特募善士慨为施助以／成其美将见殿宇虽不离乎旧基而画栋雕梁神像为之一新真碧霞之神宫为／圣母之所棲耳／庠生杨向薰沐敬撰／前署平型关都司印务浑源城守备加三级纪录二次岳升助钱贰千文／署平型关都司印务北楼营世袭云骑尉闫文魁助钱一千文／前任平型关巡检加三级纪录五次吴开泰助钱伍拾千文／平型关巡检加三级纪录五次张作宾助钱一千文／平型关外委千总加一级宋魁助钱一千伍百文／平型营外委把总加一级孟玉来助钱一千伍百文／署平型营外委把总秦

秉忠助钱五百文／台怀营额外外委崔发财助钱一千文／平型关居士王珏沐洛敬书／大清咸丰四年孟秋穀旦立。

　　碑未有经理、工匠名录。

代县

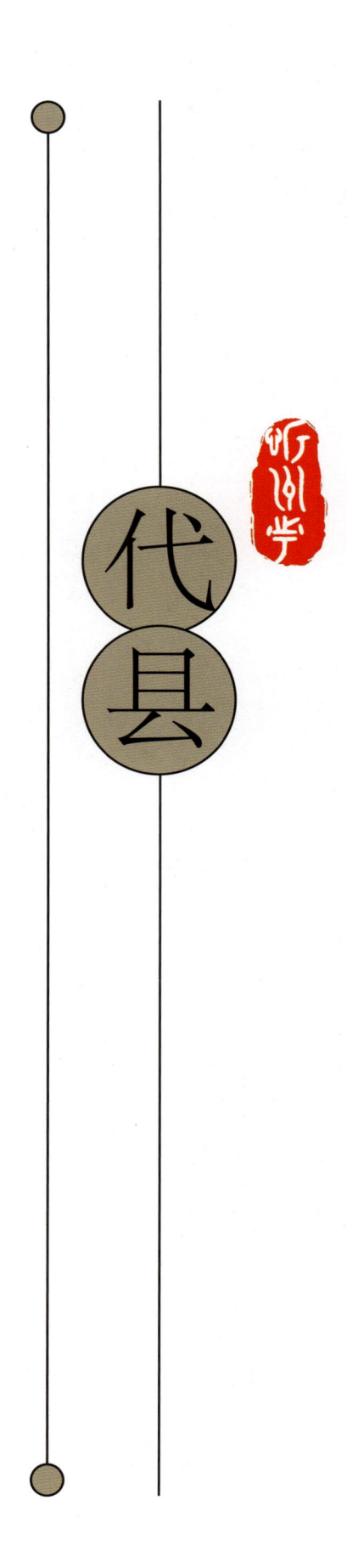

自然环境

代县位于山西省北中部，地形由东北向西南倾斜，南北高山对峙，中部平川，滹沱河由东北向西南横贯全境，构成了河谷盆地、丘陵区和基岩山区三种类型。北部馒头山、草垛山、雁门山属恒山山脉，海拔均在1800米以上，其中馒头山2426米，为最高。南部是五台山西端的余脉。中部滹沱河两岸地势平坦，土壤肥沃，是重要的灌溉农作区。滹沱河谷地与南、北山地之间为山前丘陵地区。滹沱河的支流发源于两侧山地，主要有峨河、中解河、峪口河等。白草口长城2段所经白草口河为季节性河流。滹沱河谷地土壤主要为灰褐土、灰褐土性土，北部山地土壤主要为山地淡栗钙土，南部山地土壤主要为山地褐土、淋溶褐土。

代县属温带大陆性半干旱气候，四季分明，冬季寒冷少雪，春季温暖干燥多风，夏季炎热而雨量集中，秋季天高气爽。年均气温8.4℃，年均降水量约450毫米。长城所处区域植被稀疏，有蒿草、灌木和少量杨树、松树、桦树等。野生动物有野兔、蛇类、鼠类等。

人文环境

代县长城和烽火台分布地区的村庄居民人数从数十人至2000余人。居民以农业和家畜饲养为主，农作物主要有玉米、高粱、谷类、豆类、莜麦、马铃薯等，家畜有奶牛、羊等，副业有采矿、运输等。（北）京（太）原铁路和108国道横贯全境，西部有大（同）运（城）高速公路和208国道。长城和烽火台附近多有省道、县乡公路、土路与外界相通。

雁门古道　张建军摄

白草口长城 曹滨摄

白草口长城　航拍/郭家豪、贾真

白草口长城　张建军摄

代县文物分布图

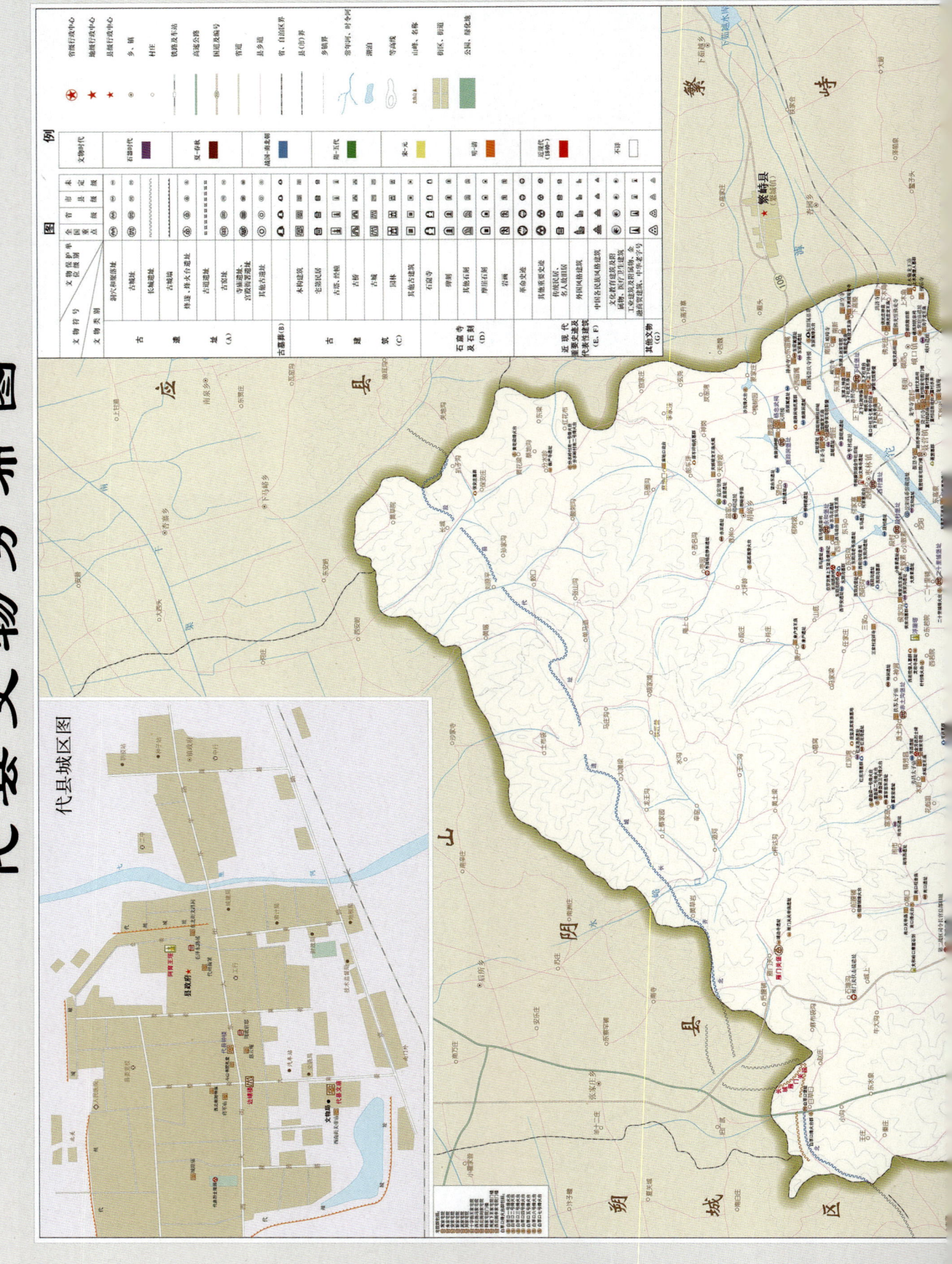

清乾隆代州城图

1:100 000

忻州市文物局主编
北京万德兰科技发展有限公司制作
2011年5月

本路洪武初年原設守備嘉靖十九年因大虜屢
冠太原守備移駐廣武改設叅將駐劄代州所轄
廣武一守備振武鴈門二衞所分管內邊東起址
樓界東津峪西訖寧武界神樹梁沿長一百里零
三十八丈邊墩六十五座軺樓九座火路墩四十
五座邊之內外設有八岔白草水峪胡峪四堡以
相犄角兵馬除軍門標下兩披營散兵外隘路見
在官軍六千四百四十八員名馬騾二千七百二十匹
頭內援兵官軍三千二百四十四員名馬騾二十
三百匹頭本路古鴈門重地四衝八達三關之命
脉全晉之咽喉也鴈代失守則太原震恐全晉即
騷動矣所關係豈細故我路屬一帶除鴈關天險
餘俱平原曠野本古戰塲選兵善戰善守徃
昔之戍法固在也欵後節經乘暇修守高城深池
金湯相望矣顧守陴不如增士氣築堡不如堅粮
心無事詰爾兵戎有事人自為戰重地庶永保無
虞云

山西鎭圖說

山西鴈平道轄東路總圖

北至廣武城六十里

西至盤道梁堡九十里

東至鴈紫崎縣伏連坊八十里

南至崞縣六十里

长城资源

一、代县的早期长城

代县的北齐长城资源共有15处墙体，其中包括：

胡峪乡长城1段、胡峪乡长城2段、胡峪乡长城3段、胡峪乡刘元坪村长城1段、胡峪乡刘元坪村长城2段、上磨坊乡义成沟村长城、上磨坊乡大滩梁村长城、上磨坊乡蔡家园村长城1段、上磨坊乡蔡家园村长城2段、上磨坊乡黑石头湾村长城、雁门乡高二沟村长城、白草口乡百草口村长城1段、白草口乡百草口村长城2段、白草口乡百草口村长城3段、白草口乡王庄村长城。

详见下表。

代县早期长城墙体一览表（单位：米）

长城墙体段落名称	总长	编码	起点	起点坐标	止点	止点坐标	类型
胡峪乡长城村长城1段	2694	1409233821020900001	胡峪乡长城村东北2.1千米山顶	东经 113°07′00.80″ 北纬 39°19′48.40″ 高程：1912米	胡峪乡长城村村中	东经 113°05′41.80″ 北纬 39°19′17.50″ 高程：1465米	石墙
胡峪乡长城村长城2段	139	1409233821070900002	胡峪乡长城村村中（胡峪沟东岸）	东经 113°05′41.80″ 北纬 39°19′17.50″ 高程：1465米	胡峪乡长城村西南0.13千米山体崖边	东经 113°05′39.60″ 北纬 39°19′13.30″ 高程：1447米	
胡峪乡长城村长城3段	4116	1409233821020900003	胡峪乡长城村西南0.13千米山体崖边	东经 113°05′39.60″ 北纬 39°19′13.30″ 高程：1447米	胡峪乡刘元坪村东南0.15千米河谷转弯处的绝壁上	东经 113°03′58.70″ 北纬 39°18′06.50″ 高程：1584米	石墙
胡峪乡刘元坪村长城1段	291	1409233821070900004	胡峪乡刘元坪村东南0.15千米河谷转弯处的绝壁上	东经 113°03′58.70″ 北纬 39°18′06.50″ 高程：1584米	胡峪乡刘元坪村西南0.15千米山崖边上	东经 113°03′46.80″ 北纬 39°18′05.50″ 高程：1597米	
胡峪乡刘元坪村长城2段	5244	1409233821020900005	胡峪乡刘元坪村西南0.15千米山崖边上	东经 113°03′46.80″ 北纬 39°18′05.50″ 高程：1597米	上磨坊乡义成沟村北1.15千米处四棱山顶部	东经 113°01′21.30″ 北纬 39°16′33.00″ 高程：2175米	石墙
上磨坊乡义成沟村长城	6348	1409233821020900006	上磨坊乡义成沟村北1.15千米处四棱山顶部	东经 113°01′21.30″ 北纬 39°16′33.00″ 高程：2175米	上磨坊乡大滩梁村东北1.9千米处（馒头山东坡山体直壁处）	东经 112°57′55.50″ 北纬 39°16′00.40″ 高程：2312米	石墙
上磨坊乡大滩梁村长城	6934	1409233821020900007	上磨坊乡大滩梁村东北1.9千米处（馒头山东坡山体直壁处）	东经 112°57′55.50″ 北纬 39°16′00.40″ 高程：2312米	上磨坊乡蔡家园村西北1.6千米处海拔1981米山顶上	东经 112°54′47.20″ 北纬 39°14′22.60″ 高程：1995米	石墙
上磨坊乡蔡家园村长城1段	1600	1409233821060900008	上磨坊乡大滩梁村东北1.9千米处（馒头山东坡山体直壁处）	东经 112°54′47.20″ 北纬 39°14′22.60″ 高程：1995米	上磨坊乡蔡家园村西北1.6千米处海拔1981米山顶上	东经 112°53′48.20″ 北纬 39°13′58.60″ 高程：1458米	山险

胡峪乡 3 段墙体南侧局部　尚珩摄

上磨坊乡大滩梁村长城全景　尚珩摄

胡峪乡刘元坪村长城 2 段
墙体顶部　尚珩摄

白草口乡白草口村长城 1 段　尚珩摄

049

代县早期长城墙体一览表（单位：米）

长城墙体段落名称	总长	编码	起点	起点坐标	止点	止点坐标	类型
上磨坊乡下蔡家园村长城2段	645	140923382107090009	上磨坊乡蔡家园村西北1.6千米处海拔1981米山顶上。	东经：112°53′48.20″ 北纬：39°13′58.60″ 高程：1458米	上磨坊乡黑石头湾村西北1.2千米处水峪沟西边山崖边	东经：112°53′23.80″ 北纬：39°13′49.70″ 高程：1630米	
上磨坊乡黑石头湾村长城	1049	140923382106090010	上磨坊乡黑石头湾村西北2.1千米处（水峪沟西边山崖边处）	东经：112°53′23.80″ 北纬：39°13′49.70″ 高程：1630米	雁门关乡高二沟村北1.3千米处（黄草岩北0.35千米处海拔1899米山顶上）	东经：112°52′44.30″ 北纬：39°13′29.30″ 高程：1906米	山险
雁门关乡高二沟村长城	4265	140923382102090011	雁门关乡高二沟村北1.3千米处（黄草岩北0.35千米处海拔1899米山顶上）	东经：112°52′44.30″ 北纬：39°13′29.30″ 高程：1906米	雁门关乡后腰铺村北2.2千米海拔1880米的山顶	东经：112°50′13.20″ 北纬：39°12′46.30″ 高程：1892米	石墙
白草口乡白草口村长城1段	1983	140923382102090012	白草口乡白草口村东1.85千米处（海拔最高处的明代敌台）	东经：112°52′44.30″ 北纬：39°13′29.30″ 高程：1906米	白草口乡白草口村东北0.3千米处（河谷中夯土敌台处）	东经：112°50′13.20″ 北纬：39°12′46.30″ 高程：1892米	石墙
白草口村长城2段	488	140923382107090013	白草口乡白草口村东北0.3千米处（河谷中夯土敌台处）	东经：112°46′38.60″ 北纬：39°10′43.00″ 高程：1293米	白草口乡白草口村西0.24千米处山坡上	东经：112°46′19.10″ 北纬：39°10′38.80″ 高程：1395米	
白草口乡白草口村长城3段	2155	140923382102090014	白草口乡白草口村西0.24千米处山坡上	东经：112°46′19.10″ 北纬：39°10′38.80″ 高程：1395米	白草口乡王庄村西北2.15千米（海拔1944米山顶）	东经：112°44′41.80″ 北纬：39°09′56.50″ 高程：1942米	石墙
白草口乡王庄村长城	2244	140923382102090015	白草口乡王庄村西北2.15千米（海拔1944米山顶）	东经：112°44′41.80″ 北纬：39°09′56.50″ 高程：1942米	白草口乡王庄村西2.16千米处（海拔2134米山顶）	东经：112°44′09.40″ 北纬：39°08′58.60″ 高程：2135米	石墙

二、代县的明代长城

代县的明代长城有：墙体4段，长7818米；堡4座；单体建筑包括敌台14座、烽火台23座。

（一）墙体

代县明长城属明代内长城，由山阴县张家庄乡新广武村向西南，进入代县境，经雁门关乡白草口村、王庄村，向西南延伸至原平市，与原平市段家堡乡老窝村附近的早期长城相接。长城位于县境西北部与山阴县、朔城区、原平市相邻的山地。

代县明长城墙体一览表（单位：米）

长城墙体段落名称	总长	编码	起点	起点坐标	止点	止点坐标	类型
白草口长城1段	2190	1409233821031700001	雁门关乡白草口村东3千米（猴儿岭峰）	东经：112°47′47.20″ 北纬：39°11′10.60″ 高程：1724米	雁门关乡白草口村东0.3千米	东经：112°46′38.60″ 北纬：39°10′43.00″ 高程：1293米	砖墙
白草口长城2段	1017	1409233821031700002	雁门关乡白草口村东北0.3千米	东经：112°46′38.60″ 北纬：39°10′43.00″ 高程：1293米	雁门关乡白草口村西北1千米	东经：112°46′00.10″ 北纬：39°10′48.20″ 高程：1525米	砖墙
白草口长城3段	1011	1409233821021700003	雁门关乡白草口村西北1千米	东经：112°46′00.10″ 北纬：39°10′48.20″ 高程：1525米	雁门关乡白草口村西北1.5千米	东经：112°45′29.70″ 北纬：39°10′28.60″ 高程：1618米	石墙
白草口—王庄长城	3600						山险
合计	7818						
百分比(%)	100						

（二）关堡

1. 白草口堡

位于雁门关乡白草口村中，白草口长城2段南0.2千米处，高程1313米。白草口5号烽火台位于白草口堡西2米处。

堡平面呈矩形，坐南朝北，东西60、南北50米，周长220米，占地面积3000平方米。现存主要设施、遗迹有堡墙、北门、敌台1座、楼台1座等。堡墙为砖墙，两侧砖石砌筑；内部为夯土墙体，夯层厚0.2米。墙体底宽5、顶宽1、残高6~8米，南墙无存，西、北墙包砖大多无存，基石保存，东墙砖石较完整。北墙中部设城门1座，有条石基础的砖券拱门，宽3、高5、进深6.5米；门额横

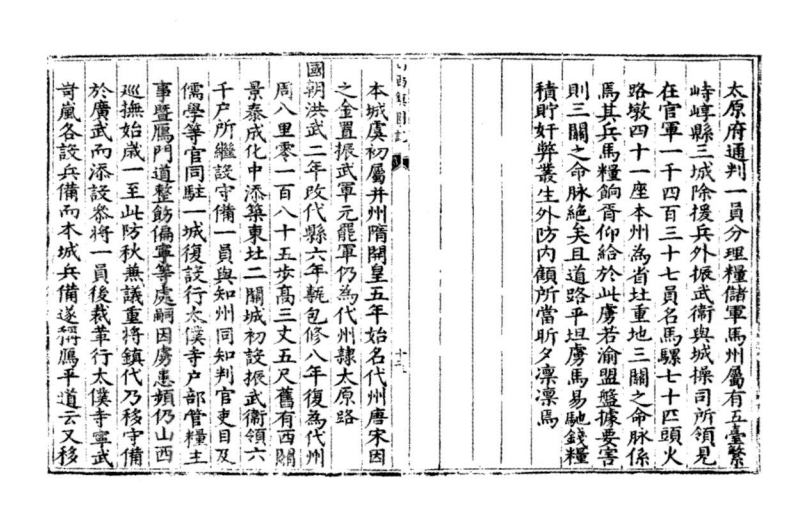

书"容民畜众"四字，上署"万历甲寅年秋"，下题"布政使阎士选立"。北门东北侧有1座敌台，有砖墙与堡北墙相连，砖墙长20米。敌台底部包石，上部包砖，平面呈矩形，底部边长17、顶部边长15、残高17米。敌台西壁有砖券拱门，门额横书"巩固"二字，上署"万历四十二年秋吉立，巡抚山西都御史吴度"，下题"整伤雁平兵备道布政使阎士选立"，拱门两侧各有1个窗，其余三壁各有3个窗。敌台南、西、北壁各有1个排水槽。堡内东北部有座楼台基址，平面呈矩形，东西7、南北9、残高4米。

堡整体保存一般。堡内有民居。造成损毁的自然因素主要有风雨侵蚀和植物生长等；人为因素主要是拆毁墙体砖石等。

2. 雁门关堡

俗称"雁门关"，位于雁门关乡雁门关村东0.1千米，山阴县新广武长城2段东南6千米处。高程1595米。据《宣大山西三镇图说》载："国初设关于此，盖重之矣！城依山就险。嘉靖间重修，万历二十六年更新砖包。周二里零三百五十步，高三丈五尺。"

堡平面呈不规则矩形，坐北朝南，东西500、南北200～250米，周长1400米，占地面积10万平方米。现存主要设施、遗迹有堡墙、城门2座、瓮城1座等。堡墙为砖墙，两侧砖石砌筑。墙体底宽4.5～5、顶宽0.5～3、残高0.5～6米，南墙残长300米、北墙残长50米。东、北墙各设城门1座，东门为条石基础的砖券拱门，外宽3.34、外高4.065、进深20.75米，门额横书"天险"二字；北门为条石基础的砖券拱门，外宽3.23、外高4.025、内高5.03、进深20.49米，门额横书"地利"二字。北门外设瓮城，残存部分东墙，其余墙体无存；瓮城东墙北段设瓮城门，瓮城门经现代重修；瓮城外侧有一道南北向砖墙，与堡墙相连，砖墙中部有门，砖券拱顶，宽3.55、高4、进深5.3米。1986年，忻州市文物管理处修建了东门城楼。

堡整体保存一般。堡墙坍塌损毁，部分段无存，现雁门关堡开辟为旅游区。造成损毁的自然因素主要有风雨侵蚀和植物生长等；人为因素主要是拆毁墙体砖石等。

3. 二十里铺堡

位于枣林镇二十里铺村中，高程893米。

堡平面呈矩形，坐西朝东，边长150米，周长600米，占地面积2250平方米。现存主要设施、遗迹有堡墙、城门2座、角台1座、马面1座等。堡墙为砖墙，两侧砖石砌筑。南、西墙无存，东墙残长16米，北墙底宽5.5、顶

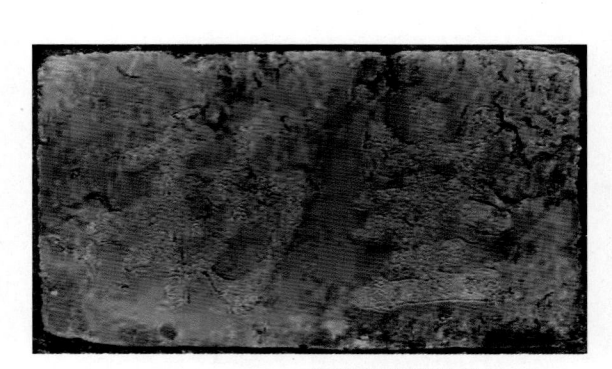

地利门额匾"地利"二字

天险门额匾"天险"二字

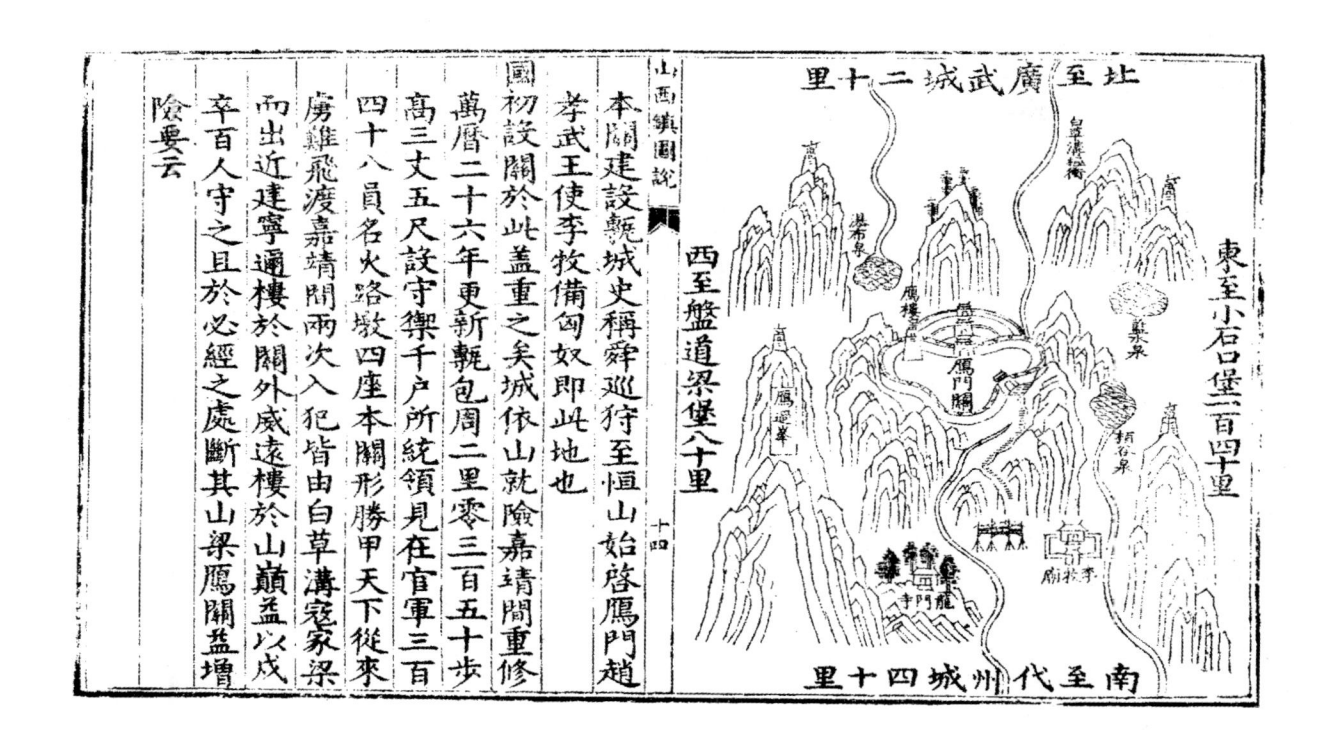

宽 2.4、残高 5.2 米。北墙砖石无存，有利用墙体修建的房屋。原设东、西城门，西门无存，东门较完整。仅存西北角台，宽 6.2、凸出墙体 3.5、残高 5.2 米。马面仅存北墙 1 座，位于北墙中部，宽 6.2、凸出墙体 3.5、残高 5.2 米。

堡整体保存较差。堡内为民居。造成损毁的自然因素主要有洪水冲刷、风雨侵蚀和植物生长等；人为因素主要是拆毁墙体砖石、利用墙体修建房屋等。

4. 清淳堡

位于上磨房乡磨房村中，高程 876 米。

堡平面呈矩形，坐西朝东，边长 260 米，周长 1040 米，占地面积 67600 平方米。现存主要设施、遗迹有堡墙、城门 2 座、角台 2 座、马面 1 座等。堡墙为砖墙，两侧砖石砌筑。墙体底宽 5.6、顶宽 3.3、残高 6.6 米。南墙无存，西墙北段残长 22 米，东、北墙较完整。墙体砖石无存。原设东、西城门，西门无存，有现代建筑；东门位于东墙中部，外侧为石券拱门，其上为砖墙，内侧为砖券拱门，门洞外宽 3、内宽 3.8、外高 3.3、进深 8 米；东门外侧门额嵌石匾，长 1.5、高 0.7 米，阴刻横书"清淳堡"3 字。存东北、西北角台，东北角台底部边长 6.5、顶部边长 5.4、残高 6 米，西北角台凸出西墙 2、凸出北墙 4.2 米。马面仅存北墙 1 座，位于北墙中部，底宽 6.2、凸出墙体 4.2、残高 6.6 米。

堡整体保存较差。堡内为民居。造成损毁的自然因素主要有洪水冲刷、风雨侵蚀和植物生长等；人为因素主要是拆毁墙体砖石等。

（三）单体建筑

代县单体建筑有敌台14座、烽火台23座。

名称	编码	地点	坐标	材质	建筑方式	平面形制	剖面形制	尺寸	附属设施
白草口1段1号敌台		雁门关乡白草口村东北3千米的猴儿岭峰		砖	外部砖石砌筑，石条长30～65、厚25厘米，砖长38、宽18、厚8厘米	矩形	梯形	底部东西12、南北10、残高2.2米	无
白草口1段2号敌台		雁门关乡白草口村东北2.8千米		砖	外部砖石砌筑，内部为夯土台体，夯层厚0.2米。石条长30～65、厚25厘米，砖长38、宽18、厚8厘米	矩形	梯形	底部东西8、南北10米，顶部东西8、南北6米，残高8.2米	无
白草口1段3号敌台	1409233352101170003	雁门关乡白草口村东北2.7千米	东经：112°47′44.90″ 北纬：39°11′04.10″ 高程：1746米	砖	外部砖石砌筑，石条长30～65、厚25厘米，砖长38、宽18、厚8厘米	矩形	梯形	底部东西8、南北10米，顶部东西8、南北6米，残高8.2米	无
白草口1段4号敌台	1409233352101170004	雁门关乡白草口村东北2.6千米	东经：112°47′40.20″ 北纬：39°11′00.50″ 高程：1700米	砖	外部砖石砌筑，内部为夯土台体，夯层厚0.2米。石条长28～65、厚20厘米，砖长38、宽18、厚8厘米	矩形	梯形	底部东西14、南北6米，顶部东西11、南北5米	无
白草口1段5号敌台	1409233352101170005	雁门关乡白草口村东北2.4千米	东经：112°47′28.50″ 北纬：39°11′02.00″ 高程：1689米	砖	外部砖石砌筑，条石基础16层，高2.3米，石条长25～32、厚10～20厘米，砖长38、宽18、厚8厘米	矩形	梯形	底部北壁长13米，顶部东西9、南北11.8米，残高12.8米	台体南壁有砖券拱门，门额有值，字迹遭人为破坏不清。东、西壁各有2个窗，北壁有3个窗。台体为空心，西部有拱顶的台阶式踏道，可登顶。台体顶部残存矩形建筑
白草口1段6号敌台	1409233352101170006	雁门关乡白草口村东北2.2千米	东经：112°47′22.70″ 北纬：39°11′00.10″ 高程：1660米	砖	外部砖石砌筑，石条长20～60、厚25厘米，砖长38、宽18、厚8厘米	矩形	梯形	底部东西15、南北8、残高15米	无

续表

名称	编码	地点	坐标	材质	建筑方式	平面形制	剖面形制	尺寸	附属设施
白草口1段7号敌台	1409233352101170007	雁门关乡白草口村东北1.8千米	东经：112°47′11.10″ 北纬：39°10′58.70″ 高程：1601米	砖	外部砖石砌筑，砖长38、宽18、厚8厘米	矩形	梯形	底部东西14、南北8、残高9米	无
白草口1段8号敌台	1409233352101170008	雁门关乡白草口村东北1.6千米	东经：112°47′01.00″ 北纬：39°10′57.10″ 高程：1580米	砖	外部砖石砌筑，条石基础12层，高2米	矩形	梯形	底部东西10米，顶部东西7.5、南北3.8米，残高10.5米	台体南壁有砖券拱门，门额原有匾，现无存。东、西壁各有一个窗，北壁有3个窗。台体空心，西北部有拱顶的台阶式踏道，可登顶
白草口1段9号敌台	1409233352101170009	雁门关乡白草口村东北1千米	东经：112°46′46.60″ 北纬：39°10′47.30″ 高程：1395米	砖	外部砖石砌筑，内部为夯土台体，夯层厚0.12~0.28米。石条长28~65、厚25厘米，砖长38、宽18、厚8厘米	矩形	梯形	底部东西6、南北3米，顶部东西5、南北2米，残高5.6米	无
白草口1段10号敌台		雁门关乡白草口村东北0.3千米		不详	不详	不详	不详	不详	不详
白草口2段敌台		雁门关乡白草口村北0.2千米		砖	外部砖石砌筑，内部为夯土台体，夯层厚0.2~0.24米。石条长20~60、厚25厘米，砖长38、宽18、厚8厘米	矩形	梯形	底部边长13、顶部边长10、残高9.2米	无
白草口3段1号敌台		雁门关乡白草口村西北1.1千米		砖	外部砖石砌筑，内部为夯土台体，夯层厚0.2~0.36米	矩形	梯形	底部边长7、顶部边长4.8、残高6.5米	无
白草口3段2号敌台		雁门关乡白草口村西北1.2千米		砖	外部砖石砌筑，内部为夯土台体，夯层厚0.1~0.22米	矩形	梯形	底部东西11.2、南北9.8米，顶部东西6.4、南北5.2米，残高7.8米	无
白草口3段3号敌台		雁门关乡白草口村西北1.5千米		砖	外部砖石砌筑，内部为夯土台体，夯层厚0.2~0.26米	矩形	梯形	底部边长8米，顶部东西3.8、南北4米，残高4.8米	无

续表

名称	编码	地点	坐标	材质	建筑方式	平面形制	剖面形制	尺寸	附属设施
白草口6号烽火台		雁门关乡白草口村东山体台地上		砖	外部砖石砌筑，内部为夯土台体，夯层厚0.16～0.2米	矩形	梯形	底部边长12、顶部边长9、残高7.2米	台体南壁露出斜坡踏道，宽2、高0.2～3.5、进深6米
白草口1号烽火台		雁门关乡白草口村北		砖	外部砖石砌筑，内部为夯土台体，夯层厚0.2米	矩形	梯形	底部边长10.3、顶部边长8、残高7.4米	无
白草口7号烽火台		雁门关乡白草口村		砖	外部砖石砌筑，内部为夯土台体，夯层厚0.2米	矩形	梯形	底部东西4.3、南北3.1米，顶部东西3、南北2米，残高3.4米	无
白草口2号烽火台		雁门关乡白草口村西北1千米的山梁顶部		砖	外部砖石砌筑，内部为夯土台体，夯层厚0.2米。条石基础高2.8～3.5米，石条长30～65、厚25厘米，砖长38、宽18、厚8厘米	矩形	梯形	底部边长12、顶部边长10、残高8.2米	台体东南部露出拱顶的斜坡踏道，宽0.8、高1.4米
白草口5号烽火台		雁门关乡白草口村		砖	外部砖石砌筑，内部为夯土台体，夯层厚0.2～0.26米	矩形	梯形	底部东西10、南北12米，顶部东西7、南北9米，残高8.2米	无
白草口4号烽火台		雁门关乡白草口村西1.2千米的山梁顶部		砖	外部砖石砌筑，内部为夯土台体，夯层厚0.18～0.22米	矩形	梯形	底部边长8.2米，顶部东西6.1、南北5.3米，残高5.4米	无
白草口3号烽火台		雁门关乡白草口村		砖	外部砖石砌筑，内部为夯土台体，夯层厚0.04～0.16米	矩形	梯形	底部边长7米，顶部东西2、南北1米，残高7.5米	无

白草口堡　张会武摄

雁门关堡南城门及南外立面　陈金钟摄

续表

名称	编码	地点	坐标	材质	建筑方式	平面形制	剖面形制	尺寸	附属设施
前腰铺烽火台	1409233532011 70031	雁门关乡前腰铺村西山顶	东经：112°52′49.40″ 北纬：39°09′14.80″ 高程：1349米	砖	外部砖石砌筑；内部为夯土台体，夯层厚0.2~0.26米	矩形	梯形	底部边长13、顶部边长8、残高8.2米	无
南口烽火台	1409233532011 70032	雁门关乡南口村西	东经：112°53′09.60″ 北纬：39°07′58.70″ 高程：1207米	砖	外部砖石砌筑；内部为夯土台体，夯层厚0.2~0.32米	矩形	梯形	底部边长8.8、顶部边长5.6、残高6.8米	台体东侧有围墙，平面呈三角状，由东北、东南、西墙组成，台体位于西墙上。围墙边长50、顶部最宽0.8、内侧最高1.6、外侧高2~3.8米
北王庄村烽火台		雁门关乡北王庄村东0.3千米		土	黄土夯筑而成，夯层厚0.28~0.3米	矩形	梯形	底部边长9.2、顶部边长3.8、残高7.8米	无
北辛庄烽火台		雁门关乡北辛庄村东南1.2千米		砖	外部砖石砌筑；内部为夯土台体，夯层厚0.2~0.26米	矩形	梯形	底部边长12、顶部边长5、残高13米	无
陈家庄烽火台		雁门乡陈家庄村东1千米		砖	外部砖石砌筑；内部为夯土台体，夯层厚0.16~0.22米	矩形	梯形	底部边长12、顶部边长10、残高10米	无
磨盘梁1号烽火台	1409233532011 70033	上馆镇富家窑村北0.5千米	东经：112°56′26.90″ 北纬：39°08′54.90″ 高程：1264米	土	黄土夯筑而成，夯层厚0.2~0.32米、	矩形	梯形	底部东西6、南北8米，顶部东西4、南北6米，残高7.2米	无
磨盘梁2号烽火台	1409233532011 70034	上馆镇富家窑村东北0.5千米	东经：112°56′30.70″ 北纬：39°08′51.70″ 高程：1220米	石	底部外部石块砌筑，包石高0.6、上部和内部为夯土台体，夯层厚0.2~0.26米	圆形	梯形	底径7.2、顶径1.2、残高5.6米	无

续表

名称	编码	地点	坐标	材质	建筑方式	平面形制	剖面形制	尺寸	附属设施
磨盘梁3号烽火台	140923353201170035	上馆镇富家窑村东0.8千米	东经：112°56′41.60″ 北纬：39°08′45.00″ 高程：1170米	石	底部外部石块砌筑，包石高0.8米；上部和内部为夯土台体，夯层厚0.2～0.26米	圆形	梯形	底径10、顶径1、残高9米	无
王里烽火台		上馆镇王里村西北1.2千米		砖	外部砖石砌筑；内部为夯土台体，夯层厚0.16～0.22米	矩形	梯形	底部边长5、顶部边长3、残高5米	无
朴村烽火台	140923353201170036	上磨坊乡朴村北1.2千米	东经：113°01′05.60″ 北纬：39°07′41.00″ 高程：918米	土	黄土夯筑而成，夯层厚0.18～0.22米	矩形	梯形	底部东西6、南北4米，顶部东西3、南北1米，残高2.2米	无
黄花梁烽火台		胡峪乡黄花梁村西北0.2千米		土	黄土夯筑而成，夯层厚0.2～0.28米	矩形	梯形	底部东西9.2、南北8.9米，顶部东西6.2、南北5.8米，残高4.8米	无
分水岭村南1号烽火台		胡峪乡分水岭村南0.8千米		土	黄土夯筑而成，夯层厚0.2米	矩形	梯形	底部边长8.2、顶部边长5.6、残高6.1米	无
分水岭村南2号烽火台		胡峪乡分水岭村南0.8千米		土	黄土夯筑而成，夯层厚0.2米	矩形	梯形	底部边长7.8、顶部边长6.1、残高5.3米	无
孤孤墩烽火台	140923353201170030	胡峪乡大平岭村东南1.2千米的山顶	东经：113°04′17.50″ 北纬：39°11′53.00″ 高程：1365米	土	黄土夯筑而成，夯层厚0.2～0.28米	矩形	梯形	底部东西11.2、南北11.5米，顶部东西6.8、南北7.2米，残高9.2米	无
沙沟烽火台		枣林镇沙沟村东北1.2千米		土	黄土夯筑而成，夯层厚0.2～0.28米	矩形	梯形	底部东西5.2、南北为4米，顶部东西4、南北1米，残高4米	无
东留属烽火台		枣林镇东留属村东南0.5千米		土	黄土夯筑而成，夯层厚0.2～0.26米	矩形	梯形	底部边长5.4、顶部边长3.8、残高6.2米	无

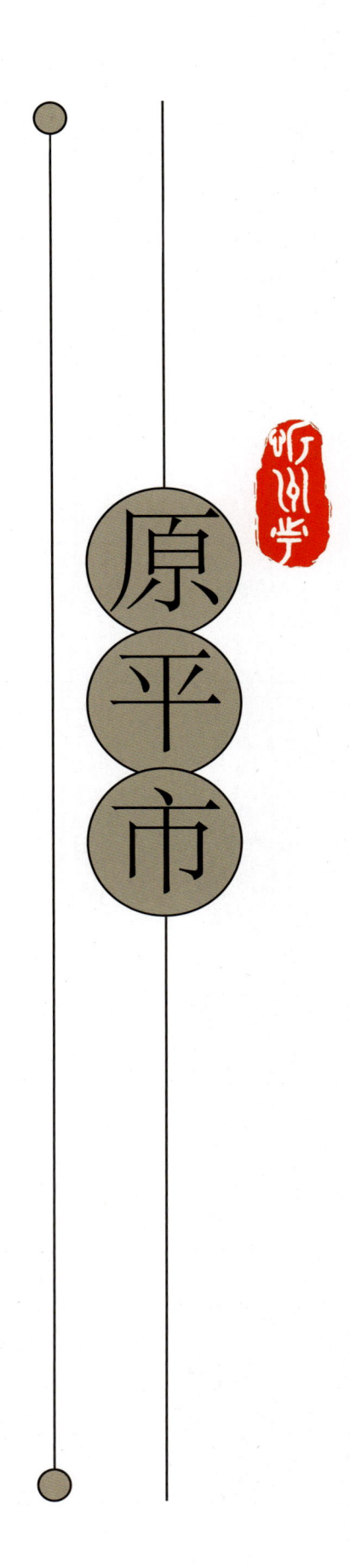

原平市

自然环境

原平市位于山西省北中部。市境东西两面山岭高峻,五台山雄踞县东;西部轩岗镇以南为云中山,主峰水背尖海拔2364米;轩岗镇以北的崞山系恒山支脉,主峰海拔2252米;中部为南北向的滹沱河谷地(忻定盆地),地势平坦,土壤肥沃,是本市重要的灌溉农作区。境内河流滹沱河最大,由北而南贯穿全市;滹沱河支流有阳武河、永兴河等。土壤主要为山地淡栗钙土、灰褐土、灰褐土性土等。年均气温8℃,年均降水量约475毫米。市境植被主要为树林、灌木及杂草丛,树林以杨树林居多。

人文环境

原平市长城和烽火台分布地区的村庄居民人数从数十人至3000余人,轩岗村为镇政府和大型煤矿所在地,人口2万余人。居民以农业和家畜饲养为主,农作物主要有玉米、高粱、谷类、豆类、莜麦、胡麻、马铃薯、向日葵等,家畜有牛、羊等,副业有采矿、运输、旅馆和饭店服务业等。原平市交通发达,同蒲铁路、(北)京原(平)铁路、朔黄铁路和大(同)运(城)高速公路、108国道(208国道)南北纵贯市境,中西部有305、206省道,东南部有310省道。长城和烽火台附近多有省道、县乡公路、土路与外界相通。

西庄头长城 常潮民摄

原平市

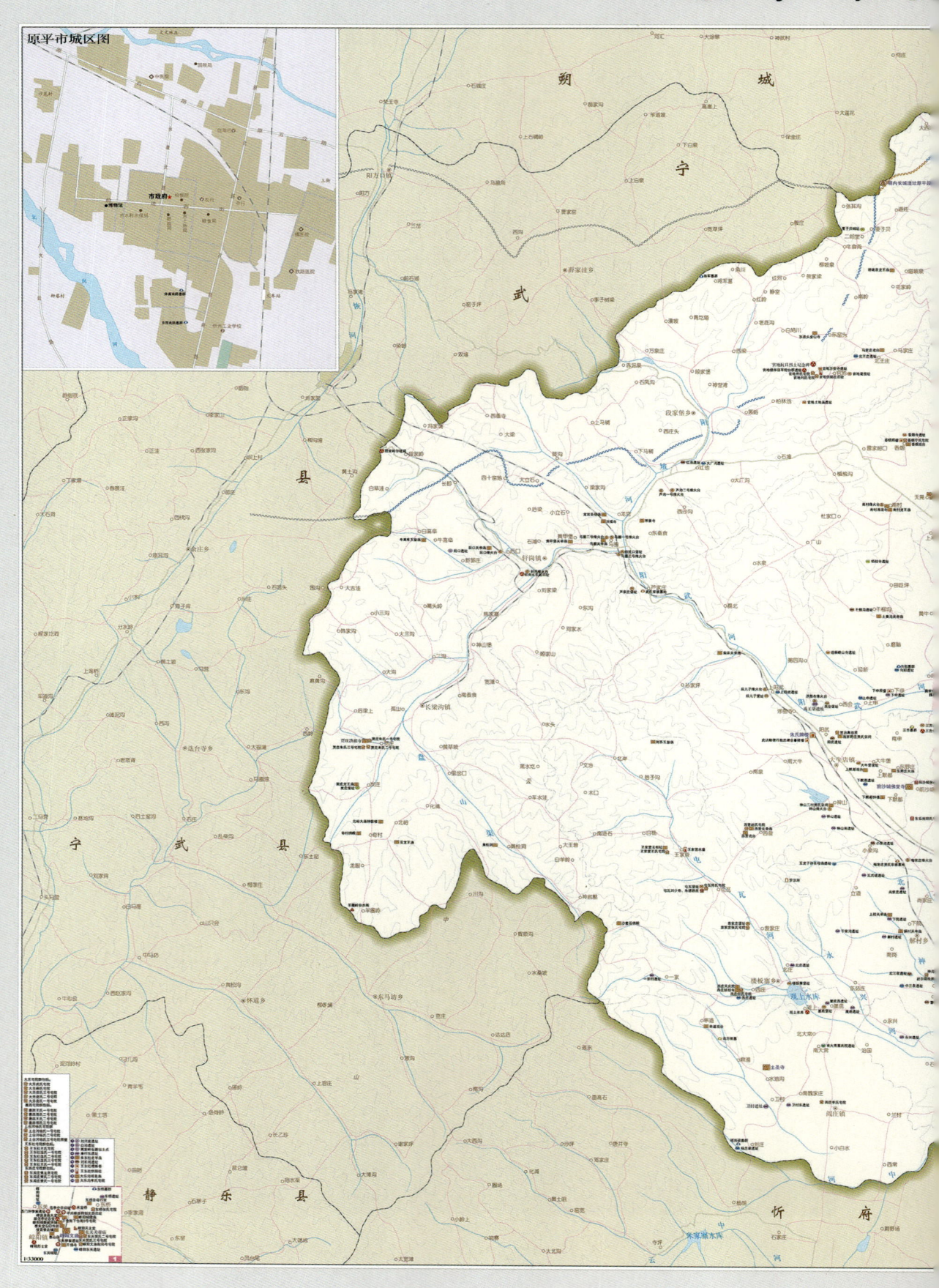

原平市城区图

物分布图

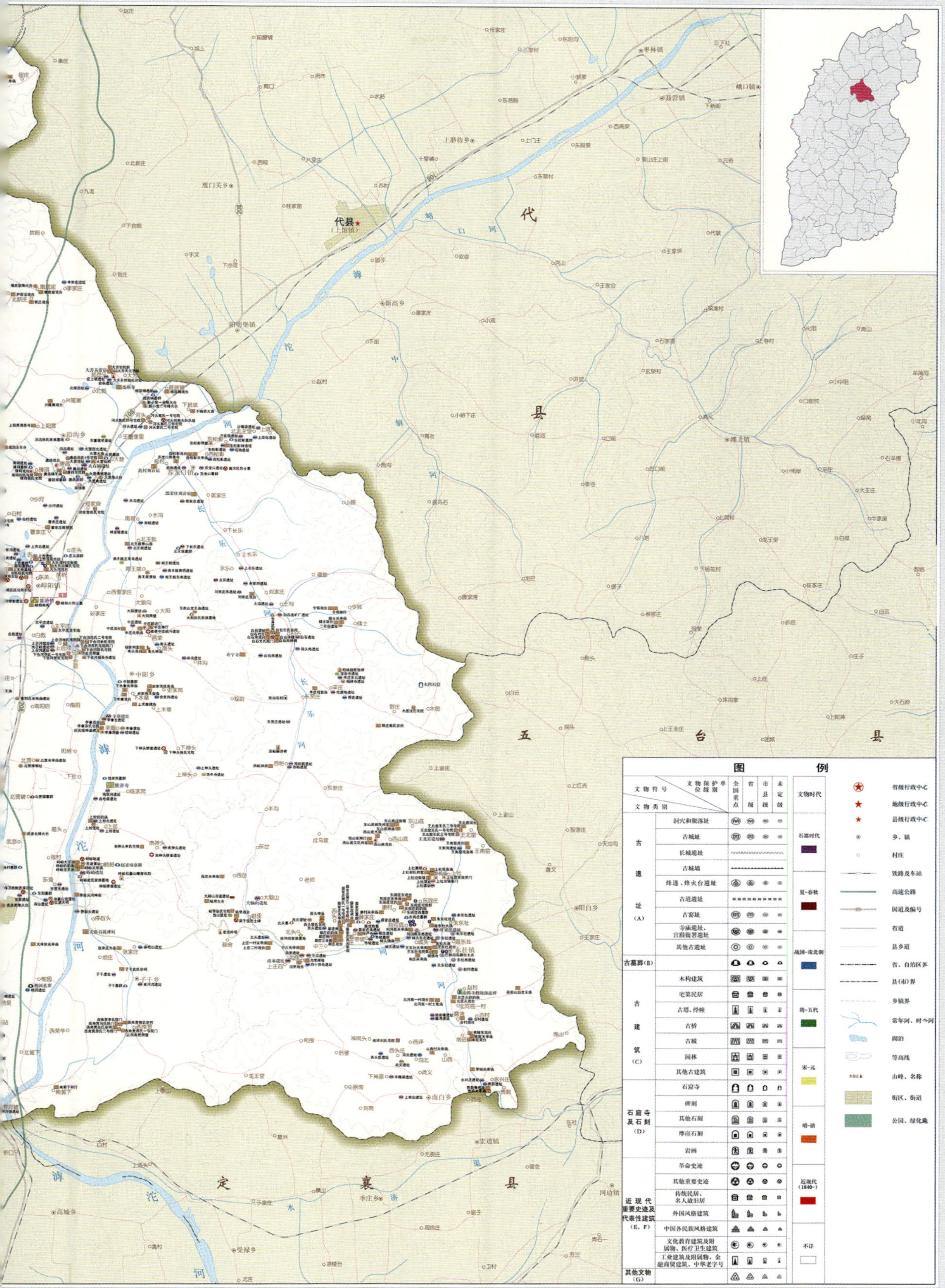

1:100 000

0 1.0 2.0 3.0千米

忻州市文物局主编
北京万德兰科技发展有限公司制作
2011年5月

长城资源

一、原平市的早期长城

原平市的早期长城资源共有 28 处墙体，详见下表。

原平市早期长城墙体一览表（单位：米）

长城墙体段落名称	总长	编码	起点	起点坐标	止点	止点坐标	类型
田庄—老窝长城	2215	1409813821060900001	段家堡乡田庄村西北1.3千米	东经：112°44′09.40″ 北纬：39°08′58.60″ 高程：2135米	段家堡乡老窝村东北1.3千米	东经：112°43′02.10″ 北纬：39°08′11.20″ 高程：2096米	山险
老窝1段长城	571	1409813821020900002	段家堡乡老窝村东北1.3千米	东经：112°43′02.10″ 北纬：39°08′11.20″ 高程：2096米	段家堡乡老窝村北1.3千米	东经：112°42′41.20″ 北纬：39°08′02.30″ 高程：2094米	石墙
老窝2段长城	129	1409813821060900003	段家堡乡老窝村北1.3千米	东经：112°42′41.20″ 北纬：39°08′02.30″ 高程：2094米	段家堡乡老窝村北1.3千米	东经：112°42′36.00″ 北纬：39°08′02.90″ 高程：2109米	山险
老窝3段长城	722	1409813821020900004	段家堡乡老窝村北1.3千米	东经：112°42′36.00″ 北纬：39°08′02.90″ 高程：2109米	段家堡乡老窝村北1.3千米	东经：112°42′10.70″ 北纬：39°07′51.90″ 高程：2145米	石墙
老窝—大西沟长城	4273	1409813821060900005	段家堡乡老窝村北1.3千米	东经：112°42′10.70″ 北纬：39°07′51.90″ 高程：2145米	段家堡乡道佐村东北2.5千米	东经：112°39′58.40″ 北纬：39°06′19.40″ 高程：2127米	山险
道佐北梁长城	3097	1409813821020900006	段家堡乡道佐村东北2.5千米	东经：112°39′58.40″ 北纬：39°06′19.40″ 高程：2127米	段家堡乡道佐村西北1.5千米	东经：112°38′11.50″ 北纬：39°05′30.10″ 高程：2185米	石墙
立梁泉西梁1段长城	644	1409813821060900007	段家堡乡道佐村西北1.5千米	东经：112°38′11.50″ 北纬：39°05′30.10″ 高程：2185米	段家堡乡立梁泉村西北2千米	东经：112°38′23.30″ 北纬：39°05′11.40″ 高程：2139米	山险
立梁泉西梁2段长城	733	1409813821020900008	段家堡乡立梁泉村西北2千米	东经：112°38′23.30″ 北纬：39°05′11.40″ 高程：2139米	段家堡乡立梁泉村西北0.5千米	东经：112°38′21.10″ 北纬：39°04′47.70″ 高程：2131米	石墙
立梁泉西梁3段长城	864	1409813821060900009	段家堡乡立梁泉村西北0.5千米	东经：112°38′21.10″ 北纬：39°04′47.70″ 高程：2131米	段家堡乡立梁泉村西北0.5千米	东经：112°38′20.70″ 北纬：39°04′19.80″ 高程：1864米	山险

老窝 2 段长城　李培林摄　　　　　　　　　　　四十亩村"火烧长城"　常潮民摄

续表

长城墙体段落名称	总长	编码	起点	起点坐标	止点	止点坐标	类型
要子贝东南梁长城	1834	1409813821 02090010	段家堡乡要子贝村东 0.3 千米	东经：112°38′20.70″ 北纬：39°04′19.80″ 高程：1864 米	段家堡乡牛食窑村东 0.8 千米	东经：112°37′34.80″ 北纬：39°03′38.20″ 高程：1690 米	石墙
牛食窑—南岭长城	1931	1409813821 02090011	段家堡乡牛食窑村东 0.8 千米	东经：112°37′34.80″ 北纬：39°03′38.20″ 高程：1690 米	段家堡乡南岭村东北 0.8 千米	东经：112°37′46.30″ 北纬：39°02′38.60″ 高程：1870 米	石墙
南岭边墙梁长城	3048	1409813821 01090012	段家堡乡南岭村东北 0.8 千米	东经：112°37′46.30″ 北纬：39°02′38.60″ 高程：1870 米	段家堡乡东窑头村西北 1 千米	东经：112°36′15.40″ 北纬：39°01′32.10″ 高程：1751 米	土墙
白鸠川东梁长城	2327	1409813821 01090013	段家堡乡东窑头村西北 1 千米	东经：112°36′15.40″ 北纬：39°01′32.10″ 高程：1751 米	段家堡乡白鸠川村东南 1 千米	东经：112°35′22.50″ 北纬：39°00′35.20″ 高程：1584 米	土墙
东窑头—黑峪长城	5400	1409813821 06090014	段家堡乡白鸠川村东南 1 千米	东经：112°35′22.50″ 北纬：39°00′35.20″ 高程：1584 米	段家堡乡黑峪村西南 1 千米	东经：112°33′03.40″ 北纬：38°58′18.50″ 高程：1479 米	山险
黑峪西梁长城	1826	1409813821 01090015	段家堡乡黑峪村西南 1 米	东经：112°33′03.40″ 北纬：38°58′18.50″ 高程：1479 米	段家堡乡南坨村东南 0.8 千米	东经：112°32′16.10″ 北纬：38°58′46.20″ 高程：1471 米	土墙
南坨长城	3638	1409813821 02090016	段家堡乡南坨村东南 0.8 千米	东经：112°32′16.10″ 北纬：38°58′46.20″ 高程：1471 米	段家堡乡西庄头村西南 1 千米	东经：112°30′25.80″ 北纬：38°57′34.70″ 高程：1558 米	石墙
前崖—滴水崖长城	1602	1409813821 02090017	段家堡乡西庄头村西南 1 千米	东经：112°30′25.80″ 北纬：38°57′34.70″ 高程：1558 米	段家堡乡下马铺村东南 0.6 千米	东经：112°29′46.40″ 北纬：38°56′57.90″ 高程：1461 米	石墙

续表

长城墙体段落名称	总长	编码	起点	起点坐标	止点	止点坐标	类型
大皂湾—九子岩梁长城	2796	1409813821020900018	段家堡乡下马铺村东南0.6千米	东经：112°29′46.40″ 北纬：38°56′57.90″ 高程：1461米	段家堡乡下马铺村西南1.5千米	东经：112°28′13.30″ 北纬：38°57′17.00″ 高程：1597米	石墙
九子岩梁—陡沟长城	2556	1409813821020900019	段家堡乡下马铺村西南1.5千米	东经：112°28′13.30″ 北纬：38°57′17.00″ 高程：1597米	轩岗镇陡沟村东南0.5千米	东经：112°26′37.10″ 北纬：38°57′05.70″ 高程：1342米	石墙
长城梁长城	1869	1409813821020900020	轩岗镇陡沟村东南0.5千米	东经：112°26′37.10″ 北纬：38°57′05.70″ 高程：1342米	轩岗镇大立石村东0.5千米	东经：112°25′52.80″ 北纬：38°56′28.10″ 高程：1504米	石墙
大立石长城	901	1409813821010900021	轩岗镇大立石村东0.5千米	东经：112°25′52.80″ 北纬：38°56′28.10″ 高程：1504米	轩岗镇大立石村西北0.5千米	东经：112°25′18.00″ 北纬：38°56′37.70″ 高程：1572米	土墙
大立石—四十亩长城	1406	1409813821020900022	轩岗镇大立石村西北0.5千米	东经：112°25′18.00″ 北纬：38°56′37.70″ 高程：1572米	轩岗镇四十亩地村东0.1千米	东经：112°24′25.10″ 北纬：38°56′36.80″ 高程：1626米	石墙
四十亩长城	1790	1409813821010900023	轩岗镇四十亩地村东0.1千米	东经：112°24′25.10″ 北纬：38°56′36.80″ 高程：1626米	轩岗镇四十亩地村西北1.5千米	东经：112°23′36.30″ 北纬：38°57′10.80″ 高程：1656米	土墙
长畛东梁1段长城	442	1409813821060900024	轩岗镇四十亩地村西北1.5千米	东经：112°23′36.30″ 北纬：38°57′10.80″ 高程：1656米	轩岗镇长畛村东1.5千米	东经：112°23′27.60″ 北纬：38°56′58.10″ 高程：1562米	山险
长畛东梁2段长城	1735	1409813821020900025	轩岗镇长畛村东1.5千米	东经：112°23′27.60″ 北纬：38°56′58.10″ 高程：1562米	轩岗镇长畛村东0.5千米	东经：112°22′38.80″ 北纬：38°56′24.00″ 高程：1454米	石墙
长畛—北梁上1段长城	2054	1409813821020900026	轩岗镇长畛村东0.5千米	东经：112°22′38.80″ 北纬：38°56′24.00″ 高程：1454米	轩岗镇长畛村西南1.7千米	东经：112°21′28.40″ 北纬：38°55′59.30″ 高程：1645米	石墙
长畛—北梁上2段长城	1045	1409813821020900027	轩岗镇长畛村西南1.7千米	东经：112°21′28.40″ 北纬：38°55′59.30″ 高程：1645米	轩岗镇长畛村西南2.5千米	东经：112°20′47.60″ 北纬：38°56′04.60″ 高程：1751米	石墙
长畛—北梁上3段长城	3536	1409813821020900028	轩岗镇长畛村西南2.5千米	东经：112°20′47.60″ 北纬：38°56′04.60″ 高程：1751米	轩岗镇北梁上村西南0.5千米	东经：112°18′48.40″ 北纬：38°55′22.20″ 高程：1941米	石墙

北齐长城亮凤尾 任宏寿摄

二、原平市的明代长城

原平市调查明代长城墙体3段，共长2794.8米；堡2座；单体建筑有敌台2座、烽火台19座。

（一）墙体

原平市明长城属明代内长城，位于市境北端原平市与朔城区交界的山地，东与原平市段家堡乡老窝村附近的早期长城相接，大致呈东南－西北走向，经段家堡乡立梁泉村、张其沟村延伸至宁武县与朔城区的交界处（宁武县段庄长城）。

原平市明长城墙体一览表（单位：米）

长城墙体段落名称	总长	编码	起点	起点坐标	止点	止点坐标	类型
张其沟长城1段	2500	140981382106170001	段家堡乡立梁泉西北1.9千米	东经：112°38′35.50″ 北纬：39°05′39.10″ 高程：2252.9米	段家堡乡张其沟西北1.05千米	东经：112°36′48.90″ 北纬：39°05′27.30″ 高程：2076米	山险
张其沟长城2段	39.8	140981382101170002	段家堡乡张其沟村西北1.05千米	东经：112°36′48.90″ 北纬：39°05′27.30″ 高程：2076米	段家堡乡张其沟西北1.1千米处	东经：112°36′47.00″ 北纬：39°05′27.10″ 高程：2077米	土墙
张其沟长城3段	255	140981382102170003	段家堡乡张其沟村西北1.1千米	东经：112°36′47.00″ 北纬：39°05′27.10″ 高程：2077米	段家堡乡张其沟村西北1.3千米	东经：112°36′36.90″ 北纬：39°05′25.20″ 高程：2041米	石墙
合计	2794.8						
百分比（%）	100						

（二）关堡

原平市共调查堡2座。

1. 阳武口堡

位于轩岗镇马圈村南南山山体前沿，高程1219米。西距马圈3号烽火台0.02千米。堡平面呈矩形，东西80、南北45米，周长250米，占地面积3600平方米。现存主要设施、遗迹仅有堡墙。堡墙为土墙，黄土夯筑而成，夯层厚0.25米。墙体底宽3.5、顶宽0.8~1.5、残高1.5米。

堡整体保存较差。堡墙坍塌损毁严重，部分段无存。堡墙和堡内设施、建筑无存，堡内为耕地。造成损毁的自然因素主要是风雨侵蚀和植物生长等；人为因素主要是取土挖损破坏等。

2. 后儿子堡

位于大牛店镇后儿子村西北的山顶上，高程1055米。西距后儿子烽火台0.03千米。堡平面呈不规则形，东西45、南北15米，周长120米，占地面积675平方米。现存主要设施、遗迹仅有堡墙和角台2座。堡北侧紧邻深沟，未建北墙，东墙无存，西墙仅存地面痕迹，南墙底宽3.2、顶宽0.5~1.8、残高0.8~3.8米。南墙东段和中部各有一处豁口，分别长6.3、12米，墙体无存。角台存东南、西南角2座，东南角台底部东西6.8、南北7.2米，顶部东西4.3、南北5.1米，残高6.2米；西南角台底部东西6.2、南北7.2米，顶部东西4.4、南北4.6米。

堡整体保存较差。堡内无人居住，堡东侧有关帝庙。造成损毁的自然因素主要是风雨侵蚀和植物生长；人为因素主要是取土挖损破坏等。

（三）单体建筑

1. 敌台

原平市共调查敌台2座。

名称	编码	地点	坐标	材质	建筑方式	平面形制	剖面形制	尺寸	附属设施
张其沟1号敌台		段家堡乡张其沟村西北1.1千米		砖	砖砌而成，砖长43、宽20、厚9厘米	矩形	梯形	残高7.8米	无
张其沟2号敌台		段家堡乡张其沟村西北1.3千米		砖	砖砌而成	矩形	梯形	底部东西18、南北15、残高3~4米	无

2. 烽火台

原平市共调查烽火台19座。

张其沟长城　张璐摄　　　　　　　　　　　　　　　　　　　　六郎古长城　焦建军摄

名称	编码	地点	坐标	材质	建筑方式	平面形制	剖面形制	尺寸	附属设施
墩底窑烽火台	1409813532011700003	沿沟乡墩底窑村北0.5千米的山顶上	东经：112°44′59.70″ 北纬：39°02′02.70″ 高程：1195米	土	黄土夯筑而成，夯层厚0.16～0.22米	矩形	梯形	底部东西13、南北12米，顶部东西11、南北10米，残高10米	无
贺家窑烽火台	1409813532011700011	沿沟乡贺家窑村北2.5千米的山顶上	东经：112°41′21.10″ 北纬：38°59′35.00″ 高程：1325米	土	黄土夯筑而成，夯层厚0.16～0.2米	矩形	梯形	底部东西8.2、南北7.6米，顶部东西3.8、南北3.2米，残高8.8米	无
新小营1号烽火台	1409813532011700001	沿沟乡新小营村东北1千米	东经：112°48′57.90″ 北纬：38°58′33.70″ 高程：842米	土	黄土夯筑而成，夯层厚0.2～0.24米	矩形	梯形	底部东西10、南北11米，顶部东西7.5、南北8.7米，残高10.5米	无
新小营2号烽火台	1409813532011700002	沿沟乡新小营村东1千米	东经：112°49′00.70″ 北纬：38°58′30.50″ 高程：841米	土	黄土夯筑而成，夯层厚0.16～0.22米	矩形	梯形	底部边长6、顶部边长3.8、残高7.8米	无
大营村烽火台	1409813532011700005	沿沟乡大营村东0.2千米的台地上	东经：112°47′22.90″ 北纬：38°56′24.70″ 高程：867米	砖	外部砖石砌筑；内部为夯土台体，夯层厚0.2～0.22米	矩形	梯形	底部边长5.8、顶部边长4.2、残高5.2米	无
大道口烽火台	1409813532011700012	崞阳镇大道口村北1千米的山顶上	东经：112°41′21.10″ 北纬：38°59′35.00″ 高程：1325米	土	黄土夯筑而成，夯层厚0.16～0.2米	矩形	梯形	底部东西8.2、南北7.6米，顶部东西3.8、南北3.2米，残高8.8米	无

续表

名称	编码	地点	坐标	材质	建筑方式	平面形制	剖面形制	尺寸	附属设施
南村烽火台	1409813532011700004	崞阳镇南村村西0.3千米的台地上	东经：112°38′35.30″ 北纬：38°55′53.90″ 高程：1069米	土	黄土夯筑而成，夯层厚0.12～0.22米	矩形	梯形	底部边长10.5、顶部边长8.2、残高8.6米	无
芦沟村东北烽火台	1409813532011700014	轩岗镇芦沟村东北0.8千米的山顶上	东经：112°30′36.40″ 北纬：38°56′19.40″ 高程：1383米	石	外部底部石块砌筑，包石高1.5米，上部和内部为夯土台体，夯层厚0.22～0.28米	矩形	梯形	底部边长8、顶部边长3.5、残高5米	无
芦沟村南烽火台	1409813532011700013	轩岗镇芦沟村南0.5千米的山顶上	东经：112°30′10.90″ 北纬：38°56′18.40″ 高程：1301米	土	黄土夯筑而成，夯层厚0.2米	矩形	梯形	底部边长10.2米，顶部东西6.1、南北5.8米，残高6.8米	无
马圈1号烽火台	1409813532011700015	轩岗镇马圈村北的山顶上	东经：112°28′17.90″ 北纬：38°54′49.40″ 高程：1344米	土	黄土夯筑而成，夯层厚0.15～0.26米	矩形	梯形	底部东西8.2、南北8.8米，顶部东西6.2、南北5.8米，残高6.2米	无
马圈2号烽火台	1409813532011700016	轩岗镇马圈村北的山顶上	东经：112°28′07.20″ 北纬：38°54′51.40″ 高程：1262米	土	黄土夯筑而成，夯层厚0.2～0.26米	矩形	梯形	底部边长13、顶部边长8.2、残高8.5米	无
马圈3号烽火台	1409813532011700017	轩岗镇马圈村南山体前沿处	东经：112°28′38.20″ 北纬：38°54′23.10″ 高程：1224米	土	黄土夯筑而成，夯层厚0.22米	矩形	梯形	底部东西12、南北11米，顶部东西8、南北7米，南壁残高8、北壁残高10米	无
轩岗烽火台	1409813532011700018	轩岗镇轩岗村西山梁台地上	东经：112°25′08.34″ 北纬：38°53′48.70″ 高程：1335米	土	黄土夯筑而成，夯层厚0.2～0.22米	矩形	梯形	底部边长13、顶部边长8、残高10.2米	无
后口烽火台	1409813532011700019	轩岗镇后口村西0.5千米	东经：112°24′06.48″ 北纬：38°54′24.80″ 高程：1399米	土	黄土夯筑而成，夯层厚0.2～0.22米	矩形	梯形	底部东西10、南北11米，顶部东西7.2、南北7.5米，残高5米	无
后儿子烽火台	1409813532011700007	大牛店镇后儿子村西山梁上	东经：112°33′59.90″ 北纬：38°50′16.80″ 高程：1060米	土	黄土夯筑而成，夯层厚0.18～0.22米	矩形	梯形	底部边长6.8、顶部边长5.4、残高5.8米	无
浮图寺烽火台	1409813532011700006	大牛店镇浮图寺村东北1千米	东经：112°35′59.10″ 北纬：38°49′57.20″ 高程：1049米	土	黄土夯筑而成，夯层厚0.2～0.22米	矩形	梯形	底部东西8.6、南北8.8米，顶部东西4.8、南北5.2米，残高6.8米	无

续表

名称	编码	地点	坐标	材质	建筑方式	平面形制	剖面形制	尺寸	附属设施
神山烽火台	1409813532011700008	大牛店镇神山村北0.5千米的山顶上	东经：112°36′36.60″ 北纬：38°46′07.70″ 高程：985米	土	黄土夯筑而成，夯层厚0.2～0.21米	矩形	梯形	底部边长6.8、顶部边长5.4、残高5.8米	无
梅家庄烽火台	1409813532011700009	西镇乡梅家庄村西0.2千米的山顶上	东经：112°39′28.80″ 北纬：38°45′03.00″ 高程：914米	土	黄土夯筑而成，夯层厚0.2～0.24米	矩形	梯形	底部边长15、顶部边长6、残高12米	无
新郭下烽火台	1409813532011700010	新原乡新郭下村南0.5千米的平川上	东经：112°42′32.80″ 北纬：38°40′33.70″ 高程：829米	土	黄土夯筑而成，夯层厚0.2～0.28米	矩形	梯形	底部边长12、顶部边长6、残高8.2米	无

宁武县

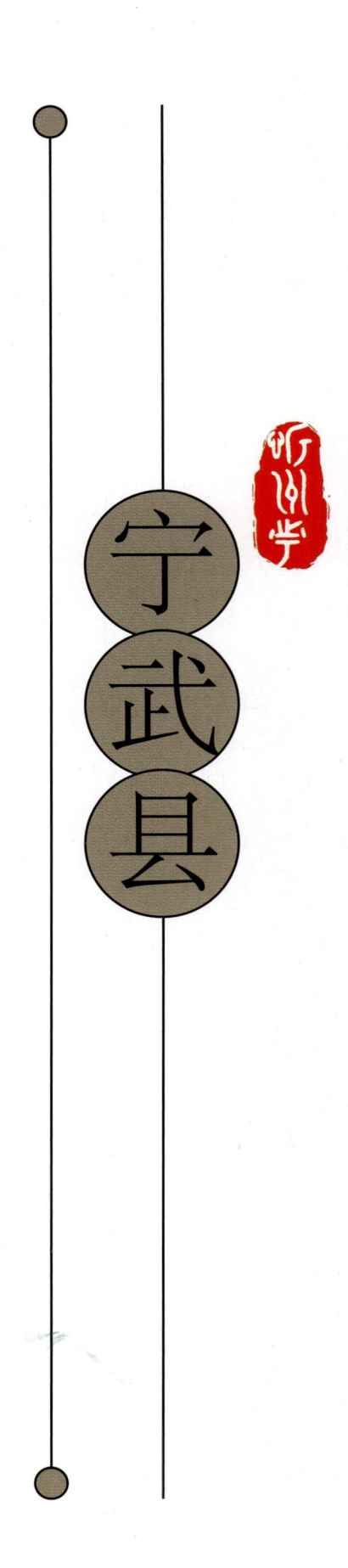

自然环境

宁武县位于山西省北中部，地势高峻，山脉纵横，山地占总面积的以上。县境东部有云中山，以土石山为主，西部有管涔山、芦芽山，北部有恒山西端余脉。东、西部山地之间，汾河（黄河第二长支流）从北向南、恢河（海河支流）从南向北纵贯县境。明代长城分布于县境北部恒山山地以及恒山山地与管涔山之间的恢河谷地。宁武县属北温带大陆性气候，属高山严寒区和寒冷干燥区，气候寒冷，多大风，无霜期短，温度差别大，山区雨多，其他地区雨量偏少，降雨高度集中于7月和8月。年均气温6.2℃，年均降水量590毫米。长城沿线地区土壤主要是山地淡栗钙土和灰褐土性土。宁武县森林资源丰富，长城沿线地区山地北坡有成片桦树林和灌木林，恢河谷地主要是草本植物。

人文环境

宁武县长城沿线村庄居民人数从数十人到约1000人，阳方口村为阳方口镇政府所在地，人口聚集，有约15000人。薛家洼乡洞上村无人居住，阳方口镇半山村有居民1人。

村庄居民以农业和家畜饲养业为主，农作物主要有莜麦、马铃薯、豌豆、胡麻等，饲养的家畜有牛、驴、绵羊等。长城沿线附近山区有煤和铝矾土矿等，私挖乱采十分严重，破坏了周围的原生态植被和地貌环境，有的甚至直接破坏长城墙体。宁武县交通便利，同（大）蒲（州）铁路、朔（州）黄（骅）铁路、206及305省道位于县境北部，在阳方口镇交汇集中，宁静铁路、215及312省道位于县境中南部。长城沿线村庄有省道、县乡公路、土路与外界相通。

宁武关明长城　金熙军摄

宁武县文物分布图

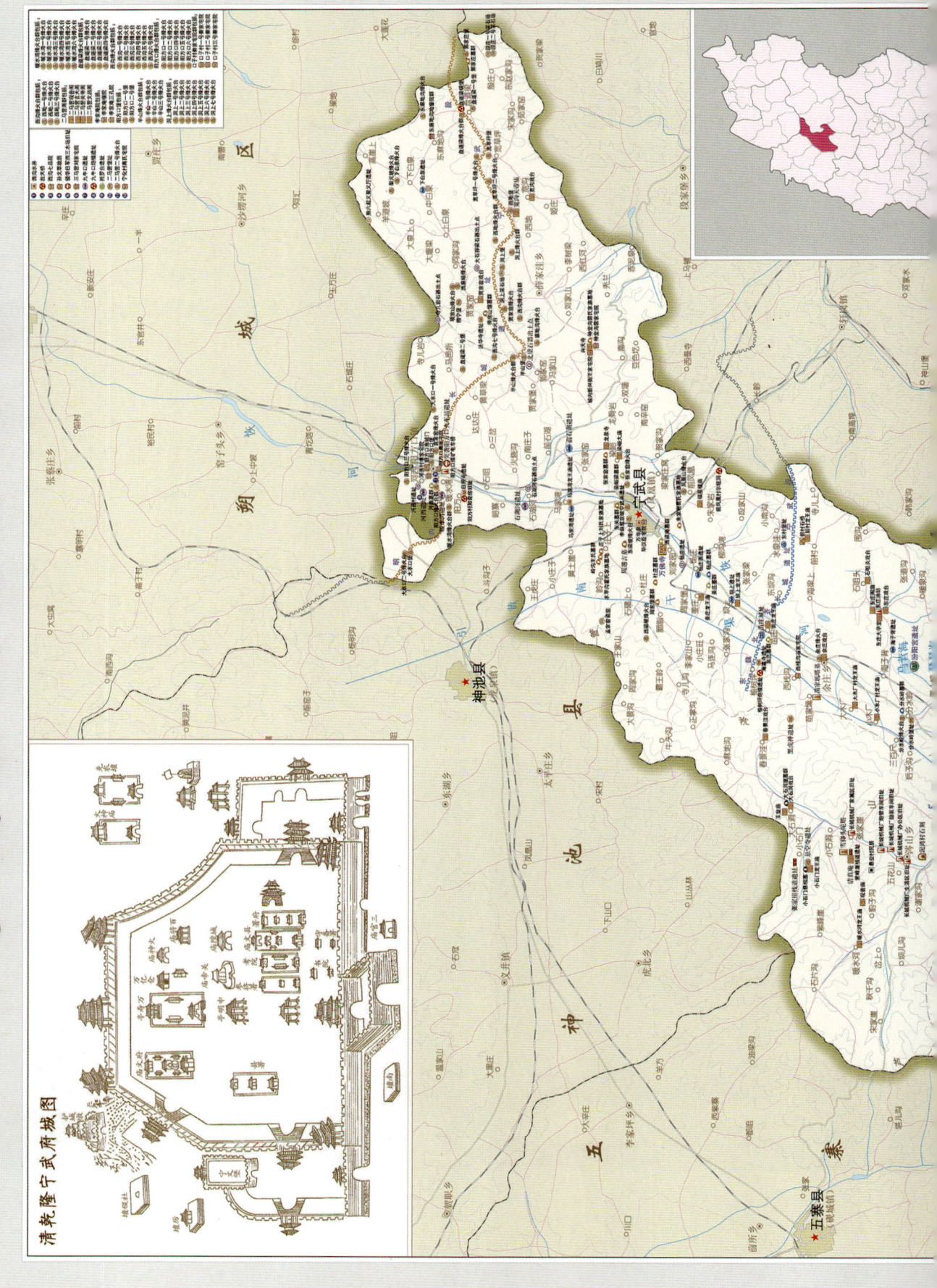

清乾隆宁武府城图

宁武县城区图

1:150 000

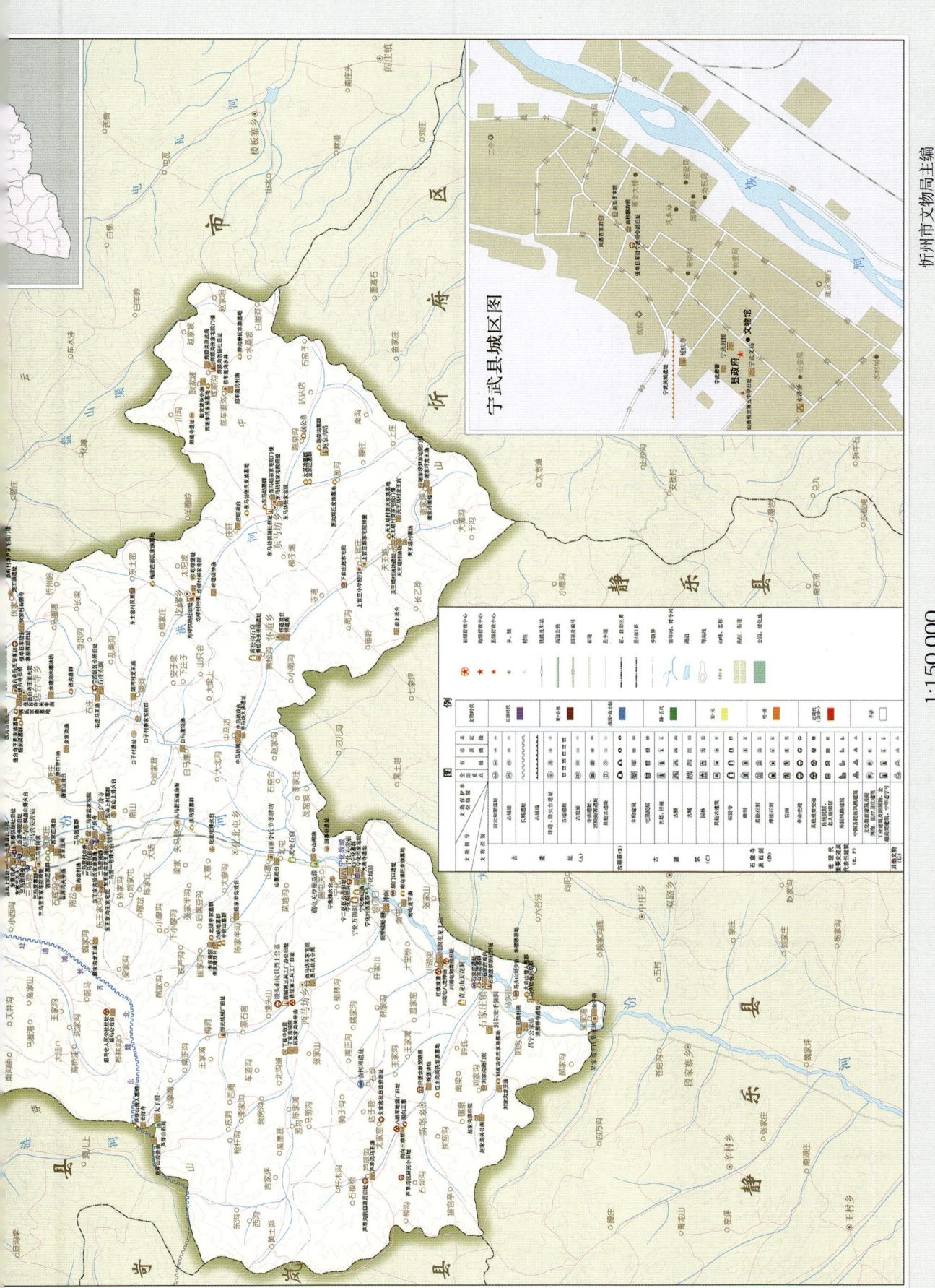

忻州市文物局主编
北京万德兰科技发展有限公司制作
2011年5月

本路叅將設於嘉靖二十七年駐劄利民所轄寧武盤道梁神池利民八角寧化長林陽方八城堡凡屬守備五防守二千戶所者三分管內邊東起廣武界神樹梁西盡老營界地椒崖沿長二百九里零四十丈邊墩一百二十四座火路墩一百二十一座邊之內外續設小蓮花夾柳樹燕兒水鴨窩梁玄岡口朔寧狗兒澗圪垯礷石湖見溝口得勝勒馬溝蔣家峪乾柴溝野猪溝一十五堡以為犄角勒馬除軍門標下兩披營散兵及標正二營外闔路見在官軍九千八百八十七員名馬騾三千七百七十匹頭內援兵官軍二千六百四十五員名馬騾二千三百九匹頭本路東西援鴈平偏老址控三雲南藩全晉盖山西鎮之要害也嘉隆間頻遭虜患故於衝緊各處續添前項小堡分兵據守以扼虜衝款後烽火不警千戈載戢軍民幸帖枕席之安顧款久則弛兵驕乘此閒暇之時正當圖綢繆之計一切詰兵儲餉未可以款事而遽忽之也

山西宁武道
轄中路總圖

北至老營堡九十里

東至大同朔州六十里

西至偏頭關一百二十里

南至忻州二百九十里

长城资源

一、宁武县的早期长城

宁武县的早期长城资源共有43处墙体，关堡包括关8座、堡1座；单体建筑包括敌台1座、烽火台2座。

（一）墙体

详见下表。

宁武县早期长城墙体一览表（单位：米）

长城墙体段落名称	总长	编码	起点	起点坐标	止点	止点坐标	类型
三张庄北梁上2段长城	1842	130101382102090001	余庄乡后村东北1.3千米	东经：112°17′35.10″ 北纬：38°55′41.60″ 高程：1971米	余庄乡后村西北0.7千米	东经：112°16′33.50″ 北纬：38°55′26.60″ 高程：1924米	石墙
三张庄北梁上1段长城	2133	140925382102090002	轩岗镇北梁上村西南0.5千米	东经：112°18′48.40″ 北纬：38°55′22.20″ 高程：1941米	余庄乡后村东北1.3千米	东经：112°17′35.10″ 北纬：38°55′41.60″ 高程：1971米	石墙
三张庄北梁上3段长城	1764	140925382102090003	余庄乡后村西北0.7千米	东经：112°16′33.50″ 北纬：38°55′26.60″ 高程：1924米	余庄乡东坝沟村东北2.5千米	东经：112°15′28.60″ 北纬：38°55′43.90″ 高程：1938米	石墙

坝沟湾长城保存最完整的一段　伊俊摄

续表

长城墙体段落名称	总长	编码	起点	起点坐标	止点	止点坐标	类型
东坝沟北梁上1段长城	2027	1409253821020900004	余庄乡东坝沟村东北2.5千米	东经：112°15′28.60″ 北纬：38°55′43.90″ 高程：1938米	余庄乡东坝沟村东北2.3千米	东经：112°14′37.60″ 北纬：38°56′29.50″ 高程：1662米	石墙
东坝沟北梁上2段长城	225	1409253821010900005	余庄乡东坝沟村东北2.3千米	东经：112°14′37.60″ 北纬：38°56′29.50″ 高程：1662米	余庄乡东坝沟村西北1.5千米	东经：112°14′28.30″ 北纬：38°56′29.60″ 高程：1637米	土墙
东坝沟北梁上3段长城	50	1409253821020900006	余庄乡东坝沟村西北1.5千米	东经：112°14′28.30″ 北纬：38°56′29.60″ 高程：1637米	余庄乡坝上村东南0.8千米	东经：112°14′28.30″ 北纬：38°56′29.70″ 高程：1581米	石墙
硫黄沟东长城	626	1409253821070900007	余庄乡坝上村东南0.8千米	东经：112°14′28.30″ 北纬：38°56′29.70″ 高程：1581米	余庄乡坝上村西南1.2千米	东经：112°14′02.30″ 北纬：38°56′32.10″ 高程：1528米	石墙
硫黄沟1段长城	1045	1409253821010900008	余庄乡坝上村西南1.2千米	东经：112°14′02.30″ 北纬：38°56′32.10″ 高程：1528米	余庄乡苗庄村西北0.8千米	东经：112°13′27.90″ 北纬：38°56′29.90″ 高程：1673米	土墙
硫黄沟2段长城	846	1409253821010900009	余庄乡苗庄村西北0.8千米	东经：112°13′27.90″ 北纬：38°56′29.90″ 高程：1673米	余庄乡硫黄沟村东南0.7千米	东经：112°12′53.70″ 北纬：38°56′34.30″ 高程：1765米	土墙
硫黄沟3段长城	1479	14092538210209000010	余庄乡硫黄沟村东南0.7千米	东经：112°12′53.70″ 北纬：38°56′34.30″ 高程：1765米	余庄乡榆树坪村东北0.3千米	东经：112°11′59.70″ 北纬：38°56′50.40″ 高程：1862米	石墙
硫黄沟4段长城	1384	14092538210209000011	余庄乡榆树坪村东北0.3千米	东经：112°11′59.70″ 北纬：38°56′50.40″ 高程：1862米	余庄乡榆树坪村西北1.5千米	东经：112°11′06.00″ 北纬：38°56′46.70″ 高程：2124米	石墙
硫黄沟5段长城	388	14092538210609000012	余庄乡榆树坪村西北1.5千米	东经：112°11′06.00″ 北纬：38°56′46.70″ 高程：2124米	余庄乡榆树坪村西北1.9千米	东经：112°10′50.40″ 北纬：38°56′50.00″ 高程：2090米	山险
硫黄沟6段长城	363	14092538210209000013	余庄乡榆树坪村西北1.9千米	东经：112°10′50.40″ 北纬：38°56′50.00″ 高程：2090米	余庄乡榆树坪村西北2.4千米	东经：112°10′36.90″ 北纬：38°56′55.20″ 高程：2151米	石墙
管芩山春景洼长城	6000	14092538210609000014	余庄乡榆树坪村西北2.4千米	东经：112°10′36.90″ 北纬：38°56′55.20″ 高程：2151米	余庄乡大木场村西北2.5千米	东经：112°08′50.60″ 北纬：38°53′59.80″ 高程：2585米	山险
龙翻石—四方崖1段长城	365	14092538210209000015	余庄乡大木场村西北2.5千米	东经：112°08′50.60″ 北纬：38°53′59.80″ 高程：2585米	余庄乡小木场村西2.2千米	东经：112°08′43.40″ 北纬：38°53′49.20″ 高程：2581米	石墙
龙翻石—四方崖2段长城	254	14092538210609000016	余庄乡小木场村西2.2千米	东经：112°08′43.40″ 北纬：38°53′49.20″ 高程：2581米	余庄乡三百户村西2.5千米	东经：112°08′42.10″ 北纬：38°53′41.00″ 高程：2569米	山险
龙翻石—四方崖3段长城	392	14092538210209000017	余庄乡三百户村西2.5千米	东经：112°08′42.10″ 北纬：38°53′41.00″ 高程：2569米	余庄乡三百户村西2.1千米	东经：112°08′35.30″ 北纬：38°53′29.60″ 高程：2605米	石墙

续表

长城墙体段落名称	总长	编码	起点	起点坐标	止点	止点坐标	类型
龙翻石—四方崖4段长城	2800	1409925382106090018	余庄乡三百户村西2.1千米	东经：112°08′35.30″ 北纬：38°53′29.60″ 高程：2605米	余庄乡三百户村西3千米	东经：112°07′28.30″ 北纬：38°52′15.00″ 高程：2314米	山险
龙翻石—四方崖5段长城	123	1409925382102090019	余庄乡三百户村西3千米	东经：112°07′28.30″ 北纬：38°52′15.00″ 高程：2314米	余庄乡三百户村西2.8千米	东经：112°07′28.70″ 北纬：38°52′11.00″ 高程：2306米	石墙
四方崖长城	2200	1409925382106090020	余庄乡三百户村西2.8千米	东经：112°07′28.70″ 北纬：38°52′11.00″ 高程：2306米	东寨镇车道沟村西北2.7千米	东经：112°06′35.40″ 北纬：38°51′14.60″ 高程：2314米	山险
车道沟西梁1段长城	82	1409925382102090021	东寨镇车道沟村西北2.7千米	东经：112°06′35.40″ 北纬：38°51′14.60″ 高程：2314米	东寨镇车道沟村西北2.6千米	东经：112°06′33.80″ 北纬：38°51′12.30″ 高程：2305米	石墙
车道沟西梁2段长城	722	1409925382106090022	东寨镇车道沟村西北2.6千米	东经：112°06′33.80″ 北纬：38°51′12.30″ 高程：2305米	东寨镇车道沟村西北2.1千米	东经：112°06′20.00″ 北纬：38°50′51.30″ 高程：2237米	山险
车道沟西梁3段长城	2287	1409925382102090023	东寨镇车道沟村西北2.1千米	东经：112°06′20.00″ 北纬：38°50′51.30″ 高程：2237米	东寨镇坝沟湾村东北1.5千米	东经：112°07′02.00″ 北纬：38°49′59.60″ 高程：1974米	石墙
坝沟湾西北梁1段长城	2735	1409925382102090024	东寨镇坝沟湾村东北1.5千米	东经：112°07′02.00″ 北纬：38°49′59.60″ 高程：1974米	东寨镇坝沟湾村东北1.2千米	东经：112°05′25.90″ 北纬：38°50′43.80″ 高程：1925米	石墙
坝沟湾西北梁2段长城	112	1409925382102090025	东寨镇坝沟湾村东北1.2千米	东经：112°05′25.90″ 北纬：38°50′43.80″ 高程：1925米	东寨镇坝沟湾村东北1.1千米	东经：112°05′25.90″ 北纬：38°50′40.30″ 高程：1858米	石墙
坝沟湾西北梁3段长城	223	1409925382102090025	东寨镇坝沟湾村东北1.1千米	东经：112°05′25.90″ 北纬：38°50′40.30″ 高程：1858米	东寨镇坝沟湾村东北0.9千米	东经：112°05′20.10″ 北纬：38°50′34.60″ 高程：1836米	石墙
坝沟湾西北梁4段长城	343	1409925382102090027	东寨镇坝沟湾村东北0.9千米	东经：112°05′20.10″ 北纬：38°50′34.60″ 高程：1836米	东寨镇坝沟湾村东北0.6千米	东经：112°05′17.00″ 北纬：38°50′23.80″ 高程：1678米	石墙
坝沟湾西北梁5段长城	161	1409925382107090028	东寨镇坝沟湾村东北0.6千米	东经：112°05′17.00″ 北纬：38°50′23.80″ 高程：1678米	东寨镇坝沟湾村东北0.5千米	东经：112°05′10.20″ 北纬：38°50′23.10″ 高程：1654米	石墙
坝沟湾—窑子湾1段长城	1100	1409925382106090029	东寨镇坝沟湾村东北0.5千米	东经：112°05′10.20″ 北纬：38°50′23.10″ 高程：1654米	东寨镇窑子湾村东北0.4千米	东经：112°04′41.10″ 北纬：38°49′54.80″ 高程：1786米	山险
坝沟湾—窑子湾2段长城	297	1409925382102090030	东寨镇窑子湾村东北0.4千米	东经：112°04′41.10″ 北纬：38°49′54.80″ 高程：1786米	东寨镇窑子湾村东北0.1千米	东经：112°04′34.50″ 北纬：38°49′46.40″ 高程：1655米	石墙
窑子湾长城	333	1409925382107090031	东寨镇窑子湾村东北0.1千米	东经：112°04′34.50″ 北纬：38°49′46.40″ 高程：1655米	东寨镇窑子湾村南0.4千米	东经：112°04′28.40″ 北纬：38°49′36.70″ 高程：1562米	

续表

长城墙体段落名称	总长	编码	起点	起点坐标	止点	止点坐标	类型
窑子湾—大洼1段长城	273	1409253821002090032	东寨镇窑子湾村南0.4千米	东经：112°04′28.40″ 北纬：38°49′36.70″ 高程：1562米	东寨镇窑子湾村南0.8千米	东经：112°04′25.50″ 北纬：38°49′28.10″ 高程：1701米	石墙
窑子湾—大洼2段长城	1800	1409253821006090033	东寨镇窑子湾村南0.8千米	东经：112°04′25.50″ 北纬：38°49′28.10″ 高程：1701米	东寨镇大洼村东北0.8千米	东经：112°03′19.30″ 北纬：33°48′59.70″ 高程：1993米	山险
窑子湾—大洼3段长城	411	1409253821002090034	东寨镇大洼村东北0.8千米	东经：112°03′19.30″ 北纬：38°48′59.70″ 高程：1993米	东寨镇大洼村西北0.2千米	东经：112°03′02.80″ 北纬：33°48′55.90″ 高程：2033米	石墙
大洼西北梁1段长城	526	1409253821002090035	东寨镇大洼村西北0.2千米	东经：112°03′02.80″ 北纬：38°48′55.90″ 高程：2033米	东寨镇大洼村西北0.7千米	东经：112°02′50.80″ 北纬：38°48′43.00″ 高程：2065米	
大洼西北梁2段长城	638	1409253821006090036	东寨镇大洼村西北0.7千米	东经：112°02′50.80″ 北纬：38°48′43.00″ 高程：2065米	东寨镇大洼村西北1.1千米	东经：112°02′40.50″ 北纬：38°48′25.10″ 高程：2115米	山险
大洼西北梁3段长城	675	1409253821002090036	东寨镇大洼村西北1.1千米	东经：112°02′40.50″ 北纬：38°48′25.10″ 高程：2115米	东寨镇谢岗地村西北0.7千米	东经：112°02′51.30″ 北纬：38°48′07.40″ 高程：2216米	石墙
高边墙长城	3127	1409253821002090038	东寨镇谢岗地村西北0.7千米	东经：112°02′51.30″ 北纬：38°48′07.40″ 高程：2216米	东寨镇李家沟村东南0.8千米	东经：112°02′05.60″ 北纬：38°46′42.40″ 高程：2183米	石墙
城墙梁1段长城	1493	1409253821002090039	东寨镇李家沟村东南0.8千米	东经：112°02′05.60″ 北纬：38°46′42.40″ 高程：2183米	东寨镇李家沟村南1.3千米	东经：112°01′31.60″ 北纬：38°46′05.50″ 高程：2308米	石墙
城墙梁2段长城	1889	1409253821002090040	东寨镇李家沟村南1.3千米	东经：112°01′31.60″ 北纬：38°46′05.50″ 高程：2308米	东寨镇后马仑村东北2.5千米	东经：112°00′41.60″ 北纬：38°45′20.70″ 高程：2259米	石墙
后马仑—化林沟长城	2700	1409253821002090041	东寨镇后马仑村东北2.5千米	东经：112°00′41.60″ 北纬：38°45′20.70″ 高程：2259米	东寨镇化林沟村东南1.5千米	东经：111°58′52.20″ 北纬：38°45′11.30″ 高程：2153米	石墙
化林沟—黄草梁长城	3400	1409253821006090042	东寨镇化林沟村东南1.5千米	东经：111°58′52.20″ 北纬：38°45′11.30″ 高程：2153米	东寨镇化林沟村西南3.5千米	东经：111°56′34.70″ 北纬：38°44′56.30″ 高程：2656米	山险
黄草梁长城	1737	1409253821002090043	东寨镇化林沟村西南3.5千米	东经：111°56′34.70″ 北纬：38°44′56.30″ 高程：2656米	东寨镇化林沟村西南5千米	东经：111°55′32.00″ 北纬：38°44′54.10″ 高程：2703米	石墙

四方崖长城山险 李培林摄

龙翻石－四方崖4段长城山险1 李培林摄

大洼西北梁1段长城石墙 李培林摄

高边墙长城石墙 李培林摄

宁武长城遗存 张建军摄

（二）关堡

宁武县早期长城调查关8座、堡1座，详见下表。

宁武县关堡一览表

乡镇	关	堡	合计（座）
余庄乡	尖山峁关、阎王壁障关、苗庄古城关、硫黄沟1号关、硫黄沟2号关、硫黄沟3号关、硫黄沟4号关	三张庄北梁堡	8
东寨镇	大洼北梁关		1
合计（座）	8	1	9

1. 尖山峁关

位于余庄乡后村东北2.5千米，长城内侧，高程1873米。北、东墙体借长城遗址，略呈长方形，东西长约120米，南北宽约60米，北高南低，南墙墙体已经不存在，西墙墙体残损严重，现残高1米，顶宽2.3米，北、东墙体残高1.5米，顶宽2米，墙体基宽5米。

2. 阎王壁障关

位于余庄乡后村东北0.8千米，高程1940米。砂岩石片构筑，呈不规则四边形，处于长城遗址外侧，南墙借长城墙体，东墙长约15米，现存残高3米，顶宽2米；西墙体长25米，现存残高2.4米，顶宽2米；南墙长20米，现存残高1.5米，顶宽2米；北墙长22米，现存残高1.8米，顶宽2.2米，墙体基宽5米，南高北低，东、西墙体保存尚好。东距尖山峁障关5公里。

3. 苗庄古城关

位于余庄乡后村东北0.8千米，紧挨长城墙体，高程1596米。城址内可见东西两城，保存比较完整。两城平面均呈长方形，墙体夯土版筑，依山势而行，西北高，东南低。东城东墙长280米，顶宽2米，底宽4~5米，高6米；南墙长230米，顶宽1.5米~2米，底宽约4~5米，高6米；北墙长342米，顶宽6米，底宽10米，高8米，西墙长200米，顶宽4米，底宽11.5米，高5米。

苗庄古城关东墙 李培林摄　　　　硫黄沟1段长城墙体　李培林摄

083

西城平面较东城更为方整，隔墙即东墙长200米，北墙长260米，顶宽6米，底宽10米，高5~6米，西墙长200米，顶宽4米，的款6米，高5米，在东城南墙正中开有一城门，宽为6米，两城之隔墙北部有一长约8米的豁口。两墙为整体夯筑，墙体有排列整齐的夯架支窝，间距50~60厘米，洞径为10~12厘米，城墙夯层厚8~10厘米，由于铁路建设，现东城的南墙和北墙已遭破坏。苗庄城址的北墙墙体宽厚，并设有三个马面。

4. 硫黄沟1号关

位于余庄乡硫黄沟村东南0.5千米，紧挨长城墙体，高程1780米。位于长城墙体南侧，北墙为长城墙体，长约30米，南墙长30米，东墙长8米，西墙长15米，高1.8米，略成长方形，墙基宽度不明，1号关的西墙为硫黄沟2号关的东墙。

5. 硫黄沟2号关

位于余庄乡硫黄沟村东南0.5千米，高程1783米。位于长城墙体南侧，东紧邻硫黄沟1号关，北墙为长城墙体，长14米，南墙长12米，东墙长15米，西墙长9米，略成长方形，墙基宽度不明，1号关的西墙为硫黄沟2号关的东墙。

6. 硫黄沟3号关

位于余庄乡硫黄沟村东南0.4千米，高程1804米。位于长城墙体南侧，北墙为长城墙体，长25米，东边长22米，西边长26米，大致呈一等腰三角形。

7. 硫黄沟4号关

位于余庄乡榆树坪村东北0.4千米，高程1858米。位于长城墙体南侧，北墙为长城墙体，长约98米，顶宽0.1~0.3米，底宽2.5米，夯层不明，南墙长115米，高2米，东墙长25米，高1.5米，西墙消失。

8. 大洼北梁关

位于东寨镇大洼村西北0.6千米，高程2061米。此关平面呈长方形，南墙紧挨长城墙体，现仅存地基，东墙长23米，南墙18米，墙体顶宽0.8~1.3米，底宽4.5米，内侧高0.5~1.2米，外侧高0.8~1.4米。

9. 三张庄北梁堡

位于余庄乡三张庄东0.4千米，高程1840米。此关平面略呈圆形，夯土墙基，外包红色砂岩石片，墙体厚3米，南北方向的内径为40米，东西内径为34米，此堡修筑于一个高3.5米的夯土台面上，堡的地基此台面形成的肩部宽4米，西面墙与北面墙高4.2米，西面墙开有一个门，南面墙高3.2米，东面墙高1.8米。

（三）单体建筑

1. 敌台

宁武县早期长城共调查敌台1座。

名称	编码	地点	坐标	材质	建筑方式	平面形制	剖面形制	尺寸	附属设施
硫黄沟4段长城1号敌台	140925352101190001	余庄乡榆树坪村西北0.7千米	东经：112°11′36.20″ 北纬：38°56′48.40″ 高程：1956米	石	台体平面呈正方形，空心，红色砂岩石片垒筑，石片之间用泥浆勾缝	矩形	梯形	东墙长7.7米，北墙长7.5米，东墙开有一门，宽0.8米，墙厚1.1米，残余高度1.5米—1.9米，南墙有两个长方形射孔，长0.25米，宽0.2米	无

2. 烽火台

宁武县早期长城共调查烽火台2座。

名称	编码	地点	坐标	材质	建筑方式	平面形制	剖面形制	尺寸	附属设施
苗庄古城南烽火台	140925353201190002	余庄乡硫苗庄村北0.6千米	东经：112°13′22.60″ 北纬：38°56′04.10″ 高程：1685米	土	土石夯筑而成，夯层0.07米—0.1米	圆形	梯形	夯土台基高2.9米，烽火台底部与地基台体顶部之间的肩部宽2.3米，烽火台残高2.1米，顶部为一个直径11.7米的圆形	无
苗庄古城北烽火台	140925353201190003	余庄乡硫苗庄村北0.8千米	东经：112°14′00.90″ 北纬：38°56′38.40″ 高程：1620米	土	土石夯筑而成，夯层0.1米	圆形	其他	烽火台残高4.2米，顶部为一个东西长9.6米、南北长6.6米的椭圆形	无

二、宁武县的明代长城

宁武县明代长城共调查墙体28段，总长39068.4米；关堡20座，其中关6座、城堡14座（宁武城情况特殊，未进行调查）；单体建筑共208座，其中敌台9座、马面138座、烽火台61座；相关遗存有壕沟9段、采石场3座、挡马墙2段、戍卒墓1座；采集文物标本1件。

（一）墙体

宁武县明长城属明代内长城，从原平市段家堡乡张其沟村西北的原平市与朔城区交界处（原平市张其沟长城3段），进入薛家洼乡段庄村北的宁武县与朔城区交界处（宁武县段庄长城），大致呈东北—西南走向，沿恒山西端余脉盘道梁山脊顶部，经薛家洼乡郭家庄村、盘道梁村、宽草坪村、西地村、洞上村、贾家窑村、西沟村、麻地沟村，进入阳方口镇，在阳方口镇大致呈东南—西北走向，经郭家窑村、半山村、黄草梁村、达达庄村、袁家窑村、阳方口镇，过恢河，再经河西村，至宁武县与朔城区交界处（宁武县河西长城2段、大水口长城1段），继经宁武县阳方口镇大水口村，向西北进入神池县与朔城区交界处（神池县龙元长城1段）。详见下表：

宁武县长城墙体一览表（单位：米）

长城墙体段落名称	总长	编码	起点	起点坐标	止点	止点坐标	类型
段庄长城	1186	1409253821103170001	原平市段家堡乡张其沟村西北1.3千米	东经：112°36′36.90″ 北纬：39°05′25.20″ 高程：2041米	宁武县薛家洼乡段庄村西北0.86千米	东经：112°35′52.00″ 北纬：39°05′11.80″ 高程：2125米	砖墙
郭家庄长城1段	483	1409253821102170002	宁武县薛家洼乡段庄村西北0.86千米	东经：112°35′52.00″ 北纬：39°05′11.80″ 高程：2125米	宁武县薛家洼乡郭庄西北1千米	东经：112°35′32.20″ 北纬：39°05′08.70″ 高程：2106米	石墙
郭家庄长城2段	1237.5	1409253821102170003	宁武县薛家洼乡郭庄西北1千米	东经：112°35′32.20″ 北纬：39°05′08.70″ 高程：2106米	宁武县薛家洼乡盘道梁村东南1.7千米	东经：112°34′45.80″ 北纬：39°04′51.70″ 高程：2081米	石墙
盘道梁长城1段	1488	1409253821102170004	宁武县薛家洼乡尹庄西北0.96千米	东经：112°34′45.80″ 北纬：39°04′51.70″ 高程：2081米	宁武县薛家洼乡盘道梁村东0.03千米	东经：112°33′51.20″ 北纬：39°05′01.50″ 高程：2029米	石墙
盘道梁长城2段	1676	1409253821102170005	宁武县薛家洼乡盘道梁村东0.3千米	东经：112°33′51.20″ 北纬：39°05′01.50″ 高程：2029米	宁武县薛家洼乡盘道梁村西南1.5千米	东经：112°32′52.00″ 北纬：39°04′51.50″ 高程：2025米	石墙
盘道梁长城3段	1530	1409253821102170006	宁武县薛家洼乡盘道梁村西南1.06千米	东经：112°32′52.00″ 北纬：39°04′51.50″ 高程：2025米	宁武县薛家洼乡宽草坪村东北0.65千米	东经：112°32′19.40″ 北纬：39°04′30.60″ 高程：1991米	石墙
宽草坪长城1段	1495	1409253821102170007	宁武县薛家洼乡宽草坪村东北0.65千米	东经：112°32′19.40″ 北纬：39°04′30.60″ 高程：1991米	宁武县薛家洼乡宽草坪村西北0.6千米	东经：112°31′25.00″ 北纬：39°04′18.50″ 高程：1973米	石墙
宽草坪长城2段	1631	1409253821102170008	宁武县薛家洼乡宽草坪村西北0.6千米	东经：112°31′25.00″ 北纬：39°04′18.50″ 高程：1973米	宁武县薛家洼乡宽草坪西1.3千米	东经：112°30′33.20″ 北纬：39°04′13.00″ 高程：2031米	石墙
宽草坪长城3段	1701.4	1409253821102170009	宁武县薛家洼乡宽草坪村西1.785千米	东经：112°30′33.20″ 北纬：39°04′13.00″ 高程：2031米	宁武县薛家洼乡西地东北1.29千米	东经：112°29′38.00″ 北纬：39°03′45.90″ 高程：2030米	石墙
西地长城1段	1755	1409253821102170010	宁武县薛家洼乡西地东北1.3千米	东经：112°29′38.00″ 北纬：39°03′45.90″ 高程：2030米	宁武县薛家洼乡西地西北1.47千米	东经：112°28′41.40″ 北纬：39°04′05.50″ 高程：1962米	石墙
西地长城2段	941	1409253821102170011	宁武县薛家洼乡西地西北1.47千米	东经：112°28′41.40″ 北纬：39°04′05.50″ 高程：1962米	宁武县薛家洼乡洞上东北0.92千米	东经：112°28′11.40″ 北纬：39°04′17.60″ 高程：1791米	石墙

续表

长城墙体段落名称	总长	编码	起点	起点坐标	止点	止点坐标	类型
洞上长城1段	440	1409253821061700l2	宁武县薛家洼乡洞上东北0.92千米	东经：112°28′11.40″ 北纬：39°04′17.60″ 高程：1791米	宁武县薛家洼乡洞上东北0.53千米	东经：112°27′43.60″ 北纬：39°04′17.60″ 高程：1842米	山险
洞上长城2段	1027	1409253821021700l3	宁武县薛家洼乡洞上东北0.53千米	东经：112°27′43.60″ 北纬：39°04′17.60″ 高程：1842米	宁武县薛家洼乡洞上西0.58千米	东经：112°27′11.90″ 北纬：39°04′03.40″ 高程：1719米	石墙
洞上长城3段	1465	1409253821021700l4	宁武县薛家洼乡洞上村西0.58千米	东经：112°27′11.90″ 北纬：39°04′03.40″ 高程：1719米	宁武县薛家洼乡贾家窑村西南1.1千米	东经：112°26′23.30″ 北纬：39°04′00.90″ 高程：1587米	石墙
西沟长城	1554	1409253821021700l5	宁武县薛家洼乡贾家窑村西南1.23千米	东经：112°26′23.30″ 北纬：39°04′00.90″ 高程：1587米	宁武县薛家洼乡西沟村东南1.38千米	东经：112°25′32.60″ 北纬：39°03′28.70″ 高程：1866米	石墙
麻地沟长城	1544	1409253821021700l6	宁武县薛家洼乡西沟村东南1.38千米	东经：112°25′32.60″ 北纬：39°03′28.70″ 高程：1866米	宁武县薛家洼乡麻地沟村西北0.82千米	东经：112°24′43.40″ 北纬：39°03′04.90″ 高程：1912米	石墙
郭家窑长城	1568	1409253821021700l7	宁武县薛家洼乡麻地沟村西北0.82千米	东经：112°24′43.40″ 北纬：39°03′04.90″ 高程：1912米	宁武县薛家洼乡西沟村西南1.1千米	东经：112°24′03.30″ 北纬：39°03′37.90″ 高程：1888米	石墙
半山长城1段	1389	1409253821021700l8	宁武县薛家洼乡西沟村南1.1千米	东经：112°24′03.30″ 北纬：39°03′37.90″ 高程：1888米	宁武县阳方口镇半山村1.15千米	东经：112°23′24.60″ 北纬：39°04′14.30″ 高程：1955米	石墙
半山长城2段	994	1409253821011700l9	宁武县阳方口镇半山村北1.15千米	东经：112°23′24.60″ 北纬：39°04′14.30″ 高程：1955米	宁武县阳方口镇黄草梁东南0.74千米	东经：112°23′08.20″ 北纬：39°04′39.40″ 高程：1717米	土墙
黄草梁长城	1907.5	140925382101170020	宁武县阳方口镇黄草梁东南0.74千米	东经：112°23′08.20″ 北纬：39°04′39.40″ 高程：1717米	宁武县阳方口镇达达庄东北0.65千米	东经：112°22′01.00″ 北纬：39°05′20.80″ 高程：1493米	土墙
袁家窑长城	2250	140925382101170021	宁武县阳方口镇达达庄东北0.65千米	东经：112°22′01.00″ 北纬：39°05′20.80″ 高程：1493米	宁武县阳方口镇袁家窑东北0.38千米	东经：112°20′43.00″ 北纬：39°05′57.10″ 高程：1322米	土墙
阳方口长城1段	1575	140925382103170022	宁武县阳方口镇袁家窑东北0.38千米	东经：112°20′43.00″ 北纬：39°05′57.10″ 高程：1322米	宁武县阳方口镇北城门西0.01千米	东经：112°19′42.20″ 北纬：39°06′12.30″ 高程：1256米	砖墙
阳方口长城2段	380	140925382107170023	宁武县阳方口镇北城门西0.01千米	东经：112°19′42.20″ 北纬：39°06′12.30″ 高程：1256米	宁武县阳方口镇恢河西岸边	东经：112°19′31.70″ 北纬：39°06′03.20″ 高程：1271米	河险

续表

长城墙体段落名称	总长	编码	起点	起点坐标	止点	止点坐标	类型
河西长城1段	1959	1409925382101170024	宁武县阳方口镇恢河西岸边	东经：112°19′31.70″ 北纬：39°06′03.20″ 高程：1271米	朔州市马家梁村1.07千米	东经：112°18′22.70″ 北纬：39°05′57.30″ 高程：1415米	土墙
河西长城2段	1460	1409925382101170025	朔城区窑子头乡马家梁村南1.07千米	东经：112°18′22.70″ 北纬：39°05′57.30″ 高程：1415米	宁武县大水口村东南1.88千米	东经：112°17′24.30″ 北纬：39°05′53.70″ 高程：1449米	土墙
大水口长城1段	1970	1409925382101170026	宁武县阳方口镇大水口村东南1.88千米	东经：112°17′24.30″ 北纬：39°05′53.70″ 高程：1449米	宁武县阳方口镇大水口村河南断点	东经：112°16′49.10″ 北纬：39°06′48.60″ 高程：1289米	土墙
大水口长城2段	1240	1409925382101170027	宁武县阳方口镇大水口村河南断点	东经：112°16′49.10″ 北纬：39°06′48.60″ 高程：1289米	宁武县阳方口镇大水口村西北1.05千米	东经：112°16′08.50″ 北纬：39°07′07.90″ 高程：1369米	土墙
大水口长城3段	1222	1409925382101170028	宁武县阳方口镇大水口村西北1.05千米	东经：112°16′08.50″ 北纬：39°07′07.90″ 高程：1369米	宁武县阳方口镇大水口村西北2.024千米（宁武、神池交界处）	东经：112°15′29.30″ 北纬：39°07′28.10″ 高程：1532米	土墙
合计	39068.4						
百分比（%）	100						

（二）关堡

宁武县明代关堡20座，其中调查了19座，宁武城由于情况特殊，未进行调查。调查的19座关堡中，有关6座、城堡13座。详见下表。

宁武县关堡一览表

所属乡镇	名称
薛家洼乡	郭家庄堡，盘道梁1、2号堡，宽草坪堡，西地堡，洞上堡，朔宁堡
阳方口镇	半山堡，半山关，黄草梁关，袁家窑关，阳方口关，阳方口1、2号堡，大水口1、2号关，大水口堡
凤凰镇	宁武城
东寨镇	二马营堡
化北屯乡	宁化古城

山西鎮圖說

東至盤道梁堡六十里
北至神池堡三十里
西至寧化城九十里
南至忻州二百里

本城舊築小土堡於今城之西是為寧文堡景泰元年築寧武土城成化間展修之隆慶四年始議輕石包砌馬周七里零二十六步高連女牆四丈二尺萬曆二十七年添築西關土堡一座周四百六丈三尺二十八年又建東關土堡一座周五百八十六丈九尺俱高三丈五尺弘治十一年添設守禦千戶所嘉靖二十年移偏頭關副總兵駐為總兵鎮守於此添正兵營守備各一員三十九年設寧武兵備道及管糧通判建學立倉規制大備屹然稱雄鎮馬見在官軍標正營六千一百三十四員名馬騾五十九百三十三匹頭守備所領并寧武所二千二百五十六員名馬騾三百五十匹頭分管內邊沿長四十里零四十五丈邊墩五十二座火路墩二十五與所轄朔寧陽方狗兒澗三堡防守把總畫地守之內陽方界西溝口苦參窊等處皆虜馬經涉之處嘉靖十九年大舉二次皆由此入搶至忻州崞縣地方大遭茶毒故設總兵據險扼吭統重兵以彈壓之無事則居中調度有虎豹在山之勢遇警則隨在策應無對狼嗥野之虞三關保障有賴非止寧武一隅巳也惟是地當孤懸兵鮮土著兵所統標正各兵雖多驍健然半係四方烏合之眾驕悍素號難制駕馭頗費調傳惟在大將平日威愛並濟鼓舞有方使烏合之人心樂為我用臨時調發應敵以之克捷不難矣至一切兵食之計鎮道同心謀必萬全云

1. 郭家庄堡

位于薛家洼乡郭家庄村东北 1 千米，郭家庄长城 1 段南 0.03 千米处，高程 2110 米。堡平面呈矩形，朝向不详，东西 21、南北 17 米，周长 81.4 米，占地面积 413.7 平方米。现存主要设施、遗迹仅有堡墙。堡墙为砖墙，砖石砌筑而成，残存最高 1 米。堡内散落砖、瓦、条石等，砖长 35、宽 17、厚 7 厘米；瓦为板瓦，内模印布纹，条石长 105～160、宽 45、厚 17 厘米。堡外西 0.1 千米处有洼地，平面呈不规则形，洼地四周片石垒砌，残存最高 0.4 米，东侧有进水口，宽 1.5 米，因堡周围无任何水源，该处洼地应是郭家庄堡的蓄水池。

堡整体保存差。堡墙坍塌损毁严重，堡内建筑无存，为荒地。造成损毁的自然因素有风雨侵蚀、植物生长等；人为因素有拆毁堡墙砖石等。

2. 盘道梁 1 号堡

又称金汤城，位于薛家洼乡盘道梁村中，盘道梁长城 2 段南 0.213 千米处，高程 2005 米。堡平面呈矩形，朝向不详，东西 277、南北 150 米，周长 854 米，占地面积 41550 平方米。现存主要设施、遗迹有堡墙、角台 3 座、堡内城隍庙前石阶、水井和街道 2 条等。堡墙为砖墙，残高 1～3.4 米。堡墙四角设角台，现存东北、东南、西北角台，东北角台长 6.4、宽 4.7、残高 3.9 米，东南角台长 2.5、宽 2、残高 1.8 米，西北角台长 3.5、宽 1.8、残高 3.5 米。堡内中部原有城隍庙，东有观音庙，东北角有儒学，西有马王爷庙，北有老爷庙，堡内设施、遗迹除城隍庙前石阶、水井和街道 2 条外均无存。堡外东侧原有马道，东北有菜地，西有校场，西北有好蚧庙，北有三神庙，4 座城门处原有五道爷庙，现无存。

堡整体保存较差。堡墙坍塌损毁严重，南、西墙无存，北墙仅存数段。角台上部坍塌损毁。堡内有民居。造成损毁的自然因素有风雨侵蚀、植物生长等；人为因素有拆毁堡墙砖石、农业生产活动、居民生活活动破坏等。

3. 盘道梁 2 号堡

位于薛家洼乡盘道梁村北，盘道梁长城 2 段北 0.22 千米，南距盘道梁 1 号堡 0.285 千米处，高程 2009 米。堡平面呈矩形，坐北朝南，东西 105、南北 92 米，周长 534.7 米，占地面积 11533 平方米。现存主要设施、遗迹有堡墙、城门 1 座、瓮城 1 座、角台 4 座、马面 1 座等。堡墙为砖墙，残高 3～6.8 米。南墙设城门 1 座，现为豁口，宽 8.2 米。门外有瓮城，平面呈矩形，东西 34、南北 30 米。堡墙四角设角台，东北角台长 5、宽 4、残高 6.2 米，东南角台长 5、宽 5.4、残高 6 米，西南角台长 5.1、宽 4.2、残高 5.5 米，西北角台长 5、宽 4.7、残高 6.5 米。北墙设马面 1 座，顶部边长 9 米。堡南门和瓮城门散落大量残砖碎瓦。

堡整体保存一般。堡墙砖石无存。堡内建筑无存，为荒地。造成损毁的自然因素有风雨侵蚀、植物生长等；人为因素有拆毁堡墙砖石、农业生产活动等。

4. 宽草坪堡

即《山西通志》卷 46 所载之夹柳树堡，位于薛家洼乡宽草坪村北 0.38 千米，宽草坪长城 1 段南 0.12 千米处，高程 1986 米。堡平面呈矩形，坐北朝南，东西 56.5、南北 42 米，周长 197 米，占地面积 2373 平方米。现存主要设施、遗迹有堡墙、城门 1 座、马面 1 座、碑座 1 块等。堡墙为砖墙，墙体内高 2.8～5.5、外高 8～10.6 米。南墙中部设城门 1 座，宽 7.5 米。北墙中部设马面 1 座，东西 14、南北 8.5、顶部高出墙体 1～3 米，夯层厚 0.16～0.2 米。堡内发现碑座 1 块，平面呈矩形，剖面呈梯形，顶部正中有口大底小的插槽，碑座长 35、宽 23、深 17 米。堡内散落残砖碎瓦、陶瓷碎片，包括人字形坡顶砖、褐瓷瓮口沿、罐腹残片、碗足等。

堡整体保存较差。堡墙坍塌损毁严重。堡内建筑无存，为荒地。造成损毁的自然因素有风雨侵蚀、植物生长等；人为因素有拆毁堡墙砖石、农业生产活动破坏等。

5. 西地堡

即《山西通志》卷 46 所载之燕儿水堡，位于薛家洼乡西地村东北 1.25 千米，西地长城 1 段南 0.07 千米处，高程 2034 米。堡平面呈矩形，坐北朝南，东西 108、南北 109 米，周长 470 米，占地面积 12140 平方米。现存主要设施、遗迹有堡墙、瓮城 1 座、角台 4 座、马面 3 座等。堡墙为砖墙，残高 4.5～8.2 米。南墙原设城门 1 座，现无存。南门外有瓮城，平面呈矩形，东西 19、南北 18 米；瓮城南墙残存部分包砖，包砖墙体长 5、厚 1.1 米，砖 37、宽 18、厚 9 厘米；瓮城东墙中部偏北设城门。堡墙四角设角台，东北角台长 8、宽 8、残高 6.9 米，东南角台长 6.5、宽 5.8、残高 5.4 米，西南角台长 6.8、宽 6、残高 7 米，西北角台长 7、宽 6.3、残高 6.8 米。东、西、北墙中部各设马面 1 座，顶部高出墙体 1～3 米，东墙马面长 6.3 米，西墙马面长 6、宽 13、残高 7.1 米，北墙马面长 8、宽 15、残高 7.9 米。

宁武明长城西地段　梁兴国摄

091

堡整体保存一般。堡墙坍塌损毁严重，堡墙砖石大部分无存，堡内建筑无存，为荒地。造成损毁的自然因素有风雨侵蚀、植物生长等；人为因素有拆毁堡墙砖石、农业生产活动破坏等。

6. 洞上堡

位于薛家洼乡洞上村西北0.17千米，洞上长城2段南0.12千米处，高程1897米。堡平面呈矩形，坐北朝南，东西55.5、南北47.3米，周长205.6米，占地面积2625平方米。现存主要设施、遗迹有堡墙、城门1座、马面1座等。堡墙为石墙，墙体残存最高4.25米。南墙中部设城门1座。墙中部设马面1座，长7.6、宽9.8、残高5.95、顶部高出墙体1.7米，夯层厚0.16～0.22米。堡内散落残砖碎瓦、陶瓷碎片；发现1件铁箭头，长10.7厘米，保存完整。

堡整体保存较差，堡墙坍塌损毁严重，堡内建筑无存，为荒地。造成损毁的自然因素有风雨侵蚀、植物生长等；人为因素有拆毁堡墙包石等。

7. 朔宁堡

位于薛家洼乡贾家窑村东1.5千米、洞上长城2段北1.5千米处，高程1627米。堡平面呈矩形，坐北朝南，东西250、南北120米，周长740米，占地面积3万平方米。现存主要设施、遗迹有堡墙、城门1座、瓮城1座等。堡墙为土墙，夯筑而成，夯层厚0.18～0.26米。墙体底宽4、顶宽0.5～2.5、内高0.8～3.2、外高4.2～6.2米。南、北墙中部设各城门1座，南门无存；北门现为豁口，宽8米。北门外有瓮城，平面呈矩形，东西20、南北5米，瓮城墙体残高6米，瓮城西墙设瓮城门。

堡整体保存一般，堡内建筑无存，为荒地、耕地。造成损毁的自然因素有风雨侵蚀、植物生长等；人为因素有农业生产活动破坏、取土挖损堡墙等。

8. 半山堡

又称薛牛堡、雕窝梁堡，位于阳方口镇半山村东南0.6千米，郭家窑长城西0.1千米处，高程1905米。堡平面呈矩形，坐北朝南，东西68、南北66米，周长268米，占地面积4556平方米。现存主要设施、遗迹有堡墙、城门1座、角台4等。堡墙为石墙，残存最高4.2米。南墙中部设城门1座，现为豁口，宽4.1米。堡墙四角设角台，东北角台长7、宽6.4、残高4米，东南角台长5.5、宽6、残高4.2米，西南角台长4.5、宽5.5、残高4.2米，西北角台长7.1、宽5.5、残高4.2米。

堡整体保存较差。堡墙大部分包石无存。堡内建筑无存，为荒地。造成损毁的自然因素有风雨侵蚀、植物生长等；人为因素有拆毁堡墙包石、农业生产活动破坏等。

9. 半山关

位于阳方口镇半山村北0.9千米处，半山长城1段墙体东北侧，倚墙而建，高程2025米。关平面呈矩形，坐北朝南，东西90、南北45.5米，周长271米，占地面积4095平方米。现存主要设施、遗迹有关墙、角台2座、马面1座等。关墙为土墙，夯筑而成。西墙即为长城墙体，墙体底宽7.2、残高3～6米。西墙两端各设角台1座，边长3、残高3米。东墙中部设马面1座，长11、宽9.5、残高6米。关内发现一块整砖，长49、宽18、厚7.5厘米。

关整体保存一般。关墙、角台上部坍塌损毁；关门不详，西墙南有豁口，可能是关门所在；关内建筑无存，为荒地。造成损毁的自然因素有风雨侵蚀、植物生长等；人为因素有农业生产活动破坏等。

10. 黄草梁关

又称圈马堡，位于阳方口镇黄草梁村北，黄草梁长城西南侧，倚墙而建，高程1582米。关平面呈矩形，朝向不详，长29、宽19.5米，周长97米，占地面积565.5平方米。现存主要设施、遗迹有关墙。墙体为砖墙，外部砖石砌筑；内部为夯土墙体，夯层厚0.08～0.11米。

关整体保存差。南墙、东墙和西墙南段均无存，关墙砖石无存，关内有一户居民。造成损毁的自然因素有风雨侵蚀、植物生长等；人为因素有拆毁关墙砖石、关墙上挖掘洞穴等。

11. 袁家窑关

该关位于阳方口镇袁家窑村东北0.4千米处，袁家窑长城西南侧，倚墙而建，高程1334米。关平面呈矩形，朝向不详，长25.7、宽25米，周长101.4米，占地面积642.5平方米。现存主要设施、遗迹仅有关墙。关墙为砖墙，外部砖石砌筑；内部为夯土墙体，夯层厚0.13～0.15米。墙体底宽1.5～2、顶宽1.2～1.4、残高2.4～2.8米。

关整体保存差。关墙砖石无存，关内建筑无存，为耕地。造成损毁的自然因素有风雨侵蚀、植物生长等；人为因素有拆毁关墙砖石等。

12. 阳方口关

又称阳方口堡，位于阳方口镇，阳方口长城1段南侧，倚墙而建，高程1253米。关平面呈矩形，坐北朝南，由新、旧两城组成。新城位于旧城的东侧，系扩建而成，总周长1200米，占地面积88319平方米。现存主要设施、遗迹有关墙、城门1座、角台1座、马面1座等。关东墙原长180、残长160米，南墙原长345、残长160米，北墙原长341、残长87.6米，西墙无存。旧城设北门，仅存门洞，东、南、西门均无存。旧城东南角与新城相接处设角台1座，长11.3、宽11.3、残高9.1米。新城东墙中部设马面1座，长9、宽10、残高6米。

关整体保存较差。东、南、北有数处无存。关内建筑无存，满布民居。造成损毁的自然因素有洪水冲刷、风雨侵蚀、植物生长等；人为因素有居民生活破坏等。

13. 阳方口2号堡

位于阳方口镇西，河西长城1段北0.06千米处，高程1283米堡平面呈矩形，朝向不详，东西29、南北20米，周长98米，占地面积580平方米。现存主要设施、遗迹仅堡墙。堡墙为土墙，夯筑而成，墙体残存最高1.5米。堡内残存近代晋绥军修筑的掩体基址，堡外散落残砖碎瓦。

阳方口长城 航拍/张凯、李昀姣

堡整体保存差。堡墙坍塌损毁严重。堡内建筑无存，为荒地。造成损毁的自然因素有风雨侵蚀、植物生长等；人为因素有战争破坏等。

14. 阳方口1号堡

位于阳方口镇西，河西长城1段南0.08千米处，高程1346米。堡平面呈矩形，坐北朝南，东西100、南北45.8米，周长291.6米，占地面积4580平方米。现存主要设施、遗迹有堡墙、城门1座等。堡墙为石墙，残存最高5.1米。南墙设城门1座，现为豁口。

堡整体保存差。堡墙坍塌损毁严重；堡内建筑无存，为荒地。造成损毁的自然因素有风雨侵蚀、植物生长等；人为因素有拆毁堡墙包石等。

15. 大水口1号关

位于阳方口镇大水口村东南1千米处，河西长城2段南侧，倚墙而建，高程1474米。关平面呈矩形，朝向不详，东西62、南北16米，周长156米，占地面积为992平方米。现存主要设施、遗迹有关墙。

关整体保存差。关墙有多处无存；关内建筑无存，为荒地。造成损毁的自然因素有风雨侵蚀、植物生长等；人为因素有农业生产活动破坏等。

16. 大水口2号关

位于阳方口镇大水口村西北0.4千米处，大水口长城2段西南侧，倚墙而建，高程1314米。关平面呈矩形，坐北朝南，东西26、南北20米，周长92米，占地面积为520平方米。现存主要设施、遗迹有关墙、关门1座等。关墙为土墙，夯筑而成，夯层厚0.08～0.12米，墙体底宽2.5、顶宽0.6～0.7、残高2米。南墙中部设关门1座，宽1.4米。

关整体保存差。关墙有多处无存。关内建筑无存，为荒地。造成损毁的自然因素有风雨侵蚀、植物生长等；人为因素有农业生产活动破坏等。

17. 大水口堡

位于阳方口镇大水口村，大水口长城2段墙体西南0.1千米处，北距大水口2号关0.09千米，高程1303米。堡平面呈矩形，坐北朝南，东西99、南北97.6米，周长392米，占地面积9662平方米。现存主要设施、遗迹有堡墙、城门1座、角台3座等。堡墙为砖墙，内部为夯土墙体，夯层厚0.13～0.17米。墙体底宽7.2、顶宽1～5.1、残高5.6～8.1米。西墙中部设城门1座，宽9.9米。堡墙四角设角台，现存3座，东南角台长6、宽5.4、残高8.1米，西南角台长6.5、宽6.5、

大水口长城　航拍/张凯、李昀姣

残高8米，东北角台长6.9、宽6.4、残高5.5米。

堡整体保存一般。堡墙砖石无存，堡内仅存矩形建筑基址，堡内现为养鸡场。造成损毁的自然因素有风雨侵蚀、植物生长等；人为因素有拆毁堡墙砖石、农业生产活动破坏等。

18. 二马营堡

位于东寨镇二马营村西山梁上，高程1602米。堡平面呈不规则形，坐西朝东，东西50～85、南北100米，周长370米，占地面积750平方米。现存主要设施、遗迹仅堡墙。堡墙为土墙，夯筑而成，夯层厚0.18～0.26米。墙体底宽8～8.6、顶宽1～4、内高2.5～12.2、外高3.2～13.2米。东墙近东北角处原设城门1座，现无存。堡整体保存一般。堡墙保存较完整。堡内建筑无存，现为耕地。造成损毁的自然因素有风雨侵蚀、植物生长等；人为因素有农业生产活动破坏等。

19. 宁化古城

位于化北屯乡宁化村中，高程1434米。古城平面呈不规则梯形，坐北朝南，东西400、南北350米，周长1500米，占地面积为14万平方米。现存主要设施、遗迹有城墙、城门3座、瓮城2座、马面8座、护城河等。城墙为砖墙，外部砖石砌筑，内部为夯土台体，夯层厚0.12～0.15米。墙体底宽8～9、残高10米。南、西、北墙各设城门1座，砖券拱门。南、北门外设瓮城，平面呈矩形，边长10米，墙体底宽5.5、残高3.6米。城外东、南、北侧辟护城河。古城整体保存一般。城墙砖石无存，城内无人居住。造成损毁的自然因素有风雨侵蚀、植物生长等；人为因素有拆毁城墙砖石、农业生产活动破坏、居民生活活动破坏等。

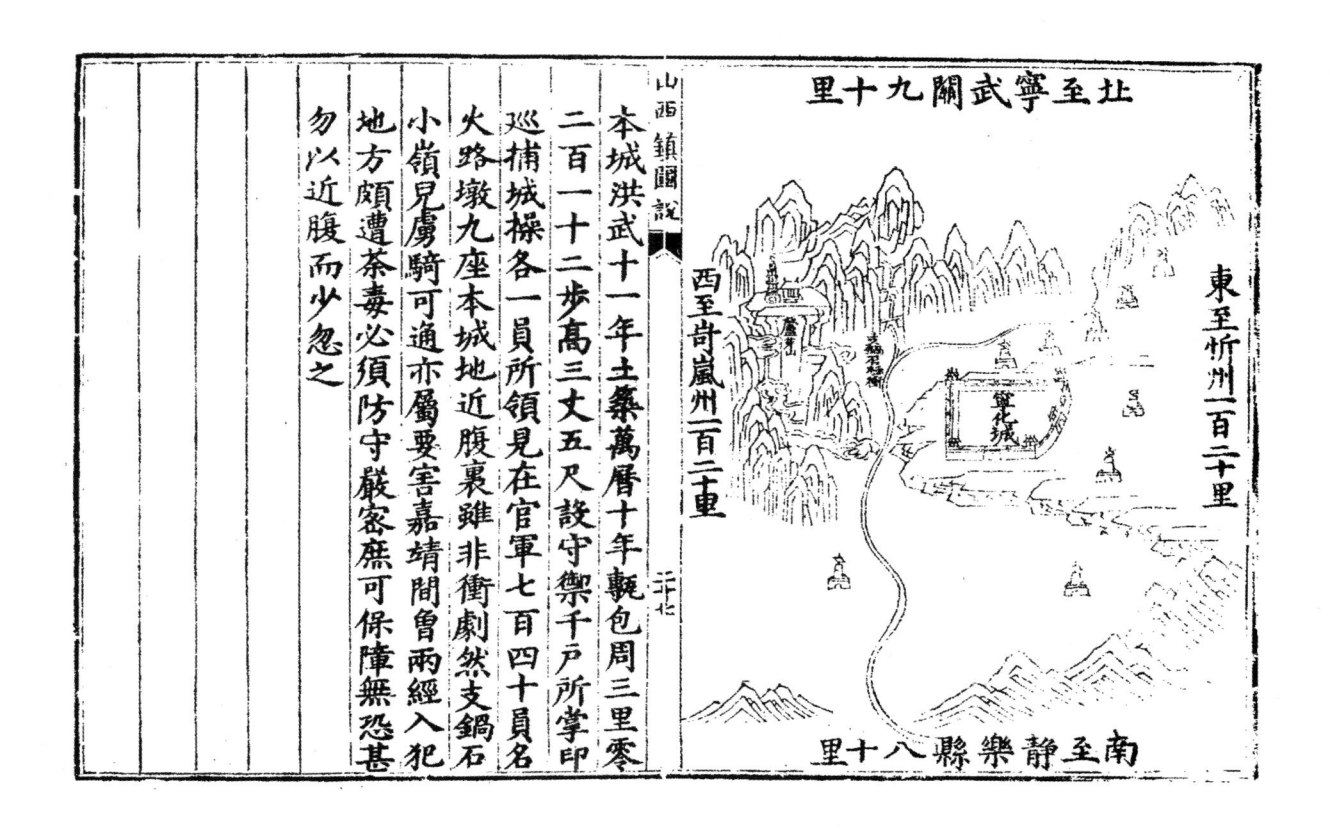

（三）单体建筑

1. 敌台

宁武县调查敌台9座。

名称	编码	地点	坐标	材质	建筑方式	平面形制	剖面形制	尺寸	附属设施
段庄敌台		薛家洼乡段庄村西北0.86千米		不详	不详	不详	不详	不详	无
盘道梁敌台		薛家洼乡盘道梁村西南		不详	不详	矩形	梯形	底部东西43、南北45米，顶部边长17米，残高8～10米	无
宽草坪敌台		薛家洼乡宽草坪村西北0.6千米		不详	不详	矩形	梯形	底部东西13、南北16米，顶部东西10、南北13米，残高7米	无
西地敌台		薛家洼乡洞上村东北0.92千米		不详	不详	不详	不详	顶部长3.1、宽3.7、残高2.7米	无
半山敌台		阳方口镇黄草梁村东南0.74千米		土	夯筑而成，夯层厚0.08～0.15米	矩形	梯形	底部边长16、残高11～12米	台体底部有两层台基。底层东西20、南北18、残高1.5～1.8米，上层内收1、残高2米
阳方口1号敌台	1409253521011700044	阳方口镇石油库南墙东段	东经：112°20′32.50″ 北纬：39°05′57.30″ 高程：1318米	砖	外部砖石砌筑，砖长42、宽21、厚8.5厘米	矩形	梯形	顶部东西12.155、南北10.125、残高11.3米	上部东、西、北壁各设3个箭窗，南壁有门洞与墙体相连。内部为回廊结构，有登顶步道。顶部残存垛口墙，残高0.19米；东、西、北壁顶部垛口墙下有排水设施
阳方口2号敌台	1409253521011700045	阳方口镇石油库北墙西北0.02千米	东经：112°20′24.60″ 北纬：39°05′58.80″ 高程：1307米	砖	外部砖石砌筑，砖长42、宽21、厚8.5厘米	矩形	梯形	顶部东西13.855、南北10.905、残高9.1米	上部东、西、北壁各设3个箭窗，南壁有门洞与墙体相连。内部为回廊结构，有登顶步道。顶部残存垛口墙，东、西、北壁顶部垛口墙下有排水设施
大水口1号敌台		阳方口镇大水口村西北1.05千米		不详	不详	矩形	梯形	底部东西10、南北12米，顶部东西、南北9米，残高5～6米	无

2. 马面

宁武县调查马面138座。

名称	编码	地点	坐标	材质	建筑方式	平面形制	剖面形制	尺寸	附属设施
段庄马面		薛家洼乡段庄村西北		不详	不详	矩形	梯形	底部东西14、南北16米，顶部边长7米，残高7～8米	无
郭家庄1号马面		薛家洼乡郭家庄村西北1千米		石	外部条石砌筑	矩形	梯形	底部东西17、南北11米，顶部东西13.6、南北7.8米，残高6米	无
郭家庄2号马面		薛家洼乡郭家庄村西北		石	外部条石砌筑	矩形	梯形	底部东西13.7、南北11米，顶部东西9.4、南北8.6米，残高6.2米	无
郭家庄3号马面		薛家洼乡郭家庄村西北		不详	不详	不详	不详	不详	不详
郭家庄4号马面		薛家洼乡郭家庄村西北		石	外部条石砌筑	矩形	梯形	底部东西11、南北12米，顶部东西8、南北9米，残高8米	无
郭家庄5号马面		薛家洼乡盘道梁村东南		石	外部条石砌筑	矩形	梯形	底部东西12.7、南北10.3米，顶部东西8、南北9米，残高6.5米	无
郭家庄6号马面		薛家洼乡盘道梁村东南1.7千米		石	外部条石砌筑	矩形	梯形	底部东西11、南北15米，顶部东西长7、南北12米，残高17米	无
盘道梁1号马面		薛家洼乡盘道梁村东南		不详	不详	不详	不详	不详	不详
盘道梁2号马面		薛家洼乡盘道梁村东南		石	外部条石砌筑	矩形	梯形	底部东西14.6、南北8.6米，顶部东西9、南北6米，残高10、顶部高出墙体1.5～2米	马面东南角有一鼓形柱础，直径0.325厘米，表面錾刻规整。马面顶部残存筒瓦残片，推测马面顶部原有房屋建筑
盘道梁3号马面		薛家洼乡盘道梁村东南		石	外部条石砌筑	矩形	梯形	底部东西18、南北12.2米，顶部东西12、南北8米，残高8米	马面顶部残存砖雕残片，推测马面顶部原有房屋建筑
盘道梁4号马面		薛家洼乡盘道梁村东南		石	外部条石砌筑	矩形	梯形	顶部东西9.1、南北7.2、残高6.8米	马面顶部残存布纹瓦残片。推测马面顶部原有房屋建筑
盘道梁5号马面		薛家洼乡盘道梁村东南		石	外部条石砌筑	矩形	梯形	底部东西19.5、南北12米，顶部东西13、南北9米，残高7、顶部高出墙体2.5米	无

续表

名称	编码	地点	坐标	材质	建筑方式	平面形制	剖面形制	尺寸	附属设施
盘道梁6号马面		薛家洼乡盘道梁村东		石	外部条石砌筑	矩形	梯形	底部东西19、南北12米，顶部东西14、南北9米，残高7、顶部高出墙体3~4米	无
盘道梁7号马面		薛家洼乡盘道梁村西		不详	不详	矩形	梯形	底部东西27、南北10、残高2~4米	马面顶部有"U"形沟槽，宽2~3、深1~1.5米
盘道梁8号马面		薛家洼乡盘道梁村西南		不详	不详	矩形	梯形	底部东西16、南北14米，顶部东西11、南北9米，残高5、顶部高出墙体2米	无
盘道梁9号马面		薛家洼乡盘道梁村西南		石	外部条石砌筑	矩形	梯形	底部东西16、南北9米，顶部东西12、南北6米，残高6米	无
盘道梁10号马面		薛家洼乡盘道梁村西南1.5千米		不详	不详	矩形	梯形	底部东西16、南北8、残高5米	马面顶部有凹形掩体
盘道梁11号马面		薛家洼乡盘道梁村西南		石	外部条石砌筑	矩形	梯形	底部东西10、南北9米，顶部东西6、南北5米，残高6米	无
盘道梁12号马面		薛家洼乡盘道梁村西南		石	外部条石砌筑	矩形	梯形	底部东西7~8、南北16米，顶部东西5、南北10米，残高5~6米	无
盘道梁13号马面		薛家洼乡盘道梁村西南		石	外部条石砌筑	矩形	梯形	底部东西12.5、南北9米，顶部东西9.5、南北7米，残高5~6、顶部高出墙体1~1.5米	无
盘道梁14号马面		薛家洼乡宽草坪村东北0.65千米		石	外部条石砌筑	矩形	梯形	底部东西13、南北7~8米，顶部东西9、南北5米，残高6~7米	无
宽草坪1号马面		薛家洼乡宽草坪村北		不详	不详	矩形	梯形	底部东西11、南北9米，顶部东西8、南北7米，残高5米	无

续表

名称	编码	地点	坐标	材质	建筑方式	平面形制	剖面形制	尺寸	附属设施
宽草坪2号马面		薛家洼乡宽草坪村北		不祥	不详	矩形	梯形	底部东西15、南北9米，顶部东西12、南北7米，残高7～8米	无
宽草坪3号马面		薛家洼乡宽草坪村西北		不详	不详	矩形	梯形	底部东西9、南北8米	无
宽草坪4号马面		薛家洼乡宽草坪村西		石	外部条石砌筑	矩形	梯形	底部东西17、南北11米，顶部东西14、南北8米，残高5～6米	无
宽草坪5号马面		薛家洼乡宽草坪村西北		石	外部条石砌筑	矩形	梯形	底部东西14、南北10米，顶部东西11、南北7米，残高5～6米	无
宽草坪6号马面		薛家洼乡宽草坪村1.3千米		石	外部条石砌筑	矩形	梯形	底部东西10、南北19米，顶部东西7、南北16米，残高8～9米，顶部高出墙体2～3米	无
宽草坪7号马面		薛家洼乡宽草坪村西		石	外部条石砌筑	矩形	梯形	底部东西11、南北19米，顶部东西8、南北16米，残高5～6米	无
宽草坪8号马面		薛家洼乡宽草坪村西		石	外部条石砌筑	矩形	梯形	底部东西15、南北11米，顶部东西12、南北8米，残高5～6米	无
宽草坪9号马面		薛家洼乡西地村东北1.3千米		石	外部条石砌筑	矩形	梯形	底部东西13、南北10米，顶部东西11、南北7米，残高4～5米	无
西地1号马面		薛家洼乡西地村西北		石	外部条石砌筑	矩形	梯形	底部东西16、南北13米，顶部东西14、南北11米，残高5～6米	无
西地2号马面		薛家洼乡西地村西北1.47千米		不详	不详	矩形	梯形	底部东西15、南北13米，顶部东西13、南北11米，残高4～12米	无
洞上1号马面		薛家洼乡洞上村北		不详	不详	不详	不详	不详	不详
洞上2号马面		薛家洼乡洞上村西		石	外部条石砌筑	矩形	梯形	底部东西6、南北10、残高4米	无
洞上3号马面		薛家洼乡洞上村西		石	外部条石砌筑	矩形	梯形	底部东西11、南北8米，顶部东西8、南北6米，残高4.8米	无
洞上4号马面		薛家洼乡洞上村西		石	外部条石砌筑	矩形	梯形	底部东西12、南北10米，顶部东西10、南北9.1米，残高6米	无
西沟1号马面		薛家洼乡西沟村东南		石	外部条石砌筑	矩形	梯形	底部东西12、南北6米，顶部东西8、南北4.5米，残高6～7米	无
西沟2号马面		薛家洼乡西沟村东南		石	外部条石砌筑	矩形	梯形	底部东西14、南北9米，顶部东西12、南北7米，残高6米	马面近墙体处有排水沟槽
西沟3号马面		薛家洼乡西沟村东1.38千米		石	外部条石砌筑	矩形	梯形	底部东西10、南北14米，顶部东西7、南北11米，残高5～6米	马面顶部发现一人字形坡顶砖，长40、宽28厘米

099

续表

名称	编码	地点	坐标	材质	建筑方式	平面形制	剖面形制	尺寸	附属设施
麻地沟1号马面		薛家洼乡麻地沟村西北		石	外部条石砌筑；内部为夯土台体，夯层厚0.25～0.3米	矩形	梯形	底部东西13、南北11米，顶部东西10、南北8米，残高6～7米	无
麻地沟2号马面		薛家洼乡麻地沟村西北		石	外部条石砌筑；内部为夯土台体，夯层厚0.2～0.25米	矩形	梯形	底部东西7、南北15米，顶部东西4、南北12米，残高8～9、顶部高出墙体2～3米	无
麻地沟3号马面		薛家洼乡麻地沟村西北		石	外部条石砌筑	矩形	梯形	底部东西13、南北17米，顶部东西10、南北15米，残高8～9米	无
麻地沟4号马面		薛家洼乡麻地沟村西北		石	外部条石砌筑；内部为夯土台体，夯层厚0.2米	矩形	梯形	底部东西11、南北15米，顶部东西8、南北13米，残高8～9、顶部高出墙体4米	无
麻地沟5号马面		薛家洼乡麻地沟村西北		石	外部条石砌筑；内部为夯土台体，夯层厚0.1～0.13米	矩形	梯形	底部东西14、南北16米，顶部东西12、南北14米，残高5～6米	无
麻地沟6号马面		薛家洼乡麻地沟村西北0.82千米		石	外部条石砌筑	矩形	梯形	底部东西15、南北11米，顶部东西14、南北9米，残高6～7米	无
郭家窑1号马面		薛家洼乡西沟村西南		石	外部条石砌筑	矩形	梯形	底部东西12、南北15米，顶部东西9、南北13米，残高10米	无
郭家窑2号马面		薛家洼乡西沟村西南		砖	外部砖石砌筑，砖长40、宽20、厚7.5厘米	矩形	梯形	底部东西9、南北8米，顶部东西7、南北6.5米，残高7米	无
郭家窑3号马面		薛家洼乡西沟村西南		砖	外部砖石砌筑	矩形	梯形	底部东西13、南北12米，顶部东西10、南北8米，残高10米	无
郭家窑4号马面		薛家洼乡西沟村西南		砖	外部砖石砌筑	矩形	梯形	底部边长12米，顶部东西9、南北8米，残高12米	无
郭家窑5号马面		薛家洼乡西沟村西南		砖	外部砖石砌筑	矩形	梯形	底部东西9、南北12米，顶部东西6、南北8米，残高15米	无
郭家窑6号马面		薛家洼乡西沟村西南		砖	外部砖石砌筑	矩形	梯形	底部东西11、南北15米，顶部东西7、南北11米，残高10米	无
郭家窑7号马面		薛家洼乡西沟村西南		砖	外部砖石砌筑	矩形	梯形	底部东西12、南北15米，顶部东西8、南北10米，残高10米	无
郭家窑8号马面		薛家洼乡西沟村西南		砖	外部砖石砌筑	矩形	梯形	底部东西13、南北11米，顶部东西10、南北8米，残高9米	无
郭家窑9号马面		薛家洼乡西沟村西南		砖	外部砖石砌筑	矩形	梯形	底部东西9、南北12米，顶部东西6、南北8米，残高15米	无
郭家窑10号马面		薛家洼乡西沟村西南		砖	外部砖石砌筑	矩形	梯形	底部东西12、南北11米，顶部东西8、南北7米，残高10米	无

续表

名称	编码	地点	坐标	材质	建筑方式	平面形制	剖面形制	尺寸	附属设施
郭家窑11号马面		薛家洼乡西沟村西南1.1千米		砖	外部砖石砌筑	矩形	梯形	底部东西11、南北12米，顶部东西7、南北8米，残高6米	无
半山1号马面		阳方口镇半山村东北		不详	不详	矩形	梯形	底部东西8、南北10米，顶部东西6、南北8米，残高6米	无
半山2号马面		阳方口镇半山村北		石	外部石块砌筑	矩形	梯形	底部东西10、南北15米，顶部东西7、南北12米，残高7~8米	无
半山3号马面		阳方口镇半山村1.15千米		石	外部石块砌筑	矩形	梯形	底部东西11、南北8米，顶部东8、南北5米	马面顶部散落残砖
黄草梁1号马面		阳方口镇黄草梁村东南		不详	不详	矩形	梯形	底部东西17、南北10米，顶部东西15、南北8米，残高7米	马面顶部散落残砖碎瓦
黄草梁2号马面		阳方口镇黄草梁村东南		土	夯筑而成，夯层0.08~0.17米	矩形	梯形	底部东西14.7、南北12米，顶部东西10、南北9米，残高10米	无
黄草梁3号马面		阳方口镇黄草梁村东		土	夯筑而成，夯层0.08~0.17米	矩形	梯形	底部东西14、南北12米，顶部东西10、南北8米，残高9米	马面顶部有"U"形沟槽，散落有碎瓦
黄草梁4号马面		阳方口镇黄草梁村东		不详	不详	矩形	梯形	底部东西14.7、南北13米，顶部东西11、南北9.6米，残高9米	马面顶部散落残砖碎瓦
黄草梁5号马面		阳方口镇黄草梁村东		不详	不详	矩形	梯形	底部东西9.8、南北14米，顶部东西6.8、南北10.5米，残高6米	无
黄草梁6号马面		阳方口镇黄草梁村东		不详	不详	矩形	梯形	底部东西10.2、南北13.8米，顶部东西7、南北10米，残高6米	无
黄草梁7号马面		阳方口镇黄草梁村北		不详	不详	矩形	梯形	底部东西11.8、南北14米，顶部东西9、南北10.2米，残高9米	马面顶部东、南、北侧有女墙
黄草梁8号马面		阳方口镇黄草梁村北		不详	不详	矩形	梯形	底部东西13、南北10米，顶部东西9、南北7米，残高6~7米	无
黄草梁9号马面		阳方口镇黄草梁村北		不详	不详	不详	不详	不详	不详
黄草梁10号马面		阳方口镇黄草梁村北		不详	不详	矩形	梯形	底部东西10、南北13米，顶部边长7米，残高6~7米	无
黄草梁11号马面		阳方口镇黄草梁村西北		不详	不详	矩形	梯形	底部东西10、南北14米，顶部东西8.5、南北11米，残高6~7米	无
黄草梁12号马面		阳方口镇黄草梁村西北		不详	不详	矩形	梯形	底部东西11、南北12.5米，顶部东西8、南北10.5米，残高7米	无
黄草梁13号马面		阳方口镇黄草梁村西北		不详	不详	矩形	梯形	底部边长6、残高5米	无
黄草梁14号马面		阳方口镇黄草梁村西北		不详	不详	不详	不详	不详	不详
黄草梁15号马面		阳方口镇达达庄村东北0.65千米		不详	不详	矩形	梯形	底部东西16、南北11米，顶部东西14、南北8米，残高5米	无
袁家窑1号马面		阳方口镇袁家窑村东南		不详	不详	矩形	梯形	底部东西17、南北11米，顶部东西14、南北8米，残高7米	马面顶部散落残砖碎瓦

续表

名称	编码	地点	坐标	材质	建筑方式	平面形制	剖面形制	尺寸	附属设施
袁家窑2号马面		阳方口镇袁家窑村东南		不详	不详	矩形	梯形	底部东西16、南北11.5米，顶部东西14、南北8米，残高7米	马面顶部散落残砖碎瓦
袁家窑3号马面		阳方口镇袁家窑村东南		不详	不详	矩形	梯形	底部东西9、南北16米，顶部东西7、南北14米，残高7米	马面顶部散落残砖碎瓦
袁家窑4号马面		阳方口镇袁家窑村东南		不详	不详	矩形	梯形	底部东西11、南北16米，顶部东西8、南北12米，残高8、顶部高出墙体2米	马面顶部散落残砖
袁家窑5号马面		阳方口镇袁家窑村东南		不详	不详	矩形	梯形	底部东西11、南北15.8米，顶部东西8、南北12米，残高7米	马面顶部散落残砖
袁家窑6号马面		阳方口镇袁家窑村东南		不详	不详	矩形	梯形	底部东西11、南北15米，顶部东西8、南北11.6米，残高6米	马面顶部散落残砖
袁家窑7号马面		阳方口镇袁家窑村东南		不详	不详	矩形	梯形	底部东西11.4、南北15.7米，顶部东西8.4、南北11.8米	马面顶部散落残砖
袁家窑8号马面		阳方口镇袁家窑村东		不详	不详	矩形	梯形	底部东西11、南北16米，顶部东西8、南北11.8米	马面顶部散落残砖
袁家窑9号马面		阳方口镇袁家窑村东		不详	不详	形矩	梯形	底部东西11、南北16米，顶部东西8、南北14米，残高5～6米	马面顶部散落残砖
袁家窑10号马面		阳方口镇袁家窑村东		不详	不详	矩形	梯形	底部东西4、南北6、残高4～5米	无
袁家窑11号马面		阳方口镇袁家窑村东		不详	不详	矩形	梯形	底部东西4、南北6、残高4～5米	无
袁家窑12号马面		阳方口镇袁家窑村东		不详	不详	矩形	梯形	底部东西11.8、南北14米，顶部东西9、南北10米，残高9米	无
袁家窑13号马面		阳方口镇袁家窑村东北		不详	不详	矩形	梯形	底部东西7、南北18、残高6米	马面顶部东、西侧残存女墙，宽0.9、残高0.8米
袁家窑14号马面		阳方口镇袁家窑村东北		不详	不详	矩形	梯形	底部东西11、南北16米，顶部东西7、南北14米，残高6～7米	马面顶部散落残砖碎瓦
袁家窑15号马面		阳方口镇袁家窑村北		不详	不详	矩形	梯形	底部东西10、南北16米，顶部东西7、南北12米，残高6米	马面顶部散落残砖
袁家窑16号马面		阳方口镇袁家窑村北		不详	不详	矩形	梯形	底部东西12、南北10米，顶部东西9、南北7米，残高6米	无
袁家窑17号马面		阳方口镇袁家窑村北0.38千米		不详	不详	矩形	梯形	底部东西10、南北18米，顶部东西7、南北16米，残高5～6米	无
阳方口1号马面		阳方口镇袁家窑村北		不详	不详	不详	不详	不详	不详
阳方口2号马面		阳方口镇阳方口村东		砖	外部砖石砌筑	矩形	梯形	底部边长15、顶部边长12米	马面顶部散落残砖碎瓦
阳方口3号马面		阳方口镇阳方口村东		不详	不详	不详	不详	不详	不详
阳方口4号马面		阳方口镇阳方口村东		砖	外部砖石砌筑	矩形	梯形	底部东西13.5、南北11.4米，顶部东西10.3、南北8.6米，残高6～6.5米	马面顶部散落残砖碎瓦

续表

名称	编码	地点	坐标	材质	建筑方式	平面形制	剖面形制	尺寸	附属设施
阳方口5号马面		阳方口镇阳方口村东		不详	不详	矩形	梯形	底部东西13、南北11米，顶部东西10、南北8米，残高6~7米	无
河西1号马面		阳方口镇河西村南		土	夯筑而成，夯层厚0.1~0.16米	矩形	梯形	底部东西9.8、南北16.5米，顶部东西6.5、南北12米，残高4.5米	无
河西2号马面		阳方口镇河西村南		土	夯筑而成	矩形	梯形	底部东西10、南北16.5米，顶部东西6、南北12.5米，残高5米	无
河西3号马面		阳方口镇河西村西南		土	夯筑而成，夯层厚0.1~0.16米	矩形	梯形	底部东西9.8、南北15.3米，顶部东西7.5、南北13.6米，残高5米	无
河西4号马面		阳方口镇河西村西南		土	夯筑而成，夯层厚0.12~0.16米	矩形	梯形	底部东西10、南北16米，顶部东西8、南北13米，残高5米	无
河西5号马面		阳方口镇河西村西南		不详	不详	矩形	梯形	底部东西10.4、南北6.2米，顶部东西8、南北3.6米，残高5~6米	无
河西6号马面		阳方口镇河西村西南		土	夯筑而成，夯层厚0.1~0.16米	矩形	梯形	底部东西10、南北14米，顶部东西6、南北11米，残高5米	无
河西7号马面		阳方口镇河西村西南		不详	不详	矩形	梯形	底部东西12.8、南北15米，顶部东西9.2、南北13米，残高5米	无
河西8号马面		朔城区窑子头乡马家梁村南1.07千米		不详	不详	不详	不详	不详	不详
河西9号马面		阳方口镇河西村西南		土	夯筑而成，夯层厚0.1~0.15米	矩形	梯形	底部东西11、南北15.5米，顶部东西8、南北13.5米，残高5~6米	无
河西10号马面		阳方口镇河西村西南		不详	不详	矩形	梯形	底部东西12、南北9.5、残高5米	无
河西11号马面		阳方口镇河西村西南		土	夯筑而成，夯层厚0.12~0.18米	矩形	梯形	底部东西12、南北16、残高3.5~4米	无
河西12号马面		阳方口镇河西村西南		土	夯筑而成，夯层厚0.12~0.17米	矩形	梯形	底部东西13、南北12米，顶部东西10、南北9.5米，残高4.5米	无
河西13号马面		阳方口镇河西村西南		土	夯筑而成，夯层厚0.12~0.17米	矩形	梯形	底部东西11、南北10米，顶部东西9、南北10米，残高3.5米	无
河西14号马面		阳方口镇河西村西南		不详	不详	矩形	梯形	底部边长13、残高5米	无
河西15号马面		阳方口镇河西村西南		不详	不详	矩形	梯形	底部东西13、南北12、残高5米	无
河西16号马面		阳方口镇河西村西南		不详	不详	矩形	梯形	底部东西13、南北11米，顶部东西10、南北9米，残高4~5米	无
河西17号马面		阳方口镇河西村西南		不详	不详	矩形	梯形	底部东西9、南北12、残高4~5米	无
河西18号马面		阳方口镇河西村西南		不详	不详	矩形	梯形	底部东西12.5、南北11、残高5米	无
河西19号马面		阳方口镇河西村西南		不详	不详	矩形	梯形	底部东西11、南北10米，顶部东西8、南北7.5米，残高5米	无

续表

名称	编码	地点	坐标	材质	建筑方式	平面形制	剖面形制	尺寸	附属设施
河西20号马面		阳方口镇大水口村东南1.88千米		不详	不详	不详	不详	不详	不详
大水口1号马面		阳方口镇大水口村东南		土	夯筑而成，夯层厚0.12～0.16米	矩形	梯形	底部东西12、南北14米，顶部东西9、南北10.5米，残高10米	无
大水口2号马面		阳方口镇大水口村东南		不详	不详	矩形	梯形	底部东西11、南北19米，顶部东西8、南北14米，残高6米	无
大水口3号马面		阳方口镇大水口村东南		不详	不详	矩形	梯形	底部东西21、南北14米，顶部东西16、南北10米，残高6米	无
大水口4号马面		阳方口镇大水口村东南		不详	不详	矩形	梯形	底部东西19、南北11米，顶部东西15、南北8米，残高6米	无
大水口5号马面		阳方口镇大水口村东南		不详	不详	矩形	梯形	底部东西19、南北9米，顶部东西15、南北7米，残高6.5米	无
大水口6号马面		阳方口镇大水口村东		土	夯筑而成，夯层厚0.06～0.12米	矩形	梯形	底部东西22、南北16米，顶部东西17、南北11.5米，残高9～10米	无
大水口7号马面		阳方口镇大水口村东		不详	不详	矩形	梯形	底部东西4～5、南北4.5、残高3～4米	无
大水口8号马面		阳方口镇大水口村东		不详	不详	矩形	梯形	底部东西19、南北11米，顶部东西14、南北9米，残高8～9米	无
大水口9号马面		阳方口镇大水口村东		不详	不详	矩形	梯形	底部东西13、南北12米，顶部东西9、南北8.5米，残高5米	无
大水口10号马面		阳方口镇大水口村内		不详	不详	矩形	梯形	底部东西10、南北13.3米，顶部东西8、南北9.4米，残高6米	无
大水口11号马面		阳方口镇大水口村内		不详	不详	矩形	梯形	底部东西11、南北16米，顶东西8、南北13米，残高7米	无
大水口12号马面		阳方口镇大水口村北		不详	不详	矩形	梯形	底部东西14.5、南北9.5米，顶部东西10.5、南北7米，残高6米	无
大水口13号马面		阳方口镇大水口村北		不详	不详	矩形	梯形	东西20、南北11、残高3～4米	无
大水口14号马面		阳方口镇大水口村北		不详	不详	不详	不详	不详	无
大水口15号马面		阳方口镇大水口村西北		不详	不详	矩形	梯形	底部东西17、南北10米，顶部东西12、南北7米，残高6米	无
大水口16号马面		阳方口镇大水口村西北		不详	不详	矩形	梯形	底部东西14、南北12米，顶部东西10、南北9米，残高6米。	无
大水口17号马面		阳方口镇大水口村西北		不详	不详	矩形	梯形	底部东西13、南北10米，顶部东西10、南北7米，残高6米	无
大水口18号马面		阳方口镇大水口村西北		不详	不详	矩形	梯形	底部东西12、南北9米，顶部东西10、南北7米，残高6米	无

续表

名称	编码	地点	坐标	材质	建筑方式	平面形制	剖面形制	尺寸	附属设施
大水口19号马面		阳方口镇大水口村西北		不详	不详	矩形	梯形	底部东西12、南北10米,顶部东西9、南北7米,顶部高出墙体2米	无
大水口20号马面		阳方口镇大水口村西北		不详	不详	矩形	梯形	底部东西11、南北15米,顶部东西7、南北13米,残高7～8、顶部高出墙体2米	无
大水口21号马面		阳方口镇大水口村西北		不详	不详	矩形	梯形	底部东西12、南北14米,顶部东西9、南北11米,残高8米	无
大水口22号马面		阳方口镇大水口村西北		不详	不详	矩形	梯形	底部东西10、南北12米,顶部东西8、南北10米,残高5.5米	无

3. 烽火台

宁武县调查烽火台61座,包括长城沿线烽火台43座、腹里烽火台18座。

名称	编码	地点	坐标	材质	建筑方式	平面形制	剖面形制	尺寸	附属设施
盘道梁1号烽火台	140925353201170001	薛家洼乡盘道梁村北0.69千米	东经:112°33′42.80″ 北纬:39°05′25.40″ 高程:1987米	砖	外部砖石砌筑,内部为夯土台体。夯土台体为黄土夯筑而成,含较多砂砾,夯层厚0.14～0.17米	矩形	梯形	底部边长16.5、顶部边长7、残高6.2米	无
盘道梁2号烽火台	140925353201170002	薛家洼乡盘道梁村西北0.348千米	东经:112°33′28.20″ 北纬:39°05′17.20″ 高程:1998米	砖	外部砖石砌筑,内部为夯土台体。夯土台体为黄土夯筑而成,夯层厚0.14～0.17米	矩形	梯形	底部边长20、顶部边长5、残高4～5米	无
盘道梁3号烽火台	140925353201170003	薛家洼乡盘道梁村西北0.36千米	东经:112°33′28.20″ 北纬:39°05′17.20″ 高程:1998米	砖	外部砖石砌筑,内部为夯土台体。夯土台体为黄土夯筑而成,夯层厚0.12～0.15米	矩形	梯形	底部东西17、南北16,顶部东西6、南北7米,残高3～5米	无
盘道梁4号烽火台	140925353201170004	薛家洼乡盘道梁村西0.8千米	东经:112°33′10.60″ 北纬:39°04′59.00″ 高程:2014米	砖	外部砖石砌筑,部为夯土台体。夯土台体为黄土夯筑而成,夯层厚0.12～0.15米	矩形	矩形	底部东西17、南北16,顶部东西6、南北7米,残高3～5米	无

续表

名称	编码	地点	坐标	材质	建筑方式	平面形制	剖面形制	尺寸	附属设施
宽草坪1号烽火台	1409253532011700005	薛家洼乡宽草坪村北1千米	东经：112°31′41.70″ 北纬：39°04′52.10″ 高程：1898米	砖	外部砖石砌筑，内部为夯土台体。夯土台体为黄土夯筑而成，夯层厚0.12～0.15米	矩形	梯形	底部边长20米，顶部东西4、南北3～4米，残高6～6.5米	无
宽草坪2号烽火台	1409253532011700006	薛家洼乡宽草坪村西北1.4千米	东经：112°30′53.10″ 北纬：39°04′28.40″ 高程：2012米	砖	外部砖石砌筑，内部为夯土台体。夯土台体为黄土夯筑而成，夯层厚0.07～0.12米	矩形	梯形	底部东西16、南北10、残高6～7米	无
西地1号烽火台	1409253532011700007	薛家洼乡西地村东北1.3千米	东经：112°29′36.20″ 北纬：39°03′49.10″ 高程：2023米	砖	外部砖石砌筑，内部为夯土台体。夯土台体为黄土夯筑而成	矩形	梯形	底部边长18米，顶部东西3～4、南北4米，残高6米	无
西地2号烽火台	1409253532011700008	薛家洼乡西地村西北1.46千米	东经：112°28′47.60″ 北纬：39°04′07.20″ 高程：1952米	砖	外部砖石砌筑，内部为夯土台体。夯土台体为黄土夯筑而成，夯层厚0.1～0.18米	矩形	梯形	底部东西10、南北11米，顶部边长2.5米，残高5.5米	无
西地3号烽火台	1409253532011700009	薛家洼乡西地村西北1.8千米	东经：112°28′37.40″ 北纬：39°04′17.50″ 高程：1900米	砖	外部砖石砌筑，内部为夯土台体。夯土台体为黄土夯筑而成，夯层厚0.1～0.18米	矩形	梯形	底部边长12、顶部边长3、残高5.5米	无
洞上1号烽火台	1409253532011700010	薛家洼乡洞上村东北1.2千米	东经：112°28′25.90″ 北纬：39°04′17.50″ 高程：1882米	砖	外部砖石砌筑，内部为夯土台体。夯土台体为黄土夯筑而成，夯层厚0.09～0.15米	矩形	梯形	底部边长17米，顶部东西3.2、南北3米，残高5～6米	无
洞上2号烽火台	1409253532011700011	薛家洼乡洞上村东北1.2千米	东经：112°28′37.90″ 北纬：39°04′37.60″ 高程：1843米	砖	外部砖石砌筑，内部为夯土台体。夯土台体为黄土夯筑而成，夯层厚0.13～0.15米	矩形	梯形	底部东西12、南北13、残高3～5米	无
洞上3号烽火台	1409253532011700012	薛家洼乡洞上村东北1.35千米	东经：112°28′32.20″ 北纬：39°04′43.00″ 高程：1804米	砖	外部砖石砌筑，内部为夯土台体。夯土台体为黄土夯筑而成，夯层厚0.11～0.17米	矩形	梯形	底部东西11、南北10、残高5～6米	无

续表

名称	编码	地点	坐标	材质	建筑方式	平面形制	剖面形制	尺寸	附属设施
洞上4号烽火台	1409253532011700013	薛家洼乡洞上村东北0.45千米	东经：112°27′42.50″ 北纬：39°04′18.80″ 高程：1836米	砖	外部砖石砌筑，内部为夯土台体。夯土台体为黄土夯筑而成，夯层厚0.08～0.13米	矩形	梯形	底部边长13、顶部边长4，残高7米	无
洞上5号烽火台	1409253532011700014	薛家洼乡洞上村南0.73千米	东经：000°00′00.00″ 北纬：00°00′00.00″ 高程：1962米	砖	外部砖石砌筑，内部为夯土台体。夯土台体为黄土夯筑而成	矩形	梯形	底部边长12、顶部边长4，残高4米	无
洞上6号烽火台	1409253532011700015	薛家洼乡洞上村西0.82千米	东经：112°27′03.70″ 北纬：39°04′06.60″ 高程：1757米	砖	外部砖石砌筑，内部为夯土台体。夯土台体为黄土夯筑而成，夯层厚0.18～0.2米	矩形	梯形	底部边长12米，顶部东西3.5、南北4，残高6米	无
洞上7号烽火台	1409253532011700016	薛家洼乡洞上村西1.2千米	东经：112°26′46.90″ 北纬：39°04′03.60″ 高程：1757米	砖	外部砖石砌筑，内部为夯土台体。夯土台体为黄土夯筑而成，含碎石，夯层厚0.08～0.13米	矩形	梯形	底部边长13、顶部边长4，残高7米	无
贾家窑烽火台	1409253532011700017	薛家洼乡贾家窑村西南1.23千米	东经：112°25′57.50″ 北纬：39°04′00.60″ 高程：1753米	土	黄土夯筑而成，夯层厚0.1～0.2米	矩形	梯形	底部边长18米，顶部东西6、南北6.5米，残高6米	无
西沟1号烽火台	1409253532011700018	薛家洼乡西沟村东南0.98千米	东经：112°25′39.50″ 北纬：39°03′48.90″ 高程：1881米	土	黄土夯筑而成，夯层厚0.17～0.19米	矩形	梯形	底部边长9米，顶部东西4、南北4.5米，残高7～8米	无
西沟2号烽火台	1409253532011700019	薛家洼乡西沟村东南0.98千米	东经：112°25′38.60″ 北纬：39°03′39.10″ 高程：1855米	土	黄土夯筑而成，夯层厚0.1～0.17米	矩形	梯形	底部边长8、残高6～7米	无
西沟3号烽火台	1409253532011700020	薛家洼乡西沟村东南1.18千米	东经：112°25′36.40″ 北纬：39°03′33.90″ 高程：1866米	土	黄土夯筑而成，含碎石，夯层厚0.10.2米	矩形	梯形	底部边长10、残高7米	无
西沟4号烽火台	1409253532011700021	薛家洼乡西沟村东南1.18千米	东经：112°25′19.50″ 北纬：39°03′21.80″ 高程：1885米	土	黄土夯筑而成，夯层厚0.18～0.24米	矩形	梯形	底部边长12、残高6～7米	无
西沟5号烽火台	1409253532011700022	薛家洼乡西沟村东南1.2千米	东经：112°25′17.70″ 北纬：39°03′13.00″ 高程：1901米	土	黄土夯筑而成，夯层厚0.2～0.25米	矩形	梯形	底部边长7、残高4米	无

续表

名称	编码	地点	坐标	材质	建筑方式	平面形制	剖面形制	尺寸	附属设施
西沟6号烽火台	1409253532 01170023	薛家洼乡西沟村东南1.28千米	东经：112°25′06.50″ 北纬：39°03′13.90″ 高程：1945米	土	黄土夯筑而成	矩形	梯形	底部东西23、南北20米，顶部东西6.2、南北5.8米，残高6～7米	无
麻地沟烽火台	1409253532 01170024	薛家洼乡麻地沟村西北0.8千米	东经：112°24′39.00″ 北纬：39°03′03.10″ 高程：1928米	土	黄土夯筑而成	矩形	梯形	底部东西18、南北12米，顶部东西14、南北9米，残高6～7米	无
半山1号烽火台	1409253532 01170025	阳方口镇半山村东南0.8千米	东经：112°24′05.40″ 北纬：39°03′26.40″ 高程：1906米	土	黄土夯筑而成，夯层厚0.1～0.2米	矩形	梯形	底部边长25米，顶部东西16、南北17米，残高9米	无
半山2号烽火台	1409253532 01170026	阳方口镇半山村东北0.7千米	东经：112°24′05.40″ 北纬：39°03′46.20″ 高程：1915米	石	外部石片砌筑，内部为夯土台体。夯土台体为黄土夯筑而成，夯层厚0.15～0.21米	矩形	梯形	底部东西14.3、南北20、残高9.5米	由里向外依次有3道围墙：第一道围墙仅存西南部分，东西54.3、南北46.3、残高1米；第二道围墙东西56.5、南北71米，底宽4.1、残宽1.4米；第三道围墙东西66.9、南北77米，底宽3.5、顶宽1～2、残高1～2米
西沟7号烽火台	1409253532 01170027	薛家洼乡西沟村西北1.3千米	东经：112°24′05.20″ 北纬：39°04′19.20″ 高程：2013米	土	黄土夯筑而成，含碎砖、石，夯层厚0.1～0.2米	矩形	梯形	底部东西19、南北25米，顶部东西11、南北12米，残高6～7米	台体外侧有一段壕沟，壕沟宽1.5～3、外墙残高1.5米
半山3号烽火台	1409253532 01170028	阳方口镇半山村北0.9千米	东经：112°23′35.60″ 北纬：39°04′07.40″ 高程：2030米	土	黄土夯筑而成	矩形	梯形	底部边长16米，顶部东西7、南北6.5米，残高4～5米	无
袁家窑烽火台	1409253532 01170029	阳方口镇袁家窑村北0.12千米	东经：112°20′26.90″ 北纬：39°06′00.60″ 高程：1306米	砖	外部砖石砌筑，内部为夯土台体。夯土台体为黄土夯筑而成，夯层厚0.12～0.18米	矩形	梯形	底部东西12、南北10、残高5～6米	无
阳方口1号烽火台	1409253532 01170030	阳方口镇西0.53千米	东经：112°19′31.00″ 北纬：39°06′01.20″ 高程：1280米	砖	外部砖石砌筑，内部为夯土台体。夯土台体为黄土夯筑而成，夯层厚0.17～0.24米	矩形	梯形	底部东西14、南北12米，顶部东西5、南北4.5米，残高6.5米	无

续表

名称	编码	地点	坐标	材质	建筑方式	平面形制	剖面形制	尺寸	附属设施
阳方口2号烽火台	1409253532201170031	阳方口镇西0.4千米	东经：112°19′24.70″ 北纬：39°06′04.50″ 高程：1312米	砖	外部砖石砌筑，内部为夯土台体。夯土台体为黄土夯筑而成，夯层厚0.07～0.16米	矩形	梯形	底部东西13.9、南北14.3米，顶部东西8.3、南北9.2米，残高7.7米	无
阳方口3号烽火台	1409253532201170032	阳方口镇西0.6千米	东经：112°19′15.90″ 北纬：39°06′55.56″ 高程：1362米	砖	外部砖石砌筑，内部为夯土台体。夯土台体为黄土夯筑而成，夯层厚0.15～0.18米	矩形	梯形	底部边长14米，顶部东西5、南北4.5米，残高8米	无
阳方口4号烽火台	1409253532201170033	阳方口镇西0.8千米	东经：112°18′50.20″ 北纬：39°06′00.50″ 高程：1357米	砖	外部砖石砌筑，内部为夯土台体。夯土台体为黄土夯筑而成，含砂砾，夯层厚0.18米	矩形	梯形	底部东西4、南北1.8、残高4米	无
阳方口5号烽火台	1409253532201170034	阳方口镇西0.9千米	东经：112°18′39.20″ 北纬：39°05′54.60″ 高程：1362米	土	黄土夯筑而成，含砂砾，夯层厚0.15米	矩形	梯形	底部东西10、南北3、残高3.5～4米	无
阳方口6号烽火台	1409253532201170035	阳方口镇西0.95千米	东经：112°18′32.50″ 北纬：39°05′57.30″ 高程：1376米	砖	外部砖石砌筑，内部为夯土台体。夯土台体为黄土夯筑而成，夯层厚0.15～0.19米	矩形	梯形	底部东西11.3、南北11.8米，顶部边长8米，残高5.5米	无
暖水湾1号烽火台	1409253532201170036	阳方口镇暖水湾村西北1.1千米	东经：112°18′26.50″ 北纬：39°05′53.00″ 高程：1381米	土	黄土夯筑而成，含砂砾，夯层厚0.15米	矩形	梯形	底部东西7、南北3.3、残高4.5米	无
暖水湾2号烽火台	1409253532201170037	阳方口镇暖水湾村西北1.08千米	东经：112°18′24.00″ 北纬：39°05′48.90″ 高程：1370米	土	黄土夯筑而成，夯层厚0.1～0.19米	矩形	梯形	底部东西8、南北10米，顶部东西5、南北6米，残高5～6米	无
暖水湾3号烽火台	1409253532201170038	阳方口镇暖水湾村西北0.95千米	东经：112°18′10.40″ 北纬：39°05′41.30″ 高程：1407米	土	黄土夯筑而成，夯层厚0.12～0.2米	矩形	梯形	底部东西8、南北5.2、残高5米	无
暖水湾4号烽火台	1409253532201170039	阳方口镇暖水湾村西北1.1千米	东经：112°17′57.40″ 北纬：39°05′40.80″ 高程：1430米	土	黄土夯筑而成，夯层厚0.15～0.18米	矩形	梯形	底部东西6、南北5、残高5米	无
暖水湾5号烽火台	1409253532201170040	阳方口镇暖水湾村西北1.35千米	东经：112°17′44.10″ 北纬：39°05′41.50″ 高程：1445米	土	黄土夯筑而成，夯层厚0.15～0.22米	矩形	梯形	底部东西7、南北4、残高4.5～5米	无

续表

名称	编码	地点	坐标	材质	建筑方式	平面形制	剖面形制	尺寸	附属设施
暖水湾6号烽火台	140925353201170041	阳方口镇暖水湾村西北1.56千米	东经：112°17′35.00″ 北纬：39°05′43.70″ 高程：1451米	砖	外部砖石砌筑，内部为夯土台体。夯土台体为黄土夯筑而成，夯层厚0.15～0.22米	矩形	梯形	底部东西9、南北8米，顶部东西5.5、南北5米，残高5米	无
大水口1号烽火台	140925353201170042	阳方口镇大水口村东0.08千米	东经：112°21′50.30″ 北纬：39°06′40.20″ 高程：1294米	砖	外部砖石砌筑，内部为夯土台体。夯土台体为黄土夯筑而成，夯层厚0.1～0.12米	矩形	梯形	底部边长5米，残高4.5米	无
大水口2号烽火台	140925353201170043	阳方口镇大水口村北0.4千米	东经：112°16′29.30″ 北纬：39°06′58.00″ 高程：1306米	砖	外部砖石砌筑，内部为夯土台体。夯土台体为黄土夯筑而成，夯层厚0.12～0.15米	矩形	梯形	底部边长13、顶部边长7，残高4.55米	无
东麻地沟烽火台	140925353201170046	薛家洼乡东麻地沟村东0.8千米	东经：112°33′27.80″ 北纬：39°06′23.50″ 高程：1592米	土	黄土夯筑而成，夯层厚0.18～0.26米	矩形	梯形	底部边长7.2米，顶部东西2.2、南北1.2米，残高10.2米	无
下白泉烽火台	140925353201170047	薛家洼乡下白泉村东0.3千米	东经：112°30′54.80″ 北纬：39°07′13.30″ 高程：1445米	土	黄土夯筑而成，夯层厚0.08～0.2米	矩形	梯形	底部边长14.2、顶部边长8.3、残高8.2米	无
梨元坡烽火台	140925353201170048	薛家洼乡梨元坡村南1.2千米	东经：112°30′32.30″ 北纬：39°07′23.20″ 高程：1406米	土	黄土夯筑而成，夯层厚0.12～0.2米	矩形	梯形	底部东西14.2、南北13.8米，顶部东西6.8、南北6.4米，残高8.1米	无
项家山烽火台	140925353201170049	薛家洼乡贾家窑村东1.7千米	东经：112°26′51.80″ 北纬：39°05′26.80″ 高程：1631米	土	黄土夯筑而成，夯层厚0.08～0.12米	矩形	梯形	底部边长14.2米，顶部东西8.4、南北8.2米，残高9.4米	无
西麻峪烽火台	140925353201170050	阳方口镇西麻峪村西北0.15千米	东经：112°26′51.80″ 北纬：39°05′26.80″ 高程：1631米	石	外部石块砌筑；内部为夯土台体，夯层厚0.2～0.28米	矩形	梯形	底部边长6.8、顶部边长3.2、残高5.6米	无
张家窑烽火台	140925353201170062	凤凰镇张家窑村东山梁上	东经：112°19′09.66″ 北纬：39°00′21.80″ 高程：1423米	石	外部石片砌筑；内部为夯土台体，夯层厚0.18～0.26米	矩形	梯形	底部边长12、顶部边长8.2、残高8.9米	无
东梁坡烽火台	140925353201170061	宁武县城北的山梁上	东经：112°17′49.70″ 北纬：39°00′18.30″ 高程：1483米	石	外部石片砌筑；内部为夯土台体，夯层厚0.2～0.22米	矩形	梯形	底部边长12、顶部边长10、残高6.8米	无

续表

名称	编码	地点	坐标	材质	建筑方式	平面形制	剖面形制	尺寸	附属设施
西梁坡烽火台	1409253532011700063	宁武县城西北的山梁上	东经：112°13′12.90″ 北纬：38°59′46.60″ 高程：1472米	砖	外部砖石砌筑，内部为夯土台体，夯层厚0.2～0.28米	矩形	梯形	底部边长12、顶部边长6.9、残高7.8米	无
凤凰山烽火台	1409253532011700051	凤凰镇前凤凰村北0.4千米	东经：112°19′15.00″ 北纬：39°58′41.80″ 高程：1643米	土	黄土夯筑而成，夯层厚0.2～0.28米	矩形	梯形	底部边长13、顶部边长10、残高10.5米	无
余庄烽火台	1409253532011700059	余庄乡余庄村北	东经：112°12′24.20″ 北纬：38°54′31.50″ 高程：1691米	土	黄土夯筑而成，夯层厚0.2～0.22米	矩形	梯形	底部边长10.2、顶部边长6.1、残高8.2米	无
分水岭烽火台	1409253532011700052	余庄乡分水岭村东0.5千米	东经：112°19′15.10″ 北纬：39°56′41.00″ 高程：1849米	土	黄土夯筑而成，夯层厚0.2～0.28米	矩形	梯形	底部边长18、顶部边长12、残高6.8米	台体底部有台基，平面呈矩形，边长45、残高1.8米
上鸾桥烽火台	1409253532011700060	东寨镇上鸾桥村西0.2千米	东经：112°08′53.50″ 北纬：38°50′34.30″ 高程：1750米	土	黄土夯筑而成，夯层厚0.2米	矩形	梯形	底部边长14米，顶部东西5、南北6米，残高10米	无
棋盘山烽火台	1409253532011700058	东寨镇店耳上村东0.7千米	东经：112°06′40.90″ 北纬：38°48′18.40″ 高程：1764米	石	外部片石砌筑，内部为夯土台体，夯层厚0.2～0.28米	矩形	梯形	底部边长8.8米，顶部东西4.3、南北1.8米，残高6.8米	无
二马营1号烽火台	1409253532011700055	东寨镇二马营村南1千米	东经：112°06′40.90″ 北纬：38°45′38.70″ 高程：1519米	土	黄土夯筑而成，含碎石，夯层厚0.12～0.15米	矩形	梯形	底部边长7.8、顶部边长0.5、残高6.2米	无
二马营2号烽火台	1409253532011700056	东寨镇二马营村中	东经：112°06′19.00″ 北纬：38°46′10.50″ 高程：1598米	土	黄土夯筑而成，夯层厚0.2～0.22米	矩形	梯形	底部边长12、顶部边长6.8、残高7.8米	无
南山上烽火台	1409253532011700057	东寨镇二马营村中	东经：112°07′29.60″ 北纬：38°45′35.00″ 高程：1678米	土	黄土夯筑而成，夯层厚0.2～0.26米	矩形	梯形	底部边长12、顶部边长9、残高11米	无
化北屯烽火台	1409253532011700054	化北屯乡化北屯村北1.8千米	东经：112°06′11.30″ 北纬：39°42′37.60″ 高程：1587米	土	黄土夯筑而成，夯层厚0.18～0.28米	矩形	梯形	底部边长8、顶部边长7、残高7米	无
宁化烽火台	1409253532011700053	化北屯乡宁化古城北0.1千米	东经：112°05′20.10″ 北纬：39°38′29.60″ 高程：1445米	土	黄土夯筑而成，夯层厚0.2～0.22米	矩形	梯形	底部边长12、顶部边长7、残高10米	无

（四）相关遗存

宁武县调查的相关遗存有壕沟9段、采石场3座、挡马墙2、戍卒墓地1座。

宁武县相关遗存一览表

分类	所属乡镇	名称
壕沟	薛家洼乡	宽草坪1—3号壕沟、西地壕沟、洞上壕沟、西沟壕沟
	阳方口镇	半山壕沟，大水口1、2号壕沟
采石场	薛家洼乡	段庄采石场、郭家庄采石场、洞上采石场
挡马墙		盘道梁挡马墙、贾家窑挡马墙
戍卒墓地		郭家庄明代戍卒墓地

1. 宽草坪1号壕沟

起点高程1897米，止点高程1855米。位于宽草坪长城1段北0.75千米处。大致呈东—西走向，长460、宽8.5、深3～5.4米，外墙土石混筑，残高2.2米；内墙夯筑，夯层厚0.1～0.2米，残高0.8～1米，南高北低。整体保存一般。造成损毁的自然因素有风雨侵蚀、植物生长等；人为因素有修路挖损破坏等。

2. 宽草坪2号壕沟

位于宽草坪长城2、3段北0.07～0.28千米。起点高程2017米，止点高程1972米。大致呈东北—西南走向，长1370、宽5～7、深3～4米，外墙底宽3.5、残高1～1.6米，内墙底宽7～8、残高3～4米。整体保存一般。整段壕沟存为4段。造成损毁的自然因素有风雨侵蚀、植物生长等；人为因素有修路挖损破坏等。

3. 宽草坪3号壕沟

位于宽草坪长城2段北0.38～0.6千米，宽草坪2号壕沟北侧，相距0.17千米。高程1949米。大致呈东南—西北走向，长1740、宽4～7米。仅存外墙，底宽3～4、顶宽1～2米，南高北低。整体保存一般。整段壕沟存为2段。造成损毁的自然因素有风雨侵蚀、植物生长等；人为因素有修路挖损破坏、农业生产活动破坏等。

4. 西地壕沟

位于西地长城1、2段北、东北0.12～0.15千米。起点高程2018米，止点高程1816米。大致呈东南—西北走向，长2650、宽5～7、深3～4米，墙体土石混筑，外墙底宽3.5、残高1.6～2米，内墙底宽7～8、残高3～4米。整体保存一般。整段壕沟存为5段。造成损毁的自然因素有风雨侵蚀、植物生长等；人为因素有修路挖损破坏等。

5. 洞上壕沟

位于洞上长城2、3段北0.06～0.14千米。起点高程1820米。大致呈东北—西南走向，长2230、宽4～6米，墙体土石混筑，外墙底宽4～5、残高2米，内墙底宽5、顶宽2、残高3～4米。整体保存一般。壕沟北0.1千米处有近代晋绥军修筑的战壕及碉堡。整段壕沟存为3段。造成损毁的自然因素有风雨侵蚀、植物生长等；人为因素有修路挖破坏等。

6. 西沟壕沟

位于西沟长城北0.07千米，郭家窑长城东0.04千米，半山长城1段东侧。起点高程1736米，止点高程1881米。大致呈东西走向，长2230、宽4～7米。墙体土石混筑，外墙底宽2～5、残高1.5米，内墙底宽2～5、残高2～3米。整体保存一般。整段壕沟存为2段。造成损毁的自然因素有风雨侵蚀、植物生长等；人为因素有修路挖损破坏等。

7. 半山壕沟

位于半山长城1段东北侧，黄草梁长城东北0.02千米。起点高程1886米，止点高程1687米。大致呈东南—西北走向，长1150、宽3～4米，外墙宽3、残高1～1.5米，内墙宽3、残高1.5米。整体保存一般。整段壕沟存为3段。造成损毁的自然因素有风雨侵蚀、植物生长等；人为因素有修路挖损破坏等。

8. 大水口1号壕沟

位于河西长城2段北0.07千米，大水口长城1段东0.01千米。起点高程1441米，止点高程1282米。大致呈东南—西北走向，长1670、宽4～7米。整体保存一般。整段壕沟存为3段。造成损毁的自然因素有洪水冲刷、风雨侵蚀、植物生长等；人为因素有修路挖损破坏等。

9. 大水口2号壕沟

位于大水口长城2、3段东北、北0.03～0.04千米。起点高程1322米，止点高程1444米。大致呈东南—西北走向，长1700、宽7～8米，墙体残高1.7～1.9米。整体保存较好。造成损毁的自然因素有洪水冲刷、风雨侵蚀、植物生长等；人为因素有修路挖损破坏等。

10. 段庄采石场

位于段庄长城北0.06千米，高程2092米。采石场长50、宽40米，面积2000平方米。东部有东、西2个坑，深1～2米，东侧坑长14、宽9米，西侧坑长9、宽8米，两坑相距7米。西部有南、北2个坑，南侧坑长16、宽13米，北侧坑长20、宽10米。采石场岩石为石灰岩质，石灰岩层厚度不一，0.1～0.4米居多，易于开采条石。地表未发现其他遗物。整体保存一般。西部采石坑被近代晋绥军辟为防空设施。造成损的自然因素有风雨侵蚀、植物生长等；人为因素有战争破坏等。

11. 郭家庄采石场

位于郭家庄长城1段北0.07千米，高程2105米。采石场东西60、南北30米，面积1800平方米。有东西2个采石点，东采石点东西25、南北30、最深5～6米，西采石点东西20、南北30米，两采石点相距15米。采石场岩石为石灰岩质，石灰岩层厚不一，易于开采条石。整体保存较好。西部采石点南侧山被近代晋绥军辟为防空洞。造成损毁的自然因素有风雨侵蚀、植物生长等，人为因素有战争破坏等。

12. 洞上采石场

位于薛家洼乡洞上村西0.3千米，洞上长城2段南0.12千米，高程1867米。采石场平面呈东西向矩形，东高西低，长15、宽8米，面积120平方米。采石场岩石为石灰岩质，石灰岩层厚度不一，0.2～0.5米居多，易于开采条石。整体保存较好。造成损毁的自然因素有风雨侵蚀、植物生长等。

13. 盘道梁挡马墙

位于薛家洼乡盘道梁村西北0.36千米，盘道梁长城2段北0.36千米，高程1998米。大致呈东西走向，堆土而成，长340、底宽1.8～3、顶宽1～1.5、残高1～1.8米。挡马墙分东西2段，东段东端原与盘道梁2号堡西北角台、西端与盘道梁2号烽火台相连接，残长140米、消失50米；西段东端与盘道梁2号烽火台、西端与盘道梁3号烽火台相连接，长150米。挡马墙附近未发现其他遗迹，未采集到相关标本。整体保存较好。东段消失50米，挡马墙南0.05千米处有移动通信塔架。造成损毁的自然因素有风雨侵蚀、植物生长等。

14. 贾家窑挡马墙

位于薛家洼乡贾家窑村西南1.23千米，西沟长城北侧，止于贾家窑烽火台，北距西沟壕沟0.04千米，高程1753米。大致呈东西走向，土石混筑而成，长60、底宽2、残高1～1.5米。整体保存一般。造成损毁的自然因素有风雨侵蚀、植物生长等；人为因素有取土挖损破坏、农业生产破坏等。

15. 郭家庄明代戍卒墓地

位于薛家洼乡郭家庄村西北1千米，郭家庄长城2段南0.14千米，高程2097米。墓地南低北高，长50、宽30米，面积1500平方米。存封土堆4座，无排列规律，封土堆直约径3、残高0.5～1.5米。墓地东南角有一块马鞍形砂岩，平面呈矩形，略外拱，背部正中有插孔，孔径0.03、深0.06米，两端有"V"形卯口，砂岩周身有錾刻痕迹，砂岩是否与墓地有关不得而知。整体保存较好。造成损毁的自然因素有雨侵蚀、植物生长等。

（五）采（征）集标本

宁武县采集文物标本1件。

薛家洼乡洞上堡堡内采集1件铁箭头，铁质，长10.7、头部长2、翼宽1厘米。

神池县

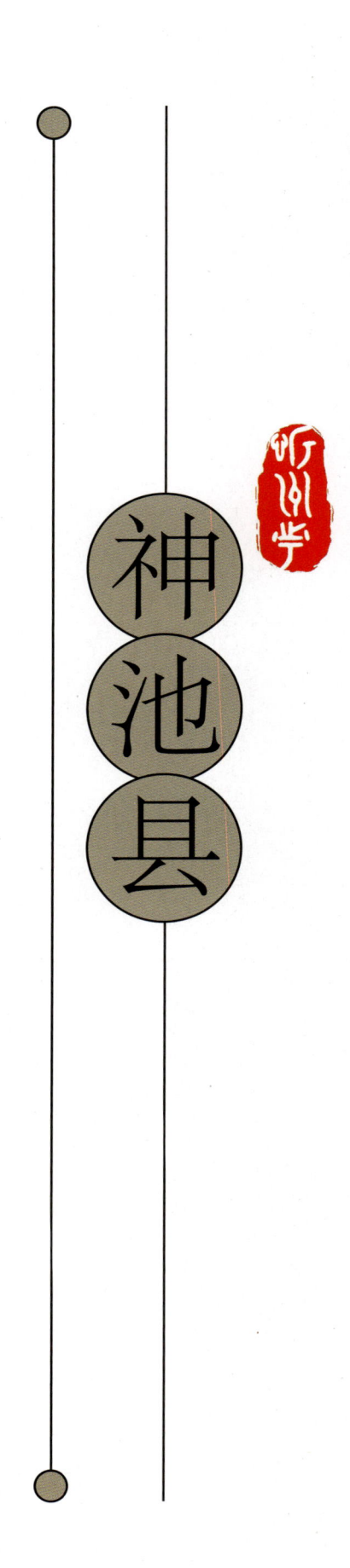

自然环境

神池县位于山西省北部,地层主要由奥陶系中下统地层和第四系地层组成。奥陶系中下统地层主要是灰岩,下统地层多由白云质灰岩、厚层白云岩含薄层泥质灰岩、竹叶状灰岩组成;中统地层主要为深灰色厚层纯灰岩夹薄层灰岩及豹皮灰岩,上部为石膏层。第四系地层由细砂、泥灰岩、红色土、黄土及近代冲积层组成。县境东、北部为管涔山山地,西部为丘陵,中部有小型盆地。县境南部朱家川河从东向西进入五寨县,西北部为县川河上游,均为季节性河流。属北温带大陆性气候,年均气温4.7℃,年均降水量487毫米。县境土壤主要是山地淡栗钙土、淡栗钙土性土和灰褐土性土。南部管涔山地区森林资源丰富,长城沿线地区植被主要是灌木、草本植物。

人文环境

神池县长城沿线村庄居民人数从数十人到约300人。村庄居民以农业和家畜饲养业为主,农作物主要有莜麦、玉米、马铃薯、豌豆、胡麻等。县境东部长城沿线的龙元村、项家沟村、丁庄窝村一带有煤矿、铝矾土矿开采业。县境南部有宁(武)岢(岚)铁路、朔(州)神(木)铁路、神(池)河(曲)铁路,305、306省道东西横贯。长城沿线一带村庄有县乡公路、土路与外界相通。

项家沟长城　肖巍摄

神池县文物分布图

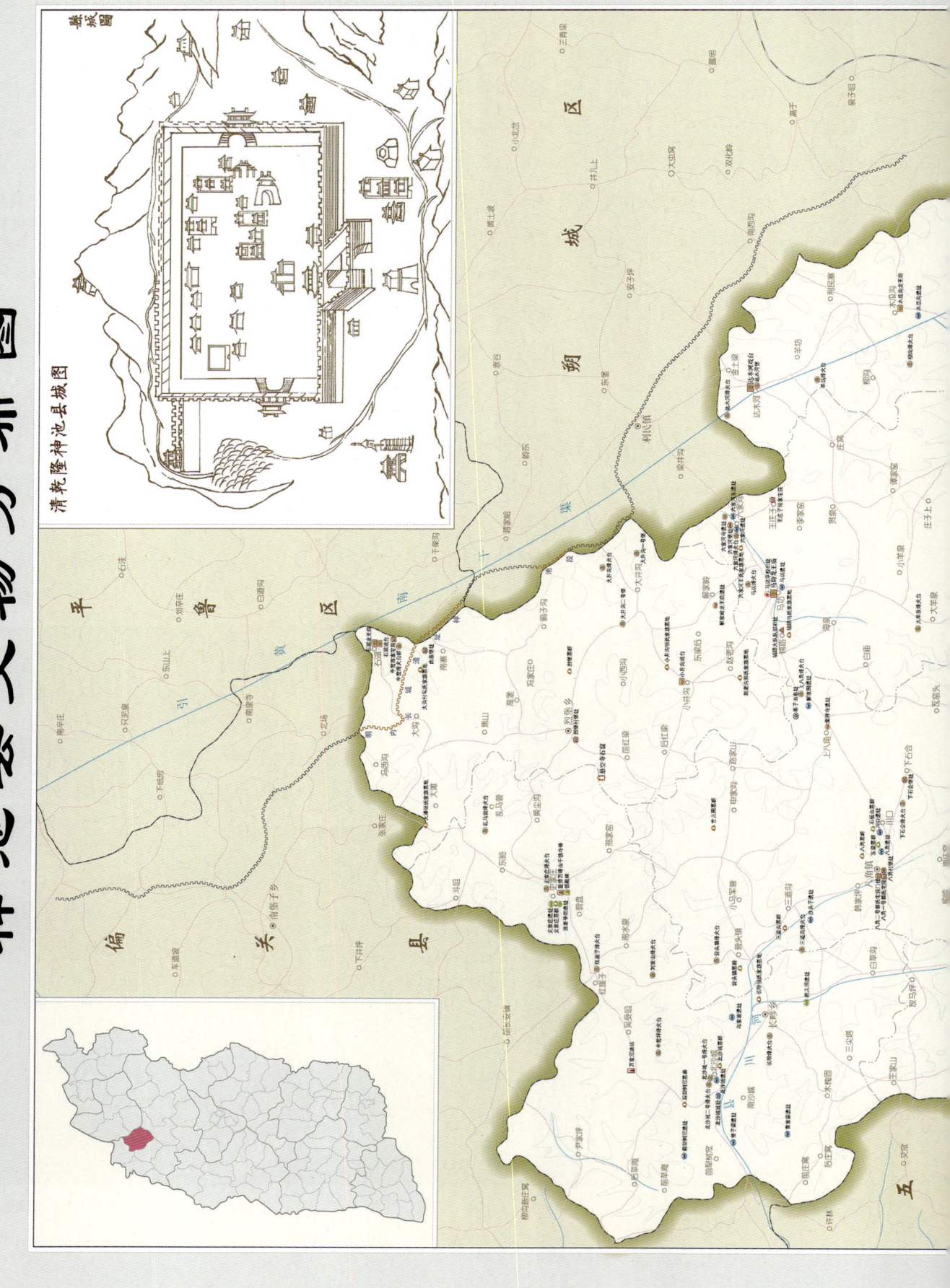

清乾隆神池县城图

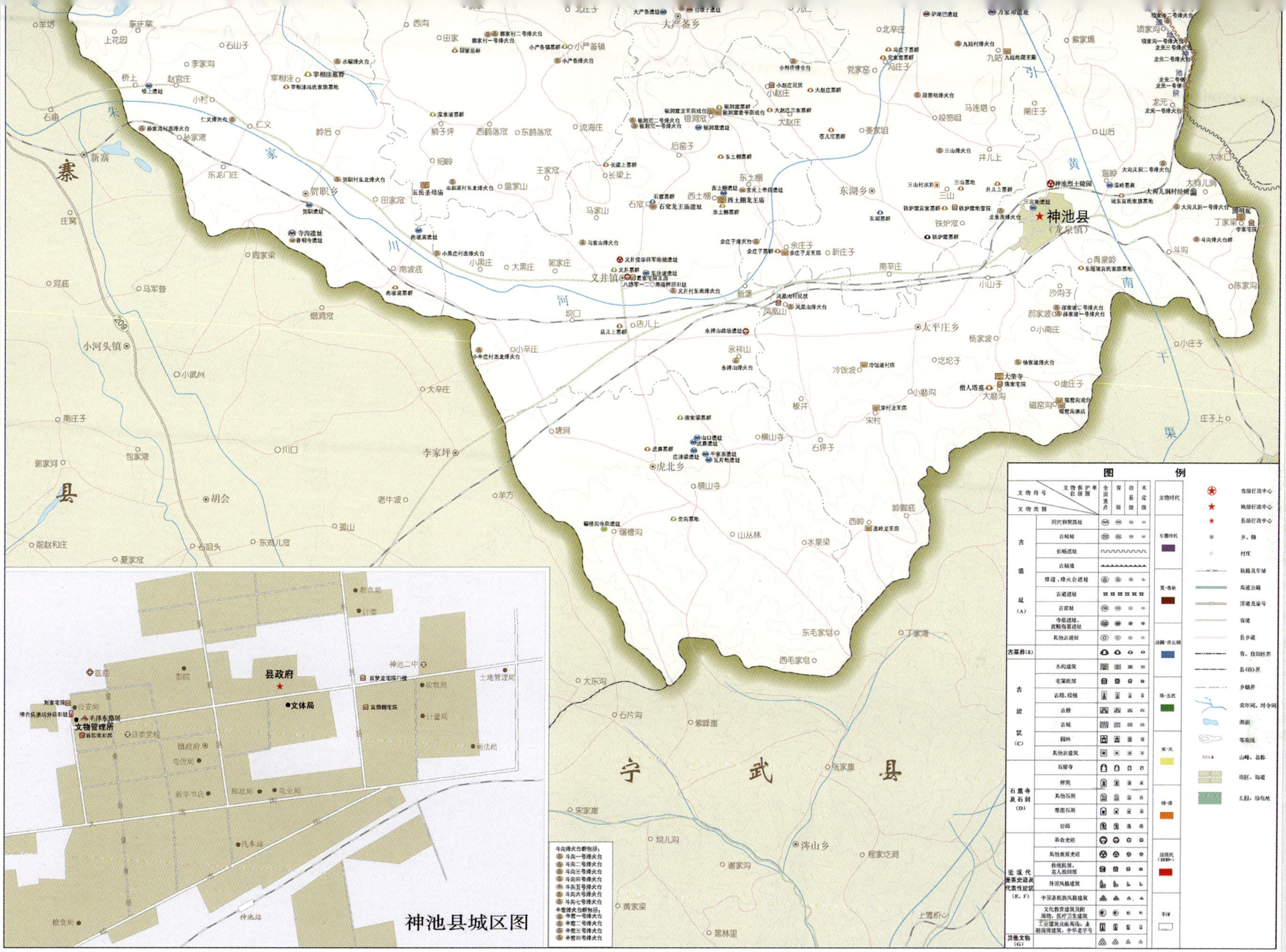

1:110 000

0 1.0 2.0 3.0千米

忻州市文物局主编
北京万德兰科技发展有限公司制作
2011年5月

长城资源

一、神池县的早期长城

神池县的早期长城资源共有 4 处墙体，相关遗存 2 处。

（一）墙体

其中包括：清泉岭村东侧长城、小狗儿涧村南侧长城、马头山长城、龙泉镇北侧长城。详见下表。

野猪口长城　张建军摄

神池县早期长城墙体一览表（单位：米）

长城墙体段落名称	总长	编码	起点	起点坐标	止点	止点坐标	类型
青泉岭村东侧长城	1340	1409273821060900001	龙泉镇青泉岭村东南0.7千米	东经：112°13′42.80″ 北纬：39°03′48.50″ 高程：1864米	龙泉镇青泉岭村东北1千米，小狗儿涧村南0.5千米	东经：112°14′02.00″ 北纬：39°04′29.10″ 高程：1687米	山险
小狗儿涧村南侧长城	1170	1409273821060900002	龙泉镇小狗儿涧村东南0.5千米，青泉岭村东北1千米	东经：112°14′02.00″ 北纬：39°04′29.10″ 高程：1687米	龙泉镇小狗儿涧村西北0.3千米	东经：112°13′27.70″ 北纬：39°04′55.90″ 高程：1635米	山险
马头山长城	5520	1409273821060900003	龙泉镇小狗儿涧村西北0.3千米	东经：112°13′27.70″ 北纬：39°04′55.90″ 高程：1635米	龙泉镇龙元村东南0.35千米	东经：112°15′28.30″ 北纬：39°07′28.10″ 高程：1551米	山险
龙泉镇北侧长城	675	1409273821021900004	龙泉镇北0.1千米	东经：112°11′01.20″ 北纬：39°05′42.80″ 高程：1568米	龙泉镇北0.7千米	东经：112°10′38.30″ 北纬：39°05′52.40″ 高程：1585米	石墙

（二）相关遗存

神池县调查的相关遗存有壕沟2段。

1. 大泉窊村南侧壕沟

起点位于龙泉镇大泉窊村南侧2千米，止点位于龙泉镇大泉窊村东南侧0.4千米，高程2085米。总体走向为南—北。壕沟位于山脊西侧数十米的山坡，与山脊走向大体一致。壕沟为挖掘筑成，呈槽状，壕沟两侧堆以黄土与石块。由于风雨侵蚀等原因，壕沟两侧所堆黄土消失殆尽，石块坍塌脱落严重。大泉窊村南侧壕沟北接大泉窊村东侧壕沟。

2. 大泉窊村东侧壕沟

起点位于龙泉镇大泉窊村东南侧0.4千米，止点位于龙泉镇大泉窊村东北侧1.4千米，青泉岭村东南侧0.7千米，高程1958米。总体走向为西南—东北。壕沟位于山脊西侧数十米的山坡，与山脊走向大体一致。壕沟为挖掘筑成，呈槽状，壕沟两侧以黄土与石块堆砌。由于风雨侵蚀等原因，壕沟两侧所堆黄土消失殆尽，石块坍塌脱落严重。大泉窊村东侧壕沟南接大泉窊村南侧壕沟，北接青泉岭村东侧长城。

大泉窊村南侧壕沟　武俊华摄

二、神池县的明代长城

神池县共调查明代长城墙体14段，总长20746米；关堡14座，其中关4座、堡10座；单体建筑共175座，其中敌台7座、马面98座、烽火台70座；相关遗存有壕沟2段。

（一）墙体

神池县明长城属明代内长城，从宁武县阳方口镇大水口村西北进入神池县龙泉镇与朔城区窑子头乡交界处（神池县龙元长城1段），大致呈东南—西北走向，沿管涔山脉经龙泉镇龙元村、项家沟村、丁庄窝村，入朔城区窑子头乡石板沟村（朔城区石板沟长城1段），继之在朔城区西部山地从东南向西北延伸，在朔城区利民镇勒马沟村西南沿神池县烈堡乡与朔城区利民镇交界延伸（神池县鹞子沟长城1～3段），再次进入朔城区利民镇蒋家峪村西南，经朔城区蒋家峪长城1、2段后，沿神池县烈堡乡与平鲁区下木角乡交界处延伸（神池县南寨长城1、2段），进入神池县烈堡乡大沟村，在大沟村西北进入偏关县南堡子乡。详见下表。

神池县明长城墙体一览表（单位：米）

长城墙体段落名称	总长	编码	起点	起点坐标	止点	止点坐标	类型
龙元长城1段	1996	1409273821011700001	龙泉镇龙元村东南0.4千米（宁武、神池交界点）	东经：112°15′29.30″ 北纬：39°07′28.10″ 高程：1532米	龙泉镇龙元村东北1.6千米	东经：112°15′41.60″ 北纬：39°08′24.50″ 高程：1566米	土墙
龙元长城2段	1546	1409273821011700002	龙泉镇龙元村东北1.6千米	东经：112°15′41.60″ 北纬：39°08′24.50″ 高程：1566米	龙泉镇项家沟村东南0.4千米	东经：112°15′11.40″ 北纬：39°09′03.70″ 高程：1523米	土墙
项家沟长城1段	1959	1409273821011700003	龙泉镇项家沟村东南0.4千米	东经：112°15′11.40″ 北纬：39°09′03.70″ 高程：1523米	龙泉镇项家沟村西北1.4千米	东经：112°14′39.40″ 北纬：39°09′54.10″ 高程：1413米	土墙
项家沟长城2段	100	1409273821071700004	龙泉镇项家沟村西北1.4千米	东经：112°14′39.40″ 北纬：39°09′54.10″ 高程：1413米	龙泉镇项家沟村西北1.46千米	东经：112°14′37.10″ 北纬：39°09′57.10″ 高程：1386米	河险
项家沟长城3段	1663	1409273821011700005	龙泉镇项家沟村西北1.46千米	东经：112°14′37.10″ 北纬：39°09′57.10″ 高程：1386米	龙泉镇丁庄窝村西北2.2千米	东经：112°14′04.00″ 北纬：39°10′38.10″ 高程：1622米	土墙
丁庄窝长城	487	1409273821021700006	龙泉镇丁庄窝村西北2.2千米	东经：112°14′04.00″ 北纬：39°10′38.10″ 高程：1622米	龙泉镇丁庄窝村西北2.4千米	东经：112°14′08.30″ 北纬：39°10′50.90″ 高程：1770米	石墙
鹞子沟长城1段	1870	1409273821021700007	朔城区利民镇勒马沟村西南2.1千米	东经：112°03′34.30″ 北纬：39°18′20.70″ 高程：1995米	神池县烈堡乡大井沟东北2.18千米	东经：112°02′43.30″ 北纬：39°19′01.00″ 高程：1883米	石墙
鹞子沟长城2段	1578	1409273821021700008	烈堡乡大井沟东北2.18千米	东经：112°02′43.30″ 北纬：39°19′01.00″ 高程：1883米	烈堡乡大井沟东北3.1千米	东经：112°02′34.90″ 北纬：39°19′45.00″ 高程：1962米	石墙

续表

长城墙体段落名称	总长	编码	起点	起点坐标	止点	止点坐标	类型
鹞子沟长城3段	1206	1409273821021700009	神池县烈堡乡大井沟东北3.1千米	东经：112°02′34.90″ 北纬：39°19′45.00″ 高程：1962米	朔城区利民堡兰家窑东1.8千米	东经：112°02′03.60″ 北纬：39°20′14.00″ 高程：1924米	石墙
南寨长城1段	1280	1409273821021700010	烈堡乡南寨村东南1.86千米	东经：112°00′57.80″ 北纬：39°21′52.70″ 高程：1868米	烈堡乡南寨村东0.98千米	东经：112°00′21.20″ 北纬：39°22′22.30″ 高程：1708米	石墙
南寨长城2段	1025	1409273821011700011	烈堡乡南寨村东0.98千米	东经：112°00′21.20″ 北纬：39°22′22.30″ 高程：1708米	烈堡乡南寨村北0.94千米	东经：111°59′50.10″ 北纬：39°22′51.50″ 高程：1581米	土墙
野猪口长城1段	1920	1409273821011700012	烈堡乡南寨村北0.94千米	东经：111°59′50.10″ 北纬：39°22′51.50″ 高程：1581米	烈堡乡大沟村东北1.4千米	东经：111°58′52.80″ 北纬：39°23′13.80″ 高程：1773米	土墙
野猪口长城2段	2136	1409273821011700013	烈堡乡大沟村东北1.4千米	东经：111°58′52.80″ 北纬：39°23′13.80″ 高程：1773米	烈堡乡大沟村西北0.8千米	东经：111°57′33.20″ 北纬：39°23′17.90″ 高程：1816米	土墙
野猪口长城3段	1980	1409273821011700014	烈堡乡大沟村西北0.8千米	东经：111°57′33.20″ 北纬：39°23′17.90″ 高程：1816米	烈堡乡大沟村西北2.5千米(偏关县南堡子乡北场西南0.6千米)	东经：111°57′20.00″ 北纬：39°24′13.60″ 高程：1802米	土墙
合计	20746						
百分比（%）	100						

（二）关堡

神池县共调查明代关堡14座，其中关4座、堡10座。

神池县关堡一览表

所属乡镇	名称
龙泉镇	龙元1、2号堡，项家沟1、2号关
东湖乡	青羊泉堡、达木河堡
烈堡乡	大井沟关，大井沟1、2号堡，野猪沟堡，野猪沟关，烈堡
八角镇	八角堡、下石会堡

1. 龙元1号堡

位于龙泉镇龙元村东北0.4千米，龙元长城1段西0.06千米处，高程1587米。堡平面呈矩形，坐北朝南，东西31、南北54.9米，周长171.8米，占地面积1701.9平方米。现存主要设施、遗迹有堡墙和城门1座等。堡墙为土墙，底宽3.4、顶宽1.2～1.5、残高多不足4.4米，夯层厚0.13～0.19米。南墙中部设城门1座，外部砖石无存。堡整体保存一般。东墙北段消失18米，西墙外侧被采矿活动破坏。堡内建筑无存，为荒地。造成损毁的自然因素有风雨侵蚀、植物生长等；人为因素有

龙元长城　张溙摄 　　　　　　　　　　　　　　　　项家沟长城　肖巍摄

农业生产活动破坏、采矿活动破坏等。

2. 龙元 2 号堡

位于龙泉镇龙元村东北 1.05 千米，龙元长城 1 段西 0.04 千米处，南距龙元 1 号堡 0.38 千米，高程 1605 米。堡平面呈矩形，坐北朝南，东西 24.5、南北 22 米，周长 93 米，占地面积 539 平方米。现存主要设施、遗迹仅有堡墙。堡墙为土墙，底宽 1.5、顶宽 0.5～0.8、残高 1.8 米，夯层厚 0.15～0.18 米。

堡整体保存较差。东墙无存，南、西、北墙部分无存；堡内建筑无存，为荒地。造成损毁的自然因素有风雨侵蚀、植物生长等；人为因素有农业生产活动破坏、采矿活动破坏等。

3. 项家沟 1 号关

位于龙泉镇项家沟村东南 0.8 千米，龙元长城 2 段西南侧，倚墙而建，高程 1504 米。关平面呈矩形，朝向不详，东西 23、南北 15、周长 76 米，占地面积 345 平方米。现存主要设施、遗迹仅有关墙。关墙为土墙，底宽 1.2～1.5、顶宽 0.5～0.7 米、残存最高 1.7 米。

关整体保存差。南墙无存；西墙仅存南段，长 6 米。关内建筑无存，为耕地。造成损毁的自然因素有风雨侵蚀、植物生长等；人为因素有农业生产活动破坏、取土挖损破坏、人畜踩踏等。

4. 项家沟 2 号关

位于龙泉镇项家沟村东南 0.38 千米，龙元长城 2 段西侧，倚墙而建，高程 1518 米。关平面呈矩形，坐北朝南，东西 108、南北 94.8、周长 405.6 米，占地面积 10238.4 平方米。现存主要设施、遗迹有关墙、关门 1 座、角台 2 座等。关墙为土墙，底宽 4.5～5、顶宽 1.2～1.5、残高 5.6～7.8 米，夯层厚 0.14～0.15 米。南墙东段设关门 1 座，现为豁口，宽 9.7 米，关门内侧散落很多砖石。关墙设西南、西北角台。

关整体保存一般。关内建筑无存，现为耕地。造成损毁的自然因素有风雨侵蚀、植物生长等；人为因素有农业生产活动破坏、取土挖损破坏、人畜踩踏等。

5. 青羊泉堡

位于东湖乡青羊泉村北，高程 1625 米。堡平面呈矩形，坐北朝南，东西 50、南北 30、周长 160 米，占地面积1500平方米。现存主要设施、遗迹有堡墙、城门1座、角台1座等。堡墙为土墙，底宽6.2、顶宽0.8～2.4、内高4.2～4.8、外高6.2米。南墙中部设城门1座，现坍塌。堡墙东北角有角台，高出墙体4.2米。

堡整体保存较差。南墙无存，堡内建筑无存，堡内外为耕地。造成损毁的自然因素有风雨侵蚀、植物生长等；人为因素有农业生产活动破坏等。

6. 达木河堡

位于东湖乡达木河村，高程1668米。堡平面呈矩形，朝向不详，边长200米，周长800米，占地面积4万平方米。现存主要设施、遗迹有堡墙、城门1座、角台4座、马面3座等。堡墙为砖墙，外部砖砌，内部为夯土墙体，底宽5、顶宽0.5～2、残高2～5米。南墙中部设城门1座，现为豁口，宽10、进深7米。堡墙四角设角台，东北角台底部宽8、凸出墙体5、残高4米。马面存3座，东墙马面底部宽12、凸出墙体4、残高4米。

堡整体保存一般。堡墙包砖无存，堡内建筑无存，堡内外为耕地。造成损毁的自然因素有风雨侵蚀、植物生长等；人为因素有农业生产活动破坏、拆毁砖石等。

7. 大井沟关

位于烈堡乡大井沟村东北2.7千米处，鹞子沟长城1段西南侧，倚墙而建，高程1488面。关平面呈矩形，坐北朝南，周长186米，占地面积2120平方米。现存主要设施、遗迹有关墙、关门1座、关内建筑基址1处等。关墙为土墙，东、北墙利用长城墙体，南墙底宽6.2、顶宽3.6、残高2.2米，西墙底宽5～6、顶宽2～3.5、残高1.1米。关墙西南角设关门1座。关内残存1处建筑基址，平面呈南北向的矩形，长33、宽9米；西侧残存石基，残高0.5～0.7米。

关整体保存较差，关墙坍塌损毁严重。造成损毁的自然因素有风雨侵蚀、植物生长等；人为因素有农业生产活动破坏、取土挖损破坏等。

8. 大井沟1号堡

又名勒马沟堡，位于烈堡乡大井沟村东北2.2千米，鹞子沟长城2段西0.13千米处，高程1946米。堡平面呈近三角形，朝向不详，周长118.8米，占地面积1120平方米。现存主要设施、遗迹有堡墙、角台3座、马面1座等。堡墙为石墙，片石砌筑而成，宽1.5～2、残高0.2～2.5米。堡墙东北、东南、西南角设角台，西南角台长1.6、宽3.5、残高2.5米。西墙设马面1座。

堡整体保存较差。堡墙、角台、马面坍塌损毁严重，堡内建筑无存。造成损毁的自然因素有风雨侵蚀、植物生长等；人为因素有农业生产活动破坏、拆毁包石等。

9. 大井沟2号堡

位于烈堡乡大井沟村西北1.5千米处，高程1639米。堡平面呈矩形，坐北朝南，周长480米，占地面积14400平方米。现存主要设施、遗迹有堡墙、城门1座、瓮城1座、角台2座等。堡墙为土墙，底宽5.5、顶宽1.1、残高2.2～4.2米。南墙中部设城门1座，现为豁口，宽6米。南门外有瓮城，仅存地面痕迹。南墙东、西端各有角台1座。

野猪口长城　航拍/贾真、张凯、李昀姣　　　　　　　　　　　　　八角堡　航拍/贾真、张凯、李昀姣

堡整体保存一般。东墙中部有豁口，宽28米；堡内建筑无存，为荒地。造成损毁的自然因素有风雨侵蚀、植物生长等；人为因素有取土挖损破坏等。

10. 野猪沟堡

位于烈堡乡南寨村北6.6千米，南寨长城2段西0.37千米处，高程1594米。堡平面呈矩形，坐北朝南，东西94.8、南北98.3米，周长386.2米，占地面积9318.8平方米。现存主要设施、遗迹有堡墙、城门1座、角台4座、马面1座等。堡墙为土墙，底宽6.5～7、顶宽0.5～2、残高2.8～6.1米。南墙中部设城门1座，宽7.7米。堡墙四角设角台，东北角台长13.1、宽7.2、残高8.4米，西南角台长8.4、宽4.8、残高6米，西北角台长8.1、宽6.9、残高6.5米。西墙中部设马面1座，东西5、南北6.5、残高7.1米。堡内残存窑洞1孔，宽5、进深9米，时代不详。

堡整体保存一般。南门外原有石狮一对，2007年4月被盗。造成损毁的自然因素有风雨侵蚀、植物生长等；人为因素有农业生产活动破坏、取土挖损破坏等。

11. 野猪沟关

位于烈堡乡辛窑村西南0.76千米处，野猪口长城1段东侧，倚墙而建，高程1612米。关平面呈不规则形，坐西朝东，周长260米，占地面积4800平方米。现存主要设施、遗迹有关墙、关门1座等。关墙为土墙，底宽1.5～3.2、顶宽0.5、残高3.7～5米。东墙设关门1座，宽4.2米，关门周围墙散落砖。

关整体保存较差。关墙坍塌损毁严重，关内建筑无存。造成损毁的自然因素有风雨侵蚀、植物生长等；人为因素有农业生产活动破坏、取土挖损破坏等。

12. 烈堡

位于烈堡乡烈堡村内西部，高程1677米。堡平面呈矩形，朝向不详，边长30米，周长120米，占地面积900平方米。现存主要设施、遗迹有堡墙、角台2座等。堡墙为土墙，底宽3.6、顶宽0.5～1.2、残高1.2米。北墙东、西端各有角台1座，东北角台残高3.2米，西北角台残高6.5米。

堡整体保存较差。南、北墙无存；堡内建筑无存，有民居。造成损毁的自然因素有风雨侵蚀、植物生长等；人为因素有居民生活活动破坏、取土挖损破坏等。

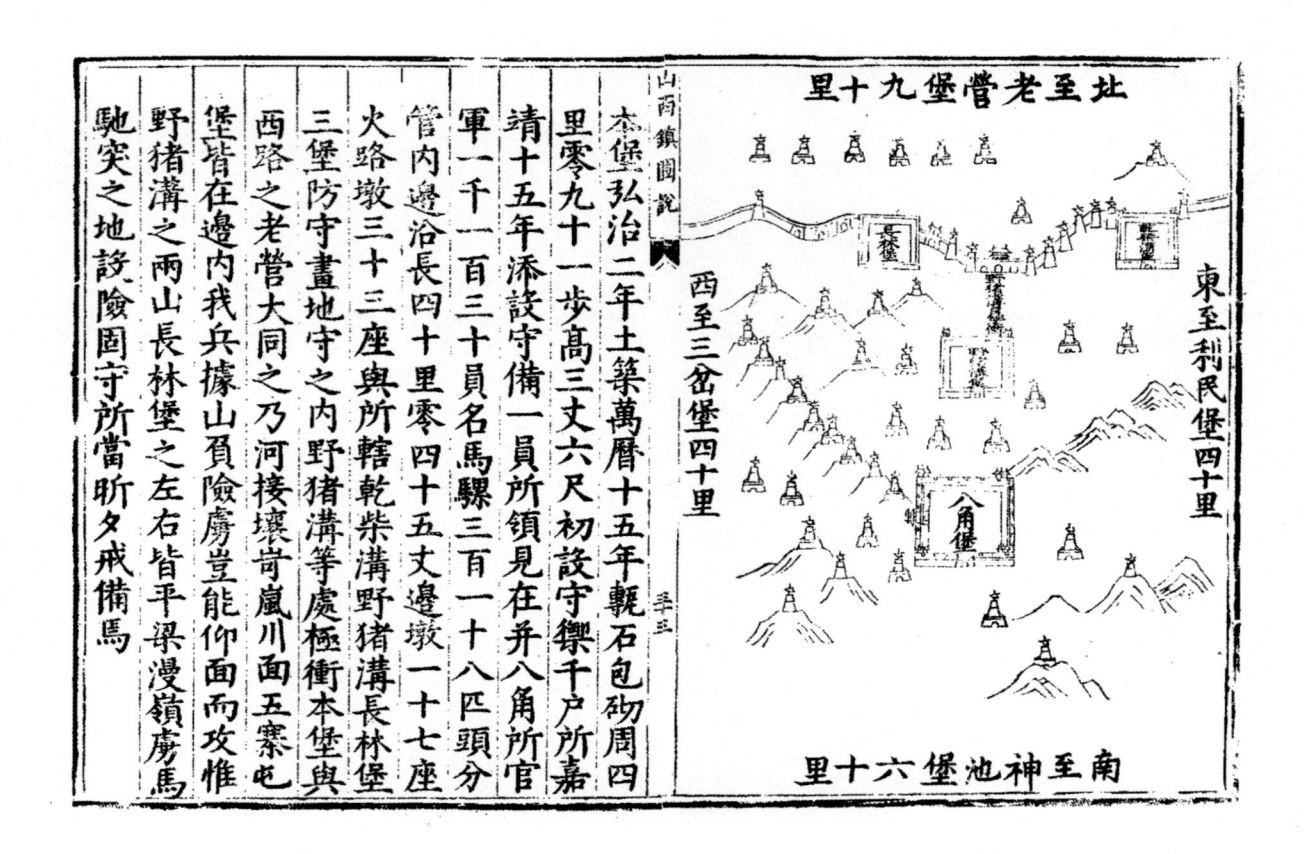

【山西鎮圖說】

本堡弘治二年土築萬曆十五年甎石包砌周四里零九十一步高三丈六尺初設守禦千戶所嘉靖十五年添設守備一員所鎮見在幷八角所官軍一千一百三十員名馬騾三百一十八匹分管内邊沿長四十里零四十五丈邊墩一十七座火路墩三十三座與所轄柴溝野猪溝等處極衝本堡與三堡防守盡地守之内野猪溝長林堡西路之老營大同之乃河接壤岢嵐川面五寨屯堡皆在邊内我兵據山負險虜能仰面而攻惟野猪溝之兩山長林堡之左右皆平梁漫嶺虜馬馳突之地設險固守所當昕夕戒備焉

北至老營堡九十里
東至利民堡四十里
西至三岔堡四十里
南至神池堡六十里

13. 八角堡

位于八角镇八角堡村中，高程1409米。堡平面呈矩形，坐北朝南，东西450、南北390米，周长1680米，占地面积175500平方米。现存主要设施、遗迹有堡墙、堡门2座、瓮城2座、角台4座、马面4座等。堡墙为砖墙，外部砖石砌筑，内部为夯土墙体，底宽8、顶宽1～6、残高5～11米。东墙残长380、西墙残长350、北墙残长440米。设东、南城门，城门外有瓮城，东门外瓮城东西18、南北20米，南门外瓮城边长30米。堡墙四角设角台，东北角台底部宽15、凸出墙体3.5、残高8米。马面存4座，东墙马面底部宽13、凸出墙体7.5、残高8米。

堡整体保存较好。堡墙包砖不存，仅存部分包石。堡内建筑无存。造成损毁的自然因素有风雨侵蚀、植物生长等；人为因素有居民生活活动破坏、拆毁砖石等。

14. 下石会堡

位于八角镇下石会村西0.2千米处，高程1469米。堡平面呈矩形，坐北朝南，边长25米，周长100米，占地面积625平方米。现存主要设施、遗迹有堡墙和城门1座等。堡墙为土墙，底宽3.6、顶宽0.8～1.5、内高5.5、外高6.2米，夯层厚0.2～0.28米。南墙中部设城门1座，拱门，宽3、1.5米。

堡整体保存一般。堡内建筑无存，为耕地。造成损毁的自然因素有风雨侵蚀、植物生长等；人为因素有居民生活活动破坏等。

（三）单体建筑

1. 敌台

神池县共调查明代敌台 7 座。

名称	编码	地点	坐标	材质	建筑方式	平面形制	剖面形制	尺寸	附属设施
龙元敌台		龙泉镇龙元村东北		不详	不详	矩形	梯形	底部东西 11、南北 20 米，顶部东西 7~8、南北 16 米，残高 12 米	无
项家沟 1 号敌台		龙泉镇项家沟村东南		土	夯筑而成，夯层厚 0.13 米	矩形	梯形	底部东西 13、南北 12 米，顶部东西 9、南北 8 米，残高 6~6.5 米	台体顶部散落砖石
项家沟 2 号敌台		龙泉镇项家沟村北		不详	不详	矩形	梯形	底部东西 18、南北 10 米，顶部东西 14、南北 7 米，残高 8~9 米	台体顶部散落砖石
项家沟 3 号敌台		龙泉镇项家沟村北		不详	不详	矩形	梯形	底部东西 12、南北 11 米，顶部东西 8、南北 7 米，残高 5 米	台体顶部有掩体
鹞子沟敌台		烈堡乡大井沟东北		土	夯筑而成，含石片，夯层厚 0.2~0.23 米	矩形	梯形	底部边长 10、残高 7~8 米	无
南寨敌台		烈堡乡南寨村东		土	夯筑而成	矩形	梯形	底部东西 9、南北 8、残高 5~6 米	无
野猪口敌台		烈堡乡南寨村北		土	夯筑而成，夯层厚 0.08~0.14 米	矩形	梯形	底部边长 12 米，顶部东西 8、南北 7 米	无

2. 马面

神池县共调查明代马面 98 座。

名称	编码	地点	坐标	材质	建筑方式	平面形制	剖面形制	尺寸	附属设施
龙元 1 号马面		龙泉镇龙元村东南		土	夯筑而成，夯层厚 0.12~0.17 米	矩形	梯形	底部东西 17、南北 9 米，顶部东西 12、南北 7 米，残高 7 米	无
龙元 2 号马面		龙泉镇龙元村东		不详	不详	矩形	梯形	底部东西 8、南北 5、残高 5 米	无
龙元 3 号马面		龙泉镇龙元村东北		土	夯筑而成，夯层厚 0.22~0.24 米	矩形	梯形	底部东西 9、南北 11 米，顶部东西 6、南北 8 米，残高 5 米	无
龙元 4 号马面		龙泉镇龙元村东北		土	夯筑而成，夯层厚 0.22~0.24 米	矩形	梯形	底部东西 9、南北 12 米，顶部东西 7、南北 8 米，残高 6~7 米	马面附近散落砖、板瓦、筒瓦等，砖长 30、宽 17、厚 5.5 厘米
龙元 5 号马面		龙泉镇龙元村东北		不详	不详	矩形	梯形	底部东西 10、南北 9 米，顶部东西 7、南北 6 米，残高 5~6 米	马面周围散落砖瓦

续表

名称	编码	地点	坐标	材质	建筑方式	平面形制	剖面形制	尺寸	附属设施
龙元6号马面		龙泉镇龙元村东北1.6千米		不详	不详	矩形	梯形	底部东西5、南北2.5～3、残高5米	无
龙元7号马面		龙泉镇龙元村东北		不详	不详	矩形	梯形	底部东西4～5、南北2～3、残高2米	无
龙元8号马面		龙泉镇龙元村东北		不详	不详	矩形	梯形	底部东西7～8、南北12米，顶部东西5.5、南北8米，残高4.5米	无
龙元9号马面		龙泉镇龙元村东北		土	夯筑而成，夯层0.12～0.18米	矩形	梯形	底部边长13米，顶东西9、南北8米，残高7米	无
龙元10号马面		龙泉镇龙元村东北		不详	不详	矩形	梯形	底部东西13、南北9.5米，顶部东西7、南北8米，残高7～8米	马面顶部有掩体，周围散落碎瓦
龙元11号马面		龙泉镇龙元村东北		不详	不详	矩形	梯形	底部边长10、顶部边长8、残高8米	无
龙元12号马面		龙泉镇龙元村东北		土	夯筑而成，夯层0.12～0.16米	矩形	梯形	底部边长13、顶部边长10、残高7～8米	无
项家沟1号马面		龙泉镇项家沟村东		不详	不详	矩形	梯形	底部东西14、南北16米，顶部东西10、南北11米，残高6米	马面顶部散落砖石
项家沟2号马面		龙泉镇项家沟村东		不详	不详	矩形	梯形	底部边长12、顶部边长8、残高5～6米	马面顶部散落砖石
项家沟3号马面		龙泉镇项家沟村东		不详	不详	矩形	梯形	底部东西10、南北5米，残高5～6米	无
项家沟4号马面		龙泉镇项家沟村东北		不详	不详	矩形	梯形	底部东西14、南北9米，顶部东西10、南北5米，残高5～6米	马面顶部散落砖石
项家沟5号马面		龙泉镇项家沟村北		不详	不详	矩形	梯形	底部东西7、南北8米，残高5～6米	无
项家沟6号马面		龙泉镇项家沟村北		不详	不详	矩形	梯形	底部东西13、南北11米，顶部东西10、南北9米，残高6米	无
项家沟7号马面		龙泉镇项家沟村北		不详	不详	矩形	梯形	底部东西9、南北3.5米，残高5米	无
项家8号马面		龙泉镇项家沟村北		不详	不详	矩形	梯形	底部东西12、南北10米，顶部东西8、南北6.5米，残高5～6米	马面顶部有掩体，周围散落砖石
项家沟9号马面		龙泉镇项家沟村北		不详	不详	矩形	梯形	底部东西12、南北10米，顶部东西8、南北6.5米，残高5～6米	马面顶部有掩体，周围散落砖石
项家沟10号马面		龙泉镇项家沟村北		土	夯筑而成，夯层厚0.12～0.17米	矩形	梯形	底部东西12、南北10米，顶部东西8、南北6.5米，残高5～6米	马面顶部散落砖石
项家沟11号马面		龙泉镇项家沟村西北		不详	不详	矩形	梯形	底部东西5.5、南北5米，残高3～4米	无

续表

名称	编码	地点	坐标	材质	建筑方式	平面形制	剖面形制	尺寸	附属设施
项家沟12号马面		龙泉镇项家沟村西北1.4千米		不详	不详	矩形	梯形	底部东西9、南北11米，顶部东西7、南北9米，残高5米	无
项家沟13号马面		龙泉镇项家沟村西北		不详	不详	矩形	梯形	底部东西15、南北11米，顶部东西12、南北8米，残高5～6米	无
项家沟14号马面		龙泉镇项家沟村西北		不详	不详	矩形	梯形	底部东西12、南北15米，顶部东西9、南北12米，残高6～7米	马面顶部散落砖石
项家沟15号马面		龙泉镇项家沟村西北		不详	不详	矩形	梯形	底部东西14、南北10.5米，顶部东西12、南北8米，残高6米	马面顶部散落砖石，周围散落碎瓦
项家沟16号马面		龙泉镇项家沟村西北		不详	不详	矩形	梯形	底部东西12、南北13米，顶部边长10米，残高5.5米	马面顶部散落砖石
项家沟17号马面		龙泉镇项家沟村西北		不详	不详	矩形	梯形	底部东西12、南北14米，顶部东西9、南北12米，残高6米	马面周围散落砖石
项家沟18号马面		龙泉镇项家沟村西北		土	夯筑而成，夯层间夹有石片	矩形	梯形	底部东西2.5、南北10米，残高5～6米	无
项家沟19号马面		龙泉镇项家沟村西北		不详	不详	矩形	梯形	底部东西12、南北8米，顶部东西9、南北5米，残高6米	马面顶部发现有人字形坡顶砖及瓦片，坡顶砖宽25厘米，坡顶高65、坡沿厚3.5米
项家沟20号马面		龙泉镇项家沟村西北		土	夯筑而成，夯层0.09～0.12米	矩形	梯形	底部边长12，顶部边长8米，残高6米	无
项家沟21号马面		龙泉镇项家沟村西北		不详	不详	矩形	梯形	底部东西10、南北11米，顶部东西6、南北6.5米，残高6米	无
项家沟22号马面		龙泉镇项家沟村西北		不详	不详	矩形	梯形	底部东西10、南北13米，顶部东西4、南北10米，残高5～6米	马面顶部有掩体，散落砖石
项家沟23号马面		龙泉镇项家沟村西北		不详	不详	矩形	梯形	底部东西10、南北15米，顶部东西7、南北12米，残高5～6米	马面顶部散落砖石
朔城区152号马面		利民镇勒马沟村西南		石	石砌而成	矩形	梯形	底部东西7、南北11米，顶部东西4、南北8米，残高5米	无
鹞子沟1号马面		烈堡乡大井沟村东		土	夯筑而成，夯层厚0.12～0.15米	矩形	梯形	底部东西11、南北9米，顶部东西8、南北6米，残高5～6米	无
鹞子沟2号马面		烈堡乡大井沟村东		土	夯筑而成	矩形	梯形	底部东西10、南北8米，顶部东西7、南北5米，残高5～6米	马面顶部散落碎石
鹞子沟3号马面		烈堡乡大井沟村东		土	夯筑而成，含石片	矩形	梯形	不详	马面顶部有石砌掩体遗迹，周围散落砖瓦
鹞子沟4号马面		烈堡乡大井沟村东		土	夯筑而成	矩形	梯形	底部东西9、南北7米，顶部东西6、南北4米，残高5～6米	无

续表

名称	编码	地点	坐标	材质	建筑方式	平面形制	剖面形制	尺寸	附属设施
鹞子沟5号马面		烈堡乡大井沟村东北		不详	不详	矩形	梯形	底部东西6、南北11米，顶部东西3、南北8米，残高5米	无
鹞子沟6号马面		烈堡乡大井沟村东北		不详	不详	矩形	梯形	底部边长8、顶部边长5、残高8米	无
鹞子沟7号马面		烈堡乡大井沟村东北		不详	不详	矩形	梯形	底部东西10、南北6米，顶部东西7、南北3米，残高6米	马面顶部散落砖石
鹞子沟8号马面		烈堡乡大井沟村东北		不详	不详	矩形	梯形	底部东西12、南北7米，顶部东西9、南北4米，残高6米	马面顶部散落砖石
鹞子沟9号马面		烈堡乡大井沟村东北		土	夯筑而成，含石片	矩形	梯形	底部东西11、南北7米，顶部东西8、南北4米，残高5～6米	马面顶部散落砖瓦
鹞子沟10号马面		烈堡乡大井沟村东北		不详	不详	矩形	梯形	底部东西10、南北7米，顶部东西7、南北4米，残高5～6米	无
鹞子沟11号马面		烈堡乡大井沟村东北		不详	不详	矩形	梯形	底部东西11、南北15米，顶部东西7、南北11米，残高5米	无
鹞子沟12号马面		烈堡乡大井沟村东北		不详	不详	矩形	梯形	底部东西8、南北7米，顶部东西5、南北4米，残高5米	马面顶部残存石砌基础，东西3.5米，周围散落碎瓦
鹞子沟13号马面		烈堡乡大井沟村东北		不详	不详	矩形	梯形	底部东西10、南北7米，顶部东西7、南北3米，残高5～6米	马面顶部散落砖瓦
鹞子沟14号马面		烈堡乡大井沟村东北2.18千米		不详	不详	矩形	梯形	底部东西12、南北6米，顶部东西9、南北3米，残高5米	马面顶部散落砖瓦
鹞子沟15号马面		烈堡乡大井沟村东北		不详	不详	矩形	梯形	底部东西12、南北8米，顶部东西9、南北5米，残高5米	无
鹞子沟16号马面		烈堡乡大井沟村东北		土	夯筑而成，夯层厚0.08～0.27米	矩形	梯形	顶部边长4、残高5～6米	无
鹞子沟17号马面		烈堡乡大井沟村东北		土	夯筑而成，含石片	矩形	梯形	底部东西13、南北7米，顶部西10、南北4米，残高5～6米	马面顶部散落砖瓦
鹞子沟18号马面		烈堡乡大井沟村东北		土	夯筑而成	矩形	梯形	底部东西9、南北10米，顶部东西6、南北7米，残高6米	无
鹞子沟19号马面		烈堡乡大井沟村东北		不详	不详	矩形	梯形	底部东西8、南北10米，顶部东西5、南北7米，残高5～6米	马面顶部散落砖瓦
鹞子沟20号马面		烈堡乡大井沟村东北		不详	不详	矩形	梯形	底部东西12、南北9米，顶部东西9、南北6米，残高5～6米	马面顶部散落砖瓦
鹞子沟21号马面		烈堡乡大井沟村东北		不详	不详	矩形	梯形	底部东西11、南北9米，顶部东西8、南北6米，残高5～6米	马面顶部散落砖瓦
鹞子沟22号马面		烈堡乡大井沟村东北		土	下部夯筑而成，残高5米，夯层厚0.12～0.2米；上部土石混筑而成，残高2.5米	矩形	梯形	底部东西11、南北12米，顶部东西8、南北9米，残高7～8米	无
鹞子沟23号马面		烈堡乡大井沟村东北		不详	不详	矩形	梯形	底部东西10、南北12米，顶部东西7、南北9米，残高5～6米	马面顶部残存石砌基础，散落砖瓦

续表

名称	编码	地点	坐标	材质	建筑方式	平面形制	剖面形制	尺寸	附属设施
鹞子沟24号马面		烈堡乡大井沟村东北		石	外部石砌而成	矩形	梯形	底部东西14、南北8米，顶部东西11、南北5米，残高6米	无
鹞子沟25号马面		烈堡乡大井沟村东北		不详	不详	矩形	梯形	底部东西9、南北10米，顶部东西6、南北7米，残高7~8米	无
鹞子沟26号马面		烈堡乡大井沟村东北		不详	不详	矩形	梯形	底部东西10、南北9米，顶部东西7、南北6米，残高5~7米	无
鹞子沟27号马面		烈堡乡大井沟村东北		不详	不详	矩形	梯形	底部东西9、南北13米，顶部东西6、南北10米，残高7~8米	无
鹞子沟28号马面		烈堡乡大井沟村东北3.1千米		不详	不详	矩形	梯形	底部东西12、南北15米，顶部东西8、南北12米，残高6~7米	马面顶部散落砖瓦
鹞子沟29号马面		烈堡乡大井沟村东北		不详	不详	矩形	梯形	底部东西11、南北12米，顶部东西7、南北8米，残高6米	无
鹞子沟30号马面		烈堡乡大井沟村东北		不详	不详	矩形	梯形	底部东西10、南北13米，顶部东西7、南北10米，残高6~7米	无
鹞子沟31号马面		烈堡乡大井沟村东北		不详	不详	矩形	梯形	底部东西9、南北13米，顶部东西6、南北10米，残高6~7米	马面顶部散落砖瓦
鹞子沟32号马面		烈堡乡大井沟村东北		不详	不详	矩形	梯形	底部东西9、南北14米，顶部东西6、南北12米，残高7~8米	马面顶部散落砖瓦
鹞子沟33号马面		烈堡乡大井沟村东北		不详	不详	矩形	梯形	底部东西13、南北9米，顶部东西10、南北6米，残高8米	无
鹞子沟34号马面		烈堡乡大井沟村东北		不详	不详	矩形	梯形	底部东西14、南北8米，顶部东西11、南北8米，残高8米	无
鹞子沟35号马面		烈堡乡大井沟村东北		不详	不详	矩形	梯形	底部东西13、南北12米，顶部东西10、南北9米，残高5米	无
鹞子沟36号马面		烈堡乡大井沟村东北		不详	不详	矩形	梯形	底部东西14、南北9米，东西11、南北6米，残高6米	无
鹞子沟37号马面		朔城区利民镇兰家窑村东1.8千米		不详	不详	矩形	梯形	底部东西14、南北7米，顶部东西11、南北5米，残高5米	无
朔城区185号马面		利民镇兰家窑村西北		石	石砌而成	矩形	梯形	底部东西9、南北12米，顶部东西6、南北9米，残高6~7米	无
南寨1号马面		烈堡乡南寨村东南		土	夯筑而成，夯层厚0.14~0.2米，夯层间有碎石层	矩形	梯形	底部东西11、南北12米，顶部东西8、南北9米，残高7~8米	无
南寨2号马面		烈堡乡南寨村东南		土	夯筑而成，夯层间有碎石层	矩形	梯形	底部东西9、南北11米，顶东西6、南北8米，残高5~6米	无
南寨3号马面		烈堡乡南寨村东南		石	土石混筑而成	矩形	梯形	底部边长12、顶部边长9、残高5~6米	无
南寨4号马面		烈堡乡南寨村东南		土	夯筑而成，夯层厚0.22米	矩形	梯形	底部东西7、南北10米，顶部东西4、南北7米，残高8米	无
南寨5号马面		烈堡乡南寨村东南		不详	不详	矩形	梯形	底部东西8、南北10米，顶部东西5、南北7米，残高5~6米	无

续表

名称	编码	地点	坐标	材质	建筑方式	平面形制	剖面形制	尺寸	附属设施
南寨6号马面		烈堡乡南寨村东南		不详	不详	矩形	梯形	底部东西10、南北11米，顶部东西7、南北8米，残高5～6米	无
南寨7号马面		烈堡乡南寨村东南		不详	不详	矩形	梯形	底部东西10、南北11米，顶部东西7、南北8米，残高5～6米	无
南寨8号马面		烈堡乡南寨村东0.98千米		不详	不详	矩形	梯形	底部东西11、南北12米，顶部东西9、南北10米，残高5～6米	无
南寨9号马面		烈堡乡南寨村东		土	夯筑而成	矩形	梯形	底部东西22、南北15米，顶部东西18、南北12米，残高7米	无
南寨10号马面		烈堡乡南寨村东		土	夯筑而成，含少量石片	矩形	梯形	底部东西19、南北17米，顶部东西16、南北14米，残高6米	无
南寨11号马面		烈堡乡南寨村东北		不详	不详	矩形	梯形	底部东西10、南北17米，顶部东西7、南北15米，残高6米	无
南寨12号马面		烈堡乡南寨村东北		不详	不详	矩形	梯形	底部东西8、南北10米，顶部东西5、南北7米，残高5～6米	无
南寨13号马面		烈堡乡南寨村东北		土	夯筑而成	矩形	梯形	底部东西10、南北15米，顶部东西8、南北13米，残高6米	无
南寨14号马面		烈堡乡南寨村北		土	夯筑而成	矩形	梯形	底部东西12、南北14米，顶部东西9、南北10米，残高6米	马面顶部有掩体，周围散落砖瓦
南寨15号马面		烈堡乡南寨村北		不详	不详	矩形	梯形	底部东西23、南北10米，顶部东西17、南北7米，残高7～8米	无
南寨16号马面		烈堡乡南寨村北0.94千米		石	土石混筑而成	矩形	梯形	底部边长13、顶部边长11，残高5～6米	无
野猪口1号马面		烈堡乡南寨村北		土	夯筑而成	矩形	梯形	底部边长8、顶部边长6、残高5米	无
野猪口2号马面		烈堡乡大沟村东北		土	夯筑而成，夯层厚0.04～0.16米	矩形	梯形	底部东西13、南北9米，顶部东西8、南北6米，残高5米	无
野猪口3号马面		烈堡乡大沟村东北		土	夯筑而成	矩形	梯形	底部东西11、南北9米，顶部东西8、南北7米，残高6～7米	无
野猪口4号马面		烈堡乡大沟村北		土	夯筑而成	矩形	梯形	底部东西11、南北12米，顶部东西8、南北9米，残高7米	无
野猪口5号马面		烈堡乡大沟村北		土	夯筑而成	矩形	梯形	底部东西9、南北10米，顶部东西6、南北7米，残高6～7米	马面顶部散落石片
野猪口6号马面		烈堡乡大沟村西北		土	夯筑而成	矩形	梯形	底部东西10、南北8米，顶部东西7、南北5米，残高5～6米	无
野猪口7号马面		烈堡乡大沟村西北		土	夯筑而成	矩形	梯形	底部东西12、南北14米，顶部东西9、南北10米	无
野猪口8号马面		烈堡乡大沟村西北		土	夯筑而成	矩形	梯形	底部边长11、顶部边长8、残高10米	无

3. 烽火台

神池县共调查明代烽火台 70 座，包括长城沿线烽火台 15 座、腹里烽火台 55 座。

名称	编码	地点	坐标	材质	建筑方式	平面形制	剖面形制	尺寸	附属设施
龙元 1 号烽火台	14092735320117 0056	龙泉镇龙元村东南 0.38 千米	东经：112°15′26.80″ 北纬：39°07′28.80″ 高程：1550 米	土	夯筑而成，夯层厚 0.15～0.17 米	矩形	梯形	底部东西 13.3、南北 11.6 米，顶部东西 7.7、南北 5.6 米，残高 8.5 米	台体周围有围墙，平面呈矩形，东西 30.5、南北 27.8 米，夯筑而成，夯层厚 0.12～0.15 米，墙体底宽 2.2～2.8、顶宽 0.6～1.2 米。围墙内台体围周散落许多砖瓦，采集兽面滴水 1 件
龙元 2 号烽火台	14092735320117 0057	龙泉镇龙元村东北 1.8 千米	东经：112°15′39.90″ 北纬：39°08′34.10″ 高程：1568 米	土	夯筑而成，夯层厚 0.1～0.16 米	矩形	梯形	底部东西 12.5、南北 14 米，顶部东西 6.5、南北 7.5 米，残高 4.5 米	台体顶部散落砖瓦
龙元 3 号烽火台	14092735320117 0058	龙泉镇龙元村东北 1.9 千米	东经：112°15′42.30″ 北纬：39°08′37.00″ 高程：1551 米	土	夯筑而成，夯层厚 0.17～0.2 米，顶部夯层间有石片层	矩形	梯形	底部东西 8、南北 3、残高 4.6 米	台体顶部散落砖瓦
项家沟 1 号烽火台	14092735320117 0059	龙泉镇项家沟村东南 1.05 千米	东经：112°15′30.50″ 北纬：39°08′57.70″ 高程：1524 米	土	夯筑而成，夯层厚 0.13～0.16 米	矩形	梯形	底部东西 13.8、南北 13.7 米，顶部东西 10.1、南北 10.2 米，残高 10.8 米	台体顶部散落砖瓦，西壁有登顶脚窝，时代不详
项家沟 2 号烽火台	14092735320117 0060	龙泉镇项家沟村北 0.3 千米	东经：112°14′52.40″ 北纬：39°09′21.50″ 高程：1482 米	土	夯筑而成，夯层厚 0.13～0.15 米	矩形	梯形	底部东西 10、南北 9.5、残高 5.5 米	台体周围散落瓷片和石块
丁庄窝 1 号烽火台	14092735320117 0061	龙泉镇丁庄窝村西 0.76 千米	东经：112°14′40.90″ 北纬：39°09′53.50″ 高程：1397 米	土	夯筑而成，夯层厚 0.15～0.17 米	矩形	梯形	底部东西 9、南北 8、残高 5～6 米	台体顶部和周围散落瓦片
丁庄窝 2 号烽火台	14092735320117 0062	龙泉镇丁庄窝村西 0.78 千米	东经：112°14′42.00″ 北纬：39°09′57.80″ 高程：1394 米	土	夯筑而成，夯层厚 0.12～0.17 米	矩形	梯形	底部东西 12、顶部边长 5、残高 5～6 米	无
丁庄窝 3 号烽火台	14092735320117 0063	龙泉镇丁庄窝村西北 2.2 千米	东经：112°14′04.70″ 北纬：39°10′36.40″ 高程：1627 米	土	夯筑而成，夯层厚 0.2 米	矩形	梯形	底部东西 9.4、南北 9、残高 5.5 米	无
丁庄窝 4 号烽火台	14092735320117 0064	龙泉镇丁庄窝村西北 2.385 千米	东经：112°14′08.80″ 北纬：39°10′50.60″ 高程：1767 米	石	外部片石砌筑，内部为土石混筑台体	矩形	梯形	底部东西 12、南北 10、残高 4.5 米	台体周围有围墙，平面呈矩形，东西 15、南北 14 米，石砌而成，墙体底宽 2、顶宽 1.5、残高 1.5 米
丁庄窝 5 号烽火台	14092735320117 0065	龙泉镇丁庄窝村西北 1.8 千米	东经：112°14′37.00″ 北纬：39°10′40.50″ 高程：1634 米	土	夯筑而成，夯层厚 0.1～0.18 米	矩形	梯形	底部东西 11、南北 8、残高 5～6 米	无

续表

名称	编码	地点	坐标	材质	建筑方式	平面形制	剖面形制	尺寸	附属设施
大井沟烽火台	1409273532011170066	烈堡乡丁大井沟村东北1.44千米	东经：112°02′05.10″ 北纬：39°18′54.60″ 高程：1894米	土	夯筑而成，夯层厚0.17～0.2米	矩形	梯形	底部东西5、南北9，残高5米	台基夯筑而成，边长14，残高1.5～2米。台体南侧残存一段墙体，石砌而成，长11，残高1～2.5米
辛窑1号烽火台	1409273532011170067	烈堡乡辛窑村西北0.1千米	东经：111°59′55.70″ 北纬：39°23′27.30″ 高程：1652米	土	夯筑而成，夯层厚0.12～0.15米	矩形	梯形	底部东西8、南北10，残高5米	台基石砌而成
辛窑2号烽火台	1409273532011170068	烈堡乡辛窑村西0.27千米	东经：111°59′47.30″ 北纬：39°23′24.30″ 高程：1654米	土	夯筑而成，夯层厚0.15～0.18米	矩形	梯形	底部东西9、南北8，残高6米	无
辛窑3号烽火台	1409273532011170069	烈堡乡辛窑村西南0.3千米	东经：111°59′47.60″ 北纬：39°23′15.30″ 高程：1651米	土	夯筑而成，含碎石	矩形	梯形	底部边长7，残高4～5米	无
辛窑4号烽火台	1409273532011170070	烈堡乡辛窑村西南0.52千米	东经：111°59′48.20″ 北纬：39°23′04.30″ 高程：1641米	土	夯筑而成	矩形	梯形	底部东西8、南北7，残高4米	无
大沟儿涧1号烽火台	1409273532011170005	龙泉镇大沟儿涧村西1千米	东经：112°15′10.10″ 北纬：39°05′24.70″ 高程：1421米	土	夯筑而成，夯层厚0.2～0.22米	矩形	梯形	底部边长6.8、顶部边长6.5，残高2.2米	无
大沟儿涧2号烽火台	1409273532011170006	龙泉镇大沟儿涧村西北0.6千米	东经：112°14′46.80″ 北纬：39°06′21.00″ 高程：1672米	土	夯筑而成，夯层厚0.2～0.22米	矩形	梯形	底部东西13、南北14米，顶部东西9、南北11米，残高8.8米	无
斗沟1号烽火台	1409273532011170007	龙泉镇斗沟村东北0.3千米	东经：112°15′13.60″ 北纬：39°04′33.60″ 高程：1613米	土	夯筑而成，夯层厚0.2～0.26米	矩形	梯形	底部边长7.2、顶部边长3.6，残高7.5	无
斗沟2号烽火台	1409273532011170008	龙泉镇斗沟村东北0.6千米	东经：112°15′26.20″ 北纬：39°04′35.20″ 高程：1600米	土	夯筑而成，夯层厚0.2～0.22米	矩形	梯形	底部边长6.2米，顶部东西3.2、南北2.4米，残高6.2米	无
斗沟3号烽火台	1409273532011170009	龙泉镇斗沟村东北0.9千米	东经：112°15′39.20″ 北纬：39°04′38.20″ 高程：1587米	土	夯筑而成，夯层厚0.2～0.22米	矩形	梯形	底部边长7、顶部边长2.8，残高6.8米	无
斗沟4号烽火台	1409273532011170010	龙泉镇斗沟村东北1.2千米	东经：112°15′44.10″ 北纬：39°04′46.40″ 高程：1532米	土	夯筑而成，夯层厚0.2～0.22米	矩形	梯形	底部东西7.2、南北3.5米，顶部东西4.8、南北2.1米，残高5.6米	无
斗沟5号烽火台	1409273532011170011	龙泉镇斗沟村东北1.5千米	东经：112°15′56.70″ 北纬：39°04′50.00″ 高程：1502米	土	夯筑而成，夯层厚0.2～0.22米	矩形	梯形	底部东西8.9、南北5.8米，顶部东西6.8、南北4.1米，残高8.2米	无
斗沟6号烽火台	1409273532011170012	龙泉镇斗沟村东北1.8千米	东经：112°16′05.30″ 北纬：39°04′54.80″ 高程：1487米	土	夯筑而成，夯层厚0.2～0.22米	矩形	梯形	底部东西8.5、南北6.2米，顶部东西6.2、南北4.8米，残高6.8米	无

续表

名称	编码	地点	坐标	材质	建筑方式	平面形制	剖面形制	尺寸	附属设施
斗沟7号烽火台	1409273532011700013	龙泉镇斗沟村东北2.2千米	东经：112°16′17.30″ 北纬：39°05′02.90″ 高程：1483米	土	夯筑而成，夯层厚0.2~0.22米	矩形	梯形	底部边长6.2、顶部边长3.2、残高5.8米	无
龙泉西烽火台	1409273532011700050	龙泉镇西1.2千米	东经：112°10′09.20″ 北纬：39°05′21.00″ 高程：1633米	土	夯筑而成，夯层厚0.2米	矩形	梯形	底部边长6、顶部边长4、残高3.5米	无
达木河烽火台	1409273532011700030	东湖乡达木河村北1.5千米处	东经：112°06′27.60″ 北纬：39°16′16.60″ 高程：1780米	石	外部片石砌筑；内部为夯土台体，夯层厚0.2~0.22米	矩形	梯形	底部边长12、顶部边长5、残高8米	无
羊坊烽火台	1409273532011700031	东湖乡达木河村南2.5千米处	东经：112°07′28.80″ 北纬：39°14′21.00″ 高程：1818米	土	夯筑而成，夯层厚0.2~0.32米	矩形	梯形	底部边长8.8、顶部边长3.2、残高5.2米	无
柳沟烽火台	1409273532011700032	东湖乡柳沟村西南1千米	东经：112°07′56.60″ 北纬：39°12′22.00″ 高程：1828米	土	夯筑而成，夯层厚0.2~0.32米	矩形	梯形	底部边长20、顶部边长3、残高10米	无
小寨烽火台	1409273532011700033	东湖乡小寨村东1.8千米	东经：112°09′19.10″ 北纬：39°10′08.40″ 高程：1704米	石	外部石块砌筑；内部为夯土台体，夯层厚0.2~0.28米	矩形	梯形	底部边长8.2、顶部边长6、残高4.5米	无
九姑村烽火台	1409273532011700047	东湖乡九姑村西1.8千米	东经：112°09′00.30″ 北纬：39°08′51.00″ 高程：1629米	土	夯筑而成，夯层厚0.16~0.22米	矩形	梯形	底部东西18、南北8、残高9.6米	无
段笏咀烽火台	1409273532011700048	东湖乡段笏咀村村内	东经：112°07′56.40″ 北纬：39°07′46.40″ 高程：1540米	土	夯筑而成，夯层厚0.16~0.26米	矩形	梯形	底部东西10、南北5、残高9.8米	无
三山烽火台	1409273532011700049	东湖乡三山村南0.5千米	东经：112°08′34.20″ 北纬：39°06′36.60″ 高程：1469米	土	夯筑而成，夯层厚0.16~0.2米	矩形	梯形	底部东西8、南北3、残高4.5米	无
小赵庄烽火台	1409273532011700046	东湖乡小赵庄东北1.2千米	东经：112°04′32.50″ 北纬：39°08′34.00″ 高程：1618米	土	夯筑而成，夯层厚0.16~0.22米	矩形	梯形	底部东西14、南北13米，顶部东西8、南北7米，残高7米	无
余庄村西北烽火台	1409273532011700043	东湖乡余庄村西北1.2千米	东经：112°03′27.90″ 北纬：39°04′46.80″ 高程：1540米	石	外部石块砌筑，内部为夯土台体，夯层厚0.2~0.22米	矩形	梯形	底部边长14、顶部边长8、残高10.5米	台体周围有围墙，仅存地面痕迹
六家河烽火台	1409273532011700029	大严备乡六家河村西0.2千米	东经：112°03′12.60″ 北纬：39°16′03.90″ 高程：1707米	土	黄土夯筑而成，夯层厚0.2-0.22米	矩形	梯形	底部边长12、顶部边长3、残高8.9米	无
马坊烽火台	1409273532011700027	大严备乡马坊村北1千米	东经：112°01′37.80″ 北纬：39°15′46.90″ 高程：1800米	土	夯筑而成，夯层厚0.2~0.22米	矩形	梯形	底部边长10米，顶部东西3、南北2米，残高7.4米	无
大羊泉烽火台	1409273532011700026	大严备乡大羊泉村西北1千米	东经：112°00′22.80″ 北纬：39°12′07.10″ 高程：1708米	土	夯筑而成，夯土层0.2~0.22米	矩形	梯形	底部边长10、顶部东西2、南北1米，残高9.8米	无
大严备烽火台	1409273532011700004	大严备乡大严备村西0.5千米	东经：112°01′22.90″ 北纬：39°09′34.10″ 高程：1631米	土	夯筑而成，夯层厚0.2米	矩形	梯形	底部边长11、顶部边长7.8、残高10.5米	无

续表

名称	编码	地点	坐标	材质	建筑方式	平面形制	剖面形制	尺寸	附属设施
郝家坡1号烽火台	1409273532011 70051	太平庄乡郝家坡村北	东经：112°11′55.30″ 北纬：39°03′15.70″ 高程：1669米	土	夯筑而成，夯层厚0.2米	矩形	梯形	底部边长8、顶部边长4、残高8.8米	无
郝家坡2号烽火台	1409273532011 70052	太平庄乡郝家坡村北0.2千米	东经：112°11′50.60″ 北纬：39°03′18.60″ 高程：1661米	土	夯筑而成，夯层厚0.2米	矩形	梯形	底部边长20、顶部边长6、残高12米	无
杨家坡烽火台	1409273532011 70053	太平庄乡杨家坡村南0.8千米	东经：112°10′47.00″ 北纬：39°02′10.70″ 高程：1772米	土	夯筑而成，夯层厚0.2米	矩形	梯形	底部边长16、顶部边长5、残高9.8米	无
凤凰山烽火台	1409273532011 70054	太平庄乡凤凰山村内	东经：112°04′26.40″ 北纬：39°03′19.20″ 高程：1499米	土	夯筑而成，夯层厚0.22米	矩形	梯形	底部边长9、顶部边长6、残高6.2米	无
银洞崾1号烽火台	1409273532011 70044	义井镇银洞崾村西3千米	东经：112°00′02.80″ 北纬：39°07′05.50″ 高程：1708米	土	夯筑而成，夯层厚0.2～0.22米	矩形	梯形	底部东西15、南北17米，顶部东西5、南北4米，残高10米	无
银洞崾2号烽火台	1409273532011 70045	义井镇银洞崾村西南3千米	东经：112°00′02.80″ 北纬：39°07′05.50″ 高程：1708米	石	土石混筑而成	矩形	梯形	底部东西9、南北7米，顶部边长3米，残高6.8米	无
马家山烽火台	1409273532011 70035	义井镇马家山村东南0.5千米	东经：111°59′25.80″ 北纬：39°04′52.30″ 高程：1536米	土	夯筑而成，夯层厚0.2～0.28米	矩形	梯形	底部边长13、顶部边长6、残高9.8米	台体周围有围墙，平面呈矩形，边长35米，夯筑土墙。南墙底宽2.8、顶宽0.2～0.8、残高1.2～1.8米，南墙中部有豁口。东、西、北墙无存
义井村东南烽火台	1409273532011 70034	义井镇义井村东南1.5千米	东经：112°01′10.00″ 北纬：39°03′38.50″ 高程：1366米	土	夯筑而成，夯层厚0.2～0.28米	矩形	梯形	底部边长10、顶部边长4、残高8.2米	无
永祥山烽火台	1409273532011 70055	义井镇乡永祥山村内	东经：112°02′55.50″ 北纬：39°02′10.80″ 高程：1491米	土	夯筑而成，夯层厚0.22米	矩形	梯形	底部边长8、顶部边长3、残高6.8米	无
小辛庄村西北烽火台	1409273532011 70042	义井镇小辛庄村西北1.2千米	东经：111°55′45.30″ 北纬：39°02′23.90″ 高程：1502米	土	夯筑而成，夯层厚0.2～0.26米	矩形	梯形	底部边长10、顶部边长6.8、残高7.8米	无
小黑庄村西烽火台	1409273532011 70040	义井镇小黑庄村西2千米	东经：111°54′30.80″ 北纬：39°04′23.70″ 高程：1361米	土	夯筑而成，夯层厚0.2～0.26米	矩形	梯形	底部边长8、顶部边长6、残高8.5米	无
山脚底村东北烽火台	1409273532011 70041	八角镇山脚底村东北1千米	东经：111°54′59.10″ 北纬：39°05′54.00″ 高程：1592米	土	夯筑而成，夯层厚0.2～0.26米	矩形	梯形	底部边长9、顶部边长6.5、残高8.2米	无
小严备烽火台	1409273532011 70003	八角镇小严备村南0.5千米	东经：111°57′52.20″ 北纬：39°08′27.20″ 高程：1574米	土	夯筑而成，夯层厚0.2～0.26米	矩形	梯形	底部边长8.9、顶部边长5.6、残高7.8米	无

续表

名称	编码	地点	坐标	材质	建筑方式	平面形制	剖面形制	尺寸	附属设施
郭家村1号烽火台	1409273532011700001	八角镇郭家村东南2千米	东经：112°08′51.50″ 北纬：38°50′34.40″ 高程：1482米	土	夯筑而成，夯层厚0.18～0.26米	矩形	梯形	底部边长9.8、顶部边长6.3、残高8.4米	无
郭家村2号烽火台	1409273532011700002	八角镇郭家村东南2.5千米	东经：111°56′07.50″ 北纬：39°09′00.78″ 高程：1439米	土	夯筑而成，夯层厚0.18～0.26米	矩形	梯形	底部东西12、南北13米，顶部东西3.5、南北4米，残高10.5米	无
王家寨烽火台	1409273532011700019	八角镇王家寨村北0.2千米	东经：111°54′47.60″ 北纬：39°10′41.70″ 高程：1447米	土	夯筑而成，夯层厚0.2～0.26米	矩形	梯形	底部边长10.5、顶部边长6.8、残高10米	无
下石会烽火台	1409273532011700018	八角镇下石会村西1千米	东经：111°55′22.90″ 北纬：39°12′23.90″ 高程：1488米	土	夯筑而成，夯层厚0.2～0.26米	矩形	梯形	底部边长6.8米、顶部东西3、南北2.7米，残高4.2米	无
上八角烽火台	1409273532011700021	八角镇上八角村东1.5千米	东经：111°58′29.90″ 北纬：39°14′36.90″ 高程：1494米	石	外部石块砌筑；内部为夯土台体，夯层厚0.2～0.22米	矩形	梯形	底部边长8.2、顶部边长4.2、残高4.8米	台体周围有围墙，石块砌筑，仅存地面痕迹
三道沟烽火台	1409273532011700020	八角镇三道沟村西南2.5千米	东经：111°51′05.80″ 北纬：39°14′30.70″ 高程：1494米	土	夯筑而成，夯层厚0.2～0.22米	矩形	梯形	底部边长12、顶部边长8、残高11.2米	无
营头镇烽火台	1409273532011700022	八角镇营头镇村北1.2千米	东经：111°50′49.30″ 北纬：39°16′20.70″ 高程：1433米	土	夯筑而成，夯层厚0.2～0.26米	矩形	梯形	底部边长11、顶部边长8、残高10.2米	无
刘家山烽火台	1409273532011700023	八角镇刘家山村西北1千米	东经：111°50′23.50″ 北纬：39°17′42.80″ 高程：1596米	土	夯筑而成，夯层厚0.2～0.28米	矩形	梯形	底部边长10、顶部边长4、残高8.9米	台体周围有围墙，平面呈不规则形，周长150米，石块砌筑而成，底宽3、顶宽0.2～0.8、残存最高1.5米
乱马营烽火台	1409273532011700028	长畛乡乱马营村北1千米	东经：111°54′31.10″ 北纬：39°21′21.10″ 高程：1569米	土	夯筑而成，夯层厚0.2～0.26米	矩形	梯形	底部边长9、顶部边长6、残高8.2米	无
史家庄烽火台	1409273532011700025	长畛乡史家庄村北0.5千米	东经：111°52′51.20″ 北纬：39°20′01.30″ 高程：1498米	土	夯筑而成，夯层厚0.2～0.28米	矩形	梯形	底部边长10、顶部边长8、残高4.2米	无
红崖子烽火台	1409273532011700024	长畛乡红崖村东南0.5千米	东经：111°50′32.70″ 北纬：39°18′54.60″ 高程：1355米	土	夯筑而成，夯土层0.2～0.28米	矩形	梯形	底部边长10、顶部边长4、残高8.9米	无

续表

名称	编码	地点	坐标	材质	建筑方式	平面形制	剖面形制	尺寸	附属设施
辛窑坪烽火台	1409273532201170017	长畛乡辛窑坪村南0.5千米	东经:111°48′10.80″ 北纬:39°17′33.80″ 高程:1438米	土	夯筑而成,夯层厚0.1～0.15米	矩形	梯形	底部边长13、顶部边长8、残高11米	台体周围有围墙,平面呈矩形,边长30米,夯筑而成,夯层厚0.1～0.15米,底宽3.2、顶宽0.5～1.2、残高1.5～2.5米。西墙中部设门,现为豁口,宽5米
北沙城1号烽火台	1409273532201170015	长畛乡北沙城村北0.8千米	东经:111°47′28.60″ 北纬:39°16′26.20″ 高程:1351米	土	夯筑而成,夯层厚0.2～0.22米	矩形	梯形	底部边长12、顶部边长6、残高8.8米	台体周围有围墙,平面呈矩形,边长30米。残存部分西墙,长15米,底宽2.8、顶宽0.5、残高1.6米
北沙城2号烽火台	1409273532201170016	长畛乡北沙城村西北1千米	东经:111°47′17.30″ 北纬:39°16′24.00″ 高程:1344米	土	夯筑而成,夯层厚0.2～0.22米	矩形	梯形	底部边长12、顶部边长10、残高10米	无
长畛烽火台	1409273532201170014	长畛乡长畛村西1.2千米	东经:111°48′42.00″ 北纬:39°15′10.80″ 高程:1376米	土	夯筑而成,夯层厚0.2～0.22米	矩形	梯形	底部边长13、顶部边长8、残高9.2米	台体周围有围墙,平面呈矩形,边长35米,底宽2.8、顶宽0.5～0.8、残高0.5米
水碾烽火台	1409273532201170036	贺职乡水碾村北0.05千米处	东经:111°51′48.60″ 北纬:39°08′24.50″ 高程:1409米	土	夯筑而成,夯层厚0.2～0.3米	矩形	梯形	底部边长12米,顶部东西4、南北2米,残高5米	无
仁义烽火台	1409273532201170037	贺职乡仁义村北0.5千米	东经:111°48′54.70″ 北纬:39°07′10.30″ 高程:1331米	土	夯筑而成,夯层厚0.2～0.26米	矩形	梯形	底部边长10、顶部边长6、残高6.8米	无
孙家湾村西烽火台	1409273532201170038	贺职乡孙家湾村西2千米	东经:111°46′24.70″ 北纬:39°06′58.50″ 高程:1418米	土	夯筑而成,夯层厚0.2～0.26米	矩形	梯形	底部边长8、顶部边长2、残高6.8米	无
贺职村东北烽火台	1409273532201170039	贺职乡贺职村东北1.5千米	东经:111°51′50.30″ 北纬:39°05′56.00″ 高程:1344米	土	夯筑而成,夯层厚0.2～0.26米	矩形	梯形	底部边长8米,顶部东西2、南北1米,残高5.8米	无

(四) 相关遗存

神池县调查的明代相关遗存有壕沟2段。

1. 项家沟壕沟

起点位于龙泉镇项家沟村北0.3千米,项家沟长城1段G0067(项家沟5号马面)—项家沟长城3段G0109(断点)间墙体东或东北0.02～0.12千米处,高程1483米。壕沟宽2～7、深1.5～2米,墙体底宽2～3、残高1～2.5米。整体保存一般。整段壕沟现存4段。造成损毁的自然因素有风雨侵蚀、植物生长等。

项家沟长城　张溱摄

2. 南寨壕沟

起点位于烈堡乡南寨村东南，南寨长城1段G0166（起点、鹞子沟28号马面）—南寨长城2段G0194（南寨9号马面）间墙体东北侧（位于平鲁区下木角乡境内，为描述方便，将其列为神池县长城资源），高程1733米。壕沟中有5处较大的土堆，外墙东北侧有4座类似"马面"的设施，个别"马面"残存包石。壕沟宽5～7米，外墙底宽5～7、顶宽2～3、残高2～4米，内墙宽3～4、残高2～4米。整体保存较好。造成损毁的自然因素有风雨侵蚀、植物生长等；人为因素有农业生产破坏、取土挖损破坏、拆毁"马面"包石等。

偏关县

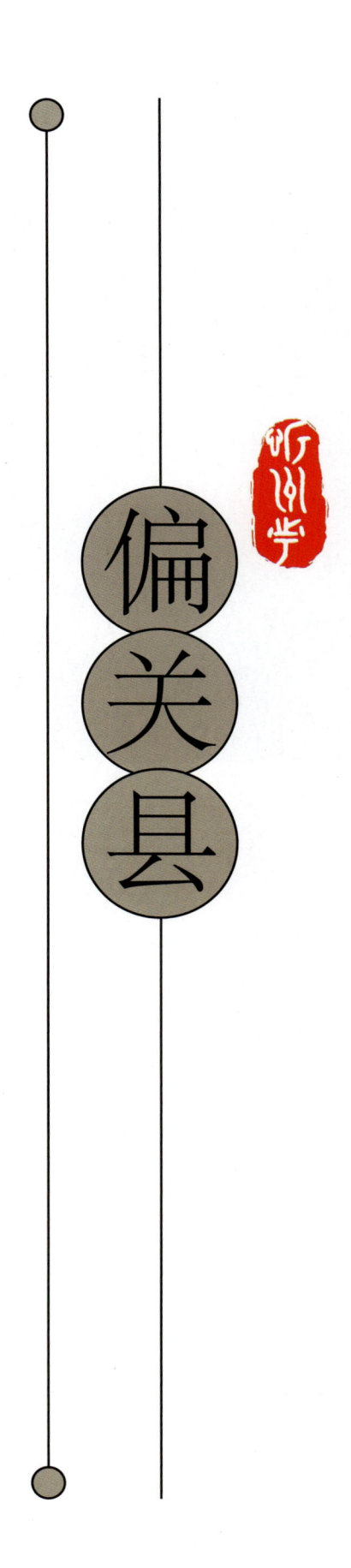

自然环境

偏关县位于山西省西北部,境内沟壑纵横,梁峁起伏。县境西邻黄河,中部有东西向的偏关河及南北向的偏关河支流,南部有东北西南向的尚峪沟。属典型的北温带大陆性季风气候,干寒多风沙。年均气温8℃,年降雨量420毫米。县境土壤主要有山地淡栗钙土、淡栗钙土性灰褐土、山地灰褐土等。植被属暖温带落阔叶林带向温带草原的过渡区域植类型。

人文环境

村主居民以农业和家畜饲养业为主。县境内有南北纵贯的国道209、东西横贯的省道304(平万公路),黄河东岸有省道249,县境西北有县道176(水明公路)、东南和南部有县道131(黑土公路)、160和937等。

地椒峁长城　薛平智摄

偏关县文

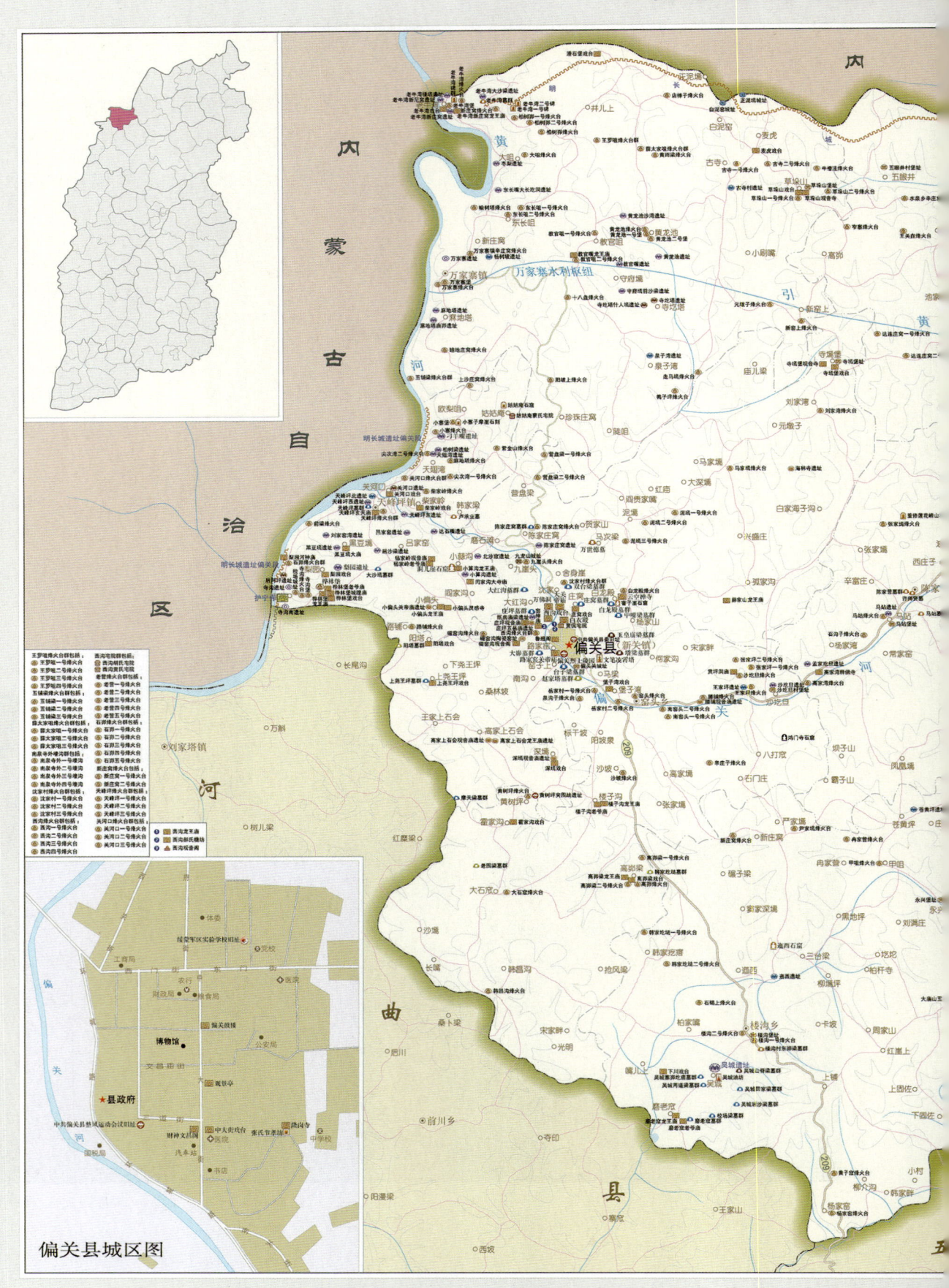

偏关县城区图

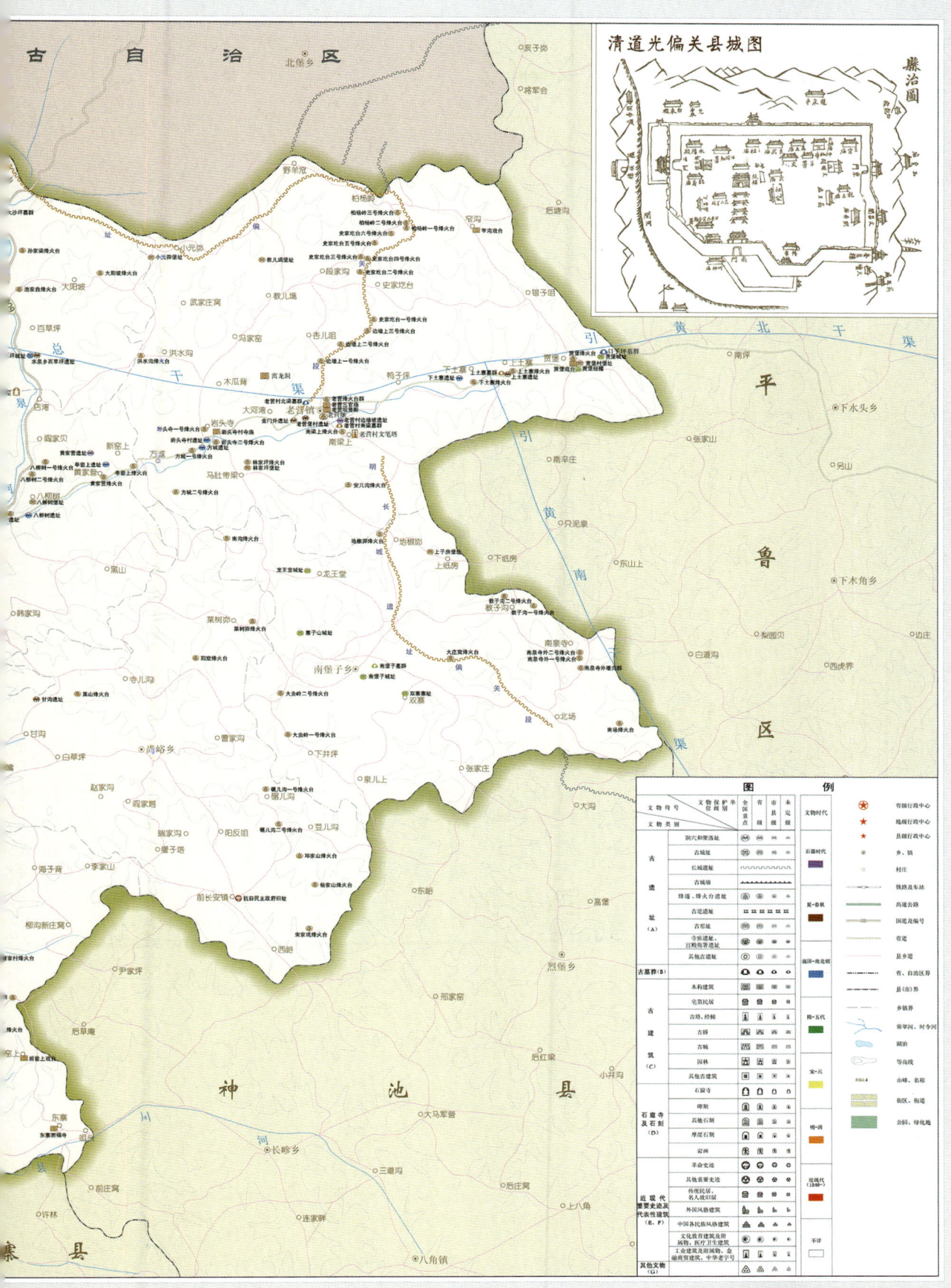

忻州市文物局主编
北京万德兰科技发展有限公司制作
2011年5月

西至河曲界寺前墩沿長二百三十二里零二百八十步邊墩輭樓一百三十二座火路墩二百一十九座市塲二處邊口二十五處兵馬除軍門標下兩披營散兵及奇遊二營外本路總屬官軍一萬二千三百三十三員名馬騾三千四百五十四匹頭內援兵官軍三千二十八員名馬騾二千二百九十七匹頭本路三面濱虜極號孤懸關塞之重地全晉之屏翰也邊外豐州灘歸化城板升諸處皆順義與東西兩哨部落駐牧隆慶初俺酋率衆由驢皮窰入經岢嵐嵐縣隰石掠汾全晉震動次年復由好漢山入夜薄老營城下勢甚危急款後烽燧不警乘戰修繕處處金湯生齒繁庶固無復蕭索凉之舊矣議者恐二虜連衡東西入犯援兵不免有掣襟露肘之患欲添路將分管老營水泉二守備西路叅將分管偏關岢嵐草梁三守備各邊首尾相應勢如常蛇庶有兵有將分任責成防邊禦虜有餘裕矣亦萬全之一筞云

山西岢嵐道轄西路總圖

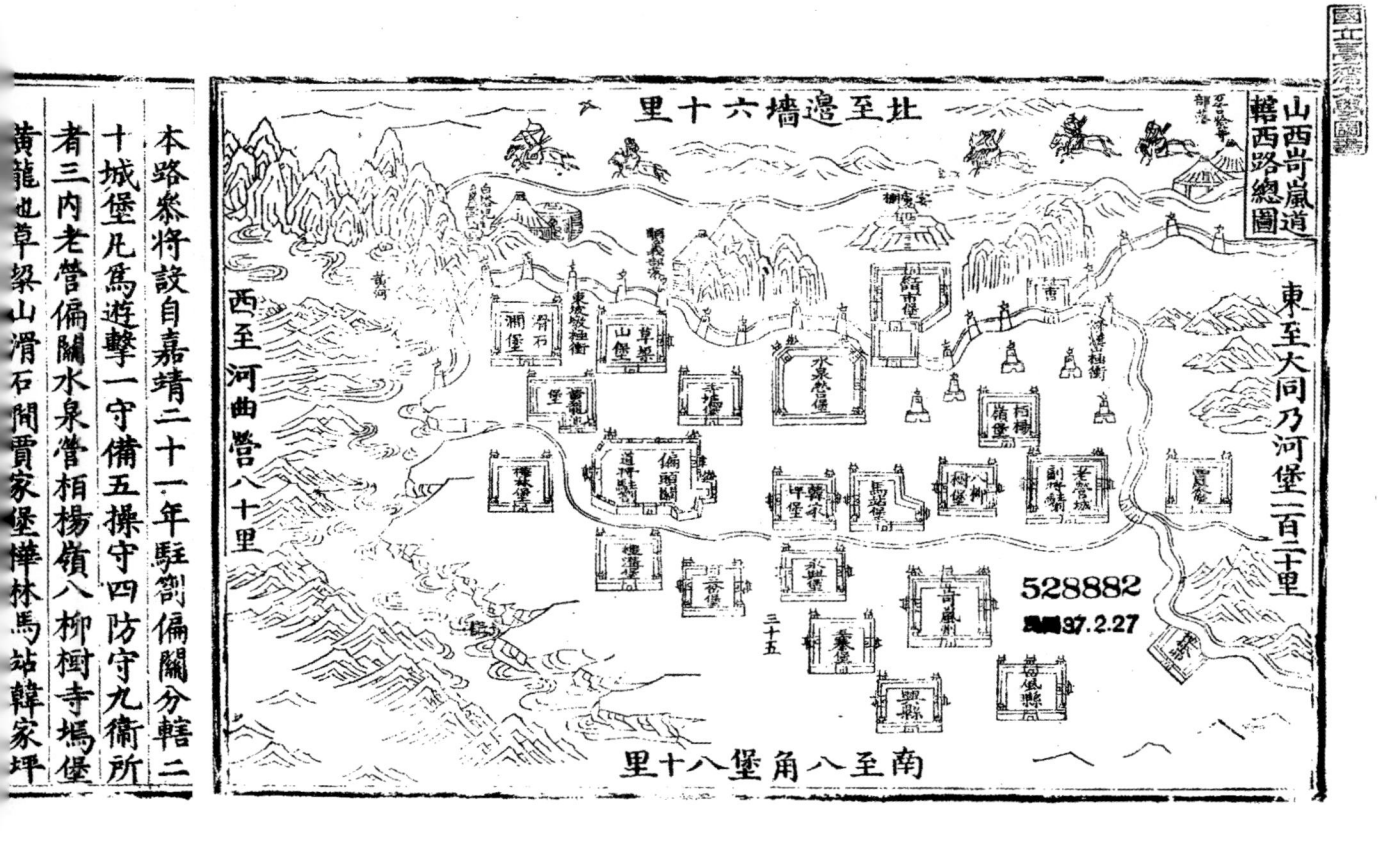

北至邊牆六十里
東至大同乃河堡二百二十里
西至河曲營八十里
南至八角堡八十里

本路參將設自嘉靖二十一年駐劄偏關分轄二十城堡凡爲遊擊一守備五操守四防守九衞所者三內老營偏關水泉管栢楊嶺八柳樹寺墕堡黃龍也草粱山滑石㵎賈家堡樺林馬站韓家坪

老牛湾　燕云生摄

长城资源

一、偏关县的早期长城

偏关县的早期长城资源共有 6 处墙体，单体建筑包括敌台 5 座、烽火台 1 座。

（一）墙体

其中包括：南泉寺村南侧长城、南泉寺村西侧长城、教子沟村北侧长城 1 段、教子沟村北侧长城 2 段、教子沟村北侧长城 3 段、地椒峁村东北侧长城。

详见下表。

偏关县早期长城墙体一览表（单位：米）

长城墙体段落名称	总长	编码	起点	起点坐标	止点	止点坐标	类型
南泉寺村南侧长城	684	1409323821010900001	南堡子乡南泉寺村东南 2 千米山顶处	东经：111°58′00.20″ 北纬：39°25′47.70″ 高程：1737 米	南堡子乡南泉寺村南 1 千米山腰处	东经：111°57′53.40″ 北纬：39°25′57.10″ 高程：1700 米	土墙

续表

长城墙体段落名称	总长	编码	起点	起点坐标	止点	止点坐标	类型
南泉寺村西侧长城	3500	1409323821010 90002	南堡子乡南泉寺村南1千米山腰处	东经：111°57′53.40″ 北纬：39°25′57.10″ 高程：1700米	南堡子乡教子沟村东北0.6千米	东经：111°56′25.40″ 北纬：39°27′26.50″ 高程：1494米	土墙
教子沟村北侧长城1段	420	1409323821010 90003	南堡子乡教子沟村东北0.6千米	东经：111°56′25.40″ 北纬：39°27′26.50″ 高程：1494米	南堡子乡教子沟村北0.7千米	东经：111°56′11.50″ 北纬：39°27′31.70″ 高程：1567米	土墙
教子沟村北侧长城2段	128	1409323821020 90004	南堡子乡教子沟村北0.7千米	东经：111°56′11.50″ 北纬：39°27′31.70″ 高程：1567米	偏关县南堡子乡教子沟村北0.8千米	东经：111°56′07.00″ 北纬：39°27′33.80″ 高程：1623米	石墙
教子沟村北侧长城3段	338	1409323821060 90005	南堡子乡教子沟村北0.8千米	东经：111°56′07.00″ 北纬：39°27′33.80″ 高程：1623米	南堡子乡教子沟村北1千米，平鲁区下水头乡信虎辛窑村南1.7千米	东经：111°56′02.60″ 北纬：39°27′41.70″ 高程：1619米	山险
地椒峁村东北侧长城	1751	1409323821020 90006	南堡子乡地椒峁村东北1.84千米，平鲁区下水头乡信虎辛窑村西北4千米	东经：111°53′56.40″ 北纬：39°29′04.00″ 高程：1790米	南堡子乡地椒峁村北1.1千米	东经：111°52′46.30″ 北纬：39°29′12.30″ 高程：1706米	石墙

（二）单体建筑

1. 敌台

经调查，偏关县共有敌台5座。

名称	编码	地点	坐标	材质	建筑方式	平面形制	剖面形制	尺寸	附属设施
教子沟村北侧1号敌台	1409323521010 90001	南堡子乡教子沟村东北0.6千米	东经：111°56′25.40″ 北纬：39°27′26.50″ 高程：1494米	土	黄土夯筑而成，因雨水冲刷土质疏松，夯层厚度不详	矩形	梯形	底部东西6.5米，南北4.8米，残高3.5米	无
教子沟村北侧2号敌台	1409323521010 90002	南堡子乡教子沟村北0.7千米	东经：111°56′13.70″ 北纬：39°27′29.80″ 高程：1546米	土	黄土夯筑而成，夯层厚0.08米-0.13米	矩形	梯形	底部东西6.7米，南北4.8米，顶部东西2.5米，南北1.8米，残高7.14米	无
地椒峁村东北侧1号敌台	1409323521010 90003	南堡子乡地椒峁村东北1.84千米，平鲁区下水头乡信虎辛窑村西北4千米	东经：111°53′56.40″ 北纬：39°29′04.00″ 高程：1790米	石	四壁用大小不等的石块垒砌而成，中间填以碎石泥土等	矩形	梯形	底部东西9.21米，南北9.1米，残高5.56米	无
地椒峁村东北侧2号敌台	1409323521010 90004	南堡子乡地椒峁村东北1.6千米	东经：111°53′47.50″ 北纬：39°29′00.40″ 高程：1756米	石	四壁用大小不等的石块垒砌而成，中间填以碎石泥土等	矩形	梯形	底部东西11米，南北7.5米，残高7米	无
地椒峁村东北侧3号敌台	1409323521010 90005	南堡子乡地椒峁村东北1.5千米	东经：111°53′30.50″ 北纬：39°29′00.20″ 高程：1659米	石	台体原应用大小不等的石块垒砌而成，中间填以碎石泥土等，现存台体砌石无存，仅存中部的填土	矩形	梯形	底部东西4米，南北6米，残高5米	无

教子沟长城　　　　　　　　　　　地椒峁村东北侧长城墙体　吕晓晶摄

2. 烽火台

经调查，有烽火台1座。

名称	编码	地点	坐标	材质	建筑方式	平面形制	剖面形制	尺寸	附属设施
地椒峁村东北侧烽火台	140932353201090006	山西省偏关县南堡子乡地椒峁村东北1.75千米	东经：111°53′30.50″ 北纬：39°29′00.20″ 高程：1659米	土	黄土夯筑而成，夹杂少量碎石，夯层厚0.24米~0.27米	矩形	梯形	底部东西11米，南北13.6米，残高4米~5.5米	无

二、偏关县的明代长城

偏关县共调查长城墙体59段，总长119945.5米；关堡33座，其中关7座、城堡27座（偏关城由于情况特殊未进行调查）；单体建筑共553座，其中敌台98座、马面214座、烽火台241座；相关遗存共12处，其中寺院1座、石碑6块、壕沟4道、采石场1处。

（一）墙体

偏关县长城有内外长城之别。内长城分布于偏关县东部，东南从神池县入境，大致呈东南—西北走向，经南堡子乡、老营镇，至柏杨岭村与外长城相接，内长城大庄窝长城1段东侧有南泉寺长城。外长城从内蒙古自治区清水河县入境，沿偏关县与内蒙古自治区清水河县交界延伸，大致呈东—西走向，经老营镇、水泉乡，至万家寨镇老牛湾村与黄河相接。偏关县与清水河县交界南侧的偏关县境，有与外长城相连或仅相距0.01~0.17千米的后海子长城和窑沟子长城。外长城继续沿黄河东岸，大致呈北—南走向，至天峰坪镇寺沟村入河曲县，黄河东岸尖次湾长城东0.38千米有关河口长城。内长城之北场长城1段和2段、大庄窝长城1—4段、南泉寺长城、地椒峁长城1段和2段、南梁上长城1—3段、老营长城1段和2段、边墙上长城1段和2段、史家圪台长城1段和2段、柏杨岭长城1段和2段由山西省调查队调查。外长城之内蒙古自治区调查柏羊岭长城1段和2段、野羊洼长城、窑子沟长城、楝木塔长城、小元峁长城、窑洼长城、碓臼坪长城、许家湾长城、川峁上长城、头道沟长城、后海子长城、杏树峁长城、关地嘴长城、窑沟子长城、安根楼长城、阳洼子长城、石垛墕长城、白泥窑长城、正泥墕长城、东牛腻塔长城、青草峁长城、正湖梁长城、北古梁长城、水门塔长城、阎王鼻子长城、老牛湾长城由内蒙古自治区调查队调查。外长城之老牛湾长城、大嘴长城、万家寨长城1段和2段、五铺梁长城、小寨长城、尖次湾长城、关河口长城、天峰坪长城、石崄长城1段和2段、寺沟长城由山西省调查队调查。

偏关县长城墙体一览表（单位：米）

长城墙体段落名称	总长	编码	起点	起点坐标	止点	止点坐标	类型
北场长城1段	2055	1409323821011700001	神池县烈堡乡大沟村东北2.5千米	东经：111°57′20.00″ 北纬：39°24′13.60″ 高程：1802米	偏关县南堡子乡北场村西北1.3千米	东经：111°56′31.30″ 北纬：39°25′03.90″ 高程：1799米	土墙
北场长城2段	2258.8	1409323821011700002	偏关县南堡子乡北场村西北1.3千米	东经：111°56′31.30″ 北纬：39°25′03.90″ 高程：1799米	偏关县南堡子乡大庄窝村东2千米	东经：111°55′38.00″ 北纬：39°25′56.40″ 高程：1598米	土墙
大庄窝长城1段	1954	1409323821011700003	偏关县南堡子乡大庄窝村东2千米	东经：111°55′38.00″ 北纬：39°25′56.40″ 高程：1598米	偏关县南堡子乡大庄窝村东北0.55千米	东经：111°54′26.90″ 北纬：39°26′06.60″ 高程：1685米	土墙
大庄窝长城2段	1445	1409323821011700004	偏关县南堡子乡大庄窝村东北0.55千米	东经：111°54′26.90″ 北纬：39°26′06.60″ 高程：1685米	偏关县南堡子乡大庄窝村西北1.2千米	东经：111°53′32.20″ 北纬：39°26′22.90″ 高程：1778米	土墙
大庄窝长城3段	2188	1409323821011700005	偏关县南堡子乡大庄窝村西北1.2千米	东经：111°53′32.20″ 北纬：39°26′22.90″ 高程：1778米	偏关县南堡子乡大庄窝村西北2.5千米	东经：111°53′56.70″ 北纬：39°27′00.50″ 高程：1855米	土墙
大庄窝长城4段	1450	1409323821011700006	偏关县南堡子乡大庄窝村西北2.5千米	东经：111°53′02.50″ 北纬：39°27′00.50″ 高程：1855米	偏关县南堡子乡地椒峁村南1.55千米	东经：111°52′53.30″ 北纬：39°27′45.20″ 高程：1765米	土墙
南泉寺长城	684	1409323821021700031	神池县南堡子乡南泉寺东南1.4千米	东经：111°58′00.20″ 北纬：39°25′47.70″ 高程：1743米	偏关县南堡子乡南泉寺0.8千米	东经：111°57′53.40″ 北纬：39°25′57.10″ 高程：1700米	石墙
地椒峁长城1段	2286	1409323821011700007	偏关县南堡子乡地椒峁村南1.55千米	东经：111°52′53.30″ 北纬：39°27′45.20″ 高程：1765米	偏关县南堡子乡地椒峁村西北0.62千米	东经：111°52′28.50″ 北纬：39°28′52.40″ 高程：1775米	土墙
地椒峁长城2段	1650	1409323821011700008	偏关县南堡子乡地椒峁村南西北0.62千米	东经：111°52′28.50″ 北纬：39°28′52.40″ 高程：1775米	偏关县南堡子乡地椒峁村西北1.6千米	东经：111°52′45.50″ 北纬：39°29′31.40″ 高程：1636米	土墙
南梁上长城1段	2407	1409323821011700009	偏关县南堡子乡地椒峁村西北1.6千米	东经：111°52′45.50″ 北纬：39°29′31.40″ 高程：1636米	偏关县老营镇南梁上东南1.1千米	东经：111°52′29.30″ 北纬：39°30′42.60″ 高程：1569米	土墙
南梁上长城2段	1936	1409323821061700010	偏关县老营镇南梁上东南1.1千米	东经：111°52′29.30″ 北纬：39°30′42.60″ 高程：1569米	偏关县老营镇南梁上西北0.7千米	东经：111°51′38.40″ 北纬：39°31′41.80″ 高程：1379米	山险
南梁上长城3段	400	1409323821011700011	偏关县老营镇南梁上西北0.7千米	东经：111°51′38.40″ 北纬：39°31′41.80″ 高程：1379米	偏关县老营镇老营村东南0.46千米	东经：111°51′24.60″ 北纬：39°31′25.00″ 高程：1264米	土墙
老营长城1段	153	1409323821071700012	偏关县老营镇老营村东南0.46千米	东经：111°51′25.00″ 北纬：39°31′25.00″ 高程：1264米	偏关县老营镇老营村东0.4千米	东经：111°51′23.00″ 北纬：39°31′29.70″ 高程：1266米	山险
老营长城2段	2588.7	1409323821011700013	偏关县老营镇老营村东0.4千米	东经：111°51′23.00″ 北纬：39°31′29.70″ 高程：1266米	偏关县老营镇边墙上西南0.18千米	东经：111°50′45.50″ 北纬：39°32′36.70″ 高程：1430米	土墙
边墙上长城1段	2259	1409323821011700014	偏关县老营镇边墙上村西南0.18千米	东经：111°50′45.50″ 北纬：39°32′36.70″ 高程：1430米	偏关县老营镇边墙上村东北1.91千米	东经：111°52′00.00″ 北纬：39°33′17.90″ 高程：1527米	土墙

续表

长城墙体段落名称	总长	编码	起点	起点坐标	止点	止点坐标	类型
边墙上长城2段	1202	1409323821011170015	偏关县老营镇边墙上东北1.91千米	东经：111°52′00.00″ 北纬：39°33′17.90″ 高程：1527米	偏关县老营镇史家圪台西南0.93千米	东经：111°52′08.90″ 北纬：39°33′44.80″ 高程：1581米	土墙
史家圪台长城1段	2285	1409323821021170016	偏关县老营镇史家圪台西南0.93千米	东经：111°52′08.90″ 北纬：39°33′44.80″ 高程：1581米	偏关县老营镇史家圪台西北1.16千米	东经：111°52′00.40″ 北纬：39°34′54.90″ 高程：1683米	石墙
史家圪台长城2段	1508	1409323821021170017	偏关县老营镇史家圪台西北1.6千米	东经：111°52′00.40″ 北纬：39°34′54.90″ 高程：1683米	偏关县老营镇史家圪台东北2.18千米	东经：111°52′38.30″ 北纬：39°35′25.90″ 高程：1791米	石墙
柏杨岭长城1段	1514	1409323821011170018	偏关县老营镇史家圪台东北2.18千米	东经：111°52′38.30″ 北纬：39°35′25.90″ 高程：1791米	偏关县老营镇柏杨岭村东南1.25千米	东经：111°52′45.80″ 北纬：39°35′57.50″ 高程：1773米	土墙
柏杨岭长城2段	1032						土墙
内蒙古调查柏羊岭长城1段	596						土墙
内蒙古调查柏羊岭长城2段	1921						土墙
野羊洼长城	2739						土墙
窑子沟长城	2662						土墙
楝木塔长城	2017						土墙
小元峁长城	2005						土墙
窑洼长城	3072						土墙
碓臼坪长城	1575						土墙
许家湾长城	1406						土墙
川峁上长城	2636						土墙
头道沟长城	2204						土墙
后海子长城	888	1409323821011170033	水泉乡后海子村西北0.80千米	东经：111°41′02.30″ 北纬：39°37′37.90″ 高程：1522米	水泉乡后海子村西北2.30千米	东经：111°40′29.70″ 北纬：39°37′47.10″ 高程：1563米	土墙
杏树峁长城	2302						土墙
关地嘴长城	1805						土墙
窑沟子长城	1148	1409323821011170034	水泉乡窑沟子村东1.80千米	东经：111°39′34.70″ 北纬：39°38′04.90″ 高程：1586米	水泉乡窑沟子村东0.70千米	东经：111°38′51.40″ 北纬：39°38′15.20″ 高程：1613米	土墙
安根楼长城	2429						土墙
阳洼子长城	2639						土墙
石垛墙长城	1853						土墙
白泥窑长城	1550						土墙
正泥塌长城	1235						土墙
东牛腻塔长城	1814						土墙
青草峁长城	1641						土墙
正湖梁长城	2829						土墙
北古梁长城	455						土墙
水门塔长城	1900						消失墙体
阎王鼻子长城	2827						土墙
内蒙古自治区调查老牛湾长城	862						山险
老牛湾长城	3500	1409323821061170020	偏关县万家寨乡老牛湾村护水楼(望河楼)	东经：111°26′10.10″ 北纬：39°38′20.40″ 高程：1002米	偏关县万家寨大咀西北0.5千米	东经：111°20′02.90″ 北纬：39°37′14.30″ 高程：1120米	山险
大咀长城	1358	1409323821021170021	偏关县万家寨大咀西北0.5千米	东经：111°20′02.90″ 北纬：39°37′14.30″ 高程：1120米	偏关县万家寨大咀东南0.16千米	东经：111°28′16.20″ 北纬：39°36′52.00″ 高程：1192米	石墙

续表

长城墙体段落名称	总长	编码	起点	起点坐标	止点	止点坐标	类型
万家寨长城1段	9999	140932382106170022	偏关县万家寨镇大咀村东南0.164千米	东经：111°28′16.20″ 北纬：39°36′52.00″ 高程：1192米	偏关县万家寨镇万家寨村西南0.3千米、寨子沟与黄河交汇处北侧	东经：111°26′01.30″ 北纬：39°34′23.40″ 高程：1030米	山险
万家寨长城2段	4280	140932382106170023	偏关县万家寨镇万家寨村西南0.3千米、寨子沟与黄河交汇处北侧	东经：111°26′01.30″ 北纬：39°34′23.40″ 高程：1030米	偏关县万家寨镇五铺梁村西南1.33千米（西沟北侧）	东经：111°25′13.90″ 北纬：39°32′32.90″ 高程：949米	山险
五铺梁长城	917.8	140932382102170024	偏关县万家寨镇五铺梁西南1.33千米	东经：111°25′13.90″ 北纬：39°32′32.90″ 高程：949米	偏关县万家寨镇五铺梁西南1.22千米	东经：111°25′13.90″ 北纬：39°32′04.40″ 高程：920米	石墙
小寨长城	2400	140932382106170025	偏关县万家寨镇西南1.22千米（黄河东岸边）	东经：111°25′13.90″ 北纬：39°32′04.40″ 高程：920米	偏关县天峰坪镇小寨村西南2.4千米	东经：111°25′50.20″ 北纬：39°30′51.50″ 高程：937米	山险
尖次湾长城	3344.5	140932382102170026	偏关县天峰坪镇小寨村西南2.44千米	东经：111°25′50.20″ 北纬：39°30′51.50″ 高程：937米	偏关县天峰坪镇关河口村东0.43千米（关河北侧山崖边）	东经：111°25′03.40″ 北纬：39°29′32.50″ 高程：1050米	石墙
关河口长城	1075	140932382102170032	偏关县天峰坪镇关河口东北1.26千米	东经：111°25′29.10″ 北纬：39°29′55.90″ 高程：1061米	偏关县天峰坪镇关河口东南1.54千米	东经：111°25′47.00″ 北纬：39°29′30.50″ 高程：1082米	石墙
天峰坪长城	4335.7	140932382102170027	偏关县天峰坪镇关河口村东0.43千米（关河北侧山崖边）	东经：111°25′03.40″ 北纬：39°29′32.50″ 高程：1050米	偏关县天峰坪镇前梁村西北1.1千米	东经：111°22′35.50″ 北纬：39°29′01.30″ 高程：944米	石墙
石崩长城1段	1220	140932382106170028	偏关县天峰坪镇前梁村西北1.1千米处山崖	东经：111°22′35.50″ 北纬：39°29′01.30″ 高程：944米	偏关县天峰坪镇石崩村西北1千米	东经：111°21′59.70″ 北纬：39°28′35.50″ 高程：940米	山险
石崩长城2段	915	140932382103170029	偏关县天峰坪镇石崩村西北1千米	东经：111°21′59.70″ 北纬：39°28′35.50″ 高程：940米	偏关县天峰坪镇石崩村西北0.402千米	东经：111°21′48.10″ 北纬：39°28′10.90″ 高程：927米	砖墙
寺沟长城	2335	140932382103170030	偏关县天峰坪镇石崩村西北0.402千米	东经：111°21′48.10″ 北纬：39°28′10.90″ 高程：927米	偏关县天峰坪镇寺沟村西南0.33千米	东经：111°21′39.70″ 北纬：39°27′05.60″ 高程：938米	砖墙
合计	119945.5						

（二）关堡

偏关县共调查关堡34座，其中关7座，堡28座。

偏关县长城墙体一览表（单位：米）

乡镇	关堡名称	数量（座）
南堡子乡	北场关、地椒崩关、上子房堡	3
老营镇	老营堡、林家坪堡、教儿墕堡、贾堡村堡、柏杨岭1、2号堡、小元崩堡	7
水泉乡	水泉堡、五眼井堡	2
万家寨镇	白泥窑堡、滑石涧堡、草垛山堡、黄龙池1、2号堡、老牛湾堡、大嘴1—3号关、万家寨堡	10
天峰坪镇	小寨堡、关河口关、石崩关、寺沟堡、桦林堡	5
新关镇	偏关城、寺墕堡	2
窑头乡	沙圪旦堡	1
陈家营乡	八柳树堡、马站堡	2
楼沟乡	永兴堡、楼沟堡	2
合计		34

153

1. 北场关

又名长林堡,位于南堡子乡北场村西 0.5 千米处,北场村西 0.5 千米的堡角山山巅、北场长城 1 段 G0009(拐点)— G0011(拐点)间墙体西南侧,地势高耸,高程 1818 米。东墙即为长城墙体。

关平面呈矩形,坐东朝西,周长 332.4 米,占地面积 6579 平方米。现存主要设施、遗迹有关墙、城门 1 座、角台 4 座、马面 1 座、关内建筑基址 4 座等。关墙为石墙,外部石块垒砌;内部为夯土墙体,夯层厚 0.1～0.15 米,现包石无存。墙体底宽 4～6、顶宽 0.5～4.4、残高 1.4～3.8 米。西墙设城门 1 座,现为豁口,宽 8 米。关墙四角设角台,东北角台长 5.03、宽 5、残高 5.9 米;东南角台平面呈不规则四边形,北、东、南、西分别长 4.5、6.5、6、4、残高 3.9 米;西南角台长 5、宽 8、残高 3.8 米;西北角台长 5、宽 6、残高 5.6 米。东墙中部设马面 1 座,长 2.1、宽 0.5、残高 3.8 米。关内残存建筑基址 4 座,南北部各 2 座,基址长 21～35、宽 1.1～6 米。关内散落明代砖瓦碎块。

关整体保存一般。关内建筑仅存基址,无人居住。造成损毁的自然因素主要是风雨侵蚀、植物生长等;人为因素主要是农业生产活动破坏、拆毁关墙包石等。

2. 地椒峁关

位于南堡子乡地椒峁村西北 0.1 千米处,地椒峁村西北 0.1 千米的山巅,地椒峁长城 1 段 G0084(断点)— G0086(断点)间墙体西侧,地势高耸,高程 1776 米。东、北墙即为长城墙体。

关平面呈不规则四边形,坐北向南,周长 260.45 米,占地面积 2575 平方米。现存主要设施、遗迹有关墙、城门 1 座、角台 2 座、关内窑洞 15 孔、房屋基址 7 座等。关墙为土墙,夯筑而成,含片石。东墙残存南段,残长 30.6、底宽 2.1、

地椒卯长城　石丽平摄

顶宽 1.2、残高 4.1 米;南墙长 111.8、底宽 1.3、残高 3.7 米;北墙长 44.1、底宽 2.1、顶宽 1.2、残高 3.7 米。南墙西段设城门 1 座,宽 4.7 米。存角台 2 座,东南、西南角台残存基址。关内残存 15 孔窑洞、房屋基址 7 座,时代不明。关内散落大量明代砖瓦碎块。

关整体保存一般。关墙坍塌损毁严重,东墙北段无存,关内无人居住。造成损毁的自然因素主要是风雨侵蚀、植物生长等;人为因素主要是农业生产活动破坏等。

3. 上子房堡

又名堡子,位于南堡子乡上子房村西北 0.6 千米,上子房村西北的山坡上,地椒峁长城 1 段东 1.4 千米,高程 1671 米。西北距地椒峁关 1.5 千米。

堡平面呈矩形,坐北朝南,东西 60、南北 130 米,周长 380 米,占地面积 7800 平方米。现存主要设施、遗迹有堡墙、城门 1 座、角台 2 座、马面 1 座、堡内建筑基址等。堡墙为土墙,东墙底

宽4.5、顶宽0.9～1.3米；南墙底宽2.3、顶宽0.5～2.1、外高4.5、内高3.6米；西墙底宽4.5、顶宽0.4～1.4、外高3.2、内高2.4米；北墙底宽8.3、顶宽3.7、残高3.5～6.3米。南墙中部设城门1座，现为豁口，宽5米。存角台2座，东北角台顶宽4、凸出墙体4米，西北角台顶宽4、凸出墙体6米。存北墙中部马面1座，凸出墙体1.5～2、残高7.8米。存堡内建筑基址，长60、宽18米。

堡整体保存较好。堡内建筑仅存基址，无人居住，为耕地。造成损毁的自然因素主要是风雨侵蚀、植物生长等；人为因素主要是农业生产活动破坏等。

4. 老营堡

位于老营镇老营村内，偏关河北岸的谷地中，老营长城2段西侧，高程1278米。

堡平面呈矩形，坐北朝南，由堡城和南、北关城组成。堡城东墙长427、南墙长887、西墙长510、北墙长934米，周长2758米，占地面积400500平方米。现存主要设施、遗迹有堡墙、城门3座、城楼2座、瓮城3座、角台4座、马面11座、关城2座、北关城敌台1座、北关城内烽火台3座、堡内石阁1座等。

堡墙为砖墙，外部砖石垒砌，内部为夯土墙体，砖石大部分无存。东墙底宽8.9、顶宽3.8～8.5、残高10.2米；南墙底宽8～16、顶宽3.1～5.4、残高8.8～12米；西墙残长484、底宽9.7、顶宽5米；北墙残长926、底宽11.4、顶宽8～9.2、残高7～9米。

东、南、西墙各设城门1座，城门外均有瓮城。东门位于东墙正中，条石基础的砖券拱门，外券为五伏五券，内券为三伏三券，门洞外宽3.64、外高4.775、内高6.8、进深16.98米。外侧门拱上方嵌石匾，楷书阴刻"老营城"三字，字迹漫漶不清。东门上原建有城楼，现仅存残基。南门位于南墙中部偏东100米处，条石基础的砖券拱门，外券为三伏三券，内券为五伏五券，门洞内宽3.93、外高2.485、内高4.74、进深16.565米。外侧门拱上方原嵌石匾，楷书阴刻"南安屏障"四字，现石匾无存。南门上原建有城楼，现仅存残基和柱础1个，柱础为素面覆盆式。西门位于西墙中部偏南50米处，条石基础的砖券拱门，外券为三伏三券，内券为五伏五券，门洞无内外之分，宽3.94、

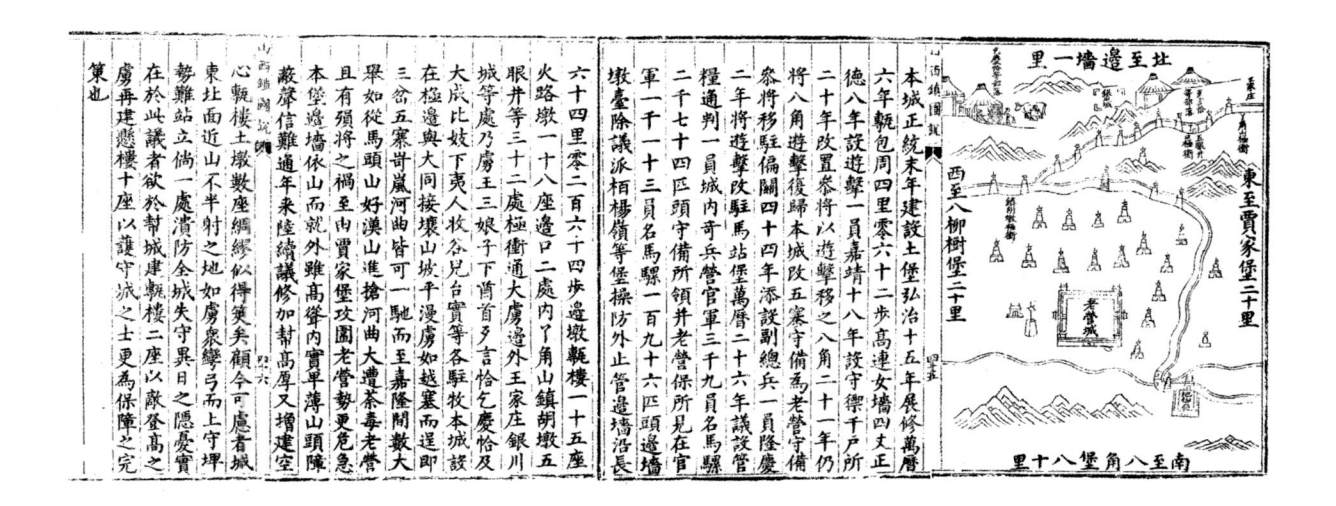

高 5.305、进深 10.565 米。外侧门拱上方嵌石匾，楷书阴刻"回报关河"四字，字迹漫漶不清。

东门外瓮城东西 30.25、南北 40.15 米，瓮城门位于南墙中部，条石基础的砖券拱门，门洞外宽 3.24、外高 4.245、内高 5.585、进深 9.755 米。南门外瓮城东西残长 16.5、南北 16.2 米，仅存东墙和南墙东段，瓮城门位于东墙中部，现被利用为居民窑洞。西门外瓮城东西 25.9、南北 50.4 米，瓮城门位于南墙中部，条石基础的砖券拱门，外券为三伏三券，内券为五伏五券，门洞外宽 3.2、内宽 3.82、外高 3.755、内高 5.035、进深 10.5 米。

堡墙四角设角台。马面原有 12 座，存 11 座，其中东墙 2 座、南墙 3 座、西墙 2 座、北墙 4 座。东墙马面东西 4.6、南北 15.8 米；南墙马面东西 8.1～13.5、南北 5.3～10 米，中间马面东西 11、南北 5.4、残高 12 米；北墙马面东西 8～13、南北 4～6 米。

设南北 2 座关城。北关城平面呈不规则形，位于堡城北侧，堡城北墙即北关城南墙，堡城西墙与北关城西墙相连。北关城墙体为土墙，夯筑而成，东墙长 584、底宽 5、顶宽 3～3.8、残高 9.4 米；西墙残长 326、底宽 3.2～10、顶宽 0.5～4、残高 3.5～8 米；北墙长 747、底宽 5.3、顶宽 4.9、残高 9.4 米。北关城北墙东端设敌台 1 座，平面呈圆形，底部东西 15、南北 13、顶径 8、残高 9.6 米，夯层厚 0.09～0.21 米。敌台周围有围墙，平面呈圆形，南墙无存，底宽 1～1.5、顶宽 0.6～0.7 米，夯层厚 0.12～0.17 米。敌台有台基，平面呈圆形，直径 34.5、残高 4.3 米，夯层厚 0.12～0.24 米。北关城内有烽火台 3 座（老营 2、4、5 号烽火台）。南关城平面呈不规则矩形，位于堡城外东南部。南关城东墙残长 102、底宽 2.5～3.5、顶宽 0.8～2、高 5.8 米；南墙原长 372、残长 114、底宽 4～8、顶宽 1.1～3、高 2～6.5 米；西墙原长 239、残长 103、底宽 2.8、顶宽 0.6、残高 0.5～2.1 米。

堡内西南部残存"四圣阁"1 座（四圣为鲁班、福、禄、财），平面呈矩形，石砌而成。西门外原有单孔石拱桥 1 座，现无存，原名"宁边桥"，因常作为集市，老百姓称为"牛边桥"。

堡整体保存较好。堡墙大部残存，外部砖石大部无存，西墙南段无存；北关城墙体大部残存，西墙部分段无存；南关城南墙东西段及西墙大部无存。堡内建筑大部无存，仅存"四圣阁"一座，堡内有民居。造成损毁的自然因素主要是风雨侵蚀、植物生长等；人为因素主要是农业生产活动破坏、拆毁堡墙砖石、利用瓮城城门修建窑洞等。

5. 林家坪堡

又名堡子，位于老营镇林家坪村东南 0.5 千米处，高程 1345 米。东北距老营堡 3.7 千米。堡平面呈矩形，朝向不详，东西 43、南北 89.5 米，周长 265 米，占地面积 3848.5 平方米。现存主要设施、遗迹有堡墙、围墙等。堡墙为土墙，夯筑而成，夯层厚 0.13～0.22 米。东、西墙仅存地面痕迹；南墙东段及北墙东、西段有三处豁口。墙体底宽 5、顶宽 1～3、外高 3.5～6.5、内高 5 米。堡外西侧有围墙，南、北墙分别向西延伸 14、41.5 米。

堡整体保存差。南墙东段、北墙东段、南墙东段豁口宽 3.5 米，北墙东、西段豁口宽 4 米。堡内建筑无存。造成损毁的自然因素主要是风雨侵蚀、植物生长等；人为因素主要是农业生产活动破坏等。

6. 教儿垳堡

又名堡子。位于老营镇教儿垳村北1.5千米处，教儿垳村北部的山腰上，高程1565米。

堡平面呈矩形，坐北朝南，周长398.2米，占地面积9904.2平方米。现存主要设施、遗迹有堡墙、城门1座、瓮城1座、角台4座等。堡墙为土墙，夯筑而成，夯层厚0.08～0.15米，底宽7、顶宽0.2～4、外高0.5～10.2、内高0.5～7.5米，墙体顶部残存铺砖。南墙中部设城门1座，现为豁口，宽17米。南门外有瓮城，平面呈矩形，东西20.3、南北16米。瓮城墙体宽0.5～1、外高3.9、内高1.9米。瓮城东墙设门。堡墙四角设角台，东南角台东西10、南北11、残高11.4米，东北、西北、西南角台残存包石。

堡整体保存一般。堡墙坍塌损毁严重，南墙和北墙有多处豁口；堡内建筑无存，为耕地。造成损毁的自然因素主要是风雨侵蚀、植物生长等；人为因素主要是农业生产活动破坏、拆毁墙体顶部和角台的砖石等。

7. 贾堡村堡

位于老营镇贾堡村中，偏关河北岸的台地上，高程1345米。

堡平面呈矩形，坐北朝南，东西191、南北177米，周长735米，占地面积33807平方米。现存主要设施、遗迹有堡墙、城门1座、角台4座、马面2座等。堡墙为砖墙，外部砖石垒砌，砖石大部无存，东墙底宽5、顶宽0.6～2.6、残高1～6.7米；南墙底宽5、顶宽0.6～2.6、残高6.7米；西墙底宽5、顶宽0.6～2.6、残高6.7米；北墙底宽6、顶宽3～5、残高1～6.7米。南墙中部设城门1座，残存东壁，条石垒砌而成，条石长14～140、厚19～25厘米，南门进深3.66、东壁残高2.3米。堡墙四角设角台，东北角台东西11、南北9；东南角台东西6、南北8米；西南角台东西4.9、南北3.8米；西北角台东西7.5、南北6米。马面共3座，其中西墙马面无存，东、北墙中部各存1座，东墙马面底宽9、凸出墙体4米，顶宽6、凸出墙体2.5米；北墙马面底宽12、凸出墙体11、顶部凸出墙体9米。

堡整体保存较差，堡内建筑无存，有民居。造成损毁的自然因素主要是风雨侵蚀、植物生长等；人为因素主要是农业生产活动破坏、拆毁堡墙砖石、利用墙体修建窑洞、取土挖损墙体等。

8. 柏杨岭1号堡

位于老营镇柏杨岭村东南0.3千米处，内蒙古调查柏杨岭长城2段南0.05千米，高程1812米。

堡平面呈矩形，坐北朝南，边长100米，周长400米，占地面积1万平方米。现存主要设施、遗迹有堡墙、城门1座、敌台1座等。堡墙为土墙，夯筑而成，夯层厚0.15～0.2米。东墙底宽6～8、顶宽1～2、残高7～8米；南墙底宽6～8、顶宽0.8～1.5、残高4～6米；西墙底宽7～10、顶宽2～3.5、残高7～8米；北墙底宽7～10、顶宽1～2.5、残高8米。南墙中部设城门1座，宽10米。北墙中部设敌台1座，底部东西14、南北13米，顶部东西3、南北6.5米，残高12米。

南庄窝烽火台 刘玉柱摄

堡整体保存较差。堡内建筑无存，为荒地。造成损毁的自然因素主要是风雨侵蚀、植物生长等。

9. 柏杨岭 2 号堡

位于老营镇柏杨岭村西北 1 千米，内蒙古调查柏杨岭长城 2 段南 0.02 千米处，高程 1812 米。

堡平面呈不规则形，坐西朝东，周长 292 米，占地面积 6366 平方米。现存主要设施、遗迹有堡墙、城门 1 座、角台 4 座等。堡墙为石墙，东墙残长 38、底宽 4～8、顶宽 1～2、残高 4～6 米；南墙残长 54、底宽 6～8、顶宽 0.5～1.5、残高 5～7 米；西墙残长 49、底宽 6～8、顶宽 0.5～1.2、残高 8～9 米；北墙残长 76、底宽 6～8、顶宽 0.5～1、残高 3 米。堡墙东南角设登城步道，石砌而成，长 10 米。东墙中部设城门 1 座，宽 6、残高 4、进深 9.6 米。堡墙四角设角台，东北角台底部东西 7.2、南北 7.8 米，顶部东西 4、南北 4 米，残高 8 米；东南角台底部东西 9.6、南北 7、顶部边长 4、残高 6 米；西南角台底部东西 8.5、南北 9.8 米，顶部东西 5、南北 6 米，残高 9 米；西北角台底部东西 10、南北 9.5、残高 9 米。

堡整体保存较差。堡墙外部包石大部分无存；堡内建筑无存，为荒地。造成损毁的自然因素主要是风雨侵蚀、植物生长等；人为因素主要是拆毁堡墙包石等。

10. 小元峁堡

位于老营镇小元峁村中，窑洼长城南 0.5 千米处，高程 1521 米。堡平面呈矩形，坐西朝东，周长 346 米，占地面积 7568 平方米。现存主要设施、遗迹有堡墙、城门 1 座、角台 4 座、马面 2 座等。堡墙为土墙，底宽 5、顶宽 0.2～1.5、残高 0.7～5 米。东墙中部设城门 1 座。堡墙四角设角台。存马面 2 座，西、北墙中部各 1 座。

堡整体保存较差。堡内建筑无存，为耕地。造成损毁的自然因素主要是风雨侵蚀、植物生长等；人为因素主要是农业生产活动破坏等。

11. 水泉堡

位于水泉乡水泉村中，川峁上长城西南 0.7 千米处，高程 1344 米。

堡平面呈矩形，坐北朝南，东墙长420、南墙长220、西墙长442、北墙长360米，周长1442米，占地面积14万平方米。现存主要设施、遗迹有堡墙、城门3座、角台4座、马面6座、照壁1座等。堡墙为石墙，外部石块垒砌，现包石无存；内部为夯土墙体，夯层厚0.15～0.2米。东墙残存最高9.5米；南墙底宽6、顶宽2～4、残高9米；西墙残长332、底宽3.5～6、顶宽0.5～4、残高0.5～8米；北墙残长327、底宽4～6、顶宽0.3～3、残高0.5～8米。共设3座城门，东墙南部、南墙中部、北墙东部各设1座。南门为条石基础的砖券拱门，三伏三券，宽3、高4、进深6米。南门外南0.03千米处有照壁，长1、高7、厚1.1米。南门和照壁间有古石道，宽3米。北门为条石基础的砖券拱门，三伏三券，宽2、高2.65、进深6米。堡墙四角设角台。存马面6座，东、西、北墙各2座。

堡整体保存一般。部分段堡墙无存，北墙东段被修路挖断；堡内原建筑无存，现有民居。造成损毁的自然因素主要是风雨侵蚀、植物生长等；人为因素主要是农业生产活动破坏、修路破坏墙体、拆毁堡墙包石等。

12. 五眼井堡

位于水泉乡五眼井村北0.5千米处，高程1501米。

堡平面呈矩形，坐北朝南，东西97.7、南北103米，周长401.4米，占地面积10063平方米。现存主要设施、遗迹有堡墙、瓮城1座、瓮城马面1座等。堡墙为土墙，夯筑而成，含砂砾，夯层厚0.12～0.28米，底宽5.3、顶宽0.5～3.6、残高3.4～7.4米。南墙中部原设城门1座，现无存。南门外有瓮城1座。南墙东段设马面1座。

堡整体保存一般。堡墙坍塌损毁严重，南墙西段转角处有洞穴，宽1.8、高1.9、进深4.7米；堡内为耕地。造成损毁的自然因素主要是风雨侵蚀、植物生长等；人为因素主要是农业生产活动破坏、墙体上挖掘洞穴等。

13. 白泥窑堡

位于万家寨镇白泥窑村中，白泥窑长城南0.16千米处，高程1426米。

堡平面呈矩形，坐西朝东，周长360米，占地面积8100平方米。现存主要设施、遗迹有堡墙、城门1座、烽火台1座等。堡墙为土墙，残存最高3.6米。东墙中部设城门1座，现为豁口，宽10米。堡内中央有白泥窑3号烽火台。

堡整体保存较差。部分段无存，东墙北段被修路挖断，豁口宽10米；堡内为耕地。造成损毁的自然因素主要是风雨侵蚀、植物生长等；人为因素主要是农业生产活动破坏、修路破坏墙体等。

14. 滑石涧堡

位于万家寨镇滑石村中，正湖梁长城南0.4千米处，高程1204米。

堡平面呈矩形，坐北朝南，周长550米，占地面积1.86万平方米。现存主要设施、遗迹有堡墙、城门1座、角台4座、马面3座、石碑2块等。堡墙为砖墙，外部砖石垒砌，内部为夯土墙体，顶部有铺砖。南墙中部设城门1座，宽2.5、高3.6米，门拱上嵌有石匾，题"宁镇"二字。堡墙四角设角台。存马面3座，东、西、北墙中部各1座。南门墙体顶部有石碑，题"创修滑石涧堡砖城记"；堡内北部有石碑，题"滑石涧堡守操题名记"。

堡整体保存一般。堡墙砖石大部无存，东、西墙有洞穴和窑洞，南墙西段被修路挖断，豁口宽5米；堡内建筑无存，堡内外现为民居、耕地。造成损毁的自然因素主要是风雨侵蚀、植物生长等；人为因素主要是农业生产活动破坏、拆毁堡墙砖石、修路破坏墙体、墙体上挖掘洞穴、利用墙体修建窑洞等。

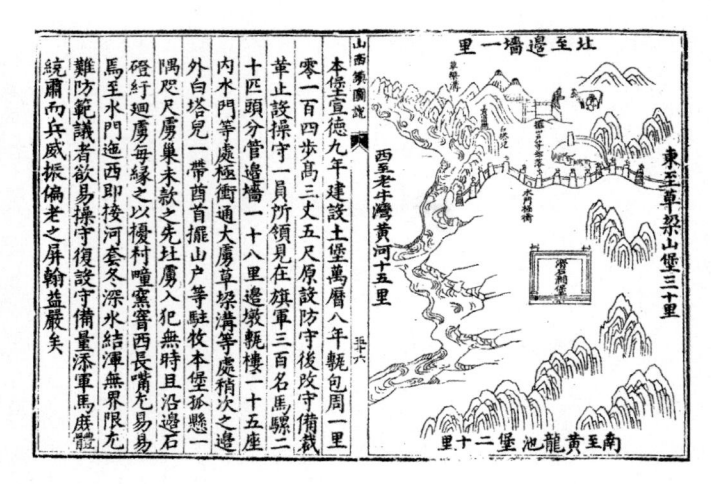

15. 草垛山堡

位于万家寨镇草垛山村东北，高程1561米。

堡平面呈矩形，坐北朝南，东西258、南北197米，周长910米，占地面积50826平方米。现存主要设施、遗迹有堡墙、城门2座、瓮城2座、角台4座、马面2座、堡内庙宇2座等。堡墙为砖墙，外部砖石垒砌，现残存部分砖石；内部为夯土墙体，含砂砾，夯层厚0.06~0.18米。墙体底宽8.8、顶宽0.5~6、外高5~13、内高4~10.5米，墙体顶部残存铺砖。东、南墙中部各设城门1座，为砖券拱门，城门外有瓮城。堡墙四角设角台。存马面2座，西、北墙中部各1座。存庙宇2座，东部有玉皇庙，西部有城隍庙。

堡整体保存较好。堡墙外部砖石大部分被拆毁，东、南、西墙各有一处豁口，有利用墙体修建

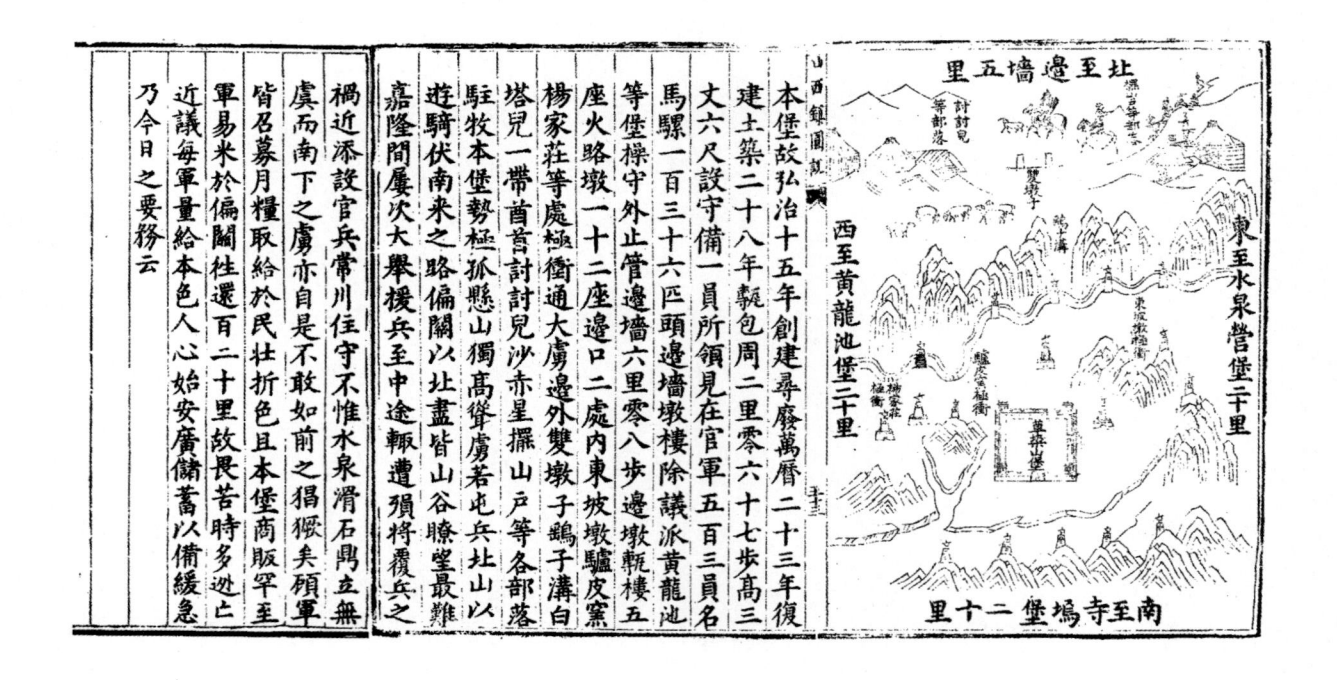

的窑洞；堡内为民居和耕地。造成损毁的自然因素主要是风雨侵蚀、植物生长等；人为因素主要是农业生产活动破坏、拆毁堡墙砖石、利用墙体修建窑洞等。

16. 黄龙池 1 号堡

位于万家寨镇黄龙池村中，高程 1366 米。东北距黄龙池 2 号堡 0.19 千米。

堡平面呈不规则形，坐北朝南，东西最长 125.5、南北最长 173.6 米，周长 550 米，占地面积 13803 平方米。现存主要设施、遗迹有堡墙、城门 1 座、瓮城 1 座、角台 4 座、马面 2 座等。堡墙为砖墙，外部砖石垒砌，现砖石无存；内部为夯土墙体，含砂砾，夯层厚 0.06～0.15 米。墙体底宽 9.5、顶宽 4.2～5.1、残高 5.5～9.5 米。南墙设城门 1 座，门外有瓮城。堡墙四角设角台。存马面 2 座，西、北墙中部各 1 座。

堡整体保存较好。墙体上挖掘有洞穴，有两处墙体被修路破坏；堡内有民居，西侧为耕地。造成损毁的自然因素主要是风雨侵蚀、植物生长等；人为因素主要是农业生产活动破坏、拆毁堡墙砖石、墙体上挖掘洞穴、修路破坏墙体等。

17. 黄龙池 2 号堡

又名迁移堡。位于万家寨镇黄龙池村西南 0.1 千米处，高程 1366 米。西南距黄龙池 1 号堡 0.19 千米。

堡平面呈矩形，坐北朝南，东西 58.9、南北 115 米，周长 347.8 米，占地面积 6773.5 平方米。现存主要设施、遗迹有堡墙、马面 1 座等。堡墙为土墙，夯筑而成，含砂砾，夯层厚 0.04～0.13 米，墙体底宽 2.1、顶宽 0.2～1.5、残高 0.5～5.1 米。北墙中部存马面 1 座，台体底部边长 11、顶部边长 8、残高 9.8 米。

堡整体保存较差。堡墙坍塌损毁严重，堡西侧为耕地。造成损毁的自然因素主要是风雨侵蚀、植物生长等；人为因素主要是农业生产活动破坏等。

18. 老牛湾堡

位于万家寨镇老牛湾村中，老牛湾长城 G0250（起点、望河楼敌台）南 0.25 千米处（望河楼也称护水楼），高程 1047 米。

堡平面呈矩形，坐北朝南，周长 297.8 米，占地面积 5800 平方米。现存主要设施、遗迹有堡墙、城门 1 座、瓮城 1 座、角台 2 座、堡内照壁 1 座、旗杆基座 2 座、堡内外明清石碑 7 块等。堡墙为石墙，外部条石垒砌，内部为夯土墙体，东墙南段残长 24、底宽 2.5、顶宽 1.3、外高 9.6、内高 3.7 米；南墙残长 49.9、底宽 4.3、顶宽 3.1、外高 9.7、内高 3.3 米；西墙北段残长 47.3、顶宽 2.6、外高 11.3、内高 5 米；北墙残长 69.2、底宽 3.4、顶宽 2.2、外高 9.9 米。南墙中部设城门 1 座，砖券拱门，二伏二券，门洞外宽 3.24、内宽 3.5、内高 2.23、外进深 2.5、内进深 5.2 米。门洞内有门限石 2 块，宽 24、高 20 厘米，南侧 1 块长 90 厘米，北侧 1 块长 60 厘米。南门外有瓮城，瓮城设东门，东门南 6 米处有石碑 1 块，宽 0.78、高 1.18 米，正面楷书阴刻"老牛湾堡"四字。石碑背面碑文楷书

航拍/刘恩博、张凯、张晶、贾真、郭毅

阴刻，落款为"崇祯九年岁次丙子季秋吉旦"。碑文如下。

　　西路管粮太原府同知崔从教
　　钦差整饬岢岚并被山西按察司副使卢友竹
　　□三□□□题□□都察院右副都御史吴生
　　钦差分守西路偏头关地方副总兵都指挥官
抚民
　　草垛山守备冯三省
　　镇西卫千户黄正□

堡门内侧9.3米处有照壁，长4.6、厚0.65、高1.63米，底部有两层基座，下层基座长5.7、宽1.26、高1.82米，上层基座长5、宽0.86、高0.45米。照壁东9.5米处有旗杆基座2座，相距3.7米，束腰须弥座，边长0.62、高0.9、杆孔径0.23米。旗杆北侧有关夫子庙，面阔16米，系近年重建。关夫子庙前廊东西两端各立石碑1块，东端为清康熙十年（1671年）"创建关夫子庙碑记"（老牛湾4号碑），西端为清雍正七年（1729年）"重修关圣庙碑记"（老牛湾5号碑）。老牛湾村村民宋二拴家门口东侧有残碑1块（老牛湾3号碑），碑首楷书阴刻"万古流芳"四字，碑身楷书阴刻"老牛湾城守加一级云中郑老命讳国麟字圣瑞德政碑"，两侧为人名，落款为"康熙伍拾陆年岁次丁酉中夏吉日铭"。老牛湾村河神庙内有清乾隆四十二年（1777年）"重修诸庙宇以及建盖禅室碑记"（老牛湾6号碑），望河楼敌台西南、老牛湾堡西北侧有石碑2块（老牛湾1、2号碑）。

堡整体保存一般。堡墙部分段无存，包石大部分无存；堡内建筑大部无存，有照壁、旗杆基座2座，关夫子庙系近年新建。堡内有民居。造成损毁的自然因素主要是风雨侵蚀、植物生长等；人为因素主要是农业生产活动破坏、拆毁堡墙条石、墙体上挖掘洞穴等。

19. 大嘴1号关

位于万家寨镇大嘴村北0.46千米处，大嘴长城G0269（拐点）—G0271（大嘴1号马面）间墙体西南侧，高程1152米。东墙即为长城墙体。

关平面呈矩形，朝向不详，周长232米，占地面积932平方米。现存主要设施、遗迹仅有关墙。关墙为石墙，东墙宽1.3、残高1.1米，北墙宽2、残高0.2～0.7米。东墙西北0.015千米处长城墙体东北侧有凸出墙体的土台，东西2.5、南北2.1、残高1.1米。关内有隔墙。

关整体保存差。关墙大部分无存，关内无人居住。造成损毁的自然因素主要是风雨侵蚀、植物生长等；人为因素主要是农业生产活动破坏、拆毁关墙包石等。

20. 大嘴2号关

位于万家寨镇大嘴村东北0.28千米处，大嘴长城G0277（大嘴7号马面）—G0279（拐点）间墙体东侧，高程1200米。西墙即为长城墙体。

关平面呈矩形，朝向不详，东西 4、南北 16 米，周长 40 米，面积 64 平方米。现存主要设施、遗迹仅有关墙。关墙为石墙，南墙仅存地面痕迹；北墙无存；东墙宽 1.1、残高 0.4 米。

关整体保存差，关内无人居住。造成损毁的自然因素主要是风雨侵蚀、植物生长等；人为因素主要是农业生产活动破坏、拆毁关墙包石等。

21. 大嘴 3 号关

位于万家寨镇大嘴村东南 0.2 千米处，大嘴长城 C0287（大嘴 11 号马面）— G0289（拐点）间墙体东侧，高程 1196 米。西墙即为长城墙体。

关平面呈矩形，朝向不详，东西 5、南北 13 米，周长 36 米，面积 65 平方米。现存主要设施、遗迹仅有关墙。关墙为石墙，东墙仅存地面痕迹，南、北墙无存。关整体保存差，关内无人居住。造成损毁的自然因素主要是风雨侵蚀、植物生长等；人为因素主要是农业生产活动破坏、拆毁关墙包石等。

22. 万家寨堡

又名寨子堡。位于万家寨镇万家寨村南 0.5 千米处，万家寨长城 2 段 G0294（起点）东南侧，高程 1196 米。

堡平面呈不规则形，坐北朝南，由外堡和内堡组成。外堡周长 230 米，占地面积 2440 平方米。现存主要设施、遗迹有堡墙、城门 2 座、马面 1 座、内堡石碑 1 块、房屋基址 2 座等。堡墙为石墙，底部利用山体，上部条石垒砌，东墙长 75.7、宽 1.5～1.7、外高 4.5～5.6、内高 2.2～3.8 米。东墙顶部残存女墙，石砌而成，长 10、底宽 0.8、残高 0.2～1 米。南墙长 72.2、宽 1.5～1.7、残高 0.3～1.9 米。

内堡东西 59、南北 21.7 米。东墙长 27、宽 0.5～1.4、残高 2.5 米；南墙长 47、宽 0.5、残高 3.95～5.05 米；西墙大部分利用自然山体，局部垒砌墙体，长 5、宽 0.6、残高 0.3～1.4 米；北墙大部分利用自然山体，局部外侧垒砌墙体，宽 0.5、残高 0.56 米。

外堡南墙中部设城门 1 座，左右壁利用自然山体，上部为石券拱顶，宽 1.05、高 0.7、进深 1.9 米。门洞内为台阶状通道。内堡南墙中部有城门 1 座，宽 0.92、高 0.5、进深 0.57 米。外堡南墙有马面 1 座，位于南门东 25 米处，台体外宽 2.4、内宽 4.2、凸出墙体 3 米。内堡东北部有石碑一块，圆首长方形，矩形碑座，碑身宽 0.74、高 1.7、厚 0.17 米，碑座长 0.78、宽 0.25、高 0.5 米。东南部残存房址 1 座，平面呈不规则形，宽 0.6、高 1.1 米；中部房址长 7、宽 4 米。

堡整体保存一般。堡墙坍塌损毁严重，堡内无人居住。造成损毁的自然因素主要是风雨侵蚀、植物生长等；人为因素主要是拆毁堡墙包石等。

23. 小寨堡

位于天峰坪镇小寨村西北 0.9 千米处，小寨长城东侧，高程 1097 米。

堡平面呈不规则梯形，坐西朝东，东墙长 5.45 米、南墙长 25 米、西墙长 25 米、北墙长 16 米，周长 71.45 米，占地面积 320 平方米。现存主要设施、遗迹有堡墙、城门 1 座、堡外石刻题记 1 处等。堡墙为石墙，片石垒砌而成，东墙残高 2.2～2.4 米，南墙残高 0.5～2.2 米，西墙宽 0.8、残高 2 米，北墙残高 0.5～2 米。东墙中部设城门 1 座，券拱坍塌，门道宽 1、两壁残高 1.5～1.6、进深 2.8 米。堡外东南部山岩上有石刻题记，楷书阴刻，字迹漫漶不清。题刻文字据偏关县文物管理所刘忠信同志早年收录全文如下："此地是山寨北兰亭，偏头关芳名垂万世，留于子孙。寨始于嘉靖四十年岁次辛酉年夏，原□□□□都司□□□修建，时隆庆五年岁次辛酉末谷旦刻石"。

堡整体保存较差。堡墙大部分段无存，堡内建筑无存，无人居住。造成损毁的自然因素主要是风雨侵蚀、植物生长等；人为因素主要是拆毁堡墙包石等。

24. 关河口关

位于天峰坪镇关河口村东北 0.75 千米处，尖刺湾长城 G0343（断点）— G0345（断点）间墙体西侧，高程 1111 米。东墙即为长城墙体。

关平面呈矩形，朝向不详，残存周长 38 米，占地面积 190 平方米。现存主要设施、遗迹有关墙、角台 2 座等。关墙为石墙，东墙长 19、底宽 5、顶宽 3 米；南墙长 11、底宽 3.9、顶宽 1.8、残高 1.3 米；北墙长 8、底宽 5、顶宽 3.6、残高 2.8 米。残存东北、西南角台基址。

关整体保存差。关墙坍塌损毁严重，关内无人居住。造成损毁的自然因素主要是风雨侵蚀、植物生长等；人为因素主要是农业生产活动破坏、拆毁关墙包石等。

25. 石崩关

位于天峰坪镇石崩村西南 0.5 千米处，寺沟长城 G0425（拐点）— G0426（寺沟 2 号敌台）间墙体东侧，高程 979 米。西墙即为长城墙体。

关平面呈矩形，朝向不详，东西 28、南北残长 27 米，残存周长 110 米，占地面积 756 平方米。现存主要设施、遗迹仅有关墙。关墙为土墙，夯筑而成，夯层厚 0.19 米，南墙无存；东墙北段底宽 2.5、顶宽 1.3、残高 4.1 米；北墙底宽 1.5～1.8、顶宽 0.5、残高 0.8～2 米。

关整体保存差。东墙南段和南墙无存，关内无人居住。造成损毁的自然因素主要是风雨侵蚀、植物生长等；人为因素主要是农业生产活动破坏、拆毁关墙包石等。

26. 寺沟堡

位于天峰坪镇寺沟村东北 0.46 千米，寺沟长城 G0435（断点）东北 1.01 千米处，高程 1046 米。

堡平面呈矩形，朝向不详，东西 135、南北 120 米，周长 510 米，占地面积 1.62 万平方米。现存主要设施、遗迹有堡墙、敌台 1 座、堡内夯土基址等。堡墙为土墙，夯筑而成，夯层厚 0.08～0.2 米。东墙南段残长 11、底宽 1.2～2、顶宽 1.2～1.5、残高 3.3～3.5 米，夯层厚 0.1～0.2 米；南墙残长 90、残高 2～4 米，夯层厚 0.2 米；西墙南段残长 50、底宽 0.8～1.2、残高 3.7 米，北段残长 19、底宽 2.2、残高 2.5 米；北墙东段残长 47、底宽 2.2、顶宽 0.5～0.7、残高 3～3.5 米，夯层厚 0.08～0.16 米，西段残长 70、顶宽 0.5～0.7、残高 1.5～3.7 米，夯层厚 0.08～0.16 米。西墙骑墙有敌台1座，平面呈圆形，底径16、顶径12、残高6.5米，夯层厚0.04～0.14米。敌台有台基，平面呈圆形，直径30、残高1.2～2米。

堡整体保存差。堡墙坍塌损毁严重，部分段无存；敌台南壁有窑洞；堡内西部有夯土基址，被现代水池破坏；堡内无人居住。造成损毁的自然因素主要是风雨侵蚀、植物生长等；人为因素主要是农业生产活动破坏等。

27. 桦林堡

位于天峰坪镇桦林堡村中，寺沟长城东1千米处，高程1064米。西距寺沟堡0.87千米。

堡平面呈矩形，坐北朝南，东西186、南北198米，周长768米，占地面积36828平方米。现存主要设施、遗迹有堡墙、城门2座、瓮城1座、角台3座、马面6座、照壁1座、堡内庙宇4座等。堡墙为砖墙，外部砖石垒砌，东墙中部有豁口，宽9米；西墙有两处豁口，宽46.7米，内壁被利用为窑洞后壁；北墙有两处豁口。东墙底宽6、顶宽5.5、残高9.6米；南墙底宽6.2、顶宽3.2、残高0.5～8米；西墙残长139.3、底宽8.2、顶宽0.5～5.5、残高8.5米；北墙底宽6.5、顶宽5.5、残高8.9米。南墙中部设城门1座，现为豁口，宽8、进深10米。南门外有瓮城，东西33.1、南北23米，残存东墙和西墙北段，东墙底宽6.9、顶宽6.9、残高7米。瓮城门位于东墙，砖券拱门，三伏三券，门洞外宽2.9、外高3.75、内高6.135、进深10.695米；瓮城门东侧有照壁，长6.65、宽1.64、残高3.5米。堡内有第一次修筑桦林堡时的南门，砖券拱门，三伏三券，门洞外宽3.55、外高4.03、内高7.05、进深14.25米。南门墙体东西19.3、南北17、残高7.83米，东侧有登城步道，长11.9、宽2.2米。

堡整体保存较好。堡墙坍塌损毁严重。造成损毁的自然因素主要是风雨侵蚀、植物生长等；人为因素主要是拆毁堡墙砖石、利用墙体修建窑洞等。

桦林堡　梁兴国摄

28. 偏关城

位于偏关县县城中，属新关镇。由于情况特殊，未进行调查。

29. 寺堠堡

位于新关镇寺堠堡村中，高程1483米。

堡平面呈矩形，坐北朝南，周长373.8米，占地面积8910平方米。现存主要设施、遗迹有堡墙、角台4座、马面2座等。堡墙为砖墙，外部砖石垒砌，砖石大部分无存；内部为夯土墙体，夯层厚0.05～0.09米。墙体底宽8、顶宽0.5～3.3、外高6.5～10.2、内高5.1～7.5米。南墙中部原设城门1座，现无存。堡墙四角设角台。东、西墙各设马面1座。

堡整体保存较好。堡墙坍塌损毁严重，有利用墙体修建的窑洞；堡内为民居和耕地。造成损毁的自然因素主要是风雨侵蚀、植物生长等；人为因素主要是拆毁堡墙砖石、利用墙体修建窑洞等。

30. 沙圪旦堡

名韩家坪堡。位于窑头乡沙圪旦村北0.2千米处，高程1133米。

堡平面呈矩形，坐东朝西，东西148、南北153米，周长602米，占地面积22644平方米。现存主要设施、遗迹有堡墙、城门2座、瓮城2座、角台3座、马面2座等。堡墙为砖墙，外部砖石垒砌，砖石大部分无存；内部为夯土墙体，夯层厚0.08～0.18米。墙体底宽9、顶宽1～4、外高5.5～9.4、内高6.5～11.9米。东、西墙各设城门1座，城门外有瓮城，东门外瓮城仅存南墙6米。堡墙四角设角台，其中东北角台无存。存马面2座，南、北墙中部各设1座。东墙南段外侧6米处有土台，长8、宽3.5、残高3.5米。

堡整体保存一般。堡墙坍塌损毁严重，堡内现为耕地。造成损毁的自然因素主要是风雨侵蚀、植物生长等；人为因素主要是农业生产活动破坏、拆毁堡墙砖石等。

31. 八柳树堡

位于陈家营乡八柳树村中，偏关河北岸的台地上，高程1211米。

堡平面呈矩形，坐北朝南，周长552米，占地面积27745平方米。现存主要设施、遗迹有堡墙、堡内石碑2块等。堡墙为砖墙，外部砖石垒砌，内部为夯土墙体。外部砖石无存，东墙仅存地面痕迹；南墙无存；西墙原长218、残长60、底宽9、顶宽0.5～3、残高0.3～10.1米；北墙残长50、底宽2、顶宽1.5、残高0.5～5米。堡内有石碑2块。

堡整体保存差。堡墙坍塌损毁痕迹严重，西、北墙部分无存，有利用墙体修建的窑洞；堡内有民居，堡外为耕地。造成损毁的自然因素主要是风雨侵蚀、植物生长等；人为因素主要是拆毁堡墙砖石、利用墙体修建窑洞等。

32. 马站堡

位于陈家营乡马站村中，高程1159米。

堡平面呈不规则形，坐北朝南，东西最长542、南北最长121米，周长1330米，占地面积6.5万平方米。现存主要设施、遗迹有堡墙、城门1座、瓮城1座、角台1座、马面1座等。堡墙为砖墙，外部砖石垒砌；内部为夯土墙体，夯层厚0.06～0.15米。外部砖石大部无存，墙体底宽3～7.2、顶宽0.3～6、外高0.5～10.9、内高0.5～8.7米。西墙中部设城门1座。西门外有瓮城，瓮城门位于南墙。角台仅存西南角台。北墙西段有马面1座。

堡整体保存一般。堡墙坍塌损毁严重，大部分段无存，有利用墙体修建的窑洞；堡内为民居和耕地。造成损毁的自然因素主要是风雨侵蚀、植物生长等；人为因素主要是农业生产活动破坏、拆毁堡墙砖石、利用墙体修建窑洞等。

33. 永兴堡

位于楼沟乡永兴村中，高程1399米。

堡平面呈不规则形，坐东朝西，周长684米，占地面积22016平方米。现存主要设施、遗迹有堡墙、瓮城2座、角台2座等。堡墙为砖墙，外部砖石垒砌，砖石无存；内部为夯土墙体，夯层厚0.04~0.06米。东墙北段残长15、底宽13、顶宽10米；西墙北段残长30米，近北侧有豁口，宽4米，墙体底宽9、顶宽1.5~3.2、残高8~9米，南段残长28米；北墙残长5米。东墙外有瓮城，瓮城东墙长15、底宽13、顶宽10、残高8~8.5米；北墙长30、底宽5、顶宽2.3、残高8~8.5米，夯层厚0.06~0.19米；南墙无存。西墙外有瓮城，南墙长9、底宽4~5、顶宽2.3、残高8~9米；西墙长28、底宽14、顶宽9~10米，夯层厚0.14~0.32米。瓮城门位于北墙。

堡整体保存较差。堡墙坍塌损毁严重，大部分段无存，因修路挖断东、西墙；堡内有民居。造成损毁的自然因素主要是风雨侵蚀、植物生长等；人为因素主要是农业生产活动破坏、修路挖断墙体等。

34. 楼沟堡

位于楼沟乡楼沟村中，高程1343米。

堡平面大致呈"吕"字形，坐北朝南，由北侧大堡和南侧小堡组成。大堡南墙即为小堡北墙，平面均呈矩形，大堡东西267.8、南北138米，小堡东西95.3、南北83.6米，总周长1074.1米，占地面积35429平方米。现存主要设施、遗迹有堡墙、角台6座等。堡墙为砖墙，外部砖石垒砌，砖石无存；内部为夯土墙体，夯层厚0.06~0.16米。大堡墙体底宽8、顶宽1.5~5、残高0.5~10米；小堡墙体底宽8、顶宽1.7~5、外高0.6~9.5、内高0.6~9.7米。大堡有西南、西北角台，小堡堡墙四角设角台。

堡整体保存一般。堡墙坍塌损毁严重，大堡东、西墙无存。大堡内有民居，小堡内为耕地。造成损毁的自然因素主要是风雨侵蚀、植物生长等；人为因素主要是农业生产活动破坏等。

（三）单体建筑

1. 敌台

偏关县长城墙体上共调查到敌台98座。

名称	编码	地点	坐标	材质	建筑方式	平面形制	剖面形制	尺寸	附属设施
北场1号敌台		南堡子乡北场村西北		不详	不详	矩形	梯形	底部东西10、南北8米，顶部东西7.2、南北5米，残高6米	无
北场2号敌台		南堡子乡北场村西北、大庄窝村东		不详	不详	矩形	梯形	底部边长10、顶部边长8、残高7米	无
大庄窝敌台		南堡子乡大庄窝村东北		不详	不详	矩形	梯形	底部东西10、南北11米，顶部东西8、南北9米，残高8米	无
南梁上敌台		老营镇南梁上村东南		不详	不详	矩形	梯形	底部东西7、南北6、残高5～6米	无
史家圪台敌台		老营镇史家圪台村西北		不详	不详	矩形	梯形	底部东西8、南北6米，顶部东西4.5、南北4米，残高6米	无
内蒙古调查柏杨岭长城2段1号敌台		老营镇柏杨岭村东南0.3千米		土	夯筑而成，夯层厚0.15～0.2米	矩形	梯形	底部东西10.5、南北9米，顶部东西2、南北1米，残高9米	无
内蒙古调查柏杨岭长城2段2号敌台		老营镇柏杨岭村村内		土	夯筑而成，夯层厚0.15～0.2米	矩形	梯形	底部东西6、南北8米，顶部东西1、南北4米，残高9米	无
内蒙古调查柏杨岭长城2段3号敌台		老营镇柏杨岭村西北0.05千米		砖	外部砖石垒砌；内部为夯土台体，夯层厚0.15～0.2米	矩形	梯形	底部东西8.5、南北8米，顶部东西4.5、南北5米，残高9米	顶部有铺砖和铺石
内蒙古调查柏杨岭长城2段4号敌台		老营镇柏杨岭村西北1千米		土	夯筑而成，夯层厚0.15～0.2米	矩形	梯形	底部东西10、南北7米，顶部东西3、南北1米，残高8米	无
内蒙古调查柏杨岭长城2段5号敌台		老营镇柏杨岭村西北1千米		石	外部条石垒砌；内部为夯土台体，夯层厚0.15～0.2米	矩形	梯形	底部边长8米，顶部东西6、南北5米，残高8.5米	无
野羊洼1号敌台		老营镇柏杨岭村西北1.65千米		石	外部条石垒砌；内部为夯土台体，夯层厚0.15～0.2米	矩形	梯形	底部东西11、南北9米，顶部东西3.5、南北5米，残高6米	无

续表

名称	编码	地点	坐标	材质	建筑方式	平面形制	剖面形制	尺寸	附属设施
野羊洼 2 号敌台		老营镇柏杨岭村西北 1.9 千米		砖	外部砖石垒砌；内部为夯土台体，夯层厚 0.2～0.3 米	矩形	梯形	底部边长 16 米	四壁原各有箭窗 4 个，宽 0.6、高 1.2 米，仅存东壁 3 个、北壁 1 个。台体内部为回廊结构，顶部有砖砌的排水设施
野羊洼 3 号敌台		老营镇野羊洼村东北 0.5 千米		土	夯筑而成，夯层厚 0.2～0.3 米	矩形	梯形	底部东西 8、南北 9 米，顶部东西 3、南北 2 米，残高 6 米	无
野羊洼 4 号敌台		老营镇野羊洼村东北 0.4 千米		砖	外部砖石垒砌；内部为夯土台体，夯层厚 0.2～0.3 米	矩形	梯形	底部边长 10 米，顶部东西 7、南北 8 米，残高 10 米	顶部有铺砖
野羊洼 5 号敌台		老营镇野羊洼村西北 0.7 千米		砖	外部砖石垒砌；内部为夯土台体，夯层厚 0.15～0.2 米	矩形	梯形	底部东西 8.5、南北 10.2 米，顶部东西 5、南北 6.1 米，残高 8 米	无
窑子沟 1 号敌台		清水河县北堡乡井阳上村东南 2.7 千米		土	夯筑而成，夯层厚 0.15～0.2 米	矩形	梯形	底部东西 11.8、南北 14 米，顶部东西 1.5、南北 8.5 米，残高 9.1 米	无
窑子沟 2 号敌台		清水河县北堡乡井阳上村东南 2.8 千米		石	外部条石垒砌；内部为夯土台体，夯层厚 0.05～0.2 米	矩形	梯形	底部东西 15.06、南北 10 米，顶部东西 8.17、南北 6.8 米，残高 8.6 米	顶部有铺砖
窑子沟 3 号敌台		清水河县北堡乡井阳上村东南 2.4 千米		砖	外部砖石垒砌；内部为夯土台体，夯层厚 0.1～0.2 米	矩形	梯形	底部东西 12.2、南北 12 米，顶部东西 8.8、南北 6 米，残高 11.5 米	顶部有铺石
窑子沟 4 号敌台		清水河县北堡乡棣木塔村东 2.4 千米		砖	外部砖石垒砌；内部为夯土台体，夯层厚 0.04～0.1 米	矩形	梯形	底部边长 8.5 米，顶部东西 6、南北 5.82 米，残高 7.2 米	无
棣木塔 1 号敌台		清水河县北堡乡棣木塔村东南 1.8 千米		砖	外部砖石垒砌；内部为夯土台体，夯层厚 0.08～0.15 米	矩形	梯形	底部东西 10.2、南北 8.4 米，顶部东西 5、南北 4.3 米，残高 4 米	无
棣木塔 2 号敌台		清水河县北堡乡棣木塔村东南 1.5 千米		砖	外部砖石垒砌；内部为夯土台体，夯层厚 0.05～0.15 米	矩形	梯形	底部东西 7.5、南北 8.8 米，顶部东西 4.1、南北 4.2 米，残高 5.8 米	无
小元峁 1 号敌台		清水河县北堡乡棣木塔村南 1.6 千米		砖	外部砖石垒砌；内部为夯土台体，夯层厚 0.05～0.15 米	矩形	梯形	底部东西 10、南北 9.2 米，顶部东西 8.6、南北 7.4 米，残高 11.58 米	顶部有铺砖
小元峁 2 号敌台		清水河县北堡乡棣木塔村南 1.85 千米		砖	外部砖石垒砌；内部为夯土台体，夯层厚 0.05～0.15 米	矩形	梯形	底部东西 10、南北 11.5 米，顶部东西 6、南北 5.84 米，残高 8.15 米	顶部有铺砖

续表

名称	编码	地点	坐标	材质	建筑方式	平面形制	剖面形制	尺寸	附属设施
小元峁3号敌台		清水河县北堡乡楝木塔村西南2.3千米		砖	外部砖石垒砌；内部为夯土台体，夯层厚0.05～0.15米	矩形	梯形	底部东西9、南北8米，顶部东西5、南北4米，残高6.5米	顶部有铺砖
窑洼1号敌台		水泉乡窑洼村东1千米		砖	外部砖石垒砌；内部为夯土台体，夯层厚0.15～0.2米	矩形	梯形	底部东西13、南北5米，顶部东西10、南北5米，残高7米	无
窑洼2号敌台		水泉乡窑洼村东1千米		石	外部条石垒砌；内部为夯土台体，夯层厚0.15～0.2米	矩形	梯形	底部东西16、南北10.5米，顶部东西14、南北5米，残高8米	无
窑洼3号敌台		水泉乡窑洼村东0.8千米		砖	外部砖石垒砌；内部为夯土台体，夯层厚0.15～0.2米	矩形	梯形	底部边长14、顶部东边长9.5、残高10米	无
窑洼4号敌台		水泉乡窑洼村东0.4千米		砖	外部砖石垒砌；内部为夯土台体，夯层厚0.15～0.2米	矩形	梯形	底部东西7.5、南北8米，顶部东西6、南北7米，残高10米	东、北壁各残存箭窗2个。台体内部为回廊结构，顶部东北角有排水设施
窑洼5号敌台		水泉乡窑洼村东0.15千米		砖	外部砖石垒砌；内部为夯土台体，夯层厚0.15～0.2米	矩形	梯形	底部东西7、南北8米，顶部东西3、南北4米，残高8米	无
窑洼6号敌台		水泉乡窑洼村东		土	夯筑而成，夯层厚0.15～0.2米	矩形	梯形	底部东西7、南北9米，顶部东西4、南北5米，残高10米	无
窑洼7号敌台		水泉乡窑洼村东北0.45千米		石	外部条石垒砌；内部为夯土台体，夯层厚0.1～0.15米	矩形	梯形	底部边长10、顶部边长8.5、残高7米	无
窑洼8号敌台		水泉乡窑洼村西北1千米		土	夯筑而成，夯层厚0.15～0.2米	矩形	梯形	底部东西5、南北6米，顶部东西1、南北3米，残高6米	无
窑洼9号敌台		水泉乡窑洼村西北1.3千米		土	夯筑而成，夯层厚0.15～0.2米	矩形	梯形	底部东西12、南北10米，顶部东西10、南北4米，残高9米	无
碓臼坪1号敌台		清水河县暖泉乡碓臼坪村南1.1千米		石	外部条石垒砌；内部为夯土台体，夯层厚0.05～0.15米	矩形	梯形	底部东西6、南北5米，顶部东西2、南北1米，残高8米	顶部有铺砖
碓臼坪2号敌台		清水河县暖泉乡碓臼坪村西南0.86千米		石	外部条石垒砌；内部为夯土台体，夯层厚0.05～0.15米	矩形	梯形	底部东西12、南北11米，顶部东西7、南北5米，残高9米	顶部有铺砖
许家湾敌台		清水河县暖泉乡川峁上村东南0.9千米		石	外部条石垒砌；内部为夯土台体，夯层厚0.05～0.15米	矩形	梯形	底部东西8、南北9米，顶部东西5、南北7米，残高9米	无

续表

名称	编码	地点	坐标	材质	建筑方式	平面形制	剖面形制	尺寸	附属设施
川峁上1号敌台		清水河县暖泉乡川峁上村西南		石	外部条石垒砌；内部为夯土台体，夯层厚0.15~0.2米	矩形	梯形	底部边长12、顶部边长9.5、残高7米	无
川峁上2号敌台		清水河县暖泉乡川峁上村西0.5千米		土	夯筑而成，夯层厚0.15~0.2米	矩形	梯形	底部边长10，顶部东西2、南北5米，残高6米	无
川峁上3号敌台		清水河县暖泉乡川峁上村西北1千米		石	外部条石垒砌；内部为夯土台体，夯层厚0.15~0.2米	矩形	梯形	底部东西13.5、南北11.5米，顶部东西8、南北7米，残高6.5米	无
川峁上4号敌台		清水河县暖泉乡川峁上村西北1.4千米		土	夯筑而成，夯层厚0.15~0.2米	矩形	梯形	底部东西12、南北10米，顶部东西6、南北5米，残高8米	无
川峁上5号敌台		清水河县暖泉乡头道沟村南1千米		土	夯筑而成，夯层厚0.15~0.2米	矩形	梯形	底部东西6、南北7米，顶部东西1.5、南北2米，残高6米	无
头道沟1号敌台		清水河县暖泉乡头道沟村西1千米		石	外部条石垒砌；内部为夯土台体，夯层厚0.15~0.2米	矩形	梯形	底部东西7、南北5米，顶部东西4、南北2.5米，残高6米	无
头道沟2号敌台		清水河县暖泉乡头道沟村西1.6千米		土	夯筑而成，夯层厚0.15~0.2米	矩形	梯形	底部东西8、南北7米，顶部东西4、南北3米，残高6米	无
头道沟3号敌台		清水河县暖泉乡腰栅咀村南1.3千米		土	夯筑而成，夯层厚0.15~0.2米	矩形	梯形	底部东西10、南北7米，顶部东西6、南北4米，残高7米	无
头道沟4号敌台		清水河县暖泉乡腰栅咀村西南		石	外部条石垒砌；内部为夯土台体，夯层厚0.15~0.2米	矩形	梯形	底部边长10、顶部边长8、残高8米	无
后海子1号敌台	140932352101170182	水泉乡后海子村西北0.8千米	东经：111°40′58.50″ 北纬：39°37′38.90″ 高程：1519米	土	夯筑而成，夯层厚0.15~0.2米	矩形	梯形	底部东西6、南北8米，顶部东西3、南北4米，残高6.5米	无
后海子2号敌台	140932352101170183	水泉乡后海子村西北1.3千米	东经：111°40′37.10″ 北纬：39°37′42.10″ 高程：1541米	土	夯筑而成，夯层厚0.15~0.2米	矩形	梯形	底部东西6、南北8米，顶部边长3米，残高7米	无
后海子3号敌台	140932352101170184	水泉乡后海子村西北1.5千米	东经：111°40′30.40″ 北纬：39°37′46.10″ 高程：1559米	土	夯筑而成，夯层厚0.15~0.2米	矩形	梯形	底部东西7、南北6米，顶部东西4、南北1.5米，残高6米	无
杏树峁敌台		清水河县暖泉乡腰栅咀村西南1.95千米		砖	外部砖石垒砌；内部为夯土台体，夯层厚0.18~0.25米	矩形	梯形	底部东西6.8、南北5米，顶部东西3、南北2米，残高7.35米	无
关地咀敌台		清水河县暖泉乡安根楼村东南1.9千米		土	夯筑而成，夯层厚0.05~0.15米	矩形	梯形	底部东西10、南北8米，顶部东西2、南北2米，残高5米	无
窑沟子1号敌台	140932352101170185	水泉乡窑沟子村东1.4千米	东经：111°39′21.50″ 北纬：39°38′12.70″ 高程：1581米	土	夯筑而成，夯层厚0.15~0.2米	矩形	梯形	底部东西7、南北8米，顶部边长5米，残高7米	无

续表

名称	编码	地点	坐标	材质	建筑方式	平面形制	剖面形制	尺寸	附属设施
窑沟子2号敌台	1409323521011701 86	水泉乡窑沟子村东0.8千米	东经：111°38′58.10″ 北纬：39°38′14.40″ 高程：1609米	土	夯筑而成，夯层厚0.15～0.2米	矩形	梯形	底部东西8、南北6米，顶部东西5、南北2米，残高6米	无
安根楼1号敌台		清水河县暖泉乡安根楼村中		土	夯筑而成，夯层厚0.15～0.2米	矩形	梯形	底部东西10、南北8米，顶部东西7、南北6米，残高6米	无
安根楼2号敌台		清水河县暖泉乡安根楼村西南0.45千米		砖	外部砖石垒砌；内部为夯土台体，夯层厚0.15～0.2米	矩形	梯形	底部东西10、南北11米，顶部东西8、南北9米，残高7米	无
安根楼3号敌台		清水河县暖泉乡安根楼村西南0.6千米		土	夯筑而成，夯层厚0.15～0.2米	矩形	梯形	底部东西7、南北10米，顶部东西4、南北8米，残高6米	无
安根楼4号敌台		清水河县暖泉乡安根楼村西南0.95千米		土	夯筑而成，夯层厚0.15～0.2米	矩形	梯形	底部东西10.5、南北10米，顶部东西4、南北6.5米，残高7米	无
安根楼5号敌台		清水河县单台子乡上黄家梁村南0.2千米		土	夯筑而成，夯层厚0.15～0.2米	矩形	梯形	底部东西9、南北7.5米，顶部东西6、南北6米，残高9米	无
阳洼子1号敌台		清水河县单台子乡下黄家梁村南		土	夯筑而成，夯层厚0.15～0.2米	矩形	梯形	底部东西9、南北10米，顶部东西6、南北7米，残高6米	无

野羊窑段长城　航拍／刘恩博、张凯、张晶、贾真、郭毅

续表

名称	编码	地点	坐标	材质	建筑方式	平面形制	剖面形制	尺寸	附属设施
阳洼子2号敌台		万家寨镇阳洼子村东		石	外部条石垒砌；内部为夯土台体，夯层厚0.15～0.2米	矩形	梯形	底部东西12、南北11米，顶部东西4、南北3米，残高8米	无
阳洼子3号敌台		万家寨镇阳洼子村东		砖	外部砖石垒砌；内部为夯土台体，夯层厚0.15～0.2米	矩形	梯形	底部边长14、顶部边长12、残高14米	东、北壁各有箭窗4个。南壁残存箭窗1个，砖券拱门1座，西壁残存箭窗3个，台体内部为回廊结构
阳洼子4号敌台		万家寨镇阳洼子村北0.4千米		土	夯筑而成，夯层厚0.15～0.2米	矩形	梯形	底部东西9、南北6米，顶部东西5、南北2米，残高6米	无
石垛塌1号敌台		万家寨镇阳洼子村西北1千米		砖	外部砖石垒砌；内部为夯土台体	矩形	梯形	底部边长14、顶部边长13、残高11米	东、西、北壁各有箭窗4个；南壁残存箭窗2个，砖券拱门1座。台体内部为回廊结构；南壁附近残存半块石牌，残牌题记："西路管粮同知张鑑，万历岁次丁酉秋八月专旦"
石垛塌2号敌台		万家寨镇阳洼子村西北1千米		砖	外部砖石垒砌；内部为夯土台体，夯层厚0.04～0.1米	矩形	梯形	底部边长7、顶部边长6、残高5米	顶部有铺砖
石垛塌3号敌台		万家寨镇阳洼子村西北1.15千米		砖	外部砖石垒砌；内部为夯土台体，夯层厚0.15～0.2米	矩形	梯形	底部边长11米，顶部东西6、南北4米，残高5.5米	顶部有铺砖
白泥窑敌台		清水河县单台子乡石垛塌村西南1千米		土	夯筑而成，夯层厚0.05～0.15米	矩形	梯形	底部东西14、南北10米，顶部东西11、南北8.5米，残高6米	无
正泥塌敌台		万家寨镇正泥塌村西北0.4千米		土	夯筑而成，夯层厚0.05～0.15米	矩形	梯形	底部东西16、南北12米，顶部东西10、南北9米，残高8米	无
东牛腻塔1号敌台		万家寨镇正泥塌村西北0.5千米		土	夯筑而成，夯层厚0.05～0.15米	矩形	梯形	底部东西10、南北8.5米，顶部边长5米，残高7米	无
东牛腻塔2号敌台		万家寨镇正泥塌村西北0.8千米		土	夯筑而成，夯层厚0.15～0.2米	矩形	梯形	底部东西9、南北7米，顶部东西6、南北4米，残高6米	无
东牛腻塔3号敌台		清水河县单台子乡青草峁村东南0.8千米		土	夯筑而成，夯层厚0.15～0.2米	矩形	梯形	底部东西5、南北8米，顶部东西3、南北5米，残高7米	无
东牛腻塔4号敌台		清水河县单台子乡青草峁村东南0.4千米		土	夯筑而成，夯层厚0.15～0.2米	矩形	梯形	底部东西14、南北7米，顶部东西10、南北3米，残高6.5米	无
东牛腻塔5号敌台		清水河县单台子乡青草峁村东南0.35千米		土	夯筑而成，夯层厚0.15～0.2米	矩形	梯形	底部东西9、南北8米，顶部东西2.5、南北4米，残高7米	无
青草峁1号敌台		清水河县单台子乡青草峁村南0.5千米		土	夯筑而成，夯层厚0.15～0.2米	矩形	梯形	底部东西7、南北8米，顶部东西5.5、南北5.5米，残高7米	无
青草峁2号敌台		万家寨镇南庄王村北0.9千米		土	夯筑而成，夯层厚0.15～0.2米	矩形	梯形	底部东西6、南北8米，顶部东西4、南北1米，残高8米	无

续表

名称	编码	地点	坐标	材质	建筑方式	平面形制	剖面形制	尺寸	附属设施
青草峁3号敌台		万家寨镇南庄王村北0.95千米		土	夯筑而成，夯层厚0.15～0.2米	矩形	梯形	底部东西8、南北7米，顶部东西4、南北2米，残高9米	无
正湖梁1号敌台		清水河县单台子乡正湖梁村东0.6千米		土	夯筑而成，夯层厚0.15～0.2米	矩形	梯形	底部边长9米，顶部东西6、南北3.5米，残高7米	无
正湖梁2号敌台		清水河县单台子乡正湖梁村东0.5千米		土	夯筑而成，夯层厚0.15～0.2米	矩形	梯形	底部东西8、南北7米，顶部东西4、南北3.5米，残高5米	无
正湖梁3号敌台		清水河县单台子乡正湖梁村东0.4千米		土	夯筑而成，夯层厚0.15～0.2米	矩形	梯形	底部东西8、南北8.5米，顶部东西4.5、南北4米，残高8米	无
正湖梁4号敌台		清水河县单台子乡正湖梁村东南0.3千米		土	夯筑而成，夯层厚0.15～0.2米	矩形	梯形	底部边长3、顶部边长0.8、残高7米	无
正湖梁5号敌台		清水河县单台子乡正湖梁村西南0.5千米		土	夯筑而成，夯层厚0.15～0.2米	矩形	梯形	底部东西9、南北10米，顶部东西8、南北7米，残高8米	无
正湖梁6号敌台		清水河县单台子乡酸枣洼村西南0.5千米		土	夯筑而成，夯层厚0.15～0.2米	矩形	梯形	底部东西10、南北9米，顶部边长6米，残高9米	无
正湖梁7号敌台		清水河县单台子乡北古梁村东南0.5千米		土	夯筑而成，夯层厚0.15～0.2米	矩形	梯形	底部东西10、南北9米，顶部东西8、南北7米，残高7米	无
正湖梁8号敌台		清水河县单台子乡北古梁村东南0.5千米		土	夯筑而成，夯层厚0.15～0.2米	矩形	梯形	底部东西12、南北5米，顶部东西6.5、南北3米，残高9.5米	无
水门塔1号敌台		清水河县单台子乡北古梁村西南1千米		土	夯筑而成，夯层厚0.05～0.15米	矩形	梯形	底部东西9、南北10米，顶部东西4、南北6米，残高6米	无
水门塔2号敌台		清水河县单台子乡北古梁村西南1千米		土	夯筑而成，夯层厚0.1～0.15米	矩形	梯形	底部东西9、南北8米，顶部东西2.5、南北2米，残高9米	无
水门塔3号敌台		万家寨镇马道咀村西北0.5千米		土	夯筑而成，夯层厚0.1～0.15米	矩形	梯形	底部东西7、南北5.9米，顶部东西5、南北1.5米，残高5.8米	无
阎王鼻子1号敌台		万家寨镇马道咀村西北0.6千米		土	夯筑而成，夯层厚0.05～0.15米	矩形	梯形	底部边长10、顶部边长7、残高8米	无
阎王鼻子2号敌台		万家寨镇马道咀村西北1千米		土	夯筑而成，夯层厚0.05～0.1米	矩形	梯形	底部边长9、顶部边长6、残高8米	无
阎王鼻子3号敌台		万家寨镇老牛湾村东北1.4千米		土	夯筑而成，夯层厚0.05～0.1米	矩形	梯形	底部边长7米，顶部东西1.8、南北2.5米，残高6.5米	无
阎王鼻子4号敌台		万家寨镇老牛湾村东北0.7千米		土	夯筑而成，夯层厚0.15～0.2米	矩形	梯形		无
阎王鼻子5号敌台		万家寨镇老牛湾村东北0.6千米		土	夯筑而成，夯层厚0.15～0.2米	矩形	梯形	底部东西9、南北10米，顶部东西3、南北7米，残高8米	无
阎王鼻子6号敌台		万家寨镇老牛湾村东北0.5千米		土	夯筑而成，夯层厚0.15～0.2米	矩形	梯形	底部东西9、南北7米，顶部东西7、南北4.2米，残高7米	无

续表

名 称	编码	地点	坐标	材质	建筑方式	平面形制	剖面形制	尺 寸	附属设施
望河楼敌台		万家寨镇老牛湾村北0.2千米		砖	外部砖石垒砌；下部包石20层，高3.14米，上部包砖	矩形	梯形	底部边长12.9、顶部边长11.5、残高12.14米	南壁上部有砖券拱门，宽0.9、高1.6米。拱门上方嵌石匾，题"望河楼"三字
石咀敌台		天峰坪镇石咀村西北		土	夯筑而成，下部夯层间有片石层，夯层厚0.16~0.22米	矩形	梯形	底部东西7、南北7.5、残高8米	无
寺沟1号敌台		天峰坪镇寺沟村北		土	夯筑而成，夯层厚0.05~0.11米	圆形	梯形	底径14米	无
寺沟2号敌台		天峰坪镇寺沟村北		土	夯筑而成，夯层厚0.08~0.17米	圆形	梯形	底径17、顶径14、残高7.5米	无
寺沟3号敌台		天峰坪镇寺沟村北		土	夯筑而成，夯层厚0.06~0.15米	圆形	梯形	底径15、顶径15、残高7米	底部有台基，平面呈矩形，东西残长6.5、南北27米
寺沟4号敌台		天峰坪镇寺沟村北		土	夯筑而成，夯层厚0.07~0.12米	圆形	梯形	底径15、顶径12、残高6米	无
寺沟5号敌台		天峰坪镇寺沟村西		土	夯筑而成，夯层厚0.05~0.16米	圆形	梯形	残高7~8米	底部有台基，直径19~20、残高5~6米，夯层厚0.14~0.17米

2. 马面

偏关县长城墙体上共调查到马面214座。

名 称	编码	地点	坐标	材质	建筑方式	平面形制	剖面形制	尺 寸	附属设施
北场1号马面		南堡子乡北场村南		不详	不详	矩形	梯形	底部边长12、顶部边长9、残高6~7米	无
北场2号马面		南堡子乡北场村西南		不详	不详	矩形	梯形	底部东西9、南北6米，顶部东西5、南北3米，残高7米	无
北场3号马面		南堡子乡北场村西北1.3千米		不详	不详	矩形	梯形	底部东西10、南北8米，顶部东西8、南北6米，残高5米	无
北场4号马面		南堡子乡北场村西北		不详	不详	矩形	梯形	底部东西6、南北9米，顶部东西4、南北7米，残高5米	无
北场5号马面		南堡子乡北场村西北，大庄窝村东		不详	不详	矩形	梯形	底部东西13、南北10米，顶部东西11、南北8米，残高6米	无
大庄窝1号马面		南堡子乡大庄窝村东		不详	不详	矩形	梯形	底部边长13、顶部边长10、残高6~7米	无
大庄窝2号马面		南堡子乡大庄窝村东		不详	不详	矩形	梯形	底部东西10、南北13米，顶部东西8、南北11米，残高6米	无
大庄窝3号马面		南堡子乡大庄窝村北		不详	不详	矩形	梯形	底部东西15、南北12米，顶部东西12、南北9米，残高7米	无

续表

名称	编码	地点	坐标	材质	建筑方式	平面形制	剖面形制	尺寸	附属设施
大庄窝 4 号马面		南堡子乡大庄窝村西北 1.2 千米		不详	不详	矩形	梯形	底部东西 16、南北 11 米，顶部东西 13、南北 8 米，残高 8 米	无
大庄窝 5 号马面		南堡子乡大庄窝村西北		不详	不详	矩形	梯形	底部东西 11、南北 8 米，顶部东西 9、南北 6 米，残高 6 米	无
大庄窝 6 号马面		南堡子乡大庄窝村西北		不详	不详	矩形	梯形	底部东西 11、南北 12 米，顶部东西 9、南北 10 米，残高 5 米	无
大庄窝 7 号马面		南堡子乡大庄窝村西北		不详	不详	矩形	梯形	底部东西 11、南北 10 米，顶部东西 9、南北 8 米，残高 4 米	无
大庄窝 8 号马面		南堡子乡大庄窝村西北		不详	不详	矩形	梯形	底部东西 14、南北 11 米，顶部东西 11、南北 8 米，残高 8 米	无
大庄窝 9 号马面		南堡子乡大庄窝村西北 2.5 千米		不详	不详	矩形	梯形	底部东西 12、南北 9 米，顶部东西 10、南北 7 米，残高 5 米	无
大庄窝 10 号马面		南堡子乡大庄窝村西北		不详	不详	矩形	梯形	底部东西 10、南北 12 米，顶部东西 7、南北 9 米，残高 7 米	无
大庄窝 11 号马面		南堡子乡大庄窝村西北，地椒峁村南		不详	不详	矩形	梯形	底部东西 16、南北 12 米，顶部东西 13、南北 9 米，残高 10 米	无
南泉寺 1 号马面		南堡子乡南泉寺村东南 1.4 千米		土	夯筑而成	矩形	梯形	底部东西 4、南北 6、残高 5～6 米	无
南泉寺 2 号马面		南堡子乡南泉寺村东南		土	夯筑而成，夯层厚 0.2～0.25 米	矩形	梯形	底部东西 4、南北 11、残高 5 米	无
南泉寺 3 号马面		南堡子乡南泉寺村东南		土	夯筑而成	矩形	梯形	底部东西 7、南北 10 米，顶部东西 5、南北 7.5 米，残高 4.5～9 米	无
南泉寺 4 号马面		南堡子乡南泉寺村东南		土	夯筑而成，夯层厚 0.15～0.25 米	矩形	梯形	底部东西 5、南北 3、残高 5 米	无
南泉寺 5 号马面		南堡子乡南泉寺村东南 0.8 千米		土	夯筑而成	矩形	梯形	底部东西 7、南北 8 米。顶部东西 5、南北 4.7 米，残高 5 米	无
地椒峁 1 号马面		南堡子乡地椒峁村南		土	夯筑而成，夯层厚 0.1～0.18 米	矩形	梯形	底部东西 15、南北 13 米，顶部东西 12、南北 11 米，残高 8 米	无
地椒峁 2 号马面		南堡子乡地椒峁村南		不详	不详	矩形	梯形	底部东西 8、南北 14 米，顶部东西 6、南北 12 米，残高 6 米	无
地椒峁 3 号马面		南堡子乡地椒峁村西北		不详	不详	矩形	梯形	底部东西 8、南北 11 米，顶部东西 6、南北 9 米，残高 6 米	无
地椒峁 4 号马面		南堡子乡地椒峁村西北		不详	不详	矩形	梯形	底部东西 9、南北 7 米，顶部东西 6、南北 4 米，残高 3～4 米	无
地椒峁 5 号马面		南堡子乡地椒峁村西北 1.6 千米		不详	不详	矩形	梯形	底部东西 9、南北 12 米，顶部东西 6、南北 9 米，残高 6.5 米	无
南梁上 1 号马面		老营镇南梁上村东南		不详	不详	矩形	梯形	底部东西 9、南北 10 米，顶部东西 6、南北 7 米，残高 6-7 米	无
南梁上 2 号马面		老营镇南梁上村东南		不详	不详	矩形	梯形	底部东西 9、南北 11 米，顶部东西 6、南北 7 米，残高 7 米	无

续表

名称	编码	地点	坐标	材质	建筑方式	平面形制	剖面形制	尺寸	附属设施
柏杨岭1号马面		老营镇柏杨岭村东南		土	夯筑而成，夯层厚0.1-0.12米	矩形	梯形	东西6、南北3.5、残高3米	无
柏杨岭2号马面		老营镇柏杨岭村东南		不详	不详	矩形	梯形	边长9、残高4～5米	无
柏杨岭3号马面		老营镇柏杨岭村东南1.25千米		不详	不详	矩形	梯形	底部东西8、南北7、残高5～6米	无
柏杨岭4号马面		老营镇柏杨岭村东南		不详	不详	矩形	梯形	边长5、残高4米	无
柏杨岭5号马面		老营镇柏杨岭村东南		不详	不详	矩形	梯形	底部东西7、南北9米，顶部东西4、南北6米，残高5米	无
柏杨岭6号马面		老营镇柏杨岭村东南		不详	不详	矩形	梯形	底部东西9、南北10米，顶部东西6、南北7米，残高5米	无
柏杨岭7号马面		老营镇柏杨岭村东		不详	不详	矩形	梯形	底部东西9、南北10米，顶部东西6、南北7米，残高6米	无
内蒙古调查柏杨岭长城1段1号马面		老营镇柏杨岭村东0.25千米		土	夯筑而成，夯层厚0.15～0.2米	矩形	梯形	底部东西8、南北6米，顶部东西3、南北2米，残高7米	无
内蒙古调查柏杨岭长城1段2号马面		老营镇柏杨岭村东0.2千米		土	夯筑而成，夯层厚0.15～0.2米	矩形	梯形	底部东西10、南北8米，顶部东西1、南北2米，残高6米	无
内蒙古调查柏杨岭长城1段3号马面		老营镇柏杨岭村东0.3千米		土	夯筑而成，夯层厚0.15～0.2米	矩形	梯形	底部东西8、南北7米，顶部东西3、南北2.5米，残高7米	无
内蒙古调查柏杨岭长城2段1号马面		老营镇柏杨岭村东南0.2千米		土	夯筑而成，夯层厚0.15～0.2米	矩形	梯形	底部东西10、南北7米，顶部东西3、南北2米，残高5米	无
内蒙古调查柏杨岭长城2段2号马面		老营镇柏杨岭村西北0.16千米		土	夯筑而成，夯层厚0.15～0.2米	矩形	梯形	底部东西7、南北11米，顶部东西3、南北7米，残高6米	无
内蒙古调查柏杨岭长城2段3号马面		老营镇柏杨岭村西北0.31千米		土	夯筑而成，夯层厚0.15～0.2米	矩形	梯形	底部东西8、南北11米，顶部东西3.5、南北8米，残高6米	无
内蒙古调查柏杨岭长城2段4号马面		老营镇柏杨岭村西北0.6千米		土	夯筑而成，夯层厚0.15～0.2米	矩形	梯形	底部东西8、南北12米，顶部东西3、南北6米，残高7米	无
内蒙古调查柏杨岭长城2段5号马面		老营镇柏杨岭村西北1千米		土	夯筑而成，夯层厚0.15～0.2米	矩形	梯形	底部东西7、南北11米，顶部东西4、南北7米，残高5米	无
野羊洼1号马面		老营镇柏杨岭村西北1.2千米		石	外部条石垒砌；内部为夯土台体，夯层厚0.15～0.2米	矩形	梯形	底部东西7.5、南北10米，顶部东西2、南北3米，残高7米	无
野羊洼2号马面		老营镇柏杨岭村西北1.4千米		土	夯筑而成，夯层厚0.15～0.2米	矩形	梯形	底部东西6、南北9.5米，顶部东西3.5、南北5米，残高8米	无

续表

名称	编码	地点	坐标	材质	建筑方式	平面形制	剖面形制	尺寸	附属设施
野羊洼 3 号马面		老营镇野羊洼村东 0.5 千米		土	夯筑而成，夯层厚 0.15～0.2 米	矩形	梯形	底部东西 6、南北 8 米，顶部东西 6、南北 6 米，残高 5 米	无
野羊洼 4 号马面		老营镇野羊洼村东北 0.35 千米		土	夯筑而成，夯层厚 0.15～0.2 米	矩形	梯形	底部东西 8、南北 9.5 米，顶部东西 4、南北 5 米，残高 8 米	无
野羊洼 5 号马面		老营镇野羊洼村北 0.45 千米		土	夯筑而成，夯层厚 0.15～0.2 米	矩形	梯形	底部东西 6、南北 7 米，顶部东西 4、南北 3 米，残高 5 米	无
野羊洼 6 号马面		老营镇野羊洼村北 0.4 千米		土	夯筑而成，夯层厚 0.15～0.2 米	矩形	梯形	底部东西 7、南北 8 米，顶部东西 1、南北 6 米，残高 5 米	顶部有铺石
野羊洼 7 号马面		老营镇野羊洼村西北 0.5 千米		土	夯筑而成，夯层厚 0.15～0.2 米	矩形	梯形	底部东西 6、南北 10 米，顶部东西 1.5、南北 3 米，残高 1.5 米	无
野羊洼 8 号马面		老营镇野羊洼村西北 0.65 千米		土	夯筑而成，夯层厚 0.15～0.2 米	矩形	梯形	底部东西 7.5、南北 7.8 米，顶部东西 3、南北 4.53 米，残高 7.21 米	无
窑子沟 1 号马面		老营镇野羊洼村西北 0.73 千米		土	夯筑而成，夯层厚 0.15～0.2 米	矩形	梯形	底部东西 6、南北 7.2 米，顶部东西 4.8、南北 2.52 米，残高 7.15 米	无
窑子沟 2 号马面		老营镇野羊洼村西 0.72 千米		土	夯筑而成，夯层厚 0.15～0.2 米	矩形	梯形	底部东西 7.44、南北 6.2 米，顶部东西 2.2、南北 3 米，残高 4.7 米	顶部有铺砖和铺石
窑子沟 3 号马面		老营镇野羊洼村西 0.83 千米		土	夯筑而成，夯层厚 0.15～0.2 米	矩形	梯形	底部东西 6.32、南北 7 米，顶部东西 3.2、南北 4.1 米，残高 5.12 米	顶部有铺砖
窑子沟 4 号马面		老营镇野羊洼村西 1.1 千米		土	夯筑而成，夯层厚 0.15～0.2 米	矩形	梯形	底部东西 5.3、南北 6 米，顶部东西 4、南北 4.2 米，残高 7.1 米	无
窑子沟 5 号马面		清水河县北堡乡井阳上村东南 2.8 千米		土	夯筑而成，夯层厚 0.05～0.2 米	矩形	梯形	底部东西 9.8、南北 9.9 米，顶部东西 9.8、南北 7 米，残高 7 米	无
窑子沟 6 号马面		清水河县北堡乡井阳上村东南 2.6 千米		土	夯筑而成，夯层厚 0.05～0.2 米	矩形	梯形	底部东西 7、南北 6 米，顶部东西 3、南北 4 米，残高 7.12 米	无
窑子沟 7 号马面		清水河县北堡乡井阳上村东南 2.5 千米		土	夯筑而成，夯层厚 0.05～0.2 米	矩形	梯形	底部东西 9、南北 6.95 米，顶部东西 3.6、南北 2 米，残高 8.15 米	顶部有铺石
窑子沟 8 号马面		清水河县北堡乡井阳上村东南 2.4 千米		土	夯筑而成，夯层厚 0.1～0.2 米	矩形	梯形	底部东西 7.8、南北 6 米，顶部东西 3、南北 2.15 米，残高 5.21 米	无
窑子沟 9 号马面		清水河县北堡乡井阳上村东南 2.8 千米		土	夯筑而成	矩形	梯形	底部东西 7.98、南北 6.12 米，顶部东西 2.2、南北 3 米，残高 4.7 米	无
窑子沟 10 号马面		清水河县北堡乡楝木塔村东 2.4 千米		土	夯筑而成，夯层厚 0.05～0.1 米	矩形	梯形	底部东西 8、南北 7.8 米，顶部东西 4.75、南北 4 米，残高 8 米	无
楝木塔 1 号马面		清水河县北堡乡楝木塔村东 2.3 千米		土	夯筑而成，夯层厚 0.04～0.1 米	矩形	梯形	底部东西 7、南北 7.2 米，顶部东西 3、南北 2.5 米，残高 6.58 米	无
楝木塔 2 号马面		清水河县北堡乡楝木塔村东 2.2 千米		土	夯筑而成，夯层厚 0.05～0.15 米	矩形	梯形	底部东西 8、南北 7.5 米，顶部东西 4.5、南北 5 米，残高 7.5 米	无
楝木塔 3 号马面		清水河县北堡乡楝木塔村东 2.1 千米		土	夯筑而成，夯层厚 0.04～0.1 米	矩形	梯形	底部东西 7、南北 9 米，顶部东西 2、南北 3 米，残高 8.56 米	无

续表

名称	编码	地点	坐标	材质	建筑方式	平面形制	剖面形制	尺寸	附属设施
楝木塔4号马面		清水河县北堡乡楝木塔村东南1.6千米		土	夯筑而成，夯层厚0.08~0.15米	矩形	梯形	底部东西7.4、南北6.6米，顶部东西6.4、南北3米，残高5.7米	顶部有铺砖
楝木塔5号马面		清水河县北堡乡楝木塔村东南1.6千米		石	外部条石垒砌；内部为夯台体，夯层厚0.08~0.15米	矩形	梯形	底部东西11.5、南北7.5米，顶部东西7.8、南北5.68米，残高6.9米	顶部有铺砖
楝木塔6号马面		清水河县北堡乡楝木塔村东南1.6千米		石	外部条石垒砌；内部为夯台体，夯层厚0.08~0.15米	矩形	梯形	底部东西10.2、南北8.6米，顶部东西6、南北5.85米，残高6.15米	顶部有铺砖
楝木塔7号马面		清水河县北堡乡楝木塔村东南1.65千米		石	外部条石垒砌；内部为夯台体，夯层厚0.08~0.15米	矩形	梯形	底部东西11.2、南北6.3米，顶部东西5.1、南北3.5米，残高6.8米	顶部有铺砖
楝木塔8号马面		清水河县北堡乡楝木塔村南1.6千米		石	外部条石垒砌；内部为夯台体，夯层厚0.08~0.15米	矩形	梯形	底部东西10.5、南北8.1米，顶部东西3、南北1.5米，残高4.8米	顶部有铺砖
小元峁1号马面		清水河县北堡乡楝木塔村1.52千米		石	外部条石垒砌；内部为夯台体，夯层厚0.08~0.15米	矩形	梯形	底部边长12、顶部边长10.5、残高6.5米	顶部有铺砖
小元峁2号马面		清水河县北堡乡楝木塔村1.54千米		石	外部条石垒砌；内部为夯土台体，夯层厚0.08~0.15米	矩形	梯形	底部东西11、南北8.9米，顶部东西3.85、南北2米，残高4.2米	顶部有铺砖
小元峁3号马面		清水河县北堡乡楝木塔村南1.56千米		石	外部条石垒砌；内部为夯土台体，夯层厚0.08~0.15米	矩形	梯形	底部东西7.1、南北8.25米，顶部东西1.5、南北4.15米，残高6.3米	无
小元峁4号马面		清水河县北堡乡楝木塔村南1.75千米		石	外部条石垒砌；内部为夯土台体，夯层厚0.1~0.15米	矩形	梯形	底部东西13.2、南北6米，顶部东西12.5、南北7.5米，残高4.4米	无
小元峁5号马面		清水河县北堡乡楝木塔村西南1.96千米		石	外部条石垒砌；内部为夯土台体，夯层厚0.1~0.15米	矩形	梯形	底部东西12、南北9.8米，顶部东西11、南北7.5米，残高4米	无
小元峁6号马面		清水河县北堡乡楝木塔村西南2.1千米		石	外部条石垒砌；内部为夯土台体，夯层厚0.1~0.15米	矩形	梯形	底部东西10、南北6.2米，顶部东西8、南北7.5米，残高5米	无
小元峁7号马面		清水河县北堡乡楝木塔村西南2.14千米		石	外部条石垒砌；内部为夯土台体，夯层厚0.1~0.15米	矩形	梯形	底部东西11、南北8米，顶部东西8.5、南北6米，残高5米	无
小元峁8号马面		清水河县北堡乡楝木塔村西南2.23千米		石	外部条石垒砌；内部为夯土台体，夯层厚0.1~0.15米	矩形	梯形	底部东西11、南北8米，顶部东西10、南北8米，残高5.5米	无

续表

名称	编码	地点	坐标	材质	建筑方式	平面形制	剖面形制	尺寸	附属设施
窑洼1号马面		水泉乡窑洼村东0.7千米		石	外部条石垒砌；内部为夯土台体，夯层厚0.15～0.2米	矩形	梯形	底部东西16、南北12米，顶部东西14、南北10米，残高7米	无
窑洼2号马面		水泉乡窑洼村东0.65千米		土	夯筑而成，夯层厚0.15～0.2米	矩形	梯形	底部边长14米，顶部东西12、南北10米，残高6米	无
窑洼3号马面		水泉乡窑洼村东0.6千米		石	外部条石垒砌；内部为夯土台体，夯层厚0.15～0.2米	矩形	梯形	底部东西10、南北14米，顶部东西7、南北9米，残高8米	无
窑洼4号马面		水泉乡窑洼村东0.55千米		石	外部条石垒砌；内部为夯土台体，夯层厚0.15～0.2米	矩形	梯形	底部东西10、南北8米，顶部东西6、南北4米，残高5米	无
窑洼5号马面		水泉乡窑洼村东0.35千米		砖	外部砖石垒砌，内部为夯土台体，夯层厚0.15～0.2米	矩形	梯形	底部东西14、南北10米，顶部东西7、南北8米，残高8米	无
窑洼6号马面		水泉乡窑洼村东0.3千米		石	外部条石垒砌；内部为夯土台体，夯层厚0.15～0.2米	矩形	梯形	底部东西10、南北8米，顶部东西6、南北7米，残高8.5米	无
窑洼7号马面		水泉乡窑洼村东北0.15千米		土	夯筑而成，夯层厚0.15～0.2米	矩形	梯形	底部东西8.5、南北7米，顶部东西4、南北3米，残高6米	无
窑洼8号马面		水泉乡窑洼村东北0.3千米		土	夯筑而成，夯层厚0.15～0.2米	矩形	梯形	底部东西6、南北8米，顶部东西3、南北4米，残高9.5米	无
窑洼9号马面		水泉乡窑洼村东北0.5千米		土	夯筑而成，夯层厚0.15～0.2米	矩形	梯形	底部东西9、南北13米，顶部东西5、南北8米，残高6米	无
窑洼10号马面		水泉乡窑洼村东北0.65千米		土	夯筑而成，夯层厚0.15～0.2米	矩形	梯形	底部边长8米，顶部东西4、南北3.5米，残高6米	无
窑洼11号马面		水泉乡窑洼村北0.8千米		石	外部条石垒砌；内部为夯土台体，夯层厚0.15～0.2米	矩形	梯形	底部东西11、南北13米，顶部东西7、南北9米，残高7米	无
窑洼12号马面		水泉乡窑洼村西北1.1千米		石	外部条石垒砌；内部为夯土台体，夯层厚0.15～0.2米	矩形	梯形	不详	无
碓臼坪1号马面		清水河县暖泉乡碓臼坪村南1.2千米		石	外部条石垒砌；内部为夯土台体，夯层厚0.04～0.1米	矩形	梯形	底部东西5.15、南北6.2米，顶部东西4.2、南北4.5米，残高5.5米	无

续表

名称	编码	地 点	坐标	材质	建筑方式	平面形制	剖面形制	尺 寸	附属设施
碓臼坪 2 号马面		清水河县暖泉乡碓臼坪村南 1.15 千米		石	外部条石垒砌；内部为夯土台体，夯层厚 0.06～0.1 米	矩形	梯形	底部东西 10、南北 4.7 米，顶部东西 8.4、南北 3.4 米，残高 5.2 米	无
碓臼坪 3 号马面		清水河县暖泉乡碓臼坪村南 1 千米		石	外部条石垒砌；内部为夯土台体，夯层厚 0.06～0.1 米	矩形	梯形	底部东西 8.15、南北 6.35 米，顶部东西 7.23、南北 6 米，残高 4 米	无
碓臼坪 4 号马面		清水河县暖泉乡碓臼坪村南 1.05 千米		石	外部条石垒砌；内部为夯土台体，夯层厚 0.06～0.1 米	矩形	梯形	底部边长 12、顶部边长 11、残高 4 米	无
碓臼坪 5 号马面		清水河县暖泉乡碓臼坪村西南 1.02		石	外部条石垒砌；内部为夯土台体，夯层厚 0.05～0.15 米	矩形	梯形	底部东西 12、南北 4.5 米，顶部东西 11、南北 2.5 米，残高 4.75 米	无
碓臼坪 6 号马面		清水河县暖泉乡碓臼坪村西南 0.96 千米		土	夯筑而成，夯层厚 0.05～0.15 米	矩形	梯形	底部东西 5.78、南北 7.2 米，顶部边长 1 米，残高 6 米	无
碓臼坪 7 号马面		清水河县暖泉乡碓臼坪村西南 0.9		石	外部条石垒砌；内部为夯土台体，夯层厚 0.05～0.15 米	矩形	梯形	底部东西 6.84、南北 4.3 米，顶部东西 5、南北 3.5 米，残高 5.45 米	无
碓臼坪 8 号马面		清水河县暖泉乡碓臼坪村西南 0.85		石	外部条石垒砌；内部为夯土台体，夯层厚 0.05～0.15 米	矩形	梯形	底部东西 8、南北 5 米，顶部东西 7.5、南北 1.5 米，残高 5 米	无
碓臼坪 9 号马面		清水河县暖泉乡碓臼坪村西南 0.86		石	外部条石垒砌；内部为夯土台体，夯层厚 0.05～0.15 米	矩形	梯形	底部东西 5.8、南北 8.8 米，顶部东西 3.75、南北 7.5 米，残高 6 米	无
碓臼坪 10 号马面		清水河县暖泉乡碓臼坪村西南 1 千米		石	外部条石垒砌；内部为夯土台体，夯层厚 0.05～0.15 米	矩形	梯形	底部东西 8.35、南北 7 米，顶部东西 6、南北 5 米，残高 5.64 米	无
碓臼坪 11 号马面		清水河县暖泉乡碓臼坪村西南 1.7 千米		石	外部条石垒砌；内部为夯土台体，夯层厚 0.05～0.15 米	矩形	梯形	底部东西 9、南北 6 米，顶部东西 6、南北 4 米，残高 5 米	无
许家湾 1 号马面		清水河县暖泉乡川峁上村东南 1.23 千米		石	外部条石垒砌；内部为夯土台体，夯层厚 0.05～0.15 米	矩形	梯形	底部东西 9、南北 3 米，顶部东西 6、南北 1 米，残高 3 米	无
许家湾 2 号马面		清水河县暖泉乡川峁上村东南 1.2 千米		石	外部条石垒砌；内部为夯土台体，夯层厚 0.05～0.15 米	矩形	梯形	底部东西 8、南北 7 米，顶部东西 6、南北 5 米，残高 5 米	无
许家湾 3 号马面		清水河县暖泉乡川峁上村东南 1.1 千米		石	外部条石垒砌；内部为夯土台体，夯层厚 0.05～0.15 米	矩形	梯形	底部东西 8、南北 9 米，顶部东西 5、南北 6 米，残高 8.5 米	顶部有铺砖

续表

名称	编码	地点	坐标	材质	建筑方式	平面形制	剖面形制	尺寸	附属设施
许家湾4号马面		清水河县暖泉乡川峁上村东南0.7千米		石	外部条石垒砌；内部为夯土台体，夯层厚0.05～0.15米	矩形	梯形	底部东西7.5、南北6米，顶部东西5、南北4米，残高4.75米	无
许家湾5号马面		清水河县暖泉乡川峁上村东南0.5千米		石	外部条石垒砌；内部为夯土台体，夯层厚0.05～0.15米	矩形	梯形	底部东西9、南北7米，顶部东西6、南北5米，残高6米	顶部有铺砖
许家湾6号马面		清水河县暖泉乡川峁上村西南0.3千米		土	夯筑而成，夯层厚0.05～0.15米	矩形	梯形	底部边长5、顶部边长4、残高4米	无
川峁上1号马面		清水河县暖泉乡川峁上村西0.7千米		土	夯筑而成，夯层厚0.15～0.2米	矩形	梯形	底部东西10、南北12米，顶部东西8、南北10米，残高7米	无
川峁上2号马面		清水河县暖泉乡川峁上村西北1.2千米		石	外部条石垒砌；内部为夯土台体，夯层厚0.15～0.2米	矩形	梯形	底部东西11、南北12米，顶部东西10、南北9米，残高5米	无
川峁上3号马面		清水河县暖泉乡川峁上村西北1.5千米		土	夯筑而成，夯层厚0.15～0.2米	矩形	梯形	底部东西8、南北9米，顶部东西5、南北7米，残高6米	无
川峁上4号马面		清水河县暖泉乡头道沟村南1千米		土	夯筑而成，夯层厚0.15～0.2米	矩形	梯形	底部东西9、南北13米，顶部东西5、南北8米，残高7米	无
头道沟1号马面		清水河县暖泉乡头道沟村南0.9千米		土	夯筑而成，夯层厚0.15～0.2米	矩形	梯形	底部东西7、南北8米，顶部东西5、南北3米，残高6米	无
头道沟2号马面		清水河县暖泉乡头道沟村南0.9千米		土	夯筑而成，夯层厚0.15～0.2米	矩形	梯形	底部东西6、南北8米，顶部边长3米，残高7米	无
头道沟3号马面		清水河县暖泉乡头道沟村西南0.9千米		土	夯筑而成，夯层厚0.15～0.2米	矩形	梯形	底部东西6、南北8米，顶部东西2、南北4米，残高6米	无
头道沟4号马面		清水河县暖泉乡头道沟村西1.2千米		土	夯筑而成，夯层厚0.15～0.2米	矩形	梯形	底部东西15、南北10米，顶部东西14、南北6米，残高5米	无
头道沟5号马面		清水河县暖泉乡腰栅咀村南1.4千米		土	夯筑而成，夯层厚0.15～0.2米	矩形	梯形	底部边长12米，顶部东西7、南北8米，残高4米	无
后海子马面	140932352102170187	水泉乡后海子村西北0.9千米	东经：111°40′48.10″ 北纬：39°37′38.20″ 高程：1495米	土	夯筑而成，夯层厚0.15～0.2米	矩形	梯形	底部东西5、南北6米，顶部东西3、南北4米，残高6米	无

续表

名称	编码	地点	坐标	材质	建筑方式	平面形制	剖面形制	尺寸	附属设施
杏树崂1号马面		清水河县暖泉乡腰栅咀村西南1.5千米		土	夯筑而成,夯层厚0.1～0.2米	矩形	梯形	底部东西8.9、南北6.89米,顶部东西5、南北4米,残高6米	无
杏树崂2号马面		清水河县暖泉乡腰栅咀村西南1.5千米		土	夯筑而成,夯层厚0.05～0.1米	矩形	梯形	底部东西8、南北8.5米,顶部东西2、南北5米,残高6.2米	无
杏树崂3号马面		清水河县暖泉乡腰栅咀村西南1.35千米		土	夯筑而成,夯层厚0.05～0.15米	矩形	梯形	底部东西8、南北29米,顶部东西6、南北5米,残高3.5米	无
杏树崂4号马面		清水河县暖泉乡腰栅咀村西南1.45千米		土	夯筑而成,夯层厚0.05～0.15米	矩形	梯形	底部东西12、南北7米,顶部东西9、南北5米,残高7.4米	无
杏树崂5号马面		清水河县暖泉乡腰栅咀村西南1.55千米		石	外部条石垒砌;内部为夯土台体,夯层厚0.05～0.15米	矩形	梯形	底部东西9、南北6.5米,顶部东西7、南北2.7米,残高5.85米	无
杏树崂6号马面		清水河县暖泉乡腰栅咀村西南1.63千米		土	夯筑而成,夯层厚0.05～0.15米	矩形	梯形	底部东西8、南北6米,顶部东西5、南北4米,残高6米	无
杏树崂7号马面		清水河县暖泉乡腰栅咀村西南1.67千米		土	夯筑而成,夯层厚0.05～0.15米	矩形	梯形	底部东西4.3、南北7.3米,顶部东西3、南北5米,残高5米	无
杏树崂8号马面		清水河县暖泉乡腰栅咀村西南1.7千米		土	夯筑而成,夯层厚0.05～0.15米	矩形	梯形	底部东西8、南北7米,顶部东西4.5、南北1米,残高6米	无
杏树崂9号马面		清水河县暖泉乡腰栅咀村西南1.72千米		土	夯筑而成,夯层厚0.05～0.15米	矩形	梯形	底部东西6、南北25米,顶部东西1.5、南北2米,残高5米	无
杏树崂10号马面		清水河县暖泉乡腰栅咀村西南1.78千米		土	夯筑而成,夯层厚0.05～0.15米	矩形	梯形	底部东西6.42、南北10米,顶部东西2、南北5米,残高4.76米	无
杏树崂11号马面		清水河县暖泉乡腰栅咀村西南1.9千米		土	夯筑而成,夯层厚0.05～0.15米	矩形	梯形	底部东西8.2、南北11米,顶部东西4.67、南北9米,残高6米	无
杏树崂12号马面		清水河县暖泉乡腰栅咀村西南1.93千米		土	夯筑而成,夯层厚0.04～0.15米	矩形	梯形	底部东西6.5、南北7.5米,顶部东西2.5、南北4.5米,残高6米	无
杏树崂13号马面		清水河县暖泉乡腰栅咀村西南2.23千米		石	外部条石垒砌;内部为夯土台体,夯层厚0.05～0.2米	矩形	梯形	底部东西9、南北7米,顶部东西6、南北4米,残高5.5米	顶部有铺砖
杏树崂14号马面		清水河县暖泉乡腰栅咀村西南2.35千米		石	外部条石垒砌;内部为夯土台体,夯层厚0.05～0.25米	矩形	梯形	底部东西8.5、南北7米,顶部东西7、南北5.5米,残高5.5米	顶部有铺砖

续表

名称	编码	地点	坐 标	材质	建筑方式	平面形制	剖面形制	尺寸	附属设施
杏树崂15号马面		清水河县暖泉乡杏树崂村南1.4千米		石	外部条石垒砌；内部为夯土台体，夯层厚0.05～0.25米	矩形	梯形	底部东西12、南北7米，顶部东西10、南北3米，残高4米	顶部有铺砖
关地咀1号马面		清水河县暖泉乡安根楼村东南1.75千米		土	夯筑而成，夯层厚0.1～0.2米	矩形	梯形	底部东西7.5、南北7米，顶部东西6、南北2米，残高6.5米	无
关地咀2号马面		清水河县暖泉乡安根楼村东南1.5千米		土	夯筑而成，夯层厚0.05～0.15米	矩形	梯形	底部东西14、南北8米，顶部东西10、南北4米，残高6.5米	无
关地咀3号马面		清水河县暖泉乡安根楼村东南1.23千米		土	夯筑而成，夯层厚0.04～0.1米	矩形	梯形	底部东西15、南北8米，顶部东西12、南北2米，残高7米	无
关地咀4号马面		清水河县暖泉乡安根楼村东南0.86千米		土	夯筑而成，夯层厚0.05～0.15米	矩形	梯形	底部东西11.5、南北7米，顶部东西6、南北3.2米，残高6米	无
关地咀5号马面		清水河县暖泉乡安根楼村东南0.7千米		土	夯筑而成，夯层厚0.08～0.15米	矩形	梯形	底部东西7、南北6.2米，顶部东西3、南北2.5米，残高4.5米	无
关地咀6号马面		水泉乡窑沟子村北0.5千米		土	夯筑而成，夯层厚0.15～0.2米	矩形	梯形	底部东西15、南北9米，顶部东西13、南北6米，残高6米	无
关地咀7号马面		水泉乡窑沟子村北0.6千米		土	夯筑而成，夯层厚0.15～0.2米	矩形	梯形	底部东西16、南北8米，顶部东西4、南北6米，残高5米	无
关地咀8号马面		清水河县暖泉乡安根楼村东0.3千米		石	外部条石垒砌；内部为夯土台体，夯层厚0.15～0.2米	矩形	梯形	底部东西12、南北10米，顶部东西10、南北8米，残高6米	无
窑沟子马面	1409323521021 70188	水泉乡窑沟子村东1.1千米	东经：111°38′09.50″ 北纬：39°38′13.20″ 高程：1588米	土	夯筑而成，夯层厚0.15～0.2米	矩形	梯形	底部东西9、南北8米，顶部东西3、南北3.5米，残高7米	无
安根楼1号马面		清水河安根楼村西南0.3千米		土	夯筑而成，夯层厚0.15～0.2米	矩形	梯形	底部东西7、南北10米，顶部东西4.5、南北7米，残高6米	无
安根楼2号马面		清水河县安根楼村西南0.85千米		土	夯筑而成，夯层厚0.15～0.2米	矩形	梯形	底部东西6、南北11米，顶部东西2、南北5米，残高6米	无
安根楼3号马面		清水河县安根楼村西南1.1千米		土	夯筑而成，夯层厚0.15～0.2米	矩形	梯形	底部东西10、南北11米，顶部东西3、南北7米，残高5米	无
安根楼4号马面		清水河县安根楼村西南1.3千米		土	夯筑而成，夯层厚0.15～0.2米	矩形	梯形	底部东西5、南北10米，顶部东西2、南北5.5米，残高5.5米	无

续表

名称	编码	地点	坐标	材质	建筑方式	平面形制	剖面形制	尺寸	附属设施
安根楼 5 号马面		清水河县单台子乡上黄家梁村南 0.4 千米		土	夯筑而成，夯层厚 0.15~0.2 米	矩形	梯形	底部东西 8、南北 10 米，顶部东西 6、南北 7 米，残高 6.5 米	无
安根楼 6 号马面		清水河县单台子乡上黄家梁村南 0.55 千米		土	夯筑而成，夯层厚 0.15~0.2 米	矩形	梯形	底部东西 11、南北 12 米，顶部边长 8 米，残高 8 米	无
安根楼 7 号马面		清水河县单台子乡上黄家梁村西南 0.7 千米		土	夯筑而成，夯层厚 0.15~0.2 米	矩形	梯形	底部东西 14、南北 6 米，顶部东西 6.5、南北 4 米，残高 5.5 米	无
安根楼 8 号马面		清水河县单台子乡上黄家梁村西南 0.85 千米		土	夯筑而成，夯层厚 0.15~0.2 米	矩形	梯形	底部东西 8、南北 7 米，顶部东西 6、南北 5 米，残高 5 米	无
安根楼 9 号马面		清水河县单台子乡上黄家梁村西南 1 千米		土	夯筑而成，夯层厚 0.15~0.2 米	矩形	梯形	底部东西 6、南北 8 米，顶部东西 1.5、南北 5 米，残高 5 米	无
安根楼 10 号马面		清水河县单台子乡上黄家梁村西南		土	夯筑而成，夯层厚 0.15~0.2 米	矩形	梯形	底部东西 14、南北 8 米，顶部东西 9、南北 4 米，残高 8 米	无
阳洼子 1 号马面		清水河县单台子乡下黄家梁村西 0.3 千米		土	夯筑而成，夯层厚 0.15~0.2 米	矩形	梯形	底部东西 9、南北 8 米，顶部边长 3 米，残高 7 米	无
阳洼子 2 号马面		清水河县单台子乡下黄家梁村西 0.5 千米		土	夯筑而成，夯层厚 0.15~0.2 米	矩形	梯形	底部东西 16、南北 8 米，顶部东西 7、南北 3 米，残高 6 米	无
阳洼子 3 号马面		清水河县单台子乡下黄家梁村西 0.65 千米		土	夯筑而成，夯层厚 0.15~0.2 米	矩形	梯形	底部东西 7、南北 5 米，顶部东西 4、南北 3 米，残高 5 米	无
阳洼子 4 号马面		清水河县单台子乡下黄家梁村西 0.9 千米		土	夯筑而成，夯层厚 0.15~0.2 米	矩形	梯形	底部东西 11、南北 8 米，顶部东西 5.5、南北 4 米，残高 6 米	无
阳洼子 5 号马面		清水河县单台子乡下黄家梁村西 1.2 千米		土	夯筑而成，夯层厚 0.15~0.2 米	矩形	梯形	底部东西 11、南北 5 米，顶部东西 8、南北 2 米，残高 4.5 米	无
阳洼子 6 号马面		清水河县单台子乡下黄家梁村西 1.4 千米		土	夯筑而成，夯层厚 0.15~0.2 米	矩形	梯形	底部东西 16、南北 7 米，顶部东西 12、南北 5 米，残高 7 米	无
阳洼子 7 号马面		万家寨镇阳洼子村东 0.4 千米		土	夯筑而成，夯层厚 0.15~0.2 米	矩形	梯形	底部东西 12、南北 8 米，顶部东西 10、南北 6 米，残高 5 米	无
阳洼子 8 号马面		万家寨镇阳洼子村东		土	夯筑而成，夯层厚 0.15~0.2 米	矩形	梯形	底部东西 8、南北 9 米，顶部东西 4、南北 5 米，残高 5 米	无

续表

名称	编码	地点	坐标	材质	建筑方式	平面形制	剖面形制	尺寸	附属设施
阳洼子9号马面		万家寨镇阳洼子村西北0.8千米		土	夯筑而成,夯层厚0.15~0.2米	矩形	梯形	底部东西8、南北9米,顶部东西7、南北6米,残高9米	无
石垛墕1号马面		万家寨镇阳洼子村西北1千米		石	外部条石垒砌;内部为夯土台体,夯层厚0.1~0.3米	矩形	梯形	底部东西10、南北9米,顶部东西8.85、南北4.9米,残高3.5米	无
石垛墕2号马面		万家寨镇阳洼子村西北1.05千米		石	外部条石垒砌;内部为夯土台体,夯层厚0.15~0.2米	矩形	梯形	底部东西10、南北9米,顶部东西8.85、南北4.9米,残高3.5米	顶部有铺砖
石垛墕3号马面		清水河县单台子乡石垛墕村东南0.7千米		石	外部条石垒砌;内部为夯土台体,夯层厚0.1~0.2米	矩形	梯形	底部东西11、南北9.5米,顶部东西10、南北5米,残高7.7米	无
石垛墕4号马面		清水河县单台子乡石垛墕村东南0.53千米		石	外部条石垒砌;内部为夯土台体,夯层厚0.1~0.2米	矩形	梯形	底部东西12、南北10米,顶部东西10、南北8.5米,残高6米	天
石垛墕5号马面		清水河县单台子乡石垛墕村东南0.5千米		土	夯筑而成,夯层厚0.05~0.15米	矩形	梯形	底部东西12、南北9米,顶部东西11.5、南北6.96米,残高6.75米	无
白泥窑1号马面		清水河县单台子乡石垛墕村东南0.3千米		石	外部条石垒砌;内部为夯土台体,夯层厚0.05~0.15米	矩形	梯形	底部边长9、顶部边长8.5、残高4.5米	无
白泥窑2号马面		清水河县单台子乡石垛墕村东南0.46千米		土	夯筑而成,夯层厚0.1~0.15米	矩形	梯形	底部东西8.8、南北11米,顶部东西6.3、南北8米,残高6.2米	无
白泥窑3号马面		清水河县单台子乡石垛墕村东南0.4千米		土	夯筑而成,夯层厚0.04~0.1米	矩形	梯形	底部东西7.3、南北10米,顶部东西5、南北7米,残高5.95米	无
白泥窑4号马面		清水河县单台子乡石垛墕村南0.5千米		土	夯筑而成,夯层厚0.05~0.15米	矩形	梯形	底部东西12、南北4.5米,顶部东西9、南北3.6米,残高4.5米	无
白泥窑5号马面		清水河县单台子乡石垛墕村西南0.57千米		土	夯筑而成,夯层厚0.05~0.15米	矩形	梯形	底部东西10、南北11米,顶部东西9、南北8米,残高6米	无
白泥窑6号马面		清水河县单台子乡石垛墕村西南0.66千米		土	夯筑而成,夯层厚0.05~0.15米	矩形	梯形	底部东西12、南北10米,顶部东西3、南北8米,残高8米	无
白泥窑7号马面		清水河县单台子乡石垛墕村西南0.86千米		土	夯筑而成,夯层厚0.05~0.15米	矩形	梯形	底部东西11、南北5米,顶部东西9.5、南北2.5米,残高5.15米	无

续表

名称	编码	地点	坐标	材质	建筑方式	平面形制	剖面形制	尺寸	附属设施
白泥窑8号马面		清水河县单台子乡石垛墕村西南1.1千米		土	夯筑而成，夯层厚0.05～0.15米	矩形	梯形	底部东西6、南北3米，顶部东西4、南北6米，残高4.65米	无
白泥窑9号马面		清水河县单台子乡石垛墕村西南1.2千米		石	外部条石垒砌；内部为夯土台体，夯层厚0.05～0.15米	矩形	梯形	底部东西8、南北5米，顶部东西5、南北2米，残高6米	顶部有铺砖
白泥窑10号马面		清水河县单台子乡石垛墕村西南1.25千米		石	外部条石垒砌；内部为夯土台体，夯层厚0.05～0.15米	矩形	梯形	底部东西8、南北6米，顶部东西6、南北5米，残高6米	顶部有铺砖
正泥墕1号马面		万家寨镇正泥墕村南1.4千米		石	外部条石垒砌；内部为夯土台体，夯层厚0.05～0.1米	矩形	梯形	底部东西8、南北11米，顶部东西4、南北7米，残高6米	顶部有铺砖
正泥墕2号马面		万家寨镇正泥墕村南1.1千米		石	外部条石垒砌；内部为夯土台体，夯层厚0.05～0.1米	矩形	梯形	底部东西6、南北11米，顶部东西4.5、南北6米，残高4.7米	无
正泥墕3号马面		万家寨镇正泥墕村南0.9千米		石	外部条石垒砌；内部为夯土台体，夯层厚0.05～0.1米	矩形	梯形	底部东西6、南北11米，顶部东西4.5、南北8米，残高5.5米	无
正泥墕4号马面		万家寨镇正泥墕村南0.6千米		石	外部条石垒砌；内部为夯土台体，夯层厚0.05～0.1米	矩形	梯形	底部东西8、南北11米，顶部东西4.5、南北8米，残高5.7米	无
正泥墕5号马面		万家寨镇正泥墕村南0.4千米		土	夯筑而成，夯层厚0.05～0.1米	矩形	梯形	底部东西7、南北11米，顶部东西4.55、南北8米，残高5米	无
正泥墕6号马面		万家寨镇正泥墕村南0.1千米		土	夯筑而成，夯层厚0.05～0.1米	矩形	梯形	底部东西9、南北11米，顶部东西4.5、南北8米，残高5米	无
正泥墕7号马面		万家寨镇正泥墕村中		土	夯筑而成，夯层厚0.05～0.15米	矩形	梯形	底部东西6.4、南北12米，顶部边长6米，残高7米	无
正泥墕8号马面		万家寨镇正泥墕村中		土	夯筑而成，夯层厚0.15～0.2米	矩形	梯形	底部东西6、南北14米，顶部东西4、南北5.5米，残高8米	无
正泥墕9号马面		万家寨镇正泥墕村西北		土	夯筑而成，夯层厚0.15～0.2米	矩形	梯形	底部东西8、南北9米，顶部东西5、南北6.5米，残高6米	无
东牛腻塔1号马面		万家寨镇正泥墕村西北0.65千米		土	夯筑而成，夯层厚0.15～0.2米	矩形	梯形	底部东西8、南北6米，顶部东西6.3、南北4米，残高5米	无

续表

名称	编码	地点	坐标	材质	建筑方式	平面形制	剖面形制	尺寸	附属设施
东牛腻塔2号马面		万家寨镇正泥塌村西北1千米		土	夯筑而成，夯层厚0.15～0.2米	矩形	梯形	底部东西12、南北7米，顶部东西4.5、南北3米，残高6米	无
东牛腻塔3号马面		万家寨镇正泥塌村西北1.2千米		土	夯筑而成，夯层厚0.15～0.2米	矩形	梯形	底部东西8、南北6米，顶部东西4.5、南北2米，残高6米	无
东牛腻塔4号马面		清水河县单台子乡青草崂村东南0.6千米		土	夯筑而成，夯层厚0.15～0.2米	矩形	梯形	底部东西12、南北8米，顶部东西6、南北2米，残高7米	无
东牛腻塔5号马面		清水河县单台子乡青草崂村东南0.35千米		土	夯筑而成，夯层厚0.15～0.2米	矩形	梯形	底部东西9、南北6米，顶部东西7、南北4米，残高5米	无
青草崂1号马面		清水河县单台子乡青草崂村东南0.3千米		土	夯筑而成，夯层厚0.15～0.2米	矩形	梯形	底部东西17、南北9米，顶部东西13、南北6米，残高7米	无
青草崂2号马面		清水河县单台子乡青草崂村南0.4千米		土	夯筑而成，夯层厚0.15～0.2米	矩形	梯形	底部东西12、南北8米，顶部东西8、南北3米，残高7米	无
青草崂3号马面		清水河县单台子乡青草崂村南0.5千米		石	外部条石垒砌；内部为夯土台体，夯层厚0.15～0.2米	矩形	梯形	底部东西16、南北14米，顶部东西12、南北10米，残高6米	无
青草崂4号马面		万家寨镇南庄王村北0.9千米		土	夯筑而成，夯层厚0.15～0.2米	矩形	梯形	底部东西8、南北13米，顶部东西6、南北11米，残高6米	无
青草崂5号马面		万家寨镇南庄王村北0.95千米		土	夯筑而成，夯层厚0.15～0.2米	矩形	梯形	底部东西10、南北13米，顶部东西8、南北10米，残高6米	无
青草崂6号马面		万家寨镇南庄王村北1千米		土	夯筑而成，夯层厚0.15～0.2米	矩形	梯形	底部东西10、南北15米，顶部东西7、南北13米，残高5米	无
正湖梁1号马面		清水河县单台子乡正湖梁村西南0.7千米		土	夯筑而成，夯层厚0.15～0.2米	矩形	梯形	底部东西6、南北7米，顶部边长3米，残高6米	无
正湖梁2号马面		清水河县单台子乡酸枣洼村南0.3千米		土	夯筑而成，夯层厚0.15～0.2米	矩形	梯形	底部东西12、南北10米，顶部东西9、南北8米，残高8米	无

续表

名称	编码	地点	坐标	材质	建筑方式	平面形制	剖面形制	尺寸	附属设施
正湖梁3号马面		清水河县单台子乡酸枣洼村西南0.7千米		土	夯筑而成,夯层厚0.15～0.2米	矩形	梯形	底部东西7、南北8米,顶部边长5.5米,残高7米	无
阎王鼻子马面		万家寨镇老牛湾村东北0.6千米		土	夯筑而成,夯层厚0.15～0.2米	矩形	梯形	底部东西7、南北6.5米,顶部边长4米,残高3米	无
大咀1号马面		万家寨镇大咀村北		不详	不详	矩形	梯形	不详	无
大咀2号马面		万家寨镇大咀村北		石	片石垒砌而成	矩形	梯形	东西3.8、南北2.8、残高0.7米	无
大咀3号马面		万家寨镇大咀村北		石	片石垒砌而成	矩形	梯形	东西3、南北3.6、残高1米	无
大咀4号马面		万家寨镇大咀村北		石	片石垒砌而成	矩形	梯形	东西3.4、南北3.3、残高1.1米	无
大咀5号马面		万家寨镇大咀村北		石	片石垒砌而成	矩形	梯形	东西2.3、南北2.1、残高1米	无
大咀6号马面		万家寨镇大咀村北		石	片石垒砌而成	矩形	梯形	东西3.4、南北2、残高0.7米	无
大咀7号马面		万家寨镇大咀村北		石	片石垒砌而成	矩形	梯形	东西3.8、南北2.4、残高1米	无
大咀8号马面		万家寨镇大咀村北		石	片石垒砌而成	矩形	梯形	东西5.4、南北5.5、残高1.4米	无
大咀9号马面		万家寨镇大咀村北		石	片石垒砌而成	矩形	梯形	东西5、南北5.2、残高1.5米	无
大咀10号马面		万家寨镇大咀村东南		石	片石垒砌而成	矩形	梯形	东西6、南北5、残高2米	无
大咀11号马面		万家寨镇大咀村东南		石	片石垒砌而成	矩形	梯形	东西5、南北3、残高2米	无
寺沟1号马面		天峰坪镇石峁村西北、寺沟村北		不详	不详	圆形	梯形	底径17、顶径14、残高7米	无
寺沟2号马面		天峰坪镇石峁村村内、寺沟村北		土	夯筑而成,夯层厚0.07～0.14米	矩形	梯形	底部东西9、南北12米,顶部东西6、北9米,残高6米	无
寺沟3号马面		天峰坪镇石峁村村内、寺沟村北		土	夯筑而成,夯层厚0.09～0.12米	矩形	梯形	底部东西8、南北9米,顶部东西6、南北7米,残高4米	无
寺沟4号马面		天峰坪镇石峁村村内、寺沟村北		不详	不详	矩形	梯形	东西5、南北4、残高2～2.5米	无
寺沟5号马面		天峰坪镇石峁村村内、寺沟村北		不详	不详	矩形	梯形	东西2.5、南北3.2、残高2.7米	无

3. 烽火台

偏关县共调查烽火台 241 座。大致以距长城墙体 1000 米为界，将偏关县烽火台区分为长城沿线、腹里烽火台 2 大类。长城沿线烽火台距长城墙体多在 1000 米内，计 116 座。腹里烽火台计 125 座。

名称	编码	地点	坐标	材质	建筑方式	平面形制	剖面形制	尺寸	附属设施
大庄窝烽火台	140932353201170003	南堡子乡大庄窝村东北 0.3 千米	东经：111°54′20.00″ 北纬：39°26′06.20″ 高程：1707 米	土	黄土夯筑而成，夯层厚 0.12～0.2 米	矩形	梯形	底部东西 8.5、南北 8 米，顶部东西 5.5、南北 5 米，残高 6 米	台体周围有围墙，平面呈矩形，残存东墙 2、残高 1.2 米，夯层厚 0.2～0.22 米。台基平面呈矩形，边长 30、残高 2 米，夯层厚 0.12～0.2 米
南泉寺 1 号烽火台	140932353201170001	南堡子乡南泉寺村东南 1.15 千米	东经：111°57′52.60″ 北纬：39°25′46.70″ 高程：1777 米	土	黄土夯筑而成，含砂砾，夯层厚 0.2 米	矩形	梯形	底部边长 10、顶部边长 7、残高 5～6 米	无
南泉寺 2 号烽火台	140932353201170002	南堡子乡南泉寺村东南 1.08 千米	东经：111°58′17.10″ 北纬：39°06′05.50″ 高程：1818 米	石	外部片石垒砌；内部为夯土台体，黄土夯筑而成，含砂砾	矩形	梯形	底部边长 13 米，顶部东西 9.5、南北 10 米，残高 3.6 米	台体周围有三重围墙，内重围墙东西 26.5、南北 16.5、宽 1.6、残存最高 1.4 米；二重围墙与内重围墙相距 7 米，宽 0.1～1.1、残存最高 0.2 米；外重围墙东西 55.5、南北 38.3～50.5 米，与二重围墙相距 3.1～3.6 米，宽 1.3～1.6、残存最高 0.5 米
地椒峁烽火台	140932353201170004	南堡子乡地椒峁村西北 0.66 千米	东经：111°52′22.40″ 北纬：39°28′49.50″ 高程：1780 米	土	黄土夯筑而成，含砂砾，夯层厚 0.06～0.12 米	圆形	梯形	底径 14、残高 6～7 米	台体周围有围墙，平面呈圆形，直径 26、残高 0.6～1 米，石砌而成。台基石砌而成，大部分坍塌
安儿沟烽火台	140932353201170165	老营镇安儿沟村西 1.5 千米	东经：111°51′30.60″ 北纬：39°29′54.40″ 高程：1570 米	土	黄土夯筑而成，含砂砾，夯层厚 0.06～0.13 米	圆形	梯形	底径 13、顶径 9、残高 9.8 米	台体周围有围墙，平面呈圆形，仅存地面痕迹。台基平面呈圆形，直径 22、残高 0.5～2.6 米，夯层厚 0.08～0.16 米。西北壁有登顶通道，有石券拱门，通道宽 3.7、残高 1.6 米；门洞宽 0.8、高 0.86、进深 2.5 米
南梁上烽火台	140932353201170005	老营镇南梁上村西北 0.1 千米	东经：111°51′48.80″ 北纬：39°38′59.00″ 高程：1502 米	土	黄土夯筑而成，夯层厚 0.06～0.23 米	矩形	梯形	底部边长 14 米，顶部东西 8、南北 7.5 米，残高 8 米	台基平面呈矩形，东西 23、南北 21、残高 5～6 米，夯层厚 0.12～0.23 米

续表

名称	编码	地点	坐标	材质	建筑方式	平面形制	剖面形制	尺寸	附属设施
老营1号烽火台	140932353201170006	老营镇老营村北0.3千米	东经：111°50′19.30″ 北纬：39°31′43.10″ 高程：1345米	砖	外部砖石垒砌；内部为夯土台体，黄土夯筑而成，夯层厚0.14～0.23米，下部夯层间有片石层	矩形	梯形	底部东西16、南北10米，顶部东西13、南北7米，残高9～10米	台基平面呈矩形，东西34、南北30，残高0.5～3米，夯层厚0.12～0.22米
老营2号烽火台	140932353201170007	老营镇老营村北0.45千米	东经：111°50′28.50″ 北纬：39°31′50.50″ 高程：1371米	砖	外部砖石垒砌；内部为夯土台体，黄土夯筑而成，夯层厚0.08～0.23米，下部夯层间有片石层	矩形	梯形	底部东西20、南北9、残高9～10米	无
老营4号烽火台	140932353201170009	老营镇老营村北0.25千米	东经：111°50′56.70″ 北纬：39°31′48.90″ 高程：1361米	砖	外部砖石垒砌；内部为夯土台体，黄土夯筑而成，夯层厚0.08～0.18米，下部夯层间有片石层	矩形	梯形	底部东西17、南北9、残高13米	台基平面呈矩形，东西25、南北22、残高1～3米
老营5号烽火台	140932353201170010	老营镇老营村北0.24千米	东经：111°50′42.10″ 北纬：39°31′45.80″ 高程：1337米	砖	外部砖石垒砌；内部为夯土台体，黄土夯筑而成，夯层厚0.07～0.15米，下部夯层间有片石层	矩形	梯形	底部东西13、南北9米，顶部东西8、南北5.5米，残高9～10米	台基平面呈矩形，边长30、残高2米，夯层厚0.12～0.24米
边墙上1号烽火台	140932353201170011	老营镇边墙上村西南0.23千米	东经：111°50′43.90″ 北纬：39°32′37.00″ 高程：1433米	土	黄土夯筑而成，夯层厚0.03～0.1米	圆形	梯形	底径22、顶径16、残高9～10米	台体周围有围墙，平面呈圆形，直径25～27、底宽2.5～2.6、顶宽0.6～0.7、残高1.4～3.5米，夯层厚0.04～0.15米；东南墙无存。台基平面呈圆形，直径30～31、残高0～0.9米，夯层厚0.6～0.1米
边墙上2号烽火台	140932353201170012	老营镇边墙上村东北0.82千米	东经：111°51′15.90″ 北纬：39°32′59.30″ 高程：1492米	土	黄土夯筑而成，夯层厚0.08～0.15米	圆形	梯形	底径12、顶径8、残高9～10米	台体周围有围墙，平面呈圆形，残存西北墙7、顶宽0.6、残高0.7米，夯层厚0.1～0.12米
边墙上3号烽火台	140932353201170013	老营镇边墙上村东北1.86千米	东经：111°51′59.40″ 北纬：39°33′17.00″ 高程：1531米	土	黄土夯筑而成，夯层厚0.08～0.1米	圆形	梯形	底径12、顶径7～8、残高10米	台体周围有围墙，平面呈圆形，底宽2、顶宽0.6～1、残高0.7～2.5米，夯层厚0.1～0.14米

续表

名称	编码	地点	坐标	材质	建筑方式	平面形制	剖面形制	尺寸	附属设施
史家圪台1号烽火台	1409323532201170014	老营镇史家圪台村西南1.26千米	东经：111°52′09.60″ 北纬：39°33′32.30″ 高程：1604米	土	黄土夯筑而成，夯层厚0.07～0.09米	圆形	梯形	底径11.4、顶径7.8、残高9.9米	台体周围原有围墙，平面呈圆形。台基平面呈椭圆形，东西23.6、南北31.4、残高2.8米，夯层厚0.1～0.2米。南壁有石券拱门，宽0.93、高1.4、进深2.45米
史家圪台2号烽火台	1409323532201170015	老营镇史家圪台村西南0.62千米	东经：111°52′00.00″ 北纬：39°33′59.30″ 高程：1618米	土	黄土夯筑而成，夯层厚0.04～0.1米	圆形	梯形	底径10.8、顶径6、残高10.7米	台体周围有围墙，平面呈圆形，残存西墙15、底宽0.6、顶宽0.4、外高4.1、内高1.2米，夯层厚0.04～0.1米。台基平面呈椭圆形，东西23.5、南北27.4、残存最高3.4米，夯层厚0.08～0.15米。南壁有石券拱门，宽0.78～1.1、高0.82～1.45、进深2.4米
史家圪台3号烽火台	1409323532201170016	老营镇史家圪台村西北0.76千米	东经：111°51′46.70″ 北纬：39°34′34.40″ 高程：1679米	土	黄土夯筑而成，夯层厚0.07～0.22米	矩形	梯形	底部东西12、南北11米，顶部东西8、南北7米，残高6～7米	台体周围有围墙，平面呈圆形，仅存地面痕迹。台基平面呈圆形，直径27、残高1.5～2.1米，夯层厚0.1～0.2米
史家圪台4号烽火台	1409323532201170017	老营镇史家圪台村西北1.09千米	东经：111°51′58.70″ 北纬：39°34′52.00″ 高程：1701米	土	黄土夯筑而成，含砂砾，夯层厚0.04～0.1米	矩形	梯形	底部东西6、南北8、残高5米	台基平面呈圆形，直径25、残高1.5～1.8米，夯层厚0.1～0.2米
史家圪台5号烽火台	1409323532201170018	老营镇史家圪台村北1.7千米	东经：111°52′10.40″ 北纬：39°35′13.20″ 高程：1752米	土	黄土夯筑而成，含砂砾，夯层厚0.07～0.18米	矩形	梯形	底部东西8、南北9、残高6米	无
史家圪台6号烽火台	1409323532201170019	老营镇史家圪台村东北2.17千米	东经：111°52′37.20″ 北纬：39°35′26.00″ 高程：1787米	土	黄土夯筑而成，含砂砾，夯层厚0.2米	矩形	梯形	底部边长9米，顶部东西2.5～3、南北3～3.2米，残高6米	无
柏杨岭1号烽火台	1409323532201170020	老营镇柏杨岭村东南2.15千米	东经：111°53′02.10″ 北纬：39°35′33.10″ 高程：1776米	土	黄土夯筑而成，含砂砾	矩形	梯形	底部东西11、南北10米，顶部东西4、南北3.5米，残高6米	无
柏杨岭2号烽火台	1409323532201170021	老营镇柏杨岭村东南2.02千米	东经：111°53′03.10″ 北纬：39°35′33.30″ 高程：1777米	土	黄土夯筑而成，含砂砾，夯层厚0.08～0.16米	矩形	梯形	底部东西9、南北11、顶部东西3.3、南北4米，残高6米	无
柏杨岭3号烽火台	1409323532201170022	老营镇柏杨岭村东南1.29千米	东经：111°52′47.10″ 北纬：39°35′53.50″ 高程：1762米	土	黄土夯筑而成，含砂砾，夯层厚0.1～0.14米	矩形	梯形	底部东西9、南北8、顶部东西5、南北5米，残高7米	台基平面呈矩形，东西27、南北30、残高2～3米，夯层厚0.1～0.17米

续表

名称	编码	地点	坐标	材质	建筑方式	平面形制	剖面形制	尺寸	附属设施
野羊洼1号烽火台	1409323532011170189	老营镇柏杨岭村西北1.5千米	东经：111°50′58.00″ 北纬：39°36′43.70″ 高程：1794米	土	黄土夯筑而成，夯层厚0.15～0.2米	圆形	梯形	底部东西9、南北10米，顶部东西1、南北2米，残高8米	无
野羊洼2号烽火台	1409323532011170190	老营镇野羊洼村东0.7千米	东经：111°50′33.70″ 北纬：39°36′55.10″ 高程：1816米	土	黄土夯筑而成，夯层厚0.15～0.2米	圆形	梯形	底部东西9、南北8米，顶部东西4.5、南北1.5米，残高7米	无
野羊洼3号烽火台	1409323532011170191	老营镇野羊洼村东北0.4千米	东经：111°50′25.80″ 北纬：39°37′02.20″ 高程：1809米	土	黄土夯筑而成，夯层厚0.15～0.2米	圆形	梯形	底径10、顶径7、残高10米	无
野羊洼4号烽火台	1409323532011170192	老营镇野羊洼村北0.39千米	东经：111°50′00.30″ 北纬：39°37′07.90″ 高程：1804米	土	黄土夯筑而成，夯层厚0.15～0.2米	圆形	梯形	底径10、顶径5、残高10米	台基平面呈圆形，直径20.5、残高1.2米，外部包石
窑子沟1号烽火台	1409323532011170193	老营镇野羊洼村西北0.75千米	东经：111°49′29.70″ 北纬：39°37′00.90″ 高程：1743米	土	黄土夯筑而成，含碎石，夯层厚0.15～0.2米	圆形	梯形	底径9.6、顶径6、残高10.5米	无
窑子沟2号烽火台	1409323532011170194	老营镇野羊洼村西0.9千米	东经：111°49′18.40″ 北纬：39°36′50.90″ 高程：1751米	土	黄土夯筑而成，夯层厚0.15～0.2米	圆形	梯形	底径10.5、顶径8、残高8.21米	台基平面呈矩形，边长20、残高2米，外部包石
窑子沟4号烽火台	1409323532011170195	老营镇野羊洼村西南1.4千米	东经：111°49′02.60″ 北纬：39°36′39.90″ 高程：1781米	土	黄土夯筑而成，含夯砾、碎石，夯层厚0.15～0.2米	圆形	梯形	底径8、顶径2.2、残高6.5米	无
窑子沟5号烽火台	1409323532011170196	老营镇野羊洼村西南2千米	东经：111°48′46.90″ 北纬：39°36′28.10″ 高程：1722米	土	黄土夯筑而成，含夯砾，夯层厚0.08～0.2米	圆形	梯形	底径10、顶径6.85、残高9.11米	无
楝木塔2号烽火台	1409323532011170198	清水河县北堡乡楝木塔村东南1.7千米	东经：111°48′08.00″ 北纬：39°36′00.60″ 高程：1656米	土	黄土夯筑而成，夯层厚0.08～0.15米	圆形	梯形	底径13.2、顶径9、残高11.3米	台基平面呈圆形，直径19.8、残高1.2米，外部包石
楝木塔3号烽火台	1409323532011170199	老营镇朱儿洼村西北1千米	东经：111°47′59.30″ 北纬：39°35′48.70″ 高程：1644米	土	黄土夯筑而成，夯层厚0.1～0.15米	圆形	梯形	底径11、顶径5、残高11米	无
楝木塔4号烽火台	1409323532011170200	老营镇朱儿洼村西北1.3千米	东经：111°47′40.40″ 北纬：39°35′40.60″ 高程：1679米	土	黄土夯筑而成，含碎石，夯层厚0.1～0.15米	圆形	梯形	底径10、顶径6、残高9米	无
小元峁1号烽火台	1409323532011170201	老营镇朱儿洼村西北1.5千米	东经：111°47′26.80″ 北纬：39°35′36.80″ 高程：1658米	土	黄土夯筑而成，含碎石，夯层厚0.1～0.15米	圆形	梯形	底径10、顶径5、残高10米	无
小元峁3号烽火台	1409323532011170202	清水河县北堡乡楝木塔村南1.9千米	东经：111°47′07.00″ 北纬：39°35′22.40″ 高程：1697米	土	黄土夯筑而成，夯层厚0.05～0.1米	圆形	梯形	底径14.5、顶径8、残高9.2米	无
小元峁4号烽火台	1409323532011170203	清水河县北堡乡楝木塔村西南2.15千米	东经：111°46′48.90″ 北纬：39°35′15.80″ 高程：1587米	土	黄土夯筑而成，夯层厚0.05～0.1米	圆形	梯形	底径8、顶径7.5、残高9米	台基平面呈圆形，直径20、残高1.7米

续表

名称	编码	地点	坐标	材质	建筑方式	平面形制	剖面形制	尺寸	附属设施
小元峁5号烽火台	1409323532011170204	清水河县北堡乡棫木塔村西南2.28千米	东经：111°46′39.40″ 北纬：39°35′11.80″ 高程：1558米	土	黄土夯筑而成，夯层厚0.05~0.15米	圆形	梯形	底径11.15、顶9.58、残高6.85米	围墙残高0.5米。南墙设门，石砌而成，宽3、高1.5、进深2米。台基平面呈圆形，直径30米
小元峁6号烽火台	1409323532011170205	清水河县北堡乡棫木塔村西南2.35千米	东经：111°46′28.50″ 北纬：39°35′10.20″ 高程：1545米	土	黄土夯筑而成，夯层厚0.05~0.1米	圆形	梯形	底径11、顶径7.84、残高10.5米	围墙残存最宽1.2、残存最高1.5米。西南墙设门，石砌而成。台基平面呈圆形，直径21、残高2.2米
窑洼1号烽火台	1409323532011170206	水泉乡窑洼村东1.2千米	东经：111°46′13.30″ 北纬：39°35′16.20″ 高程：1533米	土	黄土夯筑而成，夯层厚0.15~0.2米	圆形	梯形	底径12、顶径6、残高11米	围墙直径28、残高0.3~1米
窑洼2号烽火台	1409323532011170207	水泉乡窑洼村东0.6千米	东经：111°45′52.60″ 北纬：39°35′21.40″ 高程：1518米	土	黄土夯筑而成，夯层厚0.15~0.2米	圆形	梯形	底部东西6、南北7米，顶部东西3、南北4米，残高6米	台基残高4米
窑洼4号烽火台	1409323532011170208	水泉乡窑洼村东北0.3千米	东经：111°45′12.90″ 北纬：39°35′26.60″ 高程：1536米	土	黄土夯筑而成，夯层厚0.15~0.2米	圆形	梯形	底径14、顶径8米	台基平面呈圆形，直径30、残高4米
窑洼5号烽火台	1409323532011170209	水泉乡窑洼村北0.8千米	东经：111°44′54.80″ 北纬：39°35′30.70″ 高程：1487米	土	黄土夯筑而成，夯层厚0.15~0.2米	圆形	梯形	底部东西7、南北8米，顶部边长3.5米，残高8米	台基平面呈圆形，直径24、残高4米
窑洼6号烽火台	1409323532011170210	水泉乡窑洼村西北1.3千米	东经：111°44′40.40″ 北纬：39°35′44.40″ 高程：1478米	土	黄土夯筑而成，夯层厚0.15~0.2米	圆形	梯形	底部东西6、南北8米，顶部东西3、南北3米，残高6米	台基平面呈圆形，直径20、残高3米
碓臼坪1号烽火台	1409323532011170211	清水河县暖泉乡碓臼坪村西南1.05千米	东经：111°44′19.80″ 北纬：39°35′50.80″ 高程：1458米	土	黄土夯筑而成，夯层厚0.08~0.15米	圆形	梯形	底径14.8、顶径12、残高9米	围墙底宽1、顶宽0.2~0.4、残高2.5米，夯层厚0.05~0.15米。台基平面呈圆形，直径25、残高1~4米。南壁中部有洞穴，宽0.8、高1、距地面4.8米，可通顶
碓臼坪2号烽火台	1409323532011170212	清水河县暖泉乡碓臼坪村西南0.87千米	东经：111°43′58.40″ 北纬：39°36′03.80″ 高程：1425米	土	黄土夯筑而成，夯层厚0.05~0.15米	圆形	梯形	底径13、顶径8、残高8米	台基平面呈圆形，直径24残、高2米。南壁中部有洞穴，宽1、高1.2米，可通顶
许家湾1号烽火台	1409323532011170213	清水河县暖泉乡碓臼坪村西南1.3千米	东经：111°43′34.90″ 北纬：39°36′04.20″ 高程：1444米	土	黄土夯筑而成，夯层厚0.05~0.15米	圆形	梯形	底径15、顶径13、残高9米	围墙底宽1、顶宽0.5、残高2.5米。台基平面呈圆形，直径30、残高2米
许家湾2号烽火台	1409323532011170214	清水河县暖泉乡川峁上村东南0.9千米	东经：111°43′07.00″ 北纬：39°36′09.60″ 高程：1410米	土	黄土夯筑而成，夯层厚0.05~0.15米	圆形	梯形	底径15、顶径9、残高10米	台基平面呈圆形，直径28、残高2.5米。南壁上部有洞穴，宽0.6、高0.8米，可通顶

续表

名称	编码	地点	坐标	材质	建筑方式	平面形制	剖面形制	尺寸	附属设施
许家湾3号烽火台	1409323532011170215	清水河县暖泉乡川峁上村东南0.47千米	东经：111°42′57.10″ 北纬：39°36′09.30″ 高程：1379米	土	黄土夯筑而成，含砂砾，夯层厚0.1～0.15米	圆形	梯形	底径16、顶径10、残高9.45米	围墙底宽1、顶宽0.2～0.5、残高3.5米
许家湾4号烽火台	1409323532011170216	清水河县暖泉乡川峁上村东南0.7千米	东经：111°42′49.90″ 北纬：39°36′57.80″ 高程：1410米	土	黄土夯筑而成，夯层厚0.1～0.15米	圆形	梯形	底径14.8、残高8米	无
川峁上2号烽火台	1409323532011170217	清水河县暖泉乡川峁上村西北0.7千米	东经：111°42′20.60″ 北纬：39°36′36.40″ 高程：1362米	土	黄土夯筑而成，夯层厚0.05～0.1米	圆形	梯形	底径14、顶径10、残高9米	台基平面呈圆形，直径30、残高2米
川峁上3号烽火台	1409323532011170218	水泉乡水泉村北0.5千米	东经：111°42′09.50″ 北纬：39°36′31.30″ 高程：1395米	土	黄土夯筑而成，夯层厚0.15～0.2米	圆形	梯形	底部东西11、南北12米，顶部东西4.5、南北5米，残高10米	无
川峁上5号烽火台	1409323532011170219	清水河县暖泉乡头道沟村南1千米	东经：111°42′07.80″ 北纬：39°37′00.20″ 高程：1380米	土	黄土夯筑而成，夯层厚0.15～0.2米	圆形	梯形	底径14、顶径10、残高10米	围墙外高3～4、内高0.8～1.8米。台基平面呈圆形，直径28、残高1米
头道沟1号烽火台	1409323532011170220	水泉乡后海子村北0.7千米	东经：111°41′41.40″ 北纬：39°37′15.60″ 高程：1403米	土	黄土夯筑而成，夯层厚0.15～0.2米	圆形	梯形	底径12、顶径8、残高9米	围墙外高1～3、内高0.5～2米。南墙中央设门，宽3、高2.8、进深1.3米。台基平面呈圆形，直径26、残高2米
头道沟2号烽火台	1409323532011170221	清水河县暖泉乡头道沟村西1.5千米	东经：111°41′04.00″ 北纬：39°37′33.70″ 高程：1524米	土	黄土夯筑而成，夯层厚0.15～0.2米	圆形	梯形	底径12、顶径7、残高9米	台基平面呈圆形，直径30米
头道沟3号烽火台	1409323532011170222	清水河县暖泉乡腰栅咀村南1.4千米	东经：111°40′53.00″ 北纬：39°37′44.20″ 高程：1578米	土	黄土夯筑而成，夯层厚0.15～0.2米	圆形	梯形	底径14、顶径10、残高12米	围墙外高0.5～4、内高0.5～3米。台基平面呈圆形，直径30、残高2米
杏树峁1号烽火台	1409323532011170223	清水河县暖泉乡腰栅咀村西南1.55千米	东经：111°40′20.60″ 北纬：39°37′43.10″ 高程：1579米	土	黄土夯筑而成，夯层厚0.05～0.1米	圆形	梯形	底径10、顶径7、残高7米	无
杏树峁3号烽火台	1409323532011170225	清水河县暖泉乡腰栅咀村西南1.7千米	东经：111°39′58.40″ 北纬：39°37′52.20″ 高程：1587米	土	黄土夯筑而成，夯层厚0.05～0.15米	圆形	梯形	底径14、顶径12、残高6.45米	无
杏树峁4号烽火台	1409323532011170226	清水河县暖泉乡腰栅咀村西南1.85千米	东经：111°39′42.20″ 北纬：39°37′59.50″ 高程：1601米	土	黄土夯筑而成，夯层厚0.05～0.15米	圆形	梯形	底径11、顶径7、残高10米	无

续表

名称	编码	地点	坐标	材质	建筑方式	平面形制	剖面形制	尺寸	附属设施
杏树峁5号烽火台	1409323532201170227	清水河县暖泉乡腰栅咀村西南1.97千米	东经：111°39′34.00″ 北纬：39°38′08.00″ 高程：1597米	土	黄土夯筑而成，含碎石，夯层厚0.05～0.1米	圆形	梯形	底径16、顶径12、残高7.6米	无
关地咀1号烽火台	1409323532201170228	清水河县暖泉乡安根楼村东南2千米	东经：111°39′05.60″ 北纬：39°38′17.40″ 高程：1624米	土	黄土夯筑而成，夯层厚0.05～0.15米	矩形	梯形	底部东西13、南北19米，顶部东西6、南北17米，残高6.6米	无
关地咀2号烽火台	1409323532201170229	清水河县暖泉乡安根楼村东南1.63千米	东经：111°38′48.50″ 北纬：39°38′14.90″ 高程：1614米	土	黄土夯筑而成，夯层厚0.05～0.15米	圆形	梯形	底径13、顶径10、残高8米	台基平面呈圆形，直径21、残高1～2米
安根楼1号烽火台	1409323532201170231	清水河县暖泉乡安根楼村西南1.2千米	东经：111°37′27.00″ 北纬：39°38′14.40″ 高程：1572米	土	黄土夯筑而成，夯层厚0.05～0.15米	圆形	梯形	底径14、顶径10、残高9米	围墙外高4～4.5、内高0.8～3米。台基平面呈圆形，直径30、残高3米
安根楼2号烽火台	1409323532201170232	清水河县单台子乡下黄家梁村东0.3千米	东经：111°37′09.30″ 北纬：39°37′46.80″ 高程：1541米	土	黄土夯筑而成，夯层厚0.15～0.2米	圆形	梯形	底径14、顶径10、残高9米	围墙外高2～4、内高0.8～2.5米。台基平面呈圆形，直径30、残高4米
安根楼3号烽火台	1409323532201170233	清水河县单台子乡下黄家梁村南0.4千米	东经：111°37′02.90″ 北纬：39°37′34.40″ 高程：1525米	土	黄土夯筑而成，夯层厚0.15～0.2米	圆形	梯形	底径7、顶径4、残高6米	无
阳洼子1号烽火台	1409323532201170234	清水河县单台子乡下黄家梁村西1.4千米	东经：111°36′12.20″ 北纬：39°37′57.50″ 高程：1427米	土	黄土夯筑而成，夯层厚0.15～0.2米	圆形	梯形	底径14、顶径10、残高10米	围墙外高2～4、内高0.8～2米。台基平面呈圆形，直径20、残高4米
阳洼子2号烽火台	1409323532201170235	万家寨镇阳洼子村西北0.5千米	东经：111°35′41.80″ 北纬：39°38′12.30″ 高程：1353米	土	黄土夯筑而成，夯层厚0.15～0.2米	圆形	梯形	底径12、顶径8、残高8.5米	围墙外高3、内高0.8～1.5米。台基平面呈圆形，直径25、残高2米
石垛墕1号烽火台	1409323532201170236	万家寨镇阳洼子村西北0.8千米	东经：111°35′09.30″ 北纬：39°38′14.30″ 高程：1388米	土	黄土夯筑而成，含碎石，夯层厚0.15～0.2米	圆形	梯形	底径14、顶径10、残高10米	围墙平面呈圆形，直径26、宽0.5～1.5、残高2～3.5米；南墙设门，宽2米。台基平面呈圆形。南壁中部有洞穴，宽1.2、高1.6，可通顶
石垛墕2号烽火台	1409323532201170237	清水河县单台子乡石垛墕村东南0.06千米	东经：111°34′33.00″ 北纬：39°38′28.80″ 高程：1374米	土	黄土夯筑而成，夯层厚0.15～0.2米	圆形	梯形	底径15、顶径12、残高10米	无
白泥窑2号烽火台	1409323532201170238	清水河县单台子乡石垛墕村西南0.84千米	东经：111°34′00.10″ 北纬：39°38′23.40″ 高程：1394米	土	黄土夯筑而成，夯层厚0.05～0.1米	圆形	梯形	底径20、顶径15、残高10米	围墙残存东北墙。南壁底部有洞穴，可通顶
白泥窑3号烽火台	1409323532201170239	清水河县单台子乡石垛墕村西南1.2千米	东经：111°33′47.90″ 北纬：39°38′19.80″ 高程：1431米	土	黄土夯筑而成，夯层厚0.1～0.15米	矩形	梯形	底部东西6、南北7.5米，顶部东西0.5、南北2米，残高4米	无
正泥墕1号烽火台	1409323532201170240	万家寨镇正泥墕村南1千米	东经：111°33′28.20″ 北纬：39°38′30.20″ 高程：1394米	土	黄土夯筑而成，夯层厚0.05～0.15米	圆形	梯形	底径18、顶径15、残高11.5米	有围墙。西壁有洞穴，宽1.5、高2.5米，有台阶可通顶，阶宽1、高0.3米

续表

名称	编码	地点	坐标	材质	建筑方式	平面形制	剖面形制	尺寸	附属设施
正泥墕2号烽火台	1409323532201170241	万家寨镇正泥墕村西北0.1千米	东经：111°33′22.70″ 北纬：39°38′44.20″ 高程：1347米	土	黄土夯筑而成，夯层厚0.05～0.15米	圆形	梯形	底径13、顶径11、残高11米	无
东牛腻塔烽火台	1409323532201170242	万家寨镇正泥墕村西北0.8千米	东经：111°33′00.70″ 北纬：39°39′02.00″ 高程：1311米	土	黄土夯筑而成，夯层厚0.15～0.2米	圆形	梯形	底径12、顶径8、残高8.5米	台基平面呈圆形，直径24、残高1米。东壁有洞穴，宽1、高3.5米，可通顶
青草峁1号烽火台	1409323532201170243	清水河县单台子乡青草峁村东南0.4千米	东经：111°32′18.20″ 北纬：39°39′00.20″ 高程：1336米	土	黄土夯筑而成，夯层厚0.15～0.2米	圆形	梯形	底径10、顶径8、残高9米	台基平面呈圆形，直径20、残高1米。南壁中部有洞穴，宽1.5、高3米，可通顶
青草峁2号烽火台	1409323532201170244	清水河县单台子乡青草峁村东南0.7千米	东经：111°32′12.50″ 北纬：39°38′59.40″ 高程：1337米	土	黄土夯筑而成，夯层厚0.15～0.2米	圆形	梯形	底径8、顶径2、残高7米	无
青草峁3号烽火台	1409323532201170245	万家寨镇南庄王村北0.7千米	东经：111°31′28.60″ 北纬：39°39′14.40″ 高程：1300米	土	黄土夯筑而成，夯层厚0.15～0.2米	圆形	梯形	底径14、顶径10、残高10米	围墙外高1～4、内高0.5～2米。台基平面呈圆形，直径30、残高3米。台体顶部有土台，直径5、高1米
正湖梁1号烽火台	1409323532201170246	清水河县单台子乡正湖梁村东0.7千米	东经：111°30′58.50″ 北纬：39°39′34.00″ 高程：1215米	土	黄土夯筑而成，夯层厚0.15～0.2米	圆形	梯形	底径12、顶径8、残高9米	围墙外高3、内高0.8～2米。台基平面呈圆形，直径24、残高3米
正湖梁2号烽火台	1409323532201170247	万家寨镇滑石村北0.38千米	东经：111°30′21.20″ 北纬：39°39′35.70″ 高程：1187米	土	黄土夯筑而成，夯层厚0.1～0.15米	圆形	梯形	底径9、顶径4.5、残高5.4米	无
正湖梁3号烽火台	1409323532201170248	万家寨镇滑石村南0.4千米	东经：111°30′06.80″ 北纬：39°39′15.30″ 高程：1229米	土	黄土夯筑而成，夯层厚0.08～0.15米	圆形	梯形	底径11、顶径5、残高13米	南壁中部有洞穴，宽0.7、高1米，可通顶
北古梁1号烽火台	1409323532201170249	清水河县单台子乡北古梁村西南1千米	东经：111°28′58.50″ 北纬：39°39′17.80″ 高程：1211米	土	黄土夯筑而成，夯层厚0.1～0.2米	矩形	梯形	底部东西10.5、南北8.8米，顶部东西8、南北7米，残高7米	无
北古梁2号烽火台	1409323532201170250	清水河县单台子乡北古梁村西南1.15千米	东经：111°28′47.20″ 北纬：39°39′05.70″ 高程：1235米	土	黄土夯筑而成，夯层厚0.1～0.2米	矩形	梯形	底部东西9.88、南北9米，顶部东西6.45、南北7米，残高6.8米	无
马道咀2号烽火台	1409323532201170252	万家寨镇马道咀村西北0.6千米	东经：111°27′33.90″ 北纬：39°38′41.30″ 高程：1089米	土	黄土夯筑而成，夯层厚0.1～0.15米	圆形	梯形	底径14、顶径10、残高10米	围墙宽1、外高2～5、内高0.8～4米。台基平面呈圆形，直径30、残高1米
阎王鼻子1号烽火台	1409323532201170254	万家寨镇马道咀村西北1.4千米	东经：111°27′16.20″ 北纬：39°38′42.30″ 高程：1131米	土	黄土夯筑而成，夯层厚0.15～0.2米	矩形	梯形	底部东西6、南北8米，顶部边长3米，残高4米	无
阎王鼻子2号烽火台	1409323532201170255	万家寨镇马道咀村西北2千米	东经：111°26′54.50″ 北纬：39°38′38.60″ 高程：1065米	土	黄土夯筑而成，夯层厚0.15～0.2米	圆形	梯形	底径14、顶径10、残高10米	围墙外高1～3、内高0.8～2米。台基平面呈圆形，直径30、残高2.5米

续表

名称	编码	地点	坐标	材质	建筑方式	平面形制	剖面形制	尺寸	附属设施
老牛湾烽火台	1409323532011170023	万家寨镇老牛湾村东北0.5千米	东经：111°26′32.90″ 北纬：39°38′19.10″ 高程：1051米	土	黄土夯筑而成，含砂砾，夯层厚0.09～0.25米	矩形	梯形	底部东西13、南北14米，顶部东西7、南北7米，残高6～7米	无
大咀烽火台	1409323532011170029	万家寨镇大咀村东北0.2千米	东经：111°28′19.10″ 北纬：39°37′06.90″ 高程：1215米	石	外部片石垒砌；内部为夯土台体，黄土夯筑而成，含砂砾	矩形	梯形	底部东西15、南北9米	无
榆树塔烽火台	1409323532011170031	万家寨镇榆树塔村东南0.24千米	东经：111°26′55.00″ 北纬：39°35′56.00″ 高程：1202米	石	外部片石垒砌；内部为夯土台体，黄土夯筑而成，含砂砾，夯层厚0.06～0.11米，夯层间有片石层	矩形	梯形	底部东西10、南北7、残高6米	台基平面呈圆形，直径16、残高0.2～1.4米
东长咀1号烽火台	1409323532011170028	万家寨镇东长咀村东北0.45千米	东经：111°28′12.80″ 北纬：39°35′56.20″ 高程：1269米	土	黄土夯筑而成，含砂砾，夯层厚0.06～0.3米	矩形	梯形	底部东西13、南北12米，顶部东西9、南北8米，残高8米	无
东长咀2号烽火台	1409323532011170030	万家寨镇东长咀村东北0.12千米	东经：111°27′51.20″ 北纬：39°35′47.20″ 高程：1326米	土	黄土夯筑而成，含砂砾，夯层厚0.07～0.1米	圆形	梯形	底径11、残高6米	台基平面呈圆形，直径25、残高2.3米，夯层厚0.13～0.2米
辛庄窝烽火台	1409323532011170032	万家寨镇辛庄窝村西南0.45千米	东经：111°26′49.80″ 北纬：39°34′55.10″ 高程：1215米	土	黄土夯筑而成，含砂砾，夯层厚0.1～0.2米	圆形	梯形	底径16、顶径10、残高6米	台基平面呈圆形，直径24、残高1.1～1.9米
万家寨烽火台	1409323532011170033	万家寨镇万家寨村西南	东经：111°25′56.50″ 北纬：39°34′13.40″ 高程：1056米	土	黄土夯筑而成，夯层厚0.06～0.19米	圆形	梯形	底径12、顶径8、残高5.55米	台基平面呈圆形，直径26、残高2～2.2米，夯层厚0.05～0.2米
麻地塔烽火台	1409323532011170034	万家寨镇麻地塔东南0.22千米	东经：111°26′20.40″ 北纬：39°30′19.20″ 高程：1140米	土	黄土夯筑而成，含砂砾，夯层厚0.1～0.18米	圆形	梯形	底径19、顶径11、残高8米	台体周围有围墙，平面呈近圆形，东西38、南北36、残高4.2米，夯层厚0.09～0.16米。台基平面呈圆形，直径39、残高4.2米，夯层厚0.09～0.18米。西壁有洞穴，宽0.8～1.3、高1.8米，可通顶
暗地庄窝烽火台	1409323532011170035	万家寨镇暗地庄窝东0.41千米	东经：111°26′08.20″ 北纬：39°32′46.00″ 高程：1173米	土	黄土夯筑而成，夯层厚0.08～0.18米	圆形	梯形	底径12、顶径8、残高8米	台基平面呈圆形，直径24、残高1.2～2.7米，夯层厚0.08～0.18米
五铺梁4号烽火台		万家寨镇五铺梁西南1.16千米		石	外部片石垒砌；内部土石混筑	圆形	梯形	底径7.2、残高1.5～2米	无
五铺梁1号烽火台	1409323532011170036	万家寨镇五铺梁西南1.06千米	东经：111°25′16.10″ 北纬：39°32′25.70″ 高程：1077米	土	黄土夯筑而成，含砂砾，夯层厚0.06～0.1米	圆形	梯形	底径16.5、顶径13.5、残高7.4米	台基平面呈圆形，直径29.5、残高1.5～5米，夯层厚0.1～0.15米

续表

名称	编码	地点	坐标	材质	建筑方式	平面形制	剖面形制	尺寸	附属设施
五铺梁2号烽火台	1409323532011 70037	万家寨镇五铺梁西南1.26千米	东经：111°25′11.20″ 北纬：39°32′07.60″ 高程：935米	石	外部片石垒砌；内部为夯土台体，黄土夯筑而成，含砂砾，夯层厚0.1~0.2米	矩形	梯形	底部东西18、南北15米，顶部东西9、南北7米，残高6米	无
五铺梁3号烽火台	1409323532011 70038	万家寨镇五铺梁西南1.18千米	东经：111°25′17.80″ 北纬：39°32′02.20″ 高程：985米	土	黄土夯筑而成，含砂砾，夯层厚0.15~0.21米	矩形	梯形	底部东西9、南北10米，顶部东西2.5、南北3米，残高5米	无
小寨1号烽火台		天峰坪镇小寨村西南2.39千米		石	片石垒砌而成	圆形	梯形	底径8、残高2.5米	无
小寨2号烽火台	1409323532011 70040	天峰坪镇小寨村西南2.31千米	东经：111°25′56.10″ 北纬：39°30′54.00″ 高程：1053米	土	黄土夯筑而成，含砂砾、碎石，夯层厚0.06~0.18米	圆形	梯形	底径14、顶径11、残高8米	无
尖次湾2号烽火台	1409323532011 70042	天峰坪镇尖次湾村北0.05千米	东经：111°25′50.20″ 北纬：39°30′26.70″ 高程：1067米	石	外部条石垒砌；内部为夯土台体，黄土夯筑而成，含砂砾，夯层厚0.05~0.18米	矩形	梯形	底部东西5~6、南北5~6、残高3~4米	台体周围有围墙，大部分段落无存，残高0.2~0.3米。台基平面呈矩形，东西42、南北28、残高1.6~2.5米，夯层厚0.08~0.18米
尖次湾1号烽火台	1409323532011 70041	天峰坪镇尖次湾村东南0.6千米	东经：111°26′14.00″ 北纬：39°29′56.20″ 高程：1115米	土	黄土夯筑而成，含砂砾，夯层厚0.05~0.15米	圆形	梯形	底径15、顶径9.4、残高8.7米	台体周围有围墙，平面呈圆形，底宽2.8、顶宽1.5、残高1.5米。台基平面呈圆形，直径33、残高1.8米，夯层厚0.05~0.18米
柴家岭烽火台	1409323532011 70043	天峰坪镇柴家岭村北0.55千米	东经：111°25′29.90″ 北纬：39°29′37.20″ 高程：1121米	土	黄土夯筑而成，含砂砾，夯层厚0.06~0.18米	矩形	梯形	底部东西15、南北16米，顶部东西1.8、南北2.5米，残高10米	无
关河口1号烽火台	1409323532011 70044	天峰坪镇关河口村东北0.76千米	东经：111°25′03.50″ 北纬：39°29′53.90″ 高程：1053米	土	黄土夯筑而成，含砂砾，夯层厚0.06~0.18米	圆形	梯形	底径15、顶径10、残高10米	台基平面呈圆形，直径25、残高0.5~2米，夯层厚0.09~0.13米
关河口2号烽火台	1409323532011 70045	天峰坪镇关河口村东北0.16千米	东经：111°24′45.40″ 北纬：39°29′41.20″ 高程：1037米	土	黄土夯筑而成，含砂砾、碎石，夯层厚0.06~0.16米	圆形	梯形	底径13、顶径10、残高8~9米	无
关河口3号烽火台	1409323532011 70046	天峰坪镇关河口村关河大桥南0.025千米	东经：111°24′32.70″ 北纬：39°29′37.30″ 高程：905米	土	黄土夯筑而成，含砂砾、碎石，夯层厚0.06~0.1米	圆形	梯形	底径13、顶径10、残高8米	无
天峰坪1号烽火台	1409323532011 70047	天峰坪镇天峰坪村镇政府北侧	东经：111°24′21.50″ 北纬：39°29′15.70″ 高程：1012米	土	黄土夯筑而成，含砂砾，夯层0.06~0.2米	矩形	梯形	底部东西12、南北11米，顶部东西6、南北5米，残高5.5米	无

续表

名称	编码	地点	坐标	材质	建筑方式	平面形制	剖面形制	尺寸	附属设施
天峰坪2号烽火台	1409323532011700048	天峰坪镇天峰坪村西北0.5千米	东经：111°24′10.60″ 北纬：39°29′32.50″ 高程：1018米	砖	外部砖石垒砌；包石高5.5米，内部为夯土台体，黄土夯筑而成，含砂砾，夯层厚0.06~0.2米	圆形	梯形	底径15、顶径1.5~2、残高3米	台基平面呈圆形，直径23、残高0.4~1.5米
天峰坪3号烽火台	1409323532011700049	天峰坪镇天峰坪村西1.3千米	东经：111°23′16.80″ 北纬：39°29′17.40″ 高程：982米	砖	外部砖石垒砌；包石高5.5米；内部为夯土台体，黄土夯筑而成	矩形	梯形	底部东西6、南北7米，顶部东西3.5、南北4米，残高4.2米	台基平面呈矩形，边长14、残高0.5~1.2米，砖石垒砌而成
前梁烽火台	1409323532011700050	天峰坪镇前梁村西北1.02千米	东经：111°22′25.00″ 北纬：39°28′52.50″ 高程：952米	土	黄土夯筑而成，含砂砾，夯层厚0.05~0.15米	圆形	梯形	底径17、顶径13、残高5.5米	台基平面呈圆形，底径28、残高0.5~1.9米，夯层厚0.06~0.15米
石卯1号烽火台	1409323532011700051	天峰坪镇石卯村西北0.96千米	东经：111°21′57.70″ 北纬：39°28′32.80″ 高程：949米	土	黄土夯筑而成，含砂砾，夯层厚0.16~0.25米	圆形	梯形	底径15、顶径12、残高4.8米	无
石卯2号烽火台	1409323532011700052	天峰坪镇石卯村西北0.46千米	东经：111°22′28.20″ 北纬：39°28′12.30″ 高程：1044米	土	黄土夯筑而成，含砂砾，夯层厚0.05~0.1米	圆形	梯形	底径16、顶径12、残高6米	台基平面呈圆形，底径37、顶径30、残高3~3.8米
石卯3号烽火台	1409323532011700053	天峰坪镇石卯村西北0.56千米	东经：111°21′48.60″ 北纬：39°28′15.20″ 高程：941米	土	黄土夯筑而成，含砂砾，夯层厚0.12~0.18米	圆形	梯形	底径23、顶径15、残高7.8米	无
石卯4号烽火台	1409323532011700054	天峰坪镇石卯村西	东经：111°21′52.00″ 北纬：39°27′59.90″ 高程：970米	土	黄土夯筑而成，含砂砾，夯层厚0.04~0.13米	圆形	梯形	底径20、顶径16、残高3.5~8米	无
石卯5号烽火台	1409323532011700055	天峰坪镇石卯村西南0.35千米	东经：111°21′57.50″ 北纬：39°27′49.90″ 高程：968米	土	黄土夯筑而成，含砂砾，夯层厚0.07~0.12米	矩形	梯形	底部边长12米，顶部东西9、南北10米，残高6米	无
教子沟1号烽火台	1409323532011700162	南堡子乡教子沟村东北0.5千米	东经：111°56′35.10″ 北纬：39°27′19.00″ 高程：1510米	土	黄土夯筑而成，含砂砾，夯层厚0.08~0.19米	矩形	梯形	底部东西10、南北8米，顶部东西4、南北3米，残高6.3米	台体周围有围墙，平面呈矩形，底宽1.4、顶宽0.4~1.1、外高2.3~3.3、内高0.3~2米。台基平面呈矩形，东西17、南北22、残高0.5~2.1米
教子沟2号烽火台	1409323532011700163	南堡子乡教子沟村西北0.6千米	东经：111°55′47.60″ 北纬：39°27′29.20″ 高程：1640米	土	黄土夯筑而成，含砂砾，夯层厚0.08~0.2米	矩形	梯形	底部东西11.5、南北8米，顶部东西7.5、南北5米，残高11米	无
新庄窝1号烽火台	1409323532011700024	万家寨镇新庄窝村东0.4千米	东经：111°27′06.30″ 北纬：39°38′10.30″ 高程：1133米	土	黄土夯筑而成，含砂砾，夯层厚0.1~0.2米	矩形	梯形	底部东西7、南北6米，顶部东西2.5、南北3米，残高7米	无

续表

名称	编码	地点	坐标	材质	建筑方式	平面形制	剖面形制	尺寸	附属设施
新庄窝2号烽火台	14093235320117 0025	万家寨镇新庄窝村东0.85千米	东经：111°27′29.80″ 北纬：39°38′08.00″ 高程：1217米	土	黄土夯筑而成，含砂砾，夯层厚0.12～0.25米	矩形	梯形	底部东西8、南北7米，顶部东西3、南北2.5米，残高5米	无
柏树崀1号烽火台	14093235320117 0026	万家寨镇柏树崀村西北0.7千米	东经：111°28′01.10″ 北纬：39°37′56.00″ 高程：1249米	土	黄土夯筑而成，含砂砾，夯层厚0.08～0.18米	矩形	梯形	底部边长8米，顶部东西4.5、南北5米，残高6～7米	无
柏树崀2号烽火台	14093235320117 0027	万家寨镇柏树崀村西北0.08千米	东经：111°28′26.80″ 北纬：39°37′49.90″ 高程：1262米	土	黄土夯筑而成，含砂砾，夯层厚0.09～0.27米	矩形	梯形	底部东西11、南北13米，顶部东西6、南北5米，残高6米	无
柏树崀3号烽火台	14093235320117 0057	万家寨镇柏树崀村东南1千米	东经：111°28′46.70″ 北纬：39°37′37.40″ 高程：1280米	土	黄土夯筑而成，夯层厚0.12～0.17米	矩形	梯形	东西7、南北4.5、残高2.5米	无
王罗咀1号烽火台	14093235320117 0058	万家寨镇王罗咀村西北0.8千米	东经：111°29′17.60″ 北纬：39°37′31.70″ 高程：1416米	土	黄土夯筑而成，含碎石，夯层厚0.1～0.14米	矩形	梯形	底部边长9米，顶部东西5、南北6米，残高6.5米	无
王罗咀2号烽火台	14093235320117 0059	万家寨镇王罗咀村北0.26千米	东经：111°29′45.10″ 北纬：39°37′28.60″ 高程：1468米	土	黄土夯筑而成，含碎石，夯层厚0.05～0.08米	圆形	梯形	底径16、顶径13、残高9.4米	台基平面呈圆形，直径23、残高2米，夯层厚0.09～0.12米
王罗咀4号烽火台	14093235320117 0061	万家寨镇王罗咀村东1千米	东经：111°30′08.50″ 北纬：39°37′26.00″ 高程：1390米	土	黄土夯筑而成，含砂砾，夯层厚0.1～0.15米	矩形	梯形	底部东西7.5、南北8米，顶部东西2.8、南北3.4米，残高6.5米	无
王罗咀3号烽火台	14093235320117 0060	万家寨镇王罗咀村东0.2千米	东经：111°30′32.80″ 北纬：39°37′25.00″ 高程：1354米	土	黄土夯筑而成，含砂砾，夯层厚0.07～0.15米	矩形	梯形	底部东西8、南北8.2米，顶部东西4、南北4米，残高10.5米	台基残高0.5～1.4米，夯层厚0.09～0.13米
薛太家咀1号烽火台	14093235320117 0062	万家寨镇薛太家咀村西1.2千米	东经：111°31′03.70″ 北纬：39°37′19.20″ 高程：1334米	土	黄土夯筑而成，含砂砾，夯层厚0.09～0.15米	矩形	梯形	底部东西2.4、南北2.3米	无
薛太家咀2号烽火台	14093235320117 0063	万家寨镇薛太家咀村西0.75千米	东经：111°31′03.70″ 北纬：39°37′19.20″ 高程：1334米	土	黄土夯筑而成，含砂砾，夯层厚0.1～0.16米	矩形	梯形	底部边长8米，顶部东西2.5、南北2米，残高9米	无
薛太家咀3号烽火台	14093235320117 0064	万家寨镇薛太家咀村东南0.5千米	东经：111°32′07.20″ 北纬：39°37′07.50″ 高程：1308米	土	黄土夯筑而成，含砂砾，夯层厚0.08～0.15米	矩形	梯形	底部边长8米，顶部东西4.5、南北4米，残高9.5米	台基东西17、南北20、残高0.5～1.5米，夯层厚0.1～0.17米
店棒子烽火台	14093235320117 0067	万家寨镇店棒子村东1千米	东经：111°32′15.00″ 北纬：39°38′27.20″ 高程：1366米	土	黄土夯筑而成，含砂砾，夯层厚0.08～0.2米	矩形	梯形	底部东西8、南北10米，顶部东西2.3、南北2.5米，残高6.5米	无

续表

名称	编码	地点	坐标	材质	建筑方式	平面形制	剖面形制	尺寸	附属设施
黄雨梁烽火台	1409323532201170065	万家寨镇黄雨梁村北0.05千米	东经：111°32′07.20″ 北纬：39°37′07.50″ 高程：1308米	土	黄土夯筑而成，含砂砾，夯层厚0.12～0.18米	矩形	梯形	底部东西7、南北5.5米，顶部东西1.5、南北1.2米，残高6.5米	无
古寺1号烽火台	1409323532201170066	万家寨镇古寺新村西0.05千米	东经：111°34′12.50″ 北纬：39°36′56.20″ 高程：1505米	土	黄土夯筑而成，夯层厚0.07～0.15米	矩形	梯形	底部东西12、南北7米，顶部东西10.5、南北6米，残高9.2米	台体周围有围墙，平面呈圆形，残存东南墙7、底宽0.7、顶宽0.2～0.5、外高2.8～3.5、内高0.2～0.7米。台基平面呈圆形，直径38、残高0.5～2.2米
古寺2号烽火台	1409323532201170068	万家寨镇古寺新村东0.6千米	东经：111°35′03.80″ 北纬：39°36′56.30″ 高程：1526米	土	黄土夯筑而成，夯层厚0.08～0.16米	圆形	梯形	底径18、顶径14、残高9.6米	台体周围有围墙，平面呈圆形，残长34、底宽1.4、顶宽0.3～0.7、外高5.7～7.5、内高0.5～1.9米。台基平面呈圆形，直径32、残高5.7米，夯层厚0.09～0.16米
草垛山1号烽火台	1409323532201170069	万家寨镇草垛山堡西0.2千米	东经：111°35′57.40″ 北纬：39°36′24.50″ 高程：1587米	砖	外部砖石垒砌；内部为夯土台体，黄土夯筑而成，夯层厚0.08～0.14米	矩形	梯形	底部东西7、南北7.5、残高13米	台体上部四壁有砖券拱门，宽1.78、高1.37米；内部有东西向券洞，宽4.3、高1.86米
草垛山2号烽火台	1409323532201170089	万家寨镇草垛山东0.8千米	东经：111°36′44.50″ 北纬：39°36′20.30″ 高程：1491米	砖	外部砖石垒砌；内部为夯土台体，黄土夯筑而成，夯层厚0.04～0.13米	矩形	梯形	底部边长10米，顶部东西9、南北9米，残高4米	无
牛槽洼烽火台	1409323532201170070	万家寨镇牛槽洼村西北0.2千米	东经：111°36′25.40″ 北纬：39°36′50.60″ 高程：1524米	土	黄土夯筑而成，含砂砾，夯层厚0.07～0.2米	矩形	梯形	底部东西8、南北9.7米，顶部东西3.1、南北4米，残高8～9米	无
窄寨烽火台	1409323532201170090	水泉乡窄寨村南	东经：111°37′16.70″ 北纬：39°35′33.10″ 高程：1565米	土	黄土夯筑而成，夯层厚0.09～0.2米	圆形	梯形	底径12、顶径9.3、残高8.8米	台体周围有围墙，平面呈圆形，残存西北墙11米，底宽0.8、顶宽0.2～0.6、残高0.6米。台基直径22、残高3.1～4米，夯层厚0.12～0.2米。北壁底部有洞穴，宽0.9、高1米，可通顶
王关垴烽火台	1409323532201170106	水泉乡王关垴村东北0.6千米	东经：111°38′50.50″ 北纬：39°35′28.00″ 高程：1540米	土	黄土夯筑而成，含砂砾，夯层厚0.08～0.21米	矩形	梯形	底部边长9.5、顶部边长6、残高9.1米	无

续表

名称	编码	地点	坐标	材质	建筑方式	平面形制	剖面形制	尺寸	附属设施
水泉乡辛庄窝烽火台	140932353201170104	水泉乡辛庄窝村东1.6千米	东经：111°38′52.40″ 北纬：39°36′10.90″ 高程：1500米	土	黄土夯筑而成，含砂砾，夯层厚0.18～0.21米	矩形	梯形	底部边长9、顶部边长4、残高8米	无
高峁烽火台	140932353201170092	水泉乡高峁村南0.8千米	东经：111°36′47.60″ 北纬：39°34′28.50″ 高程：1545米	土	黄土夯筑而成，含砂砾，夯层厚0.07～0.12米	圆形	梯形	底径12、顶径9、残高9.2米	台体周围有围墙，平面呈圆形，底宽1、顶宽0.3～0.5、外高2.3～3.8、内高0.5～2米，夯层厚0.1～0.12米。台基平面呈圆形，直径24、残高1.8～3米
黄龙池烽火台	140932353201170071	万家寨镇黄龙池村西北0.05千米	东经：111°31′40.20″ 北纬：39°35′28.40″ 高程：1409米	土	黄土夯筑而成，含砂砾，夯层厚0.1～0.15米	矩形	梯形	底部东西10、南北9米，顶部东西8、南北7米，残高4米	台体周围有围墙，平面呈矩形，底宽2.5、顶宽0.5～1.8、外高5.1、内高0.5～2.6米。台基东西22、南北22、残高4.2～5.1米，夯层厚0.1～0.2米
教官咀1号烽火台	140932353201170072	万家寨镇教官咀村北1.2千米	东经：111°30′12.40″ 北纬：39°55′56.70″ 高程：1445米	土	黄土夯筑而成，含砂砾、碎石，夯层厚0.06~0.15米	矩形	梯形	底部东西17、南北14米，顶部东西8、南北8.9米，残高9米	台体周围有围墙，平面呈五边形，东北墙长39.5、东南墙长38.6、南墙长50.32、西墙长56.65、北墙长36.05米。底宽2.2、顶宽0.5～1.9、残高0.5～3.1米。台体顶部有矮墙，宽0.3～0.17、残高0.2～0.8米
教官咀2号烽火台	140932353201170073	万家寨镇教官咀村西南1千米	东经：111°29′48.50″ 北纬：39°34′50.00″ 高程：1569米	土	黄土夯筑而成，含碎石，夯层厚0.12～0.16米	矩形	梯形	底部东西7、南北10米，顶部东西4、南北5米，残高9.8米	无
十八盘烽火台	140932353201170074	万家寨镇十八盘村西0.2千米	东经：111°29′31.70″ 北纬：39°33′57.30″ 高程：1555米	土	黄土夯筑而成，含碎石，夯层厚0.07～0.15米	圆形	梯形	底径10、顶径6、残高9.8米	无
阳坡上烽火台	140932353201170075	万家寨镇阳坡上村北0.6千米	东经：111°29′04.60″ 北纬：39°32′06.70″ 高程：1454米	土	黄土夯筑而成，含砂砾、碎石，夯层厚0.08～0.23米	矩形	梯形	底部东西10、南北11米，顶部东西2.3、南北2.7米，残高11.3米	无
上沙庄窝烽火台	140932353201170081	万家寨镇上沙庄窝村东南0.75千米	东经：111°26′50.20″ 北纬：39°31′58.70″ 高程：1309米	砖	外部砖石垒砌，包石高5.7米；内部为夯土台体，黄土夯筑而成，含碎石，夯层厚0.15～0.21米	矩形	梯形	底部东西8.24、南北8.1、残高7.7米	台体周围有围墙，平面呈矩形，残存东、南、西墙，石砌而成。东墙残长27、宽2、残高0.3～2.15米，南墙残长12、宽1.5、残高0.2～0.8米，西墙残长58、残高1.66米

续表

名称	编码	地点	坐标	材质	建筑方式	平面形制	剖面形制	尺寸	附属设施
紫金山烽火台	1409323532201170039	天峰坪镇紫金山村北0.05千米	东经：111°27′36.30″ 北纬：39°30′34.80″ 高程：1293米	土	黄土夯筑而成，含砂砾，夯层厚0.1～0.18米	矩形	梯形	底部东西20、南北16米，顶部东西8、南北8米，残高13米	台基平面呈矩形，东西21、南北19、残高1.5～2米，夯层厚0.1～0.18米
营盘梁2号烽火台	1409323532201170077	新关镇营盘梁村北0.3千米	东经：111°28′45.20″ 北纬：39°29′56.10″ 高程：1301米	土	黄土夯筑而成，含砂砾，夯层厚0.08～0.16米	圆形	梯形	底径16、顶径12、残高9.6米	无
营盘梁1号烽火台	1409323532201170076	新关镇营盘梁村东1.2千米	东经：111°28′55.60″ 北纬：39°30′26.60″ 高程：1350米	土	黄土夯筑而成、含砂砾、碎石，夯层0.08～0.16米	矩形	梯形	底部边长6、残高5.2米	无
陈家庄窝烽火台	1409323532201170078	新关镇陈家庄窝村北0.2千米	东经：111°28′45.10″ 北纬：39°28′50.70″ 高程：1161米	土	黄土夯筑而成，含砂砾，夯层厚0.08～0.12米	矩形	梯形	底部东西12、南北11米，顶部东西3.1、南北2.7米，残高5.1米	无
后嘹高山烽火台	1409323532201170105	水泉乡后嘹高山村东南1千米	东经：111°41′06.80″ 北纬：39°35′49.90″ 高程：1491米	土	黄土夯筑而成，含砂砾，夯层厚0.07～0.12米	圆形	梯形	底径13、顶径10、残高8.5米	台基坍塌损毁严重
马台烽火台	1409323532201170107	水泉乡马台村西南0.5千米	东经：111°40′37.40″ 北纬：39°34′42.50″ 高程：1485米	土	黄土夯筑而成，含砂砾，夯层厚0.1～0.23米	矩形	梯形	底部边长10、顶部边长7、残高7.9米	台基边长19、残高1.3～1.9米
孙家梁烽火台	1409323532201170148	水泉乡孙家梁村西南0.2千米	东经：111°42′32.20″ 北纬：39°34′57.60″ 高程：1322米	土	黄土夯筑而成，含砂砾，夯层厚0.04～0.15米	圆形	梯形	底径15、顶径11、残高10.3米	无
池家垚烽火台	1409323532201170149	水泉乡池家垚村北0.2千米	东经：111°42′27.40″ 北纬：39°34′06.70″ 高程：1395米	土	黄土夯筑而成，夯层厚0.04～0.11米	圆形	梯形	底径12、顶径8、残高10.2米	台体周围有围墙，残长6、宽0.8、高0.2～0.6米。台基平面呈圆形，直径36、残高0.8～2.9米
大阳坡烽火台	1409323532201170147	水泉乡大阳坡村东北1千米	东经：111°44′39.90″ 北纬：39°34′29.40″ 高程：1553米	土	黄土夯筑而成，含砂砾，夯层厚0.07～0.12米	矩形	梯形	底部边长10、顶部边长5、8、残高9.4米	无
洪水沟烽火台	1409323532201170176	老营镇洪水沟村西南1千米	东经：111°45′48.20″ 北纬：39°32′41.50″ 高程：1574米	土	黄土夯筑而成，夯层厚0.06～0.13米	矩形	梯形	底部东西8.5、南北8、残高7米	台体周围有围墙，平面呈矩形，东西21、南北21.5米，残存南墙5米，西墙12米，北墙18米，石砌而成，宽2、残高0.5～1.5米
达连庄窝1号烽火台	1409323532201170094	水泉乡达连庄窝村西1千米	东经：111°38′08.20″ 北纬：39°33′10.60″ 高程：1493米	土	黄土夯筑而成，夯层厚0.06～0.12米	圆形	梯形	底径12、顶径9、残高8.4～10米	台体周围有围墙，平面呈圆形，底宽1.8、顶宽0.2～0.5、外高6.7、内高0.3～2.2米，夯层厚0.04～0.08米。台基平面呈圆形，直径28、残高4.5米，夯层厚0.1～0.18米

续表

名称	编码	地点	坐标	材质	建筑方式	平面形制	剖面形制	尺寸	附属设施
达连庄窝2号烽火台	140932353201170095	水泉乡达连庄窝村南1千米	东经：111°38′56.30″ 北纬：39°32′41.60″ 高程：1521米	土	黄土夯筑而成，含砂砾，夯层厚0.05～0.13米	圆形	梯形	底径13、顶径8.6、残高9.3米	台体周围有围墙，平面呈圆形，残长36、底宽0.6、顶宽0.3、外高3.4、内高0.5～1.5米，夯昙厚0.08～0.1米。台基平面呈圆形，直径33、残高1.9～3.4米，夯层厚0.08～0.2米
新窑上烽火台	140932353201170093	万家寨镇新窑上村北0.3千米	东经：111°36′01.80″ 北纬：39°33′27.40″ 高程：1532米	土	黄土夯筑而成，夯层厚0.05～0.14米	圆形	梯形	底径14、顶径10、残高8.6米	台基平面呈圆形，直径29、残高0.5～1.6米，夯层厚0.09～0.17米
刘家湾烽火台	140932353201170096	新关镇刘家湾村中	东经：111°36′33.90″ 北纬：39°31′27.60″ 高程：1521米	土	黄土夯筑而成，含砂砾，夯层厚0.07～0.14米	圆形	梯形	底径14、顶径9、残高9.1米	台基东西22、南北21、残高3.4米，夯层厚0.1～0.18米
元墩子烽火台	140932353201170097	新关镇元墩子村南0.5千米	东经：111°35′09.40″ 北纬：39°30′49.50″ 高程：1489米	土	黄土夯筑而成，夯层厚0.08～0.17米	圆形	梯形	底径14、顶径6.5、残高9.3米	台基直径28、残高2.7米，夯层厚0.06～0.21米
马家塔烽火台	140932353201170098	新关镇马家塔村北	东经：111°34′04.50″ 北纬：39°30′09.70″ 高程：1497米	土	黄土夯筑而成，夯层厚0.07～0.12米	圆形	梯形	底径11、顶径8、残高9.3米	台基直径21、残高4.7米
鸭子坪烽火台	140932353201170174	老营镇鸭子坪村西0.3千米	东经：111°32′32.00″ 北纬：39°31′53.20″ 高程：1362米	土	黄土夯筑而成，含砂砾，夯层厚0.09～0.18米	矩形	梯形	底部东西10、南北11.5米，顶部东西4、南北5米，残高10米	台体西0.005千米处有燧台6座（1～6号燧台），石砌而成。1号燧台东西1.5、南北2.9米，与2号燧台相距8米；2～6号燧台东西3、南北2.5、高0.5～0.7米，间距5米
走马塔烽火台	140932353201170103	万家寨镇走马塔村南1.5千米	东经：111°33′10.20″ 北纬：39°32′18.40″ 高程：1231米	土	黄土夯筑而成，夯层厚0.05～0.12米	矩形	梯形	底部边长14、顶部边长8、残高8.6米	无
贾堡烽火台	140932353201170171	老营镇贾堡村北0.08千米	东经：111°57′37.30″ 北纬：39°32′41.80″ 高程：1372米	土	黄土夯筑而成，夯层厚0.1～0.27米	矩形	梯形	底部东西9、南北8.5米，顶部东西5.5、南北5米，残高5.5米	无
上土寨烽火台	140932353201170172	老营镇上土寨村中	东经：111°55′58.50″ 北纬：39°32′26.10″ 高程：1302米	土	黄土夯筑而成，夯层厚0.16～0.21米	矩形	梯形	底部边长9米，顶部东西4.1、南北3米，残高7米	无
下土寨烽火台	140932353201170173	老营镇下土寨村西0.1千米	东经：111°54′54.70″ 北纬：39°32′11.30″ 高程：1314米	土	黄土夯筑而成，夯层厚0.12～0.21米	矩形	梯形	底部东西11、南北12米，顶部东西7、南北8.5米，残高6米	台体周围有围墙，平面呈矩形，东西28、南北28米，底宽2、顶宽0.5～1.5、残高0.5～2.5米
林家坪烽火台	140932353201170179	老营镇林家坪村东0.4千米	东经：111°48′44.60″ 北纬：39°30′23.20″ 高程：1350米	土	黄土夯筑而成，含砂砾，夯层厚0.09～0.2米	矩形	梯形	底部东西6.5、南北8.5、残高6米	无

续表

名称	编码	地点	坐标	材质	建筑方式	平面形制	剖面形制	尺寸	附属设施
岩头寺2号烽火台	140932353201170178	老营镇岩头寺村南0.4千米	东经：111°47′53.10″ 北纬：39°30′48.10″ 高程：1263米	土	黄土夯筑而成，夯层厚0.08～0.19米	矩形	梯形	底部边长11、残高8.2米	台基东西21、南北21、残高2.1米，夯层厚0.11～0.23米
岩头寺1号烽火台	140932353201170170	老营镇岩头寺村西北0.1千米	东经：111°47′33.20″ 北纬：39°31′05.90″ 高程：1297米	土	黄土夯筑而成，夯层厚0.05～0.18米	矩形	梯形	底部东西8.5、南北10米，顶部东西5.5、南北6米，残高10.1米	台体周围有围墙，平面呈矩形，东西40、南北58米，底宽1.5、顶宽0.5～1、残高0.5～1.6米
方城1号烽火台	140932353201170169	老营镇方城村东1.7千米	东经：111°47′13.50″ 北纬：39°30′37.80″ 高程：1253米	土	黄土夯筑而成，含砂砾，夯层厚0.07～0.16米	矩形	梯形	底部边长13、残高9.2米	无
方城2号烽火台	140932353201170175	老营镇方城村东南1.35千米	东经：111°46′47.80″ 北纬：39°29′42.80″ 高程：1415米	土	黄土夯筑而成，夯层厚0.07～0.19米	矩形	梯形	底部边长10.5米，顶部东西7、南北7、残高9.6米	台基东西24、南北26、残高3米，夯层厚0.1～0.24米
南沟烽火台	140932353201170177	老营镇南沟村西1.5千米	东经：111°48′11.90″ 北纬：39°28′42.10″ 高程：1594米	土	黄土夯筑而成，含砂砾，夯层厚0.09～0.22米	矩形	梯形	底部东西4、南北7、残高3.9米	无
辛窑上烽火台	140932353201170168	陈家营乡辛窑上村东南0.5千米	东经：111°45′37.40″ 北纬：39°30′16.20″ 高程：1270米	土	黄土夯筑而成，含砂砾，夯层厚0.06～0.12米	矩形	梯形	底部东西8.5、南北13、残高8.2米	无
黄家营烽火台	140932353201170167	陈家营乡黄家营村中	东经：111°44′48.50″ 北纬：39°30′02.70″ 高程：1231米	土	黄土夯筑而成，含砂砾，夯层厚0.07～0.13米	圆形	梯形	底径16米，顶部东西6、南北4米，残高5.1米	无
八柳树1号烽火台	140932353201170150	陈家营乡八柳树村东北1.7千米	东经：111°43′13.00″ 北纬：39°30′20.70″ 高程：1368米	石	外部片石垒砌；内部为夯土台体，黄土夯筑而成，夯层厚0.04～0.11米	矩形	梯形	底部边长7.5、顶部边长5.8、残高7.1米	台体周围有围墙，平面呈不规则形，东西23、南北29米，顶宽1.48、外高0.5～1.5米
八柳树2号烽火台	140932353201170151	陈家营乡八柳树北1千米	东经：111°42′51.80″ 北纬：39°30′04.40″ 高程：1316米	土	黄土夯筑而成，夯层厚0.07～0.16米	矩形	梯形	底部边长10、顶部边长7、残高7.4米	无
八柳树3号烽火台	140932353201170152	陈家营乡八柳树西南1千米	东经：111°42′16.60″ 北纬：39°29′11.50″ 高程：1220米	土	黄土夯筑而成，含砂砾，夯层厚0.08～0.19米	矩形	梯形	底部边长14、残高10米	无
杨家营烽火台	140932353201170111	陈家营乡杨家营村西北1.2千米	东经：111°41′10.20″ 北纬：39°29′25.30″ 高程：1341米	土	黄土夯筑而成，含砂砾，夯层厚0.2～0.25米	圆形	梯形	底径19、残高4.6米	无
西庄子烽火台	140932353201170110	陈家营乡西庄子村北0.05千米	东经：111°40′07.50″ 北纬：39°28′08.40″ 高程：1223米	土	黄土夯筑而成，含砂砾，夯层厚0.07～0.17米	矩形	梯形	底部边长6、残高7.2米	无

续表

名称	编码	地点	坐标	材质	建筑方式	平面形制	剖面形制	尺寸	附属设施
张家塌烽火台	1409323532201170108	陈家营乡张家塌村东北1.3千米	东经：111°38′20.10″ 北纬：39°28′57.00″ 高程：1505米	土	黄土夯筑而成，含砂砾、碎石，夯层厚0.08~0.15米	矩形	梯形	底部东西11、南北12米，顶部东西9、南北9.5米，高9.8米	台体西0.022千米处有燧台5座（1~5号燧台），石砌而成。1号燧台底径3、高1.2米，与2号燧台相距4米；2号燧台底径2、高1.1米，与3号燧台相距8米；3号燧台底径3、高0.9米，与4号燧台相距13米；4号燧台长2、宽1、高0.5米，与5号燧台相距6米；5号燧台长3、宽1.2、高1.5米
马站烽火台	1409323532201170109	陈家营乡马站村北0.1千米	东经：111°38′21.40″ 北纬：39°26′54.00″ 高程：1246米	砖	外部砖石垒砌；内部为夯土台体，黄土夯筑而成，含砂砾，夯层厚0.07~0.19米，夯层间有片石层。条砖长28.5~38、宽18、厚6.5厘米。方砖边长31.5、厚6厘米	矩形	梯形	底部边长11.6、顶部边长9、残高3.8米	台体周围有围墙，平面呈矩形，东西36、南北30米，底宽1.5、顶宽0.5~1、外高2.5~3.2、内高0.2~0.9米
石沟子烽火台	1409323532201170112	陈家营乡石沟子村北0.6千米	东经：111°37′49.60″ 北纬：39°26′29.10″ 高程：1240米	土	黄土夯筑而成，含砂砾，夯层厚0.08~0.21米	矩形	梯形	底部边长6、残高5.3米	无
高家湾烽火台	1409323532201170113	陈家营乡高家湾村西南0.6千米	东经：111°36′13.20″ 北纬：39°25′24.30″ 高程：1142米	土	黄土夯筑而成，夯层厚0.06~0.11米	矩形	梯形	底部边长10米，顶部东西26、南北5.8米，残高8.1米	无
沙圪旦烽火台	1409323532201170114	窑头乡沙圪旦村北0.9千米	东经：111°35′20.50″ 北纬：39°25′34.10″ 高程：1226米	土	黄土夯筑而成，含砂砾，夯层厚0.06~0.18米	矩形	梯形	底部东西9、南北10米，顶部东西5、南北6米，残高9.6米	无
张家坪1号烽火台	1409323532201170115	窑头乡张家坪村北0.7千米	东经：111°34′43.00″ 北纬：39°25′44.80″ 高程：1274米	土	黄土夯筑而成，夯层厚0.07~0.16米	矩形	梯形	底部边长、顶部边长8.8、残高10.4米	无
张家坪2号烽火台	1409323532201170116	窑头乡张家坪村西北1.5千米	东经：111°34′16.80″ 北纬：39°25′54.70″ 高程：1330米	石	外部片石垒砌；内部为夯土台体，黄土夯筑而成，夯层厚0.07~0.2米	矩形	梯形	底部边长10、顶部边长6、残高8.6米	无
王家坪烽火台	1409323532201170117	窑头乡王家坪村中	东经：111°34′29.90″ 北纬：39°25′16.50″ 高程：1124米	土	黄土夯筑而成，夯层厚0.07~0.19米	圆形	梯形	底径18、顶径14、残高9.6米	无

续表

名称	编码	地点	坐标	材质	建筑方式	平面形制	剖面形制	尺寸	附属设施
腰铺烽火台	1409323532011170118	窑头乡腰铺村中	东经：111°33′23.20″ 北纬：39°25′03.70″ 高程：1107米	土	黄土夯筑而成，夯层厚0.07～0.18米	矩形	梯形	底部东西5、南北10、残高6.3米	无
辛庄子烽火台	1409323532011170146	窑头乡辛庄子村东南1.35千米	东经：111°33′34.90″ 北纬：39°23′35.70″ 高程：1395米	土	黄土夯筑而成，含砂砾，夯层厚0.09～0.14米	矩形	梯形	底部东西14、南北13米，顶部东西7.5、南北6.5米，残高7.8米	台体周围有围墙，平面呈矩形，东西30、南北29米，宽0.3～0.6、残高0.3～0.8米。台基平面呈矩形，残高3.4米
泥墕1号烽火台	1409323532011170099	新关镇泥墕村东南1.5千米	东经：111°32′33.90″ 北纬：39°29′10.30″ 高程：1478米	土	黄土夯筑而成，含砂砾，夯层厚0.04～0.11米	圆形	梯形	底径11、顶径8、残高8.6米	台基直径17、残高0.2～0.5米
泥墕2号烽火台	1409323532011170100	新关镇泥墕村东0.4千米	东经：111°31′44.20″ 北纬：39°28′57.00″ 高程：1459米	土	黄土夯筑而成，含砂砾，夯层厚0.05～0.12米	圆形	梯形	底径12、顶径9、残高10.2米	台体周围有围墙，平面呈圆形，直径30米，底宽2、顶宽0.5～1.5、残高0.2～2米
泥墕3号烽火台	1409323532011170101	新关镇泥墕村南1.7千米	东经：111°31′12.20″ 北纬：39°28′32.20″ 高程：1414米	土	黄土夯筑而成，含碎石，夯层厚0.05～0.12米	圆形	梯形	底径13、顶径10、残高8.2米	台基直径39、残高1～1.6米
白龙殿烽火台	1409323532011170102	新关镇白龙殿村东北0.15千米	东经：111°31′09.80″ 北纬：39°27′20.20″ 高程：1309米	土	黄土夯筑而成，夯层厚0.04～0.09米	圆形	梯形	底径16、顶径13、残高11米	台基直径26、残高1.7～3米。西北壁有洞穴，宽0.8、高1.4、距地面7米，可通顶
九崖头烽火台	1409323532011170084	新关镇九崖头村东北0.5千米	东经：111°28′26.90″ 北纬：39°28′04.10″ 高程：1196米	土	黄土夯筑而成，含料礓石，夯层厚0.15～0.2米	矩形	梯形	底部边长12米，顶部东西7、南北7.2米，残高9.2米	无
沈家村1号烽火台	1409323532011170079	新关镇沈家村东北0.2千米	东经：111°29′30.60″ 北纬：39°27′34.90″ 高程：1126米	土	黄土夯筑而成，含砂砾，夯层厚0.08～0.15米	矩形	梯形	底部东西3.5、南北8、残高4.5米	无
沈家村2号烽火台	1409323532011170080	新关镇沈家村东0.3千米	东经：111°29′37.90″ 北纬：39°27′30.60″ 高程：1142米	土	黄土夯筑而成，含砂砾，夯层厚0.07～0.13米	矩形	梯形	底部东西16、南北12米，顶部东西13、南北9米，残高6米	无
沈家村3号烽火台	1409323532011170082	新关镇沈家村东南0.3千米	东经：111°29′36.20″ 北纬：39°27′14.90″ 高程：1087米	土	黄土夯筑而成，夯层厚0.07～0.15米	圆形	梯形	底径17、顶径14、残高7～9米	无
西沟1号烽火台	1409323532011170083	新关镇西沟村北0.5千米	东经：111°29′22.50″ 北纬：39°27′04.70″ 高程：1078米	土	黄土夯筑而成，夯层厚0.08～0.2米	圆形	梯形	底径18、顶径14、残高7～9米	无
西沟2号烽火台	1409323532011170085	新关镇西沟村东北0.3千米	东经：111°29′07.30″ 北纬：39°26′49.50″ 高程：1084米	土	黄土夯筑而成，含砂砾，夯层厚0.12～0.2米	圆形	梯形	底径17、顶径14、残高10.8米	无
西沟3号烽火台	1409323532011170088	新关镇西沟村南0.2千米	东经：111°28′56.90″ 北纬：39°26′28.80″ 高程：1136米	土	黄土夯筑而成，含砂砾，夯层厚0.09～0.15米	圆形	梯形	底径17、顶径13、残高5.6～9米	无

续表

名称	编码	地点	坐标	材质	建筑方式	平面形制	剖面形制	尺寸	附属设施
西沟4号烽火台	1409323532011700091	新关镇西沟村南0.25千米	东经：111°28′58.60″ 北纬：39°26′15.00″ 高程：1154米	土	不详	不详	不详	不详	台体周围有围墙，平面呈矩形，残存东墙55米，北墙24米，底宽2.8，顶宽1.8，残高3.8米，夯层厚0.05~0.16米
磁窑沟烽火台	1409323532011700087	新关镇磁窑沟村西1千米	东经：111°27′17.20″ 北纬：39°26′27.50″ 高程：1245米	土	黄土夯筑而成，含砂砾，夯层厚0.08~0.13米	矩形	梯形	底部东西9、南北12米，顶部东西8、南北9米，残高9.8米	无
路铺烽火台	1409323532011700086	新关镇路铺村东	东经：111°25′17.80″ 北纬：39°26′36.20″ 高程：1112米	土	黄土夯筑而成，含砂砾，夯层厚0.08~0.13米	矩形	梯形	底部东西6、南北7米，顶部东西3.7、南北3.8米，残高7.6米	北壁有登顶坡道，凸出台壁1.3米
泉沟子烽火台	1409323532011700125	窑头乡泉子沟村北0.8千米	东经：111°29′29.60″ 北纬：39°25′04.00″ 高程：1220米	土	黄土夯筑而成，含砂砾，夯层厚0.08~0.18米	矩形	梯形	底部东西11、南北9.5米，顶部东西2、南北1.2米，残高7.6米	无
岳家村1号烽火台	1409323532011700120	窑头乡岳家村西北0.5千米	东经：111°30′22.60″ 北纬：39°25′12.40″ 高程：1156米	土	黄土夯筑而成，夯层厚0.1~0.21米	矩形	梯形	底部东西6、南北9、残高5.5米	无
岳家村2号烽火台	1409323532011700121	窑头乡岳家村东	东经：111°31′01.90″ 北纬：39°24′57.80″ 高程：1066米	土	黄土夯筑而成，含砂砾，夯层厚0.08~0.11米	矩形	梯形	底部东西11、南北10、残高7.6米	无
窑头烽火台	1409323532011700119	窑头乡窑头村北	东经：111°31′30.70″ 北纬：39°25′03.70″ 高程：1113米	土	黄土夯筑而成，含砂砾，夯层厚0.06~0.17米	矩形	梯形	底部边长9、顶部边长5、残高9.8米	无
南窑头2号烽火台	1409323532011700142	窑头乡南窑头村北0.38千米	东经：111°32′16.10″ 北纬：39°24′47.70″ 高程：1151米	土	黄土夯筑而成，含砂砾，夯层厚0.09~0.2米	圆形	梯形	底径5、残高3.5米	无
南窑头1号烽火台	1409323532011700141	窑头乡南窑头村北0.2千米	东经：111°32′25.50″ 北纬：39°24′37.40″ 高程：1183米	土	黄土夯筑而成，含砂砾，夯层厚0.08~0.16米	矩形	梯形	底部东西11、南北10、残高5.2米	无
沙坡烽火台	1409323532011700140	窑头乡沙坡村中	东经：111°31′11.10″ 北纬：39°23′21.70″ 高程：1241米	土	黄土夯筑而成，含砂砾，夯层厚0.08~0.18米	矩形	梯形	底部东西9.5、南北10米，顶部东西5.5、南北6米，残高6.2米	台基平面呈圆形，直径16、残高1.6米，夯层厚0.1~0.21米
黄树坪烽火台	1409323532011700124	窑头乡黄树坪村东北1千米	东经：111°29′11.40″ 北纬：39°23′01.00″ 高程：1333米	土	黄土夯筑而成，含砂砾，夯层厚0.07~0.16米	矩形	梯形	底部边长8、顶部边长3、残高7.4米	无
菜树崄烽火台	1409323532011700161	尚峪乡菜树崄村东0.8千米	东经：111°49′05.00″ 北纬：39°26′53.30″ 高程：1719米	土	黄土夯筑而成，含砂砾，夯层厚0.08~0.12米	矩形	梯形	底部东西11、南北10米，顶部东西8、南北7米，残高10.6米	无

续表

名称	编码	地点	坐标	材质	建筑方式	平面形制	剖面形制	尺寸	附属设施
阳窊烽火台	1409323532011170154	尚峪乡阳窊村东北0.7千米	东经：111°47′22.50″ 北纬：39°26′03.60″ 高程：1618米	土	黄土夯筑而成，含砂砾，夯层厚0.1～0.16米	矩形	梯形	底部边长13米，顶部东西8、南北9米，残高5.5米	台体周围有围墙，平面呈矩形，残存南墙8、残高3.1～4.4米。台基东西25、南北31、残高3.6米
黑山烽火台	1409323532011170166	陈家营乡黑山村西北1千米	东经：111°44′09.20″ 北纬：39°25′15.30″ 高程：1453米	土	黄土夯筑而成，含砂砾，夯层厚0.04～0.15米	矩形	梯形	底部边长13米，顶部东西7、南北9米，残高7.5米	无
大虫岭2号烽火台	1409323532011170160	南堡子乡大虫岭村东北0.3千米	东经：111°49′41.80″ 北纬：39°25′18.70″ 高程：1808米	石	外部石块垒砌，内部土石混筑	圆形	梯形	底径9、顶径3、残高3.7米	无
大虫岭1号烽火台	1409323532011170153	南堡子乡大虫岭村东南1.3千米	东经：111°49′54.00″ 北纬：39°24′24.40″ 高程：1699米	土	黄土夯筑而成，含砂砾，夯层厚0.07～0.18米	矩形	梯形	底部边长北9米，顶部东西6、南北5.8米，残高7.2米	台基东西15、南北14、残高0.5～2.6米
碾儿沟1号烽火台	1409323532011170155	尚峪乡碾儿沟村西北0.2千米	东经：111°49′18.60″ 北纬：39°23′11.70″ 高程：1708米	土	黄土夯筑而成，含砂砾，夯层厚0.12～0.24米	矩形	梯形	底部东西6、南北7、顶部东西3、南北2米，残高5米	无
碾儿沟2号烽火台	1409323532011170159	尚峪乡碾儿沟村东南	东经：111°49′39.90″ 北纬：39°22′25.80″ 高程：1706米	土	黄土夯筑而成，含砂砾，夯层厚0.07～0.2米	矩形	梯形	底部东西9、南北10米，顶部东西5、南北6米，残高9.1米	台体东侧有围墙，平面呈矩形，底宽1、顶宽0.3～0.8、外高2.3～3.3、内高0.3～2米。东墙有豁口，宽3.5米。台基东西17、南北22、残高2.3米，夯层厚0.09～0.22米
邓家山烽火台	1409323532011170158	尚峪乡邓家山村东北0.4千米	东经：111°50′14.90″ 北纬：39°21′44.00″ 高程：1692米	土	黄土夯筑而成，含砂砾，夯层厚0.06～0.2米	矩形	梯形	底部东西5.5、南北7米，顶部东西3.4、南北4.6米，残高7.1米	台基平面呈圆形，直径9、残高0.5～1.1米，夯层厚0.1～0.24米。北壁有登顶坡道
杨家山烽火台	1409323532011170156	尚峪乡杨家山村西北0.5千米	东经：111°50′40.30″ 北纬：39°21′05.50″ 高程：1640米	土	黄土夯筑而成，含砂砾，夯层厚0.06～0.18米	矩形	梯形	底部边长11、顶部边长7、残高9.7米	台体周围有围墙，平面呈矩形，底宽0.9、顶宽0.3～0.8、外高2～3.6、内高0.5～1.1米。西墙有豁口，宽2.7米。台基东西18、南北25、残高2米，夯层厚0.06～0.17米
宋家塌烽火台	1409323532011170157	尚峪乡宋家塌村东0.96千米	东经：111°50′31.40″ 北纬：39°20′08.10″ 高程：1511米	土	黄土夯筑而成，夯层厚0.14～0.21米	矩形	梯形	底部东西8、南北8.5米，顶部东西4、南北4.3米，残高6.7米	台基东西22、南北27、残高2.1米，夯层厚0.15～0.25米
南场烽火台	1409323532011170164	南堡子乡南场村东北1.5千米	东经：111°58′57.40″ 北纬：39°24′42.70″ 高程：1791米	石	外部片石垒砌，内部为夯土台体，黄土夯筑而成，夯层厚0.2～0.21米，夯层间有片石层	矩形	梯形	底部东西7、南北5、残高4.5米	台体东侧有围墙，平面呈不规则形，东西23、南北12米，围墙石砌而成

续表

名称	编码	地点	坐标	材质	建筑方式	平面形制	剖面形制	尺寸	附属设施
新庄窝烽火台	1409323532011170145	楼沟乡新庄窝村东0.3千米	东经：111°35′14.80″ 北纬：39°21′59.10″ 高程：1531米	土	黄土夯筑而成，含砂砾，夯层厚0.07～0.11米	矩形	梯形	底部边长7米，顶部东西0.8、南北2米，残高3米	西壁下部有"人"字形护墙，底宽1.5、残高2.1米
尹家塌烽火台	1409323532011170144	楼沟乡尹家塌村东南0.5千米	东经：111°35′56.60″ 北纬：39°22′09.10″ 高程：1187米	砖	外部砖石垒砌；内部为夯土台体，黄土夯筑而成，夯层间有片石层	矩形	梯形	底部边长16，残高5.2米	台体周围有围墙，平面呈矩形，东西46、南北44米，底宽2.1、顶宽0.3～0.6、外高2.1～4.2、内高0.2～1.1米，夯层厚0.1～0.18米。南墙中部有豁口，宽3.6米。围墙四角设角台，西北角台仅存地面痕迹。台基平面呈矩形。南壁原有进台拱门，现为豁口，宽4米
冉家营烽火台	1409323532011170143	楼沟乡冉家营村北0.8千米	东经：111°37′23.80″ 北纬：39°21′55.60″ 高程：1509米	土	黄土夯筑而成，含砂砾，夯层厚0.13～0.18米	矩形	梯形	底部边长14，顶部边长7.6，残高9.7米	无
甲咀烽火台	1409323532011170129	楼沟乡甲咀村东北	东经：111°38′24.00″ 北纬：39°21′23.30″ 高程：1378米	土	黄土夯筑而成，含砂砾，夯层厚0.04～0.19米	圆形	梯形	底径8，顶径5，残高8米	无
永兴堡烽火台	1409323532011170130	楼沟乡永兴村东南0.5千米	东经：111°40′34.70″ 北纬：39°20′24.40″ 高程：1474米	土	黄土夯筑而成，含砂砾，夯层厚0.06～0.11米	矩形	梯形	底部边长14，顶部边长8，残高9～16米	台基东西32、南北34、残高1.1～1.3米，夯层厚0.07～0.21米
曹家村烽火台	1409323532011170131	楼沟乡曹家村东南1千米	东经：111°42′00.80″ 北纬：39°19′26.20″ 高程：1479米	土	黄土夯筑而成，含砂砾	圆形	梯形	底径11.5、顶径7、残高9～10米	无
后王家山烽火台	1409323532011170137	楼沟乡后王家山东北1千米	东经：111°42′27.40″ 北纬：39°18′34.90″ 高程：1612米	土	黄土夯筑而成，含砂砾、碎石，夯层厚0.16～0.2米	圆形	梯形	底径14、顶径7米	台体周围有围墙，大部分坍塌，宽1.49米。台基东西30、南北31、外高3.38米
后垚上烽火台	1409323532011170139	楼沟乡后垚上村北1.1千米	东经：111°43′00.80″ 北纬：39°17′52.30″ 高程：1514米	土	黄土夯筑而成，含砂砾，夯层厚0.09～0.2米	圆形	梯形	底径12、顶径6、残高9.8米	台体周围有围墙，平面呈圆形，残长24、底宽0.8、顶宽0.2～0.5、外高1，7～2.4、内高0.2～0.7米。台基平面呈圆形，直径24、残高1.7米，夯层厚0.1～0.24米
楼沟1号烽火台	1409323532011170128	楼沟乡楼沟村中	东经：111°34′54.00″ 北纬：39°17′27.60″ 高程：1434米	土	黄土夯筑而成，含砂砾，夯层厚0.04～0.18米	圆形	梯形	底径13、顶径9、残高8米	无

续表

名称	编码	地点	坐标	材质	建筑方式	平面形制	剖面形制	尺寸	附属设施
黄子窊烽火台	1409323532201170127	楼沟乡黄子窊村南0.8千米	东经：111°36′57.70″ 北纬：39°14′37.80″ 高程：1494米	土	黄土夯筑而成，含砂砾，夯层厚0.06～0.16米	矩形	梯形	底部东西7、南北8米，顶部东西4.5、南北5.5米，残高6米	无
杨家窑烽火台	1409323532201170126	楼沟乡杨家窑村南0.05千米	东经：111°37′05.70″ 北纬：39°13′41.90″ 高程：1413米	土	黄土夯筑而成，含砂砾，夯层厚0.12～0.17米	矩形	梯形	底部东西12、南北8米，顶部东西7.5、南北4.5米，残高10米	无
楼沟2号烽火台	1409323532201170138	楼沟乡楼沟村西0.2千米	东经：111°34′34.10″ 北纬：39°17′37.50″ 高程：1393米	土	黄土夯筑而成，夯层厚0.15～0.27米	不详	不详	不详	无
石碣上烽火台	1409323532201170136	楼沟乡石碣上村东南0.5千米	东经：111°33′21.80″ 北纬：39°18′17.60″ 高程：1376米	土	黄土夯筑而成，含砂砾，夯层厚0.08～0.14米	矩形	梯形	底部东西10、南北9米，顶部东西6、南北5米，残高8.3米	无
韩家圪垯2号烽火台	1409323532201170135	楼沟乡韩家圪垯村东北0.6千米	东经：111°32′27.50″ 北纬：39°19′08.20″ 高程：1398米	土	黄土夯筑而成，含砂砾，夯层厚0.08～0.22米	矩形	梯形	底部东西9、南北11米，顶部东西7、南北7米，残高6.9米	无
韩家圪垯1号烽火台	1409323532201170134	楼沟乡韩家圪垯村北0.1千米	东经：111°31′49.50″ 北纬：39°19′50.60″ 高程：1454米	土	黄土夯筑而成，含砂砾，夯层厚0.07～0.12米	矩形	梯形	底部东西5、南北6米，残高4.3米	无
高峁梁2号烽火台	1409323532201170133	窑头乡高峁梁村中	东经：111°31′21.00″ 北纬：39°20′53.10″ 高程：1332米	土	黄土夯筑而成，夯层厚0.07～0.25米	矩形	梯形	底部东西8、南北3、残高5.1米	无
高峁梁1号烽火台	1409323532201170132	窑头乡高峁梁村西北0.1千米	东经：111°31′44.40″ 北纬：39°21′29.10″ 高程：1291米	土	黄土夯筑而成，含砂砾，夯层厚0.05～0.13米	矩形	梯形	底部边长12、顶部边长9、残高10.5米	台体周围有围墙，平面呈矩形，边长25、底宽2.8、顶宽0.3～0.9、外高1.3～2.6、内高0.5～1.3米，夯层厚0.07～0.15米。南墙中部设门，现为豁口，宽1.3、残高2米。台基边长25、残高1.3米，夯层厚0.07～0.16米
大石窊烽火台	1409323532201170122	窑头乡大石窊村东	东经：111°28′00.30″ 北纬：39°20′41.40″ 高程：1120米	土	黄土夯筑而成，含砂砾，夯层厚0.07～0.18米	圆形	梯形	底径10.5、顶径6.4、残高10.2米	无
韩昌沟烽火台	1409323532201170123	窑头乡韩昌沟西南1千米	东经：111°27′31.80″ 北纬：39°18′30.60″ 高程：1501米	土	黄土夯筑而成，含砂砾	圆形	梯形	底径11、残高3.5米	无

寺沟段长城　黄涛摄

（四）相关遗存

1. 护宁寺

位于天峰坪镇寺沟村南 0.2 千米处，寺沟长城 G0435（断点）东北 0.14 千米，西距黄河 0.4 千米。高程 953 米。时代为清代。护宁寺面积 1123.61 平方米，一进院落布局，中轴线上依次有戏台、南殿、庭院、正殿。戏台位于寺院外南侧。南殿东侧为钟楼，西侧为鼓楼，钟楼、鼓楼外侧各有殿宇一间。庭院东西两侧各有厢房 3 间，厢房南侧各有殿宇 1 间，厢房与殿宇之间各有神庙 1 座。正殿面阔 3 间，进深 4 椽，单檐悬山顶。正殿东西两侧各有耳殿 3 间。耳殿面阔 3 间，进深 2 椽，单檐硬山顶。寺整体保存较差。造成损毁的自然因素主要是风雨侵蚀、植物生长等；人为因素主要是拆毁建筑物砖瓦等。护宁寺周围为耕地。

2. 老牛湾 1 号碑

位于万家寨镇老牛湾村望河楼敌台西南 0.1 千米处，老牛湾堡西北，高程 1031 米。石碑圆首长方形，宽 0.67、高 1.27、厚 0.11 米。碑首楷书阴刻"碑记"。碑文楷书阴刻，19 行，行 34 字，落款为明万历三年（1575 年）九月。保存较好，碑文字迹较清晰。造成损毁的自然因素主要是风雨侵蚀；人为因素主要是刻画、砸损等。

碑文如下。

第一行：钦差分守山西西路地方右参将署都指挥检事郭□□公管老牛湾起东西两路边界

第二行：东至丫角止外边长壹百肆里零壹佰捌拾陆步

第三行：□□□□将台陆座

第四行：敌台壹佰玖拾柒座

第五行：门叁座

第六行：水门壹座

第七行：水口壹处

第八行：大边墩隘式拾壹座

第九行：边外夹道墩台壹拾贰座

第十行：沿边墩台叁拾捌座

第十一行：腹里接火墩台玖拾玖座

第十二行：西至西黄河唐家会横墙邻胡墩上沿河边崖长壹百贰拾伍零叁拾步

第十三行：水门贰座

第十四行：沿河边崖墩台肆拾玖座

第十五行：腹里接火墩台叁座

第十六行：重修（横写）嘉靖贰拾柒年陆月　杨　吉日立

第十七行：西路偏头关授兵营兼墩旗牌　李　老家营关墩旗牌韩　　赵

第十八行：老家营兼管修老牛湾墩旗牌　写字（人寰）　赐
　　　　　　冯

结□关守节

　　　　　　　　孟尚春
　　　　　　　　平阳人

老牛湾黄望台　航拍/刘恩博、张凯、张晶、贾真、郭毅

　　　　监匠（堂忠）　石匠工名　薛

第十九行：万历叁年玖月　吉日作材石□一□火首　李

3. 老牛湾 2 号碑

位于万家寨镇老牛湾村望河楼敌台西南 0.1 千米，老牛湾堡西北 0.02 千米处，高程 1033 米。石碑圆首长方形，宽 0.75、高 1.85、厚 0.16 米。碑首楷书阴刻"坤道并棠"四字。碑身首题"老牛湾关口耕种草地父老公举"，碑身楷书阴刻"四公主千岁千千岁德政碑"。保存较好，碑文字迹较清晰。石碑南 5 米有新建的凉亭。造成损毁的自然因素主要是风雨侵蚀；人为因素主要是刻画、砸损等。

4. 老牛湾 3 号碑

位于万家寨镇老牛湾村村民宋二拴家门口东侧，老牛湾堡北 0.07 千米，高程 1033 米。石碑圆首长方形，宽 0.75、高 1.85、厚 0.16 米。碑首楷书阴刻"万古流芳"四字。碑身楷书阴刻"老牛湾城守加一级云中郑老命讳国麟字圣瑞德政碑"，两侧为人名，落款为"康熙伍拾陆年岁次丁酉中夏吉日铭"。保存较好，碑文字迹较清晰。石碑平放于地面。造成损毁的自然因素主要是风雨侵蚀；人为因素主要是刻画、砸损等。

5. 老牛湾 4 号碑

位于万家寨镇老牛湾堡内关夫子庙前廊东端，高程 1044 米。石碑圆首长方形，矩形基座，碑身宽 0.72、高 1.64、厚 0.15 米，碑座宽 0.73、高 0.5、厚 0.38 米。碑首楷书阴刻"碑记"二字。碑身首题"创建关夫子庙碑记"，碑文楷书阴刻，18 行，行 59 字，记录了创修关夫子庙的经过，落款为清康熙十年（1671 年）。保存较好，碑文字迹较清晰。造成损毁的自然因素主要是风雨侵蚀，人为因素主要是刻画、砸损等。

碑文如下。

第一行：当年三国鼎足中原荆襄未定汉昭烈继高祖正统于蜀都犹德申大义以腹天下皆

第二行：夫子为周旋艰险耳嗣后炎烬将威志虽未得大展于当年正气不磨亘天地古今而长亘如想传现身荡首或其威灵赫赫口难□□历代以来□日月

第三行：月出入之乡都会郡邑即僻壤遐□莫不庙貌崇祀其圣帝明王高贤贵显以迄庸夫走卒老□妇子儿有血气者莫不尊且亲焉老牛湾北临大漠西

第四行：逼河套其岩险甲晋地堡城上旧有

第五行：夫子祠仅一楹且卑隘不足以妥神辛防守斯土者乃吾乡□尧都台公也□□任老营守戍父子协理晋北声闻天□至于公之存心一腔□弟酉

第六行：清风且公青令雅度谙练老成允所以利益兵丁有裨地方之事则不惮呕心瘁力以为之一回语诸兵民曰此堡弹丸区耳且逼临险要年来中□休

第七行：宁获享安堵仰赖

215

第八行：关夫子之笃佑实多第此祠甚□难以为陈观献豆尸戏舞蹈之所余愿割俸金别置基址大其庙貌新其殿宇堡人唯命乐从一时响应如神公逐成堡

第九行：城之东街觅一地大兴土木创建正殿三楹乐楼一座牌坊僧□无不悉备噫嘻公之心固足嘉公之力固足以服众也能于一无所籍之处而霹灵庙

第十行：建遗地方以万代不朽之功德公敬神去乎哉公敬神正所以敬兵民也由是

第十一行：夫子益加笃佑兵民益享升平公之福德其流泽于斯土者又宁有馨也哉工俊告成堡人合议为公勒石间记于余日是诚不可无一记以□公不

第十二行：朽也且俾后之斯□者观斯石读斯记能心公之心事公之事责斯庙永有保障之籁矣余因雷于援笔是记

第十三行：□

第十四行：康熙十年岁在重光大阏献关口博士彭城□刘炎撰

第十五行：老营营中军守备上达捐俸 本堡把总台昌捐俸 施财姓氏 □生 张二桂 王允中

第十六行：桦林守备陶元允 桦林把总贺国宝 乡约武登

第十七行：草垛山把总马虎 兵李付成

第十八行：营兵

6. 老牛湾5号碑

位于万家寨镇老牛湾堡内关夫子庙前廊西端，高程1043米。石碑圆首长方形，矩形基座，碑身宽0.63、高1.6、厚0.14米，碑座宽0.67、高0.48、厚0.24米。碑首楷书阴刻"碑记"二字。碑身首题"重修关圣庙碑记"，碑文楷书阴刻，20行，行56字，记录了雍正年间重修关夫子庙的经过，落款为清雍正七年（1729年）。保存较好，碑文字迹较清晰。造成损毁的自然因素主要是风雨侵蚀；人为因素主要是刻画、砸损等。

碑文如下。

第一行：尝闻仁至则尊义至则亲维人心之所不能越实声名之所感有此不期然而然者如山右我□□

第二行：关夫子秉千古之忠义流万代之纲常义在三国志在春秋非大义参天者岂能几及哉况今□□五也□□

第三行：圣天子龙飞在御怀追加敕荣封三代优隆祀典告祭春秋固所谓自天子以至于庶人凡有血气者莫不尊崇所以通邑大□与□□□□

第四行：以祀者也然老牛湾亦有祠焉创自建堡始历年以来已经善人重修又经风雨损坏□

第五行：而茸□北临大山西临大河人穷力薄恐不能告成于是募善输财共襄胜事今功

第六行：夫子护佑而得焕然一新也况我□□夫子仁至义尽心同日月血食千秋岂能淹没于万世哉故□

第七行：义表施财诚所谓庙貌流传于不朽而矣山□

第八行：雍正七年岁在巳酉四月乙巳孟夏吉日谨献

第九行：公主府侍卫黄忠 施银壹拾陆两 癸巳科举人冯毓珑

第十行：吏部候铨知州张养远 浙绍山阴商人姚德乘施银壹拾贰两

第十一行：原任老牛湾城守厅郭墉捐俸 原任城守郭墉乡耆□贤

第十二行：乡民赵成

第十三行：冯世□□□

第十四行：张俊□□□□

第十五行：合营兵丁李洪莫

第十六行：段礼□□

第十七行：曹休□□□□

第十八行：陈迁□□

第十九行：各行匠人 书匠王二锡 子王杲 木匠孙有禄 子孙茂 泥匠李祥 子李肇元 铁匠张刚德 石匠牛会。

7. 老牛湾6号碑

位于万家寨镇老牛湾村河神庙内，高程1028米。石碑圆首长方形，矩形基座，碑身宽0.7、高1.44、厚0.155米，碑座宽0.72、高0.45、厚0.27米。碑首楷书阴刻"碑记"二字。碑身首题"重修诸庙宇以及建盖禅室碑记"，碑文楷书阴刻，11行，行31字，落款为清乾隆四十二年（1777年）。碑背记录捐资者姓名62人。保存较好，碑文字迹较清晰。造成损毁的自然因素主要是风雨侵蚀，人为因素主要是刻画、砸损等。

碑文如下。

第一行：扶衰振兴者君子之心也补偏救敝者守土之责也古今来盛陵于衰兴陵于废

第二行：虽出于时势之所值而苟有维持扶助者力为之振救则有志事成安在衰者□

第三行：不复兴乎助焉 奉公诚守兹土训练之暇游览祠宇目击檐墙倾圮剥落之甚

第四行：深为太息又见路多险阻人足马迹之所难称凯然有补修平治之意因集军民

第五行：于□相与谋义而首捐俸金以为倡一时之董其事者若段有成李晋白彩曹□

第六行：冯国梁 赵成基 郭永升 郭永基 刘又梁 吕琏 郭永安 白兰

李尚荣 各出已材遍

第七行：堡劝施鸠工庀材修阔道路不数月而各庙俱新履道平坦又于河神庙建盖

第八行：禅室四楹嗟乎此地祠宇倾颓匪伊朝夕矣往来行人苦道维艰亦有日矣向

第九行：非 奉公□之于始者于后则段有成等虽有志振兴亦不能厥功之成如□

第十行：建固堡军民□ 公之善奉恐其功久而或掩也因为之金名于石以志不朽云

第十一行：乾隆四十二年孟夏前三日　关庠廪　高之岚　撰

杨迁秦

书

卢元明

8. 南泉寺 1 号壕沟

位于南堡子乡南泉寺村东南 1.1 千米处，高程 1720 米。壕沟残长 100 米，大致呈东南—西北走向，与南泉寺长城并行，位于南泉寺长城东侧和北侧，相距 8 米。壕沟宽 5 米，两侧有石墙。壕沟东段西侧石墙底宽 1.4、残高 0.2～1.1 米，西段石墙底宽 2、顶宽 1.6 米。壕沟保存一般。石墙坍塌损毁严重。造成损毁的自然因素主要是风雨侵蚀、植物生长等。

9. 南泉寺 2 号壕沟

位于南堡子乡南泉寺村东南 1.1 千米处，高程 1718 米。壕沟残长 230 米，大致呈东南—西北走向，位于南泉寺 1 号壕沟东北 0.08 千米。壕沟宽 6、深 1.5～3 米。两侧有石墙，底宽 8、顶宽 3、残高 3 米。壕沟保存一般，石墙坍塌损毁严重。造成损毁的自然因素主要是风雨侵蚀、植物生长等；人为因素主要是修路挖断壕沟等。

10. 南泉寺 3 号壕沟

位于南堡子乡南泉寺村东南 1.1 千米处，高程 1736 米。壕沟残长 230 米，大致呈东南—西北走向，位于南泉寺 2 号壕沟东北 0.02 千米。壕沟宽 2.5 米。两侧有石墙，宽 1～1.5、残高 0.5 米。壕

二边长城野羊洼敌台（镇胡墩）　航拍 / 刘恩博、张凯、张晶、贾真、郭毅

沟保存较差，石墙坍塌损毁严重。造成损毁的自然因素主要是风雨侵蚀、植物生长等；人为因素主要是修路挖断壕沟等。

11. 南泉寺 4 号壕沟

位于南堡子乡南泉寺村东南 1.1 千米处，高程 1749 米。壕沟残长 310 米，大致呈东南—西北走向，位于南泉寺 3 号壕沟东北 0.05 千米。壕沟宽 3.5 米。两侧有石墙，底宽 2.5～3.3、顶宽 1.1、残高 1～1.4 米。壕沟保存较差，石墙坍塌损毁严重。造成损毁的自然因素主要是风雨侵蚀、植物生长等；人为因素主要是修路挖断壕沟等。

12. 小元峁采石场

位于老营镇小元峁村东北，楝木塔长城南 0.03 千米处，高程 1661 米。采石场边长 100 米。采石场有开采痕迹，周围散落大量碎石和石条。采石场保存较好。造成损毁的自然因素主要是风雨侵蚀、植物生长等。

河曲县

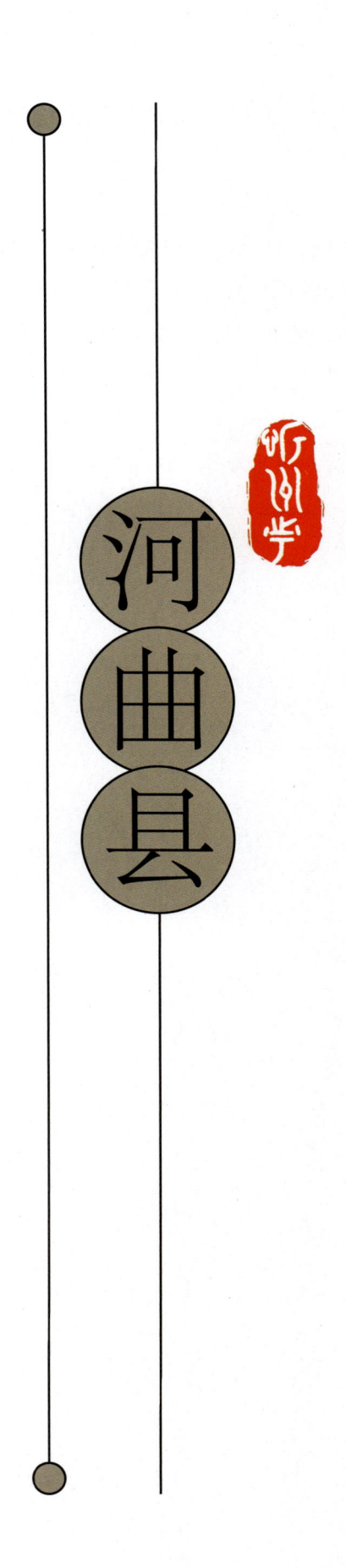

自然环境

河曲县位于山西省西北部，西邻黄河，地势东高西低，丘陵起伏，沟壑纵横。西部黄河沿岸谷地分布有小片平川，中部为低山丘陵，东部和南部为山地。黄河流经县境北、西界；县境内有较多的从东向西注入黄河的支流，南部县川河、朱家川河较大。属北温带大陆性气候，年均气温8.8℃，年均降水量460毫米。县境土壤主要是淡栗钙土性灰褐土，植被稀少。长城沿线地区植被主要是灌木、草本植物以及杨树、柳树等。

人文环境

河曲县长城沿黄河东、南岸延伸，黄河沿岸系河曲县人口较密集的区域，长城沿线村庄居民人数一般较多，从数百人到1万多人。罗圈堡村居民多外迁，现有居民30余人。村庄居民以农业和家畜饲养业为主，农作物主要有谷子、黍、高粱、胡麻等。县境南部有运煤专用铁路神（池）河（曲）铁路，县境黄河东、南岸有249省道（308省道），南部有东西向的308、306省道，长城沿线村庄有县乡公路、土路与外界相通。

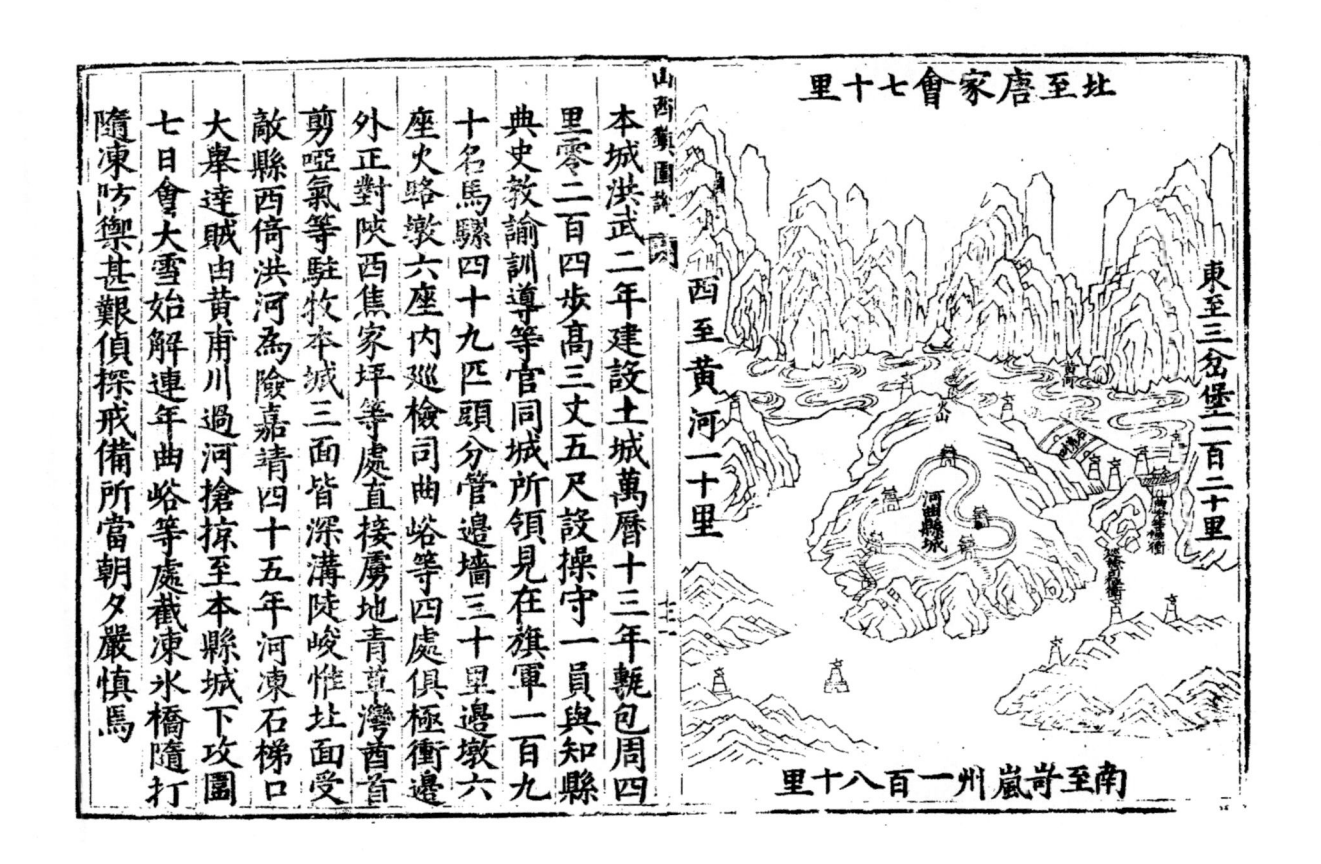

河曲县文物分布图

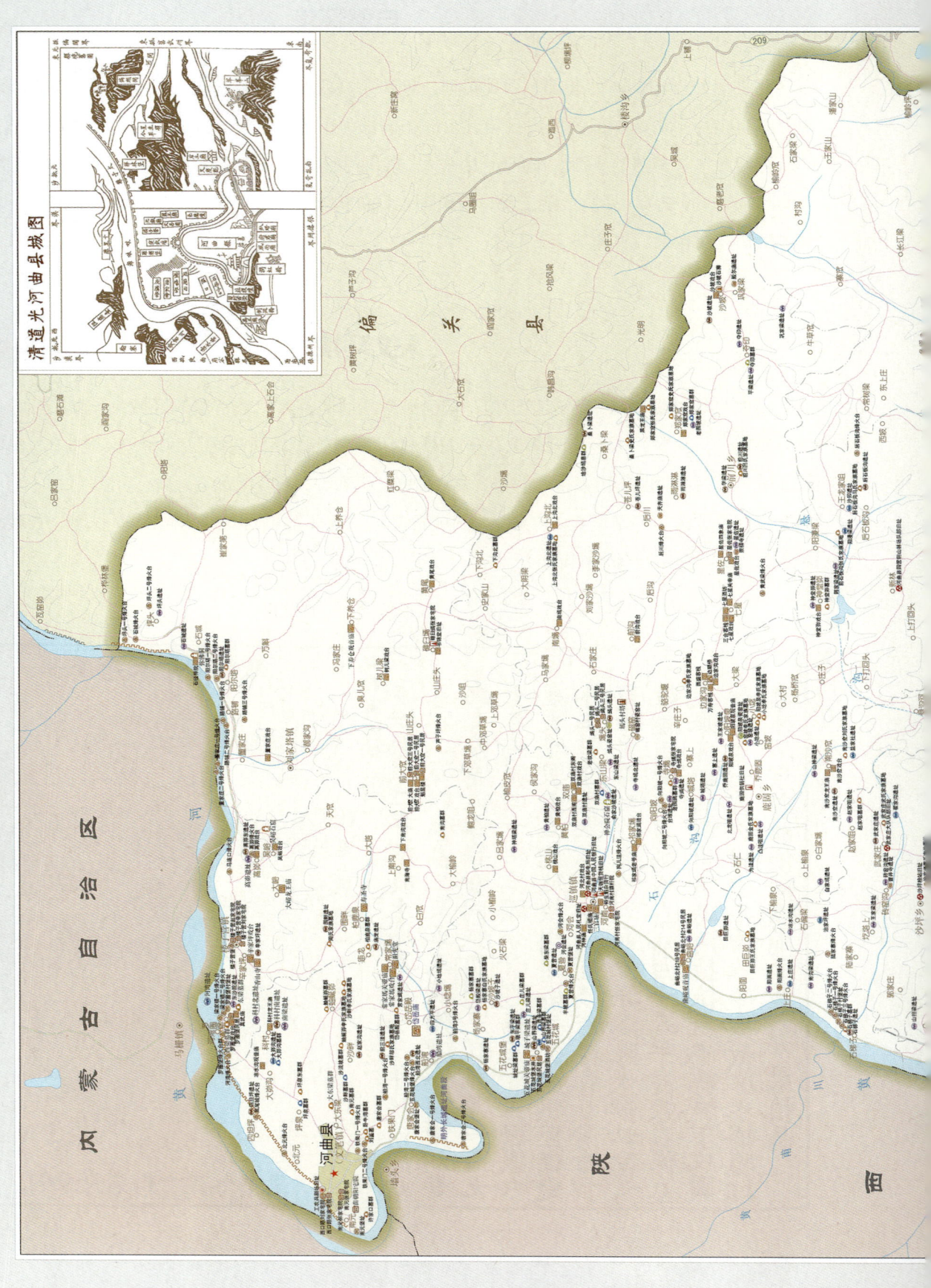

清道光河曲县城图

河曲县城区图

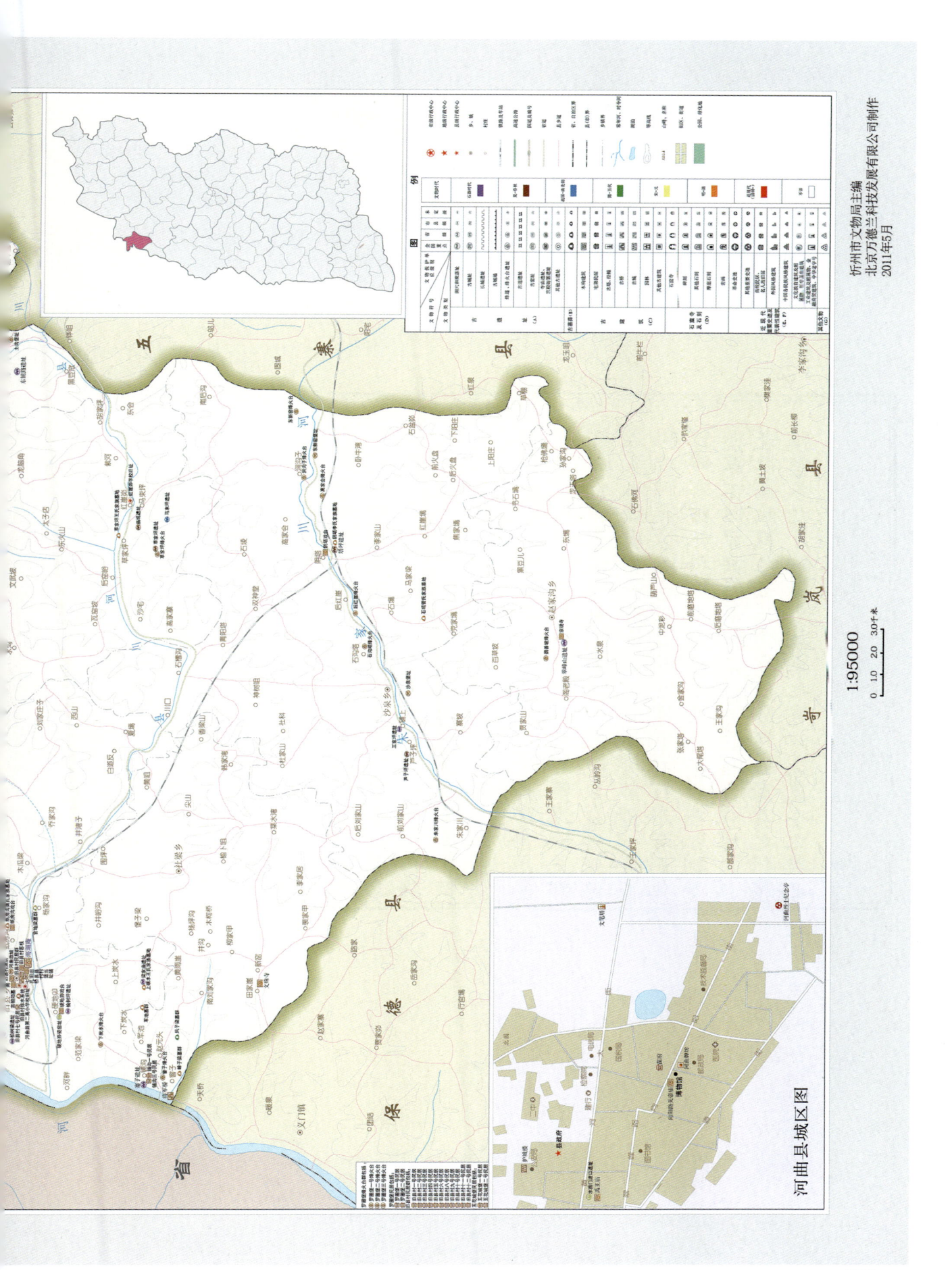

本路叅將設於隆慶二年駐劉河曲營所轄六城堡內河曲營樓子營唐家會河會堡俱極衝河曲縣保德州稍近腹裏矣凡屬守備二操守二防守一千戶所一分管邊墻東址起自西路界寺前墩西南抵石梯隘口沿邊一百三十一里又自石梯隘口起抵興縣黑峪口止黃河東岸沿長二百一十里邊墩六十一座火路墩三十八座邊口一十二處市口一處渡口一處關路見在官軍三千一百九十五員名馬騾一千五百二十一匹頭內援兵官軍一千五百六員名馬騾一千一百五十四匹頭本路逼近黃河乃址虜套虜交侵之地最為衝險邊外榆樹灘泉子溝大灰口等處酋首長盖剪啞氣買的赤鐵兔等部落駐牧河西又禪兒都司莊禿賴等駐牧地也隔河一望羣幕盈眸無論春冬永結虜即秋夏水漲亦能涉渡嘉隆間沿河標掠迄無寧歲故冬及春矣徃議調別營鎮雖有防秋兵將不相識徒糜錢糧無裨實用議堡軍丁防守兵又兼防冬及春矣徃議調別營者欲募敢戰之士三千專任防河省客兵之行糧移禦冬之月餉以充募軍之資似為萬全之筞也

山西岢嵐道轄河保路圖

楼子营长城 周伯摄

长城资源

一、河曲县的早期长城

未发现。

二、河曲县的明代长城

河曲县的明代长城有：墙体25段，总长54831.8米；关堡17座，其中关6座、堡11座；单体建筑有敌台12座、马面19座、烽火台55座。

（一）墙体

河曲县明长城墙体沿县境北、西界黄河南、东岸延伸，北从偏关县天峰坪镇寺沟村西南进入本县，经刘家塔镇坪头村、石城村、阳尔塔村、路铺村、董家庄村，楼子营镇梁家碛村、高崾村、马连口村、楼子营村、辛家坪村、赵家口村、娘娘滩村、罗圈堡村、纸房沟村、河湾村、北铺路村，文笔镇焦尾城村、石坡子村、沙口村、北元村、文笔镇、南元村、铁果门村、唐家会村、船湾村，巡镇镇杨家寨村、五花城堡村、五花城村、铺路村、夏营村、河会村、巡镇村、曲峪村、阳面村、上庄村，至石梯子村东北，山西省境内西界的长城至此结束。

河曲县明长城墙体一览表（单位：米）

长城墙体段落名称	总长	编码	起点	起点坐标	止点	止点坐标	类型
石城长城	3500	1409930382106170001	河、偏交界寺沟西南0.33千米	东经：111°21′39.70″ 北纬：39°27′05.60″ 高程：938米	河曲县刘家塔乡石城西南1.1千米	东经：111°20′56.90″ 北纬：39°25′24.20″ 高程：1008米	山险
路铺长城	4442.2	1409930382106170002	河曲县刘家塔乡石城西南1.1千米的断崖转角处	东经：111°20′56.90″ 北纬：39°25′24.20″ 高程：1008米	河曲县刘家塔乡董家庄村西北1.28千米、黄河龙口坝轴线南端	东经：111°17′54.20″ 北纬：39°25′06.70″ 高程：926米	山险
梁家碛长城1段	2065.6	1409930382103170003	河曲县刘家塔乡董家庄村西北1.28千米、黄河龙口坝轴线南端	东经：111°17′54.20″ 北纬：39°25′06.70″ 高程：926米	河曲县刘家塔乡梁家碛村东南0.1千米	东经：111°16′39.80″ 北纬：39°24′50.00″ 高程：936米	砖墙
梁家碛长城2段	1680	1409930382102170004	河曲县刘家塔乡梁家碛村东南0.1千米	东经：111°16′39.80″ 北纬：39°24′50.00″ 高程：936米	河曲县楼子营镇马连口村东南0.15千米	东经：111°15′43.70″ 北纬：39°24′55.20″ 高程：871米	石墙
马连口长城	2535	1409930382103170005	河曲县楼子营镇马连口村东南0.15千米	东经：111°15′43.70″ 北纬：39°24′55.20″ 高程：871米	河曲县楼子营镇楼子营村内北部GPS0067点	东经：111°13′59.50″ 北纬：39°25′03.60″ 高程：866米	砖墙
楼子营长城	1978	1409930382103170006	河曲县楼子营镇楼子营村北侧	东经：111°13′59.50″ 北纬：39°25′03.60″ 高程：866米	河曲县楼子营镇娘娘口村北侧	东经：111°12′37.80″ 北纬：39°25′01.30″ 高程：864米	砖墙
罗圈堡长城	1935	1409930382103170007	河曲县楼子营镇娘娘口村北	东经：111°12′37.80″ 北纬：39°25′01.30″ 高程：864米	河曲县楼子营镇沙湾村	东经：111°11′34.40″ 北纬：39°24′56.70″ 高程：886米	砖墙
焦尾城长城1段	2000	1409930382103170008	河曲县楼子营镇河湾村中	东经：111°11′34.40″ 北纬：39°24′56.70″ 高程：886米	河曲县焦尾城村西北0.2千米	东经：111°10′22.80″ 北纬：39°24′38.70″ 高程：876米	砖墙
焦尾城长城2段	1468	1409930382103170009	河曲县焦尾城村西北0.2千米	东经：111°10′22.80″ 北纬：39°24′38.70″ 高程：876米	河曲县文笔镇石坡子村北0.05千米	东经：111°09′33.40″ 北纬：39°24′11.60″ 高程：862米	砖墙
北元长城1段	2248	1409930382103170010	河曲县文笔镇石坡子村北0.05千米	东经：111°09′33.40″ 北纬：39°24′11.60″ 高程：862米	河曲县文笔镇北元村西0.4千米	东经：111°08′19.90″ 北纬：39°23′28.10″ 高程：799米	砖墙
北元长城2段	1098	1409930382103170011	河曲县文笔镇北元村西0.4千米	东经：111°08′19.90″ 北纬：39°23′28.10″ 高程：799米	河曲县古渡广场东北0.1千米	东经：111°07′44.40″ 北纬：39°23′06.10″ 高程：854米	砖墙
南元长城	1430	1409930382103170012	河曲县古渡广场东北0.1千米	东经：111°07′44.40″ 北纬：39°23′06.10″ 高程：854米	河曲县政府大门东南1千米	东经：111°08′20.30″ 北纬：39°22′31.60″ 高程：855米	砖墙
南元外长城	1275	1409930382103170024	河曲县文笔镇古渡广场东北0.06千米	东经：111°07′43.00″ 北纬：39°23′03.80″ 高程：855米	河曲县文笔镇南元村西南0.6千米	东经：111°06′58.90″ 北纬：39°22′42.70″ 高程：856米	砖墙
铁果门长城	1943	1409930382103170013	河曲县县政府大门东南1千米	东经：111°08′20.30″ 北纬：39°22′31.60″ 高程：855米	河曲县文笔镇铁果门村北0.42千米	东经：111°09′21.20″ 北纬：39°22′02.50″ 高程：936米	砖墙

续表

长城墙体段落名称	总长	编码	起点	起点坐标	止点	止点坐标	类型
唐家会长城	1759	1409930382103170014	河曲县文笔镇铁果门村北0.42千米	东经：111°09′21.20″ 北纬：39°22′02.50″ 高程：936米	河曲县文笔镇唐家会村南	东经：111°09′51.60″ 北纬：39°21′22.40″ 高程：866米	砖墙
唐家会外长城	2230	1409930382101170025	河曲县文笔镇铁果门村南	东经：111°09′25.30″ 北纬：39°21′35.00″ 高程：875米	河曲县文笔镇唐家会村西南2.1千米	东经：111°09′09.90″ 北纬：39°20′23.60″ 高程：852米	土墙
船湾长城1段	2670	1409930382103170015	河曲县文笔镇唐家会村南	东经：111°09′51.60″ 北纬：39°21′22.40″ 高程：866米	河曲县文笔镇船湾村东南0.65千米	东经：111°11′24.00″ 北纬：39°20′51.50″ 高程：876米	砖墙
船湾长城2段	1400	1409930382106170016	河曲县文笔镇船湾村东南0.65千米	东经：111°11′24.00″ 北纬：39°20′51.50″ 高程：876米	河曲县巡镇镇杨家寨村西1.08千米	东经：111°11′04.60″ 北纬：39°20′04.00″ 高程：877米	山险
五花城堡长城	1976	1409930382103170017	河曲县巡镇镇杨家寨村西1.08千米	东经：111°11′04.60″ 北纬：39°20′04.00″ 高程：877米	河曲县巡镇镇五花城堡村西0.36千米	东经：111°11′14.80″ 北纬：39°19′01.10″ 高程：854米	砖墙
五花城长城	1619	1409930382103170018	河曲县巡镇镇五花城堡村西0.36千米	东经：111°11′14.80″ 北纬：39°19′01.10″ 高程：854米	河曲县巡镇镇铺路村西北0.35千米	东经：111°12′05.50″ 北纬：39°18′30.60″ 高程：851米	砖墙
夏营长城	2080	1409930382103170019	河曲县巡镇镇铺路村西北0.35千米	东经：111°12′05.50″ 北纬：39°18′30.60″ 高程：851米	河曲县巡镇镇夏营村南0.16千米	东经：111°13′29.20″ 北纬：39°18′22.10″ 高程：881米	砖墙
河会长城	1950	1409930382103170020	河曲县巡镇镇夏营村南0.16千米	东经：111°13′29.20″ 北纬：39°18′22.10″ 高程：881米	河曲县巡镇镇河会村东南0.3千米	东经：111°14′45.40″ 北纬：39°18′05.20″ 高程：848米	砖墙
曲峪长城	5860	1409930382103170021	河曲县巡镇镇河会村东南0.3千米	东经：111°14′45.40″ 北纬：39°18′05.20″ 高程：848米	河曲县巡镇镇阳面村西0.23千米	东经：111°12′48.90″ 北纬：39°15′11.00″ 高程：857米	消失墙体
阳面长城	1770	1409930382103170022	河曲县巡镇镇阳面村西0.23千米	东经：111°12′48.90″ 北纬：39°15′11.00″ 高程：857米	河曲县巡镇镇上庄村北0.05千米	东经：111°12′54.10″ 北纬：39°14′16.70″ 高程：839米	砖墙
石梯子长城	1920	1409930382103170023	河曲县巡镇镇上庄村北0.05千米	东经：111°12′54.10″ 北纬：39°14′16.70″ 高程：839米	河曲县巡镇镇石梯子村东北0.2千米	东经：111°12′10.70″ 北纬：39°13′21.80″ 高程：854米	消失墙体
合计	54831.8						
百分比（%）	100						

（二）关堡

河曲县有：关堡17座，其中关6座、堡11座。详情见下表。

河曲县关堡一览表

所属乡镇	名称
刘家塔镇	石城关
楼子营镇	梁家碛1、2号关、楼子营关、楼子营堡、罗圈堡
文笔镇	石坡子关、北元关、河保营堡、唐家会堡
巡镇镇	五花城堡、夏营堡、石梯子堡
旧县乡	旧县堡
沙泉乡	沙泉堡、新尧堡
土沟乡	土沟堡

1. 石城关

又称石城口，位于刘家塔镇石城村西北1.15千米处，石城长城（山险）东侧，倚山险而建，高程951米。

关平面呈不规则形，坐南朝北，周长89.7米，占地面积831.54平方米。现存主要设施、遗迹有关墙、北门等。关墙为石墙，外部条石砌筑，内部为土石混筑墙体。墙体底宽3.6米、顶宽3.2～3.6米、内高1.9～3.6米、外高4.1～5.4米，顶部残存铺砖。北墙有城门1座，石券拱门，宽3.2米、拱高1.04、北门墙体残高1.76米；北门西侧有1孔石券窑洞，宽3.36米、进深3.2、高3.1米，应系后代修建。

石城关墙体外侧　高晓春摄

关整体保存较好。关墙条石大多残存，关内建筑无存。造成损毁的自然因素有风雨侵蚀、植物生长等；人为因素有拆毁关墙条石等。

2. 梁家碛1号关

位于楼子营镇梁家碛村南0.3千米处，梁家碛长城1段南侧，倚墙而建，高程994米。西距梁家碛2号关0.06千米。

关平面呈矩形，坐北朝南，东西32、南北46米，周长156米，占地面积1472平方米。现存主要设施、遗迹有关墙、南门、北门、关内楼台1座等。关墙为石墙，外部片石砌筑，内部为土石混筑墙体。东墙顶宽3.2、残高2.9米，南墙顶宽1.2～2.5、残高2.9米，西墙顶宽0.9～2.6、残高2.4～3米。北墙为长城墙体，砖墙，外部砖石无存，内部为夯土墙体，顶宽0.4～4、南侧残高3.3～4.7、北侧残高1.5～4.2。南、北墙各有城门1座，南门宽6、北门宽3.4米。城内中央偏南有楼台1座，外部砖石砌筑，仅存部分包石，内部为夯土台体，夯层厚0.18米，平面呈矩形，边长15、残高4米。

关整体保存一般。墙体坍塌损毁严重。造成损毁的自然因素有风雨侵蚀、植物生长等；人为因素有拆毁关墙、楼台砖石等。

3. 梁家碛2号关

位于楼子营镇梁家碛村南0.25千米处，梁家碛长城1段南侧，倚墙而建，高程982米。东距梁家碛1号关0.06千米。

关平面呈矩形，坐北朝南，边长31米，周长124米，占地面积961平方米。现存主要设施、遗迹仅有关墙。关墙为石墙，外部片石砌筑，内部为夯土墙体，夯层厚0.04～0.12米。东墙残存南段，长4、宽1、残高0.3～1米。北墙为长城墙体，砖墙，外部砖石无存，内部为夯土墙体。南墙原有城门1座，现无存。

关整体保存较差。关墙仅存东墙南段和北墙，关墙砖石无存，关内建筑无存。造成损毁的自然因素有风雨侵蚀、植物生长等；人为因素有拆毁关墙砖石等。

4. 楼子营关

又称马圈圐圙，位于楼子营镇楼子营村西0.45千米处，楼子营长城北侧，倚墙而建，高程877米。东南距楼子营堡0.78千米。

关平面呈矩形，坐北朝南，东西33、南北18米，周长102米，占地面积594平方米。现存主要设施、遗迹仅有关墙。关墙为砖墙，外部砖石无存；内部为夯土墙体，夯层厚0.07～0.18米。墙体底宽3.5、顶宽1.2～2.5、残高0.7～2.6米。

关整体保存一般。墙体坍塌损毁严重，北墙中段有豁口，宽5米，关内建筑无存。造成损毁的自然因素有风雨侵蚀、植物生长等；人为因素有拆毁关墙砖石等。

5. 石坡子关

又称六墩楼、营盘，位于文笔镇石坡子村东北0.12千米处，焦尾城长城2段墙体上，骑墙而建，高程867米。

关平面呈矩形，坐北朝南，东西32、南北29米，周长122米，占地面积928平方米。现存主要设施、遗迹有关墙和敌台1座等。关墙为砖墙，外部砖石无存，内部为夯土墙体，夯层厚0.09～0.2米。墙体宽0.8～1.4、残高0.5～3.1米。北墙中部有敌台1座，外部砖石砌筑，内部为夯土台体，夯层厚0.08～0.18米；平面呈矩形，底部边长15、残高9米；东、西、北壁各有箭窗4个，南壁塌毁，情况不详；内部为回廊结构。

关整体保存较差，墙体坍塌损毁严重，残存部分东墙和南墙；关内建筑无存，现为耕地，中部有东西向水渠。造成损毁的自然因素有风雨侵蚀、植物生长等；人为因素有拆毁关墙砖石、农业生产活动破坏等。

6. 北元关

又称六墩台，位于文笔镇北元村西0.8千米处，北元长城1段东南侧，倚墙而建，高程857米。西南距河保营堡1.3千米。

关平面呈矩形，坐北朝南，东西30、南北36.1米，周长132.2米，占地面积1083平方米。现存主要设施、遗迹有关墙、南门和敌台1座。关墙为砖墙，外部砖石无存，内部为夯土墙体，夯层厚0.07～0.16米。东墙残高3米，南墙底宽1.8～2.4、顶宽0.6～1.1、残高2.6米，西墙残高1.5～2.5米，北墙顶宽3.6～4、残高1.8～3米。南墙中部有城门1座，宽2米。北墙中央有敌台1座，外部砖石砌筑，平面呈矩形，底部东西16.1、南北15.2、残高10米；东、西、北壁各有箭窗4个，南壁中部有砖券拱门，两侧有券洞，西侧券洞内有登顶阶梯；内部为回廊结构。

关整体保存一般。墙体坍塌损毁严重，东墙消失，西墙北段消失10米，南墙西段消失8米。敌台砖石大多无存，关内建筑无存。造成损毁的自然因素有风雨侵蚀、植物生长等；人为因素有拆毁关墙砖石、利用墙体修建房屋、居民生活活动破坏等。

7. 楼子营堡

又称堡子，位于楼子营镇楼子营村内，马连口长城南侧。高程870米。西北距楼子营关0.78千米。

堡平面呈矩形，坐北朝南，东西269、南北199米，周长936米，占地面积53531平方米。现存主要设施、遗迹仅有堡墙。堡墙为砖墙，外部砖石无存，内部为夯土墙体，夯层厚0.03～0.18米。墙体底宽6～8、顶宽1.7～3.9、残高2～7米。南墙原有城门1座，现无存。

堡整体保存较差。墙体坍塌损毁严重，南墙消失200米，堡墙外侧有水渠，关内建筑无存。造成损毁的自然因素有风雨侵蚀、植物生长等；人为因素有拆毁堡墙砖石、修建房屋破坏墙体、居民生活活动破坏、修渠挖损破坏等。

8. 罗圈堡

又称堡子，位于楼子营镇罗圈堡村内，罗圈堡长城南0.02～0.05千米处，高程967米。

堡平面呈矩形，坐北朝南，东西196、南北171米，周长734米，占地面积33516平方米。现存主要设施、遗迹有堡墙、角台4座、堡内庙宇1座等。堡墙为砖墙，外部砖石无存，内部为夯土墙体，夯层厚0.07～0.22米。墙体底宽7.2～8.9、顶宽3～5米。东墙中段有坡状登墙步道，长22、宽4.5米。南墙原有城门1座。南门外原有瓮城，平面呈半圆形，东墙原有瓮城门，现均无存。堡墙四角有角台，损毁严重。南门城楼原有三官庙，东墙登墙步道顶部原有观音庙，现无存。堡内东南部有"真武庙"。

堡整体保存一般。墙体坍塌损毁严重。北墙西段内侧有10余孔窑洞，东墙北段和北墙东段内侧有水渠。造成损毁的自然因素有风雨侵蚀、植物生长等；人为因素有拆毁堡墙砖石、利用墙体修建窑洞、居民生活活动破坏、修渠挖损破坏等。

9. 河保营堡

位于河曲县县城西北部，北元长城2段东南侧、南元长城东北侧，高程699米。隶属于文笔镇，东北距北元关1.3千米。

堡平面呈矩形，朝向不详，东西500、南北400米，周长1800米，占地面积2万平方米。现存主要设施、遗迹有堡墙、西门、角台2座、马面2座、东西向街道1条等。堡墙为砖墙，外部砖石大多无存，内部为夯土墙体，夯层厚0.04～0.15米；东墙残长85、南墙残长48、西墙残长220米；墙体顶宽2～4、残高4～11米。西墙中部有城门1座，条石基础的砖券拱门，基础高1.94米，三伏三券，门洞宽4.55、高6.03、进深13.4米。堡墙四角原有角台，仅存东北、西北角台，东北角台底宽9、顶宽6、凸出墙体6.5米；西北角台平面呈五边形，堡墙西北角正对的一边长10、其余边长7、残高11米。北墙存马面2座，东侧马面底宽16、顶宽12、凸出墙体4.5、残高10.4米，西侧马面底宽12、顶宽8、凸出墙体5.4、残高11米。

堡整体保存一般。墙体坍塌损毁严重，北墙中部有现代修建的城门，角台、马面有现代补筑的砖石或水泥。造成损毁的自然因素有风雨侵蚀、植物生长等；人为因素有拆毁堡墙、角台、马面砖石及居民生活活动破坏等。

10. 唐家会堡

又称唐家会营，位于文笔镇唐家会村内，船湾长城1段北侧，高程932米。

堡平面呈矩形，坐北朝南，东西185、南北230米，周长830米，占地面积42550平方米。现存主要设施、遗迹有堡墙、角台2座、马面1座、街道1条等。堡墙为砖墙，外部砖石大多无存，内部为夯土墙体，夯层厚0.09～0.23米；东墙残长116、南墙残长55、西墙残长23.5、北墙残长99.1米；墙体底宽4.5～6.5、顶宽2.5～3.5、残高0.5～10.1米。堡墙四角有角台，仅存东北、东南角台，东北角台宽8、凸出墙6米，东南角台残宽5.5、凸出墙体4米。东南角台北12米处东墙东侧有一段类似马面的墙体，长6.5、凸出墙体3、残高6米，应系后代补筑墙体。东墙南段存马面1座，底宽7、顶宽5.5、凸出墙体7.5米。堡内中轴线偏东有南北向街道1条。

堡整体保存较差，墙体坍塌损毁严重。造成损毁的自然因素有风雨侵蚀、植物生长等；人为因素有拆毁堡墙、角台、马面砖石及修建房屋破坏墙体、居民生活活动破坏等。

11. 五花城堡

又称营堡，位于巡镇镇五花城堡村内，五花城堡长城及五花城长城东侧，高程850米。

堡平面呈梯形，坐北朝南，原东墙长222、南墙长273、西墙长207、北墙长221米，周长923米，占地面积51129平方米。现存主要设施、遗迹有堡墙、角台3座、马面3座、街道1条等。堡墙为砖墙，外部砖石无存，内部为夯土墙体，夯层厚0.05～0.11米；东墙残长55、南墙残长43、北墙残长185.5米；墙体底宽4～10.5、顶宽1～7.5、残高1.8～10.8米。堡墙四角有角台，东南角台无存，东北角台边长10、残高7.5米，西南角台边长10、残高7.5米，西北角台长9、宽6、残高8.5米。东、西、北墙各有马面1座，东墙马面边长12、残高8.2米，西墙马面长6.35、宽14.5、残高7.5米，北墙马面长5.6、宽13、残高8.1米。堡内中轴线偏东有南北向街道1条。

堡整体保存较差，墙体坍塌损毁严重。造成损毁的自然因素有风雨侵蚀、植物生长等；人为因素有拆毁堡墙、角台、马面砖石和修建窑洞及房屋破坏墙体、居民生活活动破坏等。

12. 夏营堡

又称营堡，位于巡镇镇夏营村内，夏营长城及河会长城北侧，高程927米。

堡平面呈矩形，东北角呈抹角，坐北朝南，东西274、南北234米，周长1016米，占地面积64116平方米。现存主要设施、遗迹有堡墙、南门1座、瓮城1座、角台3座、马面3座、街道1条等。堡墙为砖墙，现外部砖石无存，内部为夯土墙体，夯层厚0.06～0.15米。墙体底宽7.7、顶宽1～6、残高1～10.8米。南墙中部有城门1座，砖券拱门，三伏三券，门洞宽4.3、高6.4、进深14.3米，底部有现代补筑的砖。南门外有瓮城，东西长度不详，南北58米。瓮城墙体底宽7.5、顶宽2～6、残高4～9.2米，西墙中部有瓮城门，现为豁口。堡墙四角有角台，东北角台无存，东南角台长

12、宽 13.5、高 9.1 米，西南角台长 13.5、宽 10、高 9.7 米，西北角台长 12、宽 15、高 10.8 米。东、西、北墙各有马面 1 座，东墙马面长 17、宽 6.5、残高 7.6 米，西墙马面长 17、宽 6.5、残高 11.5 米，北墙马面长 14、宽 7.5、残高 9.1 米。堡内中轴线有南北向街道 1 条。堡外西北 0.2 千米处有 1 座类似烽火台的建筑，外部砖石无存，内部为夯土台体，夯层厚 0.04～0.11 米，平面呈矩形，底部东西 5、南北 6 米，顶部东西 3.6、南北 4 米，残高 4.2 米。该建筑附近发现汉代的五铢钱和护心镜，应为汉代遗存。

夏营烽火台　刘飞摄

堡整体保存一般，墙体坍塌损毁严重，部分段消失。造成损毁的自然因素有风雨侵蚀、植物生长等；人为因素有拆毁堡墙、角台、马面砖石和修建窑洞及房屋破坏墙体、居民生活活动破坏等。

13. 石梯子堡

又称营堡，位于巡镇镇石梯子村东北 0.64 千米处，石梯子长城东侧，高程 904 米。东侧土堡内东北部有石梯子 1 号烽火台。

堡由西侧主堡和东侧后期修建的土堡组成。主堡平面呈不规则形，朝向不详，周长 360 米，占地面积 8100 平方米。现存主要设施、遗迹仅有堡墙。主堡堡墙为石墙，外部石片砌筑，内部为夯土台体，夯层厚 0.06～0.13 米；墙体底宽 5、顶宽 0.4～3.8、内高 1～5.4、外高 1～3.8 米。东墙中部原有城门 1 座，宽 3.5 米，现用片石封堵。主堡东侧的土堡平面呈刀把形，墙体底宽 2～2.5、顶宽 0.3～1.2、残高 0.4～5.1 米，夯层厚 0.07～0.18 米。

堡整体保存较差，堡墙坍塌损毁，部分段无存；堡内关内建筑无存。造成损毁的自然因素有风雨侵蚀、植物生长等，人为因素有拆毁堡墙包石、农业生产活动破坏、取土挖损破坏等。

14. 旧县堡

又称河曲营、凤凰城，位于旧县乡旧县村内，高程 981 米。

堡平面呈不规则形，坐西朝东，周长和占地面积不详。现存主要设施、遗迹有堡墙、城门 1 座、瓮城 2 座、角台 2 座等。堡墙为砖墙，外部砖石砌筑。

堡整体保存一般。墙体坍塌损毁。堡内关内建筑无存，有民居。造成损毁的自然因素有风雨侵蚀、植物生长等，人为因素有拆毁堡墙砖石、利用墙体修建房屋、农业生产活动破坏、居民生活活动破坏、修路挖损破坏、取土挖损破坏等。

15. 沙泉堡

又称寨子，位于沙泉乡沙泉村南 0.3 千米，高程 1321 米。

堡平面呈矩形，朝向不详，边长 30 米，周长 120 米，占地面积 900 平方米。现存主要设施、遗迹仅有堡墙。堡墙为土墙，东墙外高0.5米；南墙底宽2.7、顶宽0.5～1.1、内高0.5～5.2、外高7.2米；西墙残长7、宽0.3～0.6、内高0.2～0.5、外高1.8米；北墙残长20、宽0.3～0.9、内高0.3～1.1、外高1.1～1.8米。

堡整体保存差，堡墙坍塌损毁严重，堡内建筑无存。造成损毁的自然因素有风雨侵蚀、植物生长等；人为因素有修路挖损破坏、取土挖损破坏等。

16. 新尧堡

又称寨子，位于沙泉乡新尧村西南0.75千米处，高程1288米。

堡平面呈不规则形，坐南朝北，由东、南、西北墙组成，西北墙呈弧形，东墙长74、南墙长33、西北墙长115米，周长222米，占地面积2960平方米。现存主要设施、遗迹有堡墙、西北门等。堡墙为石墙，东墙顶宽0.5～1.2、内高0.5～1.2、外高1～2.1米；南墙底宽3.6、顶宽1.5～2.1、内高3.5、外高4.5米；西北墙内高1、外高3～4.5米。堡墙附近散落有许多砖瓦、石片，砖长17、厚6厘米，瓦外素面，内饰布纹。西北墙中部有城门1座，宽3米。

堡整体保存较差，堡墙坍塌损毁严重，部分段消失；堡内建筑无存。造成损毁的自然因素有洪水冲刷、风雨侵蚀、植物生长等；人为因素有拆毁堡墙包石等。

17. 土沟堡

又称寨子，位于土沟乡土沟村东南1千米处，高程1210米。

堡平面呈矩形，坐北朝南，东墙长190、南墙长196.7、西墙长186、北墙长209米，周长781.7米，占地面积38100平方米。现存主要设施、遗迹有堡墙、南北城门2座、瓮城1座、角台3座、南门外点将台1座等。堡墙为土墙，东墙底宽6.5、顶宽1～4.5、外高9.4米；南墙底宽6.5、顶宽1～3.8、内高6.6、外高10.4～12.8米；西墙北段消失35米，底宽6.5、顶宽0.5～4.5、内高5.3～9.4、外高11.6米；北墙底宽6.5、顶宽1.5～4.9、内高8.2～9.4、外高4.4～7.12米。南、北墙中部各有城门1座，现为豁口，南门宽18.3、北门宽18.6米。北门外有瓮城，平面呈矩形，东西20.8、南北23.3米，瓮城墙底宽5～6、顶宽1～1.5、内高3.5、外高5.5米；瓮城门设在西墙，现为豁口。堡墙四角有角台，西北角台无存，东北角台凸出墙体4.5米，东南角台宽5.2、凸出东墙3.6米，西南角台残宽3.5、凸出南墙5米。南门外有点将台1座，平面呈矩形，残高2米。

整体保存较好，堡墙坍塌损毁严重；堡内建筑无存，为耕地。造成损毁的自然因素有风雨侵蚀、植物生长等；人为因素有修路挖损破坏等。

（三）单体建筑

1. 敌台

河曲县共调查敌台12座。详情见下表。

名称	编码	地点	坐标	材质	建筑方式	平面形制	剖面形制	尺寸	附属设施
梁家碛1号敌台		刘家塔镇梁家碛村东		砖	外部砖石砌筑；内部为夯土台体，含料礓石，夯层厚0.07～0.13米	圆形	梯形	底径18、顶径15、残高4～5米	台体顶部残存有铺砖
梁家碛2号敌台		刘家塔镇梁家碛村东		砖	外部砖石砌筑；内部为夯土台体，夯层厚0.11～0.18米	圆形	梯形	底径20、顶径16、残高5.5米	无
梁家碛3号敌台		刘家塔镇梁家碛村南		砖	外部砖石砌筑；内部为夯土台体，夯层厚0.08～0.16米	矩形	梯形	底部长14、宽9米，顶部长11、宽7米，残高6.5～9米	无
梁家碛4号敌台		刘家塔镇梁家碛村南0.1千米		砖	外部砖石砌筑；内部为夯土台体，夯层厚0.08～0.14米	矩形	梯形	底部长12、宽8米，顶部长8、宽5米，残高5～7米	台体南壁中部有坡状缺口，宽1.2、高2、距地面2.5米，应为登台步道
楼子营敌台		楼子营镇楼子营村内		土	夯筑而成，含较多砂砾，夯层厚0.05～0.12米	矩形	梯形	底部长12、宽5.5米，顶部长4、宽3米，残高8米	无
罗圈堡1号敌台		楼子营镇罗圈堡村西北		土	夯筑而成，含较多砂砾，夯层厚0.06～0.18米	圆形	梯形	底径10、顶径7、北侧残高8.2米	无
罗圈堡2号敌台		楼子营镇罗圈堡村西北		土	夯筑而成，含较多砂砾，夯层厚0.04～0.13米	圆形	梯形	底径15、顶径12、北侧残高8.8米	无
焦尾城1号敌台		楼子营镇河湾村内		土	夯筑而成，夯层厚0.04～0.14米	圆形	梯形	底径16、顶径12、北侧残高8米	无
焦尾城2号敌台		楼子营镇河湾村北		土	夯筑而成，夯层厚0.08～0.16米	矩形	梯形	底部长14、宽9、残高5.6米	无
北元敌台		文笔镇北元村西南		砖	外部砖石砌筑；内部为夯土台体，夯层厚0.05～0.12米	圆形	梯形	底径16.5、顶径12.5、残高7.2米	无
铁果门敌台		文笔镇铁果门村内		土	夯筑而成，夯层厚0.05～0.12米	矩形	梯形	残高5～8米	无
唐家会敌台		文笔镇铁果门村内		土	夯筑而成，含较多砂砾，夯层厚0.07～0.13米	圆形	梯形	底径18、顶径13、残高9米	无

2. 马面

河曲县共调查马面19座。详情见下表。

名称	编码	地点	坐标	材质	建筑方式	平面形制	剖面形制	尺寸	附属设施
马连口1号马面		楼子营镇马连口村北		土	夯筑而成，夯层厚0.1～0.12米	矩形	梯形	顶宽6、残高5米	无
马连口2号马面		楼子营镇马连口村北		土	夯筑而成，夯层厚0.1～0.13米	矩形	梯形	顶宽7、残高5米	无
马连口3号马面		楼子营镇马连口村北		土	夯筑而成，夯层厚0.08～0.13米	矩形	梯形	顶宽8、凸出墙体7、残高5.5米	无
马连口4号马面		楼子营镇马连口村西北		土	夯筑而成，夯层厚0.05～0.12米	矩形	梯形	底宽14、顶宽8、凸出墙体4～5、残高5～6米	无
楼子营1号马面		楼子营镇楼子营村内		不详	不详	不详	不详	不详	不详
楼子营2号马面		楼子营镇楼子营村西		土	夯筑而成，夯层厚0.05～0.22米	矩形	梯形	底部长10、宽8米，顶部长8、宽6米	无
楼子营3号马面		楼子营镇赵家口村内		土	夯筑而成，夯层厚0.08～0.13米	矩形	梯形	底部长16、宽8米，顶部长12、宽6米，残高6～7米	无
楼子营4号马面		楼子营镇娘娘滩村西北		土	夯筑而成，夯层厚0.08～0.16米	不详	不详	残高2.4～4米	无
楼子营5号马面		楼子营镇娘娘滩村西北		土	夯筑而成，夯层厚0.08～0.16米	矩形	梯形	底部长10、宽8米，顶部长8、宽6米，残高4～6.5米	无
罗圈堡马面		楼子营镇罗圈堡村西		土	夯筑而成，夯层厚0.05～0.16米	圆形	梯形	底径16、顶径12、残高9米	无
焦尾城1号马面		楼子营镇焦尾城村西北		土	夯筑而成，夯层厚0.08～0.12米	矩形	梯形	底部长10、宽8米，顶部长8、宽6米，东南侧残高2.8、西北侧残高8.2米	无
焦尾城2号马面		文笔镇焦尾城村西北0.2千米		不详	不详	矩形	梯形	底部长7、宽2、西北侧残高6.2米	无
焦尾城3号马面		楼子营镇焦尾城村西		土	夯筑而成，夯层厚0.06～0.12米	矩形	梯形	底部长13、宽10米，顶部长11、宽9米，残高3.2米	马面顶部残存铺砖
焦尾城4号马面		楼子营镇焦尾城村西		土	夯筑而成，夯层厚0.08～0.12米	矩形	梯形	底部长10、宽8米，顶部长8、宽6米，残高6.6米	无

续表

名称	编码	地点	坐标	材质	建筑方式	平面形制	剖面形制	尺寸	附属设施
焦尾城5号马面		楼子营镇焦尾城村西		土	夯筑而成，夯层厚0.07～0.13米	矩形	梯形	底部长14、宽13米，顶部长12、宽11米，残高2.2米	无
焦尾城6号马面		楼子营镇焦尾城村西		土	夯筑而成，夯层厚0.08～0.17米	矩形	梯形	底部边长10、顶部边长8、残高6米	无
唐家会1号马面		文笔镇唐家会村西		不详	不详	矩形	梯形	底宽13.2、顶宽10.2、凸出墙体9、残高9.2米	无
唐家会2号马面		文笔镇唐家会村内		砖	外部砖石砌筑	矩形	梯形	底宽16、顶宽13、凸出墙体8.6、残高9米	无
阳面马面		巡镇镇阳面村西		土	夯筑而成，夯层厚0.04～0.2米	矩形	梯形	底宽6.6、顶宽5、凸出墙体7、残高5.6米	无

3. 烽火台

河曲县共调查烽火台55座，包括长城沿线烽火台38座、腹里烽火台17座。详情见下表。

名称	编码	地点	坐标	材质	建筑方式	平面形制	剖面形制	尺寸	附属设施
坪头1号烽火台	140930353201170001	刘家塔镇坪头村西北1.4千米	东经：111°21′39.40″ 北纬：39°27′05.50″ 高程：939米	土	夯筑而成，含砂砾，夯层厚0.07～0.12米	矩形	梯形	底部边长11、顶部边长8、残高7米	台体顶部散落瓦片
坪头2号烽火台	140930353201170002	刘家塔镇坪头村东北0.16千米	东经：111°22′31.80″ 北纬：39°26′26.50″ 高程：1112米	土	夯筑而成，含砂砾，夯层厚0.05～0.1米	矩形	梯形	底部边长11、顶部边长7、残高8米	台体周围有围墙，平面呈矩形。墙体宽1～2.3、内高0.5～2.2、外高4～5.2米，夯层厚0.07～0.14米。西墙设门，宽3.7米。台体底部有台基，平面呈矩形，东西23、南北24、残高4米，夯层厚0.06～0.15米
石城烽火台	140930353201170003	刘家塔镇石城村北0.02千米	东经：111°21′40.60″ 北纬：39°26′41.20″ 高程：1086米	土	夯筑而成，含砂砾，夯层厚0.06～0.12米	圆形	梯形	底径13、顶径7、残高8米	台体底部有台基，平面呈圆形，直径27、残高4.5～5米，夯层厚0.1～0.12米；顶部有圆形建筑基址，直径3.5、残高0.5～0.8米，周围散落砖瓦、碎石和少量瓷片

续表

名称	编码	地点	坐标	材质	建筑方式	平面形制	剖面形制	尺寸	附属设施
阳尔塔1号烽火台	1409303532201170004	刘家塔镇阳尔塔村北0.56千米	东经：111°20′44.50″ 北纬：39°25′18.90″ 高程：1010米	土	夯筑而成，含砂砾，夯层厚0.07～0.12米	圆形	梯形	底径17、顶径14、残高6米	台体底部有台基，平面呈圆形，直径34、残高1.5～5米，夯层厚0.06～0.16米。顶部散落砖瓦
阳尔塔2号烽火台	1409303532201170005	刘家塔镇阳尔塔村北0.26千米	东经：111°20′43.30″ 北纬：39°25′09.00″ 高程：1064米	土	夯筑而成，含砂砾，夯层厚0.1～0.12米	矩形	梯形	底部东西、南北7米，顶部东西1.5、南北2.5米，残高5米	无
路铺1号烽火台	1409303532201170006	刘家塔镇路铺村西0.46千米	东经：111°19′39.40″ 北纬：39°25′01.70″ 高程：968米	土	夯筑而成，含砂砾，夯层厚0.12～0.16米	矩形	梯形	底部边长3、顶部边长2、残高2～4米	无
路铺2号烽火台	1409303532201170007	刘家塔镇路铺村西0.56千米	东经：111°19′33.00″ 北纬：39°25′00.00″ 高程：970米	土	夯筑而成，含砂砾，夯层厚0.07～0.12米	圆形	梯形	底径16、顶径13、残高7米	台体周围有围墙，平面呈圆形。残存西南墙，长21、宽0.4～1.1、残高0.2～0.5米。台体底部有台基，平面呈圆形，残高3米，夯层厚0.08～0.15米。台体顶部散落少量瓦片
路铺3号烽火台	1409303532201170008	刘家塔镇路铺村西南0.7千米	东经：111°19′41.20″ 北纬：39°24′37.20″ 高程：1084米	土	夯筑而成，含砂砾，夯层厚0.05～0.1米	矩形	梯形	底部东西14、南北11米，顶部东西9、南北6米，残高8米	台体底部有台基，平面呈圆形，直径24、残高0.3～2.5米
董家庄1号烽火台	1409303532201170009	刘家塔镇董家庄村西北1.28千米	东经：111°18′34.50″ 北纬：39°25′07.70″ 高程：914米	石	外部石砌；内部为夯土台体，含砂砾，夯层厚0.14～0.2米	矩形	梯形	底部东西5、南北5.5米，顶部边长3.5米，残高6米	无
董家庄2号烽火台	1409303532201170010	刘家塔镇董家庄村西北1.4千米	东经：111°18′22.50″ 北纬：39°25′08.80″ 高程：953米	土	夯筑而成，含砂砾，夯层厚0.07～0.13米	圆形	梯形	底径19、顶径15、残高8米	台体底部有台基，平面呈圆形，直径27、残高0.3～2.5米，夯层厚0.04～0.18米

阳尔塔1号烽火台 郭银堂摄　　　　董家庄1号烽火台 郭银堂摄

续表

名称	编码	地点	坐标	材质	建筑方式	平面形制	剖面形制	尺寸	附属设施
梁家碛1号烽火台	1409303532011170011	楼子营镇梁家碛村南0.4千米	东经：111°16′29.70″ 北纬：39°24′43.50″ 高程：936米	砖	外部砖石砌筑；内部为夯土台体，含砂砾，夯层厚0.07～0.17米	圆形	梯形	底部东西14、南北13、残高3.6米	台体底部有台基，平面呈矩形，东西30、南北22、残高2.2～3.5米。台体顶部残存部分铺砖
梁家碛2号烽火台	1409303532011170013	楼子营镇梁家碛村西南0.46千米	东经：111°16′15.20″ 北纬：39°24′52.60″ 高程：994米	石	外部石砌；内部为夯土台体，含砂砾，夯层厚0.1～0.15米	矩形	梯形	底部边长10、残高4.5米	台体顶部有石砌基址，平面呈圆形
高崾烽火台	1409303532011170012	楼子营镇高崾村内	东经：111°16′18.70″ 北纬：39°24′27.50″ 高程：1006米	砖	外部砖石砌筑；内部为夯土台体，含砂砾，夯层厚0.07～0.12米	圆形	梯形	底径18、顶径12、残高8米	台体周围有围墙，平面呈圆形，底宽2.7、顶宽1.5～1.9、内高1.5～3.6、外高(包括台基)6米，夯层厚0.09～0.16米。台体底部有台基，平面呈圆形，直径48、残高1～2.1米，夯层厚0.09～0.13米。台体周围散落大量砖瓦、石块和瓷片
马连口烽火台	1409303532011170014	楼子营镇马连口村东0.3千米	东经：111°15′50.80″ 北纬：39°24′52.60″ 高程：963米	土	夯筑而成，含砂砾，夯层厚0.08～0.12米	矩形	梯形	底部东西15、南北16米，顶部边长10米，残高9米	无
罗圈堡1号烽火台	1409303532011170015	楼子营镇罗圈堡村东0.38千米	东经：111°12′31.20″ 北纬：39°24′56.10″ 高程：975米	土	夯筑而成，含砂砾，夯层厚0.07～0.1米	圆形	梯形	底径17、顶径13.5、残高10.3米	台体周围有围墙，平面呈圆形，底宽3～4、顶宽0.5～2.6、内高3.1、外高9.5米，夯层厚0.09～0.14米。台体底部有台基，平面呈圆形，直径33、残高5.4米，夯层厚0.15～0.18米。台体内部有登顶孔洞，洞口在东北角墙体底部。台体顶部散落砖瓦、瓷片
罗圈堡2号烽火台	1409303532011170016	楼子营镇罗圈堡村西0.23千米	东经：111°12′07.80″ 北纬：39°24′57.30″ 高程：953米	土	夯筑而成，含砂砾，夯层厚0.1～0.17米	矩形	梯形	底部东西15、南北21、残高4.5米	台体周围散落许多砖瓦。台体南侧有圆形柱础一个，底部刻有水波纹饰
罗圈堡3号烽火台	1409303532011170017	楼子营镇罗圈堡村西0.72千米	东经：111°11′47.80″ 北纬：39°24′55.80″ 高程：946米	土	夯筑而成，含砂砾，夯层厚0.05～0.1米	矩形	梯形	底部东西14、南北15米，顶部边长8米，残高11米	台体周围有围墙，平面呈矩形，底宽2.5～3.2、顶宽1～2.1、内高0.5～2.9、外高(包括台基)7米。台体底部有台基，平面呈矩形，东西14、南北21、残高3.8米，夯层厚0.06～0.12米

续表

名称	编码	地点	坐标	材质	建筑方式	平面形制	剖面形制	尺寸	附属设施
河湾烽火台	1409303532201170018	楼子营镇河湾村西南0.6千米	东经：111°11′34.30″ 北纬：39°24′55.70″ 高程：873米	土	夯筑而成，含砂砾，夯层厚0.1～0.2米	矩形	梯形	底部边长16、顶部边长10、残高6米	台体顶部有土墙基址，宽0.8、残高0.5米
焦尾城烽火台	1409303532201170019	文笔镇焦尾城村西1.4千米	东经：111°09′49.80″ 北纬：39°24′20.10″ 高程：877米	砖	外部砖石砌筑；内部为夯筑台体，含砂砾，夯层厚0.1～0.23米	矩形	梯形	底部边长17米，顶部东西11、南北10米，残高9米	无
北元烽火台	1409303532201170020	文笔镇北元村内	东经：111°08′52.00″ 北纬：39°23′45.90″ 高程：839米	土	夯筑而成，含砂砾，夯层厚0.09～0.18米	矩形	梯形	底部东西14、南北15米，顶部东西、南北7米，残高8米	台体周围散落许多砖瓦
铁果门1号烽火台	1409303532201170021	文笔镇铁果门村北1.2千米	东经：111°08′58.40″ 北纬：39°22′23.30″ 高程：932米	土	夯筑而成，含砂砾，夯层厚0.07～0.15米	矩形	梯形	底部边长17、顶部边长13、残高8.6米	台体周围有围墙，平面呈矩形，边长43、顶宽1.2～1.5、残高2.3～6米。东北角有豁口，宽4米
铁果门2号烽火台	1409303532201170022	文笔镇铁果门村北0.83千米	东经：111°09′12.00″ 北纬：39°22′15.00″ 高程：934米	土	夯筑而成，含砂砾，夯层厚0.08～0.15米	矩形	梯形	底部边长11、顶部边长4、残高8.5米	无
唐家会1号烽火台	1409303532201170023	文笔镇唐家会村西南1.03千米	东经：111°09′15.50″ 北纬：39°20′59.00″ 高程：862米	土	夯筑而成，含砂砾，夯层厚0.05～0.18米	矩形	梯形	底部边长16、顶部边长6、残高8米	台体周围有围墙，平面呈矩形，边长36、顶宽0.5～1、内高1～1.8、外高1.2～4米，夯层厚0.1～0.22米。东墙中部设门，现为豁口，宽5米
唐家会2号烽火台	1409303532201170024	文笔镇唐家会村西南2.08千米	东经：111°09′10.40″ 北纬：39°20′23.90″ 高程：852米	土	夯筑而成，含砂砾，夯层厚0.04～0.13米	圆形	梯形	底径18、顶径15、残高9米	台体周围有围墙，平面呈矩形，残存东墙，长6、顶宽0.3～0.5、残高0.8～4米。台体内部有登顶孔洞，洞口在东南角底部，宽0.7、高2米，顶部洞口呈椭圆形，最长1.2米
船湾1号烽火台	1409303532201170025	文笔镇唐家会村东北0.55千米	东经：111°10′18.70″ 北纬：39°21′52.90″ 高程：1078米	土	夯筑而成，含料礓石，夯层厚0.05～0.12米	矩形	梯形	底部边长16、顶部边长12、残高9.2米	台体周围有围墙，平面呈矩形，东西23、南北25米，顶0.3、残高0.2～0.9米。台体内部有登顶孔洞，洞口在南壁底部，宽0.9、高0.4米

续表

名称	编码	地点	坐标	材质	建筑方式	平面形制	剖面形制	尺寸	附属设施
船湾2号烽火台	1409303532011700 26	文笔镇船湾村东北0.38千米	东经：111°11′20.70″ 北纬：39°21′23.30″ 高程：948米	土	夯筑而成，夯层厚0.06～0.12米	圆形	梯形	底径14、顶径10、残高9.2米	台体周围有围墙，平面呈圆形，直径33.3、底宽1.8、顶宽0.5～1.3、内高2.3、外高4.5米。台体内部有登顶孔洞，洞口在西壁底部，高3.2米；顶部洞口呈椭圆形，最长1.6米
船湾3号烽火台	1409303532011700 27	文笔镇船湾村东南1.2千米	东经：111°11′46.90″ 北纬：39°20′34.90″ 高程：988米	土	夯筑而成，夯层厚0.08～0.12米	圆形	梯形	底径16、顶径13、残高8.4米	台体周围有围墙，平面呈圆形，直径36、底宽2.4、顶宽0.4～1.5、内高2.8、外高3.8米，夯层厚0.05～0.1米。南墙设门，门洞宽1.6、高1.6米。西北墙有豁口，宽4.5米。台体东壁有登顶步道
五花城堡烽火台	1409303532011700 28	文笔镇五花城堡村东北	东经：111°11′20.70″ 北纬：39°21′23.30″ 高程：948米	土	夯筑而成，夯层厚0.08～0.11米	圆形	梯形	底径14.5、顶径11.5、残高8.8米	台体周围有围墙，平面呈圆形，直径29、底宽3、顶宽0.5～1.2、内高1.5～2.6、外高3～5.8米。南墙中部设门，现为豁口，宽3.5米
夏营烽火台	1409303532011700 29	巡镇镇夏营村西0.2千米	东经：111°13′11.40″ 北纬：39°18′30.70″ 高程：846米	土	夯筑而成，夯层厚0.07～0.12米	矩形	梯形	底部边长12.4、顶部边长8.8、残高11米	台体周围有围墙，围墙呈矩形，边长29.7、底宽4～5.6、顶宽1.9～3.6、内高1～3.7、外高1.9～5.2米，夯层厚0.07～0.13米。东墙中部设门，门洞宽2.6、高2.3米
河会烽火台	1409303532011700 30	巡镇镇河会村北0.2千米	东经：111°14′28.10″ 北纬：39°18′37.40″ 高程：889米	砖	外部砖石砌筑；内部为夯筑台体，含砂砾，夯层厚0.03～0.11米	矩形	梯形	底部边长14、顶部边长10、残高9.8米	台体周围有围墙，外部砖石无存，平面呈梯形，东墙长60、南墙长45、西墙长50、北墙长13米，底宽5～6、顶宽0.5～2、内高1～3.5、外高5～8米。西墙南端设门，门洞宽1.3、高2.1米。南墙东段消失15米
狗儿洼烽火台	1409303532011700 31	巡镇镇狗儿洼村内	东经：111°15′57.50″ 北纬：39°17′32.40″ 高程：1052米	土	夯筑而成，夯层厚0.04～0.1米	圆形	梯形	残高4.5米	台体周围有围墙，残存东南墙，长20、底宽2.1、顶宽0.5、内高1.5、外高4米。残存墙体中部设门，门洞宽1.3、高1.7米

续表

名称	编码	地点	坐标	材质	建筑方式	平面形制	剖面形制	尺寸	附属设施
向阳坡1号烽火台	140930353201170032	鹿固乡向阳坡村东0.1千米	东经：111°17′51.70″ 北纬：39°16′40.40″ 高程：1114米	土	夯筑而成，夯层厚0.09～0.13米	矩形	梯形	底部边长7、残高7.2米	无
向阳坡2号烽火台	140930353201170033	鹿固乡向阳坡村东0.1千米	东经：111°17′51.80″ 北纬：39°16′39.40″ 高程：1127米	土	夯筑而成，夯层厚0.03～0.1米	矩形	梯形	底部边长13、顶部边长11、残高9.2米	台体周围有围墙，平面呈矩形，边长29、顶宽0.2～0.5、内高0.5～2.1、外高3.5～5米
阳面烽火台	140930353201170034	巡镇镇阳面村南0.2千米	东经：111°13′10.60″ 北纬：39°14′29.20″ 高程：899米	土	夯筑而成，夯层厚0.07～0.11米	矩形	梯形	底部东西15.5、南北16.5米，顶部东西13.5、南北14.5米，残高11米	台体周围有围墙，平面呈矩形，东西43.1、南北47.2、底宽3.6、顶宽1.1～3.5、内高4.2～5.6、外高6.5～11米。西墙中部设门，门洞宽1.7、高2米
石梯子1号烽火台	140930353201170035	巡镇镇石梯子村东北0.7千米	东经：111°12′31.70″ 北纬：39°13′23.70″ 高程：919米	土	夯筑而成，夯层厚0.07～0.18米	矩形	梯形	底部边长14、顶部边长10、残高8.6米	无
石梯子2号烽火台	140930353201170036	巡镇镇石梯子村东北0.88千米	东经：111°12′47.50″ 北纬：39°13′21.40″ 高程：1000米	石	外部石砌；内部为夯土台体，含砂砾，夯层厚0.05～0.12米	圆形	梯形	底径10、顶径5、残高5米	无
石梯子3号烽火台	140930353201170037	巡镇镇石梯子村东北0.4千米	东经：111°12′12.60″ 北纬：39°13′05.10″ 高程：931米	土	夯筑而成，夯层厚0.04～0.12米	矩形	梯形	底部边长16、顶部边长12、残高11米	台体周围有围墙，平面呈矩形，东西40、南北42米；残存南、北墙，残长43、底宽5、顶宽0.3～1、残高0.6～5米。台体内部有登顶孔洞，洞口在东壁中部，宽1.1、高1.6、距地面3.5米
陆家寨烽火台	140930353201170055	沙坪乡陆家寨村北1千米	东经：111°14′02.30″ 北纬：39°13′37.20″ 高程：1091米	土	夯筑而成，含碎石	圆形	梯形	底径6、顶径2、残高4米	无
苗新庄烽火台	140930353201170038	旧县乡苗新庄村西南0.5千米	东经：111°12′32.30″ 北纬：39°11′17.60″ 高程：1042米	土	夯筑而成，含碎石、瓦片，夯层厚0.08～0.2米	圆形	梯形	底径3、残高3.1米	无
小五村烽火台	140930353201170039	旧县乡小五村西北1千米	东经：111°12′35.10″ 北纬：39°10′44.40″ 高程：1052米	土	夯筑而成，含碎石，夯层厚0.08～0.2米	圆形	梯形	底径3、残高3.1米	无
下炭水烽火台	140930353201170054	旧县乡下炭水村北1.3千米	东经：111°11′05.60″ 北纬：39°08′17.60″ 高程：1047米	土	夯筑而成，含碎石，夯层厚0.14～0.2米	不规则形	不规则形	残高7.8米	无
窨子烽火台	140930353201170053	社梁乡窨子村北0.5千米	东经：111°10′00.00″ 北纬：39°07′01.60″ 高程：944米	土	夯筑而成，含砂砾，夯层厚0.05～0.11米	矩形	梯形	底部东西10、南北13米，顶部东西5、南北8米，残高10.5米	无

续表

名称	编码	地点	坐标	材质	建筑方式	平面形制	剖面形制	尺寸	附属设施
后川烽火台	1409303532011170041	前川乡后川村西南0.5千米	东经：111°24′40.90″ 北纬：39°16′49.70″ 高程：1372米	土	夯筑而成，夯层厚0.07～0.17米	矩形	梯形	底部东西10、南北11米，顶部边长5米，残高7～8米	无
黄武梁烽火台	1409303532011170040	前川乡七星村东南1.5千米	东经：111°23′04.10″ 北纬：39°14′53.10″ 高程：1385米	土	夯筑而成，夯层厚0.08～0.2米	圆形	梯形	底径3、残高3.1米	台体底部有台基，残长11、残高1.5～1.6米
后石板沟烽火台	1409303532011170042	单寨乡后石板沟村东北1.75千米	东经：111°26′35.20″ 北纬：39°13′11.90″ 高程：1383米	土	夯筑而成，夯层厚0.05～0.1米	矩形	梯形	底部东西15.5、南北15.3米，顶部边长9.3米，残高8米	无
草家坪烽火台	1409303532011170052	单寨乡草家坪村东南1.25千米	东经：111°24′33.90″ 北纬：39°07′19.70″ 高程：1370米	土	夯筑而成，夯层厚0.1～0.16米	矩形	梯形	底部东西5.5、南北6.5、残高5米	无
东铺路烽火台	1409303532011170043	土沟乡东铺路村西北1.5千米	东经：111°28′41.80″ 北纬：39°11′22.60″ 高程：1350米	土	夯筑而成，夯层厚0.05～0.13米	矩形	梯形	底部东西15.5、南北15.3米，顶部东西9、南北8.3米，残高12米	无
朱家川烽火台	1409303532011170044	沙泉乡朱家川村西北1.3千米	东经：111°16′48.00″ 北纬：39°01′26.30″ 高程：1366米	砖	外部砖石砌筑；内部为夯土台体，含砂砾	矩形	梯形	底部东西5.6、南北4.1米，顶部边长3.1米，残高6.5米	台体底部有台基，石砌而成，平面呈矩形，残高2.5～2.8米
芦子坪烽火台	1409303532011170045	沙泉乡芦子坪村西北0.5千米	东经：111°19′02.90″ 北纬：39°21′02.30″ 高程：1335米	土	夯筑而成，夯层厚0.04～0.12米	矩形	梯形	底部东西9、南北10米，顶部东西5、南北5.6米，残高6.5米	无
石沟塔烽火台	1409303532011170046	沙泉乡石沟塔村北0.4千米	东经：111°22′05.10″ 北纬：39°02′59.40″ 高程：1276米	土	夯筑而成，夯层厚0.06～0.12米	矩形	梯形	底部东西5.5、南北6.5米，顶部东西3、南北3.8米，残高7.1米	台体底部有台基，平面呈圆形
后红崖烽火台	1409303532011170047	沙泉乡后红崖村河南0.07千米	东经：111°23′00.20″ 北纬：39°03′11.70″ 高程：1185米	土	夯筑而成，夯层厚0.07～0.12米	矩形	梯形	底部东西3、南北2.5、残高1.6米	无
高家会烽火台	1409303532011170048	沙泉乡高家会村东南1.5千米	东经：111°26′11.90″ 北纬：39°03′55.40″ 高程：1390米	土	夯筑而成，夯层厚0.2～0.22米	矩形	梯形	底部东西7、南北8.3米，顶部东西4、南北3.6米，残高6～6.5米	无
涧沟子烽火台	1409303532011170049	沙泉乡涧沟子西南0.35千米	东经：111°26′41.70″ 北纬：39°04′18.80″ 高程：1219米	土	夯筑而成，夯层厚0.05～0.15米	矩形	梯形	底部东西3.2、南北4米，顶部东西2.2、南北2.5米，残高5～6米	无
新尧烽火台	1409303532011170050	沙泉乡新尧村东北1.5千米	东经：111°28′31.10″ 北纬：39°04′30.10″ 高程：1250米	土	夯筑而成，夯层厚0.05～0.16米	矩形	梯形	底部东西8、南北9米，顶部东西4.5、南北3.5米，残高5～6米	无
魏善坡烽火台	1409303532011170051	赵家沟乡魏善坡村西0.75千米	东经：111°21′18.80″ 北纬：38°59′04.40″ 高程：1517米	土	夯筑而成，夯层厚0.1～0.14米	矩形	梯形	底部边长8、顶部边长3.2、残高7米	无

保德县

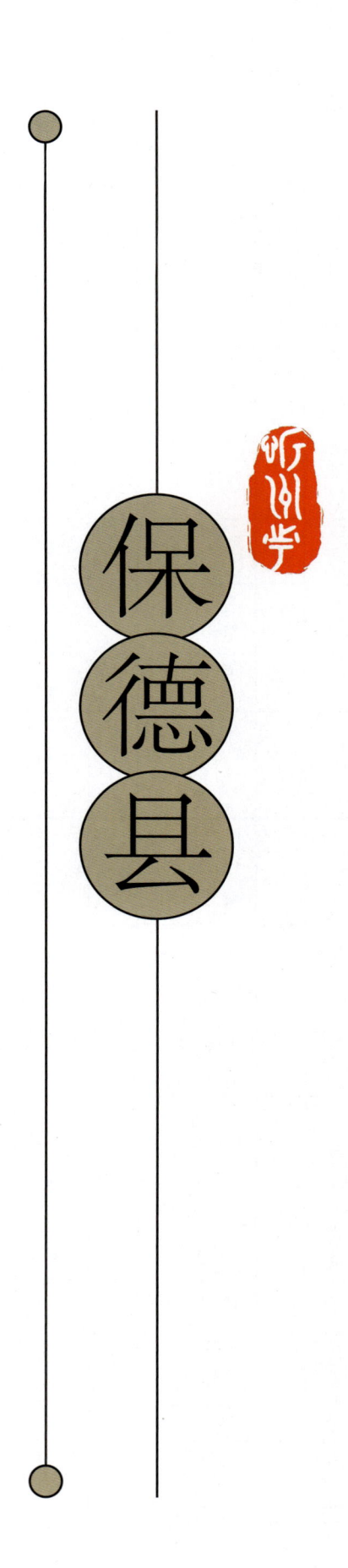

自然环境

保德县位于山西省西北部，地处吕梁山脉北段西坡，黄土高原东部边缘地带，晋陕峡谷北中段。东界大山与岢岚县为邻，西隔黄河与陕西省榆林市府谷县相望，北与河曲县接壤，南与吕梁市兴县毗连。全境系黄河流域中部黄土高原，属沟壑区。地势东高西低，呈一面斜坡。东部高地坡、山神庙圪旦、井油山一线高达海拔1400米以上；西部黄河沿岸仅有850米左右。地表面多为黄沙土覆盖，因为长期雨水冲刷，形成了支离破碎的梁、峁、沟、壑复杂地形。保德县山河相间，平行排列，源东流西，注入黄河。

保德县地处中纬度地带的晋西北黄土高原，既远离海洋，又受山岳阻隔和内蒙古沙漠的影响，属典型的温带大陆性气候。一年之中，四季分明，变化显著，冬、春较长，夏、秋较短；冬季寒冷少雪，春季干燥多风，夏季炎热，秋季凉爽。年平均气温为8.8℃，年平均降水量493.6毫米，春季偏少，夏季集中。春冬两季多西北风，夏秋两季多偏南风，平均风速2.4米/秒。

人文环境

保德县有天然次生林2068.6亩，分布在东部低山区的窑圪台、窑洼、南河沟、孙家沟等乡，乔木树种有：侧柏、白桦、山杨、菜树、山桃、山杏、文冠果及天然灌木等。动物资源主要有：豹、野猫、野猪、狍羊、狼、狐、獾、黄鼠狼、野兔等。矿产资源有煤、铁、铝、硫黄、石灰石和高岭土等多种资源。保德位于晋、陕、蒙三省交汇处，是西贯陕蒙、东接京津、南通中原的交通枢纽。

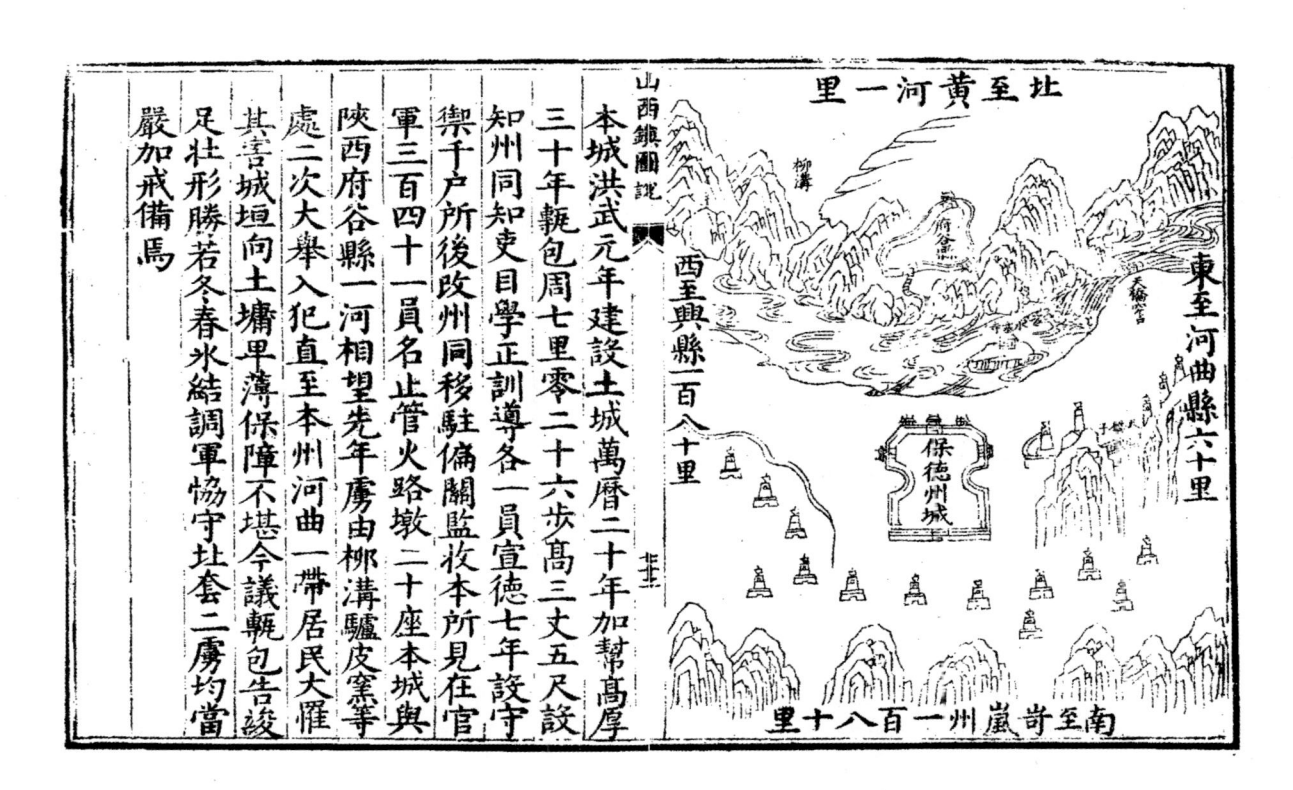

保德县文物分布图

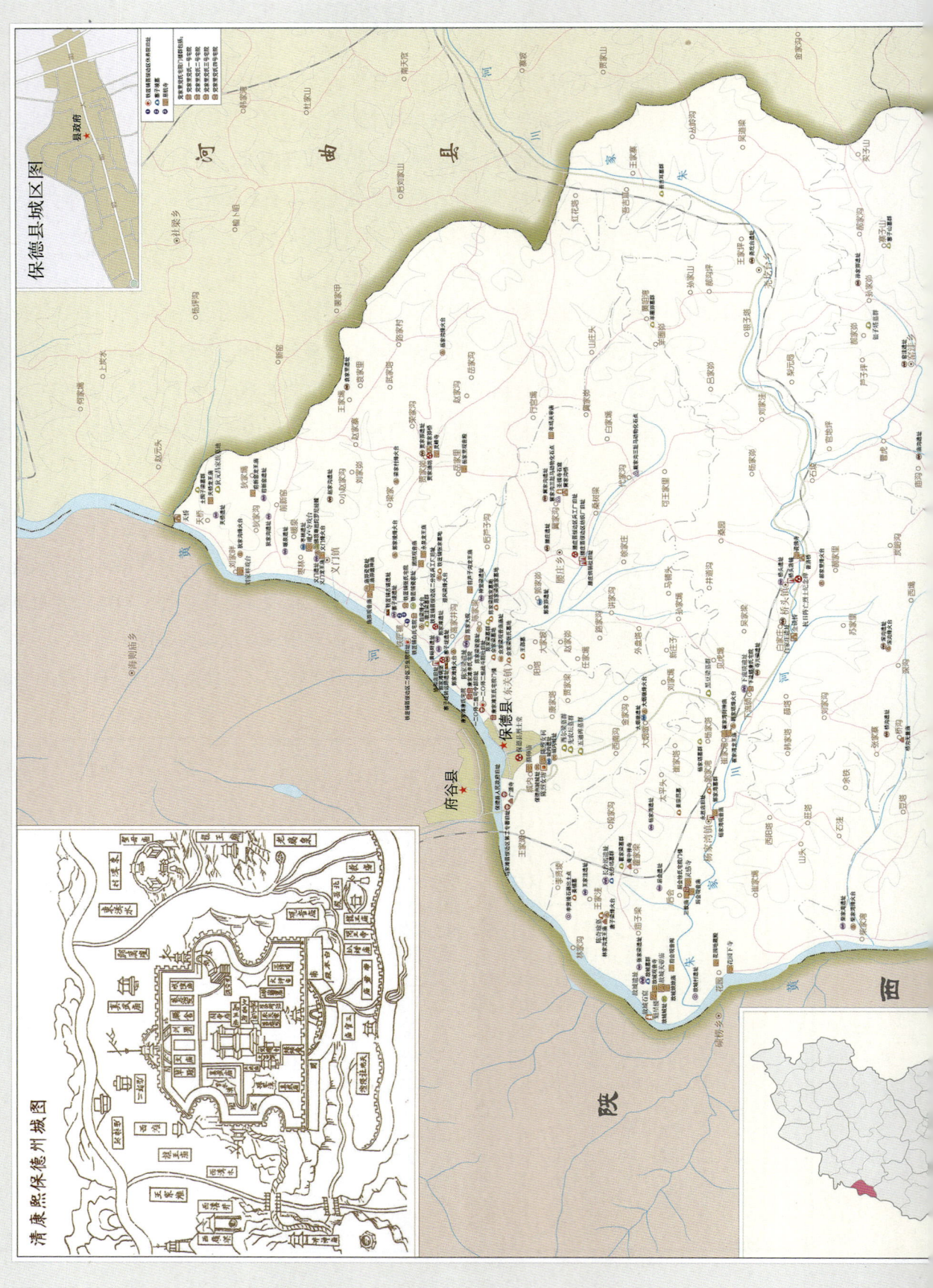

保德县城区图

清康熙保德州城图

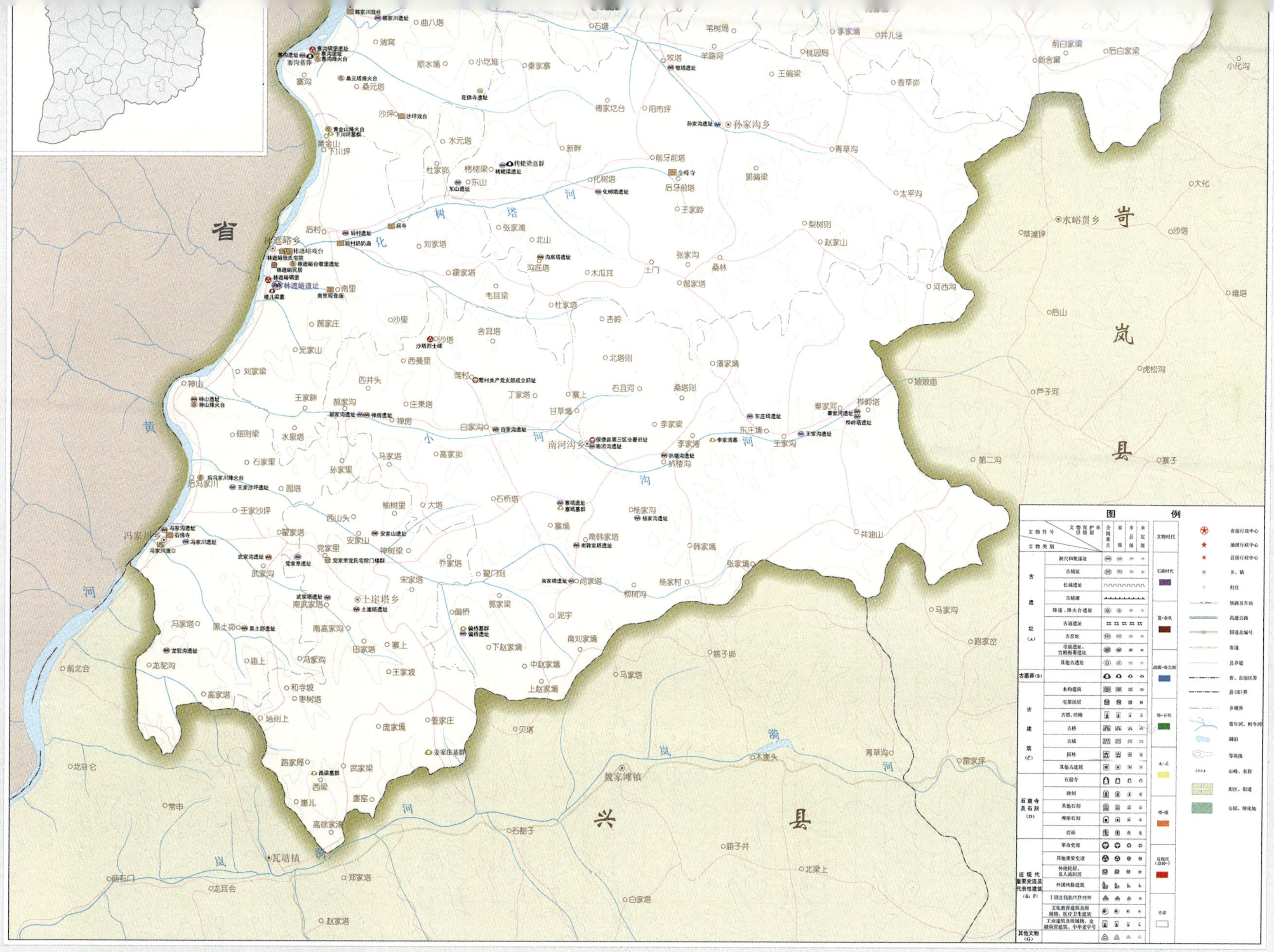

1:85000

0 0.9 1.8 2.7千米

忻州市文物局主编
北京万德兰科技发展有限公司制作
2011年5月

长城资源

一、保德县的早期长城

未发现。

二、保德县的明代长城

保德县的明代长城资源有18个烽火台，详见下表。

烽火台	大烟墩烽火台
	郭家陵烽火台
	韩家塔烽火台
	郝家里烽火台
	后冯家川烽火台
	梁家湾烽火台
	林遮峪烽火台
	前梁烽火台
	桑元烽火台
	深沟烽火台
	唐子梁烽火台
	下川坪烽火台
	焉沟烽火台
	义门烽火台
	迎风梁烽火台
	岳家沟烽火台
	寨沟烽火台
	郭家滩烽火台
合计	18处（烽火台）

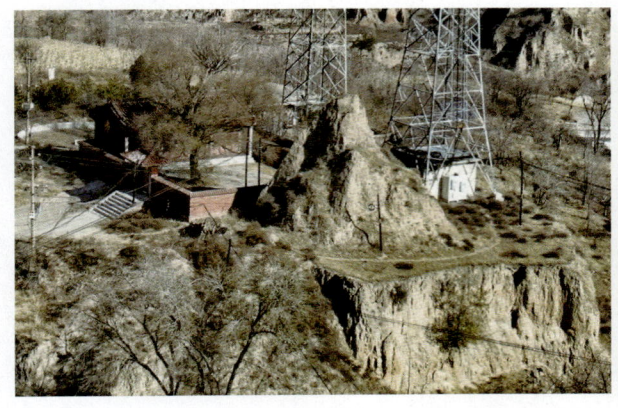

大烟墩烽火台　航拍 / 郭家豪、张凯

郭家陵烽火台　航拍 / 郭家豪、张凯

韩家塔烽火台　航拍/郭家豪、张凯

郝家里烽火台　航拍/郭家豪、张凯

后冯家川烽火台　航拍/郭家豪、张凯

梁家湾烽火台　航拍/郭家豪、张凯

前梁烽火台　航拍/郭家豪、张凯

林遮峪烽火台　航拍/郭家豪、张凯

桑元烽火台　航拍/郭家豪、张凯

深沟烽火台　航拍/郭家豪、张凯

唐子梁烽火台　航拍/郭家豪、张凯

下川坪烽火台　航拍/郭家豪、张凯

焉沟烽火台　航拍/郭家豪、张凯

义门烽火台　航拍/郭家豪、张凯

迎风梁烽火台　航拍/郭家豪、张凯

郭家滩烽火台　航拍/郭家豪、张凯

寨沟烽火台　航拍/郭家豪、张凯

岳家沟烽火台　航拍/郭家豪、张凯

五寨县

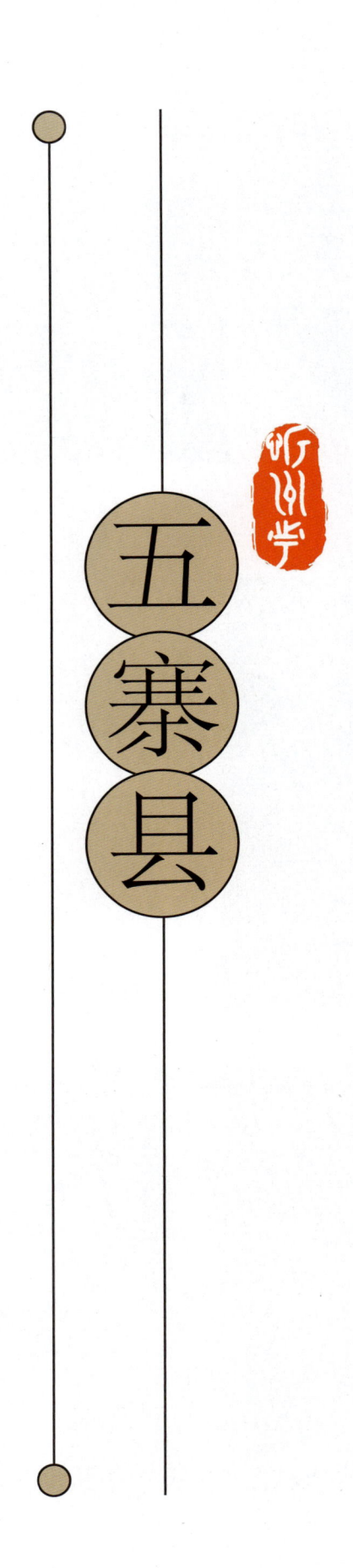

自然环境

五寨长城分布地区位于吕梁山北段管涔山脉，黄草梁、荷叶坪剥蚀平台的边缘陡坡地带，土壤为石灰岩质灰色棕壤（本地名称山褐土），中为清涟河沟谷。亚寒大陆性气候，年平均气温4℃以下，无霜期平均天数110天，年平均降水量500毫米。气候湿润，气温较低。属于管涔山林区和退耕还林还草地带，林木茂密，主要生长有华北落叶松（红杆）、云杉、白杆、油松（黄松）、白桦、红桦、山杨和灌木等植被。清涟河为常流河，平均水流量为32.2立方米/秒。

人文环境

五寨长城分布地区的村庄居民从数十人至两千多人不等。野生动物有虎、狼、狐狸、金钱豹、野猪、草兔、松鼠、獾、狸、猫、褐马鸡、鹰、野鸡、猫头鹰、啄木鸟、乌鸦、石鸡、麻雀、喜鹊、山雀、黑鹳、野鸭等。褐马鸡为国家一类保护动物。农业种植玉米、谷子、土豆、莜麦、胡麻等，养殖牛、羊等。附近有县乡公路通过。

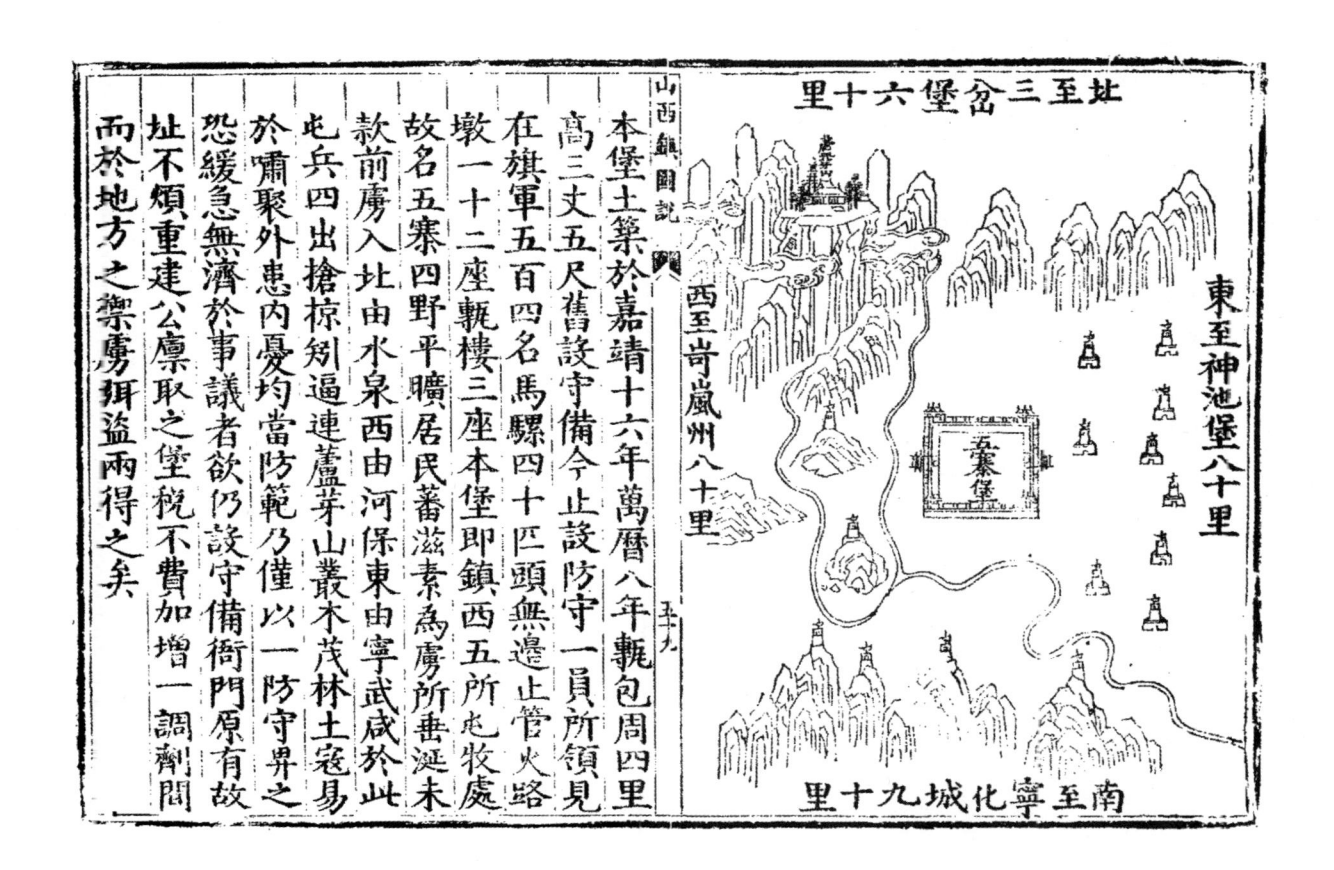

山西镇图说

本堡土筑於嘉靖十六年萬曆八年甎包周四里高三丈五尺舊設守備今止設防守一員所領見在旗軍五百四十名馬騾四十匹頭無邊止管火路墩一十二座甎樓三座本堡即鎮西五所屯牧處故名五寨四野瞻居民蕃滋素為虜所垂涎未款前虜入此由水泉西由河保東由寧武咸於此地兵四出搶剽徧連蘆芽山叢木茂林土寇易於嘯聚外患內憂均當防範乃僅以一防守界之恐緩急無濟於事議者欲仍設守備衙門原有故址不煩重建公廩取之堡稅不費加增一調劑間而於地方之禦虜弭盜兩得之矣

址至三岔堡六十里
西至岢嵐州八十里
東至神池堡八十里
南至寧化城九十里

五寨县文物分布图

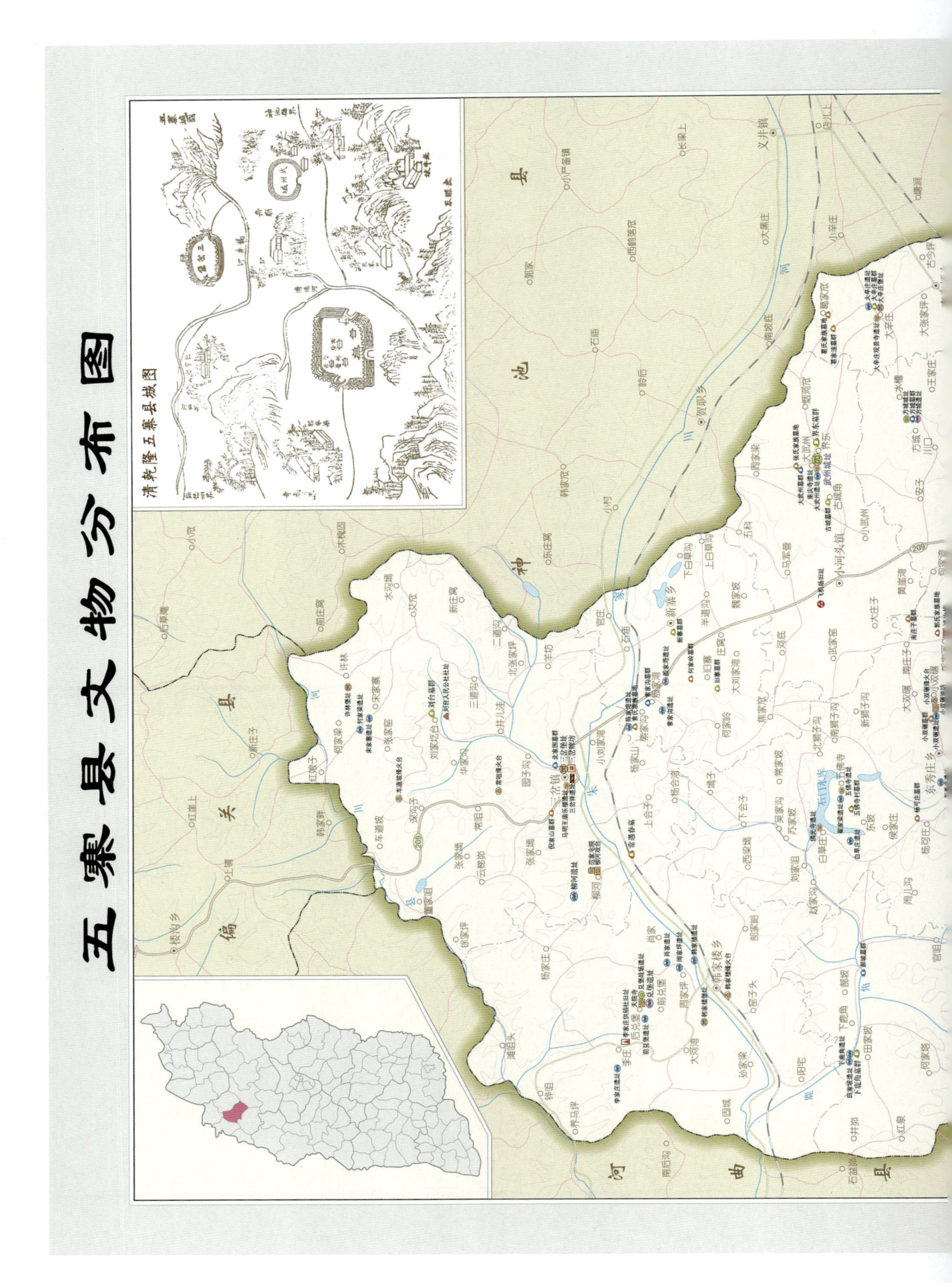

清乾隆五寨县城图

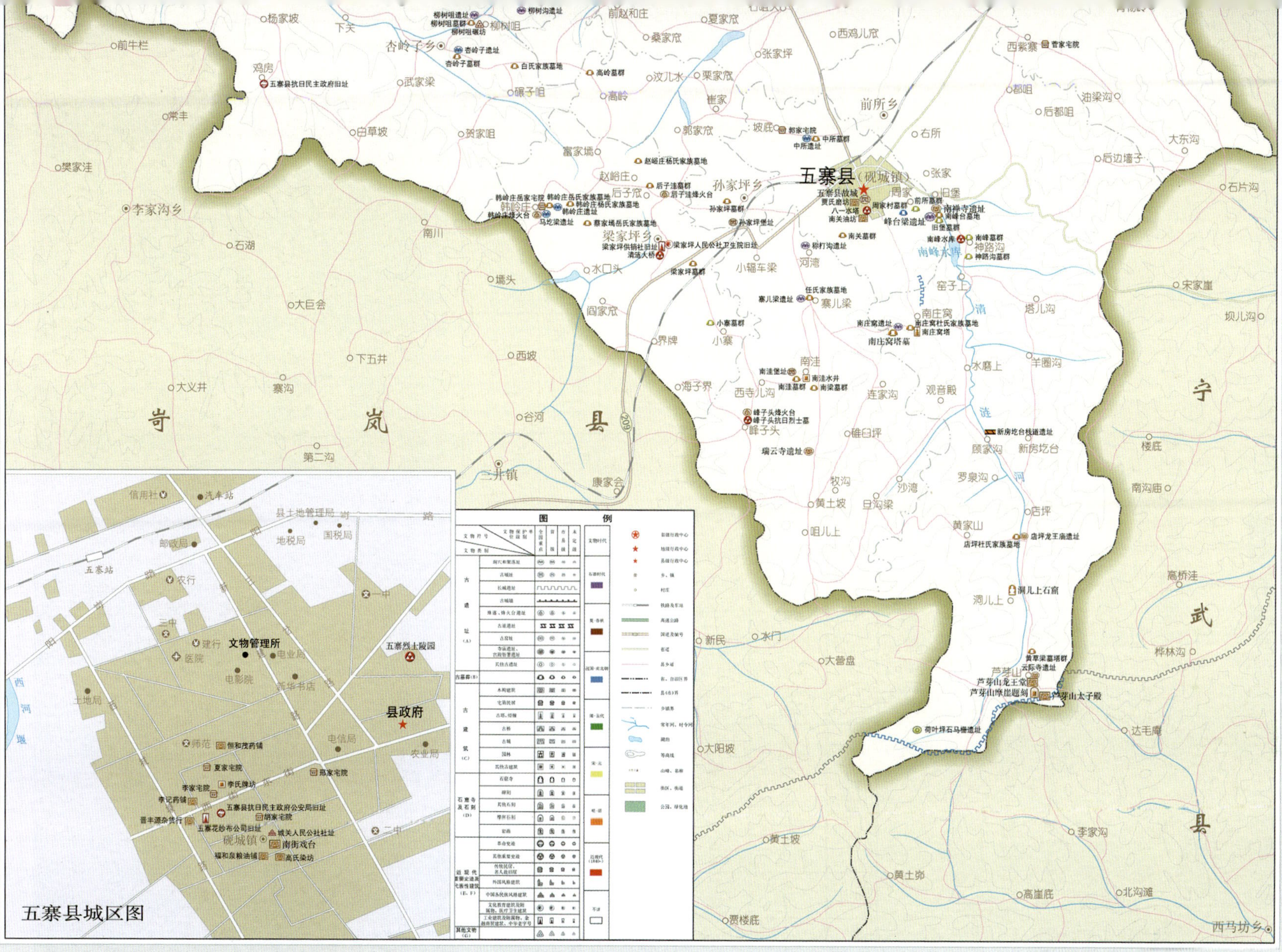

长城资源

一、五寨县的早期长城

（一）墙体

五寨县的早期长城资源共有5处墙体，关堡1处。其中墙体包括：黄草梁荷叶坪长城、荷叶坪长城、大凹山1段长城、大凹山2段长城、大凹山3段长城。

详见下表。

五寨县早期长城墙体一览表（单位：米）

长城墙体段落名称	总长	编码	起点	起点坐标	止点	止点坐标	类型
黄草梁荷叶坪长城	4200	140928382102090001	前所乡洞儿上村东南2.5千米	东经：111°55′32.00″ 北纬：38°44′54.10″ 高程：2703米	前所乡洞儿上村西南3千米	东经：111°52′45.30″ 北纬：38°44′12.00″ 高程：2622米	石墙
荷叶坪长城	4602	140928382102090002	前所乡洞儿上村西南3千米	东经：111°52′45.30″ 北纬：38°44′12.00″ 高程：2622米	前所乡洞儿上村西南8千米	东经：111°50′17.00″ 北纬：38°43′31.40″ 高程：2767米	石墙
大凹山1段长城	492	140928382102090003	砚城镇南关村东南2.5千米	东经：111°51′56.20″ 北纬：38°52′48.60″ 高程：1929米	砚城镇南关村东南2.3千米	东经：111°51′47.10″ 北纬：38°53′02.90″ 高程：1796米	石墙
大凹山2段长城	483	140928382102090004	砚城镇南关村东南2.3千米	东经：111°51′47.10″ 北纬：38°53′02.90″ 高程：1796米	砚城镇南关村东南2.2千米	东经：111°51′44.00″ 北纬：38°53′18.40″ 高程：1689米	石墙
大凹山3段长城	455	140928382102090005	砚城镇南关村东南2.2千米	东经：111°51′44.00″ 北纬：38°53′18.40″ 高程：1689米	砚城镇南关村东南2千米	东经：111°51′55.70″ 北纬：38°53′29.70″ 高程：1693米	石墙

荷叶坪长城墙体　李培林摄

大凹山 2 段长城消失石墙 李培林摄　　　　　　　　　　　　　大凹山堡东墙 李培林摄

（二）关堡

五寨县的早期长城有关堡 1 座。

大凹山堡

位于砚城镇南关村东南 3 千米处，此地海拔最高的山峰顶部，高程 1952 米。其东北 150 米为大凹山 1 段长城的起点，东 1 千米处为南峰水库。东、北、西三面石墙为石灰岩石板垒筑，中填碎石，南面依山险，整体成圆角长方形，南北长 20 米，东西长 35 米。石墙部分保存一般，现存底宽 0.8~2.5 米，顶宽 .06~1.2 米，高 0.6~1.5 米，堡中部有一大型土堆，上长满灌木植物。

二、五寨县的明代长城

五寨县有以下 8 处堡址、17 个烽火台：

大凹山堡 大辛庄关堡 郭家河靖边楼 韩家楼堡 南洼堡 山岔堡 孙家坪堡 五寨故城 讦林堡

常明烽火台 车道坡烽火台 大辛庄 2 号烽火台 大辛庄烽火台 峰子头烽火台 郭家洼烽火台 韩家楼烽火台 韩岭庄烽火台 后五王城烽火台 后子洼烽火台 栗家畔烽火台 前赵和庄烽火台 三岔乡东寨村烽火台 魏家坡（马军营）烽火台 下百草沟烽火台 小双碾烽火台 丈子沟烽火台

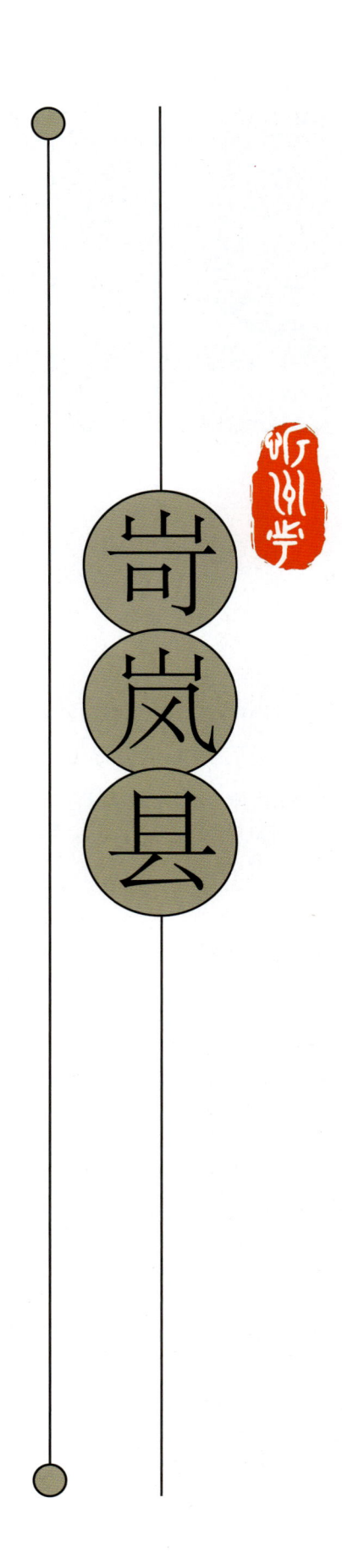

岢岚县

自然环境

岢岚县长城分布于吕梁山脉管涔山西余脉，东南—西北向山系，西南为岚漪河谷地，东北为山间沟谷，北为黄土高原丘陵地貌。管涔山主峰荷叶坪是一处罕见的黄土高原亚高山草甸，面积约1.5万亩，草甸厚度在30~50厘米之间。山脉北侧为谷地，南为冲沟，灰白色岩石山体。中温带大陆性季风气候，境内寒冷干燥温温差较大，冬季漫长，秋季短暂，夏无酷暑，年平均气温6℃，年平均无霜期120天，年平均降水量456毫米。山脊和北部山坡以松树、桦木和灌木为主。土壤为砂岩风化土。南部和北部为东西向沟谷，有季节性溪流。

人文环境

岢岚县长城分布区域的村庄居民从30人到500人不等，野生动物有麻雀、鹞子、蛇、野兔、松鼠等。居民多以农业生产为生活来源，种植有玉米、土豆、莜麦、小米、豆类等，也有养殖羊、牛牧业的。

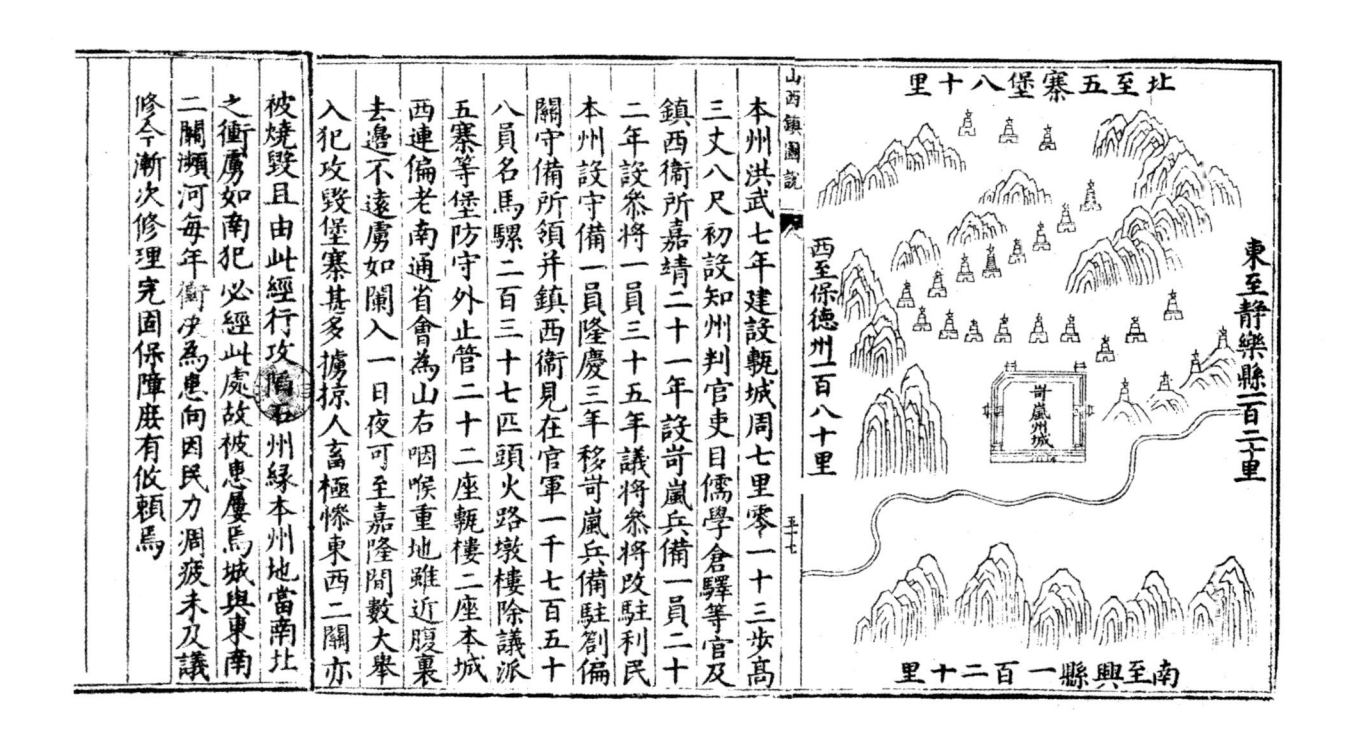

岢 岚 县 文

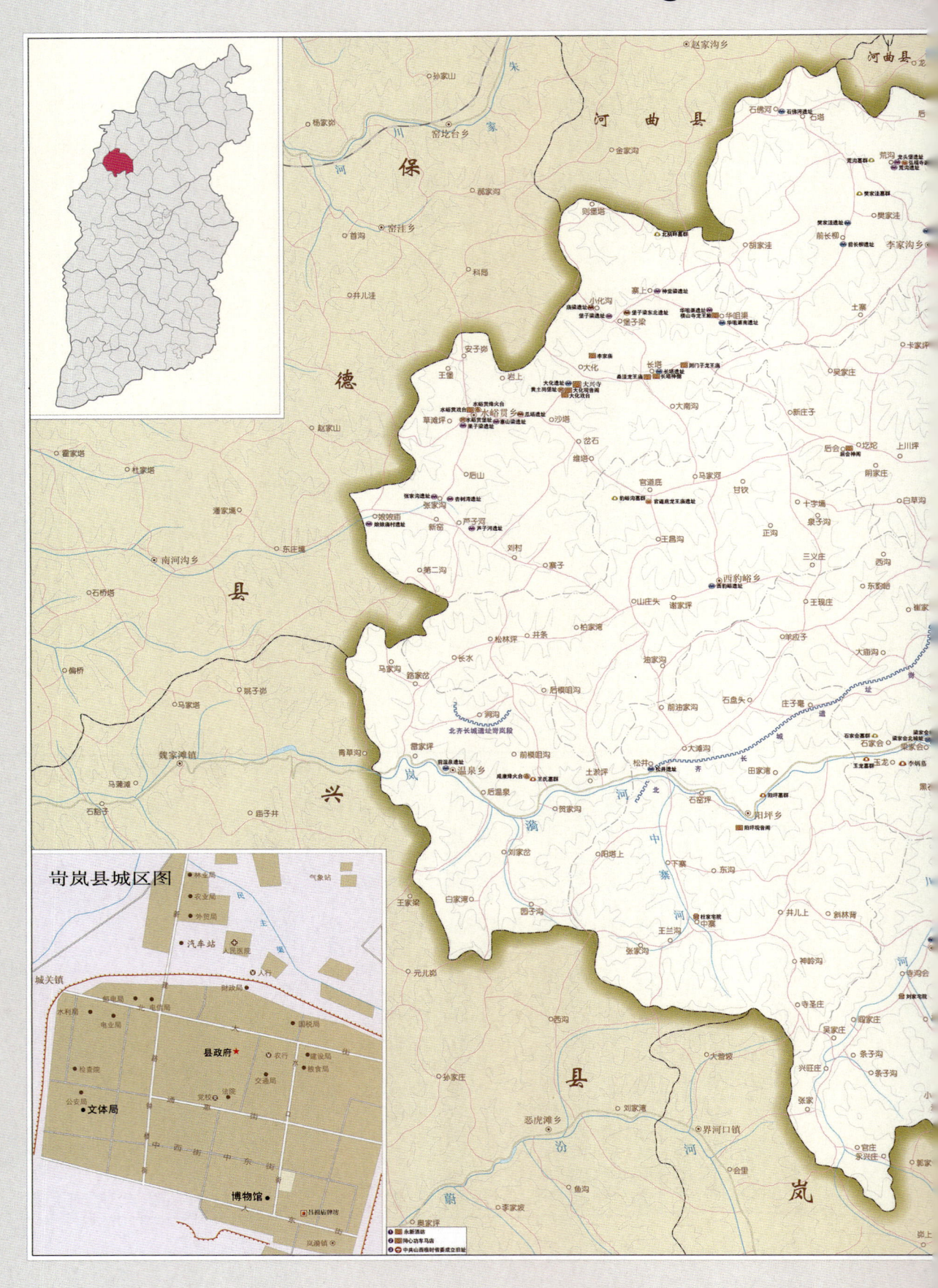

岢岚县城区图

物分布图

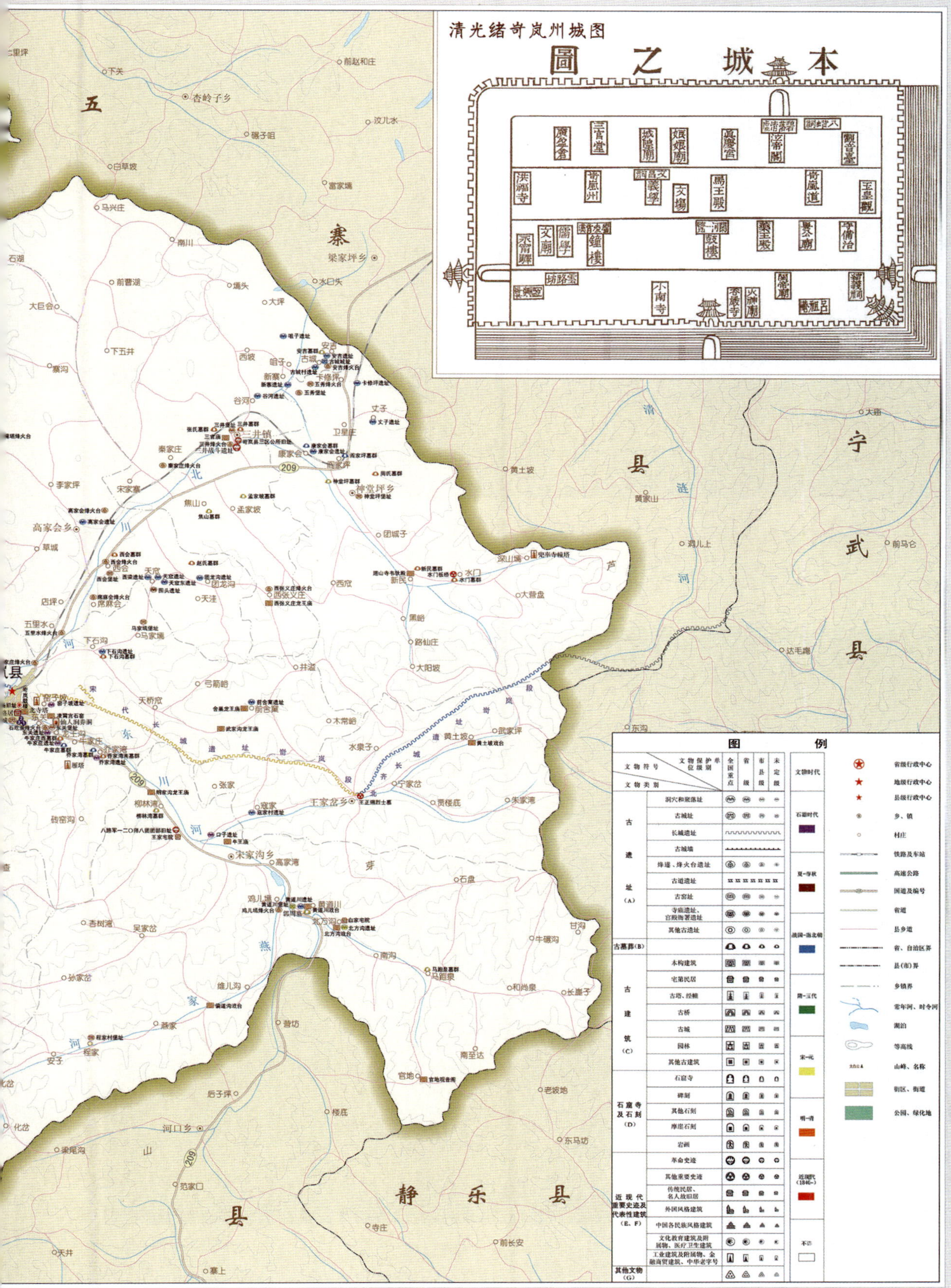

1:125000

0 1.3 2.6 3.9千米

忻州市文物局主编
北京万德兰科技发展有限公司制作
2011年5月

王家岔长城 杨雨帆摄

岢岚长城 曹滨摄

长城资源

一、岢岚县的早期长城

岢岚县的早期长城资源共有59处墙体，关6座，单体建筑包括马面9座，石砌建筑遗址2座，相关遗存1处。

（一）墙体

详见下表。

岢岚早期长城墙体一览表（单位：米）

长城墙体段落名称	总长	编码	起点	起点坐标	止点	止点坐标	类型
荷叶坪—王家岔1段长城	1448	1409293821020900001	王家岔乡武家坪村东北3.5千米	东经：111°50′17.00″ 北纬：38°43′31.40″ 高程：2767米	王家岔乡武家坪村东北2.5千米	东经：111°49′31.90″ 北纬：38°43′03.40″ 高程：2584米	石墙
荷叶坪—王家岔2段长城	250	1409293821060900002	王家岔乡武家坪村东北2.5千米	东经：111°49′31.90″ 北纬：38°43′03.40″ 高程：2584米	王家岔乡武家坪村东北2.4千米	东经：111°49′22.20″ 北纬：38°43′01.70″ 高程：2518米	山险
荷叶坪—王家岔3段长城	1792	1409293821020900003	王家岔乡武家坪村东北2.4千米	东经：111°49′22.20″ 北纬：38°43′01.70″ 高程：2518米	王家岔乡武家坪村东北2.1千米	东经：111°48′17.70″ 北纬：38°42′38.80″ 高程：2362米	石墙
荷叶坪—王家岔4段长城	2181	1409293821020900004	王家岔乡武家坪村东北2.1千米	东经：111°48′17.70″ 北纬：38°42′38.80″ 高程：2362米	王家岔乡武家坪村东北1.8千米	东经：111°47′05.80″ 北纬：38°42′02.20″ 高程：2196米	石墙
荷叶坪—王家岔5段长城	1205	1409293821020900005	王家岔乡武家坪村东北1.8千米	东经：111°47′05.80″ 北纬：38°42′02.20″ 高程：2196米	王家岔乡武家坪村西南2.5千米	东经：111°46′30.60″ 北纬：38°41′36.20″ 高程：2089米	石墙
荷叶坪—王家岔6段长城	1307	1409293821020900006	王家岔乡武家坪村西南2.5千米	东经：111°46′30.60″ 北纬：38°41′36.20″ 高程：2089米	王家岔乡正虎沟村南2千米	东经：111°45′45.60″ 北纬：38°41′28.20″ 高程：2059米	石墙
荷叶坪—王家岔7段长城	776	1409293821020900007	王家岔乡正虎沟村南2千米	东经：111°45′45.60″ 北纬：38°41′28.20″ 高程：2059米	王家岔乡正虎沟村西南3千米	东经：111°45′20.30″ 北纬：38°41′07.20″ 高程：2026米	石墙
荷叶坪—王家岔8段长城	1251	1409293821020900008	王家岔乡正虎沟村南3千米	东经：111°45′20.30″ 北纬：38°41′07.20″ 高程：2026米	王家岔乡水泉子村南1.5千米	东经：111°44′49.20″ 北纬：38°40′36.60″ 高程：2011米	石墙
荷叶坪—王家岔9段长城	1323	1409293821020900009	王家岔乡王家岔村东1.5千米	东经：111°44′49.20″ 北纬：38°40′36.60″ 高程：2011米	王家岔乡王家岔东0.1千米	东经：111°44′22.60″ 北纬：38°40′04.50″ 高程：1659米	石墙
荷叶坪—王家岔10段长城	237	1409293823010900010	王家岔乡王家岔东0.5千米	东经：111°44′22.60″ 北纬：38°40′04.50″ 高程：1659米	王家岔乡王家岔西0.5千米	东经：111°44′13.00″ 北纬：38°40′04.10″ 高程：1680米	石墙
荷叶坪—王家岔11段长城	770	1409293821020900011	王家岔乡王家岔村东北1千米	东经：111°44′47.10″ 北纬：38°40′28.10″ 高程：1918米	王家岔乡王家岔东0.5千米	东经：111°44′29.60″ 北纬：38°40′07.30″ 高程：1609米	石墙
王家岔—岚漪镇1段长城	428	1409293821010900012	王家岔乡王家岔村西0.1千米	东经：111°44′13.00″ 北纬：38°40′04.10″ 高程：1680米	王家岔乡王家岔村西北0.5千米	东经：111°44′05.10″ 北纬：38°40′16.50″ 高程：1794米	土墙
王家岔—岚漪镇2段长城	2085	1409293821020900013	王家岔乡王家岔村西北0.5千米	东经：111°44′05.10″ 北纬：38°40′16.50″ 高程：1794米	王家岔乡王家岔村西北1.5千米	东经：111°43′11.50″ 北纬：38°41′06.03″ 高程：2064米	石墙

续表

长城墙体段落名称	总长	编码	起点	起点坐标	止点	止点坐标	类型
王家岔—岚漪镇3段长城	1494	1409293821002090014	王家岔乡王家岔村西北1.5千米	东经：111°43′11.50″ 北纬：38°41′06.00″ 高程：2064米	岚漪镇红眼沟村西南2千米	东经：111°42′15.30″ 北纬：38°41′06.00″ 高程：2013米	石墙
王家岔—岚漪镇4段长城	1444	1409293821002090015	岚漪镇红眼沟村西南2千米	东经：111°42′15.30″ 北纬：38°41′06.00″ 高程：2013米	岚漪镇武家沟村东南2.5千米	东经：111°41′31.50″ 北纬：38°41′02.30″ 高程：2015米	石墙
王家岔—岚漪镇5段长城	815	1409293821002090016	岚漪镇武家沟村东南2.5千米	东经：111°41′31.50″ 北纬：38°41′02.30″ 高程：2015米	岚漪镇武家沟村东南2千米	东经：111°41′03.30″ 北纬：38°41′14.90″ 高程：1987米	石墙
王家岔—岚漪镇6段长城	2164	1409293821002090017	岚漪镇武家沟村东南2千米	东经：111°41′03.30″ 北纬：38°41′14.90″ 高程：1987米	岚漪镇武家沟村南1.5千米	东经：111°39′49.80″ 北纬：38°41′02.70″ 高程：1933米	石墙
王家岔—岚漪镇7段长城	1960	1409293821002090018	岚漪镇武家沟村南1.5千米	东经：111°39′49.80″ 北纬：38°41′02.70″ 高程：1933米	岚漪镇武家沟村西南1.5千米	东经：111°38′54.70″ 北纬：38°41′18.60″ 高程：1874米	石墙
王家岔—岚漪镇8段长城	1805	1409293821002090019	岚漪镇武家沟村西南1.5千米	东经：111°38′54.70″ 北纬：38°41′18.60″ 高程：1874米	岚漪镇高家沟村西南1.5千米	东经：111°37′52.30″ 北纬：38°41′36.70″ 高程：1805米	石墙
王家岔—岚漪镇9段长城	1816	1409293821002090020	岚漪镇高家沟村西南1.5千米	东经：111°37′52.30″ 北纬：38°41′36.70″ 高程：1805米	岚漪镇高家沟村西南2.5千米	东经：111°37′00.70″ 北纬：38°41′56.80″ 高程：1786米	石墙
王家岔—岚漪镇10段长城	1877	1409293821002090021	岚漪镇高家沟村西南2.5千米	东经：111°37′00.70″ 北纬：38°41′56.80″ 高程：1786米	岚漪镇牛家庄村东北2千米	东经：111°36′02.30″ 北纬：38°42′23.40″ 高程：1756米	石墙
王家岔—岚漪镇11段长城	1019	1409293821002090022	岚漪镇牛家庄村东北2千米	东经：111°36′02.30″ 北纬：38°42′23.40″ 高程：1756米	岚漪镇牛家庄村北1千米	东经：111°35′31.30″ 北纬：38°42′07.20″ 高程：1638米	石墙
王家岔—岚漪镇12段长城	373	1409293821002090023	岚漪镇牛家庄村北1千米	东经：111°35′31.30″ 北纬：38°42′07.20″ 高程：1638米	岚漪镇牛家庄村西北1千米	东经：111°35′17.70″ 北纬：38°42′08.70″ 高程：1598米	石墙
王家岔—岚漪镇13段长城	127	1409293821006090024	岚漪镇牛家庄村西北1千米	东经：111°35′17.70″ 北纬：38°42′08.70″ 高程：1598米	岚漪镇牛家庄村西北1千米	东经：111°35′12.90″ 北纬：38°42′10.20″ 高程：1584米	山险
王家岔—岚漪镇14段长城	414	1409293821002090025	岚漪镇牛家庄村西北1千米	东经：111°35′12.90″ 北纬：38°42′10.20″ 高程：1584米	岚漪镇牛家庄村西北1.5千米	东经：111°35′02.00″ 北纬：38°42′19.60″ 高程：1498米	石墙
王家岔—岚漪镇15段长城	286	1409293821001090026	岚漪镇牛家庄村西北1.5千米	东经：111°35′02.00″ 北纬：38°42′19.60″ 高程：1498米	岚漪镇牛家庄村西北2千米	东经：111°34′51.60″ 北纬：38°42′22.30″ 高程：1466米	土墙
岚漪镇—北道坡1段长城	5600	1409293823001090027	岚漪镇牛家庄村西北2千米	东经：111°34′51.60″ 北纬：38°42′22.30″ 高程：1466米	岚漪镇北道坡村西北2千米	东经：111°31′27.80″ 北纬：38°43′51.70″ 高程：1603米	土墙
道生沟—大庙沟1段长城	804	1409293821002090028	岚漪镇北道坡村西北2千米	东经：111°31′27.80″ 北纬：38°43′51.70″ 高程：1603米	岚漪镇道生沟村西南1千米	东经：111°31′08.00″ 北纬：38°44′11.30″ 高程：1701米	石墙
道生沟—大庙沟2段长城	1572	1409293821002090029	岚漪镇道生沟村西南1千米	东经：111°31′08.00″ 北纬：38°44′11.30″ 高程：1701米	岚漪镇灰窑沟村南0.5千米	东经：111°30′36.90″ 北纬：38°43′32.60″ 高程：1597米	石墙
道生沟—大庙沟3段长城	1400	1409293823001090030	岚漪镇灰窑沟村南0.5千米	东经：111°30′36.90″ 北纬：38°43′32.60″ 高程：1597米	岚漪镇大庙沟西南1千米	东经：111°29′44.90″ 北纬：38°43′13.40″ 高程：1556米	石墙
大庙沟南梁1段长城	1262	1409293821002090031	岚漪镇大庙沟西南1千米	东经：111°29′44.90″ 北纬：38°43′13.40″ 高程：1556米	岚漪镇大庙沟西南1.5千米	东经：111°29′00.30″ 北纬：38°42′56.70″ 高程：1659米	石墙

续表

长城墙体段落名称	总长	编码	起点	起点坐标	止点	止点坐标	类型
大庙沟南梁2段长城	1000	1409293821060900 32	岚漪镇大庙沟西南1.5千米	东经：111°29′00.30″ 北纬：38°42′56.70″ 高程：1659米	岚漪镇大庙沟西南1.5千米	东经：111°28′25.40″ 北纬：38°42′37.60″ 高程：1773米	山险
庄子毫1段长城	2491	1409293821020900 33	岚漪镇大庙沟西南1.5千米	东经：111°28′25.40″ 北纬：38°42′37.60″ 高程：1773米	阳坪乡庄子毫村西南1.5千米	东经：111°27′30.10″ 北纬：38°41′41.10″ 高程：1687米	石墙
神堂沟南梁1段长城	1800	1409293821060900 34	阳坪乡庄子毫村西南1.5千米	东经：111°27′30.10″ 北纬：38°41′41.10″ 高程：1687米	阳坪乡神堂沟村南1千米	东经：111°26′19.50″ 北纬：38°41′23.80″ 高程：1545米	山险
神堂沟南梁2段长城	78	1409293821020900 35	阳坪乡神堂沟村南1千米	东经：111°26′19.50″ 北纬：38°41′23.80″ 高程：1545米	阳坪乡神堂沟村南1千米	东经：111°26′17.20″ 北纬：38°41′23.10″ 高程：1543米	石墙
神堂沟南梁3段长城	47	1409293821060900 36	阳坪乡神堂沟村南1千米	东经：111°26′17.20″ 北纬：38°41′23.10″ 高程：1543米	阳坪乡神堂沟村南1千米	东经：111°26′15.20″ 北纬：38°41′22.90″ 高程：1494米	山险
神堂沟南梁4段长城	83	1409293821020900 37	阳坪乡神堂沟村南1千米	东经：111°26′15.20″ 北纬：38°41′22.90″ 高程：1494米	阳坪乡神堂沟村南1千米	东经：111°26′12.40″ 北纬：38°41′21.60″ 高程：1499米	石墙
神堂沟南梁5段长城	197	1409293821060900 38	阳坪乡神堂沟村南1千米	东经：111°26′12.40″ 北纬：38°41′21.60″ 高程：1499米	阳坪乡神堂沟村西南1千米	东经：111°26′04.60″ 北纬：38°41′23.70″ 高程：1533米	山险
神堂沟南梁6段长城	93	1409293821020900 39	阳坪乡神堂沟村西南1千米	东经：111°26′04.60″ 北纬：38°41′23.70″ 高程：1533米	阳坪乡神堂沟村西南1千米	东经：111°26′01.10″ 北纬：38°41′24.20″ 高程：1533米	石墙
神堂沟南梁7段长城	792	1409293821060900 40	阳坪乡神堂沟村西南1千米	东经：111°26′01.10″ 北纬：38°41′24.20″ 高程：1533米	阳坪乡神堂沟村西南1.5千米	东经：111°25′37.60″ 北纬：38°41′06.20″ 高程：1535米	山险
神堂沟南梁8段长城	205	1409293821020900 41	阳坪乡神堂沟村西南1.5千米	东经：111°25′37.60″ 北纬：38°41′06.30″ 高程：1535米	阳坪乡神堂沟村西南1.5千米	东经：111°25′34.00″ 北纬：38°41′01.20″ 高程：1534米	石墙
神堂沟南梁9段长城	2200	1409293821060900 42	阳坪乡神堂沟村西南1.5千米	东经：111°25′34.00″ 北纬：38°41′01.20″ 高程：1534米	阳坪乡大榆沟村南2千米	东经：111°24′05.90″ 北纬：38°40′41.40″ 高程：1468米	山险
大榆沟南梁1段长城	20	1409293821020900 43	阳坪乡大榆沟村西南2千米	东经：111°24′05.90″ 北纬：38°40′41.40″ 高程：1468米	阳坪乡大榆沟村西南2千米	东经：111°24′05.00″ 北纬：38°40′41.40″ 高程：1469米	石墙
大榆沟南梁2段长城	117	1409293821060900 44	阳坪乡大榆沟村西南2千米	东经：111°24′05.00″ 北纬：38°40′41.40″ 高程：1469米	阳坪乡大榆沟村西南2千米	东经：111°24′00.60″ 北纬：38°40′42.90″ 高程：1470米	山险
大滩沟南梁1段长城	51	1409293821020900 45	阳坪乡大榆沟村西南2千米	东经：111°24′00.60″ 北纬：38°40′42.90″ 高程：1470米	阳坪乡大滩沟村东南1.5千米	东经：111°23′59.30″ 北纬：38°40′44.10″ 高程：1467米	石墙
大滩沟南梁2段长城	143	1409293821060900 46	阳坪乡大滩沟村东南1.5千米	东经：111°23′59.30″ 北纬：38°40′44.10″ 高程：1467米	阳坪乡大滩沟村东南1.5千米	东经：111°23′53.50″ 北纬：38°40′45.00″ 高程：1455米	山险
大滩沟南梁3段长城	106	1409293821020900 47	阳坪乡大滩沟村东南1.5千米	东经：111°23′53.50″ 北纬：38°40′45.00″ 高程：1455米	阳坪乡大滩沟村东南1千米	东经：111°23′49.30″ 北纬：38°40′45.30″ 高程：1454米	石墙
大滩沟南梁4段长城	236	1409293821060900 48	阳坪乡大滩沟村东南1千米	东经：111°23′49.30″ 北纬：38°40′45.30″ 高程：1454米	阳坪乡大滩沟村南1千米	东经：111°23′39.50″ 北纬：38°40′45.00″ 高程：1447米	山险
大滩沟南梁5段长城	120	1409293821020900 49	阳坪乡大滩沟村南1千米	东经：111°23′39.50″ 北纬：38°40′45.00″ 高程：1447米	阳坪乡大滩沟村南1千米	东经：111°23′34.50″ 北纬：38°40′45.00″ 高程：1395米	石墙
大滩沟南梁6段长城	664	1409293823010900 50	阳坪乡大滩沟村南1千米	东经：111°23′34.50″ 北纬：38°40′45.00″ 高程：1395米	阳坪乡大滩沟村南1千米	东经：111°23′08.70″ 北纬：38°40′37.60″ 高程：1354米	石墙
大滩沟南梁7段长城	74	1409293821010900 51	阳坪乡大滩沟村南1千米	东经：111°23′08.70″ 北纬：38°40′37.60″ 高程：1354米	阳坪乡大滩沟村南1千米	东经：111°23′06.00″ 北纬：38°40′36.40″ 高程：1351米	土墙

续表

长城墙体段落名称	总长	编码	起点	起点坐标	止点	止点坐标	类型
大滩沟南梁 8 段长城	807	1409293823010900052	阳坪乡大滩沟村南 1 千米	东经：111°23′06.00″ 北纬：38°40′36.40″ 高程：1351 米	阳坪乡大滩沟村西南 2 千米	东经：111°22′33.90″ 北纬：38°40′28.90″ 高程：1165 米	土墙
大滩沟南梁 9 段长城	23	1409293821020900053	阳坪乡大滩沟村西南 2 千米	东经：111°22′33.90″ 北纬：38°40′28.90″ 高程：1165 米	阳坪乡松井村南 0.5 千米	东经：111°22′33.50″ 北纬：38°40′28.30″ 高程：1176 米	石墙
松井 1 段长城	1200	1409293821070900054	阳坪乡松井村南 0.5 千米	东经：111°22′33.50″ 北纬：38°40′28.30″ 高程：1176 米	阳坪乡松井村南 0.5 千米	东经：111°21′53.10″ 北纬：38°40′06.90″ 高程：1237 米	
松井 2 段长城	352	1409293821020900055	阳坪乡松井村南 0.5 千米	东经：111°21′53.10″ 北纬：38°40′06.90″ 高程：1237 米	阳坪乡松井村南 0.5 千米	东经：111°21′47.20″ 北纬：38°39′57.40″ 高程：1284 米	石墙
后温泉长城	1991	1409293821020900056	温泉乡后温泉村北 1 千米	东经：111°17′06.10″ 北纬：38°41′14.00″ 高程：1427 米	温泉乡后温泉村西北 1.2 千米	东经：111°16′05.30″ 北纬：38°41′37.00″ 高程：1230 米	石墙
王家岔—岚漪镇 16 段长城（支线）	60	1409293821021100057	岚漪镇牛家庄东北 2 千米	东经：111°36′05.50″ 北纬：38°42′22.70″ 高程：1759 米	岚漪镇窑子坡东 1.35 千米	东经：111°36′05.60″ 北纬：38°42′20.80″ 高程：1670 米	石墙
王家岔-岚漪镇 17 段长城（支线）	809	1409293821021100058	岚漪镇牛家庄东北 2 千米	东经：111°36′02.30″ 北纬：38°42′23.40″ 高程：1756 米	岚漪镇窑子坡东 1.35 千米	东经：111°35′35.20″ 北纬：38°42′38.90″ 高程：1543 米	石墙
庄子毫 2 段长城（支线）	30	1409293821021100059	阳坪乡庄子毫村西南 1.5 千米	东经：111°27′30.10″ 北纬：38°41′41.10″ 高程：1687 米	阳坪乡庄子毫村西南 1.5 千米	东经：111°27′30.30″ 北纬：38°41′40.10″ 高程：1672 米	石墙

王家岔长城　杨雨帆 摄

道生沟长城　航拍/郭家豪、贾真

神堂沟南梁9段长城2号石砌建筑基址　李培林摄

宋家沟长城　梁兴国 摄

道生沟长城　杨雨帆摄

隋长城　杨雨帆 摄

(二) 关堡

岢岚县早期长城有关6座。

1. 黄土坡北梁关

位于王家岔乡黄土坡村,长城内侧,高程2196米,北墙为荷叶坪—王家岔5段长城墙体,略呈方形,边长约12米,四面墙体上长满各种植物,残损严重,保存一般。现存基宽3~3.2米,顶宽1.1~1.3米,高1.5-1.8米。西距北沟西梁关6千米。

2. 北沟西梁关

位于王家岔乡北沟村,长城外侧,北墙为长城墙体,略呈长方形,东西边长约19米,南北边长10米。墙体为灰白色泥灰岩石块、石片垒筑,残损严重,保存一般。北墙现存基宽8~10米,顶宽5~7米,高1.5~1.8米,其余三墙现存基宽6~8米,顶宽0.6~1.4米,内侧高0.6~1.3米,外侧高1.8~2.2米。东北距黄土坡北梁关6千米,西北距高家沟西梁关8千米。

3. 高家沟西梁关

位于岚漪镇高家沟村,长城内侧,略呈长方形,边长约16米。墙体为灰白色泥灰岩石块、石片垒筑。东墙为长城墙体,南墙墙体残损严重,保存较差,西墙和北墙保存一般。东、西、北墙现存基宽4~4.3米,顶宽2~2.3米,内侧高2.2~3米,外侧高2.6~4.3米。南墙保存较差,现存基宽4~4.2米,顶宽1.6~1.8米,高0.6~1.2米。东南距北沟西梁关8千米,西北距长柳西梁关10千米。

4. 长柳西梁关

位于岚漪镇长柳村,长城内侧,略呈方形,东西边长约14米,南北墙体长13米。墙体为灰白色泥灰岩石块、石片垒筑。东墙为长城墙体,南、北墙墙体残损严重,保存较差,只可见石砌基础。东墙和西墙保存较好,现存基宽3~3.5米,顶宽1~1.3米,高0.8~1.3米。关内长满灌木,另有石砌基础,作用不明。东南距高家沟西梁关10千米,西南距大庙沟南梁关3千米。

5. 大庙沟南梁关

位于岚漪镇大庙沟村,长城内侧,略呈方形,东西边长约14米,南北墙体长11米。墙体为灰白色泥灰岩石块、石片垒筑。南墙为长城墙体,东、南、北墙墙体残损严重,保存较差,墙体与地平,只可见石砌基础。西墙保存较好,现存基宽4~4.5米,顶宽2~2.3米,外侧高0.8~1.3米。关内长满灌木。西墙外侧有一宽2米的石砌沟槽,沟槽南北向。东北距高家沟长柳西梁关3千米,西南距大庙沟西梁关2千米。

6. 大庙沟西梁关

位于岚漪镇大庙沟村,长城外侧,略呈长方形,东西边长约14米,南北墙体长8米。墙体为灰白色泥灰岩石块、石片垒筑。南墙为长城墙体,保存一般,现存基宽4~4.5米,顶宽2~2.3米,外侧高0.8~1.3米。东、西、北墙墙体残损严重,保存较差,墙体与地平,只可见石砌基础。形制不明。东北距大庙沟南梁关2千米。

（三）单体建筑

1. 马面

岢岚县共调查马面 9 座，详见下表。

名称	编码	地点	坐标	材质	建筑方式	平面形制	剖面形制	尺寸	附属设施
1号马面	140929352102090001	王家岔乡王家岔村东南南0.5千米	东经：111°44′47.10″ 北纬：38°40′28.10″ 高程：1918米	石	泥灰色石灰岩石块、石片干垒而成。其北依长城墙体，其余三面均由石片、石块整齐垒筑，中间添碎石等	矩形	梯形	底部现存东西长6.1米，南北宽5.2米，高1.3-2.5米，顶部穹庐状，直径4.5米	无
2号马面	140929352102090002	王家岔乡王家岔村西北1.5千米	东经：111°43′15.60″ 北纬：38°41′00.50″ 高程：2029米	石	泥灰色石灰岩石块、石片干垒而成。其北依长城墙体，其余三面由于坍塌成堆	矩形	其他	底部现存长5米，高2.1米，顶部堆状	无
3号马面	140929352102090003	王家岔乡王家岔村西北2千米	东经：111°42′48.20″ 北纬：38°41′00.30″ 高程：2012米	石	泥灰色石灰岩石块、石片干垒而成。其北依长城墙体，其余三面由于坍塌成堆	其他	其他	底部现存长4.2米，顶部现存长1.5-1.8米，高2.2米，顶部堆状	无
4号马面	140929352102090004	岚漪镇武家沟村西南3千米	东经：111°42′15.30″ 北纬：38°41′06.00″ 高程：2013米	石	泥灰色石灰岩石块、石片干垒而成。其北依长城墙体，其余三面由于坍塌成堆	其他	其他	底部现存长3.5米，顶部现存长1.8米，高3.2米	无
5号马面	140929352102090005	岚漪镇武家沟村东南2.5千米	东经：111°41′31.50″ 北纬：38°41′02.30″ 高程：2015米	石	泥灰色石灰岩石块、石片干垒而成。其东依长城墙体，其余三面由于坍塌成堆	矩形	其他	底部现存长5.4米，顶部现存长3.5米，高1.3米	无
6号马面	140929352102090006	岚漪镇武家沟村南1.5千米	东经：111°39′49.80″ 北纬：38°41′02.70″ 高程：1933米	石	泥灰色石灰岩石块、石片干垒而成。其北依长城墙体，其余三面由于坍塌成堆	圆形	其他	底部现存直径9.4米，顶部现存直径5.4米，高1.8米	无
7号马面	140929352102090007	岚漪镇武家沟村南1.5千米	东经：111°39′38.30″ 北纬：38°40′53.30″ 高程：1894米	石	泥灰色石灰岩石块、石片干垒而成。其北依长城墙体，其余三面由于坍塌成堆	圆形	其他	底部现存直径8.6米，顶部现存直径2.6米，高1.8米	无
8号马面				不详	不详	不详	不详	不详	不详
9号马面	140929352102090009	岚漪镇高家沟村西南1.5千米	东经：111°37′52.30″ 北纬：38°41′36.70″ 高程：1805米	石	泥灰色石灰岩石块、石片干垒而成。其东依长城墙体，其余三面由于坍塌成堆	矩形	其他	底部现存基宽5.8米，顶部现存宽2.2米，高1.7米	无

2. 石砌建筑基址

岢岚县共调查石砌建筑基址2座。

名称	编码	地点	坐标	材质	建筑方式	平面形制	剖面形制	尺寸	附属设施
1号石砌建筑基址	140929352199110010	阳坪乡大榆沟村东南1.8千米	东经：111°25′13.10″ 北纬：38°40′44.80″ 高程：1555米	石	泥灰色石灰岩石块、石片垒砌而成。由于坍塌严重，其性质不详	其他	其他	底部残长4米，宽3.5米，高2米-4米	无
2号石砌建筑基址	140929352199110011	阳坪乡大榆沟村东南1.9千米	东经：111°25′14.20″ 北纬：38°40′42.90″ 高程：1559米	石	泥灰色石灰岩石块、石片垒砌而成。由于坍塌严重，其性质不详	其他	其他	长1.5米，宽1米	无

（四）相关遗存

隋开皇十九年修筑长城碑石。

发现于岚漪镇道庙沟—大庙沟3段长城附近。碑石材料为白泥灰岩质，现存呈长方形。碑石长0.41米，宽0.25米，厚0.08米。碑石上刻有文字，为楷书，34字，行间刻画竖线8条，九等分碑石面。碑文为"开皇十九年七月一日栾州元氏县王□黎长宗领丁卅人筑长城廿步一尺西至王□"。

碑石损毁严重，有断裂痕迹，长期被耕土掩埋，腐蚀严重，碑文可辨。

王家岔长城石墙局部　李培林摄

松井夯土长城 杨雨帆摄

二、岢岚县的明代长城

未发现。

静乐县

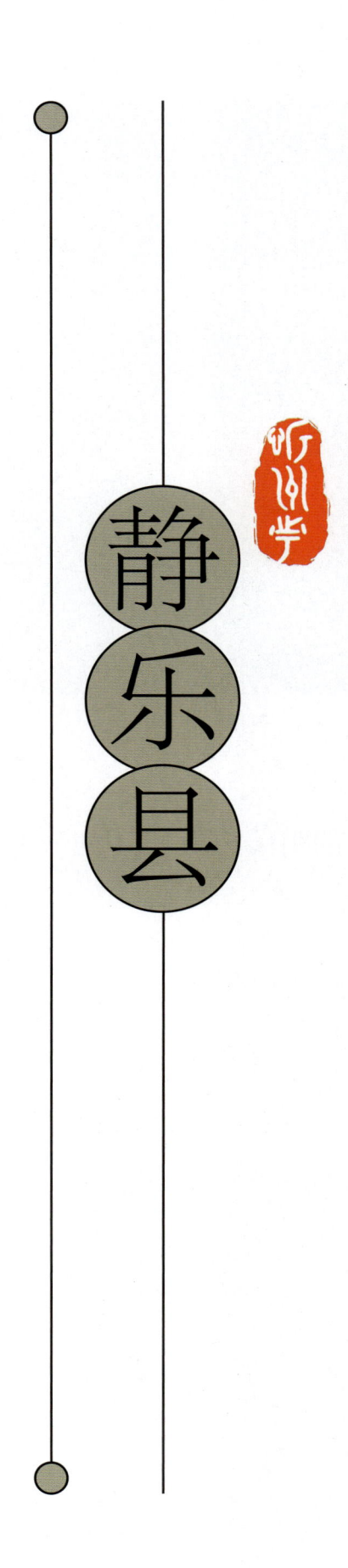

自然环境

静乐县又称鹅城，位于晋西北黄土高原，忻州市西部、太原市西北。东、南、北三面环山，尤以东部山地较高，海拔在2000米以上。西部较低，与岚县合成一个小型盆地。境内诸山均属吕梁山脉。其主要山峰北部有大车山，东有万花山、巾字山，南部有高金寨山等，海拔除高金寨山1932米外，其余均在2000米以上。中部和西部为黄土丘陵区，地形较为破碎。气候四季分明，十年九旱，属于温带季风气候，夏季暖热且昼夜温差大，冬季寒冷。年平均气温为7度，1月均温零下9度，7月均温23度，年降雨量380至500毫米，无霜期120至135天。

人文环境

静乐县有林地57万亩、天然草坡60万亩，基本农田61.46万亩，是传统农业大县。粮食作物主要有谷子、莜麦、山药、糜子、黍子、小麦、豆类、玉米、高粱等，经济作物主要有胡麻、菜籽等。2010年新引进藜麦珍稀粮食品种，成为世界第三大藜麦种植区，被誉为"中国藜麦之乡"。矿藏有煤、铁、铝、云母等，其中尤以煤为多，煤属大宁煤田，煤质优，属无烟煤。工业主要有采煤、水泥、化肥、针织、机械、电机、农修、修配、副食加工、皮革、陶瓷、服装等行业。静乐县地处省城1小时经济圈内，太佳、忻保、静兴三条高速横贯县境，忻黑线、宁白线、忻五线、康北线网络分布，铁路运输也十分便利，是太原、忻州和西北部县区联系的交通枢纽。

静乐县文物分布图

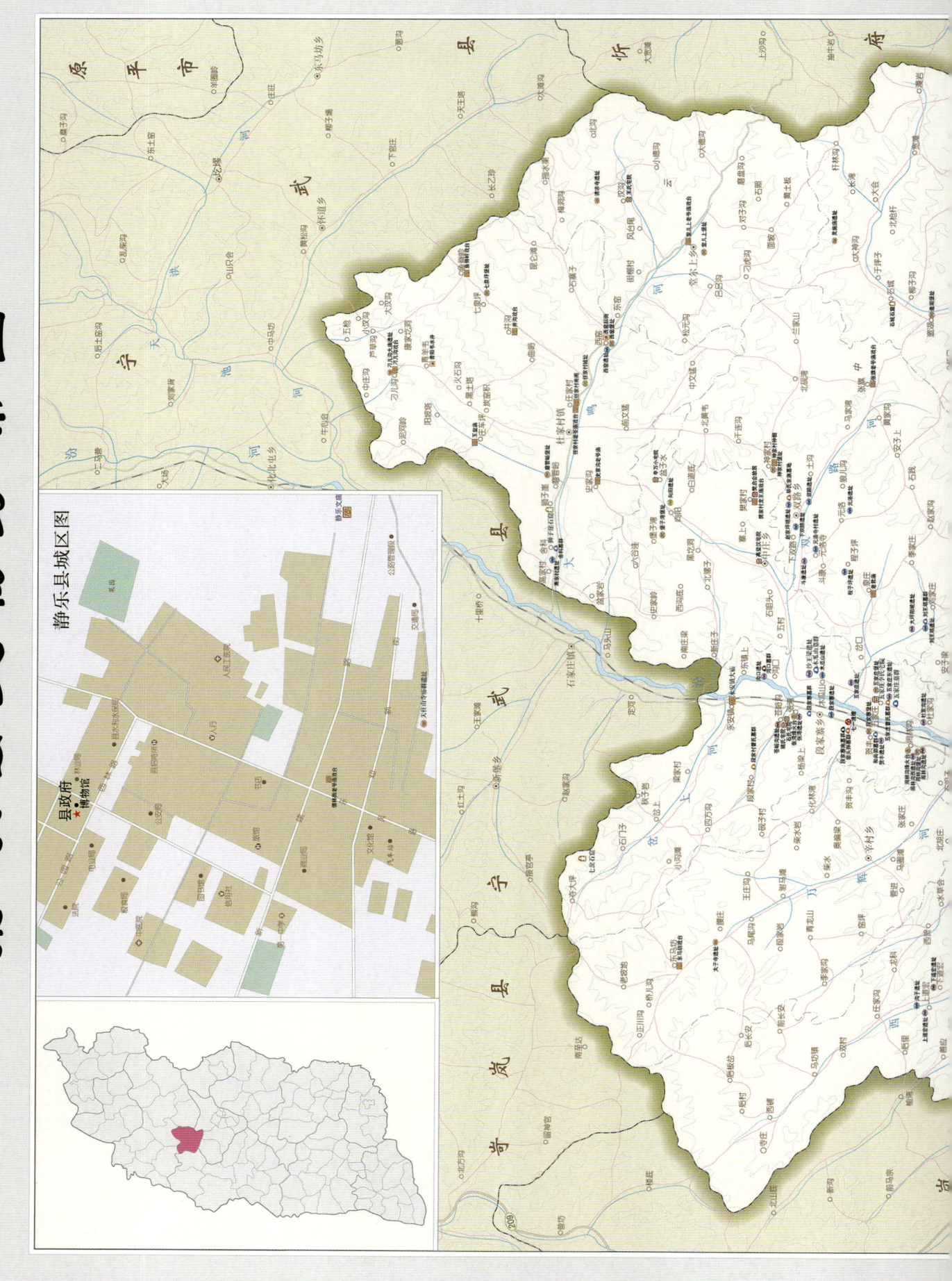

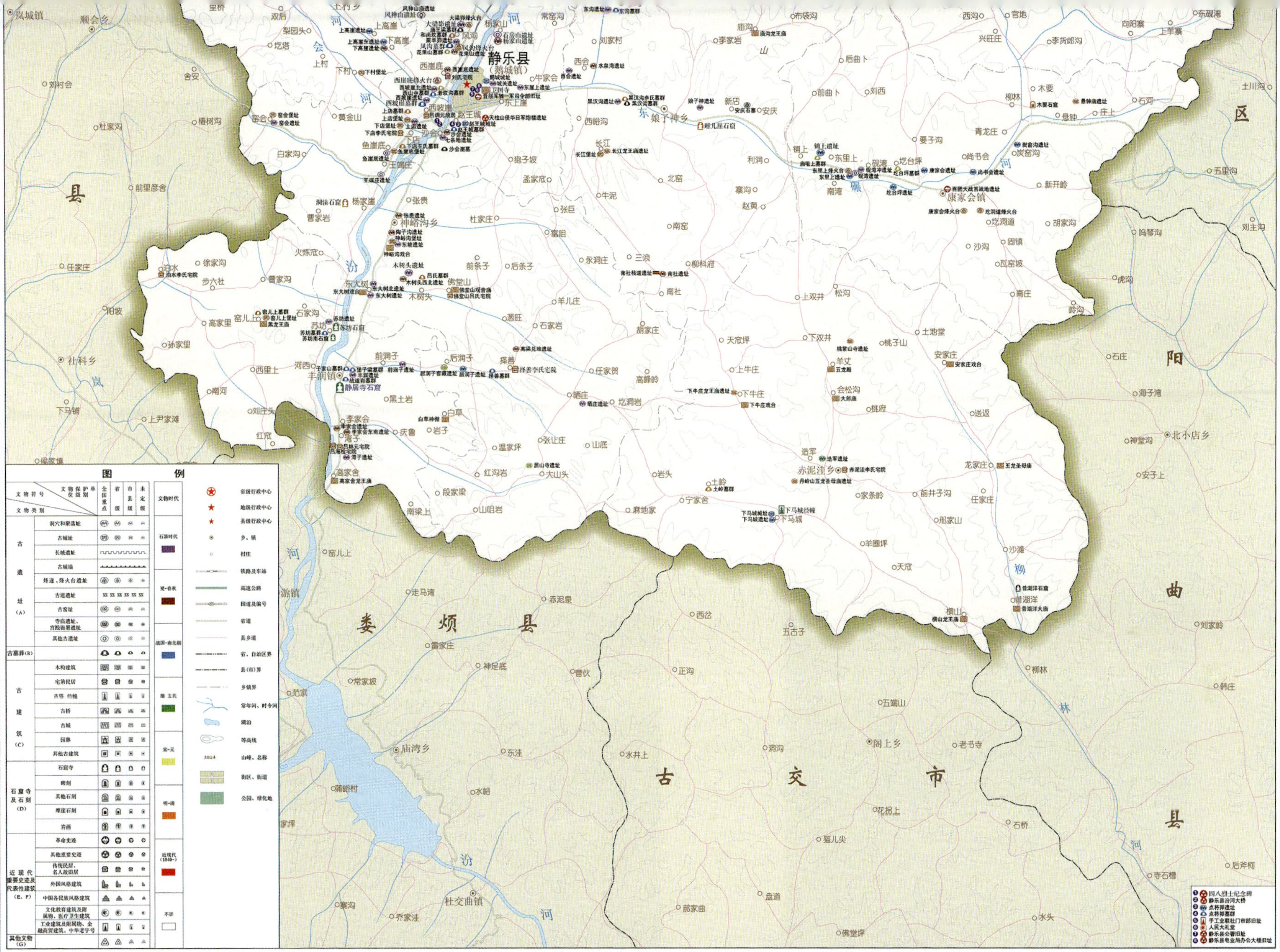

1:125000

0 1.3 2.6 3.9千米

忻州市文物局主编
北京万德兰科技发展有限公司制作
2011年5月

赵王古城遗址　袁晋锋摄

守望　袁晋锋摄

长城资源

一、静乐县的早期长城

未发现。

二、静乐县的明代长城

静乐县的明代长城资源 20 处堡址，9 处烽火台，新发现 1 处烽火台。详见下表。

堡址	窑会村堡
	下店村堡
	下村堡
	上店村堡
	长江堡
	窑儿上堡
	神峪沟堡
	王村堡
	鱼崖底堡
	西河沟堡
	闹林沟堡
	段家寨堡
	五家庄堡
	堡子湾堡
	磨管峪堡
	七泉坪堡
	西窑村堡
	堂儿上村堡
	神家村堡
	邀湖村堡
合计	20 处（堡址）

烽火台	圪道洞烽火台
	康佳会烽火台
	东里上烽火台
	西崖底烽火台
	大梁茆烽火台
	凤沟村烽火台
	宋家村烽火台
	闹林沟烽火台
	张湾烽火台
合计	9 处（烽火台）

新发现 1 处 （五家庄烽火台）

窑会村堡　航拍／曹志翔、贾真

下店村堡　航拍／曹志翔、贾真

下村堡　航拍／曹志翔、贾真

上店村堡　航拍／曹志翔、贾真

长江堡　航拍／曹志翔、贾真

窑儿上堡　航拍／曹志翔、贾真

神峪沟堡　航拍／曹志翔、贾真

王村堡　航拍／曹志翔、贾真

鱼崖底堡　航拍/曹志翔、贾真

西河沟堡　航拍/曹志翔、贾真

闹林沟堡　航拍/曹志翔、贾真

段家寨堡　航拍/曹志翔、贾真

五家庄堡　航拍/曹志翔、贾真

堡子湾塁　航拍/曹志翔、贾真

磨管峪堡　航拍/曹志翔、贾真

七泉坪堡　航拍/曹志翔、贾真

西窑村堡　航拍/曹志翔、贾真

堂儿上村堡　航拍/曹志翔、贾真

神家村堡　航拍/曹志翔、贾真

邀湖村堡　航拍/曹志翔、贾真

圪道洞烽火台　航拍/曹志翔、贾真

康佳会烽火台　航拍/曹志翔、贾真

东里上烽火台　航拍/曹志翔、贾真

西崖底烽火台　航拍/曹志翔、贾真

大梁茆烽火台　航拍/曹志翔、贾真

凤沟村烽火台　航拍/曹志翔、贾真

宋家村烽火台　航拍/曹志翔、贾真

闹林沟烽火台　航拍/曹志翔、贾真

张湾烽火台　航拍/曹志翔、贾真

五家庄烽火台（新发现）航拍/曹志翔、贾真

忻府区

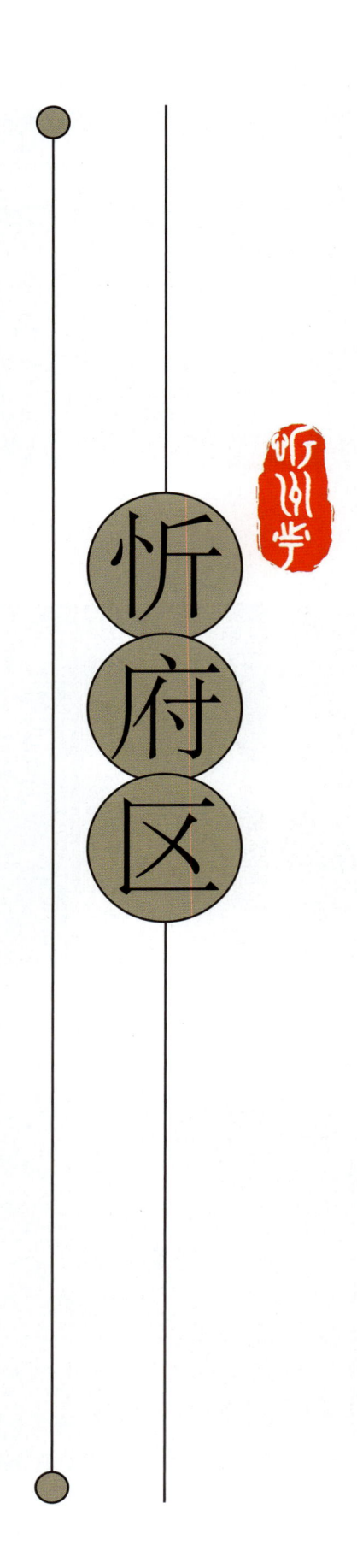

区文物图

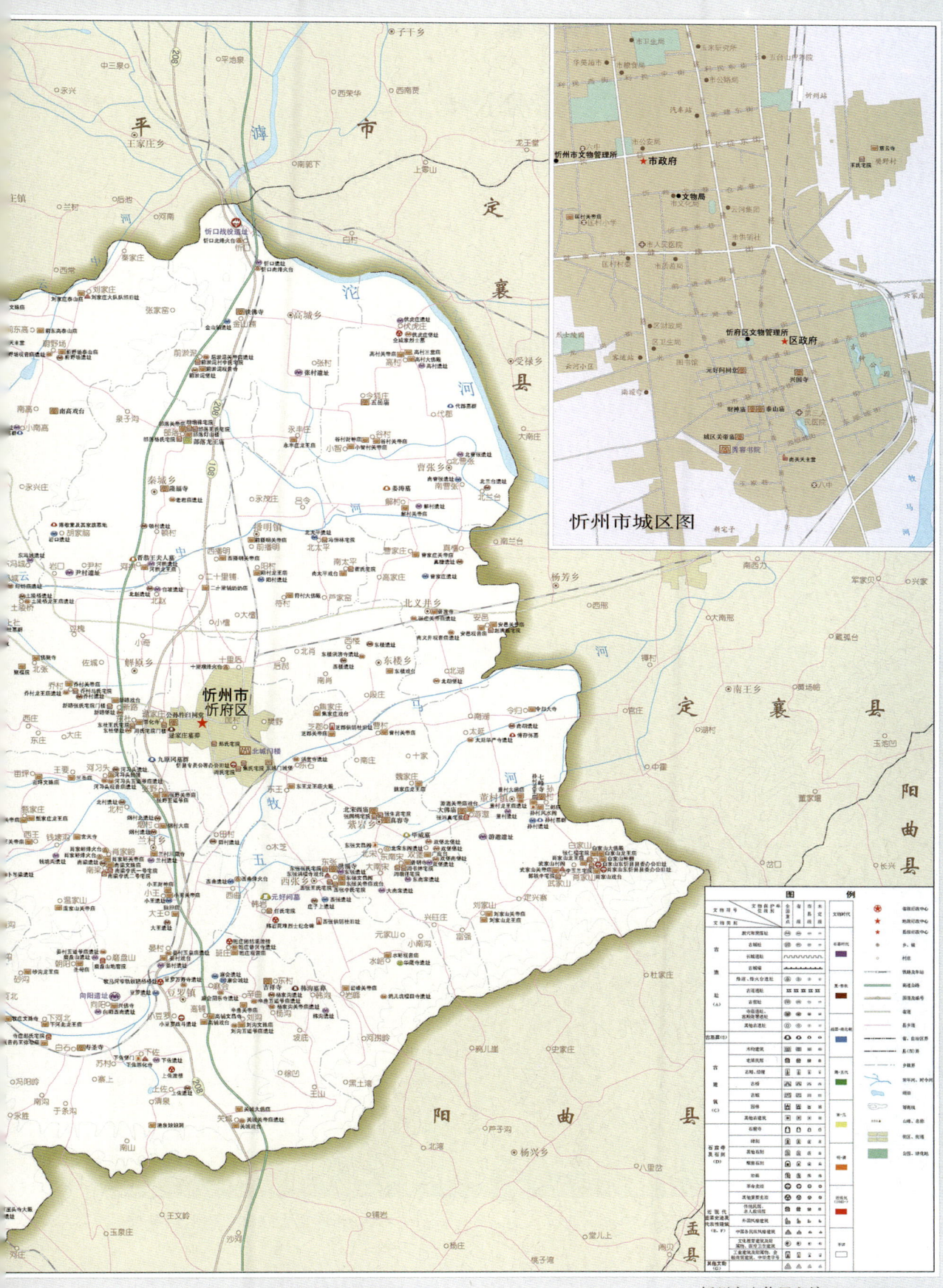

忻州市城区图

1:120000

忻州市文物局主编
北京万德兰科技发展有限公司制作
2011年5月

长城资源

一、忻府区的早期长城

未发现。

二、忻府区的明代长城

忻府区的明代长城资源有1处堡址，4个烽火台。详见下表。

堡址	团峪沟堡址
合计	1处（堡址）

烽火台	观里烽火台遗址
	肖家峪烽火台（被砖窑挖了）
	忻口北烽火台
	忻口南烽火台
合计	4处（烽火台）

团峪沟堡址 航拍 / 张凯、李昀姣

观里烽火台遗址

忻口北烽火台　航拍／张凯、李昀姣

忻口南烽火台　航拍／张凯、李昀姣

五台县

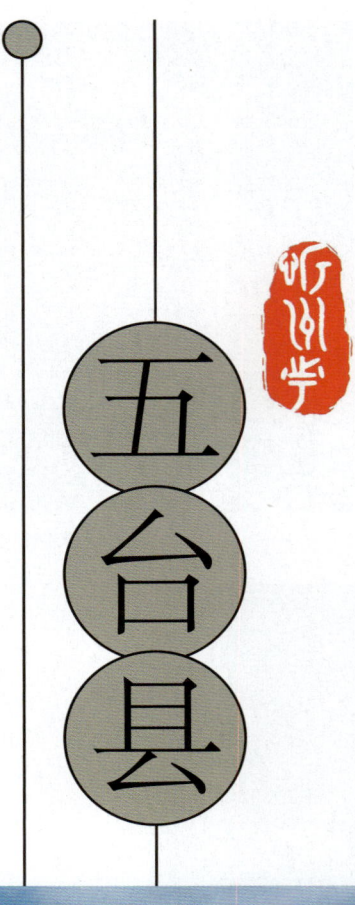

长城岭长城 樊培廷 摄

自然环境

　　五台县位于山西省中北部，东与河北省以太行山山脊为界。县境地势东北高、西南低，境内山峦重叠，地形复杂，山地、丘陵约占全县总面积的80%以上。五台山位于县境东北，其中北台顶最高，海拔3058米，为山西省最高峰。县境大部分为石山区，主要分布在东、北部；丘陵次之，分布于中部；平川较少，主要分布在豆村盆地、茹村盆地、沟南盆地和东冶盆地。河流主要有清水河、滹沱河及它们的支流铜钱沟、泗阳河、滤浤河、艮河等。五台县地处暖温带季风型大陆性气候与温带季风型大陆性气候的过渡地带，地势高，气候寒冷，年均气温5~8℃，年均降水量500毫米。县境土壤主要有淋溶褐土、山地褐土、褐土性土、淡褐土、草甸褐土等类型。县境树木有油松、杨树等，灌木有荆条、河条、山榆、山柳、榛子、酸枣等，草本植物有蒿类、白羊草等。

人文环境

　　五台县烽火台附近村庄居民人数从20余人到约20000人。台城村为台城镇所在地，五台县人民政府驻台城镇，居民人数约20000人。石嘴村为石嘴乡所在，居民人数约2000人。村落居民以农业生产为主。新庄村南侧及龙泉关关门西侧有选煤场。龙王堂村东侧、龙王堂村东侧烽火台西侧与南侧建有尊胜寺、关帝庙，有少量僧侣和游客。伏胜村与伏胜村西北侧烽火台之间有福圣寺，游人很少。烽火台附近公路有长（城岭）原（平）公路、台（怀）忻（州）公路、大（营）石（咀）公路、繁（峙）五（台）公路、豆（村）东（雷）公路、殿（头）东（冶）公路等。

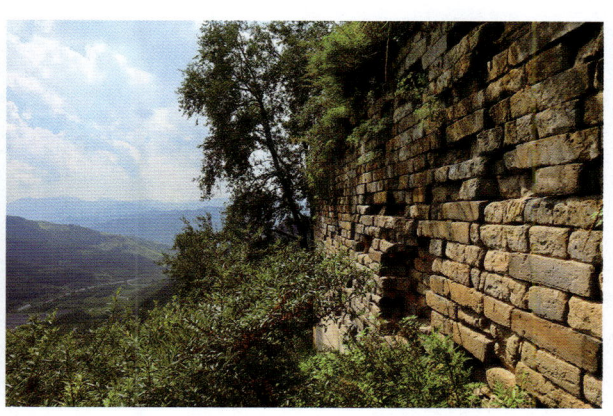

长城岭长城　樊培廷 摄　　　　　　　　　　　长城岭长城　樊培廷 摄

289

清光绪五台县城图

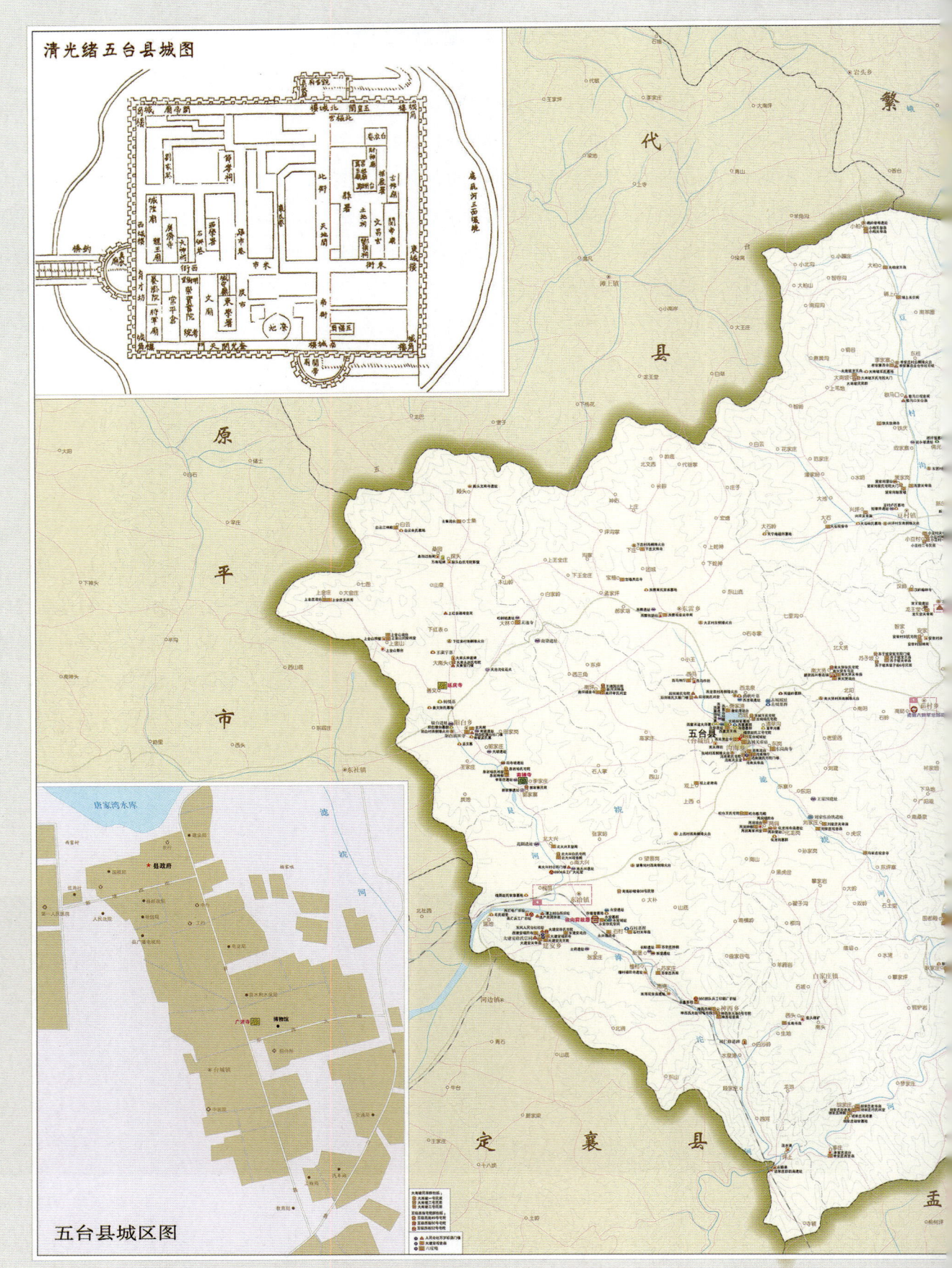

五台县城区图

五台县

分布图

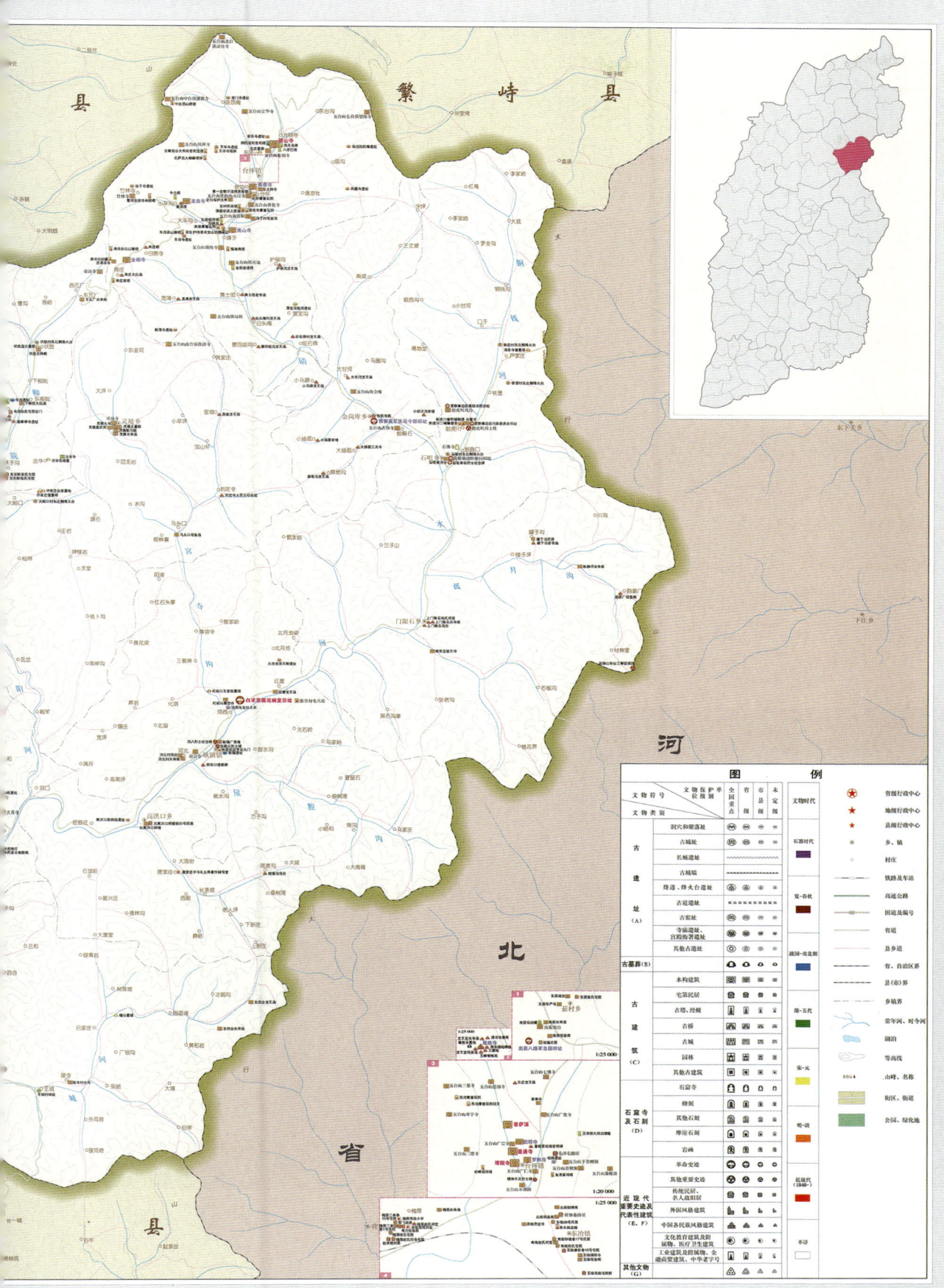

1:100 000

忻州市文物局主编
北京万德兰科技发展有限公司制作
2011年5月

长城资源

一、五台县的早期长城

未发现。

二、五台县的明代长城

河北省长城资源调查队调查五台县与阜平县交界处的长城墙体 1 段，长 682 米；单位建筑 6 座，其中敌台 4 座、马面 2 座；关门 1 座；居住址 1 座、石洞 1 处等。

（一）墙体

长城岭长城位于阜平县龙泉关镇龙泉关村西 6.5～6.6 千米处，大致呈南—北走向，全长 682 米，其中保存一般 148、较差 225、差 255、消失 54 米。墙体为石墙。保存一般的段墙体底宽 1.36、顶宽 0.86～0.9、残高 2.25～3.1 米。残存垛口墙，垛口宽 0.45～0.5、高 0.7～0.8 米，垛口墙高 1.7 米，望孔宽 0.17～0.2、高 0.16～0.19 米。长城岭 1～4 号敌台（1、4 号敌台为砖质、矩形台体，2、3 号敌台为石质、矩形台体），长城岭 1、2 号马面（均为石质、矩形马面），长城岭关门（又称龙泉关关门，条石基础的砖券拱门）和长城岭石洞位于墙体上。长城岭居住址倚墙而建，位于墙体东侧，石墙，平面呈矩形。

长城岭长城　航拍/张凯、李昀姣

长城岭关门内有保护标志。保护标志为石碑,下有矩形碑座。石碑呈纵长方形,碑身竖排楷书阴刻5行。

山西省调查队调查县境烽火台19座。2001年为编写《中国文物地图集·山西分册》,曾对五台县长城资源进行过调查。除调查山西、河北两省交界处长城岭的长城墙体及敌台和龙泉关关门外,还调查了县境的4座烽火台,即铁堡村烽火台、伏胜村烽火台、兴坪村烽火台、龙王堂村烽火台。2007年至2010年的长城资源调查新发现了15座烽火台,基本厘清了五台县烽火台的分布特点和传烽线路。

(二)单体建筑

五台县共调查烽火台19座。

西龙泉村西侧烽火台东南侧 武俊华摄

铁堡村东北侧烽火台东北侧 武俊华摄

名称	编码	地点	坐标	材质	建筑方式	平面形制	剖面形制	尺寸	附属设施
新庄村西北侧烽火台	140922353201170001	石咀乡新庄村西北0.4千米	东经:113°45′25.40″ 北纬:38°55′40.00″ 高程:1711米	石	土石混筑。台体四壁石块垒砌,所用石块较扁平,石块缝隙间填以灰泥;台体中部堆以碎石泥土	矩形	梯形	底部东西8.5、南北9米,顶部东西7.3、南北7.8米,残高4.1米	无
铁堡村东北侧烽火台	140922353201170002	石咀乡铁堡村东北1千米	东经:113°44′38.70″ 北纬:38°54′12.40″ 高程:1534米	砖	砖石混筑。下部为条石基础,上部用青砖砌筑,条石、青砖缝隙间填以灰泥。基础有5层条石,条石长25~220厘米,最低一层条石厚35厘米,上4层的条石厚30厘米。青砖长38~40、宽18、厚10厘米	矩形	梯形	底部东西7.7、南北8.2米,顶部东西5.7、南北6.4米,残高6.9米	台体顶部有两块立石,呈半椭圆形,中部有孔,性质、用途不明

293

续表

名称	编码	地点	坐标	材质	建筑方式	平面形制	剖面形制	尺寸	附属设施
石咀村东北侧烽火台	140922353201170003	石咀乡石咀村东北0.1千米	东经：113°42′22.40″ 北纬：38°52′07.70″ 高程：1422米	石	土石混筑。台体四壁石块垒砌，所用石块较扁平，石块缝隙间填以碎石泥土；中部堆以碎石泥土	矩形	梯形	底部东西7.9、南北6.8米，顶部坍塌严重，东西5.2、南北5米，东壁残高5.5、西壁残高7.3米	台体周围有围墙，平面呈不规则形，大致呈东南—西北向的椭圆形，周长116米。围墙石块垒砌而成，石块缝隙间填以碎石泥土。北、东墙较宽，南、西墙较窄。北、东墙宽0.9～1.6、残高0.45～1.05米，南、西墙宽0.8～0.9、残高0.9米。西墙靠南端处有门道，宽2.4米。南、西墙内倚墙建有8座房屋类生活设施，门道东侧7座、西侧1座。生活设施墙体宽0.5、残高0.65米，一座生活设施东西3.5、南北4.4米。台体东壁有相连的较低的一座台体，建筑方式与材料同于主台体，残高3.1米，与主台体高差2.4米
陡咀村西北侧烽火台	140922353201170004	茹村乡陡咀村西北0.9千米	东经：113°24′02.70″ 北纬：38°43′13.30″ 高程：1216米	土	黄土夹杂碎石子夯筑而成，夯层厚0.16～0.21米	矩形	梯形	底部东西7.2、南北7.1米，顶部东西3.7、南北3.6米，残高6.2米	无
南大贤村西南侧烽火台	140922353201170005	茹村乡南大贤村西南0.9千米	东经：113°18′10.10″ 北纬：38°44′30.10″ 高程：1408米	土	黄土夹杂料礓石夯筑而成，夯层厚0.1～0.17米	矩形	梯形	底部东西6.2、南北6.4米，顶部东西2.7、南北2.5米，残高6.9米	无
龙王堂村东侧烽火台	140922353201170006	茹村乡龙王堂村东0.15千米	东经：113°22′48.40″ 北纬：38°47′18.90″ 高程：1305米	土	黄土夯筑，夯层厚0.17～0.2米	矩形	梯形	底部东西6.3、南北8.5米，顶部东西2.1、南北3.3米，残高6.4米	无

续表

名称	编码	地点	坐标	材质	建筑方式	平面形制	剖面形制	尺寸	附属设施
大峪口村东北侧烽火台	140922353201170007	蒋坊乡大峪口村东北1.5千米	东经：113°27′00.80″ 北纬：38°50′49.00″ 高程：1292米	土	黄土夯筑，夯层厚0.16～0.22米	椭圆形	梯形	底部东西11.46、南北10.1、残高8.8米	无
伏胜村西北侧烽火台	140922353201170008	豆村镇伏胜村西北0.3千米	东经：113°27′06.30″ 北纬：38°55′32.60″ 高程：1380米	石	土石混筑。台体四壁石块垒砌，所用石块较扁平，石块缝隙间填以灰泥；中部堆以碎石泥土	矩形	梯形	底部东西8.1、南北9.3米，顶部东西4.5、南北4.1米，残高6.67米	台体北壁设有阶梯，阶梯宽1.1～1.5、高0.15～0.2米
兴坪村东南侧烽火台	140922353201170009	豆村镇兴坪村东南0.5千米	东经：113°20′44.40″ 北纬：38°49′50.30″ 高程：1275米	土	黄土夹杂少量碎石块夯筑而成，夯层厚0.2～0.25米	矩形	梯形	底部东西9.6、南北8.8米，顶部东西2.5、南北2.5米，残高6米	台体西壁存登顶坡道，宽0.5米
东营村北侧烽火台	140922353201170010	豆村镇东营村北0.8千米	东经：113°22′25.80″ 北纬：38°51′33.30″ 高程：1287米	土	黄土夯筑，夯层厚0.18～0.24米	矩形	梯形	底部东西9.4、南北11、残高5.8米	台体底部堆积有石块，推测台体顶部原有建筑物
李家庄村北侧烽火台	140922353201170011	豆村镇李家庄村北0.1千米	东经：113°21′18.00″ 北纬：38°54′46.60″ 高程：1326米	土	黄土夯筑，夯层厚0.26米	矩形	梯形	底部东西9.3、南北8.9米，顶部东西8.9、南北8.4米，残高3.2米	无
台城村西侧烽火台	140922353201170012	台城镇台城村西0.2千米	东经：113°14′50.30″ 北纬：38°42′52.10″ 高程：1109米	土	黄土夯筑，夯层厚0.16～0.22米	矩形	梯形	底部东西9.9、南北10.8米，顶部东西3.5、南北3.4米，残高6～8.5米	台体南壁与西壁下部，北壁上部各有一条登顶坡道，呈沟槽状，宽0.7米

续表

名称	编码	地点	坐标	材质	建筑方式	平面形制	剖面形制	尺寸	附属设施
西龙泉村西侧烽火台	1409223532011170013	台城镇西龙泉村西0.2千米	东经：113°15′07.60″ 北纬：38°44′38.70″ 高程：1072米	土	黄土夯筑，夯层厚0.1～0.15米	椭圆形	梯形	底部东西6、南北7.3、残高8.5米	无
大王村东侧烽火台	1409223532011170014	东雷乡大王村东1千米	东经：113°13′42.00″ 北纬：38°46′53.40″ 高程：1212米	土	黄土夯筑，夯层厚0.14～0.23米	矩形	梯形	底部东西7.4、南北7.1米，顶部东西3.6、南北3米，残高6米	台体顶部残留有石块、瓦片，厚0.45米，应有建筑物遗留
下庄村西侧烽火台	1409223532011170015	东雷乡下庄村西0.3千米	东经：113°11′12.40″ 北纬：38°49′18.00″ 高程：1281米	土	黄土夹杂碎石块夯筑而成，夯层厚0.15～0.2米。底部有一层石块，厚0.24米	矩形	梯形	底部东西9.7米、南北10米，顶部东西1.6、南北2.1米，残高3.9米	无
上西村西南侧烽火台	1409223532011170016	沟南乡上西村西南2千米	东经：113°12′40.40″ 北纬：38°40′24.60″ 高程：1184米	土	黄土夯筑，夯层厚0.07～0.16米	椭圆形	梯形	底部东西9.2、南北9.7米，顶部东西0.45、南北2.2米，残高6.4米	无
望景岗村西南侧烽火	1409223532011170017	东冶镇望景岗村西南0.6千米	东经：113°11′01.30″ 北纬：38°39′26.50″ 高程：885米	土	黄土夯筑，夯层厚0.16～0.2米	矩形	梯形	底部东西11.6、南北13.5米，顶部东西6.6、南北7.2米，残高10.6米	台体北壁中部有登顶坡道，呈沟槽状，宽1.6～1.9米。台体顶部北侧中部坡道内有圆形竖穴，直径1.1、深1.5米。台体顶部东北、西北角各有一个长方形竖穴，东西1.2、南北0.5、深0.75米
阳白村西侧烽火台	1409223532011170018	阳白乡阳白村西0.8千米	东经：113°04′13.80″ 北纬：38°43′37.00″ 高程：885米	土	黄土夯筑，夯层厚0.18～0.25米	矩形	梯形	底部边长8.1、顶部边长3.1、残高6.8～7.8米	台体西壁中部、北壁东部有登顶坡道，呈沟槽状，西壁坡道宽0.2、北壁坡道宽0.6米
下红表村南侧烽火台	1409223532011170019	阳白乡下红表村南0.1米	东经：113°04′09.60″ 北纬：38°46′25.30″ 高程：951米	土	黄土夯筑，夯层厚0.19～0.26米	矩形	梯形	底部东西6.9、南北8.5米，顶部东西2.9～3.4、南北3.3米，残高8.5米	台体西壁和北壁之间有登顶坡道，呈沟槽状，最宽1.6米

伏胜村西北侧烽火台西北侧　武俊华摄　　　　　石咀村东北侧烽火台西南侧围墙　武俊华摄

长城
论文精选

浅析岢岚县历代的军事防御
——以宋、明时期的长城防御体系为例

徐 琳

处于太原西北的岢岚，历来就是太原的西北屏障。特别是在宋、明这两个北部边疆危机严重的朝代，宋明统治者不断加固其军事防御体系，至今仍多有遗存。现存宋代较完整的是王家岔宋长城遗址。明代存留至今的则主要是岢岚古城遗址、城门、三井堡、三岔堡及五个屯所这些军事防御建筑。这些都是古代岢岚的军事防御体系极重要的部分。

位于山西西北部的岢岚，因其境内的岢岚山而得名。岢岚作为地名出现，始于北魏时期，据《魏史·尔朱兆传》："兆弟智虎，前废帝封为安定王、骠骑大将军、肆州刺史、开府仪同三司。与兆俱走，献武王擒之于梁郡岢岚南山，赦之。"[1] 当时岢岚属于秀容郡管辖，而真正以岢岚作为治所名则始于隋大业三年，当时设治所为岢岚镇。岢岚作为治所名出现后，其称谓几经变化。在大业三年设置岢岚镇，在唐朝永淳二年改其名为岢岚栅，长安三年在岢岚置岚谷县，属于岚州管辖。在武则天当政的神龙二年，在岢岚废县置军，玄宗于开元十二年，又复置岚谷县，属岚州，隶于河东道。五代时期因袭唐代，仍称岚谷县。在宋太平兴国五年，在岢岚设岢岚军，时属河东路。之后岢岚地名称又在岢岚军与岚谷县之间变化，到了明清时期，岢岚多称岢岚州。

岢岚自古以来就是太原的屏障要塞，岢岚现存的堡寨、古城遗址不少。

一、岢岚历代的军事防御概述

春秋以前，岢岚一直被作为边境的一个缓冲地带，对保卫中原王朝的统治起了其应有的作用。春秋至秦，岢岚的军防修筑主要是表现在长城的修筑上。但是由于历史久远，在此期间所修筑的长城遗迹以及相关记载都已缺失，故对这一时期的岢岚长城及相关军防建设都没有足够证据证明其确切位置，只能将其化为待定区。

（一）汉唐时期的岢岚军防

汉朝建立以后，汉承秦制，对长城进行了一定修缮，但并没有进行大面积的修缮工程，岢岚的军防体系便没有大的变动。到了东汉末年，各个地方的豪强势力并起，中华大地上内乱不止，北方更有所谓的五胡乱华。而此时的中国北方以黄河流域为主的所谓中原地区，先后有北魏、北齐、北周几个北方政权在经过休整之后逐渐强大起来。这些稳定下来的北方政权都曾加固其军事防御体系，主要体现就是对长城进行大力修缮，与岢岚密切相关的主要是北齐所筑的长城。

《北史》卷七《文宣帝本纪》记载，文宣帝天保三年"冬十月乙未，次黄栌岭，仍起长城，北至社干戍，四百余里，立三十六戍。"[2] 对于此段记载，司马光在《资治通鉴》中讲道："此长城盖起于唐石州，北抵武州之境。"[3] 而唐代的石州在现在属于山西省吕梁市离石区治所，武州则位于今天山西省朔州市西一百五十里，属于五寨县辖区，距离岢岚三百一十里。顾祖禹在《读史方舆纪要》中也记载："黄栌岭，在州西北八十里。高齐天保三年自晋阳如离石，自黄栌岭起长城，北至社平戍。""社平，盖在今朔州之废武州界。"[4] 文中的州指明代所设的汾阳府永宁州，今离石区治。根据此段记录可以看出《北史》与《资治通鉴》的记录一致，据此也可以断定北齐文宣帝天保三年所

筑的长城起于今山西离石区西北八十里，北到朔州西约一百五十里，长约四百里，修筑的这段长城涵盖了今天的岢岚，而后来的岢岚宋长城也是在此基础上修筑的。

到了隋唐时期，当时北方主要是突厥的威胁。直到唐太宗大破东突厥、俘获颉利可汗、东突厥国灭亡后，回纥、薛延陀等少数民族政权相继归顺，唐代的北部边境才得到了一段时期的安定[5]。由于唐太宗当时实行宽大的民族政策，许多少数民族都尊称他为天可汗，故在唐王朝强盛的时期，北部边境是相对安宁的，也就不需要大规模的加强军事防御体系。所以，在此阶段内，岢岚的军事作用就不十分明显。

到了五代，后晋、后汉都是北方少数民族沙陀族所建，故自北方少数民族入侵的威胁也就不明显了，而以长城为主的军事防御体系即周边地区的战略价值也随之减弱。在《读史方舆纪要》卷七《历代州域形势七》记载到："岢岚军唐置岢岚军，五代末废。"[6]可见，岢岚作为次边地区的军事战略地位之不突出。

（二）宋、明时期的岢岚军防

赵匡胤建立北宋后，经过一系列的统一战争，全国大部分地区都归顺了北宋，北宋与辽的对抗便提上了议事日程。为了对抗辽，北宋加强了其北部的军防体系。故位于极边地区的岢岚[7]的军事战略价值也就日益凸显，在宋太平兴国五年置岢岚军，并随之进行了一系列的军事堡寨及长城的修筑。

北宋之后统一中原地区的是来自北方的强大的少数民族——蒙古人，他们建立起了强大的中央政权，并且通过四次西征拓展了中国疆域，可以说元朝时期的中国是当时世界上最强大的国家。因此，当时的元代没有以前历代王朝所面临的北部边疆危机，终元朝一代，都没有进行加强北部军事防御的举措，当时的岢岚的军事防御便未进行相应的加强。

在朱元璋建立明朝的时候，虽然实现了全国的统一，但是对于元朝统治者——蒙古贵族，只是将他们赶回了蒙古草原，并未彻底消灭他们的势力。故在此种情况下建立的明朝，终其一代都面临着来自北部边疆的危机，因而明政府十分注重加强北部的军事防御力量：先后建立了九边军镇、修缮了长城[8]。在此历史背景下，处于北部近边的岢岚自然也把军防放在首位，现今岢岚城中的城楼等重要军事防御建筑就是在明代建成的。

二、岢岚军防举要：宋、明两代的岢岚军防

岢岚的军事防御体系不是一朝一夕形成的。其中，时刻面临北部强辽的北宋和为彪悍的蒙古铁骑所困扰的明朝，是岢岚军防构筑的关键时期。下面将分别对宋、明两代的岢岚军防建设进行进一步论述。

（一）宋代的岢岚军防

"州城，后汉建，宋增筑广之。"[9]岢岚的城防在宋代进一步增强。这是由于北宋时岢岚属于边疆层级体系的第一层，是"极边"地区，与"外国"（当时北宋之外的其他民族政权）接壤，其战略地位凸显。基于此，北宋在太平兴国五年设置岢岚军。宋代在岢岚的军防建设留存至今的遗迹较少，保存比较完整的就是位于王家岔乡的宋长城遗址。

对于岢岚县内宋长城确认较有力的证据是曾在嘉靖年间在这段长城周围发现有一块石碑，上面刻有"隋开皇元年赞皇县丁夫筑"。对此，《岢岚州志》中也曾记载："长城，嘉靖间有地名牛圈寔者，掘得石刻，其文云'隋开皇元年赞皇县丁夫筑'。"[10]然而，隋朝修筑的长城在后来的战火中被毁坏殆尽，宋代由于北部边防的需要便在此基础上继续修筑，加入了宋代开始出现的炮台、瓮城。在宋长城附近所发掘到的明、清时期的石刻对于岢岚长城进行了一个详细叙述，其碑刻完整内容为："隋开皇元年赞皇县丁夫筑，后宋太宗太平兴国五年筑长城于草城川口，历天涧堡而东，岢岚赵地娄烦故墟，县长城筑于赵，而隋，而宋修之无疑。"这块碑刻可以说是现在证明岢岚宋长城的最有力的资料。而且我们从中也可以看出岢岚长城的大概发展脉络。

在王家岔发现的宋长城在中国的军事史和长城史上都占有很重要的地位，其规模之宏大、建筑风格之独特，对研究我国古代边塞防御、社会民俗有重要参考价值。

当然宋代在岢岚的军事防御体系构筑中，除了修筑长城，就是堡寨的建造，现存天涧保遗址。《岢岚州志》中记载"《宋史》太平兴国五年筑长城于草城川口沿天涧保"[11]。据此可知,"天涧保"也筑于宋代。但是宋代的"天涧保"遗址因历代战争等因素毁坏严重,后因兵防需要,明代兵宪王遴对其进行了很大程度的修补,现存的"天涧保"遗址多为明代遗迹。故将对"天涧保"的详细论述置于明代岢岚军防中。

(二)明代的岢岚军防

明代是岢岚城防及相关军事防御体系形成的最后定型期。这一时期的岢岚,其城防形成了现在的基本模型,城楼、城中四门、城墙及城门洞都修建于这一时期;同时,与岢岚明长城相伴而修筑的烽堠、三井堡、三岔堡及关厢这一系列军事防御建筑都完成于此时。

关于岢岚的城防建设,《岢岚州志》记载到"明洪武七年,卫指挥使张兴易以砖,周围七里,高三丈八尺,池阔五丈,深二丈。门四,东曰宜阳,南曰文明,西曰丰城,北曰戢宁。"[12]可见,岢岚现在的青砖城墙以及相关建筑都是得益于明代的卫指挥使张兴,岢岚的城防建设中,除了东、西、北三门外,有三座吊桥,四个城门都设有瓮城。现仍存北、东、南三座城门瓮城和大部分断壁残垣。

岢岚城有城楼十二座,上有旗杆、垛口。岢岚城的城门高大得出奇,岢岚人都喜欢说一句俗语"南京北京修得好,就是不如岢岚的城门高"[13]。岢岚城外有一条宽五丈、深二丈的护城河,城外有四关二堡。关于东、西、南、北四关,在《岢岚州志》中记载道:"东关,附城而峙者,呼砖堡。渡河为土堡。南关旧有桥,人家夹道而居,缘水迎门,为本州八景之一。今废。西关屡遭兵燹,居民无几。北关毁于寇。"[14]

明代在岢岚修筑的长城,长城墩到甘草梁墩一段,共有十四座烽堠,由镇西卫负责管理;小燕家庄至烟洞沟墩一段,共有十二座烽堠,由五寨负责防守管理;乾子梁至青糜墩一段,共有十六座烽堠,由三岔负责防守管理。其中,五寨堠台通神池与宁武两路;三岔堠台通老营、偏关两路;高家会堠台通至河曲西路;到了岢岚店坪堠台,诸路合而为一[15]。这些地区构成了岢岚在明代山西西北部的要冲地区。

三井堡,在《岢岚州志》中记载"在州西北四十里。元为岢岚镇,立巡检司。明万历间,兵备许守谦建堡于邨北"[16]。现在,三井镇虽已无像明代那样的坚固屏障,但残堡仍存。在贺裕民、贾厚润的《岢岚县三井镇古堡考》一文中对于古堡的现状有详细的介绍可资参考。三岔堡,《岢岚州志》中有如下记录:"明总兵周尚文建。万历间,兵备胡来贡砖甃。"[17]三岔堡,在明代设五百名士兵防守统帅,清代改设把总一名,领兵一百驻守。

此外,在上文中提到的天涧保也完成于此时。由于天涧保所处的位置是两山对峙,峡如深涧,极其险要,为了加强军防,明代兵宪王遴在宋代的残迹基础上对它进行了修缮,形成了今貌。天涧保俗称暗门子,位于县城北两点五公里处,"天涧保"修筑在一条干涸河流的两岸旁。东岸建造有一圆形烽火台,西岸建有一个方形烽火台[18]。

明代在岢岚的军事防御体系的构筑过程中,以岢岚县城这一军城为中心,修筑了城墙、城门,以及围绕明代岢岚一带的长城而修筑了众多的烽堠[19]。虽然它们现在已失去其军事防御价值,但它仍是明代山西西北防御体系的重要组成部分,是研究明代军事防御体系中的一个重要的微观。

三、小结

岢岚历代的军事防御体系的构筑,是一个逐步完善的过程。其中,修筑较为突出的时期主要是宋代和明代,究其原因,这与当时的历史社会背景有很大的关联。特别是宋代的岢岚长城在中国长城史以及军事史上也有其独特的作用,它填补了中国在宋长城方面的空缺,而且其全部石砌的建筑风格较之于多数砖筑的长城也独具一格[20]。除此之外,与之相应的一系列军事建筑的修筑在宋代也出现了新高峰,其中保留至今较为完整的就是暗门子。到了明代,在一系列的军防建筑中最突出的应该就是岢岚城墙和城门[21]。这些对于我们研究宏观的山西历代军防都有一定的参考意义。

作者简介:徐琳(1993—),女,山西忻州人,山西师范大学历史学院中国古代史专业2015级硕士研究生,研究方向为中国古代史。

参考文献:

[1] 魏收.魏书[M].北京：中华书局，1974：1664－1665.

[2] 李大师，李延寿.北史[M].北京：中华书局，1983：249.

[3] 司马光.资治通鉴[M].北京：中华书局，1956：5093.

[4][6] 顾祖禹.读史方舆纪要[M].北京：中华书局，2005.

[5] 欧阳修，宋祁.新唐书[M].北京：中华书局，1975：35－45.

[7] 郑涛，张文.极边、次边、近里：北宋西北边疆层级体系三级制界说[J].中国边疆史地研究，2012(6).

[8] 张廷玉等.明史[M].北京：中华书局，1974：2235－2243.

[9][10][11][12][14][15][16][17] 何显祖，袁锵珩.岢岚州志[A].北京：中国文史出版社，2007.

[13] 高旺.长城访古万里行[M].北京：中国广播电视出版社，1991：116.

[18] 张维华.中国长城建置考[M].北京：中华书局，1979.

[19] 岢岚县志修订编纂委员会.岢岚县志[A].太原：山西古籍出版社，2009.

[20] 王国良.中国长城沿革考[M].北京：商务印书馆，1930.

[21] 贺裕民，贾厚润.岢岚县三井镇古堡考[J].五台山，2014(8).

明代雁门关防御体系研究

王永茂

一、明代雁门关防御体系变迁及互动

《中国方志大辞典》载："关，要塞为关，塞即关。"[1]又曰："关隘一般是指位于狭窄山口及逼仄之地的交通要道。"[2]雁门关就是这样的交通要道，此外还是重要军事据点。"雁门"之名最初见于《山海经》。《雁门志》云："秦汉以为北边。代山高峻，鸟飞不越，中有一缺，鸿雁往来。代多鹰隼，雁过被害，惧其门不敢过，呼为巨门。雁欲过此山中，衔芦一枝，然后敢过。鹰隼见而惧之，不敢捕，雁得过山，即弃芦枝。因以名焉。"[3]在明代，雁门关与宁武关、偏头关并称外三关[4]。

明代雁门关防御体系是属于九边中的次边，其"西抵宁武、偏头，东连紫荆、倒马，北近朔、武，为京畿之藩篱，作山西之屏垣"[5]。在明朝，九边"东起鸭绿，西抵嘉峪，绵亘万里，分地守御"[6]，分别为辽东、蓟镇、宣府、大同、山西、延绥、宁夏、固原、甘肃。而在山西、河北北部的长城沿线，政府构筑了"极边"和"次边"，其中"极边"是指"山西保德州河岸，东尽老营堡，凡二百五十四里。西路丫角山迤北而东，历中北路，抵东路之东阳河镇口台，凡六百四十七里。宣府西路，西阳河迤东，历中北路，抵东路之永宁四海冶，凡一千二十三里。皆逼临巨寇，险在外者，所谓极边也"[7]。而"次边"是指"老营堡转南而东，历宁武、雁门、北楼至平刑关尽境，约八百余里。又转南而东，为保定界，历龙泉、倒马、紫荆、吴王口、插箭岭、浮图峪至沿河口，约一千七十余里。又东北为顺天界，历高崖、白羊，抵居庸关，约一百八十余里。皆峻岭层冈，险在内者，所谓次边也"[8]。

明代在军事上实行卫所制度，雁门关设有守御千户所：

国初设关于此，盖重矣！城依山就险，嘉靖间重修，万历二十六年重新砖包，周二里零三百五十步，高三丈五尺，设守御千户所，统领见在官军三百四十员名，火路墩四座。本关形胜甲于天下，从来虏难飞渡。嘉靖间，两次入犯，皆由百草沟、寇家梁而出。近建宁□楼于关外，威远楼于山巅，□以戍卒百人守之，且于必经之处断其山梁，雁关益增险要[9]。

当然，雁门关不是孤立的，其与雁门十八隘，在战事的洗礼中，逐渐形成一个整体，从而发挥更大的作用。所谓雁门十八隘，"东为水峪，为胡峪，为马兰，为茹越，为小石，为大石，为北楼，为大安，为团城，为平刑。西为太和，为水芹，为吊桥，为庙岭，为石匣，为阳武峪，为玄冈，为芦板口，各有堡"。

明代雁门关的防御体系主体为雁门十八隘，在最初的战事中，这些隘口并没有那么多，都是各自为战，因离雁门关距离较远，使蒙古骑兵在此从容出入。

盖以雁门东西隘口，守把官军营堡，俱散居寝食，与此口相去多者七八十里，少者三五十里，不便防遏，虏得从容出入，职此故也。于是案行兵备副使夹江张君凤翺督属率众，相度地宜，依山据险，增筑土堡十有一座于北口，在关东者七，水峪口曰白墙，胡峪口曰吴城坡，茹越口曰六郎寨，三寨以遏山阴要路。马兰口曰东梁坡，大石口曰乱石滩，小石口曰骆驼石，三堡以遏应州要路。北楼口曰天井梁，以遏浑源要路。在关西者曰水芹，曰八岔口，曰吊桥口，曰小莲花，二堡以当马邑之卫。庙岭口曰夹柳树，石夹口曰雕窝梁，二堡以当朔州之卫。各堡积矢石备器具，官有□宇，士有营舍，依险团聚以便防遏。[10]

表1 明代雁门关十八隘隘口情况统计

序号	隘口	堡数	建堡时间	厅房(间)	库房(间)	营房(间)	沿边营(间)	新建仓廒(间)	草场	敌台	巡检司
1	水峪口	土石堡2	正德十一年	6	3	28	21	10	1	7	
2	胡峪口	土堡1	正德十一年	6	0	57	12	10	1	10	1(属代州)
3	马兰口	土堡1	正德十一年	12	0	46	131	11	1	21	
4	茹越口	土堡1	正德十一年	3	0	35	47	10	1	4	1(属代州)
5	小石口	土堡1	正德十一年	6	0	37	25	4	1	4	
6	大石口	土堡2	正德十一年	3	0	78	0	4	1	4	
7	北楼口	土堡2	正德十一年	12	0	120	130	13	1	9	1(属繁峙)
8	太安岭	土堡1		1	0	60	20	10	1	0	
9	团城子	土堡1		1	0	25	20	6	1	0	
10	平刑关	土堡1		12	0	58	11	9	1	2	1(属繁峙)
11	太和岭	土堡2	正德十一年	3	0	50	9	10	1	4	1(属代州)
12	水芹口	土堡1	正德十一年	9	0	78	5	10	1	4	1(属代州)
13	吊桥	土堡1	正德十一年	3	0	18	17	10	1	3	1(属崞县)
14	庙岭	土堡2	正德十一年	3	0	19	0	11	1	7	
15	石匣	土堡1	正德十一年	3	0	29	9	9	0	5	
16	扬武峪	土石堡1	正德十一年	3	库楼1	18	0	0	0		1[8]
17	玄冈	土堡1		3	0	52	0	0	0	敌楼1	
18	芦板寨口	土堡1		0	0	0	0	0	0		1(属崞县)

注：本表据《三关志》第687至689页整理。

正德十一年(1516年)，兵备副使张凤翀在实践的基础上，结合地形，初步构建起了雁门关的防御体系，涉及厅房、营房、地台、仓廒、草场、敌台和烽火台路线传递等。

通过表1分析，笔者认为这些隘口可以分为两类：一为沿边隘口，二为非沿边隘口。沿边隘口有15个，它们都有沿边营房，以及仓库，而且每个隘口配备的草场基本都是1个，军事作战功能都较强；而非沿边隘口为3个，与其他关隘的典型不同之处就在于，没有沿边营房、草场以及粮仓配备，较其他隘口靠内，如遇战事，警报功能强一些。例如，只有阳武峪有一座库楼，只有玄冈有一座敌楼。从工程建筑来看，连接这些隘口的重要手段是烽火台，各个隘口基本都配备有烽火台，这些烽火台的传递大都为单线传递，有较固定的传递路线，其中一个特殊之处在于，阳武峪有两条传递路线，"阳武峪口……炮火两路，一从金刚墩西接玄冈口、康家墩，东传护城墩、弥陀墩、石脑墩。一从西山墩北三十里接金刚墩，南传至有军楼、长梁墩、口前墩、芦板寨、神山墩、土黄墩，传至本堡"[11]。

此外，不得不提及巡检司的分布。拥有巡检司的隘口有9个，《三关志》中记载有8个，而《明史》中的地理志还提及阳武峪也有巡检司，他们大多从属于就近的州县，就雁门十八隘来讲，从属于代州、崞县和繁峙县。巡检司"主缉捕盗贼，盘诘奸伪。凡在外各府州县关津要害处俱设，俾率徭役弓兵警备不虞"[12]这就表明，前沿隘口中

表2 明代雁门关十八隘兵力统计

隘堡名	将领	驻军
1 平刑岭口堡	守备1、百户1	征操马军500、守堡旗军184
2 团城子口堡	百户1	旗军97
3 大安岭口堡	百户1	旗军149
4 凌睿堡	指挥1	旗军112
5 北楼口堡	游击1、千户1	征操马军3000、旗军117
6 大石口堡	指挥1	旗军162
7 小石口堡	指挥1	旗军188
8 茹越口堡	百户1	旗军197
9 马兰堡	百户1	旗军188
10 胡峪堡	百户1	旗军27
11 水峪堡	千户1	旗军52
12 雁门关	指挥1	旗军992
13 白草口堡	千户1	旗军50
14 八岔口堡	百户1	旗军31
15 小莲花口堡	百户1	旗军39
16 雕窝梁口堡	千户1	旗军78
17 扬武峪堡	千户1	旗军51
18 玄冈口堡	百户1	旗军42
19 芦板口堡	百户1	旗军24
20 夹柳树堡	指挥1	旗军39

有交通线分布，通过这些交通线路，雁门关防御体系与周边及内地州县发生互动。

由表2可见，明代雁门十八隘旗军数量总数为2819人，征操军马3500人，共6319人，统属于三关镇副总兵，而北楼口游击将军，如遇战事，支援各处。

东胜、开平的丢失，对大同、山西产生重大影响，从而使大同镇直接面对蒙古骑兵，而没有了缓冲地带。而偏头关突出于黄河，使其面对蒙古骑兵时带来很大压力，特别是冬季，蒙古骑兵可直接踏冰而来。明嘉靖以来，蒙古首领俺答汗逐渐强大起来，板升的建设为其南下提供了很好的基地。更有甚者，嘉靖二十一年（1542年），在赵全的引导下，蒙古三十万骑兵南下，先后突破大同镇防区、雁门十八隘防御一线，一直打到晋南地区，诸如长治。然后从雁门关的防御线白草口退回。随着战事的增多，政府加强了这一地区的人事官员级别，更加强调各个防区的协同作战和救援，而山西雁平道的设立，使雁门关的防御体系进入雁平道时代，防区大致相当，但人事安排和任命有所调整。

山西雁平道分为两路：一为东路，负责官员为东路代州左参将；二为北楼路，负责官员为北楼口参将。山西雁平道的出现，缘于山西巡抚一年一度的防秋，驻扎代州，从而说明山西总兵防秋于阳方口，防冬于偏关。山西巡抚防秋驻扎代州，从而推动了人事安排和任命调整，"乃移守备于广武，而添设参将一员，后裁革行太仆寺，宁武、奇岚各设兵备，而本城兵备遂称雁平道"[13]（本城指代州城）。

东路的代州参将设于嘉靖十九年（1540年）。

所辖广武一守备，振武、雁门二卫，所管辖内边东起北楼界东津峪，西讫宁武界神树梁，沿长一百里零三十八丈，边墩六十五座，敌楼九座，火路墩四十五座，边之内外设有八岔、白草、水峪、胡峪四堡以相犄角……路见在官军六千四十八员名……内援兵官军三千二百四十四员名……本路古雁门重地，四卫八连，三关之命脉，全晋之咽喉也，

雁代失守，则太原震恐，全晋即骚动矣……路属一带，除雁关天险，余俱平原旷野，本古战场……[14]

可以说，雁门关、广武城这一地带的地位丝毫没有下降，不但增加了驻军，而且还提高了军官级别，况且，广武城、雁门关和代州城依次由南向北纵向排列，如被突破将会直接威胁代州南边太原府境的安危。为了更好地应对战争，在实际工作中，雁平兵备道也并非一直都驻扎在代州，也会移驻，如果遇到战事警报，会移驻广武城，居中协调，"如遇有警，雁平兵备移驻此，居中调度，提东路并北楼兵，同本境官军相机合战，使虏东不得犯平刑之大安岭，西不得犯广武之白草沟，平刑、雁门俱泰，山西维之矣"[15]！从另一个侧面也反映了雁门关防御体系中，西边的战略地位要重于东边。

北楼口参将设于嘉靖三十七年（1558年）。

驻扎北楼城，所辖北楼、平刑、小石三关，城属守备二员，分管内边东起平行界石窑巷，西抵广武界东津峪，沿长二百、五十三里零一百八十丈，边腹墩台一百一座，敌楼二十八座，边之内外设有团城、太安、车道、凌云、大石、茹越、马兰、平刑岭八堡，势如长蛇……路见在官军四千四百四十三员名……内援兵官军三千九员名……本路虽近腹果，不临边境，乃山一带层峦翠岭，林木丛茂，大为内地障蔽……[16]

如此一来，正德年间构筑的雁门十八隘防御体系，转变成内部更加协同紧密的以雁平兵备道为首的防御体系，这一体系使各个隘口的责任更加细化，东、西两路参将的领导更加具体，更加有利于防御蒙古骑兵南下。总体来讲，雁门关防御体系是近似于一条平滑的曲线，简而言之，为"一线"，这一曲线的走向和山脉的走向基本趋同，其东西向展开，西接宁武、偏头，东接紫荆、倒马，北临大同，南俯代州。东段防线间的关口、隘堡平均间隔30里，最大距离达百里，最小距离只有5里；西半段较短，其间的关口、隘堡平均间隔9.375里，最大间隔20里，最小间隔小于10里。堡寨的间隔短，可以在具体的战事中互相支援，形成很好的配合，烽火系统为其彼此间的联系提供了最快捷的信息传递，而军事人事制度的将帅领导，彼此协调，也为其彼此互动和协防提供了具体的执行者。隘口与内地州县的联系，通过交通线、河流系统及屯田系统而发生互动，共同抵御蒙古骑兵。彼此间的互动，使这一条线连成网。

代州的振武卫对雁门关守御千户所统属，广武城与八岔、白草、水峪、胡峪四堡将雁门关包于其内，雁门关的守兵也可以支援前方的广武城，更何况后期的雁平兵备道坐镇广武城，居中调度更加有利于纵深防御。

二、雁门关防御体系形成缘由及存在意义

从雁门关防御体系的内容和结构的整体情况来看，其形成主要基于以下几点：

首先，其形成基于当地自身的历史地理基础。在雁门十八隘口构筑防御体系，其地理基础在于，从山脉的角度来讲，这一地区处于从恒山山脉向汾河谷地过渡的地带，山脉的走向决定了堡寨分布和长城的基本走向，高大的山体有力地阻止了蒙古骑兵的肆意南下，要想突破这一防御体系，蒙古骑兵最有效、最好的方法是从其山脉中比较低平的谷口、隘口穿过，从而南下。所以，从地形来看，明代在这一地区的防御重点在于这些较低平的谷口、关隘，这就决定了蒙古与明朝的战事多发地就在于此。从水流的角度来讲，山脉中发育了众多泉水、溪流和小河，而这些水体又离谷口、关隘很近，太和岭"东南二百步有大泉，通桑干"[17]，吊桥岭"水出三泉村，去堡十五里"[18]，等等，这些军事堡寨大多建于离水源较近的地方，这对于军事防御非常重要，不仅有利于军队的生活用水，也为军事堡寨的工程建设提供了便利，从某种意义上讲，这一地区的山川共同构成了明代雁门关防御体系的地理基础。

良好的地理基础为雁门关防御体系的构建提供了可能。此外，关隘的重要战略地位，使其更容易受到人们的重视，从而加强其建设和防御，战火一旦烧到这一地区，雁门关被突破，不仅增加防御成本，更重要的是，雁南地区的汾河谷地的低平地势，更加有利于蒙古骑兵的进攻，而不利于明王朝。所以雁门关作为山西的北大门，有着极其重要

的战略价值。

国家西北藩篱先大同，而代州雁门次之，今大同既宿重兵，而雁门兵独少，万一虏越大同而南，必不能守，雁门不守，山西地方皆不可得而守矣，山西不守，则河南何以为蔽哉！今年七月，虏骑直抵雁门，臣等以死战，反退，然此特其轻骑耳，若其连营大举，一鼓而南，何以御之？……今日之急务，可于代州丘帅设统兵，如大同之制，大同有警，则可以策应偏头，宁武有警，则可以连兵，而雁门之险固，雁门既固，则山西之地可保无虞矣！[19]

此外，作为军事要塞的雁门关，还是重要的交通要道，是连接重镇大同和雁南地区的重要交通点，关北的广武城"通雁门孔道，各镇之公使，三镇之市货，络绎不绝"[20]，如果占领雁门关，则切断了雁北和雁南的联系，而雁北地区容易形成割据。诸如，北魏时期雁北地区的叛乱，唐代的刘武周政权。此外，雁门十八隘中的胡峪口、茹越口等9处地方都设有巡检司，足见雁门关这一关隘要塞交通的重要性。

当然，雁门关及周边地区是战事多发地区，早在战国时期，就有李牧守雁门，特别是宋代，辽得到幽云十六州后，雁门关这一地区就成为宋辽间的实际边境线，双方在此互有战事，这也为明代雁门关防御体系建设提供了历史经验和教训，岂不闻"雁门十八隘自宋有之"[21]。

其次，雁门关防御体系的初步形成是基于国家实行的卫所制度，不论是军队和军官配置，还是工程建设，都是与卫所制度相配套的。此后，随着形势的发展，明代边防出现重大转变，随着九大军镇的陆续形成，边疆地区进入了军镇时代，而雁门关的防御体系也随之发生重大变化，出现雁平道统领本防区的新情况，从而使该防御体系更加严密，不仅注重各个堡寨的救援和联络，还更加明晰了小防区的职责。

最后，雁门关防御体系的形成和发展是该地区守边将士智慧和经验的结晶，在战争中不断完善而形成的。

作为山西的东部防区，雁门关防御体系的存在具有重大意义：其存在有力地阻止和延缓了蒙古骑兵的南下，从而确保边疆安全，特别是汾河谷地的安全，因为雁门关和代州一旦被突破，则蒙古骑兵可以驰骋在开阔的平原地带，威胁到太原府的安全。

雁门关防御体系的"一网一线"，使得防御纵横结合，防御力量更加强大。因为从军事进攻角度来讲，单纯的横向防御是不够的，横向防御的弱点在于，攻破其中一点，这一横向型的防线也就崩溃，所以还需纵向防御，纵向防御的优点在于，可以梯次分布兵力，延缓蒙古骑兵的进攻速度，为后续军事行动赢得时间。从地形和方位来讲，广武城、雁门关和代州城呈南北向近似一线排列，这就为纵向防御提供了可能，而代州所辖广大的州县为其前沿防御提供了很好的战略纵深和后勤给养。

三、结束语

明代雁门关防御体系的主体是"一网一线"，即由一个险关、十八个关隘构成横向"一网"；由广武营城、代州城作为前后照应构成纵向"一线"，其防御系统，由最初的雁门十八隘防御体系转变为内部更加协同紧密的以雁平兵备道为首的防御体系。

作者简介：王永茂 (1987-)，男，山西朔州人，陕西师范大学西北历史环境与社会经济发展研究院硕士研究生。

参考文献：

[1][2]《中国方志大辞典》编辑委员会. 中国方志大辞典 [M]. 杭州：浙江人民出版社，1988.

[3] 马蓉等点校. 永乐大典方志辑佚 [M]. 北京：中华书局，2004.

[4][13][14][15][16][20] 杨时宁.宣大山西三镇图说[O].馆藏刻本.

[5] 吴重光.代州志[M].台北：台湾学生书局，1968.

[6][7][8][11] 张廷玉.明史·兵志：卷91[M].北京：中华书局，1974.

[9][17][18] 廖希颜.三关志[O].国家图书馆馆藏明嘉靖二十四年刻本.

[10] 许论.九边图论一卷[O].清咸丰四年新昌庄氏过客轩刊本.

[12] 张廷玉.明史·职官志：卷75[M].北京：中华书局，1974.

[19] 徐日久.五边典则[O].旧抄本.

[21] 王轩.光绪山西通志：卷46[M].北京：中华书局，1990.

论雁门关的历史作用

刘燕芳

一、设防体系

雁门关位于山西代县县城以北约20公里处，北岳恒山主峰——雁门山中。在168平方公里面积上设防雁门关双关，现留有"双关四隘口"六大军防体系，这是一套中原北边科学而完整的建筑设防体系。雁门关为双关，一为西陉关，一为东陉关，合称雁门关。上古称北陵，夏商周称西隃关，春秋称句注塞，魏晋分成西陉关、东陉关。曹魏时期旧址上置雁门关西陉关关城，唐武周时期，复建西陉关关城（址铁裹门）。自铁裹门设关后，"句注塞"之名遂为"雁门关"之名取代。明洪武七年（1374年），在旧址上复建东陉关关城于今址。东陉关关城门洞石匾上刻"天险""地利"，表示雁门关险要的形胜。小北门镂刻有一副对联："三边冲要无双地，九塞尊崇第一关。"四隘即西陉关北有白草口隘口，南有太和岭隘口；东陉关北有广武隘口，南有南口隘口，组成了六大军防体系。

《尔雅·释地篇》载："北陵西隃，雁门是也。"《穆天子传·卷一》载：周穆王十七年（约公元前960年）巡边"绝隃之关隥"。"绝"即跨越的意思；"关隥"即石板路的意思；"隃"即西隃关，说明雁门关在公元前960年之前即称为西隃关。更说明当时古关、古道、石板路已经形成，方才吸引至高无上的帝王前去巡边。随后，周穆王经西隃关（雁门关）西巡西王母池（今新疆天池）。《吕氏春秋·有始览第一》记："天下九塞，句注其一。"《水经注》云："雁门郡北对句注，东陉其南，九塞之一也。"《元和郡县图志》载：晋咸宁元年句注碑曰："盖北方之险，卢龙、飞狐、句注为之首，天下之阻，所以分别内外也。"《河东记》曰："句注以山形句转水势流注而名，亦曰陉岭，自雁门以南，谓之陉南，以北谓之陉北。"《唐书·地理志》载："西陉，关名也，在雁门关上，东西山崖峭拔，中有路，盘旋崎岖，绝顶置关，谓之西陉关。亦曰雁门关。"《代州志》光绪原木刻本载：唐宰相杜佑说"东陉关甚险固，与西陉关并为句注之险"。《太平寰宇记·第49卷》载："东陉关地甚险固。"《雁门关志》载："句注山，古称陉岭，岭西为西陉关，岭东为东陉关，两关石头边墙联为一体，历代珠联璧合互为倚防。雁门关明代前址西陉关，东陉关倚防；明代后址东陉关，西陉关倚防。"

《山海经·海内西经》载："雁门山，雁出其间。在高柳北。高柳在代北。"明《永乐大典·太原志》称："代山（即雁门山）高峻，鸟飞不越，中有一缺，其形如门，鸿雁往来……因以名焉。"顾炎武在《天下郡国利病书》中曾描述雁门关："重峦迭山献，霞举云飞，两山对峙，其形如门，而蛮雁出于其间。"当地也传说，这里竟连大雁都难以飞越，口衔芦叶，到此当空必盘旋三圈，方才南飞而去，故名雁门关。

雁门关是横在漠北与中原之间交流—融合—交战—再融合的主门户。对促进原始人类的相互往来，陉南陉北中原汉民族与北方少数民族的文化交流、民族融合起到了重要的作用，也是历史上华夏族中原农业文化和游牧草原部落文化彼此接触、碰撞的连接点，是历史上的战略要地，著名的古战场。

雁门关南控中原，北扼漠原，现仍存有"三城六寨""雁门十八险隘""三十九堡十二联城"等，是一座活生生的长城文化宝库。

东陉关关楼下现存有李牧祠，尚有石狮、旗杆、碑文等。

向北五公里是广武隘口，俗称"狗爪莲花城"。堡塞相连，墩台、敌楼林立，隘门道道设防，左右与关城防御体系相连一体，属古代隘口军事防御作战典型建筑。往西一公里是广武隘城，建于宋辽时期，城周长1652米，有马面21座，东西南各建有城门一座。北城墙外便是万里中原的最北端。千古年以来，游牧草原部落与中原历朝的两国交战，在此竟是一墙之隔、一城一隔、一关之隔、一塞之隔。在古代，这里不愧为"北国天涯""北边天界"。

广武隘城向南三公里，是白草口隘口。白草口系西陉雁门关北口，雁门十八险隘之一。远在上古时期这里就是南北通衢，春秋战国时置镇设隘，修筑长城。现遗址多为明代隘关跨河而筑，3道隘墙，6座隘门，6座堡台，东、西两边与长城连为一体。现存隘门1座，额匾书刻"容民蓄众"，堡台一座，额匾刻"猴岭"。在隘关西高台地建有常胜堡，为明代建筑，堡周砖墙围砌，为隘防重要工事。白草口还有万里长城线上保存最完整最长的一段原汁原味的明代长城，叫猴岭长城。全长8033米，高6~8米，底宽5米，顶宽3米，每120米筑戍城一座，并置烽火台、敌楼，隘处置堡寨，凿壕堑，设暗门。这些建筑通联一体，形成联防、纵向深入、主次分明、点线结合、主体两翼、前辅后倚、左右相连、互为掎角、各自为战的统一体，是我国古代城防史上罕见的城防实例。北京把这段长城作为修复京郊长城的依据。

再向南3公里便是西陉雁门关。这里春秋时期置句注塞，曹魏扩置雁门关西陉关关塞，唐武周时人工开凿关隘，顶宽30米，底宽10米，关谷深20米，长50米，古道铺石成路，百步九折，左右峭壁如削。

雁门关庞大、科学、完整的军防体系，对于研究古代军事具有重要意义。东陉关尚保存一石刻"天造险扼"。

在我国历史上，黄河流域特别是黄河中下游一带是汉民族的发祥地。在封建制度由完善直到鼎盛，也就是从秦统一到宋朝南渡前的这一千四百年时间内，汉民族建立的王朝，其国都虽有多次迁徙，然始终没离开山西南界之外黄河流域的这块地方。这样，雁门关就成了中原历朝与北方少数民族各朝皇家必争的咽喉要塞，而且居于幽、并、凉三边中段的位置，决定了其必然成为争战的中心。

山西高原中部是雁行式排列的五大盆地连成的地堑长廊，北方军旅可循此信道直抵京畿之地或国都之下，而且山西两厢为南北走向的山脉，南部有黄河和中条山同关中、中州大地相隔，这样的地形又是进可攻、退可守的皇家必争之地。历朝历代守边将帅均主帅雁门。雁门之险之要在中原一直是汉击匈奴、唐防突厥、宋御契丹、明阻瓦剌的国防要塞。

二、护国镇边

九塞中，延续秦汉以后的边塞，只有两座，雁门关和北京昌平境内的居庸关。而在整个中国历史上，跨越秦汉魏晋南北朝和隋唐五代宋元明2000多年时间，且对中华民族存亡产生过巨大影响的关塞当首推雁门关。

公元前475年，赵襄子"雁门夏屋岭会盟"，杀代王，占代地，50年后与韩、魏"三分晋"。赵襄子灭代这一年被史学界定为战国和中国封建社会的起始年。公元前333年，赵肃侯筑长城，东起河北涞源，西经雁门关到保德县黄河岸止。这是雁门关修筑长城之始，早于秦始皇修筑的万里长城一个多世纪。赵国名将李牧雁门关外大破匈奴十余万骑，成为雁门第一位名将。

秦始皇统一中国，开拓性地实行郡县制，设有雁门、代郡，大将蒙恬从雁门关出，浩浩荡荡率兵30万，"北击胡，悉收河南之地"。

西汉以后，中原王朝逐渐形成幽、并、凉三大边防体系，其中以九郡为要塞，即并州边设雁门郡、代郡、云中郡；幽州边设上谷郡、渔阳郡、右北平郡；凉州边设陇西郡、北地郡、上郡，史称"三边九郡"。"三边"以并州边居中，最为要塞，并州边又以雁门郡为要冲，因为并州北直对匈奴，而匈奴又是战国、秦、汉时期中原王朝最大边患。在汉代，封建统治者逐渐把"塞"赋予了"关"的职能。汉刘邦高度重视雁门关的边防，委皇兄刘喜、皇子刘恒为代王。汉高祖七年（前200年）韩王信叛降匈奴，高祖临危北征，率三十二万大军北出雁门关进攻匈奴，被匈奴伏围于白登山，史称"白登之围"。汉文帝为代王时，常居代。武帝时期，雁门关外的"马邑之谋"，虽然失败却拉开了汉王朝对匈奴大规模动武的序幕。对武帝安定边疆做出重大贡献的卫青、霍去病、李广以及东汉时的马援都曾战斗在雁门关而留下英名。现存于天津市历史博物馆的东汉重要碑刻——《雁门太守鲜于璜碑》，是中华人民共和国成立以来发现的最为完整的汉碑，通碑字迹清晰，作为实物证据足可见证汉代雁门关的兵戈铁马。

魏晋南北朝时期，雁门关更是北方少数民族频繁活动的地方。这一时期也是民族融合的重要时期。《魏书·太祖记》

载，公元396年，北魏道武帝拓跋珪亲率大军四十万由雁门关南下进攻后燕（今山西太原），"旌旗络绎两千余里"。这是雁门关历史上规模最大的一次行军阵容。匈奴、鲜卑、羯、羌等少数民族，都经雁门关进入中原。

隋炀帝杨广于公元615年被突厥十万大军围于雁门，16岁的李世民救驾，杨广方脱险。

唐初，突厥军常犯雁门，李世民于630年对突厥发动大规模讨伐，以李靖为行军大总管，发大军十万，出雁门关征剿突厥，袭击定襄城（今内蒙古和林格尔），生俘突厥可汗颉利，全歼突厥二十万众，至此号称控弦百万的东突厥汗国宣告灭亡。后突厥余党再犯云州（今大同），代州都督薛仁贵率兵出雁门大破突厥。747年，朔方节度使王忠嗣将突厥赶出塞外。公元755年，"安史之乱"爆发，安禄山部将占据云中（今大同），扼守雁门关，朔方节度使郭子仪率兵进攻云中，相继收复马邑，攻破雁门关，南下太原，平叛成功。

唐末，雁门关一带又成为少数民族混战的沙场。沙陀族进入雁门关以北，其首领朱邪赤心因助唐平叛有功被赐李姓名国昌，其子李克用骁勇善战，独霸一方，巩固了雁门关这块根据地，终于奠基了后唐大业。李克用之墓在今雁门关下代县城西七里铺村。

后晋皇帝石敬瑭于公元936年割让雁门关以北"燕云十六州"予契丹。公元986年，宋太宗倾国伐辽，发兵三十万，兵分三路，意图收复"燕云十六州"。其中西路以潘美为主帅，杨业为副帅，出雁门关攻取诸州，这也引出了杨家将满门忠烈的史实。

公元1218年，元兵攻破雁门关，占领代州并一路南下。1368年，元朝大将扩廓贴木儿引兵出雁门关，意图由居庸关入攻被明军占领的北平（今北京），明将徐达、常遇春乘虚率兵捣毁太原，并占领雁门关。1327年，朱元璋命徐达、蓝玉率兵二十万出雁门关北伐，将元朝残余逐回漠北。

明代，雁门关始终处在同鞑靼、瓦剌冲突的前沿。1519年，由于并州边屡患（一年内瓦剌军从雁门关入侵达12次之多），正德皇帝朱厚照曾沿长城北巡雁门关，驻跸代州。

清军1644年由大同南下攻破雁门关，占领山西全境。雁门关外又是后金觊觎中原最早进攻的地方，皇太极、贝勒代善、阿尔泰、摄政王多尔衮都曾亲临雁门关外用兵。

近代战争史中雁门关亦是著名的战场。1926年，直、奉、晋军与国民军作战，晋军在大同失利，张学良命阎锡山退守雁门关，待国民军撤退时，阎锡山派商震追击直至绥远，扩大了阎锡山的地盘，晋军改名为晋绥军。1927年，晋奉开战，阎锡山退回雁门关，张作霖派兵尾追攻打雁门关不下，晋军转守为攻，由雁门出击迫使奉军退出山西，山西牢牢控制在阎锡山手中。

三、南北通衢

雁门关在和平期间，是中原与北方各族的通商互市。中原王朝同少数民族在边界互市，交流物资，传输技术，从秦、汉到以后各代都有记载。汉孝帝（前179—前157年）时与匈奴最早进行关市，匈奴将牛、马、羊及畜产品运至边境，换取内地的粮食、布匹、铁器等。鲜卑兴起后，中原的先进生产技术和"精金良铁"不断输出关外。经汉魏、隋唐及至宋辽，设于分界处的榷场互市更是繁盛。《资治通鉴》载，唐朝"每岁赍缣帛数十万匹就市戎马，以助军旅，且为监牧之种"。武则天时，互市达到相当规模。明代北方边境上的冲突非常频繁，但也没有根本取消互市，时断时续几次在雁门关周边设市，同瓦剌、鞑靼进行贸易。清统一中国后，更加强了各国、各民族间的交往，边贸经晋商进一步开拓，成为中国连接欧洲的重要商路。商品交流盛况空前。中原人开放对外谋生一般有三条途径：一为闯南洋，一为下关东，一为走口外。而口外的重要交通线是雁门古道。这古道成为"丝绸之路"衰落后第一条陆上国际贸易商路，中原商贾从全国各地采购货物，经雁门关运出，一路从张家口转运至恰克图；一路经杀虎口亦运至归化城（今呼和浩特）后转恰克图，与俄商贸，进入欧洲市场。

雁门关下的代州古城，这一中国北陲军事和经济重镇，是长城线上的中国历史文化名城。古代州城有大小商号300多家。商务远涉迪化（乌鲁木齐）、库伦（乌兰巴托）、海拉尔、北京、上海、苏州、成都等大中都市。归化（呼和浩特市）著名大商号大盛魁掌柜王廷相（代州东章村人），于清咸丰三年（1853年）在大盛魁做小伙计，因勤劳朴实，善于经营，后继任大盛魁掌柜。王廷相使大盛魁商务达到鼎盛时期，被誉为商界"福星"。百年商号"大盛魁"也被称为中国近代商业史上最大的旅蒙商号。清末，代州城内有大小票号56家，当铺26家，钱庄30家，其规模之大，资本之雄厚，信誉之良好，曾名闻黄河以北省市商界，这些票号、商号的流通都是从雁门关走向外省。中原商贾从全国各地采购的货物，经南口、前腰铺至东陉雁门关运出。现南口隘口烽火台、车马古道、走车大院、茶铺、盐铺、寺院遗迹众多。

四、民族融合

雁门古道是中国北方历史上一次次民族融合的见证。据《雁门关志》载，早先是春秋战国时期，猃狁、娄烦、匈奴等少数民族，不惜长途跋涉翻山越岭，通过雁门关进入内地，与汉族通婚通商结盟，同居处，同生产，同发展，促进了民族共同繁荣与进步。在魏晋南北朝时期，匈奴、鲜卑、羯、羌等少数民族，经雁门关克服高山险阻，实现跟内地的交往，既带来草原的气息，也充分享受了中原先进文化。特别是鲜卑族拓跋氏建立北魏，先都大同后又迁都洛阳，使民族交往更加频繁方便。在五代时，沙陀民族依雁门建后唐；在宋元时期，契丹、女真、蒙古等民族先后同样经过雁门关进入中原地区，由战争到"和同为一家"，与汉民族携手共创辉煌的华夏文明。雁门关乃兵家必争之地，也是沟通民族往来，促进民族融合的接缘地之一，在民族彼此融合团结的历史上，起了举足轻重的作用。

作者简介：刘燕芳，重庆大学文学硕士，忻州师范学院中文系教师。

参考文献：

1. 班固撰，颜师古注.汉书·地理志上.中华书局，1999年简体字本.
2. 代州志.光绪刻本.
3. 陈玉林.论雁北在民族融合中的地位.中国人民大学学报，1995年3.
4. 刘向.尔雅·释地篇·北京：中华书局，珍仿宋版印《尔雅义疏》中之五，第六页。
5. 穆天子传·卷一.上海：上海古籍出版社，1990.
6. 龚延明.中国通史.杭州：浙江少年儿童出版社.
7. 郭璞注，毕沅校.山海经·海内西经·第11卷.上海：上海古籍出版社，1989.
8. 吕不韦.吕氏春秋，卷第十三.陈奇猷校释.上海：上海古籍出版社，2002.
9. 乐史撰.太平寰宇记，第49卷.金陵书局刊行，光绪八年五月.
10. 李吉甫撰.元和郡县图志.北京：中华书局，1983.
11. 欧阳修，宋祁.新唐书·地理志二.北京：中华书局，1975.
12. 顾炎武.天下郡国利病书.北京：中华书局.
13. 司马迁.史记·高祖本纪·卷八.北京：中华书局，1999.
14. 魏书·太祖记·卷二.北京：中华书局，1999.
15. 司马光.资治通鉴·卷213.北京：中华书局，1956.
16. 山西旅游景区志丛书编委会.雁门关志.太原：三晋出版社，2010.
17. 全唐诗（全二册）.上海：上海古籍出版社，1986.

从雁门山到雁门关
——雁门关历史沿革问题补正

梁千里

雁门关是中国历史上的名关,其关址在今山西省代县西北约20公里的勾注山(今太和岭)上。这片地域北接大同盆地,南接忻定盆地,两大盆地之间被恒山山脉阻隔,其海拔大致在1000～1200米左右,只在今雁门关附近山脉收细,方可通行。这里地处中原地区与北方少数民族聚居区的过渡地带,历来为中原民族与北方游牧民族激烈角逐的战略要地,在中国古代历史中发挥着重要的作用。

对于雁门关,谭其骧、史念海、靳生禾等老一辈历史地理学家的研究成果奠定了今日对雁门关的基本认识,但今人对于雁门关问题的研究,却对这一区域的基本地理要素存在着较大的认识误区。"雁门"在历史中不仅是关名,还曾是山名、水名和郡县名,所以讨论雁门关的认识问题,须从地理要素关系入手,因而有必要对此重新进行梳理和辨析。

一、以山名郡:雁门山、勾注山与夏屋山

"雁门"一名,最早见于先秦文献。《尔雅》载:"北陵西隃,雁门是也。"郭璞注曰:"即雁门山也。"其位置据《山海经》载:"雁门山,雁出其间,在高柳北。"而高柳的位置,据《汉书·地理志》载,高柳属代郡,为西部都尉治。嘉庆《大清一统志》载:"阳高县在(大同)府东北一百二十里。"又载:"高柳故城,在阳高县西北,汉置县属代,后汉末为代郡治勰。"《中国历史地图集》中,高柳位于今大同市辖阳高县北境。可见《山海经》中所载的雁门山应在今大同盆地北部,与今日雁门关关址相去甚远。

今关址所在的勾注山,同样有着久远的历史。《吕氏春秋》云:"天下九塞,勾注其一。"《战国策》载:"赵王约代王于勾注之塞。"其所属,据《汉书·地理志》载:"勾注山在阴馆",属雁门郡。东汉应劭注《汉书·文帝纪》亦称勾注为"山险名也,在雁门阴馆"。《太平寰宇记》卷四十九"河东道"引《水经注》载:"雁门郡北对勾注,东陉其南,九塞之一。"《元和郡县图志》引晋咸宁元年勾注碑云:"盖北方之险,卢龙、飞狐、勾注为之首,天下之阻,所以分别内外也。"上述记载均表明,勾注山早在先秦便见诸史料,且以"南北巨防的作用"而闻名天下了。

勾注山东为夏屋山。嘉庆《大清一统志》引《尔雅》谓夏屋山为夏壶山,又名贾屋山、贾母山,俗称草垛山。《吕氏春秋》载赵简子病召太子嘱其"我死,已葬服衰,而上夏屋之山以望"。《史记·赵世家》谓赵王于"勾注之塞"杀代王一事发生在夏屋山。《汉书·地理志》载广武属于并州太原郡,"勾注、贾屋山在北"。而唐初李泰《括地志》指出"夏屋与勾注山相接,盖北方之险,亦天下之阻路,所以分别内外也"。明人作《方舆考证》按《史记》勾注、夏屋云:"勾注作夏屋,盖二山相连,可以通也。"从今日地形图上来看,恒山山脉西段连绵不断,冈陇相接,确如嘉庆《大清一统志》所云:"大抵州境诸山得名者,皆勾注之支脉也。"

综上,与"雁门"相关的山脉,包括今大同盆地中高柳北的雁门山、恒山山脉西段的勾注山和与之冈陇相接的夏屋山(见图1)。从先秦至唐,雁门山、勾注山和夏屋山的名称与方位基本是确定的。

二、以郡名关：雁门之名的南移与雁门关的出现

1. 雁门郡境的南移

古雁门山与雁门关所在的勾注山相去甚远，雁门关为何会以"雁门"为名呢？《中国历史地图集》将雁门郡南界画过勾注山似乎暗示了雁门郡的得名与现在雁门关有关，史念海教授认为此论"有点牵强"。笔者认为雁门关得名"雁门"，与雁门郡郡境的变迁有关。

战国中叶，赵武灵王兴胡服骑射，北定林胡、楼烦和东胡，置云中、雁门、代三郡。史念海教授考证，雁门郡是在匈奴林胡旧地而置，赵武灵王时期的高柳是雁门郡所辖的县邑，则雁门郡以雁门山得名"可以不烦解释了"。

此后秦国灭赵，置代郡而以高柳为郡治，雁门郡则西迁，以善无为郡治，雁门郡遂与雁门山脱离；两汉时期，雁门郡先治于善无县（今山西右玉县），后南移治于阴馆县（今山西朔州市），其郡境以勾注为界南接太原郡；三国魏文帝时，雁门郡南渡勾注山而治于广武，北部仅余楼烦、马邑、阴馆等县，勾注山更成为南北巨防；西晋末年，鲜卑拓跋部拓跋猗卢率部从云中向南迁徙至雁门，向并州刺史刘琨请求陉北之地，终使勾注山—夏屋山一线成为区分内外的边疆，直至北魏成为恒、肆两州州界而为雁门郡所辖。在这一过程中，雁门郡郡境经历了"先西后南"的变化过程，且北部郡境不断压缩，最终令本为雁门郡南界的勾注山成了北界。

图 1 战国时期雁门地区山川形势示意图

靳生禾教授认为，"这新的即秦汉时代的雁门郡境内的巨镇勾注山，遂取代战国时期雁门郡境内的雁门山，被称作'雁门山'"。但晋人郭璞注《山海经》曰："雁门山，即北陵西隃，雁之所出，因以名，云在高柳北"；北魏郦道元作《水经注》云："敦水出焉，东流注于雁门之水，郭景纯曰水出雁门山，谓斯水也"；唐李贤注《后汉书》亦采此说。可见当时所谓雁门山，仍然是指高柳北的大山。因此，雁门之名的南移，只是随雁门郡境改变，而非山的变迁。

2. 雁门关的诞生

雁门关诞生的年代，学界一般认为雁门关始建于唐（光绪《山西通志》卷35引代州志云："古雁门关，在今关西十余里，即太和岭道也，唐始置关。"）。史念海教授指出，明元帝泰常四年（419 年）幸代，过雁门关望祀恒岳，"大概可以说是雁门关的名称见于记载之始"，至于设关的具体时期则"大概是在北魏以平城为都的时候"；而靳生禾教授以"赵襄子约饮代王于勾注之塞"为据，认为春秋战国勾注塞乃是"雁门关"在该时期的别称，将雁门关年代上推至公元前五世纪的春秋战国期间。

然而对于"赵襄子约饮代王于勾注之塞"一事，《史记》亦有记载："襄子姊前为代王夫人，简子既葬，未除服，北登夏屋，请代王，使厨人操铜枓以食代王及从者，行斟，阴令宰人各，以枓击杀代王及从官，遂兴兵平代地"。

《正义》引《括地志》云："（夏屋山）在代州雁门县东北三十五里，夏屋与勾注山相接，盖北方之险。"颜师古曰："贾屋山，即史记所云赵襄子北登夏屋者。"《舆地广记》《册府元龟》《山西通志》（成化）《明一统志》《读史方舆纪要》等均采此说。前文已述勾注山、夏屋山本是两山，故仅《战国策》就认定"勾注之塞"乃是今雁门关前身，而将其历史最晚上溯至战国，似乎缺乏其他有力证据。

汉初，匈奴屡屡入寇勾注山之北：或围降韩王信于马邑，引兵南逾勾注；或入云中，而令汉文帝以苏意为将军，屯兵勾注守御。因而可知，勾注山在汉初已经成为抵御匈奴的前线。

《汉书·武帝纪》载元光五年（公元前130年），"发卒万人治雁门阻险"。对此古人有两种认识：一是刘颁曾认为"治险阻者，通道令易平，以便伐匈奴耳"，二是颜师古认为"所以为固，用止匈奴"。

明人戴君恩在《剩言》中说："然险阻既平，我能往，敌亦能来，岂自固之道乎？……师古之说，实人君驭夷良策。"清代王念孙《读书杂志》认为刘说"非也"，原因也是"治阻险若谓通道，以便伐匈奴，则匈奴之入寇亦便矣"，就是说打通了"雁门险阻"，那么也为匈奴南侵提供了方便。又有人评论"治雁门险阻"这一举措，"自反不缩出，此下策也"。这都表明了"治雁门阻险"的目的在于巩固雁门防御，以抵御匈奴进攻的道理。匈奴若要深入南侵，就必须越过隔绝忻定盆地和大同盆地的勾注山——夏屋山一线，而雁门郡境内的"阻险"正是其门户所在。

裴松之注引《三国志·魏书》灵帝熹平六年（177年），"匈奴中郎将臧旻与南单于出雁门塞"。清人考据三路军分别为"夏育出高柳，田晏出云中，臧旻率南单于出雁门"。三国魏青龙元年（233年），鲜卑步度根与轲比能勾结，魏王曹睿敕并州刺史毕轨曰："慎勿越塞过勾注"。勾注自然指的是勾注山，而塞当是指雁门塞。史念海教授称汉魏之际，勾注已成为边塞，边地设塞乃是两汉旧制，足见此时勾注山、雁门塞已经成为中原王朝与少数民族武装斗争的重要据点。而直到《魏书·礼志一》载："魏明元帝泰常四年（419年）幸代，过雁门关望祀恒岳"，则是如史念海教授所言的"雁门关的名称见于记载之始"了。

综上，雁门之名的南移是由郡境的改变而发生的，而勾注山则代替雁门山成了雁门郡境内的巨镇，山上的险要最迟在汉武帝时期也以雁门郡之故得名"雁门"了（见图2）；雁门关的正式营建则始于汉武帝元光五年（前130年）夏，其目的正是为了守备不断南下侵扰的匈奴。也正是有了这一据点，在元鼎三年汉武帝"广关"之后，形成了朔方、五原、云中、定襄、雁门、代郡这一条对匈奴作战的前沿阵地，而随后一系列中原王朝与北方少数民族的冲突，也正是围绕着这一地区发生的。自此"雁门"这一名称完成了其南移的过程。

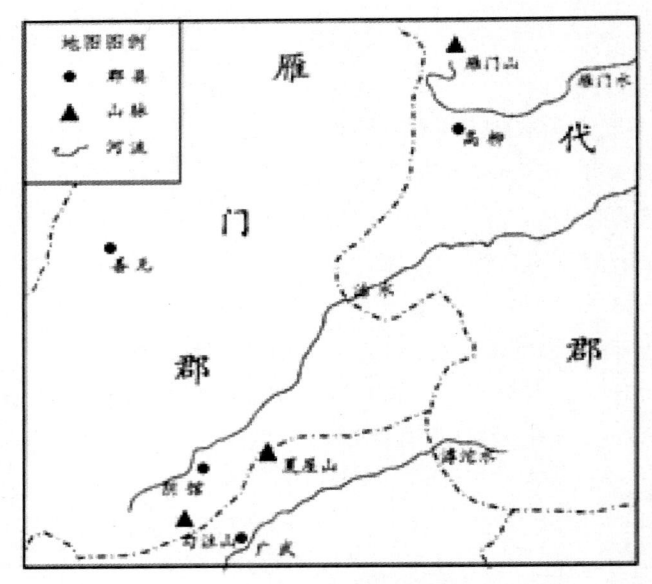

图2 西汉时期雁北地区山川形势示意图

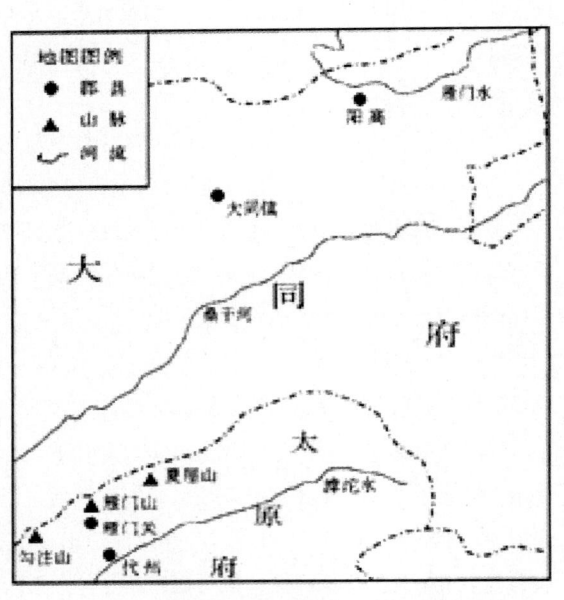

图3 明代时期雁门地区山川形势示意图

三、以关名山：雁门山的消失与重现

至于唐宋，勾注山则又被称为西陉山，属代州雁门县。《通典》称雁门"有勾注山，一名西陉山也"；《元和郡县志》载："勾注山一名西陉山，在（雁门）县西北三十里"；《太平寰宇记》载："代地有勾注山，一名西陉山，在（雁门）县三十里"，宋朝南渡，其疆域范围也有雁门山，分别在建康府境内和四川境内。南宋王象之撰《舆地纪胜》也提到"雁门山，在城（建康）东南六十里，或云有雁门僧居此，故名"，这与景定《建康志》的记录是一致的。而四川境内的雁门山，则在成都府路石泉军中，隆庆府梓潼县南三十里，也有一雁门山，或因"东西起两岭雁从中过，故曰"。但这些雁门山与北方的边疆巨镇的联系仅仅在于从史料上看或满足古书上"两山夹峙，雁出于其间"的描述，而对于高柳北的雁门山的记载却渐渐消失了。

而雁门山代替勾注山的记载，始见于元代脱脱所撰的《金史》。《金史·地理志下》载："雁门倚有夏屋山、雁门山、滹沱水"，以雁门山代替勾注之称。此后，这一新雁门山散见于明清诸文献，但已经与勾注山和高柳北的雁门山彻底混淆了（见图3）。

第一种是认为勾注山与夏屋山之间又出现了一段"雁门山"。如《明一统志》分别载："勾注山在代州西二十五里"，"雁门山在北三十三里"，"夏屋山在代州东三十里"；《三关志》载："雁门（山）在西陉之间"，而夏屋山则"在雁门山东"；清人《万山纲目》载："勾注山在代州西北二十五里……雁门山在代州北三十五里……夏屋山，在代州东三十里"；等等，皆持此看法。

第二种则认为雁门山为勾注山别称。如《明史》称："勾注山在西，亦名西陉，亦曰雁门山，其北为雁门关"；《读史方舆纪要》云："勾注山在太原府代州西北二十五里，名西陉山，亦曰雁门"；乾隆《府厅州县图志》载："雁门山在（代）州西北三十五里，与勾注冈隆相接，故勾注亦兼雁门之称"；清人许鸣磐作《方舆考证》指出："勾注、雁门实为一山，唐后史家多称雁门，而西陉、勾注既隐"，大概代表了持这一种观点的人的想法。

可以看出，明清之人已经难以辨析雁门山、雁门郡、雁门关三者的关系。他们从《山海经》中得知在高柳北有雁门山，从《水经注》中知道雁门山在代，而当时代县西北的山上的关隘既称"雁门关"，于是想当然把雁门关附近的山就叫作雁门山了。今人研究雁门关问题，更多是根据记录详尽的明清典籍，或认为发于雁门山的雁门水即是代县城东关沟河，或认为北陵西隃即是雁门山，这些大概都是缘于不考"雁门"之名缘起与沿革，混淆不同时期的"雁门山"之误了。

四、结语

综上所述，我们可以发现雁门关名称的沿革，大致经历了"以山名郡""以郡名关"和"以关名山"三个阶段。

"以山名郡"是指战国赵国以"雁出其间"而得名的雁门山，命名新获得的土地——"雁门郡"的时期，这是雁门关这一名称的最初来源。

"以郡名关"是指从战国末年至汉武帝时期，由于雁门郡郡境不断南移，而使人们将位于雁门郡境内的勾注山的险要隘口称为"雁门"。为了抗击匈奴，在汉武帝诏令下开始营建雁门关，在这一过程中逐渐完成了"雁门"名称的南迁和"山"与"关"名称的分离。尽管存在其他的别称，但雁门关与勾注山的名称至少在宋代仍保持稳定。

"以关名山"是指元代以降，由于战乱和文化的断裂，人们逐渐难以辨析雁门山、雁门郡、雁门关三者的关系了，于是想当然将雁门关附近的山称为雁门山了。

作者简介：梁千里，就职于北京大学城市与环境学院。

参考文献:

1. 郭璞. 山海经传·海内西经[O], 四部丛刊影明成化本.
2. 班固. 汉书卷28: 地理志下[M]. 北京: 中华书局, 1962.
3. 穆彰阿. (嘉庆) 大清一统志卷146[O]. 四部丛刊续编影旧抄本.
4. 谭其骧. 中国历史地图集第1册: 赵、中山[M]. 北京: 中国地图出版社, 1982:37—38.
5. 吕不韦. 吕氏春秋卷13: 有始[O], (东汉) 高诱, 注. 四部丛刊影明刊本.
6. 高诱. 战国策注卷29: 燕一[O]. 宋绍兴刻本.
7. 班固. 汉书卷4: 文帝纪[M]. 北京: 中华书局, 1962.
8. 乐史. 太平寰宇记卷49: 河东道十[O]. 清文渊阁四库全书本.
9. 李林甫. 元和郡县图志卷18: 河东道[O]. 清武英殿聚珍版丛书本.
10. 史念海. 论雁门关[M]// 河山集: 第4集. 西安: 陕西师范大学出版社, 1991:402.
11. 嘉庆大清一统志卷151[O]. 四部丛刊续编影旧抄本.
12. 吕不韦. 吕氏春秋卷14: 孝行[O] 四部丛刊影明刊本.
13. 司马迁. 史记卷43: 赵世家[M]. 北京: 中华书局, 1982.
14. 班固. 汉书卷28: 地理志上[M]. 北京: 中华书局, 1982.
15. 许明磐. 方舆考证卷25: 代州[O]. 清济宁潘氏笔鉴阁本.
16. 谭其骧. 中国历史地图集第2册: 并州、朔方刺史部[M], 北京: 中国地图出版社, 1982:17—18.
17. 司马迁. 史记卷110: 匈奴列传[M]. 北京: 中华书局, 1982.
18. 朱郑勇. 西汉初期北部诸郡边界考略[J]. 中国历史地理论丛, 2008, 23(2):83—90.
19. 靳生禾. 关于雁门关年龄、遗址的考证和考察[M] 靳禾生, 谢鸿喜. 山西古战场野外考察与研究. 太原: 山西人民出版社, 2013: 30.
20. 郦道元. 水经注[M] (清) 王先谦. 合校水经注卷13. 北京: 中华书局, 2009:213.
21. 魏收. 魏书卷181: 志第十[M]. 北京: 中华书局, 1997.
22. 班固. 汉书卷1: 高帝纪[M]. 北京: 中华书局, 1962.
23. 班固. 汉书卷6: 武帝纪[M]. 北京: 中华书局, 1962.
24. 戴君恩. 剩言卷7[O]. 明刻本.
25. 王念孙. 读书杂志·汉书第一[O]. 道光十二年刻本.
26. 叶沄. 纲鉴会编卷13[O]. 清康熙刘德芳刻本.
27. 陈寿. 三国志卷30: 魏书·鲜卑传[M]. 裴松之, 注. 北京: 中华书局, 2011.
28. 梁章钜. 三国志旁证卷18[O]. 清广雅书局丛书本.
29. 辛德勇. 汉武帝"广关"与西汉前期地域控制的变迁[J] 历史地理论丛, 2008, 23(2): 76—82.
30. 杜佑. 通典卷179: 州郡九[O]. 清武英殿刻本.
31. 乐史. 太平寰宇记卷49: 河东道十[O]. 清文渊阁四库全书本.
32. 王象之. 舆地纪胜卷17: 建康府[O]. 清影宋抄本.
33. 脱脱. 金史卷26: 志第七[M]. 北京: 中华书局, 1975.
34. 李贤. 明一统志卷19[O]. 清文渊阁四库全书本.

35. 廖希颜. 三关志·地理总考 [O]. 明嘉靖二十四年刻本.
36. 李诚. 万山纲目卷6[O]. 清光绪二十六年长沙刻本.
37. 张廷玉. 明史卷41：志第十七 [M]. 北京：中华书局，1974.
38. 顾祖禹. 读史方舆纪要卷39：山西一 [O] 清稿本.
39. 新林. 明代山西三关地区防卫区划的形成与演变 [D]. 上海：复旦大学，2010.
40. 刘燕芳. 论雁门关的历史作用 [J]. 文物世界，2012（6）:40—43.

《三关图说》与丫角山地望考

尚珩

山西镇，亦称太原镇或三关镇，是为明外长城外三关部分。镇内长城从山西河曲县黄河岸边起向东，经偏头关、宁武关、雁门关到平型关。在九边中，山西镇的战略地位较特殊，它与蓟镇、宣府、大同三镇同为拱卫京师的重镇。其所辖区域原为内地，明初蒙古势力较弱，加之明廷北边疆域广阔，因而其军事战略地位尚未凸显，"正统以后……北虏据东胜而三关困矣，西虏据河套而偏、老危矣。"明中期以后，随着蒙古实力的逐渐强大，明廷北边防线的逐渐收缩，从而使得山西镇的战略地位日益重要。对此《宣大山西三镇图说》云："盖尝统论山西之大势：三关，门户也；省会，庭除也；平潞诸郡县，堂奥也；西路之水泉、老营，中路之阳方、利民，东路之白草、雁门，又门户之锁钥也。锁钥严而门户固，门户固而堂奥安"；《九边图考》亦云："偏头、宁、雁门，向西逸东三关并列，西尽黄河东岸，东抵大同。虽太原北境要害之，与真定相为唇齿，非唯山西重镇，而畿辅之地安危系焉。"[①]这段文字对山西镇军事战略地位描述得再恰当不过。随着"宣德四年（1429年）置镇守总兵"，山西镇正式建镇。

出于方便朝廷了解边防体系和实际作战的双重需要，明朝绘制了不少边防地图，边防地图作为当时的军事用图，涉及国家机密，故只有政府官员才有条件利用官府所掌握的档案资料绘制地图。明朝自建国伊始便规定兵部职方清吏司（洪武年间称职方部）的职责是掌管"天下地图及城隍、镇戍、烽堠之政"，并责成"凡天下要冲及险阻去处，合画图本，并军人版籍，须令所司成造送部，务知险易"。职方司遂成为明朝专门搜集和绘制各地舆图，特别是军事地图的专职机构，并且要求"三岁一报"。但是，从现存来看，兵部所绘地图多为供朝廷了解边防体系，以便制定政治、军事战略的军事示意图，而非作战地图。《三关图说》便是此类地图的代表作之一。文章尝试考察其内容、技法、年代以及所反映的长城防御体系情况。

1 《三关图说》概况

现收藏于中国国家图书馆的明本《三关图说》（以下简称《图说》）为纸本经折装彩绘图册（舆图）和刻本两种版本，现存均为残本。

舆图版《图说》版式宽大，底色发黄，保存较好。从图上内容来看，图中无比例尺，方向大体保持上北下南，但未标方向，也没有方向标。

"三关"系指山西雁门、宁武、偏头外三关而言。图中以堡为单位来表示军事聚落。从整个地图册的设色来看，画面没有太多鲜艳的颜色，以浅褐色为地图背景的色彩基调，山以墨和石青为主要颜色，未使用任何皴法是此图中山体绘制的一大特色，山脚的颜色以黄褐色向上晕染，也与背景的颜色自然相接，整幅画面显得空灵而清幽旷远，设色稳重、淡雅，有着较强的文人画气息。

《图说》尚存图26幅。其中偏头关、桦林堡、老营堡、柏杨岭堡、水泉营堡、楼子营堡、河曲营堡7幅图，每幅纵32.5厘米，横52厘米。韩家坪堡、马站堡、永兴堡、新城、贾家堡、八柳树堡、寺塔堡、草垛山堡、黄龙池堡、滑石涧堡、岢岚州、五寨堡、三岔堡、岚县、兴县、河会堡、唐家会堡、河曲县、保德州19图，每幅纵32.5厘米，横26厘米。

《图说》并未采用目前研究评价甚高的"计里画方"与图例绘法，而是以直观、实用为目的，采用中国古代地图绘制中的形象绘法，图中不同地物采用形象化的各种符号来表示，介于写实与符号之间，体现了传统舆图的实用性。

《图说》描绘了明山西镇偏头关防区内对军事行动具有重大意义的山脉、河流、长城、墩台、城堡、隘口、界牌、市场、夷帐等丰富的内容，表现出多层次、立体性的长城防御体系。

军事设施是本图所反映的重点，描绘得相当细致。边墙绘制较为形象，因修筑材料的不同从颜色上加以区分。边墙之上绘有墩台、隘口、市场等附属设施。边墙之外因非明朝直接控制地带，绘制得较为简单，仅绘制蒙古部落位置和重要的城堡。并以图记的形式加以注明。

墩台因材质不同而用黄色或蓝色的形象符号表示，顶部立有旗杆。从数量上看，并未全部绘制，而是选取了部分重要的墩台。隘口系在边墙墙体之上绘制城门及门楼符号；墩台、隘口名目用贴黄标于其下。

城堡因材质不同而用黄色和蓝色绘制，营堡比例被夸张放大，采用平立面结合的画法，用鸟瞰的视角来审视，城垣不规则者亦有相应表现。城门、城楼均绘出，但城中没有绘制城内建筑和城市布局，仅写文字标注该营堡名称，但未注明尺寸、职官和兵力部署等详细信息。

图中上下部分写有大段文字注记，所表述内容相当丰富。营堡正上方的"边外"处，内容为各营堡所面临的敌人的名称、住牧地、距离长城的距离，如桦林堡边外记述为"虏地兔儿山系西哨毕赖倘不浪部落住牧"。水红漕水口系顺义王部落摆言大住牧。草庵子、口儿湾、南水泉、柳沟滩系东哨夷首圪蹬住牧。

各隔黄河一水，诸夷兵寡，稍弱。营堡的下方则记述发生在该营堡的重要战事情况。如桦林堡下记述"正德九年六月，虏繇驴皮窑抢至本堡。嘉靖三十九年十月，繇河口犯天峰坪至本堡。隆庆四年正月，繇刁窝嘴踏冰过河，抢至本堡。系极冲。"（见图1）

总体来看，《图说》的体例虽与标准的"图说体"边防志书，如《三云筹俎考》《宣大山西三镇图说》稍有不同，但内容图示与文字相得益彰，描述到位而简洁，突出了要表现的重点，便于从宏观上了解各个营堡塞防的大体情形。

刻本版《图说》现存一册，共107页，每半页9行，行20字，满行21字。首、尾页各钤印"国立北／平图书／馆所藏"。书内页左下角印有"祁门徐辉刻""徐辉刊""杨文登刊""徐辉""于国臣""贵""智""德""登""义"刊刻工匠姓名。

本册开篇为《山西西路总图有说》随后为《三关总图西路》，内容包含山西镇西路、河保路所辖内容。据此推测，该书分册体例并非按照山西镇各"路"防区为纲编纂，而是按照雁门、宁武、偏头三关进行编写。由于该册后部写有"三关图说后序"3篇，故该册为《三关图说》中的最后一册。并由此推测该书原应为3册，雁门关、宁武关各为一册。

刻本版《图说》中"图"的部分继承了舆图版《图说》中内容，采取中部绘图，上下写有大段记述文字的形式。与舆图版《三关图说》相较，刻本版《图说》的在"图"的基础上，增加了大量"说"的内容，如《分布拒守援剿事宜》《岢岚兵备道辖西路总说》《岢岚兵备道辖河保路总说》，且每座城堡"图"之后也附专篇"说"之内容。在内容

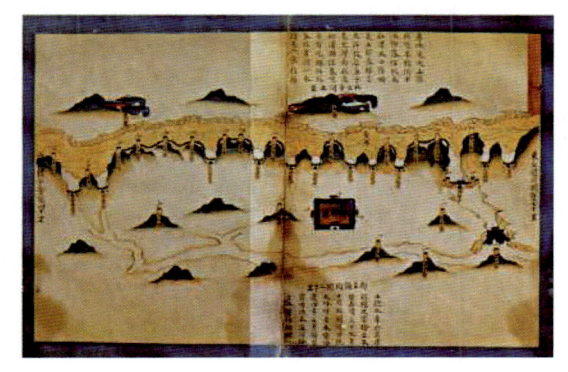

图1 《三关图说·桦林堡》图
Fig. 1 Sanguan greatwall map
（由明代巡按御史康丕扬绘制于万历三十五年前后，现收藏于中国国家图书馆）

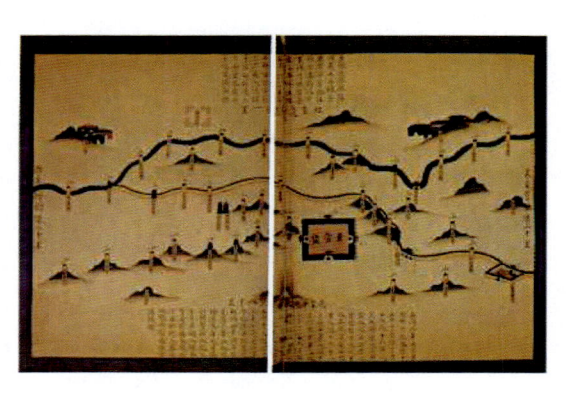

图2 《三关图说·老营堡》图
Fig. 2 Sanguan greatwall map
（由明代巡按御史康丕扬绘制于万历三十五年前后，现收藏于中国国家图书馆）

上比舆图版《三关图说》更加丰富、翔实,史料价值极高。

《三关图说》与成书于万历三十年前后的《宣大山西三镇图说》的性质相似。但由于该书只是三镇中的一个山西镇,所以《三关图说》中的图和说均比《宣大山西三镇图说》详尽。而且由于《三关图说》成书时间略晚,也纠正了《宣大山西三镇图说》中的一些错误。例如桦林堡在《宣大山西三镇图说》其四至是"南至楼子营堡"而楼子营堡的四至是"北至边墙(黄河)",在《三关图说》中,桦林堡的四至是"西至楼子营堡",楼子营堡的四至是"东至桦林堡",由此看来,《三关图说》的方位是正确的。

《图说》由康丕扬主持纂辑。康丕扬,字士遇,号骧汉,山东陵县(今山东德州)人。万历二十年(1592年)进士,曾任巡按监察御史[②],在任期间,为筹划边防备战守之策,遂与三关诸将共同组织编绘《三关图说》,绘成时间当在万历三十五年(1607年)左右。

在《三关图说》中绘制的众多墩台中,《老营堡》一图中标绘了丫角山墩(图2),为学者研究大同、山西两镇的分界提供了直接依据。

2 丫角山地望

明代中期以后,随着洪武二十九年修建的"大边"长城的废弃,以及长城边防线的收缩,丫角山的战略地位日益突出。首先,丫角山为"极边"(外长城)、"次边"(内长城)的交汇点。翁万达云:"查得丫角山迤西至老牛湾,系极边地方,外即虏巢,防守应援官军,时不可缺。丫角以东至平刑关共七百余里,系内边地方,外有大同障蔽……"

其次,丫角山是明代大同镇防区的西端点。翁万达云:"大同起西路丫角山,逶迤而北,东历中北二路,抵东路之东阳河、镇口台,实六百四十七里。"更为重要的,丫角山亦是大同镇和山西镇军事辖区的接合部。《九边图说·大同镇图说》:"大同古云中地也,西起丫角,东止阳和,边长六百四十余里"。《九边图说·山西镇图说》:"山西自丫角墩起,至老牛湾止,边长一百余里"。

显然,丫角山正处于大同镇与山西镇外边长城的交界处。丫角山在明代中期以后是老营城所辖极冲地之一,它东、西两翼的大同镇与山西镇长城外接蒙古部落,"险在外者也,所谓极边也","是故丫角、五眼井为外边内边之要枢"。战略地位十分重要。

关于丫角山的地望,学者们现存两说,一说认为丫角山墩在内蒙古清水河县口子上村东北[③],口子上2段3号敌台即为丫角山墩。一说认为丫角山(墩)在山西偏关柏杨岭,即柏杨岭1段1号马面(编码:150124352101170336)东北侧。下面我们将从石刻、舆图、道里、防御体系等几个方面考证丫角山墩的地望。

2.1 舆图

《宣大山西三镇图说》中《老营城》图说中载老营城(图3):"边口二处,内丫角山、镇胡墩、五眼井等三十二处极冲,通大虏。"图中标注五眼井口位于外长城上,东为丫角山。国家图书馆藏的明万历年间绘制的《三关图说》(图4)中,亦将丫角山(墩)绘制于五眼井口东北方向。因此,考证五眼井口的位置显得尤为重要。

"在偏关东北一百二十里,老营之北隘也。"位于今内蒙古清水河县口子上村(该"口"即五眼井口)。该山口向东南方沿山谷经阳坡村、老牛坡村、新村可达将军会堡东南,即将军会堡侧后方。亦可南下至贾家堡。这便是该地"极冲""通大虏"的原因。

图3 《宣大山西三镇图说·老营城》图
Fig. 3 Xuandashanxi greatwall map
(由明代宣大总督杨时宁于万历三十年前后绘制,现收藏于国家图书馆)

五眼井堡，因选址修建在五眼井口而得名。堡"西至水泉营四十里，南至老营所三十里，接丫角山"。今位于口子上村南，山谷南坡上。堡址犹存。该堡由兵使卢友竹于崇祯十年（1637年）修建。堡周"广一里"[④]。"初设防守一，兵二百二。崇祯十三年添设守备，益兵共六百二人。"卢友竹，据山西偏关县老牛湾堡南门瓮城东门外侧崇祯九年（1636年）的"老牛湾堡"门额记载，其官职为"钦差整饬岢岚兵备山西按察司副使"。至清代，这里仍设兵守御。"雍正七年，添设外委把总一，分防五眼井把总一"。"至乾隆十年，游击所领兵，凡四百有四。其老营之五眼井、马站堡，水泉堡之草垛山、滑石涧，各以把总守之"。据口子上村现存清代石碑，如《余公德政碑记》《四公主德政碑记》《五圣庙重修碑记》《五眼井重修庙宇碑记》碑文记载，清代此地仍为五眼井口、五眼井堡[⑤]。

综上所述，丫角山墩当位于五眼井口、五眼井堡东北方，即口子上村东北方。其他位置均不符合明代舆图所绘。

2.2 石刻

据原北堡乡口子上村党支部书记刘旺厚回忆，在村东山的一座敌台，即口子上2段3号敌台（编码：150124352101170152）的北壁下方原有一通石碑，董耀会在20世纪80年代徒步考察明长城时，亦记录此碑[⑥]。现存放于清水河县文物管理所。石碑为青石质，圜首，高1.18米，宽0.62米，厚0.14米，题额"碑记"，碑文右行竖书，因表面漫漶，碑文释读如下：

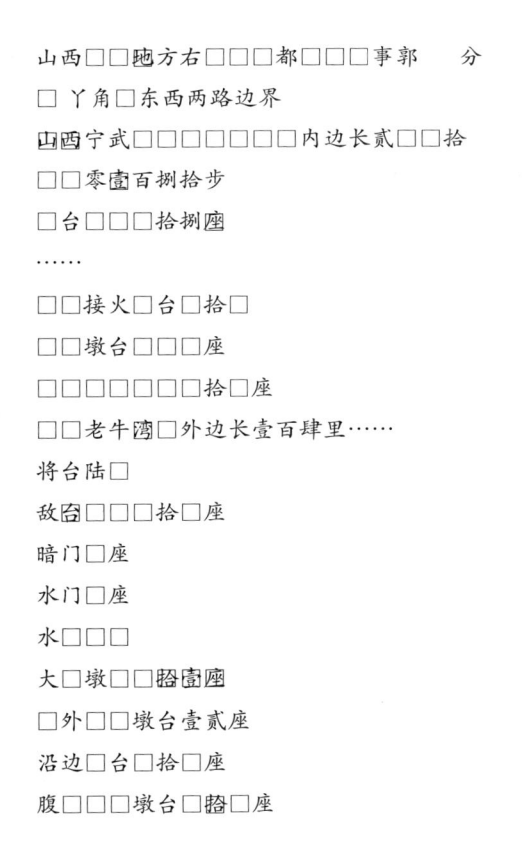

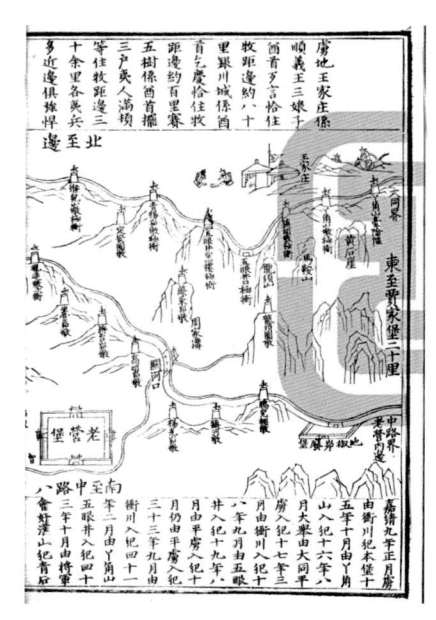

山西□□地方右□□□都□□□事郭　　分
□丫角□东西两路边界
山西宁武□□□□□□内边长贰□□拾
□□零壹百捌拾步
□台□□□拾捌座
……
□□接火□台□拾□
□□墩台□□□座
□□□□□□拾□座
□□老牛湾□外边长壹百肆里……
将台陆□
敌台□□□拾□座
暗门□座
水门□座
水□□□
大□墩□□壹座
□外□□墩台壹贰座
沿边□台□拾□座
腹□□□墩台□□□座

图4 《三关图说·老营城》图
FIG.4 the map of laoyingfort(Selected from Tushuo of
Three Towns in XuandaShanxi greatwall)

图5 清水河县文物管理所藏山西老牛湾村明长城界址碑拓片

嘉靖贰拾柒年陆月吉日

该碑所刊刻的内容与山西忻州偏关县老牛湾村的一通明代界址碑（老牛湾1号碑）在石质、碑形、题额、书写内容、时间等方面十分相近（图5）。碑身高1.25米，宽0.66米，厚0.11米，释文如下：

钦差分守山西西路地方右参将署都指挥佥事

郭分管老牛湾起东西两路边界

东至丫角止外边长壹佰肆里零壹佰捌拾陆步

将台陆座

敌台壹佰玖拾柒座

暗门叁座

水门壹座

水□壹处

大边墩临贰拾壹座

边外夹道墩台壹拾贰座

沿边墩台叁拾捌座

腹里接火墩台玖拾玖座

西至西黄河唐家会横墙却胡墩□□边崖长壹

佰贰拾伍里零叁拾步

水门贰座

沿河边崖墩台肆拾玖座

腹里接火墩台叁座

嘉靖贰拾柒年陆月　吉日

此外，碑左上方空白处，于万历三年（1575年）以"重修"为名补刻，碑文如下：

西路偏头关□□营□墩旗牌　杨　李

老家营□墩旗牌　韩

老家营管修老牛湾墩旗牌　赵　冯

写字□□□闫□□平阳人孟尚春

□□□一个□□李

泥匠□□石匠二名薛

万历三年九月吉日作

明代宣大山西三镇长城沿线的各个防区交界处刊立刻石始于翁万达在任期间，他在《集众论酌时宜以图安边疏》中要求"须责之抚镇督令参守等官，照依地界，遇有墙垣倒塌，壕堑淤浅，即时修补。开浚外边亦然，仍将地界及补浚事宜，刻石于各界地，以便遵守，以严责成，永俾勿坏。"此举在于保证边防设施的完固。同时刻石也划分出了战时的职责范围。

"督同参守多差人役远哨，遇报警急，督率官军尽力堵遏。敢有疏防，致房侵入，查照分定地界，比依失陷城寨之律，直坐所由。"口子上与老牛湾的两通碑刻均立于嘉靖二十七年（1548年）便是其体现。碑刻署名"郭"，即为郭瀛，太原人，嘉靖二十七年（1548年）任参将。即西路参将，因此该碑应为郭瀛到任西路参将后阅示边务，视察其所分管的边墙时所立。两碑相校，记载内容大致相同，详细记载了嘉靖二十七年时山西镇辖西路丫角山一老牛湾的防务情况。鉴于其所立石碑为所分管长城防区的边界，故口子上村东山坡发现石碑所立之地，当为丫角山墩。

2.3 道里

"四至八到"是中国古代地学著述对行政区域边界的一种具有广泛意义的文字表述方式，其最主要的功能是表示府州县方位距离。古舆图研究学者成一农先生指出："明代方志中'四至八到'数据至少大部分应当是道路距离。" 经过对自唐以后记载"四至八到"的地理总志和地方志进行

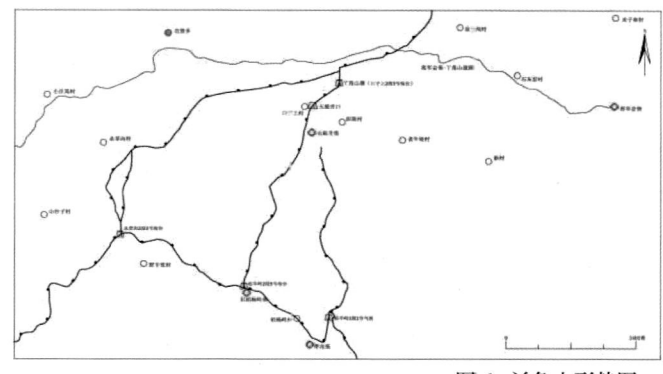

图6 丫角山形势图

考证、互证，成一农先生认为中国古代地理总志和地方志中记录的"四至八到"数据绝大多数应当都是道路距离。《宣大山西三镇图说》亦不例外，书中《将军会堡》的图注是"西至山西边丫角山十里"。此处的"十里"当为道路距离。按照明代一里等于一千五百尺，一尺合今32厘米计算，明代一里合今480米，十里共4800米，即4.8公里。

将军会堡位于今山西省朔州市平鲁区将军堡村。城堡西有一条西北—东南走向的山谷，经石灰窑、泉子沟村后由二十六村（今已废弃）即明代二十六墩口出长城可通往内蒙古，即清水河县北堡乡所在地（图6）。山谷中原为一条沙石路[7]，近年在原基础上硬化为水泥路面。经测量，从将军会堡沿山谷中的公路至长城总计为4.7公里。考虑到古今实地测量和单位换算的误差，可以断定文献记载与现今测量的距离基本一致。口子上2段3号敌台即位于公路穿过长城的南侧山顶上。鉴于此，判定口子上2段3号敌台是明代丫角山墩，从距离里程上看是符合文献记载的。

山西忻州偏关柏杨岭—野羊寠一线的长城上有东、中、西三处长城交汇点，分别为：柏杨岭1段1号马面（编码:150124352101170336）东北侧；柏杨岭2段5号敌台（编码:150124352101170167）西侧；水草沟2段5号敌台（编码:150124352101170146）上。有学者认为丫角山墩应位于东侧交汇点上。从里程上看，从将军会堡至最近的东侧交汇点的直线距离便已是6.7公里，且山路崎岖难行，实际行走距离里程则更高，远远大于文献上记载的里程（图6）。

2.4 防御体系

前文所述，丫角山墩作为明代大同镇、山西镇两军镇的分界处，以南属于山西镇，以北属于大同镇。具有重要的地理标示意义，特别是在军事防御体系上，是两镇划分防御区域的标志，更是军镇划分所管辖的土地、人口、赋役等内容的依据。

《宣大山西三镇图说》中《老营城》"说"中载，老营城："边口二处，内丫角山、镇胡墩、五眼井等三十二处极冲，通大房。"说明五眼井口属山西镇岢岚道辖西路的老营城管辖。该口南侧的五眼井堡"与大同接界，总督翁万达以为外、内两边之要扼"。亦说明五眼井堡属山西镇防区。将军会堡，按《宣大山西三镇图说》载属大同镇守道辖井坪路管辖。因此，作为两镇之界的丫角山墩当位于五眼井、将军会两城堡之间。

从现存长城遗迹上考察，口子上村东山的口子上2段3号敌台（编码:150124352101170152）位于两堡之间的长城本体上，符合其地望要求，当为丫角山墩。同时，将军会堡"分边沿长一十七里六分零，边墩三十二座，界墩一座，火路墩七座"中的"界墩"即指山西、大同两镇分界之墩：丫角山墩。由此可知，丫角山墩本身归属大同镇将军会堡管辖。其迤西、南长城属山西镇，这与文献中"老营堡制：五眼井墩，北直赤山，东接朔州卫丫角山墩，长城复折而西，为山西老营堡界首"的记载是对应的。反之，如果丫角山墩位于偏关柏杨岭上，即柏杨岭1段1号马面，则会造成山西、大同两镇辖区的混乱——五眼井口、五眼井堡的归属由山西镇老营城改属大同镇管辖（图6），这与众多史籍所载相悖。

3 结论

丫角山作为明代大同镇、山西镇两座军镇,外长城、内长城两道边墙的分界墩具有重要的地理标识意义。通过考察明代舆图、现存出土石刻文献、文献记载的里程和大同、山西两镇的整体防御体系四个方面,认为今内蒙古清水河县北堡乡口子上村[⑧]东北的口子上2段3号敌台(编码:150124352101170152)应为明代丫角山墩(图6[⑨])。口子上村东山,现称之为油磨山,即为明代丫角山。而今山西偏关县柏杨岭则与丫角山毫无关系。

此外,《图本》中的《老营城》图中除了绘制丫角山墩外,在其东侧还绘制了丫角山台。"墩"与"台"分属两种建筑,"墩"即实心墩,"台"即空心敌台[⑩]。"丫角山台"一词在舆图中尚属首次出现,为今后探究其具体位置提供了参照。

作者简介:尚珩(1984—),男,北京人,硕士研究生,北京市文物研究所中级馆员,研究方向为长城历史与考古。

注释:

① [明]程道生:《九边图考·三关考》,民国八年石印本,第37页。

② [明]李维桢、李景元等:《山西通志》卷之十二《职官》载:"康丕扬,山东陵县进士。"山西省地方志办公室编:《山西通志》,中华书局,2012,第220页。

③董耀会:《明长城考实》载:"有些同志认为,丫角山即清水河县与偏关县交界处的海拔一千八百三十二点三米的白羊岭山。此山为这一带最高山,长城跨山而过。但通过实地考察我们认为,丫角山应为今清水河口子上村东山。"档案出版社,1988,第186页。中国长城学会编:《长城百科全书》,吉林人民出版社,1994,第765、1154页。洪峰、马自新:《丫角山考辨》,《万里长城》2010年第2期。孙驰、李铁刚:《清水河县的两方明代长城界址碑》,《中国边疆史地研究》,第22卷第4期,2012,第58—64页。

④ [清]雅德修、汪本直:《山西志辑要》卷六《宁武府偏关县·关津·五眼井堡》:"周一百丈。"日本早稻田大学藏清乾隆四十五年刻本,第8页。

⑤五眼井村位于五眼井堡南,村庄已废弃。

⑥《长城百科全书》中载"在口子上东山上有一块长1.2米、宽0.63米、厚0.14米的石碑"。吉林人民出版社,1994,第765、1154页。华夏子:《明长城考实》,档案出版社,1988,第185页。

⑦通常在偏远地区,由于社会发展较为落后,地形地貌改变较少,因此现今道路往往沿用古代道路。

⑧据成书于民国时期《偏关志》中的《偏关地图》显示,五眼井口、五眼井堡、丫角山墩一带长城在清末民初尚属偏关县管辖。1949年3月,改划归清水河县北堡乡管辖。

⑨该图以Google地球2017年2月17日拍摄的卫星影像图为底图绘制。

⑩"墩台"问题参见尚珩:《〈延绥东路地理图本〉研究》,《故宫学刊》总第十九辑,故宫出版社,2018。

参考文献:

1. 杨时宁.宣大山西三镇图说卷三山西镇总图说[M]薄音湖,王雄编辑点校.明代蒙古汉籍史料汇编第12辑,呼和浩特:内蒙古大学出版社,2015:148.

2. 廖希颜,卢银柱 校注.三关志校注卷三偏头关地理总考[M]北京:中华书局,2013:110.

3. 曹婉如.中国古代地图集·明代图版说明[M].北京:文物出版社,1994:6.

4. 翁万达.翁万达集卷6广储蓄以备军需以防虏患疏[M]上海:上海古籍出版社,1992:148—149.

5. 翁万达.翁万达集卷4宣大事宜议[M].上海:上海古籍出版社,1992:99.

6. 霍冀.九边图说[M]薄音湖,王雄编辑点校.明代蒙古汉籍史料汇编第2辑.呼和浩特：内蒙古大学出版社,2000:37,39.

7. 王轩等纂修.山西通志卷四五·考三之二·关梁考二[M]太原：三晋出版社,2015:2364,2354,2354,2355.

8. 秦在珍,吕成贵,胡美仓.《〈丫角山考辨〉驳正》[J],中国长城博物馆,2016(4):36—44.

9. 杨时宁.宣大山西三镇图说老营城国[M]薄音湖,王雄编辑点校.明代蒙古汉籍史料汇编第12辑.呼和浩特：内蒙古大学出版社,2015:165,492,165,126.

10. 卢银柱 校注.偏关志卷上地理志·堡寨贾家堡条："东接云、朔,北通五眼井,西接老营。"[M].北京：中华书局,2013:63.

11. 卢银柱 校注.偏关志卷上地理志·堡寨五眼井堡条[M]北京：中华书局,2013:66.

12. 魏元枢纂.宁武府志卷五武备[M]山西省宁武县地方史志编纂委员会.宁武旧志集成.成都：巴蜀书社,2010:219,221,221.

13. 内蒙古高校人文社科中国北疆史重点研究基地,老牛湾国家地质公园管理局.内蒙古清水河县碑刻辑录[M].呼和浩特：远方出版社,2015:130—131,7—28,4—5,128—129.

14. 翁万达.翁万达集卷10集众论酌时宜以图安边疏[M].上海：上海古籍出版社,1992:302,307.

15. 卢银柱 校注.偏关志卷上职官志·参将[M].北京：中华书局,2013:198.

16. 成一农."非科学"的中国传统舆图：中国传统舆图绘制研究[M].北京：中国社会科学出版社,2016:288,326.

17. 杨时宁.《〈宣大山西三镇图说〉将军会堡》[M]薄音湖,王雄编辑点校.明代蒙古汉籍史料汇编第12辑.呼和浩特：内蒙古大学出版社,2015:413.

18. 丘光明,秋隆,杨平.中国科学技术史·度量衡卷[M].北京：科学出版社,2001:407.

19. 魏元枢.宁武府志卷三城池[M].山西省宁武县地方史志编纂委员会.宁武旧志集成.成都：巴蜀书社,2010:199

明代万历年间山西镇《创修滑石涧堡砖城记》考释

翟 禹

明代九边之一的山西镇长城沿线有一座军堡,即滑石涧堡,现为山西省忻州市偏关县黄龙池乡滑石村,位于明长城南400米处的山顶上,长城现为内蒙古自治区与山西省的分界线。滑石涧堡始建于明宣德九年(1434年)[1](《地理总考·偏头关》),其东与水泉营、老营城呼应,西面紧邻黄河,南屏偏关,北为塞外,处于明与北元对峙的前沿。滑石涧堡为矩形,周长550米,面积18600平方米,城墙高6~7米,南墙开一城门,城墙有角楼、马面等设施。城门为青砖、条石砌筑。门拱上方嵌有一块匾额,上书"镇宁",城门顶部立有一块石碑,名为《创修滑石涧堡砖城记》,立于万历十年(1582年),高1.8米,厚0.2米,宽0.86米,碑文共计1327字。本文首次将此碑文公布,并作考证分析,请方家指正。

一、碑刻录文

《创修滑石涧堡砖城记》碑文如下:

国家建都北平,以宣大为肩背,以辽东为左臂,谓其外与虏接而内距京师无□也,谋国之臣于此数镇恒注算焉。正德、嘉靖中,虏数数南犯,乃以我颓垣坏壁,无暇为自治防,故辄入辄得志去。穆宗朝,虏俺答尊孙若妇款云中塞,诏许纳之,虏大感我恩,因求贡,请封为外藩,自是南北弭兵矣。偏关北七十里,古有滑石涧堡,至我朝,堡仅存基址尔。

隆庆三年,苛岚兵宪沾化范公、西路右参将榆林方公复加修筑城,事竣,议设一防守官统御之。迨万历五年,前都御史今总督宁夏成都高公,缘秋防互市,历偏关,因而之边巡阅新修塞垣,抵滑石,谓阙地乃偏关之保障,三关之锁钥也,其形险固,造物者设此以作藩篱防守,恐非所宜,且北虏款贡,狼烟少警,我固得向意内治,然斯重镇非得人以守之,孰为之控制哉?迨六年五月内遂疏请于朝,设一守备官,而募军六百名为防御计,当大司马议瑾覆,报可。第其堡城仍土为之,顾制度狭隘,墙址咸剥,实非永久之谋。乃前省参陟都御史东岱萧公曰:往岁虏侵掠不时,我不得措版钟,故城堡随修随圮,仅仅限华夷,以故虏长驱无忌耳。今桑土可把,绸缪宜备,不可不预为之防。始谋易以砖石,高其墉,深其堑,诚万一劳永逸,得算多也。是役也,咨谋荒度经营中始,则高公、萧公乃以移镇去。缵继勋猷,丕树成业,则今抚台都御安丘辛公。克绪畴庸,辉章终绩,前省参陟都御太康王公、今整饬苛岚左省参莱州胡公。胜算制于帷幄,率作竞于原野,则前陟肘印云中麻公、今镇守大将军上谷王公。□山削谷,谋始成终,则前副总兵济宁赵公、榆林李公,今永平陶公、前参将白登李君、今蔚州张君。转饷恤戎,综覆稽核,则管粮同知汝阳胡君。胼胝为劳,始终底绩,则滑石守备今升都司保定常君。至于控驭三陲,绮分万里,则前总督山阴吴公、今安肃郑公也。功始于万历庚辰,告成于壬午。

城计周围一里许,砖石各相半,上建面楼者二,角楼者四,各悬扁于其上。东西敌台房各五间,左右厦房二间,马道二处,各有牌坊门栅。内堡门改小楼一座为更鼓,譙①角者设,艮地建察院公署一所。内堡建守备公衙一所,乾地建中军官荷衙一所,堡前建把总官衙一所。又创仓廒数间,营房三百间,分街衢为五道。堡内建马王庙,北楼塑真武像,廊外建武安王庙,以修祀典。缘堡去水远,又凿水窖十一眼,每窖可容水千石余,以备不测。雉堞云连,梯楼相映,屹乎天险之峻,金城之固矣。

乃常君以记来,请余为之记曰:《易·萃》有之曰:"泽上于地,萃。君子以除戎器,戒不虞。"②然当萃聚时而预为武备,修者何?盖以肃内外防而保其萃者,注意深也。故戎车饬于六月而非以为棘,干羽舞于两阶而非以为弛,采薇遣戎,又惵惵戎狄之虑焉③。乃当周盛时盖如此,后世亡论。已然保邦固围安内攘外,未始溃夷□防。我国家列圣继统,薄海内外罔不率俾,况且虏款阙效顺,尘沙风扫,瀚海波澄,此诚千载未睹事也。然致治未乱,

328

保邦未危，在谋国大臣，可无未雨之忧，先事之虑哉？且滑石东接水泉，西逼河套，南屏偏关，北临穷漠，诚极边要塞也。今坚城固壁，深沟高垒，我既据其上游，即使虏一旦败盟，弯弓牧马而南，则可恃在我，庶高枕而无忧矣。奠国祚于苞桑，措边民于衽席，威严所加，震荡所慑，即一孤城，巍然虎豹关也。虽然，山以西视京师为外藩地，形延口通胡之孔道尚多。当事者诚于此时相与勠力经营，令亭障星连，烽燧炬列，又时时与之讲武备，习射骑，储粮饷，厉器械，于地利人和均加之意焉，使夷虏望见，知中国有备，毫无间隙，不敢窥我谋南向，如此可保数百年无事矣。记成又附之云云。

大明万历十年岁在壬午孟秋吉钦依守备山西滑石涧堡地方今升本省都司佥书中式丁丑科会试武举署都指挥同知保定常世爵立石□城工委官把总尹凤口指挥王乔本营中军百户潘九龄把总百户汪起凤

二、考证分析

根据《创修滑石涧堡砖城记》碑文的结构，将其分为以下五部分。

第一部分从开头至"堡仅存基址尔"，记述了创修滑石涧堡的历史背景。

第二部分从"隆庆三年"至"告成于壬午"，叙述了滑石涧堡的修建过程。碑文中的部分人物与堡中"镇宁"匾额之落款相对应。匾额正中阴刻"镇宁"，落款为"钦差巡抚山西都御史高文荐，钦差镇守山西总兵官王国勋"；"钦差岢岚兵备升任宁夏巡抚萧大亨，钦差岢岚兵备右参政王旋，钦差分守西路右参将李东阳，万历八年庚辰季夏吉旦，潞安府同知胡□，滑石堡守备常世爵，委官援兵把总□□□"。万历八年（1580年），对滑石涧堡城墙进行包砖的时候立此匾，与大同镇西路败虎堡"永宁"碑类似，两者立碑时间相近，都昭示着边境的和平[④]。两碑所涉人物如下。

宣大总督吴兑，即山阴吴公，万历五年（1577年）至万历七年（1579年）任宣大山西总督，碑立于万历十年（1582年），所以称"前总督"。《明史》中记载："吴兑，字君泽，绍兴山阴人……万历二年春，推款贡功，加兑右副都御史。贡市毕，加兵部右侍郎兼右佥都御史。五年夏，代方逢时总督宣、大、山西军务……（万历）七年秋，以左侍郎召还部，寻加右都御史，仍佐部事。"[2]（卷222《吴兑传》P.5848）

"今总督安肃郑公"，即郑洛，安肃（今河北省保定市徐水区）人。隆庆和议以后，郑洛于万历二年（1574年）由浙江左布政使升为右佥都御史，巡抚山西。后改为大同巡抚，升为右副都御史，继而为兵部右侍郎。万历七年，郑洛代替吴兑继任宣大山西总督，处理与蒙古互市贸易事宜[3]（卷222《郑洛传》P.5850）。郑洛极为重视边镇防御体系建设，积极主张筑塞防边。万历十年，郑洛在任，他经略北边十几年，为明蒙关系的发展做出了巨大贡献。

"成都高公"，即山西巡抚高文荐，成都右卫人。万历五年（1577年）四月至万历八年（1580年）十二月任山西巡抚[⑤]。

"东岱萧公"为"岢岚兵备升任宁夏巡抚萧大亨"，"东岱"为泰安州[⑥]。万历八年以前任山西岢岚兵备道参议，万历八年至万历九年（1581年）任宁夏巡抚。萧大亨在明朝是一位很有影响的人物，《明史》未立传。

"安丘辛公"，即山西巡抚辛应乾[⑦]，其于万历八年十二月由山西左布政使升为都察院右佥都御史，接替高文荐任山西巡抚[4]（卷107，万历八年十二月己未，P.2070）。万历十一年（1583）闰二月，辛应乾升为南京兵部右侍郎，调离山西[5]（卷134，万历十一年闰二月辛巳，P.2506）。万历十年创修滑石涧堡时辛应乾正在任。

"沾化范公"，即范大儒，山东沾化人，隆庆二年（1568年）始任岢岚兵备道官员，驻防偏关。

"榆林方公"，即方振，陕西绥德县人，隆庆二年始任山西西路右参将，驻偏关。

"镇守大将军上谷王公"，即山西总兵王国勋，其于万历八年由甘州左副总兵升任山西镇总兵官[6]（卷99，万历八年闰四月戊辰，P.1981），于万历十二年（1583年）十月以总兵官身份改镇宣府[7]（卷154，万历十二年十月乙巳，P.2845）。

"陟肘印云中麻公"，即山西总兵麻锦，是明代山西大同右卫回回家族麻氏的重要成员。麻锦于万历五年以甘肃总兵改镇山西，不久改镇宣府[8]（卷61，万历五年四月壬午，P.1389）。万历十一年五月麻锦因受到御史陈性学劾其"贪淫酷暴"[9]（卷137，万历十一年五月丙午，P.2565）被革职。滑石涧堡重修之时，麻锦已改任宣府，因此称"前陟肘印"。

太康王公为"岢岚兵备右参政王旋"，河南太康人[⑧]。

"莱州胡公"，即胡来贡，时任岢岚道兵备左参政，万历十年十一月，升山西按察使，很快又擢升为右佥都御史，任大同巡抚[10]（卷130，万历十年十一月丙辰，P.2415-2416，万历十年十一月庚申，P.2420）。

"白登李君"，即"钦差分守西路右参将李东阳"。大同东北有白登山[11]（卷41《地理志二》P.967），此外，左山西阳高县西山一带有李东阳墓[12](卷56《古迹考七》P.531)。由此可知,李东阳为大同县人。"前副总兵济宁赵公",即赵崇璧,山东济宁人,万历五年任山西镇副总兵。"榆林李公",即李真,万历九年,李真由分守宣府东路永宁等处右参将升任山西镇副总兵[13](卷111,万历九年四月己亥,P.2120),次年旋即升任总兵,镇守陕西[14](卷122,万历十年三月庚申,P.2273),与碑文中"副总兵榆林李公"基本对应。"今永平陶公",即陶世忠,云南永平人,于万历十年任山西镇副总兵,后调蓟镇。

其余如"西路右参将榆林方公""管粮同知汝阳胡君""潞安府同知胡口""今(参将)蔚州张君"等人,因史料缺乏,待考。

第三部分从"城计周围一里许"至"金城之固矣",介绍了重修后堡内的设施。经过修缮,军堡面貌焕然一新,增加了很多设施,有面楼、角楼、仓廒、营房、官署、庙宇、水井等。明代宣大山西边墙沿线的城堡主要设施大概是厅房、营房、仓廒和草场等,厅房为军政机构,一般有1座到3座,营房、仓廒与草场等设施规模、数量不一,一般视军堡的重要性而定。滑石涧堡的厅房有察院公署、守备公廨、中军官廨和把总官廨4座,营房300间,仓廒数间⑨。

自古以来,晋北地区就有浓厚的神祇信仰与祭祀传统,"凡有功德于民者皆祀之……建崇圣、名宦、乡贤、忠义、节孝、文昌、魁星诸祠……自汉唐以来,三教并行,寺观且遍天下郡介,边方其俗尤盛"[15](卷4,《建致志·祠祀》P.60),滑石涧堡中建有马王庙、真武像和武安王庙,是神祇信仰传统的具体体现。

第四部分从"乃常君以记"至末尾。撰文者侯居艮运用《周易》和《诗经》中的两个典故来说明"居安思危"之理,即使在和平年代,也要加强守御,以防有变。这是明朝一贯的治边方略,即以防御为主,修建边墙设施,"讲武备,习射骑,储粮饷,厉器械",以保安宁。

第五部分为碑文的前后落款。撰文者为山西解州人侯居艮,字兼山[16](卷9,《解州·人物》)。右侧落款中的本堡守备为大宁卫人常世爵,因大宁卫于永乐年间移至保定,故称"保定常君"[17](卷219,第六册,P.7756)。万历二十六年(1598年),常世爵为河间营左部千总,在任时秉承戚继光遗命,与河间营军官修建了一座重要城堡,即遥桥峪堡,位于北京市密云县东北角的新城子镇。常世爵为北方长城防御中的一名中下层武官,在边防基层建设和防御中发挥了重要作用。第二列"城工委官把总""指挥""本营中军百户"以及"把总百户"等为此次修建城堡工程的指挥官。

明朝对北元采取战略防御政策。朱元璋说:"御边之道,固当示以威武,尤必守以待重,来则御之,去则勿追,斯为上策。"[18](卷78,洪武六年正月壬子,P.1424—1425)至明中期,在与北元对峙地带修筑边墙,分地守御,先后建立"九边"。山西居京师之右,控扼西北,为形胜冲要之地。洪武六年(1373年),"命大将军徐达等备山西、北平边,谕令各上方略……又诏山西都卫于雁门关、太和岭并武、朔诸山谷间,凡七十三隘,俱设戍兵"[19](卷91,《兵志》P.2235),初步建成北边防御体系。永乐年间,明代北边防线南撤,东面内迁大宁都司于保定,辽东的战略地位凸显,即碑文所称"以辽东为左臂";西面于永乐、宣德初年将东胜卫、开平卫,山西行都司北部卫所全部南撤,使宣府、大同、山西一带成为防御前沿阵地,即碑文所称"以宣大为肩背",由此开始加强山西、大同一带的边防建设。永乐六年(1408年)十一月,李谦为都指挥使掌山西行都司事[20](卷85,永乐六年十一月丙午,P.1127)。李谦在此镇守多年,在任期间尤其重视偏头关一带的防御,曾多次修垒筑墙,加强边防。宣德九年(1434年),李谦修建了滑石涧堡。嘉靖年间,山西镇逐渐完备,此前所建墩堡、边墙由山西镇直接统领。山西镇外长城"自丫角墩起,至老牛湾,边长一百余里"⑩,"成化二年,总兵王玺修之。成化二十二年,兵备副使郝制义重修之"[21](《地理总考·偏头关》)。滑石涧堡处于外长城防御体系之中,是防守的前沿阵地。

明代军镇以下皆分路,山西镇辖五路,外长城在山西镇防御序列中属西路,最为险要,"大抵山西诸路,西路为急,中东稍缓,练士兵,缮城堡,明烽堠,严哨探,是为防守至计"[22](《山西镇图说》P.40)。每一墩台、边墙的防御由分守参将管辖,其中,西路设"偏头关等处右参将一员",原为神池堡参将,嘉靖二十一年(1542年)改设,管辖老营堡、水泉营、岢岚州、滑石涧堡[23](卷126,《镇戍一》P.654)。碑文中提到的"西路右参将方公""前参将"李东阳和"今蔚州张君"都是"西路偏头关等处右参将"。滑石涧堡、水泉营和老营堡连同偏头关均为长城沿线极边之地,滑石涧堡在偏头关西侧,水泉营和老营堡在偏头关东侧,由偏头关参将负责,自西向东构成了一道左右呼应的点线面综合型防御体系。

现在,这块碑刻仍保存完好,碑文内容详细,叙述完整,记载了明代北边防御工事的修筑,阐释了明代的北边方略,并涉及诸多治边疆吏的事迹,对《创修滑石涧堡砖城记》碑文的考释和滑石涧堡的调查,有助于明代北边防御体系研究的不断深入。

作者简介：翟禹，男，满族，内蒙古社会科学院历史研究所研究实习员，硕士。

注释:
①谯，即谯楼，城门上方的望楼，有谯鼓（谯楼史鼓）、谯橹（城门上的守望楼）、谯闬等相关称谓。
②出自《易经》象辞，为《萃》卦。意为"君子因此修理兵器，戒备（像大水横流的）意外的变乱"，参见周振甫《周易译注》，中华书局1991年出版，第158~159页。
③出自《诗经·小雅》之《采薇》《六月》。
④参见翟禹《明代大同镇之败虎堡考略——兼论败虎堡石碑题字"永宁"所体现的蒙汉关系》（《内蒙古文物考古》2009年第1期），俺答之孙把汉那吉因家庭纠纷投明，他越过明蒙边境时，首先来到败虎堡，后被转到大同镇城，受到宣大总督王崇古和大同巡抚方逢时的接待，并以此为契机，促成俺答封贡，实现了明蒙双方的和平，"永宁"碑就是为纪念此次事件而立，为见证俺答封贡史实的首份实物材料。
⑤《明神宗实录》卷61载，万历五年四月丙寅"升山西右布政使高文荐为都察院右佥都御史，巡抚山西"（第1385页）；《明神宗实录》卷107载，万历八年十二月丙辰"召巡抚山西、都察院右副都御史高文荐回院管事"（第2069页）。
⑥《明史·地理志》卷41"山东泰安州"条记载："北有泰山，即岱宗也，亦曰东岱。"《明神宗实录》卷544记载，万历四十四年四月丙辰，"大亨，山东泰安州人"（第10330页）。
⑦关于辛应乾的籍贯，查《明史·地理志》卷41"山东青州府"有"安丘县"；《山西通志》卷91《名宦九》"潞安府"条载："辛应乾，安邱人。"《明神宗实录》卷266记载，万历二十一年十一月甲寅，"予兵部右侍郎辛用乾祭葬。应乾，山东东安人。"（第4941页）根据碑文和文献记载可知，应为"安丘人"，《明实录》记载有误。
⑧《明神宗实录》卷564记载，万历四十五年十二月癸丑："……璇，河南太康人，隆庆戊辰进士。初授滋阳令，以循良著选礼科给事，历藩议宪副郡郢，宣云间之。晋佥都御史，抚甘肃，复抚陕西，屡树边功，数荷恩赉礼，臣援军功恩例，请给祭葬，并其妻淑人李氏祔葬并祭。"（第10630页）
⑨李贞娥《长城山西镇段沿线明代城堡建筑研究》（清华大学2005年硕士论文）一文第59页中"滑石涧堡"条中的厅房为3间、营房30间的记载不准确，应为"厅房4间，营房300间"。
⑩"内边"长城起自丫角山向南，历老营而东，至阳方口、宁武关、雁门关，向东延伸至河北省。

参考文献:
[1] 廖希颜，孙继鲁.三关志 [Z].明嘉靖二十四年刻本.
[2][3][11][19] 张廷玉.明史 [M].北京：中华书局，1974.
[4][5][6][7][8][9][10][13][14] 明神宗实录 [Z].台湾："中央研究院"历史语言研究所影印校勘本，1962.
[12] 曾国荃，张煦.山西通志（光绪）[Z]，上海：上海古籍出版社.2002.
[15] 刘士铭.朔平府志 [Z].雍正十一年刻本.
[16] 雅德，汪本直.山西志辑要 [Z].乾隆四十五年刻本影印.
[17] 李鸿章，黄彭年.畿辅通志 [Z].上海商务印书馆据光绪十年刻本影印，1934.
[18][20] 明太祖实录 [Z].台湾："中央研究院"历史语言研究所影印校勘本，1962.
[21] 廖希颜.孙继鲁.三关志 [Z].明嘉靖二十四年刻本.
[22] 霍冀.九边图说 [A].薄音湖，王雄.明代蒙古汉籍史料汇编（第2辑）[C]，呼和浩特：内蒙古大学出版社，2006.
[23] 申时行.明会典 [Z].北京：中华书局，1989.

近代偏头关水上商运考
——以关河口渡为例

吕轶芳

偏头关商业的兴起始于明初的"开中法"[1]，其兴盛是在入清以后，康熙四十年（1701），塞北已有余粮可以输入内地，从此粮油故道就进入了历史舞台。蒙粮内运有两条路线，一条是从北面陆路进杀虎口到大同再南下，一条便是用水路借黄河从秦晋大峡谷而来，两条路线的主要经营者都为山西人。乾隆八年（1743），山西巡抚刘于义上书皇帝"为筹划将口外之米以牛皮混沌运入内地事"[2]，他建议用牛皮混沌来运输从内蒙古等地运来的粮油。这份奏折得到了乾隆皇帝的准许，从此黄河沿线的水路商运便开始兴起，而偏头关也迎来了它的商业兴盛时期。本文将着重介绍这一时期偏头关水上商运概况及其历史影响。

说起水上商运，自然要提到渡口，因为所有的货物的周转乃至于买卖都是在渡口进行的。偏头关的老牛湾、万家寨、关河口、黑豆埝渡和寺沟五大渡口作为实际的小商埠曾盛极一时[3]。其中最有影响力的是关河口渡，该渡口由于距县城近，是一个回水湾，可自然靠岸，故而它是五个渡口中最大的一个商埠码头。笔者于 2007 年 4 月 9 日到 5 月 15 日赴该地考察（主要采访了 82 岁的老船工张泰和和 79 岁的老船工柴掌盖以及养船大户张罗羊的后人张自保），收集到一些实地资料，现结合其他资料总结于下。

一、商运

据关河口渡养船户张罗羊的后人张自保介绍说，当时的情形是，本县的商号或是外县的商号上门找张罗羊要求供货，然后张罗羊再与内蒙古、宁夏、甘肃熟识的盐掌柜打好招呼，同时派遣船队出发去运盐，有时会派一个船工的代表同行，叫"管账的"，负责接洽生意，当双方非常熟识之后就不必再派代表了，凭借发货单，到目的地码头由货栈的人验收通过。一开始这些商业往来是现金结算，后来随着信誉的提高，便开始赊欠，约定镖期，到年底结算。

当时主要商运路线分南北两线，北线沿黄河以北到内蒙古然后再逆流而西到宁夏、甘肃一带；南线则是经河曲、保德到临县、碛口、军渡、禹门口、河津等地，最远可达河南三门峡一带，其中往北的航线居多，具体的运作形式有以下三种：

1.关河口渡的船工拉着空船逆流而上，途经偏关万家寨渡、老牛湾渡出山西边境到内蒙古的喇嘛湾、五原、临河、碛口等地装运粮食、吉兰泰盐、碱和红柳条等物，其中碛口是官方指定的吉盐的发运口岸，故几乎所有的盐都在这里装运。碛口的盐是由骆驼从吉兰泰盐池驮运而来，盐都呈大颗粒状，颜色发红，称为"红盐"。粮食以小麦、谷子、糜子为主，因晋北一带人民喜食这些杂粮。其中主要以运盐为主，因盐为关民生活之必需。

2.关河口的船工沿着上述路线到碛口并不停运，而是折而向西南的宁夏、甘肃一带进发，途经宁夏的银川、吴中堡、中卫最后到兰州。到该地同样也是装运粮食、盐、碱之类，另外还加运煤、炭。所不同的是这里的盐是青色的，叫"大青盐"。从甘肃、宁夏装好货物后又按原路返回，到内蒙古的后套平原以及碛口、临河、五原和包头等地卸货，货物随即便在这些地区出售。然后货船再在碛口、包头等地装载货物，又开始了第一种运输。

在第一种运输形式中，关河口的商船从内蒙古各口岸拉好货物后，沿原路返回，此时为顺流而下，最后返回关河口码头停泊、卸货，将运来的盐、粮堆积于河岸的盐仓、粮仓。再由外地的商人雇劳力赶着驴、骡等来驮运，由此盐可以行销全县乃至更远的地区（岢岚、五寨、神池、太原等地）。

3.商船从内蒙古一带出发到关河口渡并不卸货，而是一直顺流而下到河曲、保德等地卸货，有时还南下到禹门口、河津一带。但由于碛口是货物行销全省的最大的中转站，故大多数船只的旅途到此为止。同时碛口渡较为凶险，大多船只难以逆流而上，只好将货物与船只一起卖掉，木船大多被拆开当作木柴来卖，只有一部分较为勇敢的船工会驾着船逆流而上，一般不会装载什么货物，最多是一些调味品，航程全凭运气。货物到了碛口一带便可以行销全省，达到弥补山西粮食不足、缺盐的目的。

以上三种形式即为当时关河口渡最主要的航运形式，从中我们可以细致地了解到商品的注入与流出情况，以及商品的种类、产地、来源地和输出地。

在这一运输过程中的商品的运输量，我们可以进行一个粗略的计算。关河口的货船每年从清明节前后开始起航，到立冬河水将要结冰时返回，如果是进到包头、碛口一带，去时用时二十三四天，返回时稍快一点，这样如果不耽误时间，一年可往返三四次；如果要远赴宁夏、甘肃一带，则一年只可往返一次。每次去时本村有十几只大船，再加上与外村合股经营的几只大船，大约二十来只大船，每只大船可载重5万到6万（大约相当于今天的5万到6万斤），由此算来每年往来的货物少说也有200多万斤，折合现在1000多吨，当然在这里边还不包括外村及外县的船只，实际数字应该远远大于此。但单这1000多吨，也可以看出当时货物的吞吐量之大[4]。

二、商队

经商的核心是商队，偏关县的商队以船队为主、驼队为辅，船队主要集中在渡口。下面就以关河口渡为例来说明当时商队的运作概况。关河口渡的船队按照股份制以船的大小为标准，由五到七人组成一队，其中养船户的船占三股，大船一般有七个船工，这样运输费就分为十股。小船一般有五个船工，这样一共就为八股。船队的大小根据养船户的实力而定，从两三只到几十只不等[5]。

船队的分工并没有定制，只是按照约定俗成的习惯以船为单位来分派，一般熟识水性的、有经验的站在最前排拉，叫作"头绳"，站在最后排的也是会游泳的，称为"三绳"，而不熟识水性的站在中间受前后的保护，叫作"二绳"，其中二绳、三绳都要跟着头绳走，故而头绳的作用最大。在行船的时候，要有一个有经验的年长的船工站在船头掌舵，他负责辨别方向和路线，看有没有暗礁，观察水势的变化，整支船队的命运都掌握在他的手中。如果船行到其他渡口较凶险的地方，还要雇当地的老艄，要花较高的价钱，但是为了生命及财产的安全却也是必需的。

当时航运的主要路线是北到包头、宁夏银川、甘肃兰州一带，故而第一大难题是逆流而上，这需要船工们背着纤绳一步一步地往上拉，逆水而行，其苦难以想象。第二大难题是耗时长，从关河口渡拉着船到包头需要走二十三四天，而从包头到兰州需要走三十六七天，一共两个月，来回至少也要四个月，一年也最多能跑两趟。第三大障碍是天灾，在这漫长的商运途中河路汉们大部分时间都在船上度过，整日里风餐露宿，夏天要顶着炎炎烈日行船，深秋还要冒着刺骨的寒风前行，到冬日里河路汉们的脚都裂了大大的血口子，实在冷得难耐，就用粗粮面做一个大饼子缠在腰上来保暖。他们整日里光着脚板拉船，长年累月，脚板碰着荆棘也没有感觉。第四重障碍是人祸，商运的路上不时会遇到土匪的抢劫，这样将人财两空，得不偿失。

他们辛劳一年的所得按照股份制分成，每股的收益一般为"二三万"，折合现在人民币200、300元，最多可达400元左右。仅仅可以勉强养家糊口，除过吃穿用，节俭的人家到来年还有盘缠，好多人家到第二年已拿不出路费。

《偏关县志》记载说："水运是富人的发财线，穷人的亡命线。"[6]那么最能反映偏头关商业实力的富人是谁呢？

333

偏头关与他地不同，该地最有代表性的富贾大亨是渡口的养船户。在这里我们着重介绍一下关河口渡的大养船户张罗羊的经商史。据《忻州地区志》记载："偏关县关河口的张罗羊独家经营着10余艘大船，从事偏关到包头的水上运输，成为富甲一方的财东。"[7] 张罗羊是关河口村几个世纪以来的首富，他不但是出钱造船的养船户，还兼营造船业和商业贸易，商业贸易是他最大宗的收入，这正是他发家致富的原因。

说起他的发家史首先要从他的父亲张二智说起。张二智，生于1877年，卒于1954年，农民出身，自幼家贫，后靠跑河路起家，苦心经营，积累钱财，由少聚多，最后发展到十几只大船，雇佣船工50多人，每年纯收入折合人民币10000多元。后由其子张罗羊（1897—1953）经营，生意遍及黄河一带，西至宁夏、甘肃，南至本省的河津县及隔河的河南省，成为富甲一方的大户。

张罗羊的家业主要是在他父亲手上创建的，其父是一位铁公鸡式的财东。而张罗羊本人则更是一位地道的财东，他在村庄的对面即河西修葺了一座大院落，与村里的人隔河而居。然而据老人们讲他对于村里普通的老百姓还是极为友善的，每每村里人与他一起进城，十有八九都是他做东。可惜张罗羊于1953年去世，第二年他的父亲也相继去世，他们的离世也预示了航运的衰竭和村庄的沉沦。

中华人民共和国成立后，在大力发展陆路运输的同时，开发内河航运也成了山西交通建设的一项重要内容[8]，航运事业依然蓬勃发展。直到1958年同蒲铁路通车之后，航运便开始逐渐废弃。偏关县也从此退出了它的商业生涯，如今的渡口也大多废弃为野渡。

三、总结评价

以上就是偏头关在近代的商运历史，尽管它很短暂也不是那么受人瞩目，但是在承载晋陕蒙的商路运输以及在晋商的大历史中都有着不可磨灭的作用，主要表现在以下几个方面。

1. 大大改善了偏头关乃至黄河沿线从事商业运输地区的经济状况。在水上商运兴盛之前，黄河沿线居民的生活状况用当地的一句谚语来形容就是："河曲保德州，十年九不收，女人挖野菜，男人走口外。"《偏关县志》记载该地平均五到七年即有一次大旱，粮食短缺。经过黄河沿线居民辛勤的水上商运，偏头关已变成一个商铺林立的商业重镇，而像关河口渡的养船户张罗羊也因其富有而青史留名。沿线一带最负盛名的当然要数古镇碛口了，至今它依然被泽航运的光辉历史而著称于世。

2. 加强了晋蒙乃至黄河沿线人民的交流。偏头关水上商运的历史是与走西口相伴相随的，偏头关各渡口与对岸内蒙古榆树湾等的商队更是经常合股组成一支船队，亲如一家。偏头关人遍布内蒙古各地，从集宁、归化经包头到五原、临河及整个河套地区里，山西话成了当地土语。同时航运最远可到甘肃、宁夏，又加强了与西部人民的直接交流。

3. 是整个晋商中不可或缺的一部分。晋商中不只有大院文化，更有渡口文化，虽然它没有大院文化影响力那么大，但是它波及晋、陕、蒙、甘、宁、冀、豫等省份，历时200多年，其作用却也不能小觑。学术界对它价值的挖掘有待进一步的提升。

作者简介：吕轶芳，山西大学历史文化学院硕士研究生。

参考文献：

[1] 卢银柱. 晋商——偏关商业史料（内部资料）.1984.22.

[2] 寒声. 黄河文化论坛[M]. 太原：山西人民出版社，2005.14.

[3] [6] 偏关县志 [M]. 太原：山西经济出版社，1994.317，317.

[4] 依据 2007 年 4 月 26 日与张自保（关河口村张罗羊的本家侄儿）的访谈而得.

[5] 依据 2007 年 4 月 28 日与柴掌盖（关河口渡的老船工）的访谈而得.

[7] 忻州地区志编纂委员会. 忻州地区志 [M]. 太原：山西古籍出版社，1999.378.

[8] 吕荣民，石凌虚. 山西航运史 [M]. 北京：人民交通出版社，1998.121.

明长城沿线军事城镇的特色与保护方法初探
—— 以山西省偏关古城为例

曹象明　张定青　于洋

1 山西偏关在长城防御体系的地位及作用

长城是我国古代一项极为浩大的边境防御工程，历尽20多个诸侯国家和封建王朝、持续2000年的不断修筑，在绵延数万里的辽阔土地上最终形成了雄伟壮观的世界奇迹。然而，长城的防御并非仅靠线性墙体本身，而是与其上的烽火台、哨所、关口，尤其是与长城沿线耕战结合、驻防合一的军事聚落一起所形成的具有严密层次性、系统性和整体性的军事防御体系[1]。

明长城军事防御体系具有严密层次性、系统性和整体性，军事聚落按级别分为镇城、路城、卫城、所城和堡城。据魏保信的《明代长城考略》，长城沿线共分九镇，其中山西镇，亦称太原镇，基本上位于长城的中间位置，为内长城外三关部分（图1）。偏关与宁武关、雁门关，合称长城外三关，此三关鼎峙晋北，互为犄角，是北疆之门户，京师之屏障。明代程道生在《九边图考》中论山西镇三关军事地理位置之重要时说："偏头、宁武、雁门，向西迤东三关并列，西尽黄河东岸，东抵大同。虽太原北境要害之地，与真定相为唇齿，非唯山西重镇，面畿辅之地安危系焉。"[2]在长城的内外三关布局中，偏关位于最西部，距敌最近，是三关之首，重中之重（图2）。

2 偏关的历史发展

据《天下郡国利病书》卷四十五："偏头，古武州地，东连丫角山，西通黄河，与河套仅隔一水。其地东仰西伏，故名偏头。宋自南渡后，属金，元为偏关，明因之。"

偏关东衔管涔山，西近黄河，北连内蒙古，南通雁宁，自古以来就是兵家必争之地，屯兵驻防之地。自春秋时代起，偏关一带就是敌对双方争夺的热点区域。迄于五代，刘崇在晋阳称帝，首次于偏头立寨，据险设关，扼控西北。到北宋，偏头正是扼拒契丹辽的边防前哨。元朝，偏头正式改寨设关，虽烽火不似当年，但仍是元蒙关防重地，置武节将军

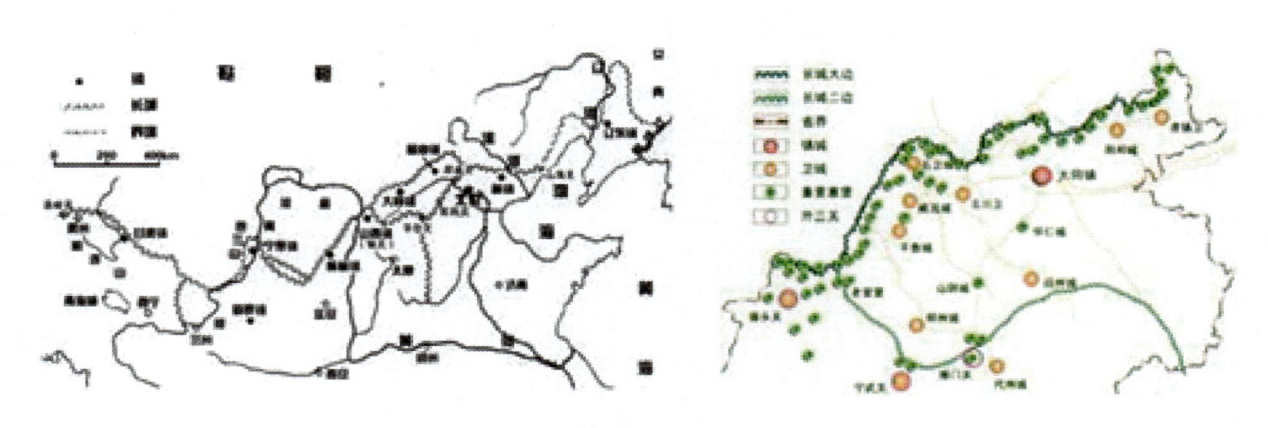

图1　明长城示意图　　　图2　长城"外三关"在山西省的位置图

枢密院判镇守关城[3]。

明朝立国，四海一统，初期虽然国力强盛，但边患一直未能彻底根除，元蒙残余常常兴兵南下，偏关成了边防前哨，所以明朝洪武二十三年（1390年），镇西卫指挥张贤从实战需要出发，改筑古城于西原河坪（现在之县城），后历经四次展拓，不断加高加固关城，增筑辅助设施，使偏关古城以磅礴的气势，巍然屹立于万山丛中，成为明代"晋北锁钥""永镇边陲"之地[4]。

3 偏关古城的特色分析

3.1 独特的地理环境及总体格局

防御体系：偏关为晋之屏藩，西北边防前哨，秦长城、明长城跨越崇山峻岭交汇于此，烽墩、营垒、城堡、边墙……种种军事设施围绕其间，构成了一道宏大的防御工程。在偏关全境范围内，共筑四道边墙，营堡二十九座，烽火台209座[5]，第四道边墙距离偏关古城最近，在关南1km处，这一带的长城依高山陡崖而建，与西部黄河天险相连，形成一道拱卫中原的屏障。

选址：偏关古城位于偏关县境西部、关河下游河谷中，四周群山环绕，据《偏关志》对偏关周边山川的描述，"九龙山在关城西北，九峰突兀环抱如龙蟠之势，堪舆家呼关城为'九龙戏金盆'"。由此可见偏关古城的选址依据古代堪舆学理论，择吉而居，讲求五行风水。

总体格局：偏关古城位于九龙山中，周围九座山包环拱，六座望台坚守，关河曲流，绕城西下，环抱老城。且东有文笔塔，西有护城楼，相互辉映，是古城整体格局不可分割的组成部分。

3.2 不规则的城池形式

偏关是明代长城防御体系的重要关口和防御性城镇，据清代《宁武府志注》，"明宣德四年（1429年），置镇守，总官兵驻偏头关，提督军务领左、右、中三营，每营兵三千，共设兵一万余人"。在嘉靖二十年（1541年）戴廉总兵任至，偏关古城作为总兵驻地历时一百多年。由此可见偏关古城在明代长城的军事聚落中层级和地位较高，属明长城"九边"重镇城镇体系中的一级城镇，属"镇"级别。依据李严的博士论文，长城"九边"重镇中"镇"城的规模都相对较大，大都修建在地势平坦的交通要道上，平面呈方形或长方形，周长在12里以上。而偏关古城由于地处山西黄土高原丘陵沟壑区，地形复杂，城池规模相对较小，周长为五里一十八步，且随地形呈现出不规则城池形式，明显不同于其他"八镇"的形制和规模。

偏关古城在历史上从洪武二十三年（1390年）到弘治元年（1488年）历经几次大的展拓，最终形成一定的城池规模，嘉靖、隆庆、万历、天启年间又多次进行增修，并加以青砖包砌。由此可见偏关古城历经了近百年的营建，一方面显示其在军事地理位置上的重要性，另一方面也充分体现了我国古代不规则城池的营建思想：充分利用城池的山、水、地势条件，虽然是严整的军事城镇，仍然在布局上体现出了灵活自由、因地制宜的规划布局思想。

3.3 完善的街巷系统

（1）脉络清晰

偏关古城街巷体系明确，"纵横交错"的街巷体系清楚地反映了古城的发展过程。偏关古城内的传统街巷共有33处，街区两侧有价值的明清古建筑类型众多，如楼阁、寺庙、戏台等。街巷的主要骨架呈现为"T"字形，为中大街和东、西门街，沿街两侧集中了古城的传统商业，其他的街巷纵横交错。相对来讲，中大街西侧的街巷密度高于东侧，这与西侧分布大量的居住区有较大的关系（图3）。

（2）空间变化丰富，尺度宜人

图3 偏关古城的历史格局图

偏关古城历史街巷的空间形式多样，尤其是中大街东侧由于地形起伏变化，街巷随地形呈现出自由的形式。街巷的尺度宜人，中大街的道路宽度为6m，其他小巷的宽度平均为2.5m～4m。

3.4 较丰富的历史遗存

图4 偏关古城的历史格局图

偏关古城的历史遗存由偏关城址、文物建筑及历史建筑组成。

《宣大山西三镇图说》载：偏关古城平面呈不规则形。城周长五里一十八步，高三丈五尺，底宽三丈，顶宽两丈，城堞高五尺，设东、西、南三门，东西两门上有两层城楼，南门建三层城楼。偏关古城内被认定的文物保护单位共计15处，遗存丰厚。其中古建筑11处，包括钟鼓楼、戏台、文昌阁、凌霄塔和寺庙等，类型多样；近现代重要史迹及代表性建筑共4处。这些古建筑见证了偏关古城作为明代军事镇城在历史演化进程中所具有的地位及功能。

历史建筑是指在文物古迹范畴之外，有一定历史、科学、艺术价值的，反映城市历史风貌和地方特色的建（构）筑物。偏关古城内留存了大量的清末民初的民居院落，反映了明代以后偏关古城防御功能逐渐衰退，居住生活功能逐渐加强的历史演进过程。古城内共统计了34处民居，其中32处为历史院落，2处为历史建筑，建筑形制具有当地民居的典型特色，这些民居院落及民居建筑是研究晋西北地区传统民居的实物见证。

4 偏关古城在保护中面临的主要问题

4.1 新旧城用地矛盾

遗址用地和建设用地之间的矛盾突出，导致新城和旧城之间的用地混淆不清，古城的整体风貌欠佳。偏关古城所处的县城四面环山，地势东高西低，呈倾斜状，海拔高度为1022m，地貌单元较为复杂，包括山前冲积地带、阶地和河漫滩。受地形条件所限，县城可用于城市建设的用地非常有限。2011年底县城的建设用地规模已达到3.5km²，人口约为5万人，人均建设用地仅为70人/m²（图4）。

由于县城的建设用地有限，新城在古城的基础上向东发展，新、旧城用地混合交错，导致古城的东城墙破坏殆尽。并且古城的人口、各项功能高度集聚，导致古城的整体风貌遭受较大的破坏。

4.2 遗址和传统民居的保护问题

遗址本体遭到较严重的破坏，城墙遗址的轮廓不清，部分文物建筑损毁严重，而传统民居的保护现状更加严峻。古城的四面城墙中，西城墙保存情况相对较好，大部分外侧包砖，但内侧的建设工程对其扰动较大，为中度残损；而东城墙、南城墙和北城墙损毁严重；南瓮城已被彻底破坏，仅留存南关门；西瓮城损毁严重，大部分已经坍塌，难以辨别基本形式；东城门完全被破坏，地面基本无遗存。古城内的文物建筑（群）共计15处，保护现状参差不齐。而传统民居在"盖新楼、住楼房"的生活观念主导下，导致大量的传统民居的原住民在原址上拆旧建新（图5）。

5 偏关古城的保护方法和策略

5.1 保护历史环境，彰显城镇特色

偏关古城周围地势险要，设防布局严密，而古城城池和周边地形地貌环境紧密结合，呈现出不规则形状。地理环境和偏关古城互为表里，在明代呈现出壁垒森严，蔚为壮观的景象。在古城的保护规划中，应凸显"周围九座山包环拱，六座望台坚守，关河曲流，绕城西下，环抱老城。且东有文笔塔，西有护城楼，相互辉映"的整体空间格局，把山水环境、控制要素（望台和塔楼）、古城城池融为一体，在空间格局上显示偏关古城的军事防御特征和特色，并通过城市总体规划予以落实，为今后偏关县城的发展提供控制和引导作用。

图5 文物现状评估图　　　　　　　　　　　　　　　　　　图6 保护规划总图

5.2 正确对待新城和古城的关系，构筑合理的城市空间发展模式

偏关县城用地四面环山，为河谷盆地，且南、北两端较窄，中部较宽，呈"犀牛卧月"状。偏关古城依关河而形成，偏关古城和新城浑然一体，新城区在古城的基础上主要向东发展。

在现实发展中，由于县城的中心仍然在古城，城市发展的各项功能，如行政、教育、文化、商业等高度集聚于古城，导致历史风貌不断丧失，交通压力与日俱增，绿化休闲用地匮乏。从我国历史文化名城保护的经验得知，将部分行政、商业、交通等功能转移至新城，降低人口密度，才能从根本上保护古城的格局及历史遗存的安全。

依据《偏关县城总体规划》（2001—2020），县城的总体空间结构为"一城两区"，即根据自然地形及原有的上、下城关系形成"一城两区"的空间布局结构，"两区"应体现不同的功能定位、用地结构和风貌特征。古城应突出历史文化中心的特征，主要应体现居住、商业及文化教育的功能；新城区应突出综合中心的功能，主要应体现行政、商业、交通、产业的功能，只有形成这种"双中心"的城市发展模式，才能缓解古城的矛盾和压力，确保新城和古城协调发展，并带动城市整体的经济、社会和文化的良性发展。

5.3 以城墙保护为重点，协调文物保护与城市建设的矛盾

偏关古城已有一半以上的建筑空间被完全重建，剩余的部分也正不断受到建设性破坏的威胁。尤其是古城的城墙已经遭到严重的破坏，且缺乏相应的保护措施及法律法规保护。

在偏关古城的保护对象中，城墙本体是偏关古城作为历史军事聚落的重要遗存，是保护的重点，也是难点。原因是现状建设用地对墙体的蚕食、占用及破坏之状况非常严峻。鉴于这种复杂性和困难性，应采取以下的保护方法和策略。

(1) 注重整体性，充分考虑城墙的系统性及城墙与城市之间的密切关系

"保护一座文物建筑，意味着要适当地保护一个环境，一座文物建筑是不可以从它见证的历史和它所产生的环境中分离出来的"（威尼斯宪章，1964）。对城墙的保护规划来说同样如此。城墙和其外在环境与社会生活都有着密切的联系，它们是相依相存、相互渗透、不可分割的。城墙的保护一定要从整体出发，而不能把城墙从其环境中

孤立出来，单考虑城墙本体的修缮保护[6]。其次，城墙自身也是一个有机的整体，在实施保护时必须注重其本身保护的完整性，要从城墙整体的角度考虑保护，比如环城公园的建造就体现出对城墙本身完整性的追求。

在偏关城墙的保护规划中，首先应考虑城墙的整体性。偏关古城的城墙长度约为2900m，目前留存长度仅696m，约占1/4。在城墙的保护规划中，应当把城墙保护纳入城市总体环境的大范畴，除了城墙本身的保养、修复、修缮和加固以外，应综合考虑城墙本身和城市道路、城市绿地、城市水系及周边建筑物高度的关系。以系统的观念对待城墙的保护问题，才能从根本上解决城市保护和发展中面临的矛盾与问题。

遗址公园模式是针对遗址保护与利用提出的一种方法，是将遗址保护与公园设计相结合，运用保护、修复、展示等一系列手法，对有效保护下来的遗址进行重新整合、再生，将已发掘或未发掘的遗址完整保存在公园的范围内，是目前国内外对遗址进行保护、发掘、研究、展示的较好模式[7]。在偏关城墙的具体规划手法上，将通过建设连续性的遗址公园将不连续的城墙遗址串联起来，以达到整体保护的目标（图6）。

（2）注重动态性和可操作性，充分考虑城墙保护的阶段性和实施的难度

城墙的保护，不管是对墙体的修缮，还是对环境的整治，都是一个不断完善、不断深入的过程，它需要和城市发展进行协调。

偏关古城的城墙体系整体上破坏较严重，东、西、南、北城墙的现状保存状况差异明显。西城墙保存情况相对较好，而东城墙、南城墙和北城墙损毁严重。城墙内外环境状况比较差，内侧的建设用地不断蚕食墙体，外侧的城市道路紧贴墙体，甚至将西南角台拆除和破坏。尤其是东城墙，仅留存了3m左右的残段，其他遭到破坏的墙体基础上已经叠压了建筑物，通过保护区划将"城市建设用地"转变为"文物保护用地"的难度可想而知，因此城墙的保护工作必须分阶段、滚动式开发。保护规划的过程将是长期的，应能结合实情分别制定近、中、远期的保护目标和弹性的控制措施，并在保护规划方案实施过程中不断加以修正与补充，以实现动态平衡的目标。

5.4 梳理街巷空间，突出重点地段的空间环境整治

街巷空间是古城的脉络和支撑体系，也是古城保护的重要内容，它体现了古城的文脉和空间格局，并和文物建筑、历史建筑（传统民居）相辅相成，不可分割。

偏关古城拥有33处传统街巷，其形式和宽度基本上保留了历史的真实性。但随着古城内人口的增加及用地的需求，一些街巷空间越变越窄，其宽度及形式难以满足交通疏散的基本需要。保护规划提出了梳理和整治的要求，尤其是针对"T"字形骨架街道（中大街和东、西门街），规划要求两侧建筑群需要从建筑高度、建筑外观材料、屋面形式、建筑风格等方面进行整饬，主要方式有：立面整饬、降低建筑高度、改变墙面材质及色彩，更换门窗形式等，且建筑形式应突出体现当地的建筑风格和地区特色。

5.5 保护历史建筑，形成集中连片的传统居住街区

历史建筑的数量和密度一定程度上反映了历史环境的完整程度，对构成历史街区的整体风貌具有主导作用。偏关古城的历史建筑主要为传统民居。传统院落布局是中国北方传统民居布局的最大特色，承载着古城的历史和记忆，是古城历史文化的重要信息载体，应连同老居民的生活方式、生活环境一同保护。

偏关县传统居住性街区主要分布在古城的西侧，主导建筑年代为清代至民国时期。在今后古城的改建中，应本着"资源节约、环境友好"的原则，保护老民居和一些具有时代象征意义的公共建筑（如中华人民共和国成立初的礼堂和办公建筑），保护传统院落的空间尺度和形式、传统建筑的布局和尺度以及传统建筑的风貌。

确定传统院落内建筑的保护和更新措施要依据文物法的要求，按照保护传统院落的风貌完整性、规划实施的可能性和整个传统民居街区保护的长期要求来综合考虑，这是保证保护规划可操作性的重要手段。对于传统民居街区内的建筑一般有以下几种保护和更新模式："修缮""保留""拆除"和"改造"的措施[8]。

"修缮"措施是针对建筑质量和建筑风貌都比较好的传统民居建筑，应不改变其原有的结构和形式，局部修缮改造，重点对建筑内部调整改造，改善居民生活质量；"保留"措施是针对与历史风貌无冲突的一般建筑物，建筑质量较好，予以保留，"拆除"措施是针对与历史风貌冲突较大、质量较差的建筑物或随意搭建的临时建筑；"改造"措施是针对与历史风貌有冲突的一般建筑物，可通过更换部件、改变立面和屋顶形式等与历史风貌取得和谐。

结语

从现状发展条件来看，偏关古城具有地理区位独特、文化资源丰厚、空间布局独特的优势，但这些优势尚未得到很好的评估和保护利用。长期以来偏关古城的历史文化资源没有得到相应的保护，相反许多重要的历史遗存损毁严重，其蕴含的文化信息正逐渐消失。论文针对偏关古城所面临的保护与发展中的矛盾与问题，在以下几个方面提出保护方法和策略：体现地位和特色，构建新旧城空间发展模式，实施城墙保护、街巷梳理及民居整治，旨在为今后明长城沿线军事城镇的可持续发展提供借鉴途径。

作者简介：
第一作者曹象明，西安建筑科技大学建筑学院博士研究生，西安交通大学人居环境与建筑工程学院副教授。
第二作者张定青，西安交通大学人居环境与建筑工程学院副教授。
第三作者于洋，西安交通大学人居环境与建筑工程学院硕士研究生。

资料来源：
图1：长城文化网。
图2—3，图5—6：《山西省偏关古城文物保护规划》（2012—2030），由山西达志古建筑保护有限公司和西安交通大学人居学院建筑学系共同编制。
图4：由山西省偏关县文化广电体育局提供。

参考文献：
[1] 李严.明长城"九边"重镇军事防御性聚落研究.天津：天津大学，2007.
[2] 华夏子.明长城考实.北京：档案出版社，1988.
[3] 卢有泉.山西古关隘.沈阳：辽宁人民出版社，2005.
[4] 山西省偏关县志编撰委员会.偏关县志.太原：山西经济出版社，1991.
[5] 魏元枢，周景柱.宁武府志注.北京：中国文史出版社，2006.
[6] 付晓渝.中国古城墙保护探索.北京：北京林业大学，2007.
[7] 王军.遗址公园模式在城市遗址保护中的应用研究——以唐大明宫遗址公园为例.现代城市研究，2009（9）：50—51.
[8] 林林，阮仪三.苏州古城平江历史街区保护规划与实践，城市规划学刊，2006（3）：48.

浅析烽火台

刘志尧

中国的长城万里长,伴随长城的便是古城堡、烽火台。尤其是那一座座的烽火台,随时会耸立在你的面前,斑驳沧桑、执着固守、毅然挺立,衬托着万里长城特殊的景致,用它那敦厚而坚实的高大形体表述着长城一线曾经有过的边塞历史文化。

长城、古城堡、烽火台是组成长城的重要元素,传递给人们一种以边塞历史文化遗迹为内容的特殊信息符号。然而,长城烽火台看起来很多,甚至多得数不过来,但这只是给人们的表象。长城烽火台的种类与实质性的功能,并不为人们所知。本文就此问题做一探索和分析,以增进人们对长城烽火台的认识。

一、烽火台的概念与称谓

烽火台是用土、砖或石头构筑的高台群墩,多数实心,少数空心,按顺序线性排列,置于长城内外的高地、山头或驿道旁,相邻的前后左右墩台都布置在目力相瞩范围内,是中国古代从边境向内地传达战争警报的重要通信工具。

烽火台最早称为"烽燧",北宋孙夷著《律音义》记载:当时因战争的需要,"边防备警急,作高土台,台上作桔槔,桔槔头有兜零,以薪草置其中,常低之,有寇即燃火举之,以相告,曰烽;又多积薪,寇至即煽之,望其烟,曰燧。昼则燔燧,夜乃举烽。"[1]因此《辞海》的解释说,夜里点的火叫烽,白天放的烟叫燧。烟易见于白昼,故昼燔燧;火易见于夜晚,故夜晚举烽。

烽火台的种类很多,分圆形、方形、实心、空心。圆形基本属汉代,而方形多属明代。就其圆形,唐代杜佑在《通典》上详细记载了烽火台的建筑、设备和报警情况:"烽台,于高山四顾险要之处置之。无山亦孤回平地置。下筑羊马城,高下任便,常以三五为准。台高五丈,下阔二丈,上阔一丈,形圆。上建圆屋覆之,屋径阔一丈六尺,一面跳出三尺,以板为上覆下栈,屋上置突灶三所,台下亦置三所,并以石灰饰其表里。复置柴笼三所,流火绳三条,在台侧近,上下用屈膝梯,上收下乘。屋四壁出觑贼孔及安视火筒,置旗一口、鼓一面、弩两张、抛石、垒木、停水瓮、干粮、麻蕴、火钻、火箭、蒿艾、狼粪、牛粪。每晨及夜平安,举一火;闻警,因举二火;见烟尘,举三火;见贼,烧柴笼。如每晨及夜平安火不来,即烽子为贼所捉。一烽六人,五人为烽子,递知更刻,观视动静。一人烽率,知文书、符牒、转牒。"[2]

从杜佑的记述看,圆形烽堠属于汉唐时期的建筑形式,然而,根据夯土层观测,明代也有圆形的(明代烽堠夯土为15~20厘米)。那是为什么呢?这是因为,明代固边修筑烽堠时,有的地段就沿汉长城或叠压汉长城修筑;同样,在修筑烽堠时,如遇有汉代烽燧遗迹,就在其基础上加高。为的是修旧利废,省工省料。

总之,长城烽火台不仅数量多、种类多,反映的内容也丰富,其形状也各异。有圆形的、方形的,有圆锥体的、附斗式的,有空心的、实心的,有砖砌的、裸土的,等等,不一而足。一些大型烽火台甚至还有辅助设施,建有高大的坞墙、战台、营房、库房和旅舍。

无论是史料记载,还是民间口耳相传,烽火台只是一种通俗称谓和普遍概念。其实详细收集,烽火台有着多种的称谓。如烽、燧、亭、障、烽燧、亭障、候望台、传烽、行烽、边墩、边冲台、火路墩、接火墩、接火台、烟墩、烟岗、烽烟、马面、腹里接火墩、烟台、烽堠、烽台、墩台、狼烟台、狼烟墩、望火台、骑墙墩、旗墩、燧亭、边台、敌楼、敌台、箭楼、塞上亭、建橹候望、烽表、举烽、塞障、亭燧、列亭、列燧等40多种。

二、烽火台悠久的历史

《史记》记载，西周最后一个皇帝周幽王好色，宠爱褒姒。褒姒不爱笑。为了逗褒姒发笑，周幽王想出了一个办法，就是点燃那镐京的烽燧，把战鼓擂得震天响。按当时的律令，只有敌人前来侵犯，才能举烽燧报警。各路诸侯看到都城举烽燧，都以为有敌人来犯，赶紧带兵前来救援。"诸侯悉至，至而无寇，褒姒乃大笑。"后来犬戎真的来侵犯，周幽王慌了神，又下令点燃烽燧，各路诸侯都误认为周幽王又在搞恶作剧，戏弄诸侯，谁也不肯前来援助驱敌，"西夷犬戎攻幽王，幽王举烽火征兵，兵莫至。遂杀幽王于骊山下，虏褒姒，尽取周赂而去"[3]。于是，西周被犬戎吞灭。这一年为公元前771年，距今已2700余年，说明当时烽燧已用于报警通信。根据"烽火戏诸侯"的推断，估计烽燧在殷商之末或西周之初就有了，起码有3000多年的历史。

到了战国时期，报警的烽燧系统更为发达，使用亦普遍。几乎各国边境都设有烽燧。《史记》载："公子（无忌）与魏王博，而北境传举烽，言'赵寇至，且入界'。"[4]反映了当时边境举烽燧以报警的大致情况。又据《新郪虎符》记载，汉代当烽燧报警时，军事长官"虽毋会符"，也可以调动军队[5]。

战国时期的烽燧报警并不局限于边境，在内地守城时也多有使用。如《墨子·号令》记载："出候无过十里。居高便所树表，表三人守之，比至城者三表，与城上烽燧相望。昼则举烽，夜则举火。"[6]可见烽燧应用于守城。《墨子·杂说》还记载了当时曾借助于烽燧的多少来表示军情的紧急程度。

战国时期各国还修筑一种叫亭、障的烽火台，现在称为汉亭障，专门用于军事上的守望、警戒。如《韩非子·内储说上》"秦有小亭临境"，这就是秦抵临魏境的守望小亭。到秦始皇三十三年(前214)，"使蒙恬渡河，取高阙、阳山、北假中，筑亭障以逐戎人，徙谪，实之初县"[7]。

有关汉代的烽火台，出自长沙马王堆三号汉墓的《驻军图》就有所显示。汉初，在与南越国接壤的边郡即建有烽台。汉武帝开发西南夷，巴蜀与西南夷的边界亦设有烽燧，这在《史记·司马相如列传》里记载得很清楚："告巴蜀太守：蛮夷自擅不讨之日久矣，时侵犯边境……夫边郡之士，闻烽举燧焚，皆摄弓而驰，荷兵而走，流汗相属，唯恐居后。"[8]

偏关水泉营子烽火台

但自汉兴以来，烽燧的分布就集中在与匈奴邻境的北方边境，后来则又沿长城扩大到西北和东北的广大地区。《汉书》曾记载赵充国奏书说："窃见北边自敦煌至辽东，万一千五百余里，乘塞列燧，有吏卒数千人，虏数大众攻之，而不能害。……烽火幸通，势及并力，以逸待劳，兵之利者也。"[9]西汉之时，有关烽燧的记载很多，《汉书·张骞传》载："击破姑师，虏楼兰王，酒泉列亭障至玉门矣。"[10]《汉书·匈奴传》也记载到，汉武帝北击匈奴取得胜利，"攘之于幕北，建塞徼，起亭燧，筑外城，设屯戍以守之，然后边境得用少安。……前以罢外城、省亭燧，今载足以候望通烽火而已"[11]。当时为防匈奴南犯，在北疆边塞修筑了不少烽燧或亭障等军事设施。近代以来的实地考察，在西北地区长城沿线发现许多汉代烽燧遗迹、遗物，出土了大批反映当时烽燧制度的简文。

东汉之初，经过长期战乱，边塞的亭燧多被破坏。当时，尽管光武帝刘秀实行保守的边防政策，但对边防的修复也逐渐开始。如光武帝建武十二年(36)，遣杜茂"将众郡弛刑屯北边，筑亭候，修烽燧"[12]；建武十三年(37)，"诏(王)霸将弛刑徒六千余人，与杜茂治飞狐道，堆石布土，筑起亭障，自代至平城三百余里"[13]，建武十四年(38)，马武"屯常山、中山以备北边……又代骠骑大将军杜茂治障塞，自西河至渭桥，河上至安邑，太原至井陉，中山至邺，皆筑堡壁，起烽燧，十里一候"[14]。由于当时采取这一系列措施，故西北边塞的防御体系基本上得到恢复。自光武帝之后，边境战事频繁，亭燧时有修筑，如顺帝永建元年(126)夏五月，"诏幽、并、凉州刺史……严敕障塞，缮设屯备"[15]。

明代是修筑烽火台最兴盛的朝代。明朝将蒙元势力驱至草原后，形成明、蒙对峙。为了防止蒙古势力南下，在北部修筑长城，加强军事力量，同时建设敌台。明代墩台留下遗迹甚多。嘉靖年间，兵部尚书翁万达认为，"山川之险，险与彼共。垣堑之险，险为我专。百人之堡，非千人不能攻，以有垣堑可凭也。修边之役，必当再举"[16]。嘉靖二十五(1546)二月，翁万达奏请增修宣大之间的边墙并墩台，朝廷应允，发银29万两。翁万达修筑了天城(天镇)、阳和(阳高)、开山口(大同东北)诸处边墙138里，堡7，墩台154；西阳河(张家口西)、洗马林(万全西)、张家口诸处边墙64里，敌台10，斩崖削坡50里。第二年二月，翁万达又奏请修大同西、中、北路，宣府中、北、东路边墙并墩台，朝廷应允，发银37万余两，于二十七年(1548)三月完成。嘉靖二十八年(1549)四月，翁万达再次奏请修宣府北、东路边墙与墩台，朝廷应允，发银43万余两。翁万达前后修筑边墙千余里，烽堠363所。

三、烽堠的管理

烽火台形状各异，种类较多，称谓不同。但共同的作用是"谨候望，通烽火"。也就是窥伺塞外敌情，侦探敌方动静，举火为号，以烽示警，传达号令。

以汉代烽火台的管理为例，烽火台作为边塞的候望系统，是以烽燧及其戍卒为主的边防侦察报警体系，也是汉代边塞防御组织当中的重要组成部分。"候望"一词，与"烽火""烽表""举烽"诸词，首见于《墨子》一书。《汉旧仪》云："边郡太守各将万骑，行障塞烽火追虏。"[17]据此，边塞候望系统的最高长官，是边郡的太守，侦察敌情并举烽报警，是边郡地方长官防务的责任。由于太守职高繁重，而直接负责候望系统的长官，是佑助太守掌武事的郡都尉和部都尉。都尉有候、千长、司马军属官，其所在称城。

作为都尉属官之一的候（意即军候、斥候、关候），是都尉之下置于塞上警戒防御的一级机构。由于所处位置及任务的不同，都尉之下所设候官的数目也不等。候秩比六百石，总领约百里边塞的守望，其下有丞、掾、令史、尉史、候长、士吏等属吏。候官又指挥官署，候官所在称障。

汉制，"近塞郡皆置尉，百里一人，士史、尉史各二人，巡行徼塞也"[18]。西汉称"塞尉"，秩百石，是候之属吏，位在士吏、候长之上。西汉一般以候官名塞，如居延都尉府所属甲渠候，官名为"甲渠塞"或"甲渠候官塞"。每一候官治一塞，下置若干候长，候长官属称部。候长负责若干烽燧，同时候官士吏分驻各部，协助候长，一塞所置部之多少及部之大小，因候塞的地位不同而各异。如甲渠候官塞地处居延中枢，故下置28个部，而与之辖区相连的肩水都尉治下的广地候却只见3个部。部下置烽燧，当时烽燧可与亭、燧互称，它们在一定场合，又可称作亭障、列亭、列燧。烽燧是候望系统最基层的单位，因位置或任务不同，烽燧大小不一，人数各异，最小者只有一二人，最大者则近 30 人，一般是 10 人左右。烽燧有燧长一人。

候望系统属边防军系列，不同于书兵野战部队编制，而是兼有地方行政的某些特征。为有效地实现"候望"，在亭燧戍所设有各种观察装置和侦迹设施。平时谨慎迹候，战时举烽报警，为塞防之耳目。

四、关于烽火品约

"烽火品约"乃汉简之文，是西汉时期关于烽火的品种、品数及其施放的法律规定，它是边塞烽燧举烽报警的准则。在当时，除了中央政府颁布有关举烽的律令章程之外，各边郡都有自己的烽火品约，而各边郡的都尉府又在郡级烽火品约规定的指导下，结合本防区的实际情况，把烽火传递的路线及所辖不同候塞均一一注明，从而形成了都尉府的烽火品约[19]。

据汉简所示，西汉时期居延塞的烽火信号分为烽、表、烟、苣火和积薪五类：

烽为白昼使用的信号，其初义大概是草薪燃火为报警信号。汉边塞之烽有布烽和草烽两种：布烽是以缯布、布或绢制作，即在一种被称为"垫"的框架四周蒙上布帛而成；草烽即用草编成一笼形物（兜零）作为烽号。两种烽皆分赤、白两色，布烽不可燃，草烽可燃，置于竖在堠坞的烽架（桔槔）之上，遇有警报则举布烽或燃草烽。按置烽的位置，又分堠（坞）上烽和旁烽、地烽（皆在坞旁地上）。

表是以布帛蒙在一长方形木架之上，其形制如桔槔。表是布烽的一种，以大小不一分大表、小表；以置所不一分坞上表、地表；又以用途不同分为亡人赤表、兰（阑）入表和诟表。所谓"亡人赤表"，是以赤色的"表"告示烽塞警戒追索逃人；"兰入表"用于敌寇侵犯塞防之时；"诟表"是对烽火滞留失误的督责信号。各类"表"均用于白昼通报信息。

烟是烽燧白昼与烽、表相配合的烽号。烽燧备有施烟灶，灶在台下，烟囱出台上堠顶女墙。报警时在灶膛内燃柴草、粪，烟火借烟囱施烟于堠顶，远远可以望见。汉代施烟多是灶与积薪并举，尤其是在军情紧急之时多以燃积薪以施烟，其效果甚佳。

苣火是夜间使用的信号，简称火。因其形制、作用不同，苣分大苣、小苣、程苣、角火苣，但都统称烽苣或苣。苣，一般都用芦苇制成。苣火通常是由燧卒手执燃举，或竖于堠顶燃举，还可以置于兜零（特制的笼子）中燃举。

积薪是烽燧煸燃积薪以浓烟或烈火表示的一种烽号，昼夜皆可使用。积薪有大小之别，一般大积薪白昼施烟，小积薪夜间放火。凡积薪一般皆置于距烽燧 10 米以外，但也有特殊地段，像敦煌汉烽积薪距烽台为 50~100 米。积薪与烽燧线相垂直排列，以便候望应和。

上述五类烽火信号可以根据敌情组合使用，依据敌人的多寡及远近而把敌情分为五种，敌情品级不同，烽火的组合品级也就不同，烽号的举放次第及次数也随之而变。例如，敌号 1000 人以上入塞或 500~2000 人攻亭障为第三品级，烽火组合为烽与积薪和苣火与积薪，其举放为昼三烽、燔二积薪，夜三苣火、燔二积薪。在都尉府的烽火品级中，依敌入侵方位又制定了一些特殊信号，并规定了不同的举烽方法。

由于烽火传递只依靠燧卒的肉眼观察信号，如遇阴晦风雨，警烽便难以传递，便会发生举烽失误的情况。对此，则采取了遣驿骑驰急告或传檄等措施给予补救。

这套信息传递体系，被历代沿袭并加以改进，在边防报警中发挥主要作用。如宋代《武经总要》对烽制的记载："凡贼寇入境，马步兵五十人以上，不满五百人，放烽一炬。得蕃界事宜，及有烟尘，知欲南入，放烽两炬。若余寇贼，则五百人以上，不满三千人，亦放两炬。蕃贼五百骑以上，不满千骑，审知南入，放烽三炬。若余贼寇三千骑以上，亦望三炬。若余蕃贼千人以上，不知头数，放烽四炬。若余贼寇一万人以上，亦放四炬。"[20]明代对这套系统基本上一脉相承。如明代茅元仪编辑的《武备志》记载烽燧信息的规定与宋代《武经总要》的规定完全相同[21]，显示出古代烽燧信息传报制度的长期延续。

作者简介：刘志尧，中国魏晋南北朝史学会会员、中国长城学会理事、山西作协会员、大同市长城文化旅游协会副会长、山西保护研究长城十杰之一。

注释:

① 《丛书集成续编》第51册，上海书店出版社，1994，影印本，第465页。
② 王文锦等点校，杜佑：《通典》卷152《兵·守拒法附》，中华书局，1988，第3901页。
③ 《史记》卷4《周本纪》，中华书局，1959，第149页。
④ 《史记》卷77《魏公子列传》，第2377页。
⑤ 王国维：《观堂集林》下卷18《新郪虎符跋》，河北教育出版社，2001，第560页。
⑥ 《墨子校注》卷15《号令》，中华书局，1993，第923页。
⑦ 《史记》卷6《秦始皇本纪》，第253页。
⑧ 《史记》卷117《司马相如列传》，第3045页。
⑨ 《汉书》卷69《赵充国传》，中华书局，1959，第2989页。
⑩ 《汉书》卷61《张骞传》，第2695页。
⑪ 《汉书》卷94《匈奴传下》，第3803~3804页。
⑫ 《后汉书》卷1《光武帝纪下》，中华书局，1965，第60页。
⑬ 《后汉书》卷20《王霸传》，第737页。
⑭ 《后汉书》卷22《马成传》，第779页。
⑮ 《后汉书》卷6《顺帝纪》，第252~253页。
⑯ 《明史》卷198《翁万达传》，中华书局，1974，第5247页。
⑰ （汉）卫宏撰：《汉旧仪》卷下；孙星衍等辑：《汉官六种》，中华书局，1990，第48页。
⑱ 《汉书》卷94上《匈奴传上》，颜师古注，第3766页。
⑲ 参见程喜霖：《汉唐烽候制度研究》，三秦出版社，1990。
⑳ 《武经总要》卷5，《中国兵书集成》影印本，解放军出版社，1988，第309页。
㉑ 茅元仪：《武备志》卷97《烽火》，华世出版社，1984，影印本，第3789~3790页。

山西明长城烽火传报体系研究

尚珩

一、引言

"火路墩"一词，主要流行于明代宣、大、山西三镇，在文献中多与边墙、边墩、城堡等军事建筑相提并论，也为一种防御建筑，是烽火台四种类型之一的腹里接火台，其名称实是时人对当时三镇所辖腹里接火台的一种俗称。目前，在宣、大、山西三镇即现在的河北省西北部和山西省北部的长城主线以南有大量且保存完好的地面遗存。在绵延万里、横亘千年的长城中，火路墩以其特殊的形制和功能在兵戈铁马的年代发挥着其不可替代的功用，所以，对火路墩的研究无疑有助于长城学体系的加强与完善。

当前，长城学的考证与研究在国外似乎还未成为显学，而国内学者的研究则主要集中于三大队伍。以研究早期的春秋战国、汉唐长城。特别是汉唐长城的队伍最为强大，程喜霖先生的《汉唐烽堠制度研究》最具代表性，而汉简也不同程度地折射出关于长城或系统或疏散的侧影，《中国简牍集成》《居延汉简》《武威汉简》《敦煌汉简》莫不如此。明长城的研究，则以九镇中的蓟镇、辽东镇、甘肃镇为重点，相关学者的注意力主要集中于建筑形制、兵力配备、武器装备、军事管理、烽火信号等方面，如《戚继光研究丛书》《明辽东镇长城及防御考》《山海关长城》《嘉峪关及明长城》等。近年来，学者们又以长城保护和旅游为契机，将目光转向长城保护的具体问题和旅游开发等方面。但是火路墩的研究在学术界至今尚无人触及，无论宏观抑或微观，更遑论对九边十一镇火路墩的关注和差异分析，这实在是长城学中的盲点。

我计划以"火路墩"为研究对象，立足于田野调查和相关文献，以宣、大、山西三镇为重点，左右"旁击"各镇的腹里接火台，追溯火路墩可考的起源，全面考察火路墩在长城防御体系中的作用、地位及建筑形制、军事管理、兵力配备、武器装备、烽火信号和传烽路线等，并依据考古类型学的相关要求，以时间为经，分期研究汉、唐、明三个不同历史时期火路墩的建筑形制及其具体特征和发展趋势、规律；同时，以地域为纬，分区研究明朝"九镇"中的蓟、辽、宣、大、山西、延绥、甘肃七镇火路墩的建筑形制，分析其地方特征与差异，从而加深对火路墩系统全面的认识。

二、宣、大、山西三镇火路墩及相关制度

1. 火路墩名称的由来

火路墩与边墙、边墩、城堡等军事建筑相提并论，是烽火台四种类型之一的腹里接火台，但为何又称其为火路墩？这要从它所在的环境中去探索。

首先，在九镇中称腹里接火台为火路墩者，多在宣、大、山西三镇，此三镇由于地形的特点，要保证烽火信号的有效传递就必须多建烽火台。笔者曾实地考察过山西北部的火路墩，发现在边墙和城堡之间以及小城堡和大城堡之间的平原、丘陵上分布着大量的火路墩，并且地势越平缓，火路墩的数量就越多，这些众多的火路墩彼此之间组成了一条条严密的烽燧线从边墙延伸至附近的城堡。

其次，宣、大、山西三镇多战事，且明军是单纯的防守。特别是明中叶，几乎每年都有多次战争发生，而火路墩作为烽燧的一种，在战争频仍的年代里是戍边士兵举放烽火、接传烽火的载体。正是鉴于火路墩数量之多，分布

之密，举放烽火之频繁、持续，由此在城墙与城堡之间形成了一条条由"火"组成的"路"，宣、大、山西的腹里接火台才被时人形象地称为火路墩。

2. 宣、大、山西三镇火路墩的建筑形制

明代宣、大、山西三镇的火路墩目前仍广泛散布于今河北西北部以及山西北部地区，并且保存相对完好，这无疑为研究火路墩的建筑形制提供了实物资料。这些实物与文献记载相对照，我们能够大致清楚火路墩在历史上的情状及功用。据《晋乘搜略》记载："洪武二年……各处烟墩，增筑坚厚，上储五月粮及柴薪、药弩，旁开井，井外围墙与墩平，外望如一，此治其外防也。"[①]《延庆县志》对当地的烟墩建筑也有详细说明。"天顺二年，申明守瞭官军之禁，凡边方山川、城堡，疏远空阔处，具筑烟墩，高五丈有奇，四周城高一丈五尺，上设悬楼垒木，下设墩堑吊桥，外设塌窖陷坑、门道，上置水缸，暖月盛水，寒月盛冰，墩置官军守瞭，以绳梯上下……"[②]。方孔炤在《全边略记》里也记载了山西缘边墩台建设情况。"永乐十年，山西缘边墩守始成。先是，江阴侯吴高请于缘边筑边墩台，从而行之。至是，东路自天城至榆林口，直抵西朔州暖会口，西路自莽牛岭直抵东胜路至黄河西对岸灰沟村，墩皆成，高五丈，围城高丈五尺……"[③]

以山西大同新荣区胡家窑村南的火路墩为例，在实地考察的基础上，结合文献资料，笔者大致复原了火路墩的建筑外观：

胡家窑村的火路墩位于该村南面山顶上，其建筑为细砂、红土和细小石粒夯筑而成。整个台体建筑顶部北边残存4.21米，东边残存2.16米，西边长7.56米，南边长6.16米，台体高8.96米。烽火台底部东西向边长12.15米，南北向边长为7.56米，其北壁距残留的外围墙10.90米，南壁距外围墙8.52米，东壁距外围墙8.77米，西壁距外围墙8.89米。外围墙整体形状为圆角方形，外围墙西南角有方形痕迹，据判断可能为两间房屋遗迹。烽火台整体保存较好，外围墙现已坍塌呈缓坡状。烽火台顶部荒草丛生，四面墙体受风蚀严重，墙面出现许多大大小小的凹坑。台北面靠墙处有积土一堆，乃坍塌所致。整个台体东北角已坍塌。

以胡家窑村火路墩为基础，结合山西境内其他地方的火路墩，我们可以初步得出明代山西火路墩建筑形制的基本特征：

第一，火路墩建在一夯土台基上，台基或方或圆，高约1.2米左右。

第二，台基之上，正中筑有一墩，墩台体量很大，为实心夯土结构，有方锥形和圆锥形两种，基础部分很大，向上逐渐收分，墩台原高约15米左右。

第三，台基之上，四周筑有一圈夯土围墙，平面形状依台基的形状而定，基部较厚，向上逐渐变薄，基部厚约1米，顶部厚约0.4米，围墙高约3米。

第四，台基、围墙之上修筑有供上下出入的门和门道，使瞭望士兵能够自由通行。此当以偏关柏杨岭的一座火路墩最为典型，白色毛石砌筑为门，券形门拱，外侧为方形，门内有石制台阶，现门已被淤土堵住大半，无法见其原貌。但经测量，门洞高约1.5米，深约2.5米，门内宽1米，其空间可以供一人上下。

第五，墩台之上建有铺房，即望厅。铺房多位于墩顶偏向关内的一侧，也有顶位于部正中的。目前保存完好的铺房尚未发现，这可能与所用建筑材料为土墙和木料有关，人去台空，年久失修而自然坍塌，成为高出台面的土堆。经测量，遗址高约0.3米，长约2.5米，宽约1.5米，并且遗址之上和四周还遍布瓦片。

第六，墩台之下，围墙内有房址。目前完整的建筑尚未发现，多数遗址地面遍布瓦砾、灰浆结块与残砖块。

第七，根据文献记载，火路墩的外围还应该有壕堑和拦马墙等障碍以增强其自身防御能力，但目前尚未发现保存完好的实物。

综上所述，我们可以看出，早在明初，火路墩的建筑形制已经定型，后代承袭沿用。通过对比唐代的腹里接火台，其变化不大，基本上是承袭了唐代火路墩的建筑样式。

3. 宣、大、山西三镇火路墩的布局

火路墩作为烽燧的一种，必须充分发挥其作为军队耳目的作用，传递情报。然而宣、大、山西三镇由于地形因素使得火路墩作用的发挥受到很大的制约。为此，明政府采取了一系列措施来补其不足，主要包括增加数量和制定严格的建造布局原则。丘浚《墩堡议》："墩台相去远近当以火光可见，炮声可闻为限，宜于外墩之内，每二三十里各为总台数处，以次通报城中。其墩之制：高必极望墩之下于三四里间，四周俱筑为土墙，高五尺，长七八尺许，横斜错乱，又须委曲然后可行，使驰骑不能侵近。"④ "烽墩多设于边境，以时侦望，盖山西濒虏，屯牧连野，堤守失严，变将随至，必相地形高耸足以远眺者，筑立墩台，设军戍守。"⑤《嘉靖隆庆志》也有相关记载："境内南北山峪隘口，可通人马处，悉用砖石砌塞，山峰嵯峨可以瞭望者，各置烟墩，墩口各拨军三名，夜不收一名，专一守瞭……遇警，则举火以相告。昼则焚燧，夜则举烽。"⑥

4. 宣、大、山西三镇火路墩的人员配备

火路墩作为一军事单位，必须有士兵昼夜哨瞭，以保证情报的及时传递。同时，火路墩的主要职责是传烽而非作战，因此其人员数量相对固定。据《天镇县志》记载："边军设自明季，每墩三四五名不等，拨给沙田四五十亩，耕种养瞻，专司瞭望。"⑦

另据《皇明经济文录》云："……随于每墩会同各选拔官军六名，令其常川轮流哨守……"⑧《宣府镇志》载："极边墩台每座军，夜七名，腹里墩台每座军人五名。"⑨兹将《宣府镇志》《赤城县志》两书中对火路墩人员配备情况的记载加以整理并列表如下：

表2.1 明代赤城县火路墩数量及兵员配备表

军事单位	所管火路墩的数量（座）	守瞭官军人数（员名）	平均每座守瞭官军人数（员名）
赤城	48	188	4
独石	50	178	3
马营堡	56	185	3
云州堡	32	115	3
镇宁堡	20	59	3
清泉堡	10	30	3
镇安堡	21	70	3
松树堡	9	33	4
君子堡	13	18	2
半壁店	9	32	3
龙门所	39	143	4
牧马堡	7	29	4
滴水崖	29	109	4
样田堡	7	31	4

资料来源：[乾隆] 孟思谊：《赤城县志》卷之四《武备志·墩汛》，台湾成文出版社，1968。

表 2.2 明代宣府镇火路墩数量及兵员配备表

军事单位	边墩（座）	腹里墩台（座）	新添墩（座）	守瞭官军（员名）	均人数
镇城	0	53	0	265	5
东路	117	104	26	1888	7
永宁城	54	21	0	369	5
保安卫城	0	30	0	150	5
保安州城	0	38	0	160	4
北路	522	215	160	1046	1
开平卫城	0	57	0	285	5
马营堡	0	34	0	177	5
云川堡	0	23	0	74	3
赤城堡	0	33	0	89	3
龙门卫城	0	68	0	372	5
龙门所城	0	34	0	139	4
长安所城	0	11	0	50	6
中路	101	87	0	1140	6
葛峪堡	0	13	0	67	5
常峪口堡	0	7	0	36	5
青边口堡	0	10	0	51	5
羊房堡	0	8	0	42	5
大白杨堡	0	11	0	56	5
小白杨堡	0	7	0	36	5
赵川堡	0	11	0	56	5
龙门关所	0	20	0	102	5
西路	331	112	16	3480	7
右卫城	0	24	0	169	7
左卫城	0	19	0	98	5
怀安城	0	25	0	179	7
张家口堡	0	27	0	180	6
膳房堡	0	10	0	62	6
新开口堡	0	11	0	67	6
新河口堡	0	9	0	73	8
洗马林堡	0	28	0	200	7
柴沟堡	0	11	0	67	6
渡口堡	0	42	0	290	7
李信屯堡	0	8	0	41	5
西阳河堡	0	23	0	130	5
南路	0	131	26	723	4
顺城东城	0	26	8	180	5
蔚州卫所	0	47	3	260	5
广昌守御所	0	13	11	50	2
深井堡	0	17	4	90	4

资料来源：孙世芳：《宣府镇志》卷十《亭障考·墩台》，台湾成文出版社，1960。

由上表可见，明代火路墩配备的兵力在每墩 5 人左右，相对于汉唐来说是最少的。分析其理由，影响火路墩兵力配备的因素主要有两方面。首先是墩台所处位置的轻重缓急。若墩台处于"缓"处，非紧要地段，人员配备就相对较少；相反，若墩台处于"极重""次重"的紧要之处，则所配兵丁必多。其次是守墩兵丁承担的工作量。火路墩兵丁的主要职责是举烽放炮、传递军情，但烽火信号内容种类多，所用器材多，况且守墩士兵还要承担维护军用设施、器具以及参与军屯等繁重劳动，只有增加人数协同操作，才能在第一时间将军情完整无误地传递出去。

5. 火路墩的军事管理

作为极其重要的军事单位，要想充分发挥火路墩的职能，关键在于有效的管理。明政府重点从军事制度和法律两方面上来强化管理。

在军事制度方面，明朝将边防分为九镇，相当于九大军区。镇下设路，相当于军分区。路下设堡，堡也有大小之分，通常一个大堡分管数个小堡。堡下再分边防守，统领处于基层的火路墩，形成了逐级的军事管理单位，相应的形成了一套"军级制"。正如《皇明九边考》所载："总镇一方者曰镇守，独守一路者曰分守，独守一城一堡者曰守备，有与主将同处一城者曰协守，又有备倭、提督、提调、巡视等。名其官，挂其印者曰总兵，次曰副总兵，曰参将，曰游击将军……"⑩可见，明朝制定了一套完善的军事统帅制度。现将《三云筹俎考》和《宣大山西三镇图说》所载火路墩及其所属堡子的情况统计如下：

表 2.3 明大同镇火路墩的相关情况

道	路	所辖城堡	火路墩（座）	城堡内的军官（员）	旗军（名）
阳和道	新平路	平远堡	13	守备1员，坐堡把总1员	673
		新平堡	16	参将、守备1员；中军、千把总7员	1642
		保平堡	11	守备1员，坐堡1员	321
		桦门堡	3	防守1员	297
	东路	永嘉堡	10	操守、坐堡、把总1员	307
		瓦窑口堡	8	守备1员，坐堡1员，把总1员	452
		天城城	31	参将、守备1员；坐堡、千把总8员；天镇2卫官军	2652
		镇宁堡	1	操守1员	302
		镇口堡	1	操守、坐堡1员	310
		镇门堡	无	守备1员，坐堡1员	493
		守口堡	14	守备1员，把总1员	466
		阳和城	28	阳和道军门，中军，左右游击，都司同知，旗鼓，守备总及两卫所	9109
		靖虏堡	5	守备1员	513
分巡冀北道	北东路	镇边堡	6	守备1员	699（官军）
		镇川堡	3	守备1员	674（官军）
		镇羌堡	7	守备1员	1053（官军）
		得胜堡	未知	参将1员	2960（官军）
		弘赐堡	8	守备1员	608（官军）
		拒墙堡	3	守备1员	420（官军）
		镇虏堡	7	守备1员	266（官军）
		镇河堡	80	操守1员	358（官军）
	不属路	许家庄堡	12	操守1员	581（官军）
		蔚州城	未知	知州、守备1员	隶属宣府
		广昌城	未知	知县、守备1员	隶属宣府
		聚落城	9	守备等官	722（官军）
		广灵城	未知	知县、操守1员	未知
		灵丘城	未知	知县、守备1员	605（官军）
		浑源州城	28	知州、守备暨中前2所官军	475
		王家庄堡	未知	操守、把总1员	200（军）
		大同城	42	代藩，总镇，部道，抚院，中军，都司，游记，卫所等官	22709（官军）
		高山城			

351

续表

		拒门堡	7	守备1员，坐堡1员，把总2员	604（军）
大同左卫道	北西路	破房堡	5	操守1员，坐堡1员，把总1员	363（军）
		云冈堡	8	操守1员，坐堡1员，把总1员	217（军）
		助马堡	未知	参将，守备，中军，坐堡1员，把总8员	2175（军）
		灭房堡	10	守备1员，坐堡1员，把总2员	964（军）
		高山城	未知	守备1员，把总1员及卫所镇抚等官	1224（军）
		保安堡	4	操守1员，坐堡1员，把总1员	467（军）
		威房堡	8	守备1员，坐堡1员，把总2员	781（军）
		云西堡	10	操守1员，坐堡1员，把总1员	396（军）
		宁房堡	11	守备1员，坐堡1员，把总2员	607（军）
	中路	三屯堡	10	防守1员，坐堡1员，把总1员	292（军）
		大同左卫城	49	兵备道副总兵，通判，守备，千把总等官，左云川三卫所官	5017（官军）
		破胡堡	5	守备1员，坐堡1员，把总2员	700
		牛心堡	未知	操守1员，坐堡1员，把总1员	641（军）
		云阳堡	3	操守1员，坐堡1员，把总1员	365（军）
		马堡	4	操守1员，坐堡1员，把总2员	364（军）
		残胡堡	9	操守1员，坐堡1员，把总1员	395（军）
		红土堡	7	操守1员，坐堡1员，把总1员	275（军）
		黄土堡	13	操守1员，坐堡1员，把总1员	347（军）
		杀胡堡	6	守备1员，坐堡1员，把总2员	777
		马营堡	1	防守、把总个1员	200（军）
		右卫城	40	参将，守备，中军，千把总，右玉林卫所等官	3687（官军）
		铁山堡	10	守备1员，坐堡1员，把总2员	534
	威远路	祈家河堡	9	操守1员，坐堡1员，把总1员	313（军）
		威远城	45	参将，守备，中军1员坐堡1员，千把	1848（军）
		云石堡	17	守备1员，坐堡1员，把总1员	545（军）
		威平堡	10	操守1员，坐堡1员，把总1员	453（军）
		威胡堡	10	守备1员，坐堡1员，把总2员	497（军）
分守冀北道	西路	平房堡	35	参，守备，平房卫官	3078（官军）
		败胡堡	4	操守1员	458（官军）
		迎恩堡	5	守备1员	598（官军）
		阳胡堡	4	操守1员	396（官军）
	井坪	西安堡	3	操守1员，把总1员	230
		应州城	17	知州，守备及安秉中屯卫，左右二所	809（官军）
		怀仁县	19	知县，守备及安秉卫所等官	663（官军）
		马邑县	14	知县，守备及守御千户所	424（官军）
		山阴县	25	知县，守备及守御千户等官	531（官军）
		井坪城	31	参将，守备1员	1856（官军）
		朔州城	28	乐昌王，冀北守通通判，知州，守备	1743（官军）
		灭胡堡	7	守备1员	539（官军）
		乃河堡	未知	操守1员	343（官军）
		将军会堡	7	守备1员	603（官军）

资料来源：王士琦：《三云筹俎考》，薄音湖、王雄：《明代蒙古汉籍史料汇编》（第6辑），内蒙古大学出版社，2009。

表2.4 明山西镇火路墩的相关情况

军事单位	所管火路墩数量（座）	驻兵数量
山西省城	36	8410
汾州府城	23	1329
雁平道辖东路	45	9292
代州城	41	1437
雁门关	4	348
广武城	未知	1019

续表

雁平道辖北楼路	101（边腹墩台）	7452
北楼口城	6（边腹墩台）	3009
小石口城	51（边腹墩台）	672
平型关城	44（边腹墩台）	762
宁武道辖中路	121	12532
宁武关	25	6134
阳方堡	未知	349
宁化城	9	740
□□堡	24	703
神池堡	18	1452
利民堡	12	775
八角堡	33	1130
长林堡	12	187
岢岚道辖西路	219	15361
偏头关	25	1275
桦林堡	7	300
韩家坪堡	7	161
马站堡	7	200
永兴堡	6	184
楼沟堡	7	198
老营堡	18	4022
柏杨岭堡	3	248
贾家堡	8	386
八柳树堡	18	250
水泉堡	9	1144
寺焉堡	3	138
草垛山堡	12	503
黄龙池堡	10	300
滑石涧堡	未知	300
岢岚州城	22	1758
五寨堡	12	504
三岔堡	16	443
岚县城	16	未知
兴县城	13	未知
岢岚道辖河保路	38	5101
楼子营堡	3	603
河曲营城	未知	188
河会堡	7	503
唐家会堡	2	264
河曲县城	6	190
保德州城	20	341

观察以上两表发现，火路墩同边墙一样，也是由其上级机关——城、堡分区管辖，但有的堡子不分管边墙而只管火路墩，无疑便于火路墩的传报。

火路墩的直接领导者是驻扎在各级城、堡里的守备、参将。普通士兵常年守瞭。据《宣府镇志》介绍："腹里接火墩，重要处所照依边墩，每墩七名，险固处所止用墩军三名，夜不收两名，每年两班，上班二月初一日起至七月终满，下班八月初一日起至次年正月终满。"[11]对军官要求则更高，《皇明九边考》载："镇守总兵官一员，驻扎宣

353

府城，责任务要操练军马，修理城池，督瞭墩台，防御贼寇，抚恤士卒，保障居民……协守副总兵一员，驻扎宣府镇城，责任务要协同操练军马，修理城池，督瞭墩台，补葺边堡，防御贼寇，保障居民。分守北路独石、马营等处左参将一员，驻扎独石城。分守东路怀安、永宁等处右参将一员，驻扎永宁城。分守西路万全右卫等处左参将一员，驻扎万全右卫城。分守南路顺圣蔚广等处右参将一员，驻扎顺圣川西城。责任同，务要操练军马，修理城池、墩台等，遇警身先士卒……守备……责任同，务要操练军马，整理器械，修理关隘墩堡……"[12]在大同镇，设有"总兵官一员，驻扎大同城，责任务要操练军马，修理城池，督瞭墩台，防御房寇，抚恤士卒，保障居民……协守副总兵一员，驻扎大同城，责任会同主将操练军马，修理城池，督瞭墩台，防御贼寇，保障居民。分守大同东路地方左参将一员，驻扎阳和城。分守大同西路地方右参将一员驻扎平房城。责任同，用心操练军伍，无事则修理墩台，抚恤士卒，遇警则领兵截杀……守备……责任同，务要操练军马，锋利器械，严谨烽堠，修葺城堡，抚恤军士，防御房寇，保障居民……"[13]可见，从最高长官总兵到基层军官守备，各级管理人员（游击将军除外）都有整饬烽堠的任务。

而在军法方面则制定了详细严明的法律管理火路墩。明朝治理边防军的法律相当严格，如《延庆县志》所云："守瞭官军，镇巡不时稽查，有违禁者重罪。"[14]明朝中后期，随着朝政日渐腐败，军队纪律也逐渐废弛。边军与"外夷"私自交易频繁发生，明政府曾采取法律措施严加禁止。"禁边塞官军交通外夷。凡守御边塞官军，不得与外夷交通，如有假公事出境交通及私市易者，全家坐罪；凡将货物出境市易者，杖一百，挑担驮载之人减一等，货物入官，于内以三分之一付告人充赏；若将人口、军器出境者，绞；因而走泄事情者，斩。"[15]

宣大总督翁万达在他的奏疏中也多次提到严厉军法，惩治违犯者。"访得各边墩军中间，多有擅离信地，及交通房贼，易卖布匹、针线、铁锅等物，遂至稔熟，透露消息，房贼往往乘虚而入，抢至内境，方才举放烟炮，甚属误事，已经查访一二，治以军法，及严行各镇大小将领，督令各墩军人，令后务要常川守哨，遇有房贼近边，多寡缓急，查照原定号令，举放烟火信炮，使各腹里地方城堡预先收敛人畜，坚壁清野，免被抢掠，其提墩官员，不时巡视提醒，如有似前擅离墩台，不明烽堠，及交通买卖，妄杀投降人口者，各罪坐所由。"[16]

此外，针对各分区的相互协调作战问题，也有明确的规定。"守墩官军，凭高瞭望，一遇警报，即便合力据守，相机截杀，一面飞传本部，以凭奏处，一面分头调集临境兵马应援，不许因循，逗留观望，致误机宜，自干法典等因[17]。"他要求"大同总兵等官，严责各该墩台提调官员，务要督令守瞭人役，但有声息，火速传报外，今后提墩官并墩军长哨、夜不收人等，敢有互分彼此，失于走报者，听总兵官王继祖及各参游、守备等官径自惩治[18]。"这些都说明，明朝为边关制定了一套相当全面的法律管理体系，但政治的腐败使得执行起来困难重重。

三、明代火路墩的运行情况

火路墩的主要功能是传报军情，兼具常年守卫之职，因此，物资的配备就相当必要。目前考古发掘火路墩的实例尚未出现，故很难从实际发掘中判断火路墩军用物资的配备情况，我们只能从文献记载了解其运行的基本情况。据《皇明经济文录》记载："其各墩应有锅瓮器皿，旗帜号带，弓箭盔甲，枪刀火器，俱各置办完全，逐一布设……"[19]大同的火路墩，"墩之上除候卒自持口粮外，常蓄一月水米[20]。"其中，烽具的配备主要由具体放烽法来决定，而生活用品数量的配备则主要决定于常驻士兵的数量。

明宣、大、山西火路墩的烽火信号和传烽路线规定，作为向内地传送烽火的墩台，火路墩的信号应与沿边烽火台的信号相同，即仅复制信号而非更改信号。明朝对烽火信号有自己的规定，且各镇之间也不尽相同。但烽火信号所含内容应该相同，即敌人移动的动向、入侵的地点、入侵人数等等。因此，明朝完全可以借用汉唐两朝已经发展相当完善的"烽火品约"来制定和形成自己的一套完善的"烽火品约"制度。

明成化五年（1469）规定："领边候举放烽炮，若见贼一二百人或百余人，举放一烽一炮，五百人二烽二炮，千

偏关万家寨明长城墩台

人以上三烽三炮，五千以上四烽四炮，万人以上五烽五炮。"[21]这是明朝对各镇烽火的原则性规定。各镇在此基础上制定出符合本镇特点和要求的烽火信号。例如《宣府镇志》记载："凡瞭见达贼境外经过，发梆一次，近达发梆两次；拆墙放炮一个，烧柴一垛；入境放炮两个，烧柴二垛；声息紧急，则以渐加添，仍各照记号举旗兼竖立草人。贼势寡少，本墩差人走报；贼势重大，邻墩差人走报；如声息稍缓则以次差人走报。至晚，每更一人轮流，探听圻□，有声，随即举火放炮，次日早，轮流一名下墩于□贼处所巡派马路，如无踪迹，举无事旗一面，各堡方才开门，放人出城生理牧放，每一城堡又有夜不收十名，分为两班，出边哨探，谓之长哨，又有摘拨空闲马十匹，听候各墩传报紧急之用，谓之架炮马[22]。"可见宣镇对传报烽火信号的内容规定相当细致，连房贼在城外的活动都要通报，且在大举入侵之时还要派人走报，以使军情的详细内容及时传递。

我们还可以从其他文献窥到关于烽号的规定。"若夫烽燧之制，古人昼则燔燧，夜则举烽，偶逢风劲则烟斜，而不能示远，值霖雨则火郁而不能大明，宜于墩台之上立为长杆，分为三等，上悬红灯，以灯数多寡，为缓急众寡之候[23]。"说明天气的好坏，直接影响烽燧传递信号效果，火路墩必备紧急处理办法。

火路墩在各级军事部门间架起一座桥梁，使得上级军官能及时了解作战一线的情况。但从一级传递至另一级并非仅由一座火路墩来完成，而是由多座墩协同完成，因此在两级之间便形成了一条传烽路线，即纵线，以便上报。同时，同级之间也应形成传烽路线，是为横线，以便相互应援。不同的路线连接不同的军事单位，大体可分为如下数种：

第一是各边堡所分管的边墙和火路墩之间的联系。一旦该分边有警，则该分边的火路墩立即将情报飞传至所属堡子，以得到应援。其传烽路线的数量视分边的长度和所属隘口的数量及重要程度而定，通常传烽路线较多。

第二是驻守把总官的基层堡子和驻守参将的路城堡子之间的联系。在基层城堡收到烽火信号之后应该将信号传递至路城，因此，各城堡与其所属路城之间的烽燧线应是一条，并且总数较前者减少。

第三是路城和镇城之间的联系。一镇统领诸路，故在路城收到信号后应将其传递至所属镇城，且各路城和镇城间的烽燧线应是唯一的，总数也最少。

第四是邻近的城堡、路城等平级军事单位之间的联系。一座城堡在受到入侵时，当即将信息通知邻近城堡，以便得到有效支援。翁万达对此也有明确要求："如果贼势重大，力不能支，一面飞报军门，斟酌调兵，一面径报东西临界将领。摘兵策应，仍将报到某营将领、时刻、缘由、禀知查考。临界官军不许指以信地为名，观望逗留，亦不许尽致离次，致使本地空虚，虏得乘间。"[24]

基于以上四种联系，在广阔的宣、大、山西三镇防区内，编织起一张严密的火路墩网，时刻侦望，以备不测。一处有警，各烽线按照规定信号和路线依次传递，使得军情被迅速通报，驰援相继赶赴。

从文献记载我们也能了解火路墩的传烽过程。兹举数例。

"二边墩东接平鲁卫，西至本关，所辖老牛湾烽墩凡四：其一自丫角墩起至虎头墩止，传接老营、关川一带烽火；其一自草垛山、乾沟墩起至虎头墩止，传接水泉营、寺焉堡一带烽火；其一自滑石起至虎头墩止，传接滑石涧大边、老牛湾一带烽火；其一系西路河曲营所辖，自阳兔墩起至虎头墩止，传接西黄河并桦林一带烽火。南路墩自本关虎头墩起至镇西卫长城墩止，东南接太原府川一带，西接汾州府川一带。中东路墩亦自本关虎头墩起至八角获城墩止，直接神池、宁武关烽火[25]。"

"水峪口，土石堡二，正德十一年立厅房□间，库房三间，营房二十八间，沿边营房二十□间，新建仓厂十一间，草场一，敌台七，炮火□□□□，梁墩东北接新寨，接永安，接山阴县。山阴北重怀仁、大峪口。贼从此出没，仍于长梁墩西三十里传至西山墩，南传堡后墩、横河梁、前山墩至代州[26]。"

"阳房口堡……炮火起本关东梁墩至大河堡东，传麻峪二堡，麻峪一墩接阳房，一墩至阳房口，又自拒房墩东传达沓墩，禅房墩至朔宁北河，一道从本关大河通流，棠莲台下有泉，去本堡一里[27]。""红门隘口……隶水泉营，柏杨林墩炮火传青山，传仡老，传马站，传乾沟，传水泉，传八柳树，传骆驼山，传冉家营，传马房，传高家庄，传窑头墩、柏杨林，至此一百三十二里……"[28]"广武墩南十三里至雁门北口；北口十里至雁塔，雁塔十里至南口，南口十里至代……"[29]由此，我们可以看出，明代制定了相当详密的传烽路线，命名各个墩台以便识别，交流。

四、火路墩在三镇边防体系中的地位

火路墩的作用主要是负责向腹里的军事指挥机关或京师传递边墙一线的情报。唯其如此，它在整个长城防御体系中的重要地位就相当明显。它沟通了前线作战部队和上级军事指挥机关之间的联系，从而有利于军事指挥机关根据敌情做出正确的判断和指挥。正如万历《怀仁县志》在其烽墩篇里所云："怀仁，濒于塞北，城堡相望，屯牧连野，非设烽墩以防之，则寇至不知，人无预备，我国家相冈度阜，远近以口，哨瞭有警，示之以炮或示之以火，百里之远，有不瞬息而尽知者，此防虏患之要也。"及时准确的烽火报警系统为夺取战争的胜利奠定了情报基础。

宣、大、山西三镇在整个长城防御体系中具有它的特殊性。宣、大两镇位于京师西北部，是京师的重要屏障，其地位非同寻常。"大同置镇，与宣府同，夫西北形势重宣、大，宣府之藩篱不固，则隆永急矣；大同之门户不严测太原急矣。然宣、大地方本相联属，以京师较之，则京师以宣、大为障，而宣府又以大同为障。明初，以大同川原平衍，兼与保定、山西相为唇齿，特建重镇，以为倒马、紫荆、雁门、宁武之捍。设诸卫所，错落其间，各屯重兵以镇压之[30]。"太原在北京西部，虽属内边，但地位仍不容忽视，与大同乃唇亡齿寒关系，"假使大同失守，山西内边八百里之间，弱兵止四万余人，岂能遏虏之入否也。虏所垂涎，多在山西，而不在大同，三四年来，大同幸不溃防，山西始有宁宇，是故守大同，守山西也[31]。"同时，在这三镇中，具体来说又有轻重缓急之分："大同川原平衍，又最称难守。次宣府，次山西之偏老。分言之，则大同之最难守者北路也，次中路，次西路、东路，而山西偏关以西百五十里，恃河为险，无恃防秋。偏头以东之百有四里，则略与大同之西路同焉。"[32]有明一代，这一地区始终处于战争的最前沿,明朝的主要敌人一直活动于此,其过程由缓到紧。"国初之时,我太祖、成祖抗桉远斥,夷狄势衰,蹲伏莽榛,仅存喘息。正统以后,则生齿渐繁,种类日盛,近且并海贼、吞属番,掠我居民为彼捍隶。诸酋所部约可二三十万众,视之国初,何啻倍蓰。沿边戍卒,较以旧额,未尝加多。彼丑先年秋高入寇,控弦不满数千,掠境不能百里。我兵临时调遣,缓急仍收胜算。顷者,每一大举,动称十余万人,蹂躏关南,侵轶京郡,寻常师旅,莫敢遮邀。盖时势之大略有如此者[33]。"明朝一直重视山西、宣、大三镇的边备,直到明末,国家防御的重点才转移至蓟、辽两镇。

明朝修长城时,采取了一个极为重要的原则——因地制宜。这无疑使长城防御的实用性大大增强。火路墩的修建也不外如此。宣、大、山西三镇,由于地形的原因,使得候望的视野和角度大大受限。平缓土地上的候望范围不如山巅候望范围大、距离远,且由于沟壑纵横交错,一座墩台的候望角度肯定小于山顶的候望角度。因此采取一个有效的方法来加以弥补势在必行,增加火路墩数量,从而扩大候望的视野和视角便成为一个简便、切实可行的办法。

火路墩之所以能够在长城防御体系中占据极其重要的地位,是由长城防御体系的特点所决定的。长城防御体系看上去是固若金汤:高大宽厚的城墙耸立于高山、峡谷和各要冲之处,上面墩台林立,旌旗招展,城内城堡密布……但却犯了兵家大忌:消极防御,分散兵力。纵使宣、大、山西有数十万的兵力,但其分散于数百公里的边防线上,而敌人集中优势兵力从某一处突破,使得长城防线形同虚设。为此,明朝政府也采取了补救措施:将主要兵力屯聚于各个城堡之中,长城上仅仅驻守一些哨瞭的兵丁,并且实行春、秋两防制度,从内地调集大量兵力驻扎于各主要隘口,同时遣派尖哨、夜不收等人深入虏境打探敌人动向。一旦敌人攻墙或侦知敌人动向,长城守军先行抵抗,固守待援,处于关内的火路墩立即将信号传递至负责把守该段城墙的堡子。若敌人入侵规模较大,堡子的守备再通过火路墩将情报传递至上级机关,即所属路的参将那里和附近城堡,依此类推最后传至镇城。

推知,若要使长城防线发挥作用,关键在于处于战略后方的城堡能够对长城守军进行有效的支援,而关键之关键则是作为边军耳目的火路墩能够及时、准确、有效地将一线军事情报传递至后方军事指挥机关。

综上,笔者从宣、大、山西三镇火路墩的建筑形制、分布规律、兵力配备、武器装备、军事法律管理、烽火信号等方面做了相当细致的考证,并分析了相关原因,无疑有助于对三镇的火路墩有全新的认识和了解。

作者简介:尚珩,山西大学历史文化学院硕士研究生。

注释:

① 康基田:《晋乘搜略》卷27,山西古籍出版社,2006,第2003页。

② 李锺侔:《延庆县志》卷8《边防》,台湾学生书局,1967,第495页。

③ 方孔炤:《全边略记》卷2《大同略》,薄音湖,王雄:《明代蒙古汉籍史料汇编》(第3辑),内蒙古大学出版社,2006。

④《万历太原府志》卷19《武备》,太原市地方志编纂委员会:《太原府志集全》,山西人民出版社,2005,第313页。

⑤《万历太原府志》卷19《武备》,《太原府志集全》,第313页。

⑥ 天一阁藏明代方志选刊:《嘉靖隆庆志》卷6《烽燧》,上海书店,2014,第10页。

⑦《光绪天镇县志》卷2《关隘志》,台湾成文出版社,1968,影印本,第252页。

⑧ 万表:《皇明经济文录》蓟州、宣府、大同,"创立五堡以防边事",台北广文书局,1972,第143页。

⑨ 孙世芳:《宣府镇志》卷22《兵政考·附兵政诸例》,台湾成文出版社,1960。

⑩魏焕：《皇明九边考》，薄音湖，王雄《明代蒙古汉籍史料汇编》（第6辑），内蒙古大学出版社，2009。
⑪《宣府镇志》卷10《亭障考》。
⑫魏焕：《皇明九边考》卷4《宣府镇·责任考》。
⑬《皇明九边考》卷5《大同镇·责任考》。
⑭李锺俾：《延庆县志》卷8《边防》，台湾学生书局，1960，第495页。
⑮孙世芳：《宣府镇志》卷19《法令考》，第198页。
⑯翁万达：《饬边防以恢戎务疏》，《翁万达集》卷5，上海古籍出版社，1992，第137页。
⑰翁万达：《饬边防以恢戎务疏》，《翁万达集》卷5，第137页。
⑱翁万达：《预拟分布人马以御虏患疏》，《翁万达集》卷5，第202页。
⑲万表：《皇明经济文录》蓟州编、宣府编、大同编，"创立五堡以防边事"，第143页。
⑳黎中辅：《大同县志》卷6《关隘》，山西人民出版社，1991，第126页。
㉑郁进：《长城》，文物出版社，1990。
㉒孙世芳：《宣府镇志》卷22《兵政考·附兵政诸例·瞭报》，第245页。
㉓黎中辅：《大同县志》卷6《关隘》，第126页。
㉔翁万达：《预拟分布人马以御虏患疏》，《翁万达集》卷5，第202页。
㉕卢承业编，马振文等增修：《偏关志》卷上《地理志·烽堠》，台湾成文出版社，1968，第29~30页。
㉖廖希颜：《三关志·雁门关地理总考》，《续修四库全书》第738册，上海古籍出版社，2002。
㉗廖希颜：《三关志·宁武关地理总考》，《续修四库全书》第738册，上海古籍出版社，2002。
㉘廖希颜：《三关志·偏头关地理总考》，《续修四库全书》第738册，上海古籍出版社，2002。
㉙施重光：《代州志》之《御戎志·烽堠》，远方出版社，2004。
㉚穆尔赛等：《山西通志》卷14《兵防·边关》，康熙刻本。
㉛翁万达：《及时经理边防大计疏》，《翁万达集》卷11，第315页。
㉜穆尔赛等：《山西通志》卷14《兵防·边关》。
㉝翁万达：《集众论酌时宜以图安边疏》，《翁万达集》卷10，第297~298页。

明长城山西镇防御性军事聚落研究

赵紫薇

第一章 绪论

1.1 研究背景与研究对象

1.1.1 研究背景

长城自先秦始建，历代修葺，直至明清，已经有两千多年的历史。我们现在看到的万里长城，基本上是明代的遗存。随着冷兵器时代的结束，长城的防御作用越来越小，除了个别地段长城作为旅游开发而保存较好以外，大部分地区的长城已经破败不堪，沿线军事堡寨大多荒废，地面遗存正在逐渐消失。然而完全复原长城以前面貌是一件不现实的事情，当务之急是尽可能地把长城沿线信息编成史册，让今后研究长城的学者有迹可循。

过去对明长城的研究，涉及的领域已经十分宽广，包括历史、考古、地理、交通、军事、城镇、建筑、工程技术、民俗文化、民族交往等众多方面，取得了丰硕的成果。然而，以往的研究主要局限于长城的主体，很少有扩展到长城沿线的区域性综合研究，以城市与建筑领域为例，过去的研究主要集中在历史变迁和建筑工程方面的研究，包括对居庸关、雁门关、山海关等关隘、城墙、敌台的测绘、建筑布局的考察等，对于长城的认识尚停留在感性认识的层面[①]。

山西镇是明长城九边重镇之一，明朝初期，明成祖多次远征，蒙古人远遁漠北，同时太原以北的三关地区又位于大同镇之后，所以边防压力很小；直到洪熙年间，山西北部边患渐起，明朝的北方防线南移，山西逐渐成为防卫前线，至宣德年间，才设山西镇以加强山西北部的边防力量。明代时期晋北地区有极为重要的军事地位，地形上有太行山和黄河作为天然屏障，地势顽固险要，只要稍加人工改造，即可恃河为险，依山作障；如果再做好军队的后勤保障工作，就可以形成坚固不催的军事防御能力。因此，明朝政府就在山西镇防区内以镇城为中心建设了大量的军事聚落用来抵挡北方游牧民族的入侵；直到今日，它们有的仍然作为城镇、乡村广泛分布在三关地区。本研究将选择山西镇防御性军事聚落作为研究对象，理清它们之间的相互关系及其背后隐藏的文化内涵；这些军事聚落是构成长城防御能力不可或缺的部分，通过这部分的研究，可以加强人们对长城作为防御体系的全面认识。

1.1.2 研究对象

山西镇：明代亦称太原镇、三关镇，即人们通常所谓的外三关。山西镇与大同镇一起组成了守卫北京的右侧防线，在整个长城的防卫体系中，山西镇与大同镇有着举足轻重的地位；从地理位置上看，山西镇在大同镇后方，起着支撑与加强大同镇边防功能的作用，具有二次阻击敌军的能力，并能与大同镇一起形成瓮城掎角之势力，围攻深入作战的敌军。山西镇防守的边墙西起山西保德州，保德州位于黄河以东，借助黄河天险可以有效阻击南下之敌，边墙沿山脉走向北经过河曲、偏头关以及内蒙古清水河县老牛湾，然后继续转向东行，至鸦角山又向东南方向，历神池、宁武关后，转向东北过代县、繁峙县，到达灵邱县平型关，再折向南去，经龙泉关、固关而达黄榆岭，长度总计一千六百余里，治所原在偏头关，至明嘉靖十九年移驻宁武。山西镇边与大同镇边、宣府镇边被称为北防九边的"中三边"。明代山西镇下辖五道，分别是冀宁道、冀南道、雁平道、宁武道和岢岚道；其中冀宁道下辖太原府城，

[①] 汪德华，中国城市规划史纲，南京：东南大学出版社，2005

岢岚道下辖河保路和西路，宁武道下辖中路，雁平道下辖北楼路和东路，冀南道下辖汾州府城。

堡寨：为了更有效地抵御北方敌人的入侵，明朝在长城沿线修建卫所，开军屯，修边墙，立烽燧，营筑堡寨。堡寨按照使用功能可以分为官堡、屯垦堡和乡堡。官堡一般设在地势平坦的地方，空间分布比较均匀，例如岢岚道重在守边，堡距一般在10公里至15公里左右，而宁武道、雁平道重在守关，因此呈狭长状分布；屯垦堡的作用是使北边军士完全用屯田自给，不再使百姓输纳，为了加强屯田管理，明朝政府规定每百户为一屯，四到七屯就近建堡，屯设正副屯长各一人，屯堡事实上是军屯的最基层组织；乡堡又称为民堡，是百姓为了避免被南下的敌人掳掠而建造起来的，一般说来这些民堡建置没有定制，较之官堡简单，只是把村落用墙围起来，这样的乡堡很多，占到当时村落总数的百分七十以上。以上这些堡寨有的后来发展成了盛极一时的商业重镇，有的则变成了默默无闻的小村庄。军事堡寨是长城防御系统不可或缺的部分，以往的研究只注重长城本体的研究，缺乏对长城整个体系的认知，长城的防御功能主体是边墙与军事堡寨形成的防御网，这是一个需要进行重新认识的问题。

1.2 山西镇相关研究现状

● 山西镇本体的研究：

"《长城山西镇段沿线明代城堡建筑研究》清华大学李贞娥硕士学位论文(2006)"——选取了长城沿线作为独立的防御体系，研究山西镇长城沿线附属军事城堡的选址、城垣建筑、城防设施、城内军事建筑的特征。

"《明代山西镇边的城堡》(杜春梅《文物世界》2004年第6期)"——以明人杨时宁《宣大山西三镇图说》《太原府志》为依据，简要介绍了军堡、屯田堡、民堡三种类型的山西镇边城堡，并以表格的形式统计了一些主要城堡的城周规模、建置时间。

"《晋藩屏翰——山西宁武关城的历史人类学考察》中央民族大学张友庭博士学位论文（2011）"——从人类学的角度，研究了山西镇宁武关的制度建设、空间营造、边境商贸、历史变迁等方面的问题，试图从以人为本的角度，来还原宁武关发展与变迁的历史画面。

"《明代山西三关地区防卫区划的开成与演变》复旦大学靳林硕士学位论文（2010）"——从历史地理学的角度，分析了西部河谷和东部高原以及它们之间的过渡区域的防卫单元，以此来考察三关地区军事防御结构的形成和发展。

● 山西军事制度的研究：

"《明代山西行都司设置军事地理研究》中央民族大学张鹏硕士学位论文（2010）"

"《明代山西行都司建置研究》陕西师范大学王蕊硕士学位论文（2010）"

"《明代山西都司研究》陕西师范大学曹锦云硕士学位论文（2011）"

"《明清时期山西都司卫所屯田研究》陕西师范大学王友华硕士学位论文（2009）"——以上四篇论文都从明代基本的都司卫军事制度为切入点，相对于军事堡寨的硬件设施，都司卫军事制度是起着军事堡寨运行和管理的软作用，而且边防地区的屯田制度正是基于这种军事制度才得以运行。这些山西地区的军事制度的研究也是堡寨研究的重要组成部分。

● 晋北地区防御体系的宏观研究：

"《山西省雁北地区明代军事防御性聚落探析》天津大学李哲硕士论文（2005）"——雁北地区防御性聚落建设的指导思想及理想城市规划模式以及明清两朝经贸特点与军事聚落发展的关系及对建筑的影响。

"《明代山西北部聚落变迁》（王杰瑜《中国历史地理论丛》2006年第21卷）"

"《明代大同镇述略》（张国勇《鞍山师范学院报》2005年第3期）"

"《明代大同镇防务研究——以败虎堡为例》内蒙古大学杨国华硕士论文（2008）"

"《明代中期宣大地区军事防务研究》西北民族大学孙建军硕士论文（2007）"

"《明代"九边"宣大军事防务区的形成》（王继光等《中国边疆史地研究》2009年第19卷）"——以上研究都是从区域宏观角度，或是以大同、山西两镇为研究对象，或是以宣府、大同、山西三镇为研究对象，宣大山西三镇之防区紧密相连，成为北京北部防御体系的基础，宣大的研究也对本文思路的梳理和分析方法有很大的启迪作用，促使从宏观的角度联系的眼光把握三关地区防御性特点。

●边防地区民族政策的研究：

"《明蒙关系研究——以明蒙双边政策及明朝对蒙古的防御为中心》内蒙古大学默颖博士论文（2009）"

"《明代北塞军事危机与边镇志书的编纂》向燕南《中州学刊》2006年第1期"——以上研究都以明朝对少数民族的政策为研究对象，这些研究成果可以帮助更好地理解三关地区军事聚落形成和变迁。

●相关古籍：

明、清两代不少学者都编纂了关于明长城的书目，如明魏焕编著的《皇明九边考》，明兵部编著的《九边图说》，清顾祖禹编著的《读史方舆纪要》等等。明代杨时宁所著《宣大山西三镇图说》及王士琦所著《三云筹俎考》对于研究明代山西三关地区的学者来说更是不可多得的经典资料。此外还有涉及的各县市志书。

1.3 研究内容与研究意义

1.3.1 研究内容

在宏观层面，过去往往只注重长城本体的研究，关隘堡寨在整个长城防御体系中的作用和地位没有得到应有的重视。正如有学者指出，"长城不单是一条防御线，而是形成一个防御网的体系"[①]。本文将着重研究明代山西镇整体防御体系的构成方式，以长城防御的军事建制、军屯建设与空间分布为切入点，研究明代山西镇防御性军事聚落体系的形成、发展、防御原理以及它们背后的文化内涵。其中，各堡寨的职能分工与彼此间的空间关系，和作为堡寨主体的守军亦兵亦农的生活方式，将是本文研究的特色。除了以上内容，本文还将研究山西镇在明代长城九边中的实际地位与作用，并从区域角度分析山西镇与大同镇、宣府镇的防御职能的分工与配合。

在微观层面，本文将以堡寨的选址因素为切入点，从下面三个方面对山西镇堡寨的形成与发展进行深入研究。

第一，长城沿线军事聚落形成的主导因素是明代的边防形势与对外政策。自明太祖北伐，蒙古人退居漠北，但是军事残余力量仍然存在，时刻企图卷土重来；因此，明朝建国百余年间边患都未停止，边防形势十分严峻。"二木之变"以后，明朝防线内移，山西镇边防压力变大，三关地区军事堡寨建设显得尤其重要。自满人入关，民族政策发生了巨大的变化，明朝以来的军事与政策因素减弱消失，随着和平局势的到来，起初具有防御功能的堡寨也逐渐褪去军事的色彩，在之后的发展中，有的堡寨被人们废弃不用，有的变成了默默无闻的小村庄，而有的堡寨却变成了盛极一时的商业重镇……主导这些变化的深层因素，将在本文中进行解析。

第二，作为长城防御空间体系的组成部分，堡寨的选址首要考虑因素是具有阻击和防御的军事能力。《易》曰："王公设险以守其国。"其中"设险"即指借助人力，依山就势，筑墙作障。堡寨是长城沿线重要屯兵据点，大多设置在行军的咽喉要道，与长城一同构成阻击敌军的战斗力；这些堡寨有的侧重瞭望敌情，有的侧重屯兵阻击，有的侧重物资供给，长城的防御体系能力是由这些堡寨与边墙共同构成的，在堡寨的选址过程中，就不得不因险置塞、设险防御，以达到"百人之堡，非千人不能攻"[②]的目的。

第三，屯田作为长城沿线军事聚落的后勤保障，同样影响着堡寨的分布。明代为了解决戍守将士的粮食问题，在长城沿线实行了屯田，所有屯田所得粮食都成为军中支出；除了军屯以外，明朝政府还鼓励边民进行民屯和商屯，民屯是指把无地少地的贫民迁徙到长城沿线地广人稀的地方，发放生产工具，减免税赋，一来解决内地与边区的人口矛盾，二来可以弥补军屯的不足；商屯是旨商人出资募民耕种，晋北地区的商屯十分活跃，永乐年以后逐渐成为供应军需的重要力量。侧重屯田的堡寨主要分布在相对平坦的地区，这样才有足够的生产腹地；侧重作战的堡寨选址也要考虑后勤补给的可达性。本文将以屯田为切入点，深入研究各堡寨的职能结构、物质生产、人口构成，以及

[①] 金应熙：《作为军事防御体系和文化会聚线的中国古长城》，《第十六届国际历史科学大会中国学者论文集》，中华书局，1985，271—291。

[②] 语出《明史》卷一百九十八 列传第八十六，翁万达语。

各堡寨间的城乡关系，以此揭示明代山西镇军事聚落中人们现实的生活场景。

1.3.2 研究意义

第一，理清山西镇防御层次体系。北京背倚燕云之险，前有黄河长江天堑，左临沧海，右据太行；宣府大同山西三镇作为长城九边重镇重要组成部分，是京师的外层防线；同时山西镇与大同镇一起构为了北京的右腋防线，两镇一破，则京师无险可守。虽然山西镇位于大同镇的后方，但仍不失为防御体系中关键的战略节点——大同镇直接临边，而且极易失守，山西镇作为大同镇防御能力的补充与加固，两镇一起共同构成了晋北长城的防御能力。在另一个层面，山西镇防区自身也形成了微观的防御体系。就防御层次体系而言，山西镇既反映了明长城防御体系的一般规律，也体现了与大同镇互为补充、唇齿相依的特殊性。因此，理清山西镇军事防御层次体系，对于深入了解明长城体系的构成具有重要意义。

第二，加深对明长城防御体系的理解。明长城作为军事防御工程，并不仅仅是单一的城墙，长城沿线墩台林立，城寨密布，这种空间体系是在明代特定的边防管理制度下形成的，并具有整体性、系统性和严密性。明长城三关地区防御性军事聚落的研究是长城军事工程体系研究的重要组成部分，这些军事聚落不但具备长城沿线一般堡寨的共同特点，同时也展现了在特定地点特定环境下的自身特色。对于明长城防御体系的研究可以从长城的历史研究、防御体系与军事制度的研究、聚落的空间结构研究、工程技术与艺术价值的研究、整体性保护与利用策略研究等诸多方面展开。从面更加深刻地理解外山西镇在明长城防御体系中发挥的作用。

第三，对长城的保护有着指导意义。除了居庸关、八达岭等著名旅游景点以外，长城沿线的军事聚落并未得到有效保护，随着人们生活方式的改变，许多堡塞都已被人们遗弃，并且处于极度不堪的状态，它们的衰落已成定局；鉴于以上原因，长城沿线的军事聚落的整理与保护工作势在必行。明长城外三关不仅是宝贵的物质遗产，同时因其体现了明代对外政策与军事防御思想、包含了丰富的地域人文信息与自然景观，也是不可多得的文化遗产。我们的保护工作应该同时注重长城实体的保护和长城精神的保护两个方面。研究三关地区明长城的防御层次体系，总结其现状，概括其文化积淀过程，对于提出体现区域特色的长城保护策略具有重要的指导意义。

第四，对当今城乡规划有着借鉴作用。当今的城市建设活动基本上以西方城市规划思想为主导，中国古代传统的规划思想和方法并不受到人们的重视，其原因是多方面的，其中重要一点就是我们缺乏对中国传统城市规划思想的研究。明长城作为一项庞大的国家建设工程，无论在历史上还是现如今都十分少见，在宏观层面，长城及其沿线的聚落建设关系到当时国家的区域结构布局，也关系到全国人口分布的再调整，在当今我国的三峡工程、南水北调等全国性工程中，同样面对这些问题；在微观层面，长城沿线的军事聚落选址与建设是在军事目的前提下统筹进行的，在这一过程中，必然存在大量规划思想和具体操作方法，深入发掘长城沿线军事聚落建设过程中的规划思想，对当今的城乡统筹规划、区域经济规划等都有重要的历史借鉴意义。

1.4 研究方法与研究框架

1.4.1 借鉴已有研究成果

长城作为中国历史上一项伟大的军事工程系统，一直是古今学者研究的重要对象。近年来，长城研究涉及的领域已经相当广泛，论述著作也层出不穷，在张玉坤教授带领下的长城军事聚落体系的研究团队，对长城九边沿线的堡寨研究均有涉及，并且已经取得了众多令人瞩目的成果，具体到晋北三关地区，大同镇的研究已经十分详细；本文的研究就是借鉴以上研究成果的基础上，提出问题，分析问题，解决问题的过程。

1.4.2 史料的搜集与分析

明、清两代不少学者都编纂了关于明长城的书目，如明魏焕编著的《皇明九边考》，明兵部编著的《九边图说》，清顾祖禹编著的《读史方舆纪要》，等等。具体到山西一镇，明代杨时宁所著《宣大山西三镇图说》是研究明长城北边三镇宣府、大同、山西的重要著作，此三镇因其自然地理位置的重要性决定了它们保护京师的重要战略地位，时任三镇总督的杨时宁按照朝廷要求，于万历三十年组织人员对三镇地区进行实地调查，图说各镇地理形势和边防利害，总的说来这是一本研究宣大山三镇军事防御聚落不可多得的经典资料。此外，王士琦所著《三云筹俎考》是研究晋北地区大同镇的重要历史著作，对于研究明代山西三关地区的军事聚落也具有十分重要借鉴意义。本文的研究过程中，还翻阅了长城沿线的部分县市的志书，这些志书给本文的写作提供了大量珍贵的历史信息。

1.4.3 横向比较和历纵向比较相结合

为了全面理清山西镇军事聚落的特点与发展规律，本研究将运用共时性横向比较和历时性纵向比较方法。共时性比较方法应用在同一时期长城各防层次体系中各军事聚落之间的联系与差别的比较，包括山西镇内各堡寨的比较研究和山西镇与宣大山三镇乃至九边各镇的职能构成异同；历时性纵向比较体现在对军事聚落从形成到功能转变或是衰落的过程中，通过空间职能转变的研究，并寻找隐藏在背后的经济文化因素，从而揭示在历史不同阶段对外政策与军事防御态势的发展历程，并为当今的城乡规划工作提供历史借鉴。需要指明的是，本文限于篇幅并不能对山西镇各个堡寨进行详细描述，因而在比较过程中还运用了案例分析的研究方法，选取各堡寨中有代表性的案例，给予详细的描述和分析，以实现以点带线，以线带面的研究效果。

1.4.4 多学科的交叉研究

对于长城的研究一直以来就涉及诸多领域，包括考古学、历史学、地理学、建筑与城市规划、民俗学、军事学、工程与技术科学等众多方面。本课题研究以建筑学视角为基础，试图突破单一学科的局限性，跨学科的探讨明长城三关地区防御性军事聚落及其背后隐藏的文化内涵。在另一个层面，本研究并不仅仅把眼光聚焦于军事聚落本身，同时还把视野扩展到军事聚落相关的历史背景、地理环境、人文因素等方面，试图以全面的研究，重构复原明代山西镇军事防御聚落中人们生活的完全场景。此外，从规划学的角度分析与总结长城沿线军事聚落的空间特性是本文研究的一大特色，通过分析山西镇各堡的空间分布与职能分工的研究，试图为当今的城乡统筹规划和区域经济规划找到借鉴的灵感。

1.4.5 研究框架

本文的研究以山西镇军事聚落为研究对象，主要研究内容分为四个部分，包括明代边防的军事制度、山西镇的空间防御体系、军事聚落的选址与布局以及军事聚落的历史变迁。(图 1-1)

军事制度的研究包括明长城九边防御体系的军事建制、屯田政策以及具体到山西镇的地理形势与边防体系制度。明代军事建制基本上经历了都司卫所制度向都司卫所制度与九边总兵镇守双重体制并置的发展历程；明代开创式的屯田政策作为边防的后勤保障具体积极的意义；山西镇的边防体系基本处于明代边防政策的大框架中，又由于它与大同镇的特殊关系而使其具有独特性。

山西镇的空间防御体系研究包括山西镇内部西、中、东三大防区、后勤保障的屯田体系、堡寨的边境互市以宏观层面山西镇与宣府、大同的关系。三大防区的研究具体到各个防区的构成体系，同时还将研究三大防区的协同配合关系；宏观层面将研究山西镇与宣大镇在九边体系中的重要作用，以及山西镇屯田体系对大同镇的后勤补给的作用。

山西镇军事聚落选址与布局的研究，将具体到影响选址的地形、气候、资源、补给等众多现实因素以及隐

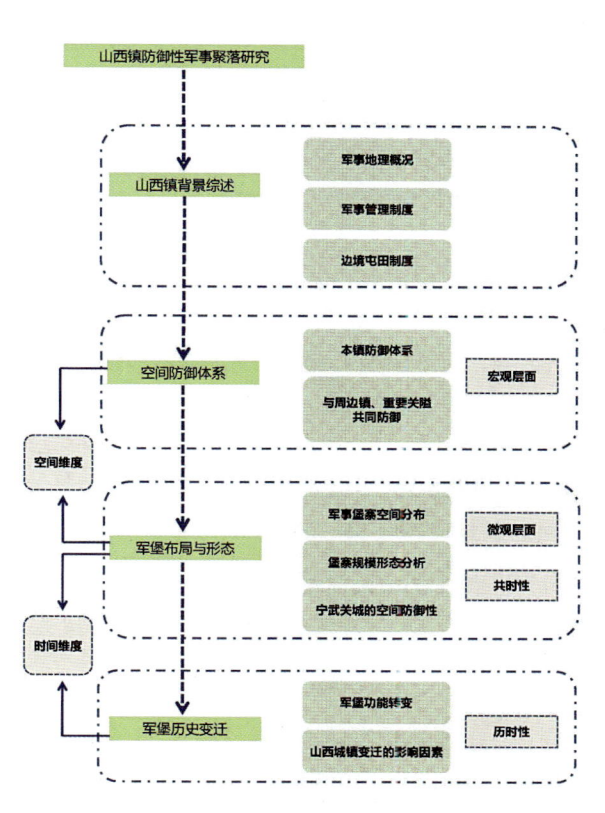

图 1-1 研究框架示意图 来源：自绘

藏在人们内心深处的世界观、自然观等思想观念；在堡寨形态布局的研究中还将深入发掘其背后的社会文化因素。

山西镇军事堡寨的历史变迁过程的研究，将从横向和纵向两个角度进行比较。横向比较包括不同军事级别堡寨形制和规模的比较；纵向比较包括堡寨在明代时期与现状的比较，并以此为切入点研究山西堡寨变迁的过程及其背后的主导因素。

综合以上四个方面，最终总结出山西镇防御性军事聚落的研究成果，并探讨这些成果对当今长城保护与城乡规划方面的借鉴作用。

第二章 明长城山西镇背景综述

2.1 山西镇军事地理概况

2.1.1 山西镇地理环境

明代山西镇位置相当于今恒山山脉以南的山西省境，所辖内长城军事防御体系所覆盖的地理范围相当于现在山西省忻州地区，位于山西省中北部，北以恒山山脉为界，与今朔州、大同相接，东隔太行山与河北省接壤，西隔黄河与内蒙古自治区、陕西省为邻。南至石岭关与太原市、阳泉市、吕梁地区毗邻。

山西镇境内多为高原、山地，按地理情况可以分为西中东三部分。西部为高原山地部分，由吕梁山为主体的山地和黄河东岸黄土高原构成；东部为太行山、恒山、五台山等山地与以沁潞高原为主体的构造高原，在东西高原之间，由北而南零星夹着忻定盆地、太原盆地、临汾盆地、运城盆地。

山西高原对于东部毗邻的华北平原有这居高临下之势，这种地理形势对于拱卫京师有着得天独厚的屏障作用，因此山西镇的军事边防地位重要性可见一斑。

《读史方舆纪要》中用精练的语言描述了山西的地貌：

"山西之形势，最为完固。关中而外，吾必首及夫山西。盖语其东则太行为之屏障，其西则大河为之襟带。于北则大漠、阴山为之外蔽，而勾注、雁门为之内险。于南则首阳、底柱、析城、王及诸山，滨河而错峙，又南则孟津、潼关皆吾门户也。……且夫越临晋，溯龙门，则泾、渭之间，可以折篷而下也；出天井、下壶关、邯郸、井陉而东，不可以惟吾所向乎？是故天下之形势，必有取于山西也。"

2.1.2 山西镇军事边防概述

由于山西镇的地理形势以及对华北平原的居高临下之势，其军事地位很重要。与辽东、宣府、大同、延绥四镇相比，山西镇建镇时间较晚，此原因在山西镇稍处内地，随着边防形势的变化，山西镇逐渐临边，成为军事要害之地，其防御重心不断发生着变化，防御性军事城堡也随之修筑。

在明朝初期，山西地处内地，由于洪武、永乐年间多次出征，边防压力较小，其边防军事地位逊色于其他镇，但对于维持山西乃至全国的稳定有着重要的地位。洪武年间发生在山西地区的战争主要是对残元势力的讨伐，明军北伐失败后，使残元势力从西部的岢岚地区向东逼近代州，因此以西部岢岚州地区、东部代州地区成为军事要地。振西卫设于岢岚州，意为割断北元蒙古人与岢岚山的残元势力的联系，保证整个山西西部的稳定；代州以南是忻州、太原，以北是恒山山脉，以西为云中山脉，西部和北部构成了天然屏障，代州成为太原的北部门户，因此振武卫设于代州，并且雁门关设雁门守御千户所。这段时期主要进行了偏关、雁门关地区城堡修建。

随着明代边防线逐渐内移，洪熙元年起，山西西北边患渐起，山西省逐渐临边。偏关位于山西西北角，成为敌人南下进入河套后的突破点。洪熙元年至正统十四年，偏关以东的宁武、雁门仍处于内地，因此三关地区边防建设的重点在偏关，明代在偏关及其周围要害之地建设了建筑城堡以御敌。宣德年间形成了山西镇第一个城堡建设高潮。

正统十四年"土木之变"发生，蒙古骑兵一度越过雁门关，威胁太原城。由于西部振西卫与东部振武卫距离过远，两关往来支援通信不便，位于二者之间的宁武关城及周围重要堡寨开始营建。

成化年间起，山西地区的边防作用开始得到重视。高级将领被派往驻守偏关、宁武、代州等要害之地，城堡的修筑于正德年间形成了第二个修筑高潮。经过总兵的几废几立（详见2.2.2），最终在嘉靖年间形成定制，嘉靖二十年，设总兵官,驻宁武关;四十四年,增设副总兵,驻老营堡。山西镇的防御体系成熟。

山西镇与大同镇相接,与蓟镇、宣府、大同三镇同为拱卫京师的军事重镇。

据《罪惟录》记载:"若以地之轻重论,诸边皆重,而蓟州、宣、大、山西尤重。何则?拱卫陵寝,底定神京,宣、大若肩背,蓟、晋若肘腋也。"因此至弘治十一年,设总督辖宣、大、偏、保等地,使各地联合起来共同发挥边防作用,保卫京师。

综上可知,山西镇边防形势在整个明代可以分为三个阶段:

第一阶段是洪武到正统年间(1368—1449),这一时期,明朝政府军事实力处于鼎盛时期,掌握了蒙汉关系的主导权,关堡建设主要在西部偏关一带和东部雁门一带,偏关、宁武、雁门三关防御体系大致形成。

第二阶段是景泰至嘉靖年间(1450—1566),土木之变(1449年)后,蒙古部族重新占据了河套地区,甚至数次大举进攻至京师城下,这一时期蒙汉关系的主导权逐渐由蒙古部族掌握。关堡建设主要在中部宁武一带,西部和东路均有完善。在嘉靖年间完成了山西镇军事建制形成定制,镇城为宁武关城,总兵驻此地,居中调度,防秋移驻阳方口,防冬移驻偏头关;副总兵驻老营堡。三大兵备道下辖五路关堡,负责一区域防卫任务。

第三阶段是隆庆至天启时期(1567—1627),隆庆议和后,明、蒙双方在长城沿线开放隘口进行互市,明、蒙之间的战事缓和起来。山西镇军事地位也随之逐步下降。

山西镇修建堡寨的高潮在成化、正德和嘉靖年间。晋北地区在明朝曾出现过三次修筑堡寨高潮,分别在成化、正德和嘉靖年间,此当与蒙古族的三次大规模侵犯有直接关联。如利民堡、八角堡、桦林堡、催翠堡等就修建于成化年间;夹柳树堡、燕儿水堡、雕窝梁堡、朔宁堡、小连花堡、宁文堡、马站堡等均建于明正德年间;嘉家堡、三

表2-1 明代边防军事管理层次演变

军事管理制度	时间	出现背景	管理方式	特点
卫所镇守制度	洪武初年—洪武八年	明初北伐,进攻为主	大都督府—行都督府—卫—所	规模较小,流动性强
都卫体制	洪武初期	卫所军力较弱,地理分散,行都权力过大	大都督府—都卫—卫—所	较卫所制度人数较多,控制地域较大,地理意义较强,便于中央集权
都司卫所制度	洪武七年起		大都督府—都司—卫/守御千户所/各种专设所—所	(行)都司驻守一方,有兵权,但中央集权加强。
北部边防的大将镇守制度	洪武五年—洪武二十年	北元南下,征讨为主,临时设置		临时性,大将节制诸将,便宜行事
塞王守边制度	洪武末年	鉴于元代藩镇祸患	塞王守边制度—总兵镇守制度—都司卫所三重军事体制	诸王可节制守镇兵,都司卫所与诸王平分军权
九边总兵镇守制度与都司卫所制度并存	九边镇守制度从开始至完善的时间范畴为永乐年间—嘉靖年间,双重体制的状态从嘉靖年间持续到明末	都司卫所权力受中央较大约束,不利于地方军事行动	镇城—路城—卫城—所城—堡城	总兵镇守节制三司,进行军事行动,督理钱粮,对明代地方机构互相牵制,省、镇并存的双重地方建制格局

岔堡、阳方口堡、盘道梁堡、助马堡、宁鲁堡、保安堡、拒门堡、云四堡等则筑于嘉靖年间。

2.2 军镇军事管理制度

2.2.1 明代边防军事管理制度

纵观明代，边防军事管理层次大体经历了由都司卫所制度向都司卫所制度与九边总兵镇守制度双重体制并置的发展过程，具体来说，根据当时特定时期的边防形势，可以分为"卫所镇守制度—都卫体制—都司卫所制度—总兵镇守制度—九边总兵镇守制度与都司卫所制度并置"。

各军事管理制度在实行时间跨度上有些是重叠的（表2-1），在不同地域，管理层次、官员设置也会因地制宜有所不同，不应该机械地理解，这点值得注意起来。例如在九边镇守制度与都司卫所制度并置的阶段，一镇总兵通常与都司同治一地，如大同镇与山西行都司同治大同，但也有总兵与都司分治的情况，山西镇没有与山西都司同治，山西都司驻于太原，而山西镇总兵驻于宁武，并会在不同时节移驻。

● 都司卫所制度

明朝从京师至府县实行卫所制度，一般情况下在军事上重要的地方设卫，次要的地方设所。卫是卫指挥使司的简称，所分千户所及百户所，卫所是国家的基层军事组织。在明代的卫所兵制下，都司卫所除统帅军队外，还统管着屯田、屯粮及其所属民众。

据《明史》记载："明以武功定天下，革元旧制，自京师达于郡县，皆立卫所，外统于都司，内统于五军都督府[①]。""天下既定，度其要害，一郡（府）者设所，连郡（府）者设卫，自京师至地方皆设卫所；大率五千六百人为卫，一千一百二十人为千户所，百十有二人为百户所；所设总旗二，小旗十，大小联比以成军[②]。"都司卫所制度的大致层级关系为"大都督府—五军都督府—都指挥司—卫—千户所—百户所—总旗—小旗"。（图2-1）

大都督府下辖前后中左右五军都督府，统领全国卫所，是全国最高军事机关。都司（行都司、留守司）全称为都指挥使司，是设立在各省的最高军事建制，隶属于五军都督府。卫指挥使司即"卫"，隶属于都司一级，也有一些卫直属于五军都督府。如保卫京师的京卫就直接隶属于五军都督府。所的种类有前/后/中/左/右/千户所、守御千户所以及各种专设所等。千户所隶属于卫，一个卫可设前后中左右五个所；守御千户所或驻扎在重要的军事隘口，或位于物资中转、囤粮备荒的要害，与卫同级，直接受都司的指挥。如偏关守御千户所、宁武守御千户所位于偏关和宁武关，是极其重要的军事结点，均隶属于山西都司。千户所以下的管理层级为千户所—百户所—总旗—小旗。

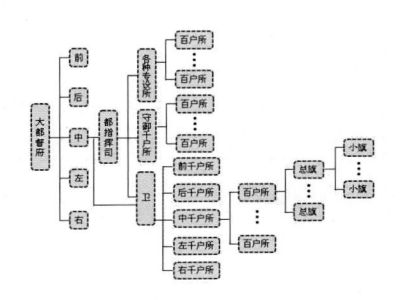

图 2-1 明代都司卫所军事管理层级
来源：自绘

卫所根据能否自称区域，是否与府州县境有重叠，可分为实土卫所、无实土为所、准实土卫所。卫所能自成区域，没有与府州县境重叠，即卫所置于不设府州县的地区内，且辖民户兼理民政的卫所称为实土卫所；反之则为无实土卫所；若卫所置于设州府县的地区，且卫所的军户、屯田等远远大于民户所占比例，地方治理以军政为主，则可视为准实土卫所。

各路城下设卫所，各路、卫、所下又设堡城，设把总或总旗官。

---

① （清）张廷玉：《明史》卷89《志六十六·兵一》，中华书局，1974年，第2175页。
② （清）张廷玉：《明史》卷90《志六十六·兵二》，中华书局，1974年，第2193页。

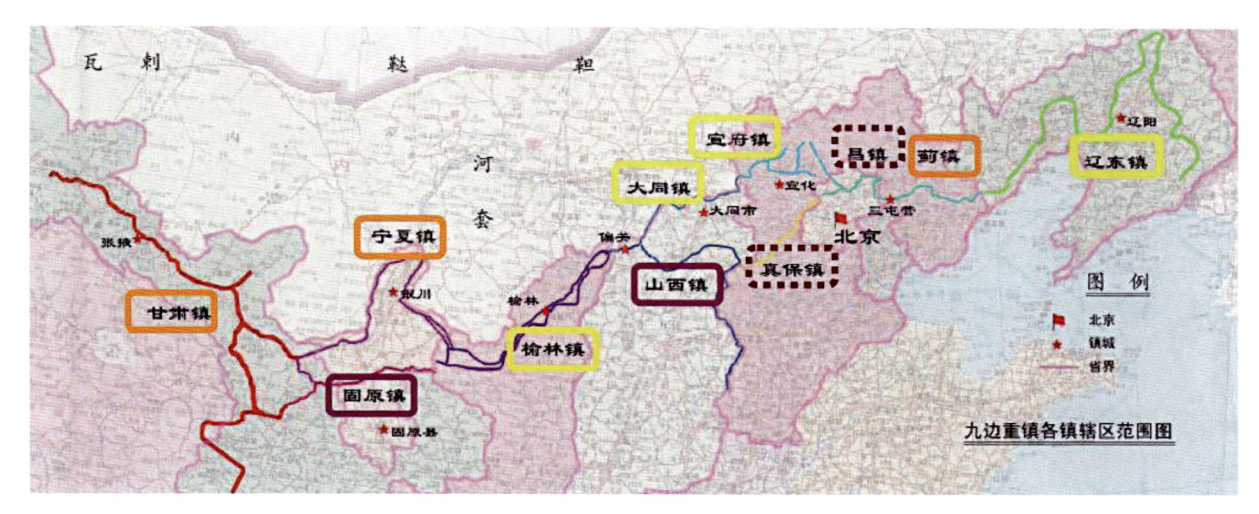

图 2-2 明代九边十一镇总图（底图来源：明全图，地图出版社）

● 九边总兵镇守制度

总兵镇守制度萌芽于洪武年间的塞王守边制度，永乐年间总兵镇守制度独立出来，弘治年间基本完成，伴随着北边边防情势的变化，九边重镇逐渐修建起来，嘉靖年间形成定制，建成九边总兵镇守制度，与都司卫所制度并存。在学术界对于军镇建制标志的说法也不尽一致，但不影响长城分段防守的总体布局，本文采用以总兵镇守制度为建镇标志的观点。

九边总兵镇守制度具有明显的地域特点，终明一代，东自鸭绿山海关起，西止嘉峪关一带，边境长万里，分段分地区防守。初设辽东、宣府、大同、延绥四镇，继而设宁夏、甘肃、蓟州三镇，后设山西、固原二镇，共计九镇。嘉靖年间，蓟镇中又析出昌镇、真保二镇，因此又有"九边十一镇"之说。（图 2-2）

每镇防御区域大致层级关系是"镇城—兵备道—路城—堡寨"及所辖关隘为物质基础的多层次的防御体系，其军事体制也具有层次性的特点。

《明会典》中记载："凡天下要害地方，皆设官统兵镇戍。其总镇一方者曰镇守，独守一路者为分守，独守一城一堡者曰守备，与主将同守一城者曰协守，又有提督、提调、巡视、备御、领班、备倭等名，各因事异职焉。其总镇或挂印或不挂印皆曰总兵，次曰副总兵，又次曰参将，又次曰游击将军。"[1]

九边总兵镇守制度中武官系统与文官系统并存，每个镇都有武职官员的总兵官和文职官员巡抚，使每一镇的军事行动都需要总兵官与巡抚的配合，集中一区的人力物力御敌。对于需要几个镇联合的更大规模的军事行动，总督来协调各镇，以抵御敌人的进犯。

镇城中驻扎着作为一镇最高首领的总兵官，总兵并非只驻一城之内，可能会根据实际边防需要移驻其他重要城堡内。副总兵或与总兵官同驻镇城内，或驻扎于其他重要城堡内（如路城）。如山西镇总兵官和副总兵没有同驻一城，总兵驻镇城宁武关城，防秋时移驻阳方口，防冬移驻偏关；副总兵驻老营堡。

将镇的防守区域分为若干段用来分区协防，成为"路"，路城则是每段防御区域的军事要地，设置参将。游击

---

[1]（明）申时行：万历《明会典》卷 126《兵部九·将领上》，中华书局，1989 年，第 648 页。

将军比参将级别略低，驻扎于镇城或者路城等重要城堡，游击将军率领游兵可对邻近地区进行往来防御。各路城又下辖堡城，设把总或总旗官。

● 都司卫所制度与九边总兵镇守制度辨析

经过长时间的演变和推广，嘉靖时期九边总兵镇守制度正式确立。明代军事建制成为都司卫所制度与九边总兵镇守制度并存的双重体制。经过长期的斗争，至明代中期，九边总兵镇守制度相对于都司卫所制度已处于绝对优势地位。但是作为明军的基本编制，卫所制度贯穿于整个明朝。随着时间的推移，卫所制度由战时军事建制向驻防、屯种乃至预备兵制转化。就防御区域范围来说，九边总兵镇守制度形成了"镇—路—卫—所—堡"的层级关系，与都司卫所制度下"都司—卫—千户所—百户所"的层级产生对应关系。

都司卫所制度与九边镇守制度二者有着千丝万缕、互为表里的关系。

从行政隶属关系上看，都司是卫所系统听命于五军都督府，镇守制度是营兵制，听命于兵部。五军都督府有治军权，而兵部有调兵权，二者互相制衡。

从职责上看，卫所是军籍管理及屯种、驻防单位，它是作为法定的军事编制；而九边镇守制度是驻防部队的编制，地方镇戍任务是由总兵、副总兵、参将、游击将军等九边镇守制度中的官兵承担，并不是由各省都司及所统卫所负责。

从管理的地域上，军镇与(行)都司虽有互相交叉，而未完全重合。如路城并没存在于都司卫所体系中，它是专门针对北方防线的分区防守的，路城是因地制宜地设置在重要的城堡中，该城堡的级别既可以是原卫城，也可能有堡城等。山西镇代州城既是路城也是所城。

从地域色彩上看，都司卫所的制度色彩较九边镇守更浓重。而九边镇守的地理色彩更浓重，是围绕具体区域来重新分配组合各种军事力量的制度形式。都司卫所制度与当时的空间可以不一致，卫与卫城、所与所城并不是完全一一对应的，建制与实际当中的空间可能是脱离的，也可能是重叠的。有时可能是一卫治一卫城，或者两卫分治一城。

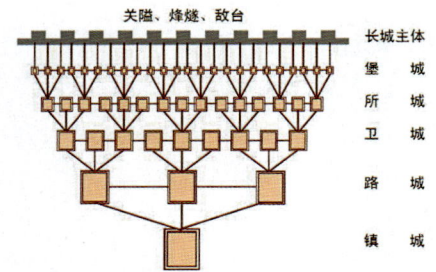

图 2-3 长城纵深防御体系 来源：张玉坤教授，教育部 2010 年度哲学社会科学研究重大课题《中国历代长城研究》申报文件

从军人成分的构成上看，都司的军士是世袭制，构成单一，就是卫所旗军；而镇守的军士构成则较为复杂，包括卫所旗军、舍余、民壮、募兵等等。

在都司卫所的军事管理制度下，在军事要害之地设置卫和所，卫下辖堡，堡下辖堡寨，各级将领及士兵所驻城池分别为卫城（守备）—所城（千总）—堡城（把总\总旗）；同时九边重镇中各军镇下分路设防，每路辖堡，屯兵城系统按级别分为镇城（总兵官）—路城（副总兵\参将\游击将军）堡城（守备\操守）。根据级别不同，可以将明长城军事聚落分为五个层次：镇城—路城—卫城—所城—堡城。（图 2-3）

2.2.2 山西地区军事管理制度

● 山西都司军事管理体系

都司卫所制度在山西建立的时间要早于九边总兵镇守制度，早在洪武年间就已经形成了大体框架，万历年间已经基本完成了"五卫七所"的结构，其范围基本上覆盖了三关地区。

山西都指挥司建立于洪武三年，位于太原府城西南。在洪武初期已经建立起潞州卫、平阳卫、平阳左卫、太原左卫、太原右卫、太原前卫、振武卫、镇西卫和泽州守御千户所、蒲州守御千户所"八卫二所"体系，山西卫所制度已初具规模。山西都司设立后，卫所的设置几经变化，至宣德初年，通过调整都司卫所辖区和隶属关系，山西都司卫所体系趋于成熟，增添形成了七卫五所格局。

368

到明朝中后期，蒙古势力不断南侵，保德、偏关一带成为防御前线，边境形势发生了变化，因此宣德至嘉靖年间，并增添五个守御千户所，并将蒲州、平定、泽州三个守御千户所改为直隶中央五军都督府，都司卫所体系设置成熟，因此山西都司常设的卫所为"八卫八所"。

山西都司领太原左卫、太原右卫，太原前卫、镇西卫、振武卫、汾州卫、潞州卫、平阳卫八卫以及雁门、保德州、宁武、宁化、偏头、八角、老营、沁州八个守御千户所。（表2-2）

表2-2 山西都司卫所设置情况（一）

名称	设置时间	治所位置	备注
太原左卫	洪武三年	山西省太原市	
太原右卫	洪武三年	山西省太原市	
太原前卫	洪武四年	山西省太原市	
振武卫	洪武六年		
镇西卫	洪武七年		
潞州卫	洪武元年	山西省长治市	
汾州卫	弘治七年	山西省汾阳市	最初为汾州守御千户所，建于洪武二十四年，弘治七年升为汾州卫
平阳卫	洪武二年	山西省临汾市	
偏头守御千户所	成化十一年	山西省偏关县	
老营守御千户所	嘉靖十七年	山西省偏关县	
雁门关守御千户所	洪武十二年	山西省代县	
宁武守御千户所	弘治十年	山西省宁武县	
宁化守御千户所	洪武十一年	山西省宁武县	
保德守御千户所	宣德七年	山西省保德县	
八角守御千户所	嘉靖三年	山西省神池县八角镇	
沁州守御千户所	洪武二十三年	河南省彰德府磁州城	隶属于潞州卫

镇西卫、振武卫，地理位置均位于明长城山西镇段，振武卫治于代州，镇西卫治于奇岚州，明初设卫是为了维护地方稳定，剿灭元朝残余势力，在明中后期，又有抵御外敌的作用。此外偏关、老营堡、八角、宁武、雁门以及保德六个守御千户所也位于在三关地区。由此可见，明代在山西设卫多是位于府、州等地方行政中心，起着维护统治维持地方治安的功能；所的设置则多位于晋北明长城沿线各重要关隘堡寨，以抵御外敌入侵。

山西都司几乎所有卫和守御千户所的管理范围都是与府州县境相重叠，军民杂处，不能自成区域，属于无实土卫所。在长城沿线地区，各守御千户所分布密集，但也是军户、屯田都错杂于民间，且在数量上军户、军屯也不占优势，因此山西都司下辖卫所属于无实土卫所。

●山西镇军事管理体系

前文提到长城九边重镇的建立的先后顺序："初设辽东、宣府、大同、延绥四镇，继而设宁夏、甘肃、蓟州三镇，后设山西、固原二镇，共计九镇。嘉靖年间，蓟镇中又析出昌镇、真保二镇。"由此可见山西镇建镇时间较晚，这与山西镇的地理位置和当时的边防形势相关。

明初，太原以南的交通要冲或战略要地最先建立起卫所组织，而太原以北的三关地区并没有设置军事组织。相对于与直接与蒙古接壤的大同，三关地区位处内地，军事地位并不高，再加上永乐年间，明成祖多次远征，蒙古人远遁，三关地区的边防压力很小。

洪熙元年起，山西西北边患渐起，随着明朝北方防线的内移，山西逐渐临边，宣德年间设山西镇守。土木之变后，景泰年间，以蒙古不断进攻，于谦请守备三关。三关以偏头关难守。于是守备偏头，并以将镇守雁门。景泰二年，以都御史镇守雁门、偏头、宁武关，后以山西巡抚兼之。天顺年间，以局势平缓，废雁门关镇守都院。

成化十六年，在山西第一次设参将，驻代州，参将对宁武关与偏头关的地方都指挥有号令权，由此三关地区第一次形成一个统一的防御体系。虽参将职位低于总兵，但在三关地区为最高指挥官。成化二十年，参将移驻到偏关，"巡视代州并雁门、宁武诸处。"成化二十二年，参将改为副总兵，仍驻偏关。成化二十三年，第一次设总兵官，驻代州，但总兵官设置不到两年又改为分守参将。弘治十三年，第二次设副总兵，驻代州，原设参将改为分守，驻偏关。正德九年，第二次设总兵官，镇守山西地方兼提督三关。正德十三年第三次设副总兵，镇守山

西地方兼提督三关。嘉靖二十年，第三次设总兵官，驻宁武关。嘉靖四十四年，增设副总兵，驻老营堡。此后总兵的设置再无改变。

嘉靖后期，山西镇军事建制层次确定。根据《宣大山西三镇图说》和偏关、宁武、代州等市志、县志的记述，将山西镇军防系统总结为："镇—道—路—堡城—堡寨"的层级管理模式。值得注意的是山西镇关堡的等级还有不同于其他镇的特点。在路城与最低一级堡寨之间增加一级堡寨，姑且称之为"堡城"每个堡城都分管着几个堡寨，一般由防守驻扎，从而使本镇的防御体系更加清晰。（图2-4）

由于山西镇城堡的修建是贯穿于整个明代的，其修建的时间也是阶段性的，而且一些城堡的级别一直有变动，因此表中所列是明代末期形成的格局，大部分城堡主要参考了成书于万历年间的《宣大山西三镇图说》，个别堡寨的增补参与了以及清代各府志、县志。

山西镇镇城为宁武关，最高武职官员是总兵官，最高文职官员是巡抚，副总兵驻扎于老营堡。

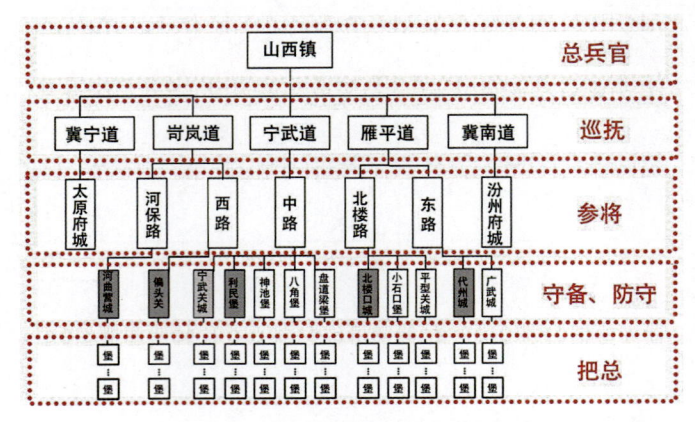

图2-4 山西镇军事管理层次 来源：自绘
（注：浅灰为镇城，深灰为路城）

总兵官管理着镇城下辖的五路：东路、北楼路、中路、西路、河保路。各路均设参将，隶属于驻扎在镇城的总兵官。总兵驻在宁武关，防秋时移驻阳方口，防冬移驻偏关；副总兵驻老营堡；游击将军先驻老营堡，后驻扎于马战堡；各参将下辖若干守备，负责相邻堡寨的防御。

巡抚管理着下辖的五大兵备道，雁平道、宁武道、岢岚道、冀宁道、冀南道。五大兵备道分别对应着山西镇城堡：冀宁道辖太原府城，冀南道辖汾州府城，雁平道辖东路，雁平道辖北楼路，宁武道辖中路，岢岚道辖西路，岢岚道辖河保路。冀宁道和冀南道所辖区域位于山西镇长城沿线的后方，雁平道、宁武道、岢岚道在空间上基本对应着明长城山西段防御体系。（表2-3）

●山西都司与山西镇体系的辨析

山西都司与山西镇属于不同的管理系统，二者是并列的，但二者之间又有着非常大的联系。从管辖范围上看，二者有重合但又不尽相同。山西都司是管辖除大同府外山西其他地域所属卫所；山西镇的管辖范围是山西都司北部，包括太原府、汾州府。从职责上看，山西都司的主要职责是军事训练、管理军籍、屯田、轮军番上等，关于地方镇

表 2-2 山西都司卫所设置情况（二）

兵备道	路别	关隘堡寨	军事级别	驻守军官
岢岚道	西路	老营堡	镇城、所城	副总兵、游击、守备
		偏头关	路城、所城	兵备、参将、守备
		八柳树堡		防守
		水泉营堡		守备
		桦林堡		操守
		草垛山堡		守备
		黄龙池堡		操守
		贾家堡		
		马战堡		
		永兴堡		防守
		楼沟堡		防守
		寺焉堡		防守
		韩家坪堡		防守
		柏杨岭堡		防守
		五寨堡		防守
		滑石涧堡		操守
		红门口堡		防守
		三岔堡		防守
		岢岚州城	镇西卫城	守备
		兴县城		
		老牛堡		
		五眼井堡		守备
		小营堡		
		好汉山堡		
		岚县城		
	河保路	河曲营城	路城	参将、防守
		楼子营堡		守备
		河会堡		守备
		唐家会堡		操守
		河曲县城	所城	操守
		保德州城	所城	
		杨免堡		
		五花城堡		
		灰沟营堡		
		罗圈堡		

371

续表

宁武道	中路	宁武关城	宁武关城	镇城、所城	总兵、兵备
			朔宁堡		防守、把总
			大河堡		
			二马营堡		
			大水口堡		把总
			阳方口堡		防守、把总
			狗儿涧		把总
			宁文堡		
		义井堡			
		土棚堡			
		宁化城		所城	城操
		利民堡	利民堡	路城	参将、守备
			得胜堡		防守
			勒马沟堡		防守
			蒋家峪堡		防守
		神池堡	神池堡		守备
			西沟口堡		
			圪老罐堡		把总
			石湖领堡		把总
		八角堡	八角堡		守备
			千柴沟堡		防守
			长林沟堡		防守
			野猪沟堡		防守
		盘道梁堡	盘道梁堡		守备
			小莲花堡		防守
			夹柳树堡		防守
			燕儿水堡		防守
			雕窝梁堡		防守
			长林堡		
			云冈口堡		防守
雁平道	东路	代州城		路城、卫城	兵备、参将
		雁门关城		所城	
		广武城	广武城		守备
			八岔堡		把总
			白草堡		把总
			水峪堡		把总
			胡峪堡		把总
		阳明堡			
		马站堡			
		段村堡			
		西村堡			
		二十里铺堡			
		清醇堡			
		显旺堡			
		小莲口堡			
	北楼路	北楼口城		路城	参将、防备
		小石口堡	小石口堡		防守
			凌云堡		把总
			大石堡		把总
			茹越堡		把总
			马兰堡		把总
		平型关城	平型关城		守备
			团城堡		把总
			太安堡		把总
			车道堡		把总
			平行岭堡		把总

注：黄色区域为《九边图说》中所谓"极冲"，绿色部分为"次冲"。

守并没有干涉的权利，而山西镇治主要职责是地方镇戍和军队征伐，由总兵、副总兵、参将、游击将军、守备、把总等九边镇守制度中的官兵承担。

值得注意的是很多城堡都具有九边防御体系和都司卫所体系的双重身份，九边镇守制度中的镇、路城就是卫所制度中的卫城、所城。如代州城是山西镇雁平道辖东路路城，同时也是振武卫卫城。

2.3 屯田

2.3.1 明代屯田概况及兴衰

军事和生产两项功能的落实使得军事聚落长期防御的目的达成。明太祖朱元璋吸取前代屯田经验，确定了"以军隶卫，以屯养军"为主导思想的屯戍结合的建军制度。

明朝军事屯田制度与都司卫所制度紧密联系，卫所城堡形成了"耕战结合""住防合一"的特点，甚至产生了专门的屯田卫所。军事屯田制度成为卫所制度的基础。卫所的屯田和屯粮，由都司统领。各个军卫负责军屯生产的具体过程。屯田的组织管理结构可以总结为：都指挥佥事（管屯都指挥）—指挥佥事（屯指挥）—千户—百户—总旗—小旗。军屯的耕种者为军屯，是各卫所拨出来的一部分旗军。分拨的比例为边地的军士"三分守城，七分屯种"；位于腹里的军士"二分守城，八分屯种。"根据实际情况，这个比例也会相应改变。由政府提供工具、耕牛等，耕种集体田地，税粮由卫所统一征收。

军屯的兴起，一方面有效利用了多余的戍边军士开垦闲田荒田，最大程度上利用了人力资源和土地资源；另一方面可以为官兵提供了俸粮，解决了边军军饷供应问题，同时减少了粮草从内地运往各军事聚落而产生的多余开销。由于屯田的诸多好处，在明代洪武、永乐年间是军屯的鼎盛时期。此时期军屯制度较为完善，永乐年间还制定了严格的奖罚制度，管理极其严格。此时屯地完全由卫所正规屯军耕种。

除军屯外，明代屯田按屯种者身份不同还存在着民屯、商屯等主要形式。二者作为军屯的补充，为临边军事聚落提供了源源不断的粮草。

在明代初期，民屯得到了大力发展。民屯与军屯被并称为明代基本治国之道，它是建立在移民运动基础上的农业生产活动，给予移民土地，分别编屯，委官提督。由于北部边疆地广人稀，生产力低下，需要农业人口与军队的共同协作。民户是以民屯法行事，与军户不同，民户按户口编屯，政府为民户解决路费、牛犋、种子问题，还相应地分别减免 1～5 年赋役，最后可以得到所种土地作为永业。

除军屯与民屯外，还存在着商屯，即由商贾负责出资招募无地的贫民到边疆垦种，输粟开中盐引[①]，用来补充军屯与民屯。

至宣德以后，由于严苛的管理方式和军官的盘剥，沉重的经济负担导致军士逃逸，屯政逐渐衰败，军屯无法正常维持，屯田籽粒逐年下降。屯地的民化趋势逐渐加强，不仅出现了民佃屯田（卫所屯地由民户承佃，并缴纳相应的屯田籽粒的屯地）以及军余[②]顶种，屯地被侵占被盗卖的现象也有发生。这给屯地的管理带来很大变化，此时商屯在提供军饷方面发挥了重要担当作用。由于商屯的发展，九边积谷为多，物多价贱，粮食市场的供应状况得到改善。但由于统治者的目光短浅，放弃鼓励和保障商屯的政策，商屯逐渐衰败，从而导致边境物价飞涨，军民怨声载道。

嘉靖年间政府采取措施，振兴边塞农业，军屯、民屯、商屯有一定恢复，但最终军屯废弛，屯田经营的民化趋势逐渐加强。

[①] "凡输往甘肃、宁夏、大同、宣府军仓米豆4斗者，可贩浙盐或河东盐一引（200斤）；输往宁远、独石、肃州米豆3斗者，可贩长芦盐一引，输2.5斗者，可贩淮盐一引。"《明史考证》，第2册，页666~667。

[②] 正式军役由特定的军户担任。每一军户出正军一名。每一正军携带户下余丁一名，在营生理，佐助正军，供给军装。这个供给正军的余丁名曰"军余"，或通称为"余丁"。王毓铨：《明代的军屯》，中华书局，第52页。

2.3.2 山西都司屯田概况

山西都司相对于其他都司、行都司来说地处位于腹里，山西都司屯田除了具有全国屯田的特点，也有自己的特点。

山西都司下辖的卫所属于无实土卫所，镇西卫和偏头、老营堡、保德、宁武、八角、宁化、雁门七个守御千户所的屯田坐落于本卫所，其他卫所的屯田基本都分散于山西各州县，部分在省外。

山西都司卫所的屯田与民田交错分布，形成了同一卫所屯田坐落分散各处的特点。在晋中南地区的屯田分散，面积较大，临边的三关地区屯田较为集中，面积较小，此外还有部分屯地位于山西境外的北直隶和河南。

在军屯废弛后，民佃屯田成为卫所屯田的重要形式，尤其是在屯田分散的晋中南部，民佃屯田存在可行性。明代中后期，盗卖军屯之风盛行，民佃屯田基本上转变为可以继承和买卖的私田。

在永乐以后，山西商人最早进入山西三关地区施行商屯，成为九边军饷供应的一支不可忽视的力量。

2.4 本章小结

在军事地理方面，明代山西镇位置相当于今恒山山脉以南的山西省境，所辖内长城军事防御体系所覆盖的地理范围相当于现在山西省忻州地区，山西镇境内多为高原、山地，山西高原对于东部毗邻的华北平原有这居高临下之势，这种地理形势对于拱卫京师有着得天独厚的屏障作用，山西镇的军事边防地位重要性可见一斑。

在边防军事管理制度方面介绍了都司卫所制度、九边总兵镇守制度两种制度的管理层次，并最终发展成为都司卫所制度与九边总兵镇守制度双重体制并置的军事制度，总结出山西都司在明代中后期最终形成了"八卫九所"的格局和山西镇下辖东路、北楼路、中路、西路、河保路。各路均设参将，隶属于驻扎在镇城的总兵官。总兵驻在宁武关，防秋时移驻阳方口，防冬移驻偏关；副总兵驻老营堡；游击将军先驻老营堡，后驻扎于马战堡；各参将下辖若干守备，负责相邻堡寨的防御。山西都司与山西镇属于不同的管理系统，二者是并列的，但二者之间又有着非常大的联系。

在屯田方面主要介绍了明代屯田的兴衰过程，军屯、民运粮、商屯兴衰的过程。山西都司相对于其他都司、行都司来说地处位于腹里，屯田与民田交错分布，形成了同一卫所屯田坐落分散各处的特点。

第三章 山西镇军事聚落防御体系研究

3.1 本镇防御体系的建立

军事聚落的主要功能有军事防御、屯田边垦、贸易流通三方面。在军事防御功能方面，纵观山西镇各关堡，各路关堡的分布有沿长城边墙横向防御，将蒙古骑兵抵挡在边界之外；也有从边界关堡到腹里重要州县的纵向防御布局，可以延缓敌人的进攻速度，为后续军事行动赢得时间，而且纵向布置的城堡也有守卫生命线的作用，从而在内地的各州县可以为前线源源不断提供了粮草马匹等军事物资。横向防御与纵向防御相配合，织成网状，在网络中有效地组织前线防御、交通通信、后方保障一系列战争行动。在整个山西镇关堡中，西路和中路所占比例最高，可见西路和中路是本镇防御的重点。宁武居于三关之中，与雁门、偏头相互呼，《边考论》中记载，"大同有事，以重兵驻此，东可以卫雁门，西可以接偏头，北可以应云朔，盖地利得也"

为达到长期防御的目的，明代确定了"以军隶卫，以屯养军"为主导思想的屯戍结合的建军制度。山西屯田大部分分布在晋中南土地较为肥沃的地区。边境互市功能作为军事堡寨的辅助功能是必不可少的，互市不仅促进了汉蒙两边经济贸易往来，繁荣了边境市场，也推动了山西商人的发展，晋商文化对今后军事聚落的转变有着深刻影响。

3.1.1 前线作战：三大防区

前文可知山西镇共分为五个兵备道下辖五路城堡：山西镇雁平道辖东路和北楼路、宁武道辖中路、岢岚道辖西路和河保路、冀宁道辖太原路、冀南道辖汾州府城。冀宁道辖太原城、冀南道辖汾州府城位于长城防线的后方，距离战争前线较远，此二城行政、维持地方稳定以及后勤保障作用大于对外的防御作用。除二者之外的三大兵备道辖

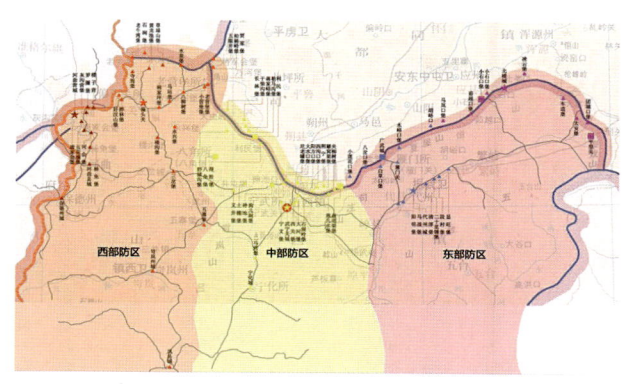

图 3-1 山西镇三关地区关隘堡寨分布图
底图来源：明全图，地图出版社

图 3-2 山西镇防御体系层级图
底图来源：全明图，地图出版社

五路城堡临边，岢岚道分管着山西镇西部防区，宁武道分管中部防区，雁门道分管东部防区。根据《九边图说》分类，根据战争情势的不同前线作战关堡可以分为极冲关堡和次冲关堡，并在极冲和次冲关堡之中设置了相应的将领。西部防区和中部防区是防御的重点区域，极冲关堡多位于两地。（图3-1）

极冲：老营堡（副总兵、游击、守备各一员）、北楼口（参将、守备各一员）、河曲县（参将一员）、利民堡（参将、守备各一员）、广武站（守备一员）、偏头关（参将、守备各一员）、宁武关（坐营中军、守备各一员）、神池堡（守备一员）、八角堡（守备一员）、水泉营（守备一员）、岢岚州（守备一员）、盘道梁堡（操守一员）。

次冲：山西（参将一员、都司三员）、代州（参将一员）、汾州（参将一员）、平刑关（守备一员）

● 西部防区

岢岚道分管着山西镇西部防区，岢岚兵备道位于岢岚州城。宣德年间偏关附近出现边患后，明朝在此附近逐渐修筑城堡，并在此基础上最终形成了岢岚道辖西路、保和路。西路关堡位于岢岚道北部，西起黄河岸，东至老营堡，主要防止蒙古人由偏关北部长城沿线的老营、水泉、滑石涧等地突入；河保路关堡位于岢岚道西部，西路关堡南侧沿黄河河岸一线。由于冬季河面结冰，河保路关堡防御沿黄河南下在河曲县各渡口登陆的蒙古人。（图3-3）

西路关堡呈现出由北及南向内地纵深的分布状态。偏头关位于山西西北边陲，是内外长城和黄河南流入晋的交汇处。偏关西靠黄河，东傍芦芽山脉北端的黑驼山，地势东高西低，呈倾斜状，长城与黄河构成天然边境线，关河从东至西横穿于偏关至关河口入黄河。在地理位置上，偏关是山西镇中最靠近游牧民族聚居的河套地区的关城，为极冲之地，西路参将驻此。此外本路极冲还有位于偏关以北的老营堡、水泉营堡以及分管边墙内外（南北）的长城戍堡：好汉山堡、五眼井堡、柏杨岭堡、小营堡、柏杨岭堡、八柳树堡、寺焉堡、黄龙池堡、草垛山堡、滑石涧堡、贾家堡堡、桦林堡、马站堡、韩家坪堡。其中五眼泉堡与平鲁接界，为内外两边之关隘。

沿关河交通动脉有一系列堡城：韩家坪堡、马站堡、八柳树堡、贾家堡，这些堡寨的设置保证了关河河谷的畅通，从而粮草等战争物资运输可以从岢岚等地运往前线各地，此外，老营堡等偏东北边堡距离岢岚内地较远，粮草由东面朔州运送而来，贾家堡由此设置。

图 3-3 西部防区关隘堡寨防御层级
底图来源：明全图，地图出版社

同时韩家坪堡等四堡作为游击堡,其中游击将军驻于马站堡,有敌情时可以相互支援相邻成堡作战。岢岚城、兴县城、岚县城远在山西腹里,是重要的粮草供应地,岢岚州城还是镇西卫所在地,有着重要的战略地位,为保证与前线各关堡的通讯和物资运输的通畅,在交通线上由南至北设置了五寨堡、三岔堡、楼沟堡、永兴堡四堡,值得一提的是至今这条交通线成了209国道,是岢岚到偏关的必经之路。

河保路参将驻于河曲营城,河曲营、楼子营、罗圈堡、灰沟营堡、唐家会堡、五花城堡、河会堡、杨兔堡位于黄河岸边,黄河沿岸有蒙古人在冬季河面结冰而渡河登陆的威胁,同时黄河沿岸又是粮草物资运输交通要道,因此这些城堡均为极冲,防卫外敌,保证生命线的通畅,直至今日这条交通线仍发挥着重要的作用。河曲县城和保德州城稍近腹里,两地多屯田,粮草运输从此运至前线。

图3-4 中部防区关隘堡寨防御层级
底图来源:明全图,地图出版社

● 中部防区

山西镇中部防区由宁武道分管,宁武道下辖中路关堡,防守范围东起广武界神树梁,西至老营,中部防区是以宁武关为主,山西镇总兵驻于宁武关,中路参将驻于利民堡。(图3-4)

成化年间,蒙古人南下突破大同而进入偏关、雁门关一带,偏关、雁门一西一东,相距较远,交通往来不便,两关各自为战,没有建立起统一的防御体系,而宁武西有芦芽山,东有云中山,宁武位于两山之间的谷口,恢河穿过山谷,与北面朔州盆地相连,本关"据两关(偏关、雁门)之中,地势平衍,庞易驰驱"[①],虽为山区,但有着便利的交通,南可达太原,北接朔州,有着重要的军事地位。由此成化三年明廷在宁武筑关设险,居中斡旋,从而形成三关联防的防守态势,偏关、宁武、雁门被并成为外三关,成为内长城统一的防御体系。嘉靖十九年,总兵驻于宁武关。嘉靖二十一年,设中路参将驻利民堡。

本路在八角堡、利民堡、神池堡、宁武关、盘道梁堡设守备,五堡及其下辖若干堡寨,外加长林堡、阳方口堡等堡寨分守长城沿线。纵观全路,宁武—阳方口堡西侧由利民堡为主,作为连接偏关和宁武之间的重要城堡;东侧以盘道梁堡为中心,作为连接宁武关和雁门关的重要城堡。

神池堡位于通往北部朔州的交通要道,也是偏关通往宁武的必经之路,交通便利,是商贩聚集地,为在此建堡,神池堡与下辖的圪老罐堡、石湖领堡构成犄角之势,保护商贸活动,防止蒙古人掠夺。

八角堡及其下辖堡寨构成了长林堡、干柴沟堡—野猪沟堡—八角堡的从边墙向内层层递进的防御层次。

利民堡一带所在区域平坦,无险可守,方便蒙古骑兵驰骋,因此在此设置利民堡及下辖堡寨,使其沿长城边墙依次排开。

宁武关城位于外长城内侧(南侧)约13千米,作为山西镇的指挥中心,军事地位十分重要,在宁武关城附近有宁文堡、大河堡两个军堡,三者之间分布着密集的汛地、墩台、烽燧,构成了一个纵深的防御体系。

---

① (明)廖希颜:《三关志·宁武所地理考》,嘉靖二十四年刻本。

阳方口堡位于宁武关北约 10 千米，是宁武关的前哨和要冲之塞。本堡东可佐雁门忻代，西可援偏关老营，北可应云朔之急，南可固省城之防，是兵家必争之地。大水口堡、阳方口堡、朔宁堡三堡沿长城依次排开。由此宁武关与下辖城堡构成了大水口堡、阳方口堡、朔宁堡—宁武关、宁文堡、大河堡的层次，六堡相为掎角之势。

嘉靖年间，蒙古人频繁由宁武与雁门之间南下侵犯忻、代，以至于太原等内地州县，于是在宁武雁门之间建盘道梁堡及下辖堡寨。

长城戍堡在阳方口以西为狗儿涧、屹老罐、西沟口、得胜、勒马沟、蒋家峪、干柴沟、野猪沟、长林堡依次向西延伸，与西路老营堡相接；阳方口以东为朔宁、石湖岭、小莲花、夹柳树、燕儿水、雕窝梁、玄冈口七堡沿边墙排列。

宁化守御千户所虽位于本路腹里，但由于嘉靖年间蒙古骑兵曾两次入犯，也是要害之地，"必须防守严密，庶可保障无恐，甚勿以近腹而少忽之[①]"。

同时本城是中部防区重要屯种地，粮草运往宁武的要道上设置二马营堡，由此守卫交通要道，此外，义井堡、土棚堡的设置也是为了守卫由神池向腹里的交通要道。现今这两条交通线路均为省路。

● 东部防区

山西镇东部防区由雁平道分管，防御范围东起平型关，西至神树梁。本防区东接直隶，西接宁武道，依托于东西走向的恒山山脉设防。（图 3-5）

本防区以胡峪口为界，分为东西两部分。东侧为东路，参将驻代州城，防守范围东起亲楼界东津峪，西讫宁武界神树梁；西侧为北楼路，参将驻于北楼口城，防守范围东起平刑界石窑巷，西抵广武界东津峪。

东路防御境内地势起伏较大，恒山山脉与滹沱河对本路防御体系的建立都有深刻的影响。

西南——东北走向的恒山山脉成为山西镇天然边境，东部防区位于恒山山脉南侧，由于众多山间河流下切山体，山脉南北两侧形成一条条对称分布的沟谷，成为沟通南北的通道，为防止蒙古人从这些通道突破，利用天险形成了如雁门关、平型关等著名关隘，内长城依山而建，雁门关位于山巅。雁门关北通大同，更北通至蒙古，南达太原，军事战略地位很重要，同时雁门也是重要的交通点，是雁北地区与雁南地区的重要联系。恒山山脉向东延伸，在雁门关东，大同盆地东南边缘为平型关，与太行山脉相连，由此平型关将山西镇外三关与著名的长城内三关紫荆关、倒马关、山海关一脉相连，关系紧密。在东部防区南部有滹沱河从恒山山脉和云中山山脉间穿过，形成了富饶的河谷，代州城地处河谷地段，凭借其险要的地理位置和优越的自然条件成为军事重镇。

根据本路地势特点，关堡分布在两条防线，一条位于恒山山脉南麓，沿各沟谷依次排列，以雁门为中心；另一条位于滹沱河谷，以代州城为中心。

广武城位于雁门关下，据《两镇三关志》所记载："广武当朔州、马邑大川之冲，忻代崞峙诸郡县之要，凡敌由大同左右卫入，势当首犯。"广武城下辖八岔口、白草口、水峪口、胡峪口四堡以相掎角，四堡均位于恒山山脉南麓的沟谷之中，把守这些通道。此外小莲口堡位于四堡西侧，与八岔口堡共同抵挡来自大同镇军事要地马邑的敌人。

图 3-5 中部防区关隘堡寨防御层次
底图来源：明全图，地图出版社

[①]（明）杨时宁：《宣大山西三镇图说·卷之三》，明万历癸卯刊本。

雁平兵备道驻于代州，代州一线有三十九堡，始建于汉，在滹沱河岸东西绵延约40千米，与雁门关长城几乎平行，各堡大部分设置在滹沱河北岸人口稠密的村庄，三十九堡中有较大的十二个堡称为十二连城。

广武、雁门、代州三者依次从北向南纵深排列，代州是保卫太原府境的最后防线，当有战事警报时，雁平兵备道也会根据战争形势移驻至广武，居中调度，提携东路和北楼路官兵，使其相机共同作战，从而使敌军"东不得平刑之大安岭，西不得犯广武之白草沟"。[①]保证平刑关、雁门关的安全，从而整个山西就能稳定。

胡峪口以东为北楼路，本路城堡沿滹沱河谷的边缘高地依次排开，极冲之地为北楼口城，次冲为平刑关城。北楼口城居于恒山、雁门之北，桑干河中游，大同盆地南端，其地势南高北低，地宽而平，土田富饶。小石口堡及下辖的茹越口堡、大石口堡、凌云堡在北楼口城两侧依次由西向东排开。

平刑关位于恒山山脉和五台山之间带状低地中，平刑关成为山西与直隶相连的最便捷通道，形势险要。平刑关及下辖车道堡、太安堡、团城口堡守卫着山西镇最东侧，西接雁门关，东连京师以西的紫荆关，结成一条严固的防线。

3.1.2 后勤保障：屯田

从地理布局上看，山西都司屯田的主要区域位于有位于北边长城沿线的各卫所：镇西卫、振武卫、偏头、老营堡、保德、宁武、八角、宁化、雁门七个守御千户所，位于山西境外的磁州卫（在河南）和沈阳中护卫（在北直隶），剩余屯田位于晋中南地区卫所：太原三卫、平阳卫、潞州卫、汾州卫。从各地屯田的面积来看，晋北长城沿线屯田约为11500顷，晋中南屯田约为22200顷，山西境外屯田约为1700顷。（图3-6）

理论上来说，粮草供应地靠近战争前线，可以减少粮草运输成本，减少了交通生命线路被切断的风险，但从上述数据可以看出，晋中南地区屯田几乎相当于晋北地区屯田的两倍，这与山西地理气候等一系列原因有关。

晋中南土壤肥沃，气候适宜农作物生长，因此屯田大量分布在晋中南地区，但屯田的分布又相对分散，这与晋中南地区人口密集有关，屯田与民田交错分布，使得在同一卫所屯田散布在各处。晋北地区气候条件恶劣，多山地，土地较为贫瘠，但本处屯田基本上是集中在一卫一所之中，这与本区域地广人稀有关系。而且蒙古骑兵南下侵扰，农业生产遭到破坏，屯田没有取得预期的效果。从而三关地区的主要粮草来源于内地州县，即来晋南产量地的民运粮。

由于都司卫所的辖区与布政司范围不同，同一都司卫所跨越数省，这就形成了晋东南地

表3-1 山西都司屯田情况

卫所	清丈后屯牧地总额	屯田坐落处数
太原左卫	3709顷999亩4分	18处
太原右卫	2250顷44亩7分	11处
太原前卫	3558顷21亩7分	10处
振武卫	4199顷8亩8分	6处
镇西卫	3049顷37亩2分	1处
平阳卫	6516顷78亩2分	26处
潞州卫	4432顷1亩2分	9处
汾州卫	673顷47亩2分	5处
沈阳中护卫	900顷5亩2分	4处
沁州千户所	1033顷93亩2分	5处
磁州千户所	837顷96亩6分	2处
偏头关千户所	1074顷78亩3分	1处
老营堡	954顷59亩4分	1处
雁门千户所	383顷31亩3分	1处
宁武千户所	255顷94亩2分	1处
宁化千户所	813顷71亩8分	1处
保德州千户所	105顷94亩2分	1处
八角千户所	633顷74亩	1处

[①]（明）杨时宁：《宣大山西三镇图说》卷之三《山西镇图说》，明万历癸卯刊本。

区的卫所屯地分布跨越多省的特点。

此外，屯地的主要来源是官田、没官田、抛荒田、绝户田等，军屯土地拨地的原则有二，一是尽可能拨给屯军肥沃土地，二是尽可能给他们附近或者附郭土地。但是山西都卫除三关地区外绝大部分位于腹里，屯地来源较多，民田与官田犬牙交错是形成山西都司屯地分散的一个重要原因。例如保德卫所管屯地却坐落在忻州地方，相去五百多里。屯地隔远，屯军不能自理，只能通过民佃屯田的方式来管理屯地。

嘉靖年间，随着民运粮的规模越来越大，山西巡抚为减轻运输的困难，推行将粮草实物折为银两入仓，然后发放给戍边军民银两作为俸禄的方式，从而戍边军民成了市场的购买主体，需要通过货币购买粮食布匹等生活必需品。这过程中，商屯发挥了重要作用。在"开中盐法"政策的刺激下，商人在靠近军镇的地方设立商屯，招募军民就地耕作，所收粮食直接入仓，减少了粮食输运的耗费。商屯很好地补充了军屯、民屯的不足，为山西边境提供了大量粮草，繁荣了边境关城的繁荣。最终由于盐政的弊端以及私盐泛滥等原因，商人无利可图，甚至发生财务危机，并最终导致了明代政权灭亡的命运。

3.1.3 辅助功能：边境互市

隆庆四年（1570年）"俺答封贡"后，蒙汉关系出现了转机，晋蒙边疆局势逐渐缓和，开始了以互市为中心的经济交往。明朝在辽东、宣府、大同、山西、延绥、宁夏、甘肃七镇均设置市口。同时，新兴的东北满族政权逐渐取代蒙古部族，成为明朝后期长城沿线防御体系的主要敌人，辽东镇成为军事重心。山西镇的军事作用逐渐减弱，总兵仍继续坚持"防秋驻阳方口，防冬驻偏头关"的战术安排，但职责是以互市为主。例如在水泉堡互市之日，奇岚道提调监督，雁门、宁武两道协助，山西镇总兵官、副将总兵率军在水泉堡压阵，由西路参将管理马市的具体事务。汉族地区输入的商品主要是作为运输工具、军事物资的马匹和作为食品的牛羊肉等，蒙古地区输入的主要是粮食，布匹，丝织品及其他手工业产品。民市占据了绝对地位，各地商人奔走于边境，繁荣了北方军镇的商业。

市场分为大市和小市，大市一年开一次，参加人员主要为各部落酋长和贵族，小市每月一次，多设于沿边墩堡旁，或在边地划定市场交易，参加人员为一般部族成员。

至万历年间，山西镇共开辟了一个大市和四个小市：水泉营市（大市）、老营堡市（小市）、破虏营市（小市）、河曲营城（小市）、广武城市（小市）。水泉营市、老营堡市、破虏营市均隶属于西路堡寨，河曲营城隶属于河保路，广武城市隶属于东路，均占据了交通方便的位置。

水泉营市设于隆庆五年，位于水泉营堡北面的红门隘口，水泉营堡建于宣德九年（1434年），隶属于岢岚道辖西路，位于今山西省忻州市偏关县东北约25千米水泉村中。水泉营堡作为偏关的肩背，山坡平漫，地理位置及其重要。顺义王诸部互市时首先要在此堡设宴，至于互市日，总兵官和副将总兵率军弹压于本堡，由岢岚道提调监督，雁门、宁武两道负责协助，由西路参将管理马市的具体事务。

老营堡市设于隆庆六年，老营堡建成于景泰元年（1450年）是山西镇副总兵驻地，老营堡山坡平漫，"左控平鲁，右接偏头、阳方诸口，视为耳目，最为要害"[①]，地理位置及其重要，其得天独厚的地理位置和四通八达的交通也是它在相对和平的时期成为明蒙贸易的市口的原因。

破虏营市设立于万历年间，具体时间不详，位于柏杨岭堡附近，柏杨岭堡创立于万历二年（1574），在今山西省忻州市偏关县老营镇柏杨岭村西约700米，距离外长城南侧约20米，是山西镇长城与大同镇长城交叉之处。据《宣大山西三镇图说》记载，本堡有市口一处，内有好汉山、破虏营等二十一处极冲。（图3-7）

[①]（明）卢承业原编，清马振文等增修，民国王有宗校订版：《偏关志·地理志》，清道光年刊民国四年铅印本。

图 3-7 西路市口 来源：自绘
底图来自《宣大山西三镇图说》

图 3-8 河保路市口 来源：自绘
底图来自《宣大山西三镇图说》

河曲营城市设立于万历年间，具体时间不详，在河曲营城内，河曲营城于洪武明洪武二年（1369）设置为县，是河保路参将驻地，西临黄河，与陕西、内蒙古隔河相望；北靠偏关县，以寺沟河为界；南与保德为邻，具有重要军事地位。位于晋、陕、蒙三地交界处，而且西临黄河，有天然的水旱码头，晋、陕、蒙三地通商很大程度上仰仗这一水上通道。因此，市口设在此处有着必要性。（图3-8）

广武城市设立于隆庆六年，广武城建于明洪武七年，重建于明万历三年，位于山西省山阴县境内张家庄乡新广武村中，雁门关北约10千米处，隶属于雁门道辖东路。广武当南北之冲，北接马邑县，东起北楼堡，交通方便。

3.2 与相邻各镇及重要关隘防御体系构建关系

一系列周密的防御部署归根结底是为了维护统治者的统治，"土木之变"后力缆狂澜的名相于谦认为"京师实为天下之根本"，对于京师的防御提出了"多层次、大纵深、互相策应"的战略思想。北京位于华北平原北端的小平原上，西部、北部均为山地，与宣大地区相连，从西北进入北京必须通过把守重重山岭通道的关隘才行。于谦防御思想中的地理位置的多层次是外以大同、宣府、独石、马营、偏头为第一层，中以雁门、紫荆、白羊、居庸、古北、山海等关口为第二层，内以列营九门之外为第三层。[①]

山西镇三关地区西部直接临边，中部、东部稍具腹里，占据了防御层次的外层和中层，外与大同、宣府相配合，内与长城内三关配合，起到衔接两边的作用。（图3-9）

3.2.1 中三边：宣大山西镇——京师的外层防线

宣府镇东连蓟镇，西达大同，南屏京师，后控沙漠，是京师北部门户，建镇于永乐三年（1405年），与大同镇同一时期建镇，"飞狐紫荆控其南；长城、独石枕其北；左挹居庸关之险，右结云中之固，群山叠嶂，盘踞错峙，足以拱卫京师而弹压胡虏，诚北边重镇也。"[②] 由此可见其拱卫京师的重

图 3-9 山西相邻镇及重要关隘示意图
底图来源：全明图，地图出版社

[①] 范中义等著，《中国军事通史》第15卷《明代军事史（上）》，北京：军事科学出版社，1998：510
[②] 孙世芳纂修：《宣府镇志》，明嘉靖本，新修方志丛刊，台北，学生书局1969年影印，第75页

要地位。

永乐年间国都北迁，北部边防压力骤然大增，而后宣德年间北边防线一再向南收缩，宣大地区首当其冲，成为防御蒙古南下的极冲。

然而宣府镇和大同镇分土而治，兵力分散，蒙古则是集中各部乘虚专攻一镇，仅凭一镇之力无力抵抗，宣府镇、大同镇深受其害，由此，景泰年间设宣大总督将两镇的兵权统一，协调行动。后几经罢黜，至嘉靖二十一年（1542年）形成定制，从此宣大总督管理范围和权责随着边境形势的日益严峻而进一步加大。山西镇与大同镇、宣府镇边号称明代北防九边的"中三边"。针对京师的防御部署，明人有形象的比喻：

"若以地之轻重论，诸边皆重，而蓟州、宣、大、山西尤重。何则？拱卫陵寝，底定神京，宣、大若肩背，蓟、晋若肘腋也。"①

对于京师而言，宣府、大同譬如肩背，蓟镇、山西则有如肘腋紧紧相关。宣大山西三镇在地理上看，与蒙古直接接壤，形势紧张，形成了包覆京师西北方向的防御区，对此《宣大山西三镇图说》有如下描述：

"宣、大故古云中、上谷地，上谷拱护京陵，势若辅车，稍折而西北则云中，又折而西南则山西之雁、平、宁武、偏头等关焉。外环向三边俱诸虏驻牧之地，远者六七十里，近者不满十余里。……盖上谷者，京陵之肩臂也，云中者，三关之藩篱也，三关者，全晋之屏翰也。故上谷安，则京陵无震惊之虞，云中安，则三关无剥肤之患，三关安，则全晋享衽席之乐。"②

宣大山西三镇共同保卫着京师安全，为避免出现"地方兵马单弱而各分彼此，不肯应援，纵肯应援，亦多观望"③的局面一再发生，最终于嘉靖二十九年（1550），宣大总督辖宣府、大同、山西三地，自后不变。北边三镇由总督统一居中调度，互相支援。

宣大山西三镇被称为明代九边中的中三边，不仅在军事防御中共同保卫着京师西北的安全，在民族贸易中亦有作用。

嘉靖、万历年间，中三边也发挥着与蒙古各部落互市的作用，尤其隆庆和议以后，中三边蒙汉贸易市场顺利开辟，形成定式，其中民市占据了主导地位。

3.2.2 山西镇与大同镇——太原及内地州县的屏障

大同镇位于处山西镇北部，东连宣府，南接并州，西界黄河，北控沙漠，是通向内地的咽喉要道，地理位置及其重要。永乐年间，大宁都司和东胜卫南迁，大同镇直接临边，成为外边重地。成化年间，蒙古骑兵侵扰大同边境，战事频繁发生。至嘉靖年间，蒙古军事力量逐渐深入到山西三关一带。山西镇稍具腹里，只有位于西部的偏关地区与大同井坪所相接，共同临边。从老营处起，外长城经过神池向东北进入大同，内长城向东南沿山西镇与大同镇交界处延伸，内外长城通过的山西镇与大同镇关系唇齿，二镇相互应援协防，以大同、偏关为中心形成了内外两道防线，共同阻止北部的蒙古骑兵由大同、山西为突破，掠夺太原及内地州县的安全，从而保证京师安全。

《广志绎》中对大同镇与山西镇的关系有形象的描述："三关者，偏、老为边，而宁为腹，大同居东北为左臂，偏头、老营居西北为右臂，此山西之极边也，外户也。大同以内为宁武、雁门二关并峙，而宁、雁以内为省会，故宁、雁重门也。"④由此可见，在战略布局上，大同镇城高拱完固，内驻大同镇总兵，作为太原东北方向屏障，偏头、老营两城位于黄河岸边，依据天险，由山西镇副总兵镇守，防秋驻老营堡，防冬驻偏头关，作为西北方向屏障，两

---

① （清）查继佐．罪惟录·卷12·九边表总序[M]．杭州：浙江古籍出版社，1986．第746页
② （明）杨时宁：《宣大山西三镇图说》卷之一，明万历癸卯刊本．
③ （明）魏焕：《皇明九边考》卷6《三关镇》，国立北平图书馆善本丛书第一集．
④ （明）王士性．广志绎，吕景琳点校《广志绎》，北京：中华书局，1981年．第64页

个屏障临边形成了太原第一道防线；雁门关、宁武关东西并列位于大同以南，相对居于腹里，山西镇总兵驻于宁武关城内，居中调度全镇，雁门关居于山巅，有着天然的地理优势，二者构成了太原的第二道防线。这两道防线相互策应，抵挡了蒙古部落南下侵扰，保卫了晋中南部的安定，确保粮草交通线路的通畅。但自嘉靖元年起，大同的两次大规模病变，致使偏关失去了犄角之势，这一防御系统从此瓦解。

屯田方面，山西镇和大同镇亦有紧密的联系。在九边重镇中，大同镇是最早推行屯田制度的边镇之一，洪武八年（1375年），在原大同都司基础上正式成立"山西行都司"。大同是当时屯田的重点区域，而负责屯田的民众大多来自山西中南部。由于大同位于分水岭以北，气候相对于山西镇来说更加高寒，不适于耕种，来自山西镇中南区域的民运粮是大同镇重要军粮来源。

3.2.3 长城外三关与内三关

从偏头关向东经宁武关、雁门关、北楼口至平刑关，从平刑关向东南转入直隶境内，连接倒马关、紫荆关、居庸关一线，此三关合称为长城内三关。

紫荆关位于今河北省易县西北45千米处，本关所防守的蒲阴陉是直隶与山西北部各镇联络的唯一纽带，向西可以直达大同，亦可以转入蒙古高原，还有路直通太原等地；向北可出飞狐口达宣府，向东接华北平原。关城周围众山环绕，北侧有河流包络，依山附水，居高控险，军事地理位置重要。

倒马关位于今河北省唐县西北约60千米处，因山路艰险，马匹在此处经常摔倒而得名。本关位于太行山山脉南侧，关口扼守在由冀中进入太行山区的天然道路上。由倒马关向西北行可达山西灵丘，再分别转至山西北部的大同和中部的太原。

居庸关位于今北京市昌平区境内，居庸关是北京的西北门户，在太行山脉与燕山山脉分界的峡谷地段，北连宣怀延盆地，南接华北平原，是敌方进攻京师的必经之路。

偏关、宁武、雁门依次排列在内长城沿线，构成长城"外三关"向东延伸到直隶境内，与紫荆、倒马、居庸"内三关"一线相连，内外三关形成整体，相较于大同、宣府更近京师，是内层防御重要的一环，成了拱卫山西、直隶、京师的最为重要的防御体系。

3.3 本章小结

在微观层面，军事聚落的主要功能有军事防御、屯田边垦、贸易流通三方面。山西镇的军事防御空间结构分为西部、中部、东部三个部分，大部分的军事聚落分布在西部和中部，这是因为西部直接临边，防御压力最大，中部次之，东部可以借助地形进行防守，压力最小。在各个防区中，军事聚落的分布存在着共同的特点，即是沿边的横向防御和沿后勤补给道路的纵向防御相结合。屯田边垦作为堡寨中士官的粮草补给是防御体系的重要组成部分，理论上来说，粮草供应地靠近战争前线，可以减少粮草运输成本，减少了交通生命线路被切断的风险，但实际上晋中南地区屯田几乎相当于晋北地区屯田的两倍，这与山西地理气候等一系列原因有关。由于远距离的粮草运输消耗很大，山西巡抚为减轻运输的困难，推行将粮草实物折为银两入仓，然后发放给戍边军民银两作为俸禄的方式，从而发展了边地区的商屯。随着蒙汉关系的改善，边境贸易在当时的长城沿线逐渐发展起来，但是军事聚落的防御职能并没有消失。到明代后期，新兴的满族逐渐取代蒙古部族，成为长城沿线的主要威胁，山西镇的军事作用逐渐减弱，总兵仍继续坚持"防秋驻阳方口，防冬驻偏头关"的战术安排，但职责是以互市为主。

在宏观层面，宣大山西三镇构成了京师的右侧的防线，蒙古骑兵往往集中各部乘虚专攻一镇，仅凭一镇之力无力抵抗，宣大两镇深受其害。为加宣大山西镇的防御，因此明朝政府整合三镇兵力，在横向防御方面，于景泰年间设宣大总督将两镇的兵权统一，协调行动；在纵向防御方面，加强山西镇的建设，使之与大同镇互为犄角，形成防御纵深。

第四章 山西镇军事堡寨空间布局与形态研究

在明长城防御体系中，关城堡寨的选址与其整体军事布局有关，每个关堡都各司其职，从它们的职责上可以分为，前线作战关堡——主要作为长城戍堡，分管着一段边墙，或统领几堡或联合周围几堡发挥着防御外敌的作用，纵横两方向形成网状结构，全方位保护本境的安全，这些堡多距离长城较近，处于要冲之地；位于交通要道和重要节点的关堡，其主要作用是保卫后方补给线路的通畅；另外有一些堡寨距离长城边墙较远，位于后方，分散于山西镇州府县各地，此类堡寨有着屯田的作用，为前方提供源源不断的物资补给，是战争的必要保障。

影响军事堡寨的选址营建首要影响因素是军事防御性，根据各关堡的职责，可大致确定关堡在长城防御体系中扮演的角色，各个关堡位置的确定，尤其是前线作战关堡的具体位置与地理环境息息相关。此外中国传统风水理论几乎应用于所有古代居住环境，对于军事关堡的营建及关堡内建筑的设置亦有影响。

4.1 山西镇军事堡寨空间分布

军事因素在山西镇军事堡寨选址及布局的影响主要体现在其防御性特点上，具体来说，军事堡寨防御性的体现与地理环境紧密相关。

4.1.1 山西镇关隘堡寨防御性空间分布

山西镇关隘堡寨散落在长城沿线，呈带状分布。总兵驻镇城宁武关城，防秋时移驻阳方口，防冬移驻偏关；副总兵驻老营堡。

从关隘堡寨的密度来看，西部防区的分布密度明显高于东部防区。从西至东依次为河保路（关堡数目：10个）、西路（25）、中路（29）、东路（16）、北楼路（11）五路堡寨。

五个路城自西向东相距距离分别为32千米、54千米、78千米、66千米，西部防区的河保路、西路与中部防区的中路路城相隔距离较近，镇城宁武关城位于防御区域较为居中的位置，居中协调各路堡寨。老营堡位于宁武关城西北方向直线距离约为70千米，副总兵驻扎于此，老营堡距离河曲营城的距离为63千米、距离偏头关的距离仅为30千米，由此可见，关隘堡寨的空间分布直接与防区的防御情势的严重性直接相关，西部防区直接临边，其防御的重要性从设置堡寨的密度，到堡与堡之间的直线距离都可以体现出来。（图4-1）

山西镇各路堡寨中，中路堡寨是最具有代表性的一路堡寨。本路堡寨有清晰严密的军事等级和防御层级，山西镇总兵驻扎于本路的宁武关城，本路既有前线作战堡寨，又包括具有屯田等功能的守御千户所宁化城。（图4-2、表4-1）

从图4-3至4-7可见，中路堡城之间的距离多在25～30千米之间，只有宁武关城与宁化城之间的距离为43千米，这是由于宁化城稍具腹里，防御和屯田的功能并重。各堡城与其下辖的堡寨之间的距离却从1～20千米不等。

岢岚道辖西路和河保路堡寨的分布比较均衡，由于此二路军事关堡直接临边，边防压力较大，尤其以西路为甚，

图4-1
山西镇路城与镇城距离示意
底图来自 google earth

图4-2
中路各堡城距离示意
底图来源：google earth

图4-3
宁武关城及下辖堡寨距离
底图来源：google earth

383

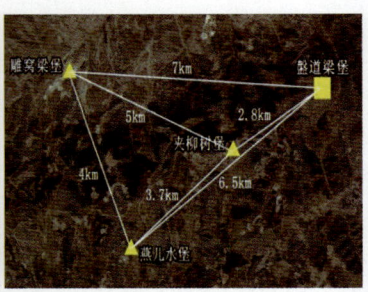

图 4-4
利民堡及下辖堡寨距离
底图来源: google earth

图 4-5
八角堡与下辖堡寨距离底图
来源: google earth

图 4-6
神池堡及下辖堡寨距离
底图来源: google earth

图 4-7
盘道梁及下辖堡寨距离
底图来源: google earth

表 4-1 中路堡城

中路堡城	分管范围	周长	高	官军	骡马	边墩	火墩
宁武关城	四十里零四十五丈	七里零二十六步	四丈二尺	6134	5933	25	25
阳方堡	一十三里零一百五十步	二里零八十步	三丈五尺	349		30	
利民堡	一十三里零一百五十步	周三里零二百四十步	三丈五尺	775	183	15	12
八角堡	四十里零四十五丈	周四里零九十一步	三丈六尺	1130	318	17	33
神池堡	四十里零四十五丈	五里	三丈五尺	1452	470	14	18
盘道梁堡	四十八里零四十丈	一里零一百四步	三丈五尺	703	140	26	24
长林堡	三十一里	三面长七十八丈	三丈五尺	187		8	12
宁化城		三里零二百一十二步	三丈三尺	740			9

因此二路堡与堡之间的距离多为 10～20 千米之间，东路和北楼路堡寨主要作用是镇守关隘，分布在狭长地带，呈线性排布，其纵深程度不如西路，堡与堡之间的距离多为 10～20 千米之间。

4.1.2 山西镇关隘堡寨的选址

"《易》曰'王公设险以守其国'。'设'之云者，筑垣乘障、资人力之谓也。山川之险，险与彼共。垣堑之险，险为我专。百人之堡，非千人不能攻，以有垣堑可凭也。"[1]这段话说明了关隘堡寨营建过程中利用周边天然屏障的重要性，因地制宜，从而才能达到省人工，"百人之堡，非千人不能攻"的效果。

山西镇所处地理环境复杂，拥有高原、山地、盆地、河谷等地貌。"因地形，用险制塞"是历代长城选址与建设所遵循的基本原则。关隘堡寨的选址或位于高山之巅，或处于山麓，或处于河流转折处，或在地势平坦的交通要道，由此控制险要，节约人力物力，以达到"一夫当关，万夫莫开"的效果。

总的来说，堡寨选址有以下四类：

● 高山之巅，居高临下

位于山顶的堡寨其优势不言而喻，位于高地，警戒视野良好，攻守俱佳，但是又会出现取水困难、耕地规模受限等缺点，有些堡寨因此移驻他处。

柏杨岭堡建于万历二年 (1574) 建设，土筑。位于今山西省忻州市偏关县老营镇柏杨岭村西约 700 米，在外长城

---

[1] （明）《明史》卷一九八 列传第八六。

南（内）侧约20米。旧设于柏杨岭，后来因为山高无水，移到窖儿坞，仍保留故名。而新堡也因无水，取汲于塌崖沟。新堡平面呈方形东西长约90米，南北宽约50米。

草垛山堡始建于弘治十五年（1502），后被废除，又于万历二十三年（1595）复建，土筑，二十八年（1600）砖包。本堡位于今山西省忻州市偏关县北20千米万家寨镇草垛山村中，在长城南侧约2.5千米。平面呈长方形，东西长约250米，南北宽约200米。"堡势极孤悬，山谷错杂，防维宜密"。[1] 本堡地势较高，可以直望三十余里，监控着偏关以北区域，在当时是沿边传烽之首。（图4-8）

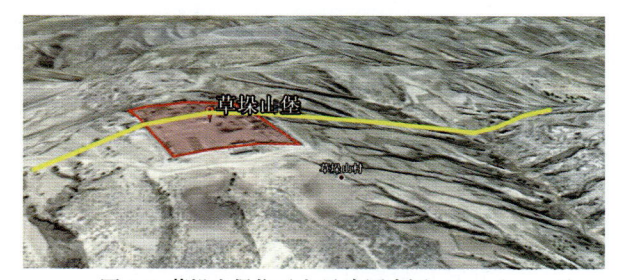

图4-8 草垛山堡位于山顶 底图来源：google earth

● 地势平坦，无险可依

此类关隘堡寨多位于中部防区，中部地势平坦，交通四通八达，易攻难守，便于蒙古骑兵冲驰，是重点防御区域，通常有重兵把守，城墙高筑。

图4-9 利民堡地势平坦 底图来源：google earth

例如中路路城利民堡，建于弘治五年（1492年），初为土筑，嘉靖二十七年（1548年）改建，万历四年（1576年）砖石包砌。本堡位于今山西省朔州市西25千米处，平面呈方形，边长约200米。所处地势平漫，无险可依，敌寇可以轻易由此进犯后勤补给地兴县、岚县等地，因此本堡是中路的要害之地，至明末利民堡的军事地位由神池堡来代替。（图4-9）

● 依山傍水，水陆并重

此类关堡依山而建，位于较为平缓的坡地，往往有重要水系通过或这是几条水系交汇之处，设军堡于此意在扼守水陆交通的要道，在中国古代风水观念中是较为理想的聚落选址。

老营堡于明正统末年置堡，归偏关管辖。成化三年（1467）筑土城，弘治十五年（1502）、万历六年（1578）曾增修。老营堡位于今山西省忻州市偏关县城东40千米处关河北岸，平面呈长方形，东西长约800米，南北宽约400米。周围群山环抱，中间地势平坦。老营堡东、北两面紧靠长城，是山西偏头与大同平鲁通路的交界处。明代给事中刘东星曾疏云："老营左控平鲁，右接偏头、阳方诸口，视为耳目，最为要害"[2]。（图4-10）

● 河流沿岸，后勤补给

谷中盆地多地势平坦，交通便利，由于有河流的天然灌溉，土壤肥沃，多数堡寨是战争中重要的后勤补给地。位于西部防区的黄河峡谷向东地区地面平缓，上游至芦芽山西麓则为宽谷盆地，为镇西卫屯田所在。此外，由于地势平坦，军事防御功能尤为重要。

图4-10 老营堡选址依山傍水 底图来源：google earth

---

[1] （明）顾祖禹：《读史方舆纪要》，中华书局，2005.
[2] （明）卢承业原编，清马振文等增修，民国王有宗校订版：《偏关志·地理志》，清道光年间刊，民国四年铅印本。

河曲营城始建于宣德四年（1429年），创建时为土城，万历二年（1574）增建，七年（1579）包砌砖城。本城位于今山西省忻州市河曲县城内。由于西临黄河，至于春冬季节河水结冰，方便敌军渡河，因此本城的军事防御更加重要。又由于本城晋、陕、蒙三省（区）交界处的经济、文化重镇，在此设置市口，商业繁荣。（图4-11）

关隘堡寨所处的地势和水系是决定选址的两大重要方面，其最终选址是二者权宜的结果。位于山地的关隘堡寨对周围环境有着居高临下的地理优势，拥有较好的视野范围，同时山地为军队隐蔽、埋伏提供了天然屏障；由于关堡内驻扎着戍守军人，一些大型军堡还有常驻人口进行耕种，因此是否临近水源又是影响关堡选址的又一大关键因素。理想堡寨的选址恰好符合了中国传统风水观念中对于聚落吉地的选择标准，即背山面水、负阴抱阳、藏风纳气。

图4-11
河曲营城选址示意　来源：自绘
底图来源：《宣大山西三镇图说》

4.2 山西镇关隘堡寨的规模形态分析

4.2.1 山西镇关隘堡寨城垣建筑特点

● 关堡形态

关堡的形态主要有两种形式：方形（正方形或长方形）、不规则形状。

城池建设中方形城池是最普遍的形状，占到3/4的关堡均为正方形或长方形，从镇城级关堡老营堡到一般堡寨如楼沟堡等，均为方形城垣占多数，这说明军事级别对于堡寨的形态影响并不大。

老营堡、阳方口堡、八柳树堡等关堡是位于山沟地带，草垛山堡、楼子营、桦林堡、黄龙池堡位于山丘，代州城、神池堡、三岔堡、八角堡等均位于平地，这些堡均成方形。由此可见位于山丘和平地的关堡一般呈方形，一些位于山沟的关堡由于规模较小，也是呈方形。

反观其他不规则形状城池，出现的原因多是由于自然环境和地理条件的限制，城池的展筑、关厢城的修建，也造成了原本方形城池呈现了不规则形态。也不乏特殊的文化因素造成。

不规则形状关堡的出现归结于以下两种情况：

一是由于自然环境和地理条件的限制，关堡出现了不规则形状。如依山坡而建的新广武城、宁化所城。（图4-12、图4-13，图4-14，图4-15）新广武城北城墙利用南边一道长城墙体而建，依山而建，一半坐落在半山坡，一半修建在山前平川，形状不规则。宁化城顺山势走向而建，居河畔一台地缓坡之上，由东向西倾斜，西城紧邻汾河，依山傍水。

二是城池的展修加建造成的。山西镇修筑堡寨的高潮与数次明蒙军事冲突直接相关。在修建新城过程中，同时也对旧城进行展筑、加筑关厢城。不规则形状形成的一种原因是城池的展筑，关堡随着自身的军事等级不断提升而进行了展筑。归根结底也是与边防形势变化有关，例如偏关城初建时仅为小土堡，后来随着军事情势日益严峻，成

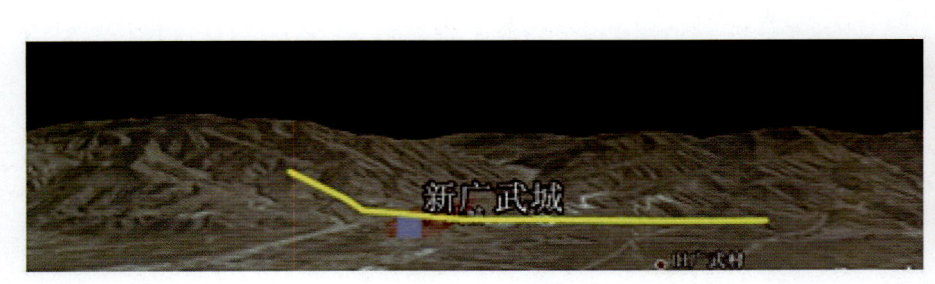

图4-12
新广武城选址示意
底图来源：google earth

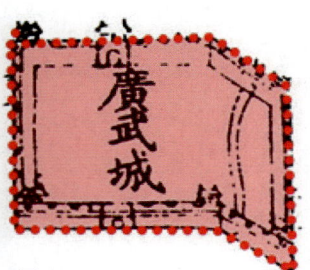

图4-13
广武城平面形态
来源：自绘
底图来源：《宣大山西三镇图说》

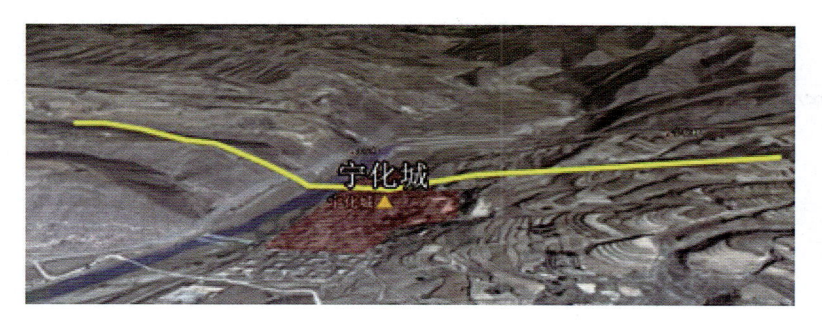

图 4-14 宁化城选址示意
底图来源：google earth

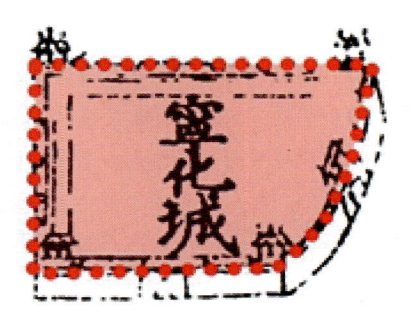

图 4-15 宁化城平面形态
底图来源：《宣大山西三镇图说》

为西路参将驻地，地位提升，关城多次扩建，从而成为不规则形状。

偏头关自洪武二十三年（1390年），初建为土城，周五百二十步，关城逐渐建设完备，宣德四年（1429年），拓筑城南，天顺四年（1461），拓建东城。成化五年至七年拓展城西城南，城门上加筑城楼，城周一千三百步。弘治元年（1488），拓城东面，周围五里一十八步，城墙高三丈五尺，东、西、南三面为门。嘉靖十六年（1537）修筑西南与东北，万历年间进行了城墙加固加高，添置水门。经过多次拓建，偏关关城最终总体平面呈不规则形。（图4-16）周长五里零三百一十八步，高三丈五尺，东、西、南三面开门，且三道城门均建有瓮城，关城东西最长约1000米，南北最宽约928米。

汾州城（平面）不规则形状的形成则是由于东关厢城的修筑，其厢城修筑与嘉靖庚子蒙古的掳掠直接有关，汾州交通四通八达，地位重要，又是地方州府所在地，蒙古兵曾一度威胁到汾境，为防患于未然而修筑东关厢城。主城周长为九里十三步，东关厢城与汾州主城相连，周长六里有余，与主城形成相匹敌之势，而不是作为主城的附属存在，从而形成了主城与关厢城共同架构的复式城池。（图4-17）

从山西镇关堡的形态上来看，有些关堡受实际环境等方面的影响，无法营建成方正的形态，人们为赋予关堡以吉祥，多用代表祥瑞的神兽来比拟城池的形状。神池堡位于今山西省北部忻州市神池县内，平面呈长方形，形状酷似乌龟，东西长约900米，南北宽约500米。城内南北大街为主干道，青砖铺地，两边各有7条东西向街道，依次平行，呈"非"形排列，纵横贯通。城门3开，东迎曦，西保障（亦名"长庚"），南雄镇，门上均筑城楼，城墙西北角突出一段，取名"海龙头"。传说扩建城垣时，依"堪舆"之说，取"四灵"（龙、凤、麟、龟）之意，海

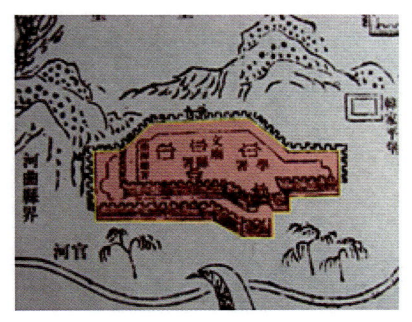

图 4-16 偏关城池示意
图片来源：《偏关志整理本》

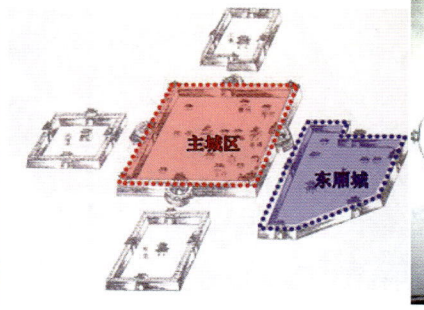

图 4-17 汾州城主城区与东厢城的关系
来源：http://blog.sina.com.cn/s/blog_5251c7830100lm5b.html

图 4-18 神池堡平面布局
底图来源：（清）谷如墉纂，崔长清修《光绪神池县志》

387

龙头为乌龟的头部，街道布局似龟背纹裂，形如八卦。乌龟头伸出城外西北西海火神庙、关帝庙、龙王庙、上帝庙、藏经楼；东南有奎呈楼；南门外有玄天阁等古建筑。（图4-18）

广武城平面呈长方形，东西长约400米，南北宽约300米。整个城墙共有马面16座，是固若金汤的城池。内设东关、南关、大北关、小北关四道关门，城内有瓮城、中城、南瓮城三道防线组成，中城状如簸箕，南瓮城形似斗状，故有"金斗银簸箕"之称，意即城防坚固。现城内街道建筑布局基本保留原制，为四街八巷。（图4-13）

此外，代州的城池东西稍陡，南北略短，呈长方形，东北方为秃角，形如"丑"字，丑属牛，故称"卧牛城"。（图4-19）

●城墙、城门、敌台

关堡城墙的周长差别较大，从不到一里到十里开外，根据各关堡城墙周长的不同划分为大型城池、中型城池、小型城池。（表4-2）

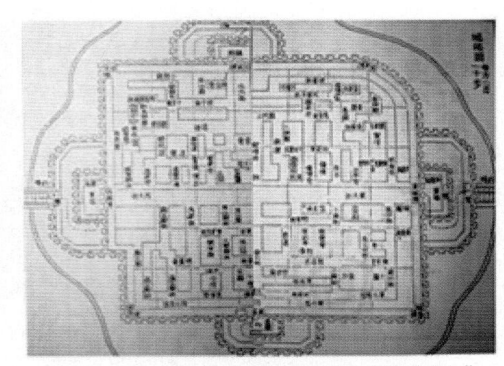

图4-19 代州城东北方为"秃角"
底图来源：《光绪代州志》

理论上来说，关堡的周长基本与军事级别相对应，军事级别越高，关堡周长越大，但在山西镇不乏军事级别低的关堡比军事级别高的关堡城池规模大的例外。这是由于关堡的周长还与其在行政编制上的级别相关。

太原府是冀宁道所在地，作为山西政治、文化、经济中心，其城池城周二十四里，在山西镇中是规模最大的一座。

表4-2 关堡城墙周长分类

分类	周长范围	城池
大型城池	九里以上	太原府、汾州府城
中型城池	六里——九里	镇城：宁武关城（所城） 路城：代州城（卫城） 堡城：保德州城（所城）、岢岚州城（卫城）
	三里——六里	镇城：老营堡（所城） 路城：偏头关、北楼口、利民堡、堡城：神池堡、八角堡（所城）、马站堡（游击）、广武城、宁化城（所城） 堡寨：五寨堡、三岔堡、河曲县城（所城）
小型城池	三里以下	路城：河曲营城 堡城：雁门关（所城）、水泉营堡、河会堡、草垛山堡、平刑关堡、小石口堡、楼子营堡、盘道梁堡

冀南道辖汾州府城城周也达到九里十八步，约6940米，同时是州府所在地。

军事等级较低的城堡比等级较高的城堡城池周长大最典型的是的范例是路城代州城，代州城城周为八里一百八十五步，约为4900米，而宁武关城城周为七里零二十六步，约为4073米，这是由于代州城在行政编制上还是一座州城，知州、同知、判官、吏目及儒学等官同驻一城，并设有振武卫、千户所、户部行司、参将府、巡抚都察院、雁门兵备道、太仆寺、雁门驿运所等机构。

由此，山西镇关堡城周大小是军事级别与行政级别共同决定的。

根据《宣大山西三镇图说》中记载，万历年间山西镇关堡无论规模大小等级高低，城垣高度多为三丈五尺左右，可见城墙高度应该与当时的攻城技术相关。

根据山西镇关堡保存现状来看，包括宁武关城在内的关堡城墙基础部分的厚度多在6～9米之间，一些规模较小堡寨的基础部分则在3～7米之间（如寺焉堡等），关堡城墙顶部厚度在0.5～3米之间，城墙主体由夯土筑成，

万历年间对多数关堡的城墙进行砖包。（图 4-20）

由于关堡城墙厚度较厚，在攻城时首选最薄弱的城门攻入，因此城门数量、避开方向、瓮城和敌台的多寡因素直接影响了城防效率。

城门数目与关堡规模有着密切的联系，大型城池均拥有四座城门，城周在 2～6 里间的大部分中型城池都有 3 座城门，另外有部分关堡有 2 座城门，城周在 2 里以下的关堡只有一座城门。城门的位置多设置于易守难攻的成墙面上，因此城门的设置考虑了与地形结合。另外，拥有多座城门设置的关堡也考虑了交通通行的因素，以方便连接其他重要关堡。

敌台在本文中特指在城身上每间隔一定距离就会凸出的马面及角台。敌台是关堡防御设施中重要的组成部分，直接组织抵御敌方攻城。

敌台的间距与当时的火器射程和工程技术相关，理想的距离为"大抵两空不得过五十步"，约为 80 米，但山西镇关堡的实际情况来看，各关堡敌台间距从 60 米到 120 米不等，由此可以推断敌台的间距同时也与关堡的军事等级高低及距离前线距离远近有关。等级高或位于战争后方的关堡，其敌台间距较长，而靠近长城的堡寨，敌台间距较短。

4.2.2 山西镇关隘堡寨内部布局特点

● 关隘堡寨的布局结构

关堡的道路系统由环涂、主干道、巷道组成。

根据关堡的等级不同，主干道有十字形、一字型等形式。十字形主干道是南北向和东西向两条大街在城中心十字交叉，每条道路正对城门或墩台，在城中心设中央楼，以便居高临下、纵观全局。十字形主干道交通流线明确，常见于山西镇镇城、路城、卫城、所城以及较大规模的堡城。在较大规模的关堡内除十字形主干道外一般还纵横几条主巷。

如代州城就是典型的十字形主干道，代州城于明洪武二年 (1369) 置代县，六年 (1373) 城墙包砖，八年 (1375) 复为代州。平面呈长方形，东西稍陡，南北略短，在魏朝上馆城旧址上建设，城池周八里零一百八十五步，高三丈五尺，以东西、南北两条大街为主干道，除十字大街外，另有六条较大的居民街巷，纵横贯穿。城开东西南北四门。

一字型道路是堡内只有南北向或者东西向一条干路，多见于规模较小，平面为长方形的堡寨，这类堡寨中一字型主干道正对堡门或墩台，堡门多为一座或两座。例如阳明堡内平面呈长方形，堡内的一字型主街道为东西走向，长约 500 米，一字型干道两端与东西堡门相连（东堡门已于 1970 年拆毁）。（图 4-21）

图 4-20
利民堡残留城墙　来源：李哲摄

图 4-21
阳明堡一字街示意底图　来源：google earth

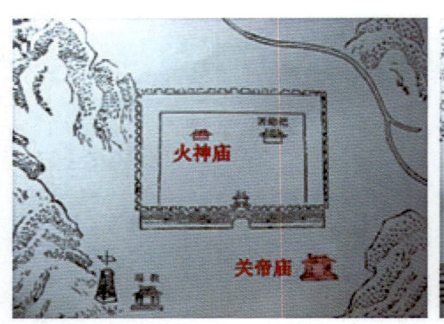

图 4-22
楼沟堡关帝庙在堡外，火神庙在堡内
来源：《偏关志整理本》p50

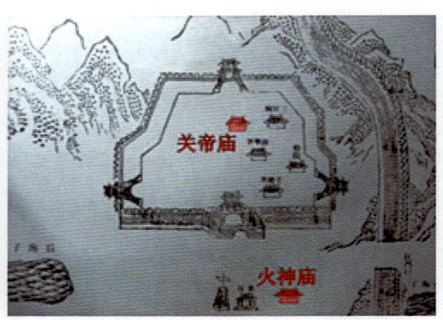

图 4-23
水泉营堡关帝庙在堡内，火神庙在堡内
来源：《偏关志整理本》p48

图 4-24
最佳城址选择
来源：《风水理论研究》

● 关隘堡寨内部建筑

在军事堡寨内部，有大量直接与军事防御活动和军士生产生活直接相关的建筑存在。如军事管理机构（总兵府、守备署、卫厅等）、军事配合设施（营房、教场、演武场、将台、军器局、仓廒等）、公共建筑（钟楼、鼓楼、学署等）等，此外还存在大量与军事战争并无直接使用关系的庙宇。

关帝庙、城隍庙、娘娘庙、文昌庙、马王庙、火神庙等神灵崇拜的庙宇和佛教庙宇广泛存在于大小关隘堡寨中。从各堡寨庙宇设置的情况来看，各关堡的军民信仰是具有多神性的。各神保佑着某一具体而实用的方面，完全体现了官、军民众不同的精神需要。（图 4-22、图 4-23）

关帝庙几乎存在于所有北部关隘堡寨中。关帝庙供奉的"武圣人"关羽是忠义勇武的象征，理所当然地成为戍边将士的精神寄托，因此最为常见。关帝庙多位于堡外，位于堡门附近，有着守堡震四方的作用。火神庙的广泛存在则体现了人间烟火气，火对于人类的重要性不言而喻，因此对火神的供奉是理所当然的。关堡内大量庙宇的存在体现了戍边将士及家属对精神信仰的追求和未来的渴望。

● 关堡空间布局的传统风水理论的表现

风水理论是应用于中国古代居住环境的一种传统理论，内容囊括了城市及建筑地址、规划和设计。遍翻古籍，几乎所有古城的规划设计都可以找到有关风水形势及意象的记载。军事堡寨产生的主要原因是以军事防御功能，军事防御性不是军堡选址的唯一选择，在各堡寨中也有军士的居住、军事操练、商业等活动，因此风水理论在军事堡寨的设计规划中亦有体现。

风水理论中理想的城镇基址是负阴抱阳、背山面水，基址后有主峰来龙山。左右有青龙白虎砂山，前面有弯曲的水流，水对面还有一对对景山岸山。基址处于这个山水环抱的中央，形成了一个背山面水的基本格局。（图 4-24）

老营堡于成化三年（1467）筑土城，弘治十五年（1502）、万历六年（1578）曾增修，属山西镇岢岚道辖西路。副总兵驻于本堡。老营堡位于今山西省忻州市偏关县境内。老营堡的周围群山环抱，中间地势平坦，东、北两面紧靠长城，关河绕城南西下，在风水理论中是很理想的城镇选址。（图 4-25）

在实际情况下，山形水势不免有缺陷，为了化凶为吉，通过修景、造景、填景的方式补充山水缺陷，修建人工风水建筑物或构筑物，如修建宝塔、楼阁、牌坊等，而这些建筑物及构筑物往往具有易识别性和观赏性，成为环境的标志物、欣赏对象、控制点，成为当地的八景、十景的一部分。

如偏头关有偏关八景之一的文笔塔就是典型的风水塔，始建于明天启元年（1621年），初建时为七级宝塔，崇祯八年（1635年）重修，加高四级。文笔塔位于城南东二里山梁上，坐东朝西，形若文笔，是八角九层的楼阁式砖塔，

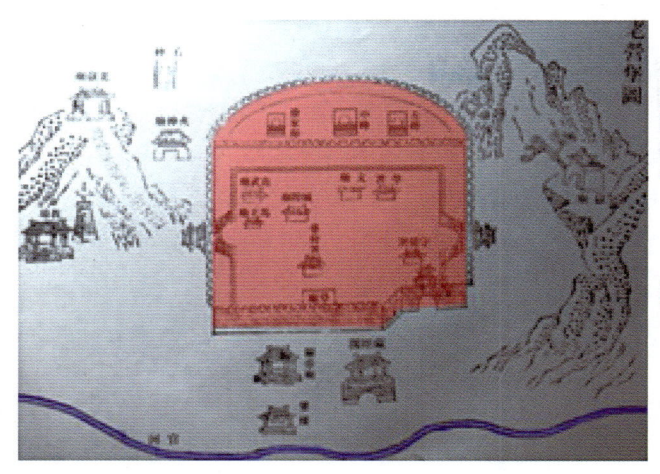

图 4-25 老营堡选址示意　来源：《偏关志注》p37 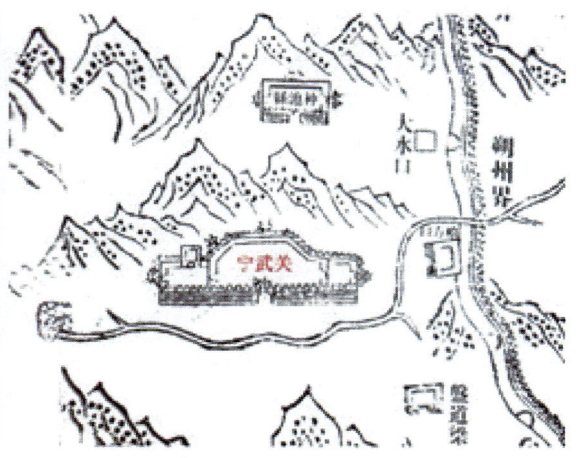　　　　图 4-26 宁武关城选址　来源：《宁武府志注》p8

石砌塔基，通高 35.7 米，每边长 3.55 米。平面八角形，登塔可俯瞰关河美景，关城全貌尽收眼底，向四周可远眺群山。

4.3 关堡的空间防御性——以宁武关城为例

宁武关城明初时为军队屯所，是古宁化军口。景泰元年（1450）年始筑土城，即为宁文堡。明成化四年（1467），建宁武关，弘治十一年（1498）置宁武守御千户所，归宁武关管辖。嘉靖十九年（1540）设为山西镇，并在宁武关配备了三关总兵，统领宁武关、偏头关、雁门关三关军务。嘉靖三十八年（1559）设兵备道。宁武关城因踞凤凰山之北，古宁武城酷似一只展翅欲飞的凤凰，历来又有"凤凰城"之称。

4.3.1 宁武关城背景介绍

宁武关城位于今山西省北中部忻州市宁武县内，地处山西省西北部，位于黄土高原腹地。宁武北为长城边墙，与朔州相邻，再北189千米为大同，西北与神池接壤，南与静乐相接，再南166千米为太原，西南为芦芽山，东与原平相连。宁武关城位于一个南北长、东西窄的狭长地带，此狭长地带的地理坐标点就是分水岭。分水岭的位置大致处于400mm等降水量线之间，根据拉铁摩尔的《中国的亚洲内陆边疆》书中观点来看，这条降水量线南部和北部形成了不同的自然环境，宁武关城所处位置正是农业经济和游牧经济的分界线，是农牧两种文化的混合地带。自古以来宁武南北部分一直是由游牧、农耕两股社会力量争相控制，直至明代两者才结合成一体。

4.3.2 选址

宁武关城位于今山西省北中部忻州市宁武县内，长城南（内）侧约13千米，北依华盖山为玄武，南靠凤凰山为案山，北高南倾，关城位于华盖山的二次台地上，关城顺山势延伸铺开，恢河水自城南向东流去，关城两翼顺河而筑；同时东、西两侧山岗作为两砂，由于西侧山岗在高度和体积上都远超东侧岗山，因此在西山岗建设规模宏大的庙宇，用来压住抬头的"白虎"，以实现风水理论中"青龙抬头，白虎驯服"的意向。（图4-26）

出于心理补偿与宇宙观等原因，古人往往把自然图示融入城市的建设中，宁武关象形"凤凰"即是很典型的例子——关城北侧的华盖山作为"凤头"，关城沿恢河展开作为凤凰的两翼，南侧凤凰山作为"凤尾"，城中鼓楼作为凤凰的心脏，从高处远眺，仿佛一只羽翼丰满、展翅欲飞的凤凰。宁城关在建城之初即选择凤凰这种神鸟作为意向符号，在一定程度上反映了当地人对宁武的理解图示；人们希望通过借助自然界未知的神秘力量，来选择城址，营建关城，并使新建关城处于这种自然力量的保护之中，这样的过程反映了当时人们的宇宙观、自然观和风水观。

4.3.3 宁武关城空间营造

● 城池平面形态

宁武关城平面呈现不规则形状，主城依北侧华盖山的山势层级营建，城南有凤凰山，恢河自南向东流过，关城顺河展开，城池平面酷似展翅的凤凰，故有"凤凰城"的美誉。凤凰形式的平面是宁武关城在明代经过多次修缮与扩充的结果，城池的平面形态大致经过了以下四个阶段。

宁武关于成化二年（1466）设关并开始动工，到成化三年（1467）四月竣工。工程所需石材、木料、陶土等建筑材料都是就地取材，营建过程的人力工匠则由戍边士兵组成。关城靠踞北侧的华盖山高地，在高处可以俯瞰东南西三面，因此关城不设北门，只依军事需求开东西南三门，三座城门上都建有城楼，东门匾书"仁胜"，西门匾书"人和"，南门匾书"迎薰"。此时关城周长四里左右，城墙高三丈有奇，只有东门设有瓮城，以此作为军事前翼。在关城内部，设有守备署、巡抚行署、仓库、驿站、草场等军事设施，城内驻兵总数两千人，每年春秋轮换一班，总驻兵有四千余人，此时城内还没有固定居民。

弘治十一年（1497），宁武关进行了第一次扩建，设立宁武守御千户所，城墙周长由原来的四里增至七里零一十三步，高度由原来的三丈升高到三丈五尺，并且增设北门，上建城楼，楼匾"镇朔"。扩建后的新城基本奠定了宁武关之后的形制，此时关城平面呈东西长，南北短的长方形，城墙仍为土筑，但城楼宏伟华丽，已经初具边关重镇的规模。在城内部，新城的格局也发生了变化，新建的鼓楼成为千户所城的中心，头百户、二百户到九百户等九条以"百户"命名的街巷绕鼓楼展开。嘉靖二十年（1541），宁武关城成为山西镇镇城，设总兵，辖偏头，雁门两关。

万历二年（1574），关城城墙开始全面包砖，同时在城北华盖山顶修筑护城墩来巩固城防，城墩上筑三层重楼，名曰华盖楼，用于观察敌情。万历二十七年（1599），增建西关土堡，周长四百六丈三尺，二十八年（1600）增设东关土堡，周长五百八十六丈九尺；修建的东、西两翼关城，形成宁武关的两个瓮城，西侧关城与宁文堡相连，至此，宁武关一城三堡相互连接，"凤凰"形的平面完全形成，观者咸称"凤城"西关门匾书"永宁"，其南向门匾书"阜财"；东关门匾书"久安"，其南向门匾书"解愠"。到万历三十四年（1606），关城整个城池开始进行包砖砌筑，此时关城周长达到一千七十余丈，城墙高度三丈五尺。

● 城垣保存现状

宁武城的经过抗战和建国初期两次破坏，历史古迹基本荡然无存，目前城墙仅存几处残垣尚能识别。关城平面呈现不规形状，东西最长550米，南北宽已不可考，现存东墙长约560余米，西墙约150米，北墙残存320米。墙基守则6-9米，顶宽约1-3米，残高4-8米。墙体黄土夯筑，目前只存西墙尚存部分包砖。东墙隐约可辨瓮城遗迹，形制已不可考，瓮城东墙尚存30余米，北墙残存20余米。东侧关城形尚存北墙和东墙，形制已不可辨，尚存残北侧和东侧残垣，总长约769米，西侧关外城即最初的宁文堡。宁武关城东北角尚存角台一座，基部突出墙面18米，宽约18米，高5米；存马面三座，基部突出墙面约10米，宽36米，高6米。东西侧关城各存角台一座。

● 道路

宁武关城的道路纵横交错型，但为了顺应山沟的走势，城市轴线南北偏西，东门实际偏东北，宁武城内道路呈"十"字形交错。因为北门实际在关城西北偶，因北南北大街并未通到北门。

● 内部建筑

城市内的公共设施总体上位于城内"十"字道路东侧街道的南北两侧，主要是关城的行政公署和官方的学宫和城隍庙，可能是因为出关城东门可直达长城，也可能是城内的主要水源万华泉位于东北偶，因而在建城之初公署即沿泉水就近布置；同样鼓楼也位于东门内侧；城内大部分府库设在东侧公署以北，即城内的东北角较为隐蔽的地区。

关城北高南低，为了取水方便居民区集中在城南，而在地势较高的北侧，则是祠庙寺观的聚集地，包括火神庙、百将庙、真武庙等，这些与军事防御并无多大关系的建筑是当地军士的心灵寄托重要场所。此外，宁武城内各大十字路口处都设有大小真武庙，供奉真武大帝，用来镇压西北方向的晦气，弥补宁武关城在风水上的缺陷，这是风水学上心理补偿常用的方法。（图4-27）

4.4 本章小结

在空间布局上，有的堡寨位于前线，负责纵横防御作战，这些堡寨被称为戍堡；有的堡寨位于交通要道或交通节点，负责保证后勤补给通畅；有的堡寨位于后方各县州，负责屯田生产，它们是战争不可缺少的部分。

具体到每个堡寨的选址，首先要达到防御的目的，一般都会借助天险，选择在易守难攻之地，以尽可能少的兵力实现拒敌于门外的目的；同时，这些堡寨还要考虑到驻守士兵的正常生活用水和粮草补给。因此，堡寨的选址主要有以下几种类型：高山之巅，居高临下；地势平坦，无险可依；依山傍水，水陆并重；河流沿岸，后勤补给。

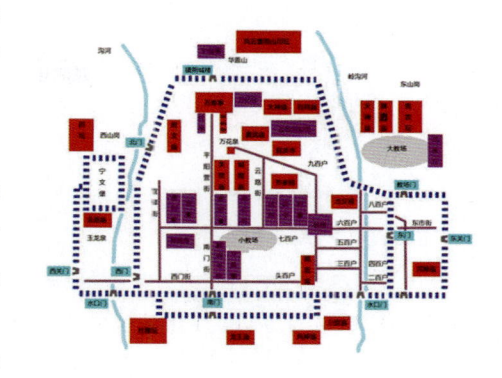

图 4-27
宁武关城格局示意
来源：按《宁武县志》自绘

堡寨的平面形态可以分为方形和不规则形态两种情况。方形平面是受到中国传统造城思想和风水理论的主导，可以认为这是一种标准型；不规则平面的产生主要有以下两种原因：一是由于自然环境和地理条件的限制，二是由于城池的展修加建造成的。堡寨内部的道路结构和传统城市模型一致，都是采用纵横交错的方格网的形式，有的堡寨比较小，只有一条横穿内部的干道。

在军事堡寨内部，有着大量直接与军事防御活动和军士生产生活直接相关的建筑存在。如守备署等军事管理机构、仓廒等军事配合设施、钟鼓楼等公共建筑。此外，堡寨内部还存在大量与军事并无直接关系的庙宇，这些庙宇完全体现了官军民众不同的精神需要。

第五章 明末清初山西镇军事聚落的变迁

5.1 明末清初山西军事堡寨功能的转变

5.1.1 对外政策的变化

明朝后期，东北满族政权不断壮大，对辽东地区骚扰频繁，从而逐渐取代蒙古部族，成为明朝防御的主要敌人，明朝的防御重心转移到了辽东。隆庆四年（1570年）的"俺答封贡"标志着明蒙关系进入一个新的阶段，结束了土木之变后明蒙对立的局面，开创了双方在封贡互市形式下的友好往来，对于明朝和蒙古都有着积极的影响。明代后期对蒙古部落的政策是贡市与战守相结合。对于以俺答为首的右翼蒙古部落实行互市，对于违反封贡条约，扰乱边境的部落进行军事打击；对于以土蛮汗为首的左翼蒙古实行战守相结合的政策。明蒙之间的互市导致了长城沿线军事聚落出现明显的商业化倾向，山西镇的军事作用逐渐减弱，总兵除防御职责外，只要职责是保证互市顺利进行。商人奔走于明蒙两地，山西镇的三个市口日益繁荣起来，明末清初在山西镇产生了大量新兴商业重镇。

至于清朝，统治者对于蒙古采取怀柔政策，各民族关系缓和，随着帝国的统一和地方统治的基本稳固，长城的作为防御设施的功能降低了，长城沿线军事关堡的军事防御功能被削弱。由于山西镇军民混杂，难于治理，雍正初年在山西镇一带普遍撤镇、撤卫置县，一些军事重镇仍有驻军防守，但驻军官员等级降低。在新的民族政策和经济政策的影响下，原山西镇的军事关堡也随之发生变化。卫所归并或改设州县，标志了明代军事设置的解体，地方的行政职能归入行政系统内。

5.1.2 清初卫所的裁并

393

作为明代三司（都司/行都司、布政司、按察司）之一的布政使司属于行政管理系统，主管财政、民政、人事等方面。明代行政体系是将全国分为南北直隶和十三个布政使司，布政使司治所位于太原，布政司下辖府和直隶州，府和直隶州之下又分别领若干散州和县。山西都司主管军政，与山西布政司为平级单位，二者相辅相成，权力不同而又有交叉。明末山西布政司共领5个府、3个直隶州3、16个属州、79个县。

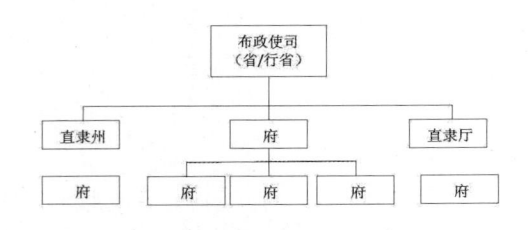

图 5-1 清代内地行政关系 来源：自绘

清朝执政后，汉蒙安定，长城沿线部分军队撤离，军事堡寨的军事防御性逐渐褪去，明代军管型政区模式消亡。清初山西镇卫、所城镇大多因袭明制，明时遗留军士虽为军籍，但务农已久，与普通农户已经没有区别。为淡化军事防御色彩、减轻人民对政府的敌视心理、便于管理等原因，清政府将大量关隘堡寨撤销，将卫所改为州县，至于雍正二年（1724），山西明代遗留的都司卫所均纳为地方行政体系中。据《宁武府志》记载，雍正三年，宁武所改为宁武府，宁化所设巡检司，隶属于宁武县，神池堡改为神池县，利民堡和八角堡附属于神池县，偏关所改为偏关县，老营所隶属于偏关县，其余附近营堡，各就便分治县，总归宁武府管辖。宁武、偏关二同知，只留其一，改宁武府同知驻扎于偏关，弹压边境。宁武、偏关各营堡改为郡邑，镇西卫裁并。①此外，大同府、朔平府也并入山西布政司。雍正十年，山西布政司共领9个府、1个厅、11个直隶州、6个属州、89个县。（图5-1）

本章主要讨论的是明代山西镇军事堡寨的变迁，因此不包括大同、朔州等地。

山西地区行政改革后府城有太原府、蒲州府、平阳府、潞安府、汾州府、泽州府、宁武府，直隶州有沁州、忻州、代州、保德州、解州、绛州、隰州、霍州。

以下为山西主要府、州、县的变迁：

太原府

岚县城，明朝隶属于太原府岢岚州，清朝直隶于太原府

兴县城，明朝时隶属于太原府岢岚州，雍正三年隶属于保德州，雍正八年仍改为兴县，隶属于太原府。

阳曲县，明时为太原府附郭，清仍然是太原府附郭

保德州

繁峙县，于洪武二年改为繁峙县隶属于太原府代州，雍正二年隶属于代州直隶州。

崞县，洪武二年改州为县，洪武八年隶属于太原府代州，雍正二年隶属于代州直隶州。

河曲县，洪武二年置县，隶属于太原府，雍正二年隶属于保德州。

忻州

定襄县，明隶属于太原府忻州，雍正二年隶属于忻州直隶州。

静乐县，明隶属于太原府，雍正二年隶属于忻州直隶州。

宁武府

宁武县，明初置宁化守御千户所，成化二年置宁武关，雍正三年设宁武府。

偏关县，洪武三十一年设偏头关，雍正三年改设偏关县，隶属于宁武府。

神池县，明时为神池营，雍正三年改为神池县，隶属于宁武府。

五寨县，嘉靖年间建城，雍正三年改五寨县，隶属于宁武府。

---

① （清）魏元枢、周景柱编纂，董常保注：《宁武府志注》，中国文史出版社，第5页。

5.1.3 军事堡寨的转化

当政治因素、经济因素等发生作用，军事堡寨的军事功能弱化以后，其发展变迁出现了不同的方向。有的军事重镇从此落寞无闻，逐渐被人淡忘，有的军事堡寨摇身一变成为盛极一时的商业城市。可以将山西镇关隘堡寨的变化分为两种情况：一是从关堡到城镇，二是从关堡到县、乡、镇。

清初卫、所城镇多沿袭明制，统一后山西地区卫所多采取了归并的方式。明代卫、所、较大的路城、堡城多位于交通便利的位置，在明末清初随着商业的发展，成为规模较大的城镇。

对于一些军事级别较低而又没占据有利的交通要道的明代军堡，随着入清以来军队的裁减，逐渐衰落起来，尤其是位于晋北地区的军堡，晋北地区气候地寒，土地贫瘠，不适于耕作，失去军事作用后，当地人出走经商，人员稀疏，逐渐衰落起来，成为县、乡、镇一级的地区。

5.2 经济因素对山西城镇发展变迁的影响

明长城沿线军事堡寨自明代设置伊始就与军事防御性有着根深蒂固的联系，从堡寨的空间布局和形态到内部建筑物构筑物的设置都是围绕着驻守官兵的军事活动，军士和家属平时的生活展开的。但伴随着政治因素、经济因素、文化因素等非军事因素的逐渐加入，军事因素慢慢消退，军事堡寨的主要功能和性质也缓慢发生着变化，至于明末清初完成了军事堡寨性质和功能的量变到质变。

山西镇军事堡寨也同样由于以上因素的影响发生着功能和性质的变化，此外由于山西特殊的人文特点，经济因素及晋商文化的影响使这一转变更为剧烈和独特性。

5.2.1 晋商的兴起和发展

晋商的活动与山西镇军事堡寨的发展变迁有着相辅相成的关系，随着晋商商业活动的发展繁荣，出现了一大批商业重镇，也有些军事堡寨随之衰落。这证明了堡寨聚落的发展最终归结于生产力和经济水平发展的制约。

明初山西商人的主要活动范围是北部边镇和各大盐场，中期开中法的推行，晋商足迹可半天下。入清以后活动区域进一步扩大到东北、西北、西南、江南甚至到达俄罗斯、日本、东南亚等地。晋商逐渐集团化，在各大商埠形成了商帮以巩固其商业阵地或对特定行业进行垄断。山西商人在各地开办了大量店铺，对城镇的繁荣起到了推动的作用。

● 明代军饷改革和开中盐粮

明洪武年间，为解决边境地区俸粮问题，朱元璋吸取了历代屯田的经验教训，创立了卫所屯田制度，将内地及边疆的闲置土地归为国有，分给附近驻守的卫所官军开垦种植作物，由官府提供耕具和耕牛，寓兵于农，并规定了驻守官兵守城和耕种的比例：腹里卫所屯田，七分屯种，三分戍守；边地卫所屯日，三分屯种，七分戍守。将每年所收获的"子粒"作为官军的俸禄，希望从而能减少朝廷的财政负担。山西地区作为腹里卫所，驻守官军七分屯种，三分戍守。明初军屯取得了一定成效，但随着时间推移，军屯制度的内在缺陷日渐暴露出来：边地地区土地贫瘠，不适宜种植农作物；将领高官强占耕田，将其变为私有；赋税过高导致屯军逃亡；再加上边境战火连天无暇屯种等。从而军屯渐渐衰败，无法供养边境军士。

为补充军屯的不足，九边的军粮及相关开支由临近的地方政府负责供应，山西镇的粮食供应由山西布政司负责。但山西地面崎岖难行，"道途之费，率六七石而致一石[①]，"高额的运费和艰苦的工作使得环境边关起运粮草成为山西人民的极大负担，再加上自然灾害的影响，农民不堪重负，纷纷逃亡。政府被迫改变政策，将实物军饷折为银两而向农民征收。

至于正德元年，始全部折银。屯粮、民运粮相继改为折银征收的条件下，没有直接的粮草等供应，只能用饷银

---

① 《明英宗实录》卷55，正统四年五月丁巳条。

从军粮供给商手中购买必需品，一个庞大的边境米粮市场应运而生。除了米粮外，还有棉花、棉布等生活必需品交易。明廷为鼓励商业的发展，实施了"开中"政策。商人通过向边境运输生活必需品可以获得指定盐场支取食盐，再运往销盐区销售，从中获得利润，一时间山西镇商人群体相当活跃。

明代开中法最早出现于洪武三年（1370年），永乐年间广泛推行。开中法的具体实施方法以大同为例，据《明太祖实录》记载，大同粮储需从陵县长芦运至太和岭，路途遥远，运费颇高。凡是能向大同仓输送一石米，向太原仓输送一石三斗米的商人，给予他们购入淮盐一引的权利，每引二百斤。商人再将这一引盐销售到制定地区，如此一来可以省下运输的费用，军队储备的粮食也能保证充足。[①]这样政府商人双赢的政策吸引了众多已在边境经商的山西人，他们利用地缘优势捷足先登，成为盐商兼粮商。为了降低成本，一些晋商就在边境招民垦荒种植粮食作物，从而出现"商屯"，进一步繁荣了边境市场，为边境保证了粮食储备。

正德年间直至明亡，由于边境米粮市场粮价一再飙涨，所有折银无法购买足够的米粮，政府不得不拨发"年例"银以接济边境驻军。从而边境军饷由屯田粮、民运粮、盐引课银、京运年例银四部分构成。占比例最高的是民运粮部分，其次是京运年例，而后为盐引课银，最后才是屯田粮。

● 明时边境贸易

明代晋商除了活跃在边境的粮米市场外，也广泛参与了与蒙古部落的边境互市。明代边境互市分为两种：官市和民市。官市以朝贡贸易和马市贸易为主，但是明政府对贸易的控制较为严格，如限制贡使人次及贡马数量，不允许出售铁锅给蒙古，以防被打造成铁质武器。民市贸易作为官市贸易的补充，虽然交易规模小，数量少，但东起辽东西至甘凉的汉蒙边界上，定期或不定期的民市贸易亦十分活跃。

● 晋商的发展——清代晋商活动

清代山西商人足迹遍布全国各地，范围包括了华北、鲁豫、两湖、江淮、东北、西南、西北地区，更将贸易拓展到蒙古和俄罗斯。主要的经营范围相对于明朝更加广泛，或进行商贸活动，垄断某一行业，如在传统的盐、粮、布、绸等市场上进行垄断外，还涉猎了药材、皮毛、茶、油等市场；或从事金融兑换，开办票号、典当行，操控金融市场。

清代晋商的发展促进了各地区之间的经济联系，扩大了国内外贸易市场，同时对城镇的兴起和繁荣起到了推动作用。由于长途运输贸易，晋商在沿途各地开设了很多商铺，不仅是对山西地区的城镇发展起到了推动作用，对于外地城镇的繁荣也有贡献。如蒙古的库伦、多伦、乌里雅苏台、科布多等城镇都是因晋商贸易聚集而成为贸易城镇。恰克图作为中俄贸易的枢纽，城内百货云集，商业繁盛。

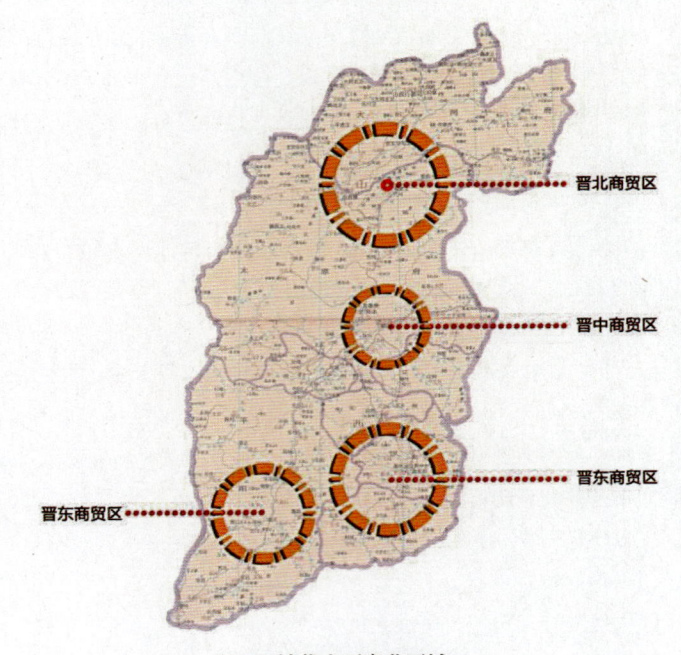

图 5-2 清代山西商业区域
底图来源：地图出版社，明山西地图

5.2.2 山西商业中心分区

[①]《明太祖实录》卷53，洪武三年六月辛巳条。

由于山西特殊的地形地貌,并且又处于游牧文明和农耕文明的交汇地带,受其影响影响形成了多样化的山西文化。根据地理环境和文化的差别可以把山西分为北、中、南三部分,明代北部地区是军事重地,是防御蒙古入侵的前沿阵地,地理形势险要,可以依河为守,亦可以依山为塞。地理范围是以偏关、宁武、雁门为主的三关地区。与蒙古的频繁交战与互市使这一区域形成了独特的文化。中部和南部是经济与文化区段,自古以来就是山西最富庶的地区,是政治经济中心,商贾云集。(图5-2)

晋商对外贸易对城镇的兴起和繁荣起了积极的推动作用。山西镇大规模商业活动自明朝中期开始兴起,逐渐影响了山西镇军事堡寨功能的转变,直至清朝初期,堡寨的军事色彩慢慢褪去,失去了实际的防御功效,在乡民的意识中也逐渐变成普通的村庄。但一些堡寨由于地理位置处于交通要道,通过商业的带动成为盛极一时的商业重镇。山西地区主要的商业圈有四个:晋北商业区、晋中商业区、晋南商业区、晋东南商业区。

晋南地区和晋东南地区一直以来是山西最富庶的地区,人口密度很高,而且土壤肥沃,有汾河过境,盛产棉花、小麦、食盐等,有着商业发展的资源优势,为本区域商业发展奠定了物质基础。而且交通便利,与陕西、河南隔河相望。晋南商业区是以河东地区为中心,在明清以前就因盐而兴,潞盐的运销造就了很多渡口和码头。明代以来,又发展了更多商品种类,催生了新的工商业市镇。

晋中地区处于山西南北通衢之咽喉,被誉为天然孔道,连接山西南北。溯黄河而上可达内蒙古,顺黄河而下可到河南,西跨黄河可达陕西中部,东面越过太行山可达河北,地理优势及其明显。晋商人此可向南发展湘楚茶叶生意,向北发展蒙古、俄罗斯的牲畜、皮毛生意,又创造了大量票号,从实物商业走向金融商业。而且由于晋中地区胡汉贸易较多,特别是通过张家口与满清交易为其日后获得政治资本做了铺垫。因此晋中地区商业发展迅速,并于清初超过晋南,使晋商的基业达到顶峰。

晋北地区土地贫瘠,与蒙古、大同接壤,大多数明代军事堡寨分布在此,常年征战使得本区域生产活动受到影响,是山西镇经济较为落后的地区,但由于晋中南商人北上贸易必须出雁门关,到达大同,因此形成了以代州、雁门关为中心的商贸圈。

5.2.3 商业对山西城镇发展的影响

无论在战时还是和平年代,交通对于一个地区发展变迁都有着决定性的作用,尤其是对于商业发达的山西,在交通要道上的市镇可以得到更多的商机,为区域经济发展提供了可能性和必要条件。

晋商的主要几个经商路线有去往陕西和内蒙古地区,需从太原出发,经岚县、岢岚、偏关再向西北进入;去往京师,需从雁门关进入大同府后再向东经过阳高、天镇、杀虎口。

明代宁武关城无险可守,战时是兵家必争之地,而在和平时期成为连通南北的交通大道,是晋西北和通往太原的必经之路,山西、陕西、内蒙古马帮往来均需要经过此地,这一交通枢纽地位在战时成为军需补给的要道,在和平年代商贸繁荣的独特优势。明末清初以来,政治稳定人民生活安逸的时期,宁武是晋西北的商贸要地,商业活动达到顶峰,商号林立,各种店铺总共三百余家。一些商家马帮的生意甚至扩大至东北的海拉尔,蒙古乌头,俄罗斯。

雁门关是穿越太行山脉进入晋中地区的交通要道,由于这一地区的地势险要,除了雁门无路可走,因此雁门经商历史已久,在北宋与辽时已经出现通商互市。明代作为扼守要塞的重要关隘,有重兵驻守。随着清初和平年代的到来,雁门的商业活动也日益繁荣起来,晋中南地区商人北上做生意必须经过雁门关而出杀虎口。雁门关埠家坪村是当时的商品集散地。

三岔堡北五十里可达五寨堡,西九十里可至河曲县,往东五十里为八角堡,交通便利,偏关、老营一带商旅经过此地,从而发展为城镇。

此外,还有一些军事堡寨由于非军事因素变化的影响而逐渐衰落。

清朝统一后,大幅度裁减九边驻军,在明朝形成的繁荣的边境市场逐渐衰落,区域经济处于长期萎靡的状态。边境贸易的重心向北推移至归绥、包头,甚至外蒙古与俄国的边地恰克图,使得边境经济更是雪上加霜。山西镇明长城沿线的部分军事堡寨经济亦有衰落。

保德州位于山西西北，东与岢岚县为邻，西与陕西府谷隔黄河而相望，南邻兴县，北接河曲，水陆交通极其便利，明代城内大小街巷两侧商业建筑鳞次栉比，后由于边境贸易重心的转移，再加上明末农民运动的打击，至于康熙后期村落虽有恢复，但已不复当年盛景。

利民堡是中路的要害之地，但因本堡地寒，不产五谷，只出产莜麦大豆，士卒不胜其苦。至明末利民堡因城堡军事地位由神池堡来代替，清初军事功能消失后利民堡慢慢衰退。

偏关和代州在明代中叶市场都十分繁荣，雍正后，边兵裁汰，当地民众多外出经商，从而逐渐衰落起来。

5.3 本章小结

明代中后期，对蒙政策发了微妙的变化，汉蒙关系逐渐缓和，边防压力由中三边向辽东转移。满人入关以后，实行积极的民族政策，长城的实际防御作用已经很小。山西镇的三个市口日益繁荣起来，商人奔走于明蒙两地，明末清初在山西镇产生了大量新兴商业重镇。

清朝执政后，汉蒙安定，长城沿线部分军队撤离，军事堡寨的军事防御性逐渐褪去，明代军管型政区模式消亡。清初山西镇卫、所城镇大多因袭明制，明时遗留军士虽为军籍，但务农已久。为淡化军事色彩、减轻人民对政府的敌视心理，便于管理，清政府将大量关隘堡寨撤销，将卫所改为州县，把山西明代遗留的都司卫所均纳入地方行政体系中。有的军事重镇从此落寞无闻，逐渐被人淡忘，有的军事堡寨摇身一变成为盛极一时的商业城市。

清朝政府大幅度裁减九边驻军，曾在明朝中后期形成的繁荣的边境市场也开始逐渐衰落，区域经济处于长期萎靡的状态。边境贸易的重心向北推移至归绥、包头，甚至外蒙古与俄国的边地恰克图。山西镇明长城沿线的部分军事堡寨地区经济更是雪上加霜。

第六章 结语

《孙子兵法》有云："上兵伐谋，其次伐交，其次伐兵，其下攻城。"百战百胜并不能说不善战，但善用兵者，贵在不战而屈人之兵。明长城军事聚落是战争的产物，在战争局面下长城的作用是军事防御，随着清朝以后和平局面的到来，长城成了促进民族融合、交流的纽带，长城沿线军事堡寨有了文化属性。康熙皇帝对长城的评价是"在德不在险"，没有攻不破的险，得人心者得天下，支持政治和军事成败的决定性因素是经济、文化的发展程度，长城作为文化象征体现了大国应有的胸怀和气概。时至今日，长城已经变成中华民族的精神象征，对长城的保护研究表明了对中华文化的热爱。

6.1 研究的创新点

过去对明长城的研究，虽然涉及的领域已经十分宽广，取得了丰硕的成果。然而，以往的研究主要局限于长城主体，很少有扩展到长城沿线的区域性综合研究，以城市与建筑领域为例，过去的研究主要集中在历史变迁和建筑工程方面的研究，包括对居庸关、雁门关、山海关等关隘、城墙、敌台的测绘、建筑布局的考察等，对于长城的认识尚停留在感性认识层面。本研究从空间防御组织层次入手，在宏观层面研究宣大山西三镇的协同关系，具体到山西一镇，分别从西部、中部、东部防区研究各自的分工与合作，长城研究已经从原来单一的边墙研究，扩展到空间体系的研究，这种空间体系是明长城形成防御能力的主要载体。

以往的研究只注重形而下的实物研究，而作为军事防卫主体的人，以及人们之间的相互关系并没有得到充分重视。在本研究中，从明代都司卫制度着手，分析了具有后勤保障功能的屯田制度的作用与兴衰，以及明代中后期在临边地区兴起的边境互市。在晋北地区，晋商的活动与军事堡寨的发展交织在一起，随着商业活动的发展繁荣，汉蒙军事对峙逐渐趋于缓和，长城沿线防御性军事堡寨最终走向衰落，这些研究表明，推动城市聚落形成和发展的内在动力是生产力和经济水平的提升，和平与交流才是人类发展的总体趋势。本文通过这些历史人类学研究，还原了明代以来晋蒙边境地带的文化图景及其历史变迁过程。

在今后长城研究过程中，以军事堡寨为客体的人类学研究还有待继续深入，当前堡寨研究还局限于历史学、地理学和建筑规划学等特定领域，还缺乏一种整合各领域的研究视野。

6.2 应用前景展望

6.2.1 为长城保护提供历史借鉴

自明代后期，随着堡塞防御功能的消失，许多堡塞都已被人们遗弃，有的则处于极度不堪的状态，它们的衰落已成定局；通过调查发现，目前只有嘉峪关、居庸关、八达岭等著名旅游景点得到了较好的保护，而在广大的非景点区，长城的保护不容乐观，究其原因，或是保护资金的紧缺，或是保护意识和保护知识的匮乏，近年来长城保护性的破坏屡有耳闻；长城文化研究必须先行，才能为保护工作提供依据。明长城外三关不仅是宝贵的物质遗产，同时因其体现了明代对外政策与军事防御思想、包含了丰富的地域人文信息与自然景观，也是不可多得的文化遗产。我们的保护工作应该同时注重长城实体的保护和长城精神的保护两个方面。研究明长城山西镇防御层次体系，总结其现状，概括其文化积淀过程，对于提出体现区域特色的长城保护策略具有重要的指导意义。

6.2.2 明代长城建设对当今城乡规划的启示

说起我国明代城市建设的成就，就不能不提著名的万里长城。虽然长城在战国、秦汉时期就开始修建，后又经北朝、隋唐等历代的补充建设，但是最重要的建设是在明代。明代长城规模最大、体系结构最为完整，充分显示了明代规划思想与规划手段的成熟，目前我们看到的长城沿线遗留下来明代军事聚落，是当时城市建设与区域规划的活标本，研究这些历史遗存能够给当今的城乡规划工作提供诸多历史借鉴。

● 宏观层面

从全国区域结构布局规划的角度来看，自秦朝以来长城的军事防御目的就十分明显，主要是为了防止北方游牧民族对中原民族的入侵，自秦统一中国以后，有了足够的经济能力得以把战国时期各国长城连接起来，此时长城的功能还比较简单，体系上也不够完整。自汉武帝打通河西走廊，加强了和西域的交流，与此同时也开始重视来自西部敌对势力的入侵，西部长城的建设开始逐步兴起，目的是保护当时关中平原的首都地区。[①]明朝以来，全国经济重心南移，环太湖地区已经出现资本主义萌芽，手工业高度发达，以资源优化配置的区域职能分工已经显露头角，包括两淮地区的盐业、淞江地区的纺织、皖南地区的造纸、江西地区的陶瓷、浙闽地区的茶叶等等。与此同时，在广大中原、关中以及华北地区，由于连年战争以及自古以来对自然的过度开发，使得生产力水平仍然没有得到较大的提升，全国经济发展水平极度不均，正如孟子所说："无恒产而有恒心者，唯士为能；若民，则无恒产，固无恒心。"[②]经济落后本身就是不稳定的因素；再加上当时北方游牧民族不断南下掠夺，对北方地区经济造成了极大破坏，同时也对明王朝的统治产生了威胁，明成祖朱棣迁都北京，以及后来加强对长城沿线的建设，一来是加强对北方地区的统治，二来是利用国家的行政手段，以工程建设为切入点，开展北方地区的经济活动，以实现国家长治久安。相比较于当今中国，在20世纪80年代，珠三角地区凭借当地人民敢为天下先的精神成为我国首个经济增长体；在随后的九十年代，国家优惠政策偏向华东地区，长三角地区人民秉承他们勤耕苦读的传统品质，成功创造了中国新的经济增长体；21世纪以来，国家优惠政策开始倾向环首都京津冀地区，现如今环渤海地区的经济格局已经初步形成。至此，以外资、合资企业为主的珠三角经济体，以乡镇企业、民营企业为特色的长三角经济体和以大型国有企业为主导的环渤海经济体共同构成了我国当前的区域结构布局；然而，我国目前区域经济结构仍然不够稳定，随着改革的深入，西部开发政策必然会重新受到重视，中原城市群、长江中游城市群、关中城市群以及川渝城市群的兴起，将是中国今后经济兴起必经之路，国家范围内各区域间的宏观调控是确保全国区域结构布局稳定的重要手段。

---

① 汪德华，中国城市规划史纲，南京：东南大学出版社，2005。
② 语出《孟子·梁惠王上》。

人是一切社会经济活动的主体，明朝时期江南地区农业和手工业高度发达，人口十分稠密，明成祖朱棣迁北京时，便分别从浙江、山西迁徙众多富商，并且通浚河道，从江南各地向北京大量移民。在明长城的建设过程中，同样存在这样的情况，据《明史·戚继光列传》记载，嘉靖年间东夷骚扰东南沿海，戚继光在浙东招兵抗击倭寇，等到嘉靖四十一年（1562年）东南战事稍平，戚家军即奉命北上，驻守辽东镇和蓟镇，同时还参与两镇沿线的堡寨建设。除此以外，明朝自洪武年间就奉行"移民实边"的政策[①]，主要是将无地少地的贫民迁徙到地广人稀的边防地区，放发农耕工具，减免税收，以此发展长城沿线生产防线；隆庆年以后，军屯废弛，九边大军每年所需的粮草大多靠这些民屯来供给，经过长时间的"移民实边"政策，民屯的粮食生产事实上已经成为长城沿线军事聚落的生命补给线。这是一种以全国性的工程建设为手段，调节全国人口分布的方法。城乡规划的主体是人，城市规模是由人口数量决定的，当今的中国由于区域经济结构的不平衡性，造成人口东部稠密西部稀少的格局，而且这种趋势还在加剧，明朝这种以国家经济建设带动全国人口再分布的做法，显然至今仍有实际意义。

● 微观层面

在明长城沿线军事堡寨建设中，大多遵循我国古代风水理论中的相地说——即"相土尝水，象天法地"[②]；堡寨内部的规划也基本按照《周礼·考工记》的规制。正如《治边方略》中所说堡塞建设须"相其阴阳之和，尝其水泉之味，审其土地之宜，观其草木之饶，然后营邑立城，制里割宅，通田作之道，正阡陌之界，先为筑室，家有一堂二内，此所以使民乐其处而有长居之心也"。此外，堡寨建设还须遵循兵家屯军选址的基本原则，《孙子兵法·行军篇》："凡军好高而恶下，贵阳而贱阴，养生而处实，军无百疾，是谓必胜。丘陵堤坊，必处其阳而右背之，此兵之利，地之助也。"这段文字说明行军驻扎以高地为首选，然而长期屯兵需要考虑士兵的饮水问题，于山丘上建城堡要考虑到水源的有无和远近，例如山西镇滑石涧堡，虽然东接水泉，但是仍然在堡内凿水窖十一眼，每窖可容水千石余，以备战时不测[③]；相反，偏头关下辖的柏杨岭堡原设在柏杨岭，后因山高缺水，改移于窑儿塬，而新堡仍然无水，军士只得在坍塌的崖沟里取水，[④]距此堡不远的水泉营堡也存在同样的问题。[⑤]在现代城市选址过程中，各种现代工程勘探手段已经远非古人可以想象，但是受到过去"人定胜天"错误思想的影响，人们漠视自然规律、过度开发自然的现象仍然十分普遍。例如在山地城市的建设过程中，为了大规模的住宅开发而铲平山头；在平原城市扩张过程中，以虚假的未来人口预测总量来套取城市用地规模指标，完全忽略城市水源、土地承载力等自然限制因素，最终引起地下水过度开采、海水倒灌、土地盐碱化等一系列自然灾害，同时还会引发交通成本上升，物价居高不下等次生经济问题。

近年来，我国城乡统筹规划刚刚起步，相关规划实施细则仍不完善。在过去的六十年间，由于土地二元结构引起的城乡两极分化愈演愈烈，落实城乡统筹规划，打破城乡二元结构已经是当今社会关乎民生和稳定的重要议题。忽略土地因素，单从城乡时空分布为切入点，山西镇的堡寨建设对当今城乡统筹规划具有借鉴意义。从功能上讲，堡寨分为官堡和民堡，官堡以行政、防卫为主要功能，民堡以屯田、保卫人民为主要功能，官堡多位于地势险要的地方，需要从民屯获取补给，民堡多位于平坦地区，战时需要官民协同防卫，不同堡寨分工明确，各司其职，在功能上相互补充，在必要时又相互转化；从空间分布角度来讲，堡寨呈现群体分布，很少出现单个存在的现象，大数堡寨呈现团状集结、互为犄角、左右呼应的状态，这些堡寨在战时相互形成作战能力，在平时共用补给线，形成聚集效应。此外，深入研究晋北堡寨明清时期的发展变迁及其经济构成形态，将会给当今中小城镇的区域经济规划提

---

① 薛原，资源、经济角度下明代长城沿线军事聚落的变迁研究——以晋陕地区为例（硕士学位论文），天津：天津大学，2007: 18-19
② 王其亨等，风水理论研究，天津：天津大学出版社，2005
③ 翟禹，明代万历年间山西镇《创建滑石涧堡砖城记》考释，内蒙古社会科学，2012, 33(3)
④ 杨时宁，宣大山西三镇图说，万历刊本。
⑤ 李贞娥，长城山西镇段沿线明代城堡建筑研究：（硕士学位论文），北京：

供历史借鉴。在当今市（县、镇）域城镇体系规划中，由于缺乏充分的经济论证，城乡经济结构分工模糊，或者即使通过充分论证却缺乏有效的控制力，造成城乡职能分工重复，引起资源配置内耗。我国长三角的部分地区，城乡统筹发展起步较早，城乡经济职能分工相对较好，以村（乡、城）镇为单位的特色产品生产模式基本形成，但是这种职能分工大多以市场为调节杠杆，缺乏规划部门的科学调控，相信随着《城乡规划法》的进一步落实，城乡统筹规划的议题将逐渐提上议程，从而实现健康、良性的城乡一体化发展。

作者简介：赵紫薇，天津大学建筑学院研究生。

参考文献：

外文资料：

[1] ACASIAN. date unknown. Great Wall of China. [cited March/3 2008].

[2] Waldron, Arthur N. 1983. The problem of the Great Wall of China. Harvard Journal of Asiatic Studies 43.

[3] （日）山崎清一：《明代兵制的研究》，《历史学研究》九十三，九十四号，1940年。

古今志书：

[4] （明）李维桢，《山西通志》，稀见中国地方志汇刊，据明万历刻印本排印，北京：中国书店，2002年。

[5] （明）张钦，《大同府志》，明正德十年木刻本。

[6] （清）胡文烨，《云中郡志》，清顺治九年刻本。

[7] （清）黎中辅，《大同县志》（道光版），大同市地方志办公室整理，山西人民出版社，1992年。

[8] 大同市地方志编纂委员会，《大同市志》，北京：中华书局，2000年。

[9] 大同县志编委会，《大同县志》，方志出版社，2010年。

[10] （清）洪汝霖，杨笃，《天镇县志》，光绪六年修，民国二十四年重刊排印本。

[11] 天镇县志办公室，《天镇县志》，山西教育出版社，1997年。

[12] 天镇县史志办公室，《天镇县村镇简志》，内蒙古：内蒙古人民出版社，2005年。

[13] （清）房裔兰，苏之芬，《阳高县志》，清雍正七年刻，现据民国铅印本影印。

[14] 郭海，《阳高县志》，北京：中国工人出版社，1993年。

[15] （清）李翼圣，余卜颐，兰炳章，《左云县志》，清光绪七年增修嘉庆本，据民国间石印本影印。

[16] 左云县地方志编纂委员会，《左云县志》，方志出版社，2005年。

[17] （清）刘士铭，王霨，《朔平府志》，清雍正十一年刊本。

[18] 右玉县志编纂委员会，《右玉县志》，北京：中华书局，1999年。

[19] （清）郭磊，《广灵县志》，据清乾隆十九年刻本影印。

[20] 广灵县志编纂委员会，《广灵县志》，北京：人民出版社，1993年。

[21] （清）宋起凤，岳宏誉，《灵邱县志》，清顺治十七年宋起凤修，据康熙二十三年岳宏誉增订刻本影印。

[22] 灵丘县志编纂委员会，《灵丘县志》，太原：山西古籍出版社，2000年。

[23] （清）张崇德，《浑源州志》，据清顺治十八年刻本影印。

[24] 浑源县志编纂委员会，《浑源县志》，方志出版社，1999年。

[25] （清）李长华，姜利仁，汪大浣等，《怀仁县新志》，据清光绪三十一年增补续刻本影印。

[26] 怀仁县志编纂委员会，《怀仁县志》，中国工人出版社，1992年。

[27] （清）吴炳，《应州续志》，据清乾隆三十四年刻本影印。

[28] 马良，《应县志》，太原：山西人民出版社，1992年。

[29] （明）刘以守，《山阴县志》，明崇祯二年刻，据钞本影印。

[30] 山阴县志编纂委员会，《山阴县志》，中国华侨出版社，1999年。

[31] （清）汪嗣圣，《朔州志》，太原：山西人民出版社，1993年。

[32] 朔县志编纂委员会，《朔县志》，太原：山西古籍出版社，1999年。

[33] （清）陈廷章，霍殿鳌，《马邑县志》，据民国七年铅印本影印。

[34] 平鲁县志编纂委员会，《平鲁县志》，太原：山西人民出版社，1992年。

相关著作：

[35] （明）杨时宁，《宣大山西三镇图说》卷之二《大同镇图说》，明万历癸卯刊本。

[36] （明）王士琦，《三云筹俎考》卷之三《险隘考》，明万历刊本。

[37] （明）霍冀，《九边图说》，明隆庆三年刊本。

[38] （明）杨士奇等，《明太宗实录》，台湾"中央研究院"历史语言研究所校勘本，1962年。

[39] （明）尹耕，《乡约》，嘉靖二十九年影印本，北京：解放军出版社，1994年。

[40] （明）魏焕撰，《皇明九边考》，国立北平图书馆善本丛书第一集民国25年影印。

[41] （明）陈子龙，《明经世文编》，北京：中华书局，1962年。

[42] （清）张廷玉等，《明史》，北京：中华书局，1974年。

[43] （清）龙文彬，《明会要》，北京：中华书局，1956年。

[44] （清）顾祖禹，《读史方舆纪要》，北京：中华书局，1955年。

[45] （清）陈梦雷，《古今图书集成》，北京：中华书局，1985年。

[46] 王国良，《中国长城沿革考》，上海：商务印书馆，1931年。

[47] 文物编辑委员会编，《中国长城遗迹调查报告集》北京：文物出版社，1981年。

[48] 罗哲文，《长城》，北京：旅游出版社，1988年。

[49] 华夏子，《明长城考实》，档案出版社，1988年。

[50] 罗哲文，杨永生，《失去的建筑》，北京：中国建筑工业出版社，1990年。

[51] 罗哲文，刘文渊，《世界奇迹——万里长城》，北京：文物出版社，1992年。

[52] 罗东阳，《明代军镇镇守体制初探》，长春：东北师范大学出版社，1994年。

[53] 靳润成，《明朝总督巡抚辖区研究》，天津：天津古籍出版社，1996年。

[54] 薄音湖，王雄，《明代蒙古汉籍史料汇编》（第二辑），内蒙古大学出版社，2000年。

[55] 肖立军，《明代中后期九边兵制研究》，长春：吉林人民出版社，2001年。

[56] 国家文物局，《中国文物地图集·山西分册（上、中、下）》，北京：中国地图出版社，2006年。

[57] 景爱，《中国长城史》上海：上海人民出版社，2006年。

[58] 景爱，《长城》，北京：学苑出版社，2008年。

[59] 董耀会，《守望长城——董耀会谈长城保护》，北京：文物出版社，2008年。

[60] 彭勇，《明代北边防御体制研究》，北京：中央民族大学出版社，2009年。

相关论文：

[61] 李新峰，明前期兵制研究，博士学位论文，北京大学，1999年。

[62] 赵现海，明代九边军镇体制研究，博士学位论文，东北师范大学，2005 年。
[63] 苗苗，明蓟镇长城沿线关城聚落研究，硕士学位论文，天津大学，2004 年。
[64] 李严，榆林地区明长城军事堡寨聚落研究，硕士学位论文，天津大学，2004 年。
[65] 李哲，山西省雁北地区明代军事防御性聚落探析，硕士学位论文，天津大学，2005 年。
[66] 李贞娥，长城山西镇段沿线明代城堡建筑研究，硕士学位论文，清华大学，2005 年。
[67] 张友庭，晋藩屏翰——山西宁武关城历史人类学考察，硕士学位论文，中央民族大学，2011 年。
[68] 靳林，明代山西三关地区防卫区划的形成与演变，硕士学位论文，复旦大学，2010 年。
[69] 孙建军，明代中期宣大地区军事防务研究，硕士学位论文，西北民族大学，2007 年。
[70] 崔隆，杨时宁与《宣大山西三镇图说》，硕士学位论文，内蒙古师范大学，2007 年。
[71] 王友华，明清时期山西都司卫所屯田研究，硕士学位论文，陕西师范大学，2009 年。
[72] 甄博，浅析明朝至近代晋北聚落的主流形态，硕士学位论文，太原理工大学，2010 年。
[73] 彭曦，十年来考察与研究长城的主要发现与思考，长城国际学术研讨会论文集，1994 年。
[74] 余同元，明代九边论述，安徽师大学报（哲学社会科学版），1989 年 02 期。
[75] 肖立军，明代边兵与外卫兵制初探，天津师大学报（社会科学版），1998 年 02 期。
[76] 肖立军，明嘉靖九边营兵制考略，南开学报（哲学社会科学版），1994 年 02 期。
[77] 谭其骧，释明代都司卫所制度，禹贡半月刊，1935 年第 3 卷 10 期。
[78] 南炳文，明初军制初探，南开史学，1983 年 01 期。
[79] 郭红，于翠艳，明代都司卫所制度与军管型政区，军事历史研究，2004 年 04 期。
[80] 邓庆平，明清卫所制度研究述评，中国史研究动态，2008 年 04 期。
[81] 李龙潜，明代军屯制度的组织形式，历史教学，1962 年 12 期。
[82] 董耀会，长城保护管理工作的问题和思考，中国长城博物馆暨中国长城学会优秀文集，2005 年。
[83] 孙玲，北京市长城保护调查报告，万里长城暨中国长城学会优秀文集，2005 年。
[84] 邬东璠，杨锐，长城保护与利用中的问题和对策研究，中国园林，2008 年 05 期。
[85] 李鸿宾，关于长城保护与发展的几点看法，中国青山关长城学术研讨会论文集，2004 年。
[86] 余同元，明后期长城沿线的民族贸易市场，历史研究，1995 年 05 期。
[87] 祁美琴，李立璞，明后期清前期长城沿线民族贸易市场的生长及其变化，西域研究，2008 年 03 期。
[88] 余同元，明代长城文化带形成与演变，烟台大学学报（哲学社会科学版），1990 年 03 期。
[89] 张学亮，明代茶马贸易与边政探析，东北师大学报（哲学社会科学版），2005 年 01 期。
[90] 郭红，两幅大同镇图比较研究，中国历史地理论丛，2000 年 01 期。
[91] 张金奎，明代山西行都司卫所、军额、军饷考实，大同职业技术学院学报，2000 年 09 期。
[92] 杜春梅，王杰瑜，明代大同镇城堡考，文物世界，2007 年 04 期。
[93] 刘景纯，清前中期黄土高原地区沿边军事城镇及其功能的变迁，中国历史地理论丛，2003 年 02 期。
[94] 王杰瑜，明代山西北部聚落变迁，中国历史地理论丛，2006 年 01 期。
[95] 郑孝燮，长城沿线几个重镇城市论述——山海关、宣府、大同，长城国际学术研讨会论文集，1994 年。
[96] 王杰瑜，明朝军事政策与晋冀沿边地区生态环境变迁，山西大学学报（哲学社会科学版），2006 年 03 期。
[97] 姚继荣，明代宣大马市与民族关系，河北学刊，1997 年 06 期。

明代山西镇边的城堡

杜春梅

明代山西镇边亦称太原镇边,也就是人们常说的外三关。山西镇西起山西保德的黄河岸,经偏关、宁武、雁门关、平型关后,南折经龙泉关、固关达黄榆关(山西和顺东),共长 800 余公里。治所先设偏关,明嘉靖十九年移驻宁武。它与大同镇边、宣府镇边号称明代北防九边的"中三边"。

从位置上看,山西镇边在大同镇边之后,起着支撑加固大同镇边,阻敌深入的作用。明际顾祖禹在《读史方舆纪要》中对三关的重要军事地位有精辟的论述,宁武关,"居两关之间",为"东西要害";偏关"西接黄河,与套虏仅隔一水","三关险要虽同,偏关尤急";雁门关,是西部"大州之冲",南部"郡县之路","皆为虏冲"。这一镇边"山势连亘,实天造之险固"。为了更有效地抵御蒙古人的侵袭,明朝于此设卫所,开军屯,修边墙,立烽燧,营筑堡寨。有明一代,山西边地究竟修筑了多少堡寨呢?

一、官堡

山西镇辖冀宁、冀南、雁平、宁武、岢岚五道,冀宁、冀南两道,"不近虏巢,未分边隘,惟设火路墩"。根据时人杨时宁《宣大山西三镇图说》和《太原府志》等史志的记载,雁平、宁武、岢岚三道的城堡共有 64(见表 1)。

这些城堡设在地势平衍的地方,在空间上的分布较为均衡,如岢岚道,堡距一般在 10 到 15 公里左右,如:韩家坪堡北距寺焉堡 15 公里,南距永兴堡 10 公里,东距马站堡 10 公里,西距偏头城 10 公里。而宁武道、雁平道则呈沿边狭长状分布,为什么会如此不同呢?原因也很简单,岢岚道重在守边,而宁武、雁门等则重在守关。

二、屯垦堡

明朝沿边行屯田制。洪武三年,太原、朔州诸处已有了屯田,以后不断发展,目的在于使北边军士完全用屯田自给,不再劳民输纳。为了加强屯田管理,明政府规定每百户为一屯,六七屯或四五屯择近建堡,屯设正副屯长各一人,大堡有守备、操守等官,小堡则只设防御操堡官或总旗官,屯堡成了军屯的最基层组织。万历十一年,三关塞下有荒田 3 万余亩,都御史侯公于赵题请准作官垦田,"且相险阻,就水草立堡十五,立仓二十,立庄二十有二,分官库居耕其地,而委官督率。"其实庄也就是堡,只不过名称不同罢了,如果我们这样理解,万历十一年屯军堡就有 37 处。以下是根据《太原府志》所作的《明代山西镇边屯堡表》(见表 2),通过此表,我们可以对当时屯军堡有一个粗浅的了解。

三、乡堡

乡堡又称民堡,是百姓为了避"贼所必掠","民居散乱远在郊外者","或百十余家筑一大城,或五六十家筑一小堡,城堡之中,民自为守,少者徒以附焉"。时人尹耕也说:边方村落多,民堡缘役起,闾阎谋鲜周密,亦有一乡数堡,一堡数家者,又素无弓弩火器,虏入,守空障坐视恒有陷失,杀戮动千数百人,宜著为令:凡孤悬寡弱,度不可守者废之,并其民于附近大堡,俾协力拒守,每堡择材力者为堡长,次者为队长,堡垒长得以制队长,队长得以制伍众。当时沿边州县、卫所的乡堡数量很多,这些民堡的建置没有一定的规制,设置较官堡简单,只是把当时的乡村聚落用墙围起来即可。小的、较小的村落或一个或两三个村落合建一堡,大的村落则独建一堡或分建几堡。这类堡寨的数量很大,几乎占到当时村落的百分之七十五。

明亡清兴,这些军事城堡随着军事职能的转化,一些转化为府县治所,如偏关、五寨、神池、宁武等,而大多数堡寨则转化为乡村聚落。

表1 山西镇所辖城堡表

辖区		城堡名称		城周	建置时间
雁平直	东路	代州城		8里18步	北魏始筑,洪武六年修,万历八年加修
		雁门关城		2里50步	洪武七年筑,南北两门
		广武城	本城	3里	洪武七年筑,万历二年砖包
			八岔堡		
			白草堡		
			水峪堡		
			胡峪堡		
	北楼路	北楼口城		4里9丈	正德九年筑,万历五年砖包
		小石口堡	本堡	2里4分	正德九年筑,万历二十九年砖包
			凌云堡		
			大石堡		
			茹越堡		
			马阑堡		
		平型关城	本城	2里5分	正德九年筑,嘉靖年设关,万历九年砖包
			团城堡		
			太安堡		
			车道堡		
			平型岭堡		
宁武道中路	宁武关城	本城		7里26步	景泰元年筑,隆庆四年砖包
		西关堡		46丈3尺	万历二十七年筑
		东关堡		586丈9尺	万历二十八年筑
		朔宁堡			
		西沟口堡			
		阳方口堡		2里80步	嘉靖十八年设,万历四年砖包
		宁化城		3里212步	洪武二年因旧址改筑
	盘道梁堡	本堡		1里104步	嘉靖三十二年设,万历二十三年改筑
		小莲花堡			
		夹柳树堡			
		燕儿水堡			
	神池堡	雕窝梁堡			
		云冈口堡			
		本堡		5里	嘉靖十二年筑,万历二十三年砖包
		圪老罐堡			
		石湖岭堡			
		狗儿涧堡			
	八角堡	本堡		4里91步	弘治二年筑,万历十五年砖包
		干柴沟堡			
		野猪沟堡			
	利民堡	本堡		4里240步	弘治五年筑,万历四年砖包
		得胜堡			
		勒马沟堡			
		将家峪堡			
		长林堡			嘉靖四十五年设

续表

岢岚道	西路	偏头关	5里318步	洪武二十三年筑，万历二年砖包
		老营堡	长400米 宽350米	正统土建，万历六年砖包，东西南三门
		八柳树堡	2里104步	景泰二年筑，万历十五年砖包
		水泉营堡	边500米	宣德九年设，万历三年砖包
		桦林堡	方边500米	万历二十一年土筑，二十九年砖包
		草垛山堡	方边750米	弘治十五建，万历二十三年复建
		黄龙池堡	方边200米	弘治十五建，万历二十九年砖包
		贾家堡	方边150米	嘉靖四十五年筑，万历十五年砖包
		马站堡	4里	正德十年筑，万历六年砖包
		永兴堡	4里	正德十年筑，万历十八年砖包
		楼沟堡	1里130步	隆庆元年土筑，万历十七年砖包
		寺焉堡	1里	本民堡，嘉靖四十年改官堡，万历十五年砖包
		韩家坪堡	1里314步	隆庆二年土筑，万历十四年砖包
		柏杨岭堡	244步	万历二年筑
		五寨堡	4里	嘉靖十六年筑，万历八年砖包
		滑石涧堡	同上	宣德九年设，万历年增修砖包
		三岔堡	同上	嘉靖十六年筑，万历九年砖包
		岢岚州城	7里13步	洪武七建
		岚县城	4里188步	洪武三年筑，万历五年砖包
		兴县城	2里225步	景泰元年筑，隆庆三年砖包
	河保路	楼子营堡	1里328步	宣德四年土筑，万历五年砖包
		河曲营城	2里70步	宣德四年土筑，万历七年砖包
		河会堡	2里81步	万历二十五年土筑
		唐家会堡	1里278步	宣德二年土筑，万历十年砖包
		河曲县城	6里	洪武二年土筑，万历十四年砖包
		保德州城	7里250步	洪武元年土筑，万历三十年砖包
其余		杨兔堡	2里5分	嘉靖二十七年设，隆庆六年砖包
		得马堡	1里1分	嘉靖二十五年设，万历元年砖包
		五花营堡	1里6分	嘉靖二十三年设，隆庆六年砖包
		灰沟营堡	1里8分	嘉靖三十七年设，万历二年砖包
		焦义营堡	2里	嘉靖二十三年设，万历二年砖包
		老牛湾堡	方边500米	崇祯九年建
		好汉山堡	方边200米	崇祯五年筑
		五眼井堡	1里	崇祯十年筑
		小营儿堡		嘉靖七年筑

表2 明代山西镇边屯堡

卫所名	位置	堡名	建置年代	规模
太原左位	静乐县城	杓子堡		周230步，高8尺
		闹泥堡		周204步，高9尺
		万户峪堡		周220步，高1丈
		小横沟堡		周320步，高1丈，东门
		林溪堡		周400步，高1丈，东南二门
		支锅石堡		周230步，高1丈2尺，南门
宁化所	宁化城	南平堡	洪武十一年	周252步，高1丈5尺，南门
		石佛堡	同上	周168步，高1丈5尺，南门
		川湖堡	同上	周212步，高1丈7尺，南门
		石家庄堡	同上	周137步，高1丈5尺，南门
		三叉河堡	同上	周275步，高8尺，西门
		定河堡	同上	周216步，高1丈6尺，南门
镇西卫	岢岚州	神武镇堡	永乐七年筑	周240丈，高2丈5尺。其近小堡5座。四面八门
		五佛堡	同上	周241丈，高1丈5尺。四面八门
		贺职堡	同上	周180丈，高1丈5尺。门一
		大蔚村堡	同上	周182丈，高1丈6尺。门一
		东药望堡	同上	周168丈，高1丈6尺。门一
		三义堡	同上	周161丈，高1丈5尺。门一

作者简介：杜春梅，任职于山西省文物资料信息中心。

史实史籍

明代北方边疆惟重九边，九边之中山西居其二，即大同镇、山西镇。长城及其相关设施均为边镇防御体系的组成部分。

明朝开国，元朝皇室及残部遁入朔漠，北疆边防随即受到重视，后来更是日重一日。洪武初年，就"自永平、蓟州、密云迤西二千余里，关隘百二十有九，皆置戍守。于紫荆关及芦花岭设千户所守御。又诏山西都卫于雁门关、太和岭并武、朔诸山谷间，凡七十三隘，俱设戍兵"[①]，修建的防御设施有各种类型的城池、堡寨、关隘等，但没有提到修筑长城。而且可以得知，此时山西的防卫重点是在雁门关一线。但实际上不仅如此，近年研究发现，洪武时期便开修建长城之例，而此道长城主要在今内蒙古自治区境内，位于明代中后期长城以北地区。其东端起自兴和县平顶山，西至清水河县黄河东岸为止，全长约350千米，墙体均夯土筑成[②]。确认此道长城的修筑年代，是1980年在内蒙古自治区乌兰察布盟丰镇市隆盛庄镇东山长城边上发现一块石碑，上刻铭文为："大明洪武廿九年岁次丙子（1396）四月甲寅吉日，山西行都指挥使司建筑"[③]。比勘文献和遗迹，可知明初山西的防卫已有内外两道防线，雁门关一线亦即后来的内长城地带，当时受到特别关注，因而载入史册；另外还有边境线防御，并且修筑了长城，此道防线则在今内蒙古自治区境内。

永乐年间（1403—1424），明朝放弃了北边的不少边境重镇，如大宁、开平、东胜，防线为收。对于山西而言，放弃东胜，河套不守，省境即为边境。从此终明一代，山西的边防形势一直严峻。而且，此时在山西修筑长城，也已见于正史。《明史》记载："（永乐）帝于边备甚谨。自宣府迤西迄山西，缘边皆峻垣深壕，烽堠相接。隘口通车骑者百户守之，通樵木者甲士十人守之。武安侯郑亨充总兵官，其敕书云：'各处烟墩，务增筑高厚，上贮五月粮及柴薪药弩，墩旁开井，井外围墙与墩平，外望如一。重门御暴之意，常凛凛也。'"[④]关于长城的史实，即"缘边皆峻垣深壕，烽堠相接"一句，言简意赅，却把宣府至山西一带边境线上防御体系的构成讲得很清楚。"峻垣"是高墙，边防线上绵延的高墙自是长城，无须多言；另外还有"深壕"，是与高墙相配合的设施，因其不易保存，现在常被忽略；"烽堠相接"是烽火台的构筑与传烽线路的连接。"敕书"中所说的"烟墩"，现在通称烽火台，为保证信息通畅，烽火台受到高层的特别关注，战备与后勤的各种物资储备都被考虑到了，单个的烽火台要保证能够独立支撑5个月，这大概是根据当时的交通状况、驰援速度决定的。

武安侯郑亨即是当时的大同镇总兵。永乐年间，大同即已设镇，为明代习称的九边重镇之一。郑亨指挥下所修筑的长城设施主要在山西北部边境，也就是今山西省与内蒙古自治区交界的明长城。

其后明蒙之间屡有战事，正统十四年（1449）明英宗甚至在土木堡被俘，成为明朝边境战史上最重大的事件，修筑长城及堡寨、墩台的记载亦时有所见。成化七年（1471）余子俊大修边墙，历来为论述明长城的学者多所征引。而史籍中山西修筑长城以及堡寨的记载，多在嘉靖（1522—1566）、隆庆（1567—1572）、万历（1573—1620）年间。山西镇之设，亦在此期间。

山西称镇，较大同要晚很多。明代张天复《皇舆考》卷11《九边》之首为"九边图叙"，言及九边设立的顺序，文云："初设辽东、宣府、大同、延绥四镇，继设宁夏、甘肃、蓟州三镇，专命文武大臣镇守提督之。又以山西镇巡统驭偏头三关，陕西镇巡统驭固原,亦称二镇,遂为九边。"⑤由此可知,山西镇之设,与陕西同时,在宁夏、甘肃、蓟州三镇之后,是九边重镇的最后两个。《明史·兵志三》云:"蓟之称镇,自(嘉靖)二十七年(1548)始。"⑥可知山西镇之设,在嘉靖二十七年以后。而吴廷燮《明督抚年表》卷2则有"正德八年(1513),设总制一员,镇巡以下并管粮郎中,俱听节制。嘉靖间,命总督官兼督偏保及理粮饷,时设时革,至二十九年(1550)始定设,去偏保改山西。"⑦山西设镇,即在此时。偏保是指偏关、保德之黄河防线,在山西镇辖区之内。所谓"去",是去除偏保旧称,而改为山西镇。

山西设镇的原委,在明朝兵部官员魏焕所撰的《皇明九边考》中,曾有十分精到的论述:"黄河东北旧有东胜城,与大同大边、兴和、开平相连,通为一边,外狭内宽;复设偏头、宁武、雁门三关十八隘口于内,以为重险。往年东胜、开平能守,三关未为要害。正统(1436—1449)以来,东胜、开平俱失,三关独当其冲,时无住牧之房,防守尚易。弘治十四年(1501)以后,房住套中,地势平漫,偏头关逼近黄河,焦家坪、娘娘滩、羊圈子地方皆套房渡口,往来蹂践,岁无虚日,保障为难。今三关要害虽同,偏头尤急;十八隘口虽同,胡峪口、阳方口、石硖口尤急;河岸渡口虽同,娘娘滩、太子滩尤急。先年以山西巡抚驻扎雁门关内,代州总兵驻扎偏头关,又各设守备一员以备调度。嘉靖十九年(1540),胡房充斥,三关不能御。近议于朔、代之间设重臣一员,总督宣、大、三关,亦如陕西固原之制。"⑧山西设镇,最主要的原因是驻牧于河套地区的蒙古部落从偏关渡黄河,袭扰内地,所谓"三关要害虽同,偏头尤急",表达的就是此意。

偏头是偏头关的省称,也是偏关的旧称。偏关在山西镇首当其冲,最为要害,故长城的修筑亦异于他处。清代著名学者顾祖禹在《读史方舆纪要》中记述偏关云:"其地东仰西伏,因名偏头。宋置偏头寨,金因之,元升为关。明初,属镇西卫守备。洪武二十二年(1389),始建土城。宣德(1426—1435)、天顺(1457—1464)、成化(1465—1487)、弘治(1488—1505)间,皆修筑。万历二年(1574),复改筑关城,周五里余,备兵使者驻焉。《志》云:大边在关北百二十里,起大同之崖头,至黄河七十里,无墙而有藩篱。成化二年(1466),复于关北六十里,起老营鸦角墩,西至黄河岸老牛湾,筑墙百四十里,号二边。而三墙在关东北三十里,起石庙儿,至石梯墩,凡七十里。四墙则在关北二里,起鹰窝山,至教场,百二十里。后复以时增修,比之二关,尤为严固。盖山西惟偏头亦称外边,与宣、大角峙。宣、大以蔽京师,偏头以蔽全晋也。"⑨人们经常用"雄关"样的词汇来形容其严密、牢固。偏关之受重视,由此可见一斑。

就在山西设镇前后,山西、大同二镇辖区修筑长城的记载多了起来。仅《晋乘搜略》一书所载,即可窥其大略。如:

嘉靖十三年(1534),总督杨洛筑崞县石硖寨。寨在县东北,宋故寨也。至是,自雕窠梁至达达墩,筑边八里有奇。议者谓阳方堡以西,大川通谷,平漫无险,为云、朔、代、岚、石之径道,塞外诸部每由此窥伺。十八年(1539),总督陈讲乃弃旧边,寻王野梁废迹修筑,东起阳方,经温岭、大小水口、神池、莜麦川,至八角堡,为长城百八十里,中间包洛山谷,环以壕堑,险始可恃。二十三年(1544),总督曾铣复增筑高厚,与芦板寨、杨武峪、土墱寨相为掎角……

《通志》胡松《阳方堡筑城记》:"西蜀陈公讲既受上命,提督三关兼巡抚山西地方,乃言于朝曰:'山西雁门、宁武、偏头诸关,为国重镇,东起代之瓶形岭,西暨保德、河曲地,东西延袤,千有余里。而宁武关之阳方口,东西长可百八十里,适当朔州大川之冲,平衍夷漫,虽数十万骑,皆可成列以进。臣查山西诸路民壮,可得万余。忻、代、五台诸郡邑,榷金岁得数千,不足则取诸太原所部吏民赎锾。费不伤乎正额,劳不及于齐民,其筑之便。'上下其奏兵部,兵部议如公指无异。乃以雁门兵备副使王镐察奸经费,都司署都指挥同知王松、太原府同知邢伦总督工程,其下文武百执事,并选廉慎而有干者使摄之。经始嘉靖十九年(1540)之春三月,毕工明年之夏六月。起阳方口,迄八角堡之野猪沟,老营堡之丫角墩,土筑惟半,余则斩山之崖为之,计长三万三千一十余丈,可百八十里。无论土石,并高二丈有奇,下广一丈五尺,上广七尺,加四尺为女墙,可骑以驰,可蔽以击。墙外壕堑,深广之度,略如墙中。增敌台四十三座,暖铺五十五间,暗门五座,重楼三座,护水堤台称之,包筑流水沟洞百十二处。后中丞刘公桌代,奉廷议属予与参政张君子立规计工事,补筑东路三百里,按察司佥事赵君瀛补筑西路黄河墺百五十里。"⑩

此仅记述嘉靖年间一次规模较大的修筑长城的始末,所筑为山西镇管辖的地段。其中所引胡松的《阳方堡筑城记》是很原始的文献,修筑原委、起讫地点、长度、修筑方法、墙体形制、各种设施等,应有尽有,且作者还参与了后续的修筑工程,故俱引如上,由此我们能够了解明代长城在当日的情形。以下则扼要摘引:

嘉靖二十一年(1542)……乃起翟鹏总宣、大军务……鹏乃于大同浚濠筑墙。濠深广各二丈,垒土为墙,高复倍之,延袤三百九十余里。增新墩二百九十二,护墩堡一十四,建营舍一千五百间⑪。

嘉靖二十三年(1544),巡抚詹荣以大同无险,乃筑东路边墙百三十八里,堡七,墩台百五十四⑫。

嘉靖二十三年,巡抚曾铣议大筑雁门长城,自老营丫角山至平刑关东八百余里,慎防内外边要⑬。

嘉靖二十五年(1546),宣、大并筑长城⑭。

嘉靖三十一年(1552)……翁万达为总督,筑大同边墙六百里,而建墩台于内如其数⑮。

隆庆四年(1570),边境形势发生重大转机,此即"俺答封贡"的达成。"封"是蒙古首领俺答受明廷之封为顺义王,"贡"则是蒙古每年向明朝进贡。也就是说,由此使双方从战争状态转变为和平交往,蒙古成为明朝名义上的藩属。此事的起因是俺答之孙把汉那吉叛逃入汉地,明朝官员以此为契机寻求与蒙古和解,俺答则亦以思孙心切为由实现了罢战的目的。后来和平形势的维持,主要依靠俺答之妻三娘子的坚持,多年坚守盟约,边境赖以安宁,故明廷封三娘子为"忠顺夫人"。《三云筹俎考》记述其人云:"万历九年(1581),俺答故,子黄台吉袭王封,悉其妾母三娘子为妻;万历十三年(1585),黄台吉故,子撦力克袭王封,亦收三娘子为妻。封忠顺夫人,为其经事三王,束诸夷奉约唯谨故也。"⑯直到万历三十四年(1606)撦力克故去,三娘子的影响力才衰减。其后和平局面仍在勉力维持,因此明朝官员有这样的感慨:"四十余年,外不必攘而燧熄,岁登恬熙殷富,太平景象诚古今史册所未睹者。"⑰

战祸虽然消弭,但长城防御体系并未撤除,反而因为休养生息,人力、财力充裕,各种防御设施更得到加强。这主要是基于明朝方面的警惕心理,所谓居安思危,有备无患。宣、大、山西总督杨时宁的表述充分揭示了这样的心理:"幸天心厌祸,孽孙来降,俺酋以舐犊之故,稽颡称臣,遣使献琛,三十余年贡市如故,恭顺弥坚。朝廷之体统常尊,边塞之军民乐业。即唐虞之世,《诗》《书》所称'来格''咸宾'之盛,不加于此矣。数年来,诸臣乘暇修守,屯地开辟,牛马滋蓄颇繁;堞雉嶙峋,金汤远迩相望。谭者孰不艳而羡之?然臣则大有隐忧焉。盖虏情叵测,虽恭顺,终无不之盟;兵家常道,即治世,岂有忘战之理?"⑱所谓"乘暇修守""堞雉嶙峋""金汤远迩相望",就是在"俺答封贡"以后加强了长城防御体系的描述性语言。所以在隆庆、万历年间对长城及其附属设施的修建、加固的工程量很大。

我们就从《山西宣大三镇图说》卷1起首所述"大同巡道辖北东路"8座军堡的建筑和加固年份上看一下,就可以了解边境和平之后,防御工程的修建丝毫没有松懈:

得胜堡,"设自嘉靖二十七年(1548),万历二年(1574)砖包"。

镇羌堡,"设自嘉靖二十四年(1545),万历二年砖包"。

弘赐堡,"土筑于嘉靖十八年(1539),万历二年砖包之"。

镇边堡,"本堡原非官设,初名镇胡,嘉靖十八年更筑之,砖包于万历十一年(1583)"。

镇川堡,"本堡创建于嘉靖十八年(1539),万历十年(1582)砖石包修"。

拒墙堡,"设自嘉靖二十四年(1545),万历二年(1574)砖包"。

镇河堡,"设自嘉靖十八年(1539),万历十四年(1586)始议砖包"。

镇房堡,"土筑自嘉靖十八年(1539),万历十四年(1586)始议砖包"。

窥此一斑,可知全豹。杨时宁所谓"乘暇修守",绝非虚言,"堞雉嶙峋"指长城严整矗立于高低不等的地貌上,瘦削而劲健；"金汤远迩相望"指错落分布于长城周边的城池、堡寨坚固牢靠，确如金城汤池一般。万历年间为军堡包砖加固，正是其佐证。

"俺答封贡"后，还有一个积极的结果，蒙汉两族人民都可以受益的结果，即开设马市。《明史》载："马市者，始永乐间，辽东设市三，二在开原，一在广宁，各去城四十里。成化中，巡抚陈钺复奏行之，后至万历初不废。嘉靖中，开马市于大同，陕边宣镇相继行。隆庆五年（1571），俺答上表称贡，总督王崇古市马七千余匹，为价九万六千有奇。其价，辽东以米、布、绢，宣、大、山西以银。市易外有贡马者，以钞币加赐之。"[19]然而，大同镇创设在嘉靖年间的马市旋开即撤，隆庆年间再次开设马市，才维持下去。

《三云筹俎考》记载，隆庆四年（1570）九月，俺答之孙把汉那吉请降，朝廷经过一番抚与剿的争论，最后决定议和，封俺答为顺义王，第二年便下令"设藁街于边城，毋令人都市。虏以马、杂畜、皮毛，我以银、布、彩缯诸货。官市毕，听民私市。九月，报市成"。初设之时，马市的形式为"藁街"。"藁街"的建筑形制未见记载，顾名思义，当是非常简单草率的场所，应该是单纯为边境贸易设置的双方交易的固定地点。

《三云筹俎考》记载，大同镇的马市有新平堡马市、守口堡马市、镇羌堡马市、助马堡马市、宁虏堡马市、破胡堡马市、杀胡堡马市、云石堡马市、迎恩堡马市，共9处。镇羌堡马市为最大一处，该书卷3《险隘考》"镇羌堡"条云："本堡边塞首冲之地，阖镇大市集焉。内北洞儿沟、野口等处俱极冲。边外柳河、山海子等处，酋首黄金榜、实威静、倘不浪等部落住牧……今款和熄燧，但每遇互市，东西名王率众数万蜂屯城下。虽届期道将悉至监临，又依附得胜为之后劲，藉以无恐，然事变呼吸，防御之策不可不周慎也。"此处称"依附得胜"，而卷2《封贡考》又称为"得胜堡市口"，则镇羌堡马市与得胜堡马市实指一处。镇羌与得胜二堡俱密迩马市，故名称易淆。该书在"虏酋市场"节记载三处有蒙古首领参与贸易的马市，为得胜堡市口、新平堡市口、守口堡市口。很显然，此三处为大市口，其余几处是小市口。马市尚有层级之分，显见得贸易开展之广泛与深入。

山西镇所设马市较大同镇为少。《宣大山西三镇图说·山西镇图说》载：柏杨岭堡市口一处，"款后好汉山设有市口一处，夷人往来，老营岁易市马，防范戒备不可不预慎焉"。水泉营堡有红门市堡，"款后建市场于红门隘口，外设闸口三处，以通虏酋出入；内设闸口一处，以定华夷界限。每遇开市，群夷毕集，我亦厚为之备"。此外，河曲营城市口一处。此三处马市，依照大同镇的区分，有蒙古首领（虏酋）参与贸易者为大市口，则红门市堡为大市口，其余两处是小市口。

万历以后，明朝内外交困，外有满清步步紧逼，内有农民起义烽烟遍地，再也无暇顾及修筑长城。个别地方或有小修小补，亦无关大局，无须缕叙。

注释：
① 《明史·兵志三·边防》，中华书局，1974年，第2235页。
② 国家文物局主编：《中国文物地图集·内蒙古分册》（上），中国地图出版社，2003年，第97页。
③ 《中国文物地图集·内蒙古分册》（下），第521页。
④ 《明史·兵志三·边防》，第2236页。
⑤ （明）张天复撰：《皇舆考》，明万历十六年（1588）刻本。
⑥ 《明史·兵志三·边防》，中华书局，1974年，第2241页。
⑦ 吴廷燮撰：《明督抚年表》，中华书局，1982年，第103页。
⑧ （明）魏焕撰：《皇明九边考》卷6《三关镇》，明嘉靖刻本。
⑨ （清）顾祖禹撰：《读史方舆纪要》卷40，上海书店出版社，1998年。
⑩ （清）康基田编著，郭春梅、王灵善、马玉山等点校：《晋乘搜略》卷30（上），山西古籍出版社，2006年，第2309～2310页。

⑪《晋乘搜略》卷30（上），第2332页。
⑫《晋乘搜略》卷30（上），第2335页。
⑬《晋乘搜略》卷30（上），第2338页。
⑭《晋乘搜略》卷30（上），第2347页。
⑮《晋乘搜略》卷30（上），第2377页。
⑯（明）王士琦撰：《三云筹俎考》卷2《封贡考》，明万历刻本。
⑰《三云筹俎考》卷1《安攘考》。
⑱（明）杨时宁编：《宣大山西三镇图说》卷1，明万历癸卯（1603）刻本。
⑲《明史·兵志四·马政》，第2277页。

山西明长城文献综述

尚 珩

山西是分布明长城较多的省份之一，总的来说在省内大致有三条明长城主线，第一是晋蒙交界的长城，即两省以长城为界，这一长城主线从天镇县起，从东到西依次经过天镇、阳高、大同、左云、右玉、平鲁、偏关直指黄河岸边，后沿河而下，历河曲、保德而终。即明代人所谓的"大边""极边"。第二是分布在"小晋北"的长城，这一长城主线从灵丘县起，从东到西经灵丘、繁峙、浑源、应县、山阴、代县、原平、宁武、神池、朔州到偏关柏杨岭附近的丫角山与大边相连，即明代人所谓的"二边""次边"。第三条是一条南北走向依太行山山脉而修筑的长城，其南端起点为黎城的东阳关，然后沿太行山北上，历经黎城、左权、和顺、昔阳、平定、盂县、五台最后止于灵丘县。由此可见山西省内的明长城遗存数量及长度是相当可观的。

笔者以实际中所见的有关长城的文献为基础，尝试对其进行分类整理，总的来说有关长城的文献可以分为如下几类。

一是正史类即《明史》，它是我们从宏观的角度了解明代社会所必须读的书，同时也是了解修筑长城的"大背景"所必读之物。该书中有《边防》这一章，为我们从宏观的角度全面把握明长城的相关政治、经济、军事制度打开了大门。此外，书中还有与长城有关的人物传记，无论是帝王将相还是朝野上下的各级官吏，这里详细记录着他们的"事迹"，这也为我们详细了解长城的"细节问题"开辟了道路。

二是实录类以及后人对实录所做的整理。《明实录》包罗万象，每一朝每一个皇帝的实录都详细记载着该帝王的言行以及所发生的重大事件，边防在当时的国家生活中有着举足轻重的地位，尤其是到了明中后期，因此在每一朝的实录中都包含有当时大量权威的史料，这些史料除了告诉我们发生了什么重大事件，以及朝廷采取了相应的什么政策措施之外更主要的是准确地告诉了我们事情发生的时间和地点，这为我们把田野调查所获取的资料和史料进行整理、对比、分析打下了基础。现代人为了方便学者使用《明实录》，对其进行了整理，按照事类和地域的原则将其中相关的内容"类汇"到一起并分别出版，跟山西明长城有关的主要是《明实录类纂·军事史料卷》和《明实录·大同史料汇编》以及《明实录·山西史料辑》但后者目前尚未出版。除此之外，此类书中还有《万历起居注》等书。

三是政书类，主要有《明会典》和《明会要》。这类书的内容是讲明朝的典章制度，这在长城的研究中作用也是很大的。边防既然是国家生活中的重要话题之一，那么就应有大量相关的制度作为保障，从而凸显其重要程度，当然这些制度是全国性的带有宏观性和原则性的，但是落实到地方上具体实施起来虽有因地制宜的"地方性政策"的因素，但总的"精神"上是和"朝廷"保持一致，在制定具体政策时也是以这些为参考，故我们只有在深刻理解宏观政策后才能更加深刻理解那些具体的政策措施。此外在这类书中还有《皇明世法录》《皇明经济文录》等书。

四是地方志类。前面所说的三类都是带有宏观性和全局性，具体落实到地方上都会略有不同，都会被"因地制宜"采取一些具体的政策措施并且彼此之间也会有不同，不仅是各个行政区间会有不同，而且各个军分区即"镇"间也会有不同。因地方事务详细而繁多且多带有具体实施措施，同时无论是政策还是措施时常会有变化，故要那些"宏观性"的书记录起来便显得越发记录困难、捉襟见肘了。地方志很好地弥补了这一缺憾，它均为当地官府根据本地区的具体情况修著，因而极具地方特色，在记录地方事务上也越发地详尽，这为我们具体研究每一地方上的长城提供了钥匙，同时我们还应该注意同一朝代同一地区不同版本的地方志以及不同朝代同一地区的地方志的变化，其中后者多为对前者的考证和补充，这能使我们很好很方便地了解事件的更新变化情况以及政策和措施的发展变化情况。同时，笔者在翻阅大量的地方志之后注意到在清版的地方志中所记载有关长城的史料往往要比明版记录的要多，当然这也不是绝对的，因此我们不能忽视清版地方志在明长城研究中的史料价值作用。也不能因为其成书年代较晚而搁置一边。笔者根据现在山西明长城所经过的行政区结合其对应的明清时期的行政区划，以《中国地方志联合目录》[1]为参考，列举了山西明长城所经过的现行行政区相应的地方志文献，见下表1。

表1：

成书时代	书名	成书时代	书名
成化	山西通志	康熙	宁武守御所志
嘉靖	山西通志	乾隆	宁武府志
万历	山西通志	咸丰	续宁武府志
康熙	山西通志	万历	忻州志
雍正	山西通志	乾隆	忻州志
乾隆	山西志辑要	光绪	忻州志
光绪	山西通志	嘉靖	盂县志
万历	太原府志	康熙	新修盂县志
顺治	太原府志	乾隆	盂县志
乾隆	太原府志	光绪	盂县志
嘉靖	太原县志	万历	代州志
天启	太原县志	乾隆	直隶代州志
雍正	重修太原县志	光绪	代州志
道光	太原县忠	康熙	五台县志
光绪	续太原县志	乾隆	五台县志
正德	大同府志	光绪	五台新志
顺治	云中郡志	道光	繁峙县志
乾隆	大同府志	光绪	繁峙县志
道光	大同县志	康熙	保德州志
乾隆四年	天镇县志	乾隆	保德州志
乾隆十八年	天镇县志	顺治	河曲县志
光绪	天镇县志	道光	河曲县志
顺治	灵丘县志	同治	河曲县志
康熙	灵丘县志	光绪	神池县志
光绪	灵丘县补志	万历	偏关志
万历	怀仁县志	道光	偏关志
光绪	怀仁县新志	民国	吉阳县志
崇祯	山阴县志	康熙	和顺县志
雍正	阳高县志	乾隆	重修和顺县志
康熙	广灵县志	光绪	和顺县志
乾隆	广灵县志	万历	平定州志
光绪	广灵县补志	乾隆十四年	平定州志
弘治	浑源州志	乾隆三十四年	平定州志

413

现在我们所能看到的这些地方志主要有三种印刷形式，一是原书。即明清时期的刻本或抄本，这种版本的书大多在图书馆或研究机构并且已经成为古籍善本文物，一般不对公众开放使用，故使用、阅读起来比较困难。二是影印出版的书，即对原书进行扫描翻拍影印出版，这种书在文字史料上与原书保持一致，是目前使用比较方便的书。三是点校出版的书，这类书多由当地政府部门负责点校出版，由于采取横排本加标点故阅读起来十分方便，同时书中的"校"和"注"也为研究工作提供了不少方便之处。

在以上这些地方志的《边防》《营建》《兵制》等卷中，都或多或少地有对其所管辖长城的记载，但笔者认为史料价值较高的是《宁武守御所志》。该书是康熙朝时任宁武守御所掌印千总王镐纂修，书不分卷，正文无序言，目录六十六目，其中十目无内容，记事至康熙五十四年。其中沿革目记宁武关自唐元和年间置，乃军事要地，长官为节度使。自明代成化年以来，与偏头关、雁门关为同等重要的关塞。嘉靖以后文武官员设置齐备。随着清初统一，战争的逐步平息，渐裁冗兵。此外还有驿站目、饷制目、丁徭目、军器目、艺文目等，可谓是宁武关发展的一部百科全书同时也是一部珍贵的史料，该书仅国家图书馆藏有清康熙年间的抄本，弥足珍贵。

五是个人著的有关长城的专著，这些人主要是曾经在长城防御体系中任过职，如担任过总兵、总督等，这些书的书写内容范围主要是作者所担任的防区的范围，因而直接提供了有关长城具体防区的情况，较之地方志显得更有针对性，更加详细具体，并且为今后的研究直接提供了根据。在这类书中，史料价值最高的当首推尹畊著的《两镇三关通志》，为了更好地说明该书的重要程度，笔者在此先就其作者——尹畊作一些简要的说明：尹耕，字子莘，号朔野，大同府蔚州人（今属河北蔚县）。尹畊聪颖好学，少负伟略，17岁中举人，18岁中进士，历任藁城知县、礼部仪制主事、员外郎、河间知府，在任期间募壮士，制戎器、旌旗，壁垒一新，并因其生长于边陲，知边事，严嵩见而才之，被破格提拔为河南按察司兵备金事，以四品衔管领民兵，仕途可谓一帆风顺。后被张万纪所弹劾，谪戍辽左。嘉靖年间，蒙古族俺答部不断侵入内地袭扰，京师也受到极大的威胁。而尹耕的家乡蔚州，更处在战争的前沿。尹耕对当时的局势忧心如焚，他少年得志，极想干一番大的事业，"每欲提一旅横行塞上"，保家卫国。可是由于仕途未得意只能纸上谈兵了，于是，他将全部的才华和满腔的热情托于笔墨，同时为了为国家防务提供更准确的历史和地理资料，尹耕又几度到边关考察，写出了著名的志书——《两镇三关通志》。由此可见正是因为他通晓边务，胸怀才略才写出这本"巨著"。"两镇"指拱卫京师的大同镇和宣府镇，"三关"指雁门关、宁武关和偏头关，其重点是明朝开国迄至嘉靖二十八年（1549）的明朝西北长城沿线的明蒙关系。《千顷堂书目》卷八说《通志》全书凡五纪、二表、四考、三传，共23卷。"记内边外边之防护，山川关口之界限，人丁土田之繁庶，甲胄刍粮之储蓄，战守防堵之纪律，囊括经史，荟萃韬略"，保存了大量珍贵史料。但是现今存世的《通志》都已经残缺不全。早在明崇祯丁丑（1637）年时就有人说："顷读《两镇三关志》及《乡约》《塞语》诸书，恍见莘野尹先生留心经济，意其博综君子也。然不无怅怅于残编阙帙云。"这样看来《通志》早在明朝末年就可能成为"残编阙帙"而令读者抱憾了[2]。

根据目前国内外所存的《通志》，总的来说有以下几个地点：1. 美国国会图书馆，该馆藏明嘉靖刻本的《通志》十三卷（1～13卷），共八册，这八册的内容是全书的"五纪"部分：卷一至四为宣府纪，卷五至十为大同府纪，卷十一雁门关纪，卷十二宁武关纪，卷十三偏头关纪。虽然各部分均占一"纪"但是内容和篇幅并不均衡。《通志》详于宣、大两镇，而略于雁门、宁武、偏头三关。《宣府纪》四卷，《大同纪》六卷，而雁门、宁武、偏头三关各仅占一卷。在这"五纪中"，作者以编年体例叙述两地从先秦到明嘉靖时期的史事沿革，略于远而详于近，其中全书内容最丰富且史料价值最高的应该是明代部分，特别是距离作者生活年代较近的弘治、正德、嘉靖时期的记录。同时该书已经影印出版，收入《美国国会图书馆藏中国古籍善本丛刊》[3]。2. 日本东洋文库，根据《东洋文库地方志目录》："《两镇三关通志》，二十三卷，不著撰人，明嘉靖刊，十四册，缺卷一四至一八，其他有缺丁。"由此可见，日本东洋文库藏数最多，比"国会"所藏的还多五卷即最后五卷（卷十九至二十三），其史料价值是不言而喻的[4]。3.中国国家图书馆，该馆仅藏明抄本，只有2、3、7、9、14卷，共5卷。4.内蒙古自治区图书馆，该馆所藏抄本是根据中国国家图书馆藏本抄录的。5.吉林大学图书馆，仅藏第14卷，也为抄本。6.民院，藏第1~4卷，抄本。7.南京图书馆、中国科学院图书馆存卷1~卷13，为嘉靖刻本但为胶卷，是根据美国国会图书馆藏本摄制的。8.天一阁存卷1~13，为嘉靖刻本，当《天一阁藏明代方志选刊》和《天一阁藏明代方志选刊续编》中均未见到，可能是该书损毁严重，影印效果不好，故未出版。9.《中国少数民族古籍集成》丛书的第17卷收录抄本《通志》的第1~4卷，由此可见，《通志》目前为分散所藏，并且多已不全，但是其具有极高的史料价值是无可置疑的。

其次便是《三云筹俎考》和《宣大山西三镇图说》这两部书的作者分别是王士琦和杨时宁，他们都在边防上任过职，因此对他们所管军事辖区的情况是了如指掌，故此书在长城的微观和细节研究上有很高的史料价值，具体来说《三云筹俎考》主要是叙述大同镇的防务，全书分四卷，其中以《险隘考》最为重要，这一卷以城堡为单位，分述大同镇的72军堡的建制及兵力部署、武器装备等并辅之以图。《宣大山西三镇图说》与《险隘考》的线索相同，只是范围有所扩大，增加了宣府镇、山西镇，同样是图文并茂。两书相互参照，相得益彰。

最后是《三关图说》和《三关志》，作者分别是康丕扬和廖希彦，该书所提的"三关"即为雁门关、宁武关和偏头关，三者均属山西镇，其内容主要是叙述"三关"的地理沿革、武备以及后勤保障等内容并配之以图，可以说是关于"外三关"的专著，史料价值较大。

除此之外还有《四镇三关志》《边防考》《边略五种》《皇明九边考》《皇舆考·九边》《九边图说》《全边略记》《九边破房方略》《边纪略》《九边图本》《九边图记》《九边图说》《九边图考》《九边图论》《抄本筹边纂议》等书，这些书都是全面介绍九边的专著，大同、山西两镇的内容自然包含在其中，但总的来说记载都比较简略，限于篇幅，本文在此不做具体的论述。

六是奏议类，这主要是明朝的各级文武官员上奏朝廷的奏疏，这些奏疏的内容主要是大臣们关于边防事宜的讨论、建议和工作汇报，由于这些奏疏是上奏朝廷的，带有"公文"的性质，因而具有极大的权威性、原则性，很多在边防上具体实施的工作也是由此"精神"而来。因此，我们从中可以了解朝廷及大臣们的治边思想及其变化，为我们研究具体的边防"行为"找出相应的政治"理论参考"提供依据。并且这些奏疏多为当时人整理汇编，其中较为重要的有《明经世文编》《总督四镇奏议》《明臣章奏辑要》《万历疏抄》《皇明两朝疏抄十二卷》《皇明嘉隆疏抄》《皇明两朝疏抄二十卷》《皇明奏疏类抄》《皇明留台奏议》《皇明疏议辑略》《御选明臣奏议》《皇明疏抄》等，但由于当时没有专门编著"边防"类的奏疏集合，因此现存的这些《奏疏》《奏议》的内容多为各项国家事务的集合，其中的类似《边防》《边饷》《边事》《边功》《武备》等条目则为与长城有关的内容。

七是个人文集类，主要指那些"知边事"人的集子，这些人大多都任过"军职"，或文或武并且为长城的修建以及防务建设都做了贡献。这里主要列举三种，第一是《翁万达集》，该书中有许多关于修建宣大长城，整饬兵马钱粮等事宜，第二是《卢象升疏牍》，书中也有许多关于修边，整饬边务的内容，第三是尹耕的《朔野山人集》中的《塞语》和《乡约》，《塞语》内容分为边情、形势、城塞、乘塞、出塞、抽丁、官军户、练习、保马、民堡、审机，共11个部分，表达了他挥师塞上的战略思想，在书中，他向朝廷进言"汉之患在外戚，唐之患在藩镇，而本朝则以备虏为急，当以有宋为殷鉴"。《乡约》则提出了"先国家之急而后己私"的政治主张，表达了对国家防务的极大关注，书中详细论述了组织"民兵"的意义和办法。"今国家塞垣际天设险固矣，而复内治必尽民自为兵，视周不上轶乎？"以上这些主要是作者审时度势、亲身经历、思考后写成，有的是建议、理论方面的，有的是具体的实施办法，因而都具有一定的参考价值。此外还有《熊廷弼熊襄愍公集》。

八是编年体类，编年体的书很多，据笔者所知，关于山西方面的主要是《晋乘搜略》和《山西兵事辑略》。《晋乘搜略》一书共32卷，是清代康基田修纂的一部大型编年体山西通史长编，上起唐尧，下迄明亡，记载了山西四千年的历史。"全书语言奥博质朴，端庄严肃。体制方面，熔左转、通鉴于一炉而出之，编次条目以正纲领，详尽本末以存史实，随手作注以训文字，遇疑考证以辨真伪，有感家按以断曲直。内容方面，包容了自然环境和社会生活的各个方面，凡他认为有关于国计民生、治道风尚，或者认为不可埋没的文物掌故、轶闻逸事，都采入叙明来历轨迹，为其立言。尤其边防水利和明朝一段叙述，十分详细。史料方面，书中保存了历代许多野史资料和大量的碑刻、游记、奏章、诗文以及艺术资料并且有的原件已经失传，这些都有一定的史料价值。"[5] 由于长城不是一道简单的墙，而是一个防御体系，其中还包括相关的经济、人口等政策。因此，此书有助于我们全面了解当时的山西地方社会情况，从而更加深入地了解这一地域的"边防"。《山西兵事辑略》一书系台湾学生书局影印出版，收入《中国史学丛书》，佚名纂。该书也是采取编年体，全书共四卷，上起汉高祖二年，下迄清光绪四年，记载了山西近两千多年的军事史，并且在全书的最后还附上了"释地"部分，从而读起来更为方便，书中内容叙述比较简略，但其文献价值不容忽视。

九是杂史、野史类，这一类种类更为繁芜，在此笔者仅举《万历武功录》和《万历野获编》两书，这两本书主要叙述万历朝时候的兵事，因而也具有一定的参考价值。需要注意的是，在使用这类书中的史料时，一定要小心谨慎，之前先阅读相关的考证著作为宜，比如《万历武功录研究》，以此鉴别真伪。

十是蒙古方面的资料，明长城主要是用来防御蒙古族等"北虏"入侵，因此在研究长城及其相关问题时，蒙古方面的材料也是不容忽视的，此正所谓"知己知彼"才能更好地研究。有关明代蒙古的记载，主要见于蒙文和汉文文献。蒙文史料详于蒙古内部情况，自成系统，其缺点之一是较为晚出。自14世纪中叶至16世纪末的二百多年间，几乎没有蒙古人自己的史学著作流传下来。汉文史料则多为明人对当时情况的记载，虽然失之零散和过于偏重明蒙关系，但记时记事都比较准确。因此，明代蒙古的活动情况在很大程度上都要依赖汉籍去搜寻。但明人著述汗牛充栋，仅《明史·艺文志》中记载的就有一万二千余种，且有不少遗漏，这其中有大量记载蒙古的内容，这些记载的特点是：第一，有关蒙古的记载与其他记载交织在一起，需要深入挖掘；第二，有关蒙古史料，许多是具有很高价值的第一手资料；第三，史料记载分散，颇费检索；第四，蒙古史料多有因袭重复者，需要追本溯源，识其异同；第五，清朝统治者讳言其先祖实情、禁毁书籍之风甚烈，因此流传稀少，殊不易得[6]。明人记载蒙古情况，始于洪武、永乐，渐繁于正统、天顺，盛于嘉靖、隆庆、万历三朝，而这一时期也是山西大修边墙之时，因此阅读蒙古资料就显得格外重要。具体来说主要有《明代蒙古汉籍史料汇编》第一至四辑中包含的内容，主要有《北巡私记》《北平录》《北征录》《北虏事迹》《北虏纪略》《北虏始末志》《三卫志》《俺答前志》《北虏风俗》《四夷考》等。

以上便是笔者对长城文献所做的简单归类，限于篇幅只择其重要的文献专门进行了阐述。由于中国的古文献数目庞大，种类众多，且尤以明清时期的文献更多，而长城又是文献的"边缘"——几乎每种文献都会不同程度地涉及，再加上笔者水平有限，涉猎尚少，归纳整理如此之多的文献困难很大，明显感到心有余而力不足，故有疏漏在所难免。但是我们要想研究长城仅靠实地调查是远远不够的，在进行充分且全面的调查之余，还应静心坐在书斋里，埋头于书海之中潜心阅读，只有这样才能更加科学、客观地研究长城。

作者简介：尚珩，山西大学历史文化学院硕士研究生。

参考文献：

[1] 中国科学院北京天文台主编.中国地方志联合目录.北京：中华书局，1985.

[2][3][4] 特木勒，居蜜.跋美国国会图书馆藏明刻本《两镇三关通志》.史学史研究，2006，(3).

[5]（清）康基田编著.郭春梅，王灵善，马玉山，杜士铎，刘旭，卫广来点校.晋乘搜略·出版说明.太原：山西古籍出版社，1998.

山西省明长城分布区域的自然地理与地质特征

明代建国之初，北部边境就承担着沉重的边防压力。明王朝按照朱元璋"固守封疆"的设计，在北部边境线上置军设镇，构筑了一条防御蒙古（北元）的防线，并随着明蒙形势的变化而演变为"九边十三镇"。这条防线"自辽东而大宁而开平，而宣府，而丰胜，而大同，而宁夏，而甘肃，东西延亘，指臂相依"[1]，控制着东起辽河，西至阴山、贺兰山、河西走廊，直抵新疆哈密的广大地区，北元的活动基本被阻隔在漠北。但自从永乐废大宁镇（今内蒙古自治区宁城县），宣德撤开平卫（今内蒙古自治区正蓝旗东北）后，漠南的防御卫所孤悬在外，缺乏策应和战略纵深，东西联防体系被打破，孤立难守，遂相继南移，使得山西北部成为明蒙前线。明代九边重镇中的大同镇、宣府镇成为明代边防要冲，而山西镇成为宣大的第二道防线和后勤补给基地。因此，山西省北部在明代边防中占有极重要的战略和战术地位。

山西省境内的明长城因镇守对象的不同被分为外长城和内长城，外长城为边境防御，内长城为京畿拱卫。山西省外长城大部分隶属于大同镇；少部分外长城（偏关县柏杨岭至老牛湾段，即内蒙古调查柏杨岭长城1段向西迤内蒙古调查老牛湾长城），黄河边长城（偏关县、河曲县黄河东岸长城）隶属于山西镇，山西省境内东西走向的内长城也隶属于山西镇；山西与河北两省交界区域，地处太行山脉的南北走向内长城隶属于蓟镇及真保镇[2]。外长城由河北省怀安县向西至大同市天镇县新平堡镇平远头村进入山西省，再向西南经阳高县、大同市新荣区、左云县、右玉县、朔州市平鲁区、偏关县，直达黄河东岸。黄河边长城从偏关县老牛湾开始，沿黄河岸边蜿蜒向南，至河曲县巡镇镇石梯子村。外长城今天大致是山西省与内蒙古自治区的分界线。内长城由河北省涞源县至山西省灵丘县东南部和南部与河北省交界区域，在灵丘县、繁峙县和阜平县交界处分为两支，一支向北经灵丘县、繁峙县，再沿恒山山脉向西经浑源县、应县、山阴县、代县、原平市和宁武县后，转向西北经神池县、朔城区、平鲁区，越过管涔山在偏关县柏杨岭与外长城会合；另一支沿太行山东麓南下，经五台县、盂县、平定县、昔阳县、和顺县、左权县至黎城县。

第一节 山西省明代外长城分布区域的自然地理与地质特征

山西省明代外长城地理位置位于北纬39°～41°，所在区域从天镇县向西南至偏关县的黄河岸边，处于山西省自然区划中"恒山—黑驼山—人马山温带半干旱、干旱草原"地带，为蒙古高原的边缘地带。这一自然区划由于纬度和海拔的关系，气候温凉干旱，年平均气温在3℃～7℃，无霜期约120天，降水量约400毫米，且降水量多集中在7、8月，加之春季大风天多达40天以上，造成外长城沿线干旱寒冷[3]。外长城地区从地理单元上可分为盆地边缘区，山前丘陵区，中、低山区和山口区。

山西省明代外长城最东端天镇县长城地处低山区和山前区，低山区为阴山山脉的余脉双山，海拔1720米，但相对高程仅570米。双山也是山西省和内蒙古自治区的界山，山西、内蒙古、河北三省区交界处为双山较平坦的山谷，此地的防御受到重视，外长城沿双山山脊和双山南坡西洋河双线布防。在新平堡镇新平尔村双线合一沿山前区布局，蜿蜒西南，从阳高县守口堡向西，明长城通过阴山余脉云门山和采凉山之间的开阔地带进入大同盆地。这一地段为大同盆地的北部边缘，地质地层以太古代、元古代闪长岩、花岗岩基岩不整合覆盖中生代湖相沉积和第三纪、第四纪黄土构成[④]。构造方面，云门山前大断裂与这一段明长城平行。文献中有地震活动对明长城影响的记载，从明代到现代，这一区域为地震多发区，可能对长城造成一定的影响。如成化二十年（1484年）正月庚寅，京师地震。是日永平等府及宣府、大同、辽东地皆震，有声如雷。宣府因而地裂涌沙出水，天寿山、密云、古北口、居庸关一带城垣、墩台、驿堡倒裂者不可胜计，人有压死者[⑤]。万历八年（1580年）七月甲午，大同井坪路地大震摇，所倒城墙数百丈[⑥]。

明长城进入平坦的大同盆地，海拔1100～1300米。为加强防御，在新荣区堡子湾乡宏赐堡村附近分成两路，一路向西北再向西（俗称"大边"），一路向西（俗称"二边"），两路长城在左云县管家堡乡黑土口村会合，两路长城之间，形成一个封闭区域。这一段明长城横穿大同盆地北部，地质地层主要为中生代白垩纪上统驻马堡组河湖相沉积和新生代第三纪、第四纪地层。在大同市新荣区和左云县，部分明长城压在大同煤田上，煤田埋深240米以上，故地下煤炭开采对明长城的影响不大。而煤炭开采造成的酸雨等环境污染对明长城的保护有一定的影响。

明长城在左云县三屯乡宁鲁堡村附近从大同盆地进入阴山山脉的余脉五路山，海拔升至1500～1600米，在右玉县右卫镇杀虎口村附近脱离阴山山脉。地质地层以中生代白垩纪驻马堡组和第三纪玄武岩为主，上覆第三纪、第四纪黄土。这一地区也是黄河水系和海河水系的分水岭。继之，明长城跨越苍头河后向西南进入吕梁山脉，经平鲁区到偏关县境内的柏杨岭与内长城交汇。这一段长城是山西省明代外长城海拔最高的地段，海拔1600米以上。这一地区保留有较多的北台期夷平面，海拔虽高但山势较平缓，第三纪玄武岩覆盖广泛，厚70米以上，第四纪黄土受外营力切割强烈，沟壑纵横，造成本段长城多处有重复墙体。柏杨岭海拔1832米，山顶平缓，筑有多道墙体。柏杨岭是大同镇长城的西终点，在此与山西镇长城连接，明代内长城也从这里向东南方向延伸。

偏关县北部外长城所在区域为黄土丘陵地貌，黄土峁、黄土梁发育强烈。新构造上升运动和水流切割，"V"形沟谷发育普遍，切割深达150～200米以上。由于沟壑纵横，防御难度较大，因此明代在偏关县构建了大量军堡，加强纵深防御。

山西镇管辖的外长城仅有从柏杨岭向西至黄河及沿黄河东岸到河曲县巡镇镇石梯子村段，而黄河东岸边的长城主要用于黄河冬季封冻以后的防守。该段长城从海拔1800米以上的高度骤降约千米，从高山进入河谷。这一地区第四纪黄土广泛覆盖在寒武纪、奥陶纪石灰岩上，厚达百米以上。

外长城沿线也是黄土高原和蒙古高原的交汇地带，地表多为砂砾质，东段（左云县以东）黄土覆盖较薄，植被原以草原植被为主，经多年农业开垦，草原植被形态多无保留，生态环境较为恶劣。西段进入黄土高原东缘。自然环境中，水流切割和黄土湿陷性地基对长城的影响较大。

第二节 山西省明代内长城分布区域的自然地理与地质特征

山西省明代内长城分属于山西镇和蓟镇。1449年"土木堡之变"以后，明朝军事形态发生了重大改变，中华人民共和国成立之初的积极防御变成完全消极防御，京畿防卫成为明朝军事的重中之重。山西镇所辖内长城东起于山西省灵丘县下关乡牛帮口村附近，接山西与河北两省交界的太行山蓟镇长城，向北沿灵丘县与繁峙县交界区域，再沿恒山山脉向西经浑源县、应县、山阴县、代县、原平市和宁武县后，转向西北进入吕梁山区，经神池县、朔城区、平鲁区，越管涔山在山西、内蒙古两省区交界处的偏关县柏杨岭与大同镇外长城连接。山西镇内长城连接山西省东西太行、吕梁两大山脉，成为防御北元蒙古的第二道防线。另一条内长城属蓟镇长城（嘉靖二十九年，即1550年，设真保镇后隶属其管辖），沿山西与河北两省交界的太行山南下，经五台县、盂县、平定县、昔阳县、和顺县、左权县至黎城县。

一 山西镇内长城分布区域的自然地理与地质特征

山西镇内长城东端起于灵丘县下关乡牛帮口村附近。灵丘县位于山西省东北部、太行山北段，全境处于新构造运动的恒山、五台山强烈隆起构造区，基岩以古老的太古代五台群片麻岩为主，山区玄武岩覆盖较广，第四纪覆盖较少。地貌以中高山、丘陵为主，太行山在灵丘县坡度较缓，在河北省一侧为大断层，壁立千仞，陡峭险峻。

繁峙县山西镇内长城在其东部与灵丘县交界处的恒山余脉由南向北延伸，地质地貌与灵丘县一致，山西镇内长城以西的大沙河为恒山山脉与五台山的分界河。恒山山脉是一座断层山，出露岩层为寒武、奥陶系石灰岩，基岩裸露面积较大，风化破碎严重，峰峦均呈尖形，沟谷切割较深，相对高差1000米以上。整个山脉由东北向西南绵延，是海河支流桑干河与滹沱河的分水岭。其西段也称为勾注山或雁门山，在宁武阳方口连接吕梁山脉的管涔山，也是分隔大同盆地和忻定盆地的界山。山西镇内长城进入浑源县恒山腹地后，至浑河河谷南岸，沿恒山北麓在山前丘陵山口地带延伸。恒山也是大同盆地的东南缘，山体与盆地之间存在恒山山前大断裂。恒山沿大断裂剧烈上升，形成峭壁。恒山山脉中部也称翠屏山，由于切割剧烈，形成许多山口，山西镇内长城的防卫重点就在这些山口。应县是山西雁北地区山地面积最少的县，除东南部为恒山山脉外，县境大部为大同盆地腹地。

山阴县位于大同盆地的最南缘，代县和原平市位于忻定盆地的北部，恒山山脉在此形成大同盆地和忻定盆地的屏障。山西镇内长城也于此构筑，形成对两大盆地间交通孔道的封锁。恒山山脉最高峰海拔2426米的馒头山也在这一区域，馒头山以西，山势下降，进入低山区，第四纪沉积大面积覆盖平原及低山地区，平原第四纪黄土沉积厚400米以上。山阴县张家庄乡新广武村附近长城也是山西镇内长城海拔最低的地点。此区域是山西镇内长城防御的重点地区。山西镇内长城著名的内三关之雁门关、宁武关就建于大同盆地和忻定盆地之间的交通孔道上，是内长城防卫的要冲所在。长城所在区域的地质构造，中生界以前为整合接触；新生界缺失较多，大面积出露中生界石炭纪地层，该地层为海陆交替相铁铝岩和海陆交替相含煤建造，是这一地区主要的含煤、铁、铝的地层，矿藏埋深较浅。本地区第四纪沉积主要在平原河谷地带。宁武县北部薛家洼乡盘道梁村至阳方口镇阳方口村的长城均位于石炭纪地层上，因此这一地区的长城多直接建筑在铝、铁矿脉上，铝土矿无序开采，对本地区长城及所处环境造成严重破坏。

阳方口段长城也是山西镇内长城海拔较低的墙体，墙体所在区域处于恒山山前断裂和五台山山前断裂之间，是历史上的地震多发区域，且地震烈度较高。阳方口位于管涔山与恒山山脉之间的恢河峡谷，此地也是吕梁山脉的管涔山和芦芽山之间的深谷，海拔仅1100米，是大同盆地与忻定盆地之间的主要孔道，亦为两盆地进入神池、五寨两县的唯一通道，一口控两道，是山西镇内长城防守的重点区段。

管涔山为吕梁山脉北段，属褶皱断裂中高山，海拔1700米以上，沟谷深切。山西镇内长城在阳方口穿过管涔山与芦芽山之间的深谷，沿管涔山西南缘北上进入神池县和朔城区。长城基本上沿两县区的交界区域由东南向西北构筑，海拔由1100米上升至1700米以上。长城所经过区域，地质地貌大面积覆盖古生代奥陶纪石灰岩，总厚度150米以上，基岩出露面积较大，其上覆盖第三纪和第四纪黄土。长城北部区域中生代石炭、二叠纪地层覆盖于奥陶纪地层上，厚百米以上，是平朔煤田的主要含煤地层，著名的平朔露天煤矿就位于此。

朔城区位于大同盆地的西南端，县境大部为盆地平原，北部为洪涛山，西部为管涔山，南部为恒山山脉，发源于洪涛山的源子河、发源于管涔山的恢河和七里河、发源于恒山的黄水河流经本县盆地平原，组成桑干河上游，水系较为发达。良好的农业生产环境使朔州成为内外长城之间重要的卫所，也是北元蒙古南下掠夺的重要目的地。

山西镇内长城在偏关县东部向西北延伸与外长城相接。偏关县地形以贯穿县境东西的黄河支流偏关河分成南北两部，南部为管涔山北麓北端，系侵蚀构造中低山区，仅有少数山峰海拔超过1800米，大部分海拔约1600米。沟谷地带第四纪黄土覆盖于第三纪红土上，平均厚40米。由于沟谷切割强烈，长城墙体多沿黄土梁峁构筑，形成较多曲折。

山西镇内长城从太行山经恒山到吕梁山，横贯山西省北部，其分布与山西省自然地理区划的"温带半干旱半草原栗钙土地带"和"暖温带半湿润落叶阔叶林与森林草原褐土地带"的分界线基本重合。山西镇内长城基本走向也与早期长城相一致，许多墙体沿用早期长城的基础，说明长城选址的主要依据是自然条件。

二 蓟镇（真保镇）内长城分布区域的自然地理与地质特征

分布于太行山主脉的蓟镇（真保镇）内长城从河北省阜平县，向西南延伸至山西省五台县与河北省阜平县交界的长城岭，该段海拔约2000米，山高林密。继之向南穿过海河的滹沱河水系和漳河水系，延伸至黎城县东阳关一带。

太行山北段基岩由太古代海相沉积砂岩和古生代石灰岩构成，因太行山东部大断层活动和水流切割，形成太行山特有的嶂石岩地貌，常常是连绵数十千米的垂直峭壁。这些陡峻的峭壁之间往往被水流切割为深陷的峡谷，成为横贯太行山东西的孔道，古人称之为"陉"，由山西高原发源的海河水系和黄河水系河流均通过这些"陉"流入华北平原，"陉"也是山西高原和华北平原的交通通道。太行山脉东缘成为山西高原和华北平原的分界线，也是中国地形第二、三阶的分界线，还是山西、河北、河南三省的省界。因此，太行山是中国东部最重要的地理分界线，重要的地理分界线往往成为重要的军事和政治分界线。明代长城体系中，太行山是京畿拱卫的重要屏障。

五台山为太行山北段的主要山峰，海拔3061米，有"华北屋脊"之称，是由大于25亿年的世界已知古老地层构成的最高山脉。在漫长的地球演进中，五台山经过了五台运动和燕山运动形成五台隆起。太古代五台群片麻岩组和元古界南台石英岩组、豆村板岩组构成五台山基岩，上覆古生代寒武、奥陶纪石灰岩及中生代含煤沉积岩。新生代沉积多分布于山间河谷。

五台山以南的太行山海拔从五台县与盂县交界处约1800米下降到盂县北木口河省界的约1000米。蓟镇（真保镇）内长城在盂县境内开始构建石材材质的连续墙体，长城墙体以沟口两侧防御为主。

盂县东部太行山地区地质构造比较复杂。基岩为震旦纪变质岩系，上覆古生代寒武、奥陶纪石灰岩和石炭、二迭纪含煤地层，石灰岩地区还存有溶洞。复杂的地质结构蕴藏了多种矿藏，煤、铁、铝土矿和石膏矿等矿藏埋藏丰富。其中山西式铁矿独立分布，埋藏较浅，多以露天开采方式进行，对长城及所处环境形成较大破坏。

太行山脉在盂县与平定县交界处海拔约1000米，蓟镇（真保镇）内长城在平定县构筑了太行山区少见的夯土墙体。平定县东部太行山地区古生代石炭奥陶系地层厚达1000米以上，是主要的含煤地层，同时还埋藏有铝土矿、硫铁矿等多种矿藏，是山西省重要的煤、铁、铝土矿产区。平定县境内太行山虽然海拔较低，但因太行山东麓山前大断层和水流切割，形成沟谷深切、壁立千仞的地貌形态，倚山为险的山险和人工开凿的山险墙也是本区域长城的重要特点。娘子关、固关、旧关等著名关隘都设于此，是京畿拱卫的重要区域。

昔阳县与河北省赞皇县、邢台县交界区域的重要关隘有九龙关、马岭关等。这一带属典型的山地丘陵地貌，海拔较低，为600～800米。元古代长城组基岩厚375米以上，是太行山区长城系地层的主要区域。古生代寒武纪、奥陶纪白云岩—碳酸岩建造由石炭—二迭纪含煤地层构成，昔阳县东部太行山地区铁、镁和煤矿蕴藏丰富，矿业开发带动交通发展，对长城及关隘遗存的保存有较大影响。

蓟镇（真保镇）内长城沿太行山腹地南行进入和顺县与河北省邢台县交界区域，太行山海拔逐渐升高，从山地丘陵地貌进入石灰岩中低山区。海拔从不足1000米升至1400米以上，县境东部东岭山海拔达1971米。这一地区古生代寒武、奥陶纪白云岩、石灰岩覆盖厚1000米以上，喀斯特地貌发育，有不少石灰岩溶洞存在。和顺县含煤地层位于县域西部，距长城较远。

太行山脉从和顺县进入左权县以后海拔虽然没有增加，但其东麓与河北平原切割台地的相对高程增加，壁立千仞的嶂石岩地貌构成了天然的防御体系，有峻极关、黄泽关、黑虎关等著名关隘。该地区的地质特点是第三纪玄武岩覆盖于古生代基岩之上，厚200米以上。和顺县和左权县东部长城地区的森林覆盖是全省长城所在地区最好的。

从左权县黄泽关堡北门匾额和黎城县现存于文博馆内的两块"中州外翰"石匾可以看出，蓟镇（真保镇）内长城在太行山南段的终点应在黄泽关以北。但明代长城并没有以此为终点，仍继续向南延伸，进入左权县南部的黎城县境内。

黎城县明代长城主要位于县境东部晋、冀通道的东阳关附近，是明代九边体系之外的长城，归河南巡抚衙门管辖。明嘉靖二十年（1541年）蒙古俺答汗大举南下，这次南下，北元蒙古大军已经试图突破传统的明朝"九边"防御范围，甚至准备从黎城、涉县一路入犯北直隶、河南⑦。太行山地区的内长城在这一态势下修筑，完善了京畿纵深防御的体系。黎城县明代长城所在地区是太行山海拔最低的地区，海拔不足1000米。基岩以古生代寒武、奥陶纪白云岩为主，但覆盖厚度不足200米。新生代第三纪、第四纪发育，沉积厚度超过百米。

三 地质地理构造对明代长城防御体系构筑的影响

纵观整个明代边防消长态势，山西明代长城防御体系的选址依据首先和自然地理单元有主要的关系。在中国北方，北纬40°线大致是农业和畜牧业的地理分界线，而400毫米的等降水量线和北纬40°线大致重合。这两条线决定了线以南的气候和地理环境比较适合农业生产，所以大部分的农业文明产生在这两条线以南，在历史上形成了人口众多的农业定居区域。在这两条线以北，多是温带草原，适合游牧民族的生产方式，中国历史上多数的草原民族是从这里发源的。从历史的经验看，农业文明如果越过这两条线，他的收获和投入的劳动之比远不能和这两条线以南的地区相比，而农业文明对这两条线以北的侵入导致的结果是使这一地区荒漠化，因此，农业文明较少越过这两条线。而草原文明向南越过这两条线的结果只有两种：要么改变生产和生活方式被农业文明同化，要么退回到这条线以北。因此，长城就成为这两大文明冲突的产物。长城的出现，使得这两种文明在一个相对长的时间段中相对稳定，这时社会处于一个和平稳定的环境，两种文明都会得到发展。一旦这种稳定被打破，就会出现战争，会损毁长城，战争的结果将会出现新的长城。

其次，地形地貌的综合自然区划也是明代长城选址的重要依据。在山西省北部综合自然区划的划分上，存在一条"恒山—黑驼山—人马山"自然区划分界线，是山西省温带和暖温带的分界线，该线以北属温带栗钙土干草原自然区划，以南为暖温带灰褐土灌丛草原自然区划。山西镇明代内长城的位置恰好与这一分界线大致重合（参见综合自然区划图），而山西镇明代内长城的位置也和山西省早期长城多有重合⑧，说明因自然条件限制的经济活动形式对于长城的选址有较大影响。

再其次，地质构造对明代长城的营建也有一定的影响。新构造地质运动形成的强烈隆起断褶构造区，如恒山、太行山等中高山地形，成为明代长城防御体系中的天然屏障（参见新构造运动图），大量的山险、山险墙成为明代长城防御体系的组成部分。长城墙体构筑材质多就地取材，根据当地地质地理条件决定长城构筑的材质和形式，成为明代长城构筑的主要方式。

注释：

① （清）顾祖禹撰：《读史方舆纪要·方舆全图总说》卷4《九边总图》，上海书店出版社，1998年。

② 山西省东部与河北省交界区域长城隶属蓟镇，嘉靖二十九年（1550）设真保镇后隶属其管辖。参见（明）刘效祖撰：《四镇三关志》，明万历四年（1576）刻本。

③ 山西省地图集编纂委员会编：《山西省自然地图集》，地图出版社，1984年。

④ 各县地质地理信息均来源于《山西省自然地图集》（山西省地图集编纂委员会编，地图出版社，1984年）和各县的新编修县志，后文不再注释。

⑤ 《明实录·明宪宗实录》卷24，台北"中研院"历史语言研究所，1962年影印本，第8页。

⑥ 《明实录·明神宗实录》卷102，台北"中研院"历史语言研究所，1962年影印本，第6页。

⑦ （明）王士翘著：《西关志》，北京古籍出版社，1990年。

⑧ 山西省早期长城中，东魏北齐长城与明代山西镇内长城位置和走向基本一致，参见《中国文物地图集·山西分册》，中国地图出版社，2005年。

山西早期长城研究

(节选)

赵 杰

长城是我国最受关注的世界遗产之一，在我国具有重要的历史价值与现实意义。山西不仅是农耕文明与游牧文明冲突与交流的交汇地带，而且历来是各封建王朝统治的核心区域，一直都是我国长城分布的主要地区。根据各种文献的有关记载，山西分布有战国中山、战国赵、秦、西汉、东汉、北魏、东魏、北齐、北周、隋、唐、五代、北宋、明和清等各时代长城及相关遗存设施。

2000年至2011年，在国家文物局和山西省文物局的指导下，我校考古专业组织力量对我省长城进行了科学系统的调查研究，发现确认了大量的各时代长城。明、清时代长城由于时间距今较近，保存仍较连续，而且除各种史书记载之外，当时还有很多官员、学者著书立说，对长城的建筑、分布和沿革等进行了详细的记载和描述，使得它们的面貌较为清晰。明、清以前的其他时代长城，可称为早期长城，它们相对于明、清长城，无论从文献方面，还是遗迹方面，都疑问重重，尤其是时代的问题。一方面固然是因为长城遗迹难有如古遗址、古墓葬那样有明确指示时代或年代的遗物或可测年标本，而且本身毁坏严重，残缺甚多；另一方面更严重的是由于文献记载的混乱或粗略所致。不同研究者由于对史料的理解和取舍不同，以及引用者的主观意识，加之各时代田野调查的局限等原因，使得这种混乱的情况迟至今日仍未明朗，乃至到底山西是否确实有前述从战国迄清的各代长城仍议论纷纷。

本文即以山西早期长城为研究对象，通过对各种文献资料的考据梳理，有关地名和边疆范围的考证，各时代民族关系和政治、军事形势发展变化的研究，结合田野调查资料的分析，去探讨文献记载中的长城和现存长城遗迹之间的关系，考察历代长城的分布、走向、建筑技术、时代特征以及修筑背景等，厘清有关山西早期长城的各种认识，复原山西早期长城的历史面貌。

关于战国中山国长城，有些学者认为今山西省东部娘子关和固关的长城就属中山国长城，但实际上它们均属明代内长城。横贯山西省北部的所谓"赵肃侯北长城"并不存在，它是由于唐代以后学者们误读史书，并错误地把北齐至隋长城或明代内长城比附为赵国长城的产物。战国后期秦赵长平之战时秦国为"遮绝赵救及粮食"，在今壶关、陵川、高平、沁水诸县市修筑了长城，这是山西省最早的长城遗存。秦朝与西汉所筑长城与山西省无涉。以往很少关注的东汉长城在今天镇、左云、右玉和广灵诸县得以发现和确认。

北朝诸代延至隋朝，由于山西地理位置非常显著，加之纷乱的政治环境和复杂的民族关系，长城的修建非常频繁。今天镇县发现的一段长城，就属北魏长城，但尚不能明确是泰常长城，还是畿上塞围。今宁武县中部至原平市西北部的长城，从其分布位置、遗迹特征等确定为东魏肆州长城，当时这里也是东魏的北部边界。北齐时，天保三年沿吕梁山修筑的黄栌岭至社干戍长城，在今方山县和五寨县仍存部分遗迹。横贯山西省北部，西起今兴县黄河东岸，向东北经岢岚县、五寨县、宁武县、原平市、代县、山阴县、应县、浑源县至广灵县的一道长城，属天保六年幽州北夏口至恒州长城的西段，它们在天保七年时又成为西河总秦戍至海长城的一部分。这段长城是山西省除明、清长城以外，保存最为连续、遗迹也较为清晰的现存长城。今泽州县与河南省沁阳市交界地带的明代长城遗迹，很有可能是在北齐河清二年轵关长城的基础上修建而成的。另外，天保八年的库洛拔至坞纥戍重城由于史载不明，难以确定是否分布在山西省。武平元年的汾北长城，虽分布于山西省，但从史料上难以肯定其是否为长城，而且在汾河北岸也无长城发现。北周和隋朝也多次修筑长城，涉及今山西省的都位于山西省北部，主要是对旧有北齐长城的修缮利用。

隋以后至明代，山西长城的修筑明显减少。唐初的马岭长城经大范围调查后未发现相关遗迹，当已湮灭消失。北宋长城位于今苛岚县境，它也是利用了旧有的长城。

山西早期长城历史面貌和文化内涵的揭示，有助于我们探索研究山西有关历史时期的政治、社会、军事和民族关系的发展变化，科学开展今后的长城田野调查工作，并为长城的保护管理和规划利用提供重要的理论和现实依据，从而促进长城的可持续保护与利用，弘扬长城的历史价值和社会价值。

第一章 绪论

长城是我国最受关注的世界遗产之一，在我国具有重要的历史价值与现实意义。根据各种文献的有关记载，我国分布有春秋、战国、秦、西汉、东汉、西晋、北魏、东魏、北齐、北周、隋、唐、五代、北宋、辽、金、明和清等各时代的长城。

2007年起，国家文物局、国家测绘局启动了全国范围内的长城资源调查工作。根据两局共同编制的《长城资源调查工作总体方案》，调查工作分为三个阶段：2007—2008年完成明代长城，2009年完成秦汉长城，2010年完成其他时代长城的调查工作。后来各省、市、自治区明代长城资源调查工作结束时，考虑到秦汉长城在一些省份没有分布或分布很少，两局将秦汉及其他时代长城的调查工作合并。由于秦汉及其他时代长城基本为明代以前（只有山西省分布有清代长城），因此也将秦汉及其他时代长城习称为明以前早期长城，或径称为早期长城。这里的"早期"只是一个笼统的时代范围，并非是指长城史中的某一个阶段。当然由于现存长城主要是明代长城，加之明代长城时间距今较近，保存略好，仍较连续，而且除各种史书记载之外，当时还有很多官员、学者著书立说，对明代长城的建筑、分布和沿革等进行了详细的记载和描述，使得明代长城的面貌较为清晰。相对于明代长城，其他时代长城无论从文献方面，还是遗迹方面，都疑问重重。从这一点来说，将长城史大略划为早期长城和明代长城还是可行的。

山西不仅是农耕文明与游牧文明冲突与交流的交汇地带，而且历来是各封建王朝统治的核心区域，一直都是我国长城分布的主要地区。根据各种文献的有关记载，山西分布有战国中山、战国赵、秦、西汉、东汉、北魏、东魏、北齐、北周、隋、唐、五代、北宋、明和清等各时代长城及相关遗存设施。

从2000年起，为编写《中国文物地图集·山西分册》中的长城遗址部分，山西大学考古专业等单位在山西省文物局的指导下，组织力量对全省境内的长城进行了调查，此项工作一直持续至2006年《中国文物地图集·山西分册》的出版。调查成果也反映在这本地图集之中。2007年全国长城资源调查工作全面展开，我省于2007—2009年完成了明代长城资源的调查工作，2009—2011年完成了明以外其他时代长城资源的调查工作。由于我省还分布有清代长城，所以这里称为明以外其他时代。我校考古专业组织力量参加了这次大规模的调查工作。目前，我们已经完成《山西省明代长城资源调查报告》的撰写，即将出版。《山西省明以外其他时代长城资源调查报告》也正在编撰之中。

通过连续十余年的调查研究和考证工作，我们基本摸清了我省各时代长城资源的分布和特征。明代长城，如上所述，由于文献记述和现存遗迹均较丰富，我们对其面貌的认识较为清晰。清代长城，修筑于清代晚期，时称"长墙"，是为防止捻军东进而建，分布于今山西省石楼县、永和县、大宁县、吉县和乡宁县的黄河东岸，遗迹至今仍存。

明、清以前的其他时代长城，依上文所述，可称之为早期长城。在十余年的田野调查工作中，山西的大量早期长城遗迹得以发现、确认。在调查时，对这些早期长城遗迹的时代、性质与特征等也进行了简单的判断、分析。但相比于明、清长城，早期长城仍存在很多的问题，尤其是时代的问题，一方面固然是因为长城遗迹难有如古遗址、古墓葬那样有明确指示时代或年代的遗物或可测年标本，而且本身毁坏严重，残缺甚多；另一方面更严重的是由于文献记载的混乱或粗略所致。不同研究者由于对史料的理解和取舍不同，以及引用者的主观意识，加之各时代田野调查的局限等原因，使得这种混乱的情况迟至今日仍未明朗，乃至到底山西是否确实有前述从战国迄清的各代长城仍议论纷纷。

本文即以山西早期长城为研究对象，通过对各种文献资料的梳理，有关地名和边疆范围的考证，各时代民族关系和政治、军事形势发展变化的研究，结合田野调查资料的分析，努力厘清有关山西早期长城的各种认识，复原山西早期长城的历史面貌，揭示山西早期长城的文化内涵。

1.1 山西早期长城研究的历史

山西早期长城的考证和研究，可以追溯至唐代。张守节在《史记正义》中，于《史记·赵世家》赵肃侯十七年（前333）"围魏黄，不克。筑长城"一语下注曰："刘伯庄云'盖从云中以北至代'。按：赵长城从蔚州北西至岚州北，尽赵界。又疑此长城在漳水之北，赵南界。"[1] 对赵肃侯十七年所筑长城的位置进行了考证。当然这种考证连他自己也存有疑虑，既言在赵北界，又道在赵南界，自相矛盾。盖因其对史料未经认真考证所致。

明人尹耕最早对今山西省长城遗迹进行了考察。他在《九宫私记》中记录了他所见到的长城遗迹，并对其走向、时代进行了考证："余尝至雁门，抵崞、石，见诸山多有剐削之处，迤逦而来，隐见不常。大约自雁门抵应州，至蔚东山三洞口，诸处亦然。问之父老，则曰：古长城迹也！夫长城始于燕昭、赵武灵，而极于秦始皇。燕昭所筑者，自造阳至襄平；武灵所筑者，自代并阴山至高阙；始皇所筑者，起临洮，历九原、云中，至辽东，皆非雁门、崞、石、应、蔚之迹也！及读史，显王二十六年有赵肃侯筑长城事 [笔者按：赵肃侯筑长城为周显王三十六年（前333）之事，尹耕此处的"二十六年"当系误笔]，乃悟。盖是时三胡并强，楼烦未斥，赵之境守东为蔚、应，西则雁门，故肃侯所筑以之。则父老所谓长城者，乃肃侯之城，非始皇之城也。"[2] 虽说并非专门的田野调查，但可见尹耕已通过肉眼观察、走访乡民、查阅史料、比对文献等手段来考察长城遗迹了。尹耕将今山西省北部长城确定为赵肃侯长城是错误的，这个问题将在本文战国长城一章中进行专门论述。但能将肉眼所见与文献考证联系在一起还是非常难得的。张守节、尹耕等人并未切切实实地从史籍考证入手，也没有进行详细认真的实地考察，仅凭个人主观想法，以及参考父老传说来指认赵肃侯长城的分布。这些说法本身不具有科学的参考价值。

明清时代，是我国志书修撰的黄金时期，有关地区的方志资料中对本地的长城遗迹进行了描述，但也主要是对长城的位置和时代做出了介绍或推断，科学的调查资料和详细的文献考证，可以说依旧是一片空白。

民国时期，王国良和寿鹏飞分别撰就《中国长城沿革考》和《历代长城考》两书，是当时长城研究的经典之作。两书主要对各时代与长城有关的文献记载进行了考证。虽说仍缺乏田野调查工作，但从文献上综合考察我国历代长城，还是具有开拓意义的。他们的著作中也有涉及山西早期长城的考证，可以说是近代以来考察山西早期长城最早的研究成果。[3]

中华人民共和国成立后，张维华所著《中国长城建置考》（上编）一书于1979年出版。该书是张氏从20世纪30年代末至1963年间对战国秦汉时代长城研究的合集，原计划续写汉以后各代长城，并结集为下编，但终未完成。张氏此书虽也只注重于文献考证，但如张氏在1978年写的《后记》中所言："有一位专门从事考古工作

---

[1] 见《史记·赵世家》，第1802页。
[2] 尹耕《九宫私记》之语见光绪《蔚州志》卷五第四页，清光绪三年（1877）刻本影印本。
[3] 王国良编：《中国长城沿革考》，商务印书馆，1931年。寿鹏飞：《历代长城考》，得天庐存稿之二，1941年（王、寿书均见《长城研究资料两种》，香港，香港龙门书店1978年影印本）。

的同志告诉我，说我这种做法，是'纸上谈兵'，应当各地走走，做些实地考察的工作，才能达到比较圆满的目的。"[1]可见他已经意识到田野调查在长城研究中的积极意义了！

事实上，中华人民共和国成立后，随着文物保护研究工作的重视，长城的实地调查也逐步开展起来。尤其是20世纪70年代末以后，长城的田野考察是长城研究的重要途径已经成为学界的共识，"长城研究突破了局限于文献资料收集整理的圈子，而走向实地考察，是长城研究史上的一个重大发展。"在这种背景下，《中国长城遗迹调查报告集》于1981年出版，该书汇集了长城沿线各省、自治区历代长城的田野调查资料。其中有一篇《山西省境内长城简况》，但该文主要谈及山西省明代长城的分布与保存状况，在早期长城方面，仅略述了北魏、北齐等朝代修筑长城的一些文献资料。[2]

此后，山西省文物局长城考察队于1983年编写《山西长城考》一文，反映了1978年以来的长城考察成果。除明代长城略有为翔实的考察资料外，关于早期长城，仍侧重于文献考证，也增添了一些调查资料。但今天看来，调查的某些长城的时代或性质并非如文中所述那样。如文中所称赵肃侯所筑的两段长城，"在繁峙县的神堂堡公社王子大队西南山上，我们找到了一段赵长城的遗址，长约二华里，基宽4米，顶宽2米，残高1.5米，黄土夯筑，夯土平均厚15厘米，厚处20厘米，薄处10厘米，夯窝直径9厘米。""宁武楼子山上现保存有5华里的赵长城，高出地面80厘米左右，隐隐约约依稀可辨，最宽处2米，窄处1.3米，夯层厚1厘米，花色土夹沙石，构筑疏松，山下'紫塞长城'的石刻犹在，字迹模糊。"[3]实际上前者为明代内长城，后者为北齐长城。但无论如何，该文都可以说是最早将文献考证与田野调查资料结合起来研究山西早期长城的。

1985年吴永春调查天镇县明代长城时，也调查了天镇县的早期长城遗存。后来他于1986年发表《天镇北部的长城》一文，又于1992年发表《天镇北部长城的现状与历史考释》。在这两篇文章中，他结合文献记载，对天镇县早期长城的时代进行了考察，尤其是他已注意到通过对比早期长城和明代长城、不同时代的早期长城之间在建筑技术和遗物等方面的差异，去分析这些长城的时代。[4]虽然吴氏的研究还仅限天镇县，但这种文献与田野资料相互印证，田野资料的对比分析在山西早期长城研究中还是很具有开创性的。

1997年，山西省地图集编纂委员会开始编制《山西省历史地图集》，后于2000年出版。在该书中，有一幅地图为《历代长城》，将各种文献记载的长城和以往调查发现的长城以地图的形式展示出来。[5]该图是第一幅关于山西长城分布的地图。但由于该图侧重于对文献记载的长城的展示，缺乏对文献资料的考证，当然更由于此时还没有较为全面的长城遗迹分布的材料，因此该图还存在着较多的缺误。

1999年，为配合《中国文物地图集·山西分册》长城遗址部分的编撰，山西省文物局组织人员对山西省境内的早期长城进行了初步摸底。从2000年至2003年，在山西省文物局的指导下，我校考古专业和忻州市文物管理处组织力量对全省境内的历代长城进行了调查。调查资料的编写和复查工作一直持续至2006年《中国文物地图集·山西分册》的出版。我们在调查时，借鉴了考古调查的一些方法，尽可能地获取更为科学的田野调查资料。这本地图集对山西历代长城的分布、特征以及时代、性质等进行了记述。相对来说，更侧重于长城调查资料的记录，在文献考证方面则较为简略。[6]

---

[1] 张维华：《中国长城建置考》（上编）之《后记》，北京，中华书局，1979年，第1、2页。
[2] 文物编辑委员会编：《中国长城遗迹调查报告集》，北京，文物出版社，1981年。中华人民共和国成立后至20世纪70年代有关长城调查研究的论著，在该书附录《长城文献资料辑略》之七《长城研究参考文献目录》中有罗列（第137～140页）。本段所引"走向实地考察"一语见该书《长城保护研究工作座谈会侧记》一文（第2页）。《山西省境内长城简况》一文见该书第101～105页。
[3] 山西省文物局长城考察队：《山西长城考》，山西省文物局内部资料，1983年。
[4] 吴永春：《天镇北部的长城》，《山西文物》，1986年第2期，第53～57页；《天镇北部长城的现状与历史考释》，山西省考古学会、山西省考古研究所编：《山西省考古学会论文集》（1），太原，山西人民出版社，1992年，第278～285页。
[5] 山西省地图集编纂委员会编制：《山西省历史地图集·军事图组·历代长城》，北京，中国地图出版社，2000年，第384、385页。
[6] 国家文物局主编，山西省文物局编制：《中国文物地图集·山西分册》，北京，中国地图出版社，2006年。

依据这几年的调查成果，有关山西早期长城研究的文章陆续发表，如《东魏肆州长城》《山西北部古长城调查新收获》《山西长城的历史与现状》《山西省北齐长城调查与研究》等，这些文章对山西早期长城的调查资料和文献资料进行了分时代、分地区或综合性的考察。[1] 但这次调查在全面性、科学性方面仍有局限，有关的研究也往往不够系统、深入，受制于此，可以说山西早期长城综合性、科学性、系统性的研究仍属空白。

与此同时，已有学者开始关注长城研究的方法论问题，以赵瑞民《长城研究虚实论》一文为代表。在该文中，赵瑞民指出了长城研究的两种途径，一种是文献考证，可称为"虚的研究"；另一种是野外考察，可称为"实的研究"，但是"实的研究"也不能完全离开历史记载，调查的结果还要结合文献来认定，也就是说"实"中也有"虚"。该文还指出，这两种研究途径目前存在的主要问题就是由于"不同程度地存在感情因素，因而影响到研究结论的客观性"，"作为研究还是要以实事求是为归依，唯其能够做到实事求是，民族的瑰宝才会更有光彩。"[2] 对长城进行实事求是的、科学的"虚""实"研究的方法论，是对以往长城研究方法的系统总结与归纳，在长城今后研究中具有重要的指导意义。

2007年开始至2011年，国家文物局和国家测绘局组织开展全国范围的长城资源调查工作。两局为保证调查的科学进行，专门编制了指导调查工作的各种办法、规范、规定等文件。我省通过系统的田野调查工作，全面掌握了我省各时代长城遗迹的位置、分布、特征等信息，为长城研究提供了客观真实的第一手调查资料。而且从2000年我们涉足长城资源调查工作以来，不仅着重于田野调查，对有关的文献资料也进行了搜集与考证，为长城研究做好了资料的准备工作。山西早期长城综合性的、科学性、系统性研究已具备条件。正是在这种形势下，笔者开始考察山西早期长城。

1.2 山西早期长城研究中存在的问题

综观山西早期长城的文献研究与以往田野调查资料，由于对史料的理解和取舍不同、历史地名考证的差异、引用者的主观意识和田野调查资料本身的局限性等原因，目前存在的问题归纳起来主要有以下几种：确有史籍记载，又有遗迹的，这种情况尤其应注意是否存在不同时代叠压的现象；确有史籍记载，但遗迹无存；有遗迹，但无可靠记载的；由于误读史书或误认遗迹而产生的认识；无记载，自主指认遗迹的。[3]

（一）确有史籍记载，又有遗迹

关于长城的文献记载大致有两种，一种是官修史书，即二十五史、《资治通鉴》等，以及古代的一些地理学著作，如《水经注》《元和郡县图志》《读史方舆纪要》等，它们的记载往往是比较可靠的；另一种就是各地的方志资料，相对而言其可靠性就逊色多了，下文还会谈到其可靠性问题。本小节所说的史籍主要是指前者而言。举凡各朝各代兴建长城，由于要动用大量的人力、物力，并非简单小事，通常会在史书中有文字记载。如果其地望明确，又有现存的长城遗迹，那就属于这里说的"确有史籍记载，又有遗迹"的一类情况。

如东魏肆州长城。据《魏书》《北史》《资治通鉴》等记载，肆州长城建于东魏武定元年（543），位于肆州北山，西起马陵戍，东至土墱。学界关于这几个地名位置的认识比较一致，肆州即今山西省忻州市，北山即宁武县南部汾

---

[1] 山西省文物局长城调查组：《东魏肆州长城》，《文物世界》，2001年第3期，第64～67页。郭银堂等：《山西北部古长城调查新收获》，山西省考古学会、山西省考古研究所编：《山西省考古学会论文集》（四）太原，山西人民出版社，2006年，第164～169页。郎保利：《山西长城的历史与现状》，《山西长城》，2008年第1期，第21～27页。王杰瑜等：《山西省北齐长城调查与研究》，《山西长城》，2008年第1期，第35～37页。
[2] 赵瑞民：《长城研究虚实论》，山西省考古学会、山西省考古研究所编：《山西省考古学会论文集》（四），太原，山西人民出版社，2006年，第297页。
[3] 本节所述的各时代长城的文献记载、地理考证以及对应的长城遗迹，详见各有关章节。只有直接引用的引文注明出处。

河与桑干河上游的分水岭，马陵戍或为宁武县苗庄古城，土隥在原平市西北。在今宁武县中部至原平市西北部发现的长城遗迹，地望正与记载相符。结合这段长城和沿线城址的建筑方式、遗物特征等，可以确定它就是肆州长城。

再如《北齐书》《北史》《资治通鉴》等记载，北齐天保三年（552）、天保六年（555）和天保七年（556）连续修筑长城。其中天保三年的黄栌岭至社干戍长城和天保六年的幽州北夏口至恒州长城，在天保七年（556）时都成为西河总秦戍至海长城的组成部分。黄栌岭在今山西省吕梁市离石区东南，社干戍在今五寨县境，幽州北夏口在今北京市昌平区南口镇，但恒州和西河总秦戍的位置何在，至今众说纷纭。而今山西省北部，西起兴县黄河东岸，向东北经岢岚县、五寨县、宁武县、原平市、代县、山阴县、应县、浑源县至广灵县，入河北省蔚县，有一道长城遗迹。这道长城到底何朝所建，也有不同的意见。这种情况是由于对史书所载地名未进行认真的考证造成的。事实上，这道长城正对应于天保六年长城。因为天保七年长城包括天保三年长城和天保六年长城在内，所以一般也将它们按天保七年长城对待。虽然在认识的过程中有波折，但通过对当时历史地理的综合研究和长城遗迹的仔细辨认，还是可以将这种情况归入"确有史籍记载，又有遗迹"的一类。

北齐天保七年长城，以后斛律羡在天统三年（567）对其东段（从库堆戍向东至海）进行了修缮。到了北周和隋朝，又历数次修缮。据《周书》《隋书》《资治通鉴》等记载，北周大象元年（579）几乎对全线长城进行了重修（西起雁门，东至碣石）。在隋朝开皇（581—600）年间更是多次修筑，比较明确的主要集中于开皇初期的元年（581）至七年（587），开皇末期的十六年（596）和十九年（599）。据《武经总要前集》，岢岚县境的北齐长城在北宋时又得以重修利用。因此必须注意不同时代长城的叠压关系。

（二）确有史籍记载，但遗迹无存

我们在调查早期长城时，对所有与长城有关的文献资料都进行了搜集与考证，设计了各种可能的线路和范围去进行调查。一方面确实找到了一些早期长城，如左云、右玉两县的东汉长城，方山县的北齐天保三年长城，等等。同时，这种工作又往往无异于大海捞针，有时费了九牛二虎之力也没有发现文献中的其他一些长城。

如《新唐书·地理志》记载太谷县"东南八十里马岭上有长城，自平城至于鲁口三百里，贞观元年（627）废。"[1]太谷县在今山西省太谷县，其东南约22千米有马陵关，位于太谷县与榆社县交界的山地地带，对应于《新唐书》中的"马岭"。平城县在今和顺县西部横岭镇仪城村。但鲁口在何地则很难辨。光绪《山西通志·关梁考五》认为："鲁口，当在太行山中。"[2]依此，鲁口可能在太行山中，但去哪里寻找呢？无异于大海捞针！因为马岭和平城县位置是确定的，在左权县西北与和顺县的交界区域有长城村（即光绪《山西通志·关梁考五》"今辽州西北有长城镇，与和顺界"一句中的长城镇[3]），所以2010年调查时，我们设定了西自太谷县马陵关，东至和顺县仪城村和左权县长城村，在太谷县和榆社县交界向东至和顺县西部、左权县西北部山区进行调查的这样一个空间范围。但经过一个月的认真调查，我们仅在马陵关附近见到有明清时期的一座堡址和三座烽火台，别无其他发现。重新审视这条记载，我们对"贞观元年废"一语产生了很大的疑问，首先这句似表明当时主动废弃了长城，但史书中往往只有长城停建之类的词语，还没有见到长城废弃的文字；其次，难道我们没有发现长城，是因为早已废弃的缘故吗？但不至于一丁点遗迹也没有留下来吧！

《新唐书》记载的这段长城，所涉的一些地名好歹还可考证。在史籍记载中，还有一些地名实在是无法考证。

---

[1]《新唐书·地理志三》，第1003页。
[2] 光绪《山西通志》（第八册），刘克文总点校，北京，中华书局，1990年点校本，第3566页。
[3] 光绪《山西通志》（第八册），刘克文总点校，北京，中华书局，1990年点校本，第3566页。

如北齐天保八年（557）修筑了库洛拔至坞纥戍的重城，但与库洛拔和坞纥戍有关的事件在史书中就出现了这一次，而且也没有这两个地点所属州郡的位置信息，这段长城的位置与走向根本无从指认。虽然清代和民国时期，一些学者指出了这两个地点的位置，今人也多从清代和民国学者的意见，但到底它们的位置是依据什么而定的？则没交代。既然无从判断长城的位置，那么到底这段长城还有没有遗迹当然也是未知数。

（三）有遗迹，但无可靠记载

在长城记载方面，地方志资料是史书以外的重要补充。各种地方志的山川、关隘、古迹或军事之类的篇章通常都记录了本地域的长城，为我们的调查研究提供了非常重要的参考资料。但地方志又往往对本地域长城的时代、性质欠缺严谨的考证，通常仅仅依据对某些史书的断章取义，或地方传说，或任意臆测，就断然地给出了各自的说法。因此相对史书而言，地方志资料是一种"不可靠"的记载，需要慎重对待。

今山西省壶关、陵川、高平、沁水诸县市发现的长城遗迹，我们在史书中未见端倪。但乾隆《潞安府志》中的一段记载，指称"潞泽之交，横亘一山，起丹朱岭，至马鞍壑，有古长城一道……以事考之，则长平之役，秦人遮绝赵救兵及刍饷而筑也"，[1] 恰与壶关诸县市长城遗迹对应。因此使我们能够往这段长城有可能是秦赵长平之战时所筑这个方面去想。将视野扩大到邻近的河南省，发现河南省林州市的战国时期石墙与壶关诸县市长城是能够联系起来的。嘉靖《彰德府志·地理志二·林县》记载了林州市西部有秦赵分界的"秦王堤"。[2] 依据长平之战时的政治军事形势，结合乾隆《潞安府志》和嘉靖《彰德府志》的记载与论断，壶关诸县市长城和林州市石墙有着相同的时代和性质，当属战国秦赵长平之战时秦国为防赵国援军而筑。高平市长城沿线发掘的战国陶片印证了长城时代的判断。但证明工作还没有结束，因为有的地方志认为这段长城是五代梁晋交兵时所筑。我们发现这种说法的一些主要证据与长城无关，可以排除其为五代长城。如此，才能比较确定地认为壶关诸县市长城是秦赵长平之战遗迹。这属于"有遗迹，但无可靠记载"的一类情况。除这种有助于判断长城遗迹时代的资料外，还有一些地方志的长城记载则根本就是错误的。

《嘉庆重修一统志·大同府》古迹条载："长城，在大同县北一百四十里，亘天镇、阳高二县北，东接直隶宣化府界，西接朔平府界。《史记·赵世家》：肃侯十七年，筑长城，从云中以北至代。"[3] 《嘉庆重修一统志》在引《史记》文字时，直接将《史记》原文与《史记正义》所引刘伯庄之语混谈一处，根本没有检视《史记》原文。[4] 这种引文当然不能作为大同府长城是赵长城的依据。

光绪《岢岚州志·形胜·古迹》载："长城，在城北一里许，俗呼长城梁。旧《志》蒙恬筑，一云赵武灵王筑。……考赵武灵王破林胡、楼烦，自阴山、高阙抵雁门、云中筑长城，阴山、高阙皆岢岚地。……岢岚，赵地，楼烦故墟，是长城筑于赵……其谓蒙恬所筑者，误矣。旧址至今尚存。"[5] 这段文字对岢岚县北长城的时代进行了考证，认为长城并非秦代蒙恬所筑，而是筑于赵武灵王。其理由似乎言之凿凿，如岢岚县为楼烦故墟，有阴山、高阙。事实上岢岚县北距阴山200余千米，它们根本没有关系。这是为了证明是赵武灵王所筑，而硬将阴山、高阙移到了岢岚县。这种荒谬的考证是不足为信的，但以后重修地方志时却未对资料再行认真考核，今本《岢岚县志》所载内容就与光

---

[1] 乾隆《潞安府志》（一），《中国地方志集成·山西府县志辑》（第30册），南京，凤凰出版社，2005年影印本，第69页。
[2] 嘉靖《彰德府志》卷二第26页，《天一阁藏明代方志选刊》（第45册），上海，上海古籍书店，1964年影印本。
[3] 《嘉庆重修一统志》（第九册），上海，上海书店，1984年影印本。
[4] 《史记·赵世家》：赵肃侯十七年（前333），"围魏黄，不克。筑长城。"（第1802页）张守节《史记正义》于"筑长城"一语下注曰："刘伯庄云'盖从云中以北至代'按：赵长城从蔚州北西至岚州北，尽赵界。又疑此长城在漳水之北，赵南界。"（第1802页）
[5] 光绪《岢岚州志》，《中国地方志集成·山西府县志辑》（第17册），南京，凤凰出版社，2005年影印本，第562页。

绪本相同。[1]因此地方志资料的可靠性往往是有限的，在面对地方志资料时，我们必须慎重，唯有以实事求是为归依，切勿人云亦云，盲目依从。

（四）误读史书或误认遗迹而产生的认识

"误读史书或误认遗迹"这种情况通常是将见到的长城遗迹指认为史书中记载的某段长城，既缺乏对长城遗迹的现实考察，也缺乏对历史文献的详细考证。

最典型的一个事例就是所谓的"赵肃侯北长城"。《史记》中只言战国时期赵国长城有赵肃侯十七年（前333）所筑的漳滏长城和赵武灵王所筑长城。但从唐代开始，又认为赵肃侯在赵国北界修筑了一条长城。此说源于张守节《史记正义》，他于《史记·赵世家》赵肃侯十七年（前333）"围魏黄，不克。筑长城"一语下注曰："刘伯庄云'盖从云中以北至代'按：赵长城从蔚州北西至岚州北，尽赵界。又疑此长城在漳水之北，赵南界。"[2]其实刘伯庄语很有可能是指赵武灵王长城而言，被张守节错误地引用与发挥，由此造就了一条本不存在的赵肃侯北长城。而后人也多不查考，盲目地引用张守节之语。即使张维华已经发现张守节的错误之后，也没有否定这条长城，而是另外找了一篇论述战国时代各诸侯国险要地形的辩论文章为这条长城提出了新的"依据"。[3]地当赵肃侯时期赵国北界的今山西省北部，确实存在有东西延亘的长城，包括北齐天保七年长城（北周和隋代又多次修缮）和明代内长城。它们成了臆造出来的"赵肃侯北长城"的比附对象。

"误读史书"还有一种情况，就是将本无关系的史实关联到了一起。所谓的北魏"六镇长城"就是这种情况。北魏太和八年（484）高闾奏请修建六镇长城，孝文帝"优诏答之"。[4]从记载中可知孝文帝并未采纳高闾的建议。古代的各种地理学著作中也未见到所谓北魏六镇长城的描述。但从20世纪80年代以后，一些学者开始认为有六镇长城，其形式为壕堑。主要的依据是《水经注·鲍丘水》"大榆河又东南出峡，迳安州旧渔阳郡之滑盐县南，左合县之北溪水，水出县北广长堑南。太和中，掘此以防北狄"的记载。[5]论者以为，滑盐县、"广长堑"在北魏御夷镇附近，"广长堑"和高闾的六镇长城又都是太和年间（477—499）之事，如此就将滑盐县北之"广长堑"说成是六镇长城的一部分。这是硬将高闾的奏章与《水经注》的"广长堑"联系在一起的结果。

"误认遗迹"，如今山西省东部娘子关、固关的长城，清代张佩芳在《平定郡志考正》中，就认为其时代属战国中山国、赵国，后来又属北齐。事实上，从我们的调查情况来看，这里现存的长城均属明代内长城。

（五）无记载，自主指认遗迹

"无记载，自主指认遗迹"主要是指今人面对某些长城遗迹时，并无文献依据，而径直指出长城的时代与性质。如所谓的北魏"金陵围墙"。

在山西省左云县三屯乡境内，现存有东北—西南走向的一段长城，今本《左云县志》指出它是保护皇家陵寝所在地金陵的围墙。[6]事实上在《魏书》《北史》中根本没有"金陵围墙"的记载。而且金陵到底何在？至今意见分歧，或在今内蒙古自治区托克托县一带，或在和林格尔县西北，或在山西省右玉县大南山，或在左云县五路山。但仔细考究，无论哪种所在，都位于左云县长城的西侧或西北侧，这段长城谈不上保卫金陵。对于这类缺乏文献记载的长城遗迹，我们只能是如实地记录长城遗迹，努力地从文献中寻找线索，而不应武断地给它一个"名分"。

---

[1]《岢岚县志》，太原，山西古籍出版社，1999年，第464页。
[2]见《史记·赵世家》，第1802页。
[3]张维华：《中国长城建置考》（上编），北京，中华书局，1979年，第100～102页。
[4]《资治通鉴·齐纪二》，第4262、4263页。《魏书·高闾传》有类似记载（第1201、1202页）。
[5]（北魏）郦道元著，陈桥驿校证：《水经注校证》，北京，中华书局，2013年，第324页。
[6]《左云县志》（1991—2003），北京，方志出版社，2005年，第523页。

除以上五种情况以外，还有其他的一些问题，文献中记载为长城，但是难以确定到底是长城？还是数座城址？如北齐武平元年(570)的汾北长城，据《周书》有关记载，由齐将斛律光修建，东起华谷，西至龙门。但据《北齐书》《资治通鉴》，则无汾北长城的记载，对应的只是华谷和龙门二城，并非长城。我们在汾河北岸调查时，未发现长城遗迹。但这也只说明有可能原无长城，也有可能原有长城而已消失。这类问题还需要更多地去挖掘史料，还其真相。

最后还有一种情况必须予以重视，就是盲目地将一些并非长城的遗存指认为长城。这种情况的出现，主要是由于田野调查者的主观喜好，往往缺乏实事求是的态度。据一些地方志资料，保德县的偏桥村一带有长城，一些人在偏桥村调查时，将村内的高大土垅说成是早期长城。根据我们的勘察，这些所谓的长城，既无夯层，也无包含物，均位于洪水冲沟两侧，显系洪水长期冲刷形成的土垅，形似高墙，才被误认为是长城的。其他如近代以来一些堤坝之类的水利设施，因为形式也为石墙，也有被误认的可能。我们在调查时，时常见到一些地方的山顶存有石块垒砌的圆锥形台体，约一人高，直径1米多，它们在有的地图上被标示为烽火台。事实上，它们只是近现代农民为避免冰雹灾害，于山头垒砌的驱害避邪的祈祷设施，有些地方的乡民称其为"石大汉"。

1.3 研究的方法与意义

1.3.1 长城研究的两种资料及其局限性

上一节从各种文献记载的可靠性、田野调查资料的局限性、文献记载与田野资料的对应等方面，指出了早期长城研究中存在的一些主要问题，从中也可以看出长城研究的基础材料不外有二，一是各种文献资料，无论其可靠与否均须认真对待；二是田野调查资料，田野调查工作的科学性决定了所采集资料的科学程度。唯有两种资料的紧密衔接，才可能有正确的认识。但应用这两种资料时，必须对它们自身的局限性有清晰的认识。关于田野资料的局限性，本文将在叙述完各时代长城遗迹后于结语一章中再行讨论。接下来谈谈文献资料的局限性。[1]

文献资料方面，即使最可靠的史书，在记述长城时，无论修筑时间，还是位置所在，或多或少都存在语焉不详，甚至相互抵牾的情况。但无疑我们必须搞清楚长城的修筑时间和位置，否则根本谈不上去考察长城了。

关于修筑时间，如东汉建武十二年和建武十三年长城，在《后汉书》中是两年的不同事件，但《资治通鉴》则将二事合并为一事，记为建武十二年(36)。考虑到《后汉书》中两年之事的文字记载差异较大，当并非同一事件。再如建武十五年马成缮治四段障塞的时间，《后汉书·马成传》记为建武十四年(38)，但有个很重要的信息就是马成是代杜茂缮治障塞的。查杜茂被免时间，据《后汉书·光武帝纪》和《杜茂传》，均为建武十五年(39)，因此马成缮治这四段障塞的时间也应是建武十五年(39)。

在时间记载上最为混乱的当属隋代崔仲方两次修筑朔方长城的时间。《隋书·崔仲方传》只记事迹，未记时间，据前后文可将时间限定在开皇元年(581)至开皇六年(586)。《资治通鉴》则将两次修筑的时间分别系于开皇五年(585)和六年(586)。后代的研究著述也多从《资治通鉴》。事实上在《崔仲方传》中有一个很明确的时间点，即崔仲方在第二次筑城期间或之后，由于父亲去世而离职。据《周书·崔猷传》，其父崔猷卒于开皇四年(584)。这样崔仲方的第二次筑城当不晚于开皇四年(584)。《资治通鉴》系年有误。

再看长城位置的记述。东汉建武十二年杜茂筑亭候、修烽燧的位置，只粗记为"北边"；建武二十一年马援修筑烽候、堡壁，干脆就没记位置。碰到这种情况，就要考虑当时的边防形势，结合军事斗争的主要地点或区域来推断长城的位置。东汉建武十二年长城据当时东汉与卢芳双方交兵的主要区域和卢芳势力范围的盈缩，可确定大致位于雁门和代郡北境；建武二十一年长城据乌桓活动范围和马援的主要军事活动地点和区域，可确定大致位于雁门、代郡、上

---

[1] 本节所述的各时代长城的有关文献记载和考证，详见各有关章节。只有直接引用的引文注明出处。

谷三郡北境，在高柳（今山西省阳高县）和白山（今河北省北部大马群山）之间。其他如隋朝开皇元年（581）"发稽胡修筑长城"，[1] "上敕缘边修保障，峻长城"，[2] 也都是没明确长城的位置。

除这种位置记载模糊不清的状况之外，较多的是只记起止点。如北魏泰常八年（423）筑长城，东起赤城，经长川之南，西至五原；太平真君七年（446）至九年（448）筑畿上塞围，东起上谷，西至黄河；东魏武定元年（543）所筑长城，位于肆州北山，西起马陵戍，东至土隥；北齐天保三年（552）筑长城，南起黄栌岭，北至社干戍；北周大象元年（579）筑长城，西起雁门，东至碣石；唐代初年在太谷县东南马岭上有长城，从平城至鲁口，等等。起止点之间是不可能直线连接的。这就要求我们在搞清楚起止点位置之后，需要根据当时的政治、军事形势和民族关系以及自然地理地势等去推断其位置所在。如东魏肆州长城，我们在确定与长城有关的地名的位置之后，对当时东魏与柔然的战争和交往中所涉及的地名也进行了考证，揭示了这段长城正位于东魏与柔然的交界的肆州北境。今天在山西省原平市和宁武县保存的一段长城，其地望恰与肆州长城相对应。再通过考察长城和沿线城址的建筑方式、遗物特征等，确定这段长城属东魏肆州长城。

有些起止点则是比较宽泛的地名，涵盖区域较大，如北齐天保六年（555）所筑长城所涉的恒州并非具体的某个地点，这就需要我们从文献中挖掘出更多的地理信息去判断其可能的具体地点。在天保六年（555）修筑长城之前，齐文宣帝高洋曾"北巡至达速岭，览山川险要，将起长城"，达速岭恰位于恒州北境，应当是天保六年长城经过的一处地点。

1.3.2 研究方法

研究方法不仅取决于所要用到的资料的性质，也取决于研究对象的特征。本章第一节曾提及赵瑞民在《长城研究虚实论》一文中，指出长城研究中的"虚""实"两种途径，"虚"是针对文献资料，从文献上进行研究；"实"是通过田野考察去研究长城。对长城进行科学的"虚""实"研究是长城研究的最基本的方法论。

长城是特定时代的、位于边境地区、从此到彼的线状防御设施，这种特征决定了历史地理学方法在长城研究中的重要作用。不仅如此，当时关系到边境形势的政治、军事、民族关系等的发展变化也是在确定长城位置时必须考量的。由于各种文献资料的可靠性存在差异，资料的考据、分析是长城研究中的重要内容。这些都是针对文献资料的研究手段，它们之间并无主次或先后之分，是紧紧绞合在一起的。只有在做好文献工作的基础上，开展田野调查工作才有效果和意义。本文的研究将从文献资料和田野资料两个方面展开，力图达到两种资料的有机统一。

（一）历史地理考证时必须保证地名的时、空对应

考察长城位置时，无论是那些有明确起止点，还是那些位置信息不完整的，都需要对有关地名进行准确的考证。必须注意的是我国古代政区地理的变迁是十分复杂的，应当保证地名考证中的时、空对应。

如东汉建武十三年长城所涉的"代"，有学者依《后汉书·郡国志》认为是指代郡治高柳县（今山西省阳高县），实际上代郡治高柳县是建武二十六年（50）以后的事情，此前郡治是在代县的（今河北省蔚县东北）。再如建武十五年马成缮治的四段障塞，有一段是"西河至渭桥"，由于《后汉书·郡国志》载东汉时西河郡治离石县（今山西省吕梁市离石区），因此这段障塞多被认为起于今山西省吕梁市离石区。但《后汉书·顺帝纪》载永和五年（140）"徙西河郡居离石"，李贤等注云："西河本都平定县，至此徙于离石。"[3] 据此知永和五年（140）西河郡才移治离石。

再看北齐天保六年（555）幽州北夏口至恒州长城所涉之恒州，因为北魏迁都后至北魏末年废弃以前的恒州和北

---

[1]《隋书·高祖纪上》，第15页。
[2]《隋书·突厥传》，第1865页。
[3]《后汉书·顺帝纪》，第270页。

齐天保七年（556）复置的恒州，均治北魏平城（今山西省大同市），很多学者认为长城所涉的恒州即此恒州。但事实上这段长城修筑时的天保六年（555），恒州是寄治于肆州秀容郡的（郡治秀容县，今山西省岚县古城村）。由于未查究这一两年的差别，一下子就把天保六年长城的西端北移了200千米左右。可见，若搞不清楚有关地名的时、空对应关系，所产生的认识必然是有误的。

（二）综合考察有关时期和地区的政治、军事和民族关系等

长城的修筑是适应各时期政治、军事和民族关系发展变化的产物。因此，考察长城修筑时期关系到边境形势的政治、军事、民族关系等的发展变化就成为我们确定长城位置的重要途径。如上一小节所述，位置记载模糊不清的，要通过当时的边防形势予以判断；有明确起止点的，也要通过考察当时的政治、军事形势和民族关系来证明长城位置的正确与否。

如北齐天保七年长城，西自西河总秦戍（今山西省汾阳市境），东至大海（今河北省山海关附近渤海沿岸），绵延三千余里。通过考察天保年间（550—559）北齐与库莫奚、契丹、柔然等少数民族在北方边境地区进行战争所涉的地名，揭示出北齐北部疆界的大致范围，西侧大致在今山西省朔州市、山阴县境的马邑川、黄瓜堆一线，中部大致在今山西省广灵县、河北省蔚县的代郡一带，东部则在今河北省东部、辽宁省西部的平州和营州一带。印证了北齐天保七年长城的走向，肯定了山西省北部从兴县至广灵县的长城遗迹属天保七年长城。

（三）各种文献资料有关信息的考据分析

由于各种文献资料的可靠性存在差异，加之文献资料本身是有局限性的，文献的考据、分析是长城研究的重要手段，包括长城的修筑时间、位置、背景及其他信息都需要通过对各种文献的详细考辨予以明晰。如上一小节所述的几个时代有问题的事例。在此还必须强调的是要用全局的视野去考察各时代的长城修筑事件。这方面最突出的事例，就是将隋朝开皇（581—600）初年诸次修筑长城的事件联系到一起，一条东西连贯的长城防线就展现在我们面前，揭示了当时的长城修筑不单单只是一时、一地之事，而是一项持续的、系统的边境之策。而原来由于史料记载分散，学界往往把开皇初年的有关记载定性为不同年代的、互不关联的长城。

（四）科学的田野调查

开展长城的田野调查，首先必须做好各种文献工作。如上述北齐天保六年长城所涉的恒州，如果没有搞清楚或搞错天保六年（555）时恒州所在，所进行的田野调查工作自然不会有什么成果与收获。同时不是所有长城调查资料都有充分价值的，只有建立在科学调查基础上获得的资料才能如实地反映长城的历史面貌。接下来谈一下与长城田野调查工作方法有关的一些问题。

明代尹耕在《九宫私记》中写道："余尝至雁门，抵岢、石，见诸山多有劚削之处，迤逦而来，隐见不常。大约自雁门抵应州，至蔚东山三涧口，诸处亦然。问之父老，则曰：古长城迹也！"[1] 可见，他的田野调查再简单不过了，还停留于肉眼观察和走访乡民，至于系统的踏勘和记录则是没有的。各种记载长城的地方志资料中，长城遗迹的描述往往是延用旧志，即使有一些补充的新资料，也通常只是对局部地段进行了调查，缺乏对当地长城全貌的系统描述。中华人民共和国成立后，陆续出版、发表了一些长城调查报告，但囿于时间、经费、物质条件等因素，调查还很难按照真正的科学的规范进行，依旧停留于"以点带线"的阶段，缺乏对长城的全面调查。虽然有学者对明代长城进行过全线调查，但也往往只是描述一下长城的行经地点，一些段落的材质、尺寸等，这种资料有一定的科学性，但远远不够，容易"以偏概全"。

2000年以后，我们在调查山西省长城时，已经注意到以往田野调查的局限性，因此借鉴了考古调查的一些方法，

---

[1] 尹耕《九宫私记》之语见光绪《蔚州志》卷五第四页，清光绪三年（1877）刻本影印本。

尽力避免单纯的"以点带线"和文字记录。在调查前，搜集有关地区的各种文献资料，对长城记载进行考证，研判其时空分布；调查时，利用1:5万地形图、GPS确定长城的地理信息，除文字和绘图记录外，采用摄像机、照相机全方位记录长城遗迹，沿线采集遗物、调查有关遗址，以及进行考古发掘直接获取长城时代的有关信息，等等。2006年出版的《中国文物地图集·山西分册》长城遗址部分，就是我们探索长城科学调查的重要成果。回头再看，虽然说我们已经着眼于长城调查的科学性，但由于还处于摸石头过河的阶段，加之人力等因素的制约，长城调查资料的科学性仍很有限。

2007年，国家文物局和国家测绘局组织的全国长城资源调查工作开始，长城调查进入一个更科学、更规范的阶段。在调查手段方面，除以往采取的田野考古调查方法外，充分运用航空考古、遥感考古和测绘技术、信息技术等现代科学技术方法，全面、准确地获取长城长度、分布、材质类型、建筑方式、形制尺寸、附属设施及它们的保存状况和所处环境等资料。为保证调查的科学性，两局专门制定了《长城资源调查工作总体方案》《长城资源调查工作规程》《全国长城资源调查管理办法》《长城资源调查名称使用规范》《长城基础地理信息与专题要素数据生产外业技术规定》《长城基础地理信息与专题要素数据生产内业技术规定》《长城基础地理信息与专题要素数据技术规定》等工作规范和技术标准，设计和开发了"长城资源调查数据采集系统"，对长城调查的各个环节都做出了规定。我省严格遵照国家制定的规范标准，开展了系统的田野调查工作，全面掌握了我省各时代长城遗迹的准确信息，为长城研究提供了客观真实的调查资料。

长城的调查虽然采取了各种的技术方法，但是实际工作时仍存在很大的困难。这一方面是由于保存的问题，很多遗迹或消失，或毁损严重，难以觅得；另一方面也是由于文献记载方面的粗疏所致。文献中往往只记长城的起讫地点，它途经了哪些地方则未记载。我们在调查时，只能划定大致的范围展开搜寻。如北齐天保三年长城在黄栌岭和社干戍之间，依这两个位置可确定长城是沿吕梁山延伸的，但吕梁山既险且大，何处找寻呢？为保证不遗漏任何遗迹，我们从南向北基本上对吕梁山的各个山梁都进行了踏查。除以往就在五寨县发现的少量遗迹外，最后终于在方山县也发现了一段长城。再如唐初的马岭长城，记载的几处地名的位置能大致确定，但具体调查时，我们也只能设定涵盖太谷、榆社、和顺、左权诸县的调查范围，这个空间范围达数百平方千米。我们以一个一个的山头为单元展开了调查，可惜费了九牛二虎之力也未发现唐代长城遗迹。野外调查工作虽然艰辛、繁重，但如此我们的调查也获取了最为全面的资料，也最终保证了我们调查研究工作的科学性。

最后还需要提及的是，文献中有时会记录长城的长度，各朝代的尺度据《中国科学技术史·度量衡卷》均可确定，从而能够将长城长度换算成千米数。如果起止点之间的实测长度与换算长度相当的话，说明起止点的判断是可信的。但如前所述，长城不可能是起止点之间的简单连线，而且古代记录长度往往只是个约数，本身并不准确。因此，依靠尺度换算确定起止点位置并不可靠，只能是在起止点位置很明确时作为参考。本文只在个别地方使用了长度换算这种方法。

1.3.3 研究意义

我省长城资源调查工作已于2011年结束，除明长城外，还获得了大量的明以外，尤其是明以前其他时代，即本文所说的早期长城的资料。如果我们简单地划分一下工作阶段，调查前搜集与整理各种文献资料，调查中科学采集长城田野资料，本文就是调查后对既有文献资料、田野资料进行综合分析研究的产物。这样的综合研究，不仅是要廓清有关山西早期长城的各种文献记载，揭示出文献中的山西早期长城，也要对已获得的田野调查资料的时代、性质和特征做出客观的分析与研判，从而还原真实的山西早期长城的历史面貌，推动我国长城历史文化科学研究的深入开展，促进长城资源的可持续利用和保护。

第二章　战国长城

今山西省东部的娘子关和固关自古就是联系山西高原和河北平原的重要关隘，有学者认为战国时期中山国所筑长城途经这里。但根据我们的调查结果，这里现存的长城均属明代内长城。赵国是战国时期今山西省北部的主要诸侯国势力。由于赵国北邻林胡与楼烦，战争频仍，有学者认为在赵武灵王北破林胡、楼烦以前，赵肃侯曾于赵国北境修筑长城，但事实上这是一条并不存在的长城。战国后期的秦赵长平之战，是我国古代史上第一次最大规模的战争，战争双方投入了数十万计的兵力，兴建了大量的防御工事，秦军为阻绝赵国援军，还修建了连绵的长城防线。今在山西省东南部以及与河南省北部的交界区域就发现了这样的遗迹。

2.1 中山国长城之惑

中山国筑长城一事见于《史记·赵世家》：赵成侯六年（前369）"中山筑长城"。[1]可惜没有交代它的位置信息。这就为后代讨论中山国长城时，留下了很大的"想象"余地。

光绪《平定州志·杂志·古迹》载："张佩芳《郡志考正》曰：北齐文宣帝天保六年（555），发民一百八十万筑长城，自幽州北夏口至恒州九百余里。先是，自西河总秦戍长城东至于海，前后所筑东西凡三千里，率十里一戍，其要害置州镇，凡二十五所。按：长城历代有之，今固关、娘子关山下有长垣，随山屈曲，残堞犹存，疑即古长城也。《史记·赵世家》：成侯六年（前369），中山筑长城，又肃侯十七年（前333）筑长城。刘伯庄云此长城在漳水之北，赵南界。以地理稽之，正当此处。然年世久远，恐无复存，固当属之北齐。"[2]

《郡志考正》指清代乾隆年间（1736—1795）张佩芳编撰的《平定郡志考正》。在这段引文中，张佩芳首先记述了北齐修筑长城的记载，并指称娘子关、固关的长城即北齐长城。其次他又记述了战国中山国、赵肃侯修筑长城的记载，依其文字，当认为中山国长城和赵肃侯长城是一回事，然后据刘伯庄之语认为中山国长城和赵肃侯长城位于娘子关、固关一带。最后他还是认为娘子关、固关长城应属北齐长城，理由仅仅是中山国长城和赵肃侯长城"年世久远，恐无复存"。

张佩芳的这段文字，并未认真地对中山国长城、赵肃侯长城和北齐长城的位置进行考证，纯属臆测。首先，娘子关、固关在北齐时不属边地，与幽州、恒州、西河郡等地相距甚远，北齐时也无在娘子关、固关修筑长城的记载，将娘子关、固关长城定为北齐长城是错误的。其次，他所说的刘伯庄语实为张守节之语，[3]但无论如何也不应该将南北相距甚远的娘子关、固关和漳水视为同一地方（直线距离约150千米），这违反了起码的地理常识，建立在此基础之上的观点当然只能是无稽之谈。虽然谬误如此，但以后娘子关、固关长城还是往往被认为肇起于战国中山国，成为有些学者勾画的中山国长城的重要关隘。

寿鹏飞将中山国长城的走向描述为"北起泰戏山，[4]迳长城岭（《方舆纪要》：长城岭在庆云县西南四十里），纵贯恒山，并太行而南下，凡龙泉、倒马、井陉、娘子、固关皆属之。《方舆纪要》以为至赞皇县后沟口始竟，然不止此。而南达邢台县黄泽关、宋陈口（亦见《方舆纪要》邢台篇），又南至明水岭大岭口而止（见光绪《畿辅志》），昔以为直隶、山西两省界城，是为南北纵贯之长城。"[5]以后罗哲文沿用寿鹏飞之说。罗哲文认为中山国的主要敌人是赵、晋，"因此，中山长城的位置应在他的西南部与赵、晋交界处"，"中山长城的位置在今河北、山西

---

[1] 《史记·赵世家》，第1799页。
[2] 光绪《平定州志》，《中国地方志集成·山西府县志辑》（第21册），南京，凤凰出版社，2005年影印本，第570页。
[3] 《史记·赵世家》：赵肃侯十七年（前333），"围魏黄，不克。筑长城。"（第1802页）张守节《史记正义》于"筑长城"一语下注曰："刘伯庄云'盖从云中以北至代'按：赵长城从蔚州北西至岚州北，尽赵界。又疑此长城在漳水之北，赵南界。"（第1802页）
[4] 泰戏山今称孤山，在山西省繁峙县东境，平型关即位于此。
[5] 寿鹏飞：《历代长城考》，得天庐存稿之二，1941年，第5、6页（《长城研究资料两种》，香港，香港龙门书店，1978年影印本）。

交界的地区，纵贯恒山，从太行山南下，经龙泉、倒马、井陉、娘子关、固关以至于邢台黄泽关以南的明水岭大岭口，全长约五百多里。"[1] 李孝聪的描述有所差别："这段长城的位置可能在中山国西北边界，沿今河北唐县、曲阳、行唐、灵寿、平山、石家庄西南的太行山南下，止于邢台西北。"[2] 李孝聪虽未言及娘子关、固关，但这两处关隘正位于平山、石家庄西侧的太行山中。总体而言，他们都认为中山国长城在太行山一线。但是否如此呢？

中山国修筑长城的赵成侯六年（前369）之时，赵国都城已迁至邯郸（今河北省邯郸市），赵国要侵犯中山国的话，走平坦的河北平原不是更加便利吗？为何而要绕道太行山呢？因此将中山国长城定在太行山一线实在是于理不通。今太行山一线确有长城，从我们的调查情况来看，现存长城均属明代内长城。[3]

相对于罗哲文等人的言论，现代的一些方志资料倒是比较慎重的。今本《阳泉市志》载："史载：战国时赵成侯六年（前369），中山国为防御赵国进攻筑长城；赵肃侯十七年（前333），赵国为防魏齐之兵筑长城；北齐天保六年（555）征发民夫180万筑长城。学界有人认为这几次修筑长城可能与阳泉有关。阳泉境内现存的长城属明代修筑的内长城"。[4]《平定县志》载："长城，县境长城史载为战国赵世家成侯六年（前369）所筑，北齐文宣帝天保六年（555）复修，皆废。今仅存长城残堞，系内长城南端，筑于明代。""本县境内的长垣，早在战国时代就开始修筑。今存……大部为明代所筑。"[5]《盂县志》载："长城，本县东北边境的冀晋交界峻岭之上筑有长城，北达神堂堡（今繁峙县），南至黄泽关（今左权县），全长400公里。始建年代不详，一说始建于春秋时中山国，一说始筑于南北朝北齐武成帝初年。东汉复修过盂县至井陉段，明代此段再修称真宝线，属真宝镇管辖。"[6] 可以看出，一方面这些方志都受张佩芳之说影响，提到了该地区有中山国、赵国和北齐长城；另一方面，在并未否定中山国、赵国和北齐长城的情况下，又都指出本地区现存长城为明代建筑。之所以会有这种自相矛盾的情况出现，度其意当是"宁说早不说晚"的"感情因素"在作祟。[7]

中山国长城的原初位置，因根本没有任何史书予以记载，将娘子关、固关长城视为中山国长城只能是"信口开河"。

2.2 讹传的赵肃侯北长城

据《史记》，战国时期赵国修筑长城有两次，一次是赵肃侯十七年（前333），一次是赵武灵王时期（前325—前299）。

第一次，《史记·赵世家》载：赵肃侯十七年（前333），"围魏黄，不克。筑长城。"[8] 司书还载赵武灵王十九年（前307）"召楼缓谋曰：'我先王因世之变，以长南藩之地，属阻漳、滏之险，立长城，又取蔺、郭狼，败林人於荏，而功未遂。……'"[9] 赵武灵王为赵肃侯之子，因此赵武灵王所说"先王"即指赵肃侯，而"阻漳、滏之险，立长城"之语正与赵肃侯十七年"围魏黄，不克。筑长城"相对应。魏国黄地在今河南省北部内黄县西北，位于魏国北境。[10] 古漳水与今漳河在今河北省临漳县西南以东河道不同，今漳河向东流入卫河，古漳水位于今漳

---

[1] 罗哲文：《长城》，北京，北京旅游出版社，1988年，第16页。
[2] 李孝聪：《中山长城》，中国长城学会编：《长城百科全书》，长春，吉林人民出版社，1994年，第72页。
[3] 《山西省明代长城资源调查报告》，北京，文物出版社（待版）。
[4] 《阳泉市志》，北京，当代中国出版社，1998年，第1040页。
[5] 《平定县志》，北京，社会科学文献出版社，1992年，第427、549页。
[6] 《盂县志》，北京，方志出版社，1995年，第420页。
[7] 关于长城研究中"感情因素"的影响参见赵瑞民：《长城研究虚实论》，山西省考古学会、山西省考古研究所编：《山西省考古学会论文集》（四），太原，山西人民出版社，2006年，第297页。
[8] 《史记·赵世家》，第1802页。
[9] 《史记·赵世家》，第1806页。
[10] 后晓荣：《战国政区地理》，北京，文物出版社，2013年，第88页。张维华：《中国长城建置考》（上编），北京，中华书局，1979年，第91、92页。王育民：《中国历史地理概论》（下册），北京，人民教育出版社，1988年，第422页。景爱：《中国长城史》，上海，上海人民出版社，2006年，第114页。其中后晓荣指出魏国黄地的具体位置在今河南省内黄县西北旧县村，其余仅指出位于今河南省内黄县境或内黄西北。

河以北,东北流入故黄河。滏水为漳水支流,在漳水北侧,大体与漳水平行,它们均位于赵国、魏国交界地带。赵肃侯所筑长城在漳水、滏水之间,位于今河北省南部与河南省交界区域。[1]

第二次,《史记·匈奴列传》载:"赵武灵王亦变俗胡服,习骑射,北破林胡、楼烦。筑长城,自代并阴山下,至高阙为塞。而置云中、雁门、代郡。"[2] 这道长城习称赵武灵王长城,分布于今河北省、内蒙古自治区的阴山、大青山沿线。[3]

赵国的这两道长城本与今山西省无涉。但从唐代以后,一些学者陆续指出赵肃侯在赵国北境也筑有长城,其位置主要就是在今山西省北部。为与赵肃侯所筑漳滏长城相区别,本文将之称为赵肃侯北长城。接下来将对赵肃侯北长城诸说进行考述。

2.2.1 赵肃侯北长城的种种误说

唐代张守节在《史记正义》中,于赵肃侯"筑长城"一语下注曰:"刘伯庄云'盖从云中以北至代'按:赵长城从蔚州北西至岚州北,尽赵界。又疑此长城在漳水之北,赵南界。"[4] 刘伯庄为唐太宗、唐高宗时治《史记》《汉书》的著名学者,撰有《史记音义》《史记地名》等。[5] "盖从云中以北至代"一语当源自《史记地名》,从云中、代等词来看,应指赵武灵王长城。但张守节却错误地将此作为赵肃侯在赵国北界修筑长城的重要证据。张守节于此处引刘伯庄语显系失误,但他却就此将赵肃侯所筑长城一分为二,一在赵国南界的漳水一线,另外一条在赵国北界,位于唐代的蔚州(治灵丘县,今山西省灵丘县)至岚州(治宜芳县,今山西省岚县岚城镇北[6])一线。虽然他也怀疑赵肃侯长城有可能位于赵国南界,但并未否定赵肃侯北长城。从此以后,并不见于《史记》的赵肃侯北长城开始见于各代学者的著述之中。较为突出的是明代尹耕在《九宫私记》中所述:

"余尝至雁门,抵岢、石,见诸山多有剿削之处,迤逦而来,隐见不常。大约自雁门抵应州,至蔚东山三洞口,诸处亦然。问之父老,则曰:古长城迹也!夫长城始于燕昭、赵武灵,而极于秦始皇。燕昭所筑者,自造阳至襄平;

---

[1] 谭其骧《中国历史地图集》战国《赵、中山》图。王国良编:《中国长城沿革考》,商务印书馆,1931年,第26、27页。寿鹏飞:《历代长城考》,得天庐存稿之二,1941年,第5页(王、寿书均见《长城研究资料两种》,香港,香港龙门书店,1978年影印本)。张维华:《中国长城建置考》(上编),北京,中华书局,1979年,第91~97页。罗哲文:《长城》,北京,北京旅游出版社,1988年,第23页。王育民:《中国历史地理概论》(下册),北京,人民教育出版社,1988年,第422页。李孝聪:《赵长城》,中国长城学会编:《长城百科全书》,长春,吉林人民出版社,1994年,第73页。刘叙杰:《中国古代城墙》,国家文物局文物保护司等编:《中国古城墙保护研究》,北京,文物出版社,2001年,第32页。景爱:《中国长城史》,上海,上海人民出版社,2006年,第113~116页。
[2] 《史记·匈奴列传》,第2885页。
[3] 谭其骧《中国历史地图集》战国《赵、中山》图。张维华:《中国长城建置考》(上编),北京,中华书局,1979年,第107~109页。王育民:《中国历史地理概论》(下册),北京,人民教育出版社,1988年,第424、425页。李孝聪:《赵长城》,中国长城学会编:《长城百科全书》,长春,吉林人民出版社,1994年,第73、74页。沈长云:《赵国史稿》,北京,中华书局,2000年,第172页。刘叙杰:《中国古代城墙》,国家文物局文物保护司等编:《中国古城墙保护研究》,北京,文物出版社,2001年,第32页。景爱:《中国长城史》,上海,上海人民出版社,2006年,第121~126页。除以上诸说认为赵武灵王长城与今山西省无涉外,还有一些意见认为赵武灵王长城途经今山西省。《括地志》朔州善阳县条载:"赵武灵王长城,在朔州善阳县北。"(唐李泰等著,贺次君辑校:《括地志辑校》,北京,中华书局,1980年,第70页)善阳县在今山西省朔州市。王国良据此指出长城经今山西省朔州市北。事实上《括地志》同条还载"阴山在朔州北塞外突厥界",既然阴山在朔州北,那么赵武灵王长城在朔州北也是合理的。王国良未注意到这只是方位上而并非距离上的描述,径直认为长城经今山西省朔州市北,曲解了《括地志》的记载(王国良编:《中国长城沿革考》,商务印书馆,1931年,第28、29页,《长城研究资料两种》,香港,香港龙门书店,1978年影印本)。至于寿鹏飞认为"代"指"今山西大同、朔平等县地",不知何据,不足为凭(《历代长城考》,得天庐存稿之二,1941年,第5页,《长城研究资料两种》,香港,香港龙门书店,1978年影印本)。盖山林、陆思贤在《阴山南麓的赵长城》一文中认为长城"经山西省雁北地区",但在同文中又有"内蒙古的兴和县往东到河北省蔚县的一段"之语,未及今山西省。这篇文章由于主要是介绍内蒙古自治区呼和浩特市至包头市一线的赵长城,对于呼和浩特市以东的情况未行论述(《阴山南麓的赵长城》,文物编辑委员会编:《中国长城遗迹调查报告集》,北京,文物出版社,1981年,第21页)。至于罗哲文指出长城"经云中、雁门(今山西北部)",但在长所附的"赵北界长城图"中又未经山西省(《长城》,北京,北京旅游出版社,1988年,第24页)。总之,赵武灵王长城经今山西省境的诸种意见并不可靠。
[4] 见《史记·赵世家》,第1802页。
[5] 《旧唐书·刘伯庄传》,第4955页。
[6] 诸地名今位置见谭其骧《中国历史地图集》唐《河东道》图;刘纬毅编著:《山西历史地名通检》,太原,山西教育出版社,1990年,第60、122页;吴松弟编著:《两唐书地理志汇释》,合肥,安徽教育出版社,2002年,第151、153页。

武灵所筑者，自代并阴山至高阙；始皇所筑者，起临洮，历九原、云中，至辽东，皆非雁门、岢、石、应、蔚之迹也！及读史，显王二十六年有赵肃侯筑长城事［笔者按：赵肃侯筑长城为周显王三十六年（前333）之事，尹耕此处的"二十六年"当系误笔］，乃悟。盖是时三胡并强，楼烦未斥，赵之境守东为蔚、应，西则雁门，故肃侯所筑以之。则父老所谓长城者，乃肃侯之城，非始皇之城也。"[1]可见尹耕将西起岢（指岢岚州，治今山西省岢岚县）、石〔指石州，明隆庆元年（1567）改为永宁州，治今山西省吕梁市离石区〕，经雁门关，东抵应（指应州，治今山西省应县）、蔚（指蔚州，治今河北省蔚县[2]）一线长城，认为是赵肃侯防御三胡、楼烦所筑。当然尹耕所读之"史"为何，我们不知。如果是《史记》的话，即使单纯依"围魏黄"三字，也不应该将赵肃侯长城放在赵国北界，也不应该认为它是防御三胡、楼烦的产物。此外，尹耕也只是在雁门关及其以西的岢岚州、石州等地见到了"古长城迹"，从雁门关向东经应州至蔚州"诸处亦然"，他用"大约"一词表明这只是他的推测。由于尹耕未交待他读的是何史，他的这种认识是否来源于《史记正义》不得而知。

近代以来，寿鹏飞、张维华等对赵肃侯北长城也进行了考证。寿鹏飞在《历代长城考》一书中指出赵国长城除赵肃侯南长城和赵武灵王长城外，他还依《史记正义》认为在赵国中部另有一条长城，"《史记正义》：赵长城从蔚州（今察哈尔省蔚县）西北至岚州（今山西岚县）。……今存东至蔚县董狐口，南至涞源，西折，迳灵邱、浑源诸县，又西历平刑（亦作瓶形）、北楼、宁武、雁门、偏头诸关以至河曲（山西河曲县）之长城，是其遗址。经元魏及明代重筑，称为内边长城。"[3]可见寿鹏飞所说的赵国中部长城实际上就是前文所述的赵肃侯北长城。

张维华在《中国长城建置考》一书中，言及《史记正义》所提赵国南界漳水一线长城即赵肃侯十七年所筑长城，也即赵武灵王所说的先王所筑漳滏长城，"《正义》既言在赵北，又疑在赵南，未有定解。余考肃侯所筑，其在南界者，《史记》已言及之，固无可惑；……肃侯所筑赵南界之长城，后人或不能详，实则在漳、滏流域。《史记·赵世家》云：（赵武灵王）十九年春正月，大朝信宫，召肥义与议天下，五日而毕。王北略中山之地，至于房子，遂之代北，至于无穷。西至河，登黄华之上，召楼缓谋曰：'我先王因世之变，以长南藩之地，属阻漳、滏之险，立长城。又取蔺郭狼，败林人于荏，而功未遂。'此所言之长城，即肃侯所筑者也。肃侯十七年，围魏黄不克，退而筑长城以为守，史公已言之甚晰。"[4]但张维华在肯定赵肃侯于赵国南界筑长城的同时，又据《盐铁论·险固篇》中的一段文字指出赵肃侯在赵国北界也修筑过长城：

"考肃侯于北界筑长城事，古人载籍不详，后人读史迁之言而失其旨，因为不同之解说。然则，武灵攘胡之先，赵之北界果有长城之建筑否耶？余曰：当有之。《盐铁论·险固篇》云：'赵结飞狐、句注、孟门，以存荆、代。'飞狐在今河北蔚县之南界，句注在山西代县之西北，即今雁门，孟门在今离石县西滨河之地。此三地者，均为赵边地冲要之关口，实有设防之必要"，"此城当东起今河北涞源北界蔚县南界之飞狐口以东之地，西行，入今山西灵丘县北境，复西行，入山西繁畤之北界。复自今山西繁畤之北境，至今山西代县西北之雁门，即古之句注。又由此转向西南行，入今山西宁武县之东南境（《大清一统志》卷一百四十七宁武：'古长城：在宁武县东南楼子山上，有古长城遗迹。《府志》：'明正德中，兵备张凤羾立石山下，曰紫塞长城。或疑为六国时所筑之旧。'按此段长

---

[1] 尹耕《九宫私记》之语见光绪《蔚州志》卷五第四页，清光绪三年（1877）刻本影印本。
[2] 诸地名今位置见谭其骧《中国历史地图集》明《山西一》图；刘纬毅编著：《山西历史地名通检》，太原，山西教育出版社，1990年，第6、47、79、109页。
[3] 寿鹏飞：《历代长城考》，得天庐存稿之二，1941年，第5页（《长城研究资料两种》，香港，香港龙门书后，1978年影印本）。
[4] 张维华：《中国长城建置考》（上编），北京，中华书局，1979年，第91页。笔者按：张维华此书虽出版于1979年，但据其在《小序》和《后纪》中交待，《赵长城》撰就于20世纪三十年代末。所以本文将其研究与寿鹏飞一起放在了"近代以来"部分。另张氏所引《史记》赵武灵王十九年一段文字，见中华书局1959年标点本第1805、1806页，其中张氏所言"遂之代北，至于无穷"一语，据中华书局本为"遂之代，北至无穷"。

城遗迹，与赵长城合，似可据）。至于自宁武至大河之一段，抑至今兴县即古合河县境为止，抑经今静乐、岚县，而至今离石县境为止，则未敢定。盖从《元和郡县志》说，似合河县北有古长城遗址，而从《盐铁论》说，又似赵以孟门为险。远事难征，未能据断。"[1] 如此，张维华将《盐铁论》中"赵结飞狐、句注、孟门"一句解读为赵国北界的长城，并结合《宁武府志》怀疑宁武县楼子山上长城可能为战国时所筑的一段文字，勾勒出了赵肃侯北长城的走向。

《盐铁论·险固篇》载："楚自巫山起方城，属巫、黔中，设扞关以拒秦。秦包商、洛、崤、函，以御诸侯。韩阻宜阳、伊阙，要成皋、太行，以安周、郑。魏滨洛筑城，阻山带河，以保晋国。赵结飞狐、句注、孟门，以存邢代。燕塞碣石，绝邪谷，绕援辽。齐抚阿、甄，关荣、历，倚太山，负海、河。关梁者，邦国之固，而山川者，社稷之宝也。"[2] 这段文字是说战国时代各诸侯国的险要地形乃卫国之大经大法，如果把关于赵国的讲述理解为修筑长城，其他各诸侯国也应如是理解。可是我们知道，韩国在太行山、秦国在商、洛、崤、函一带并未修筑长城。若将"赵结飞狐、句注、孟门"认定是筑长城，那么"秦包商、洛、崤、函""韩阻宜阳、伊阙，要成皋、太行"就都是修筑长城，这明显不符史实。况且《盐铁论》只是记录西汉时的一次辩论，并不是史书，辩论中的只言片语并不能作为信史对待。[3]

2.2.2 赵肃侯北长城并不存在

20世纪80年代以后，学者们开始怀疑是否存在赵肃侯北长城。叶小燕在《中国早期长城的探索与存疑》一文中，就认为"山西北部有否赵长城存在，至今还是一个谜"，这条长城"和明内长城的关系如何？"怀疑是将明代内长城误认为了赵肃侯北长城。[4]

此后，景爱、赵瑞民等对张守节、尹耕、寿鹏飞和张维华诸说予以了辩驳，认为赵肃侯北长城是根本不存在的。只是景爱认为是将隋长城，赵瑞民认为是将明内长城误作了赵肃侯北长城。[5] 本节在第一部分诸说之后，已经讨论了诸说之误，此处不再赘述。

回过头来，我们再审视一下张守节等描述的赵肃侯北长城的走向。张守节认为是"蔚州北西至岚州北"。张守节生活的主要时代是唐代开元年间（713—741），如果他见过这道长城的话，那么这道长城应修筑于唐代以前。在唐代以前确实存在一道横贯今山西省北部的长城，这道长城就是北齐天保六年长城，以后又成为天保七年长城的组成部分，在北周和隋代又经过了数次大规模的修缮，它的位置与张守节所说的"蔚州北西至岚州北"相合。因此张守节在没有搞清楚刘伯庄"盖从云中以北至代"一语所指为何的基础上，武断地将今山西省北部的北齐至隋长城定性为了赵肃侯所筑长城。以后尹耕还指出这条长城的目的是为了防御三胡和楼烦。尹耕主要生活于明代嘉靖年间（1522—1566），非常关注明代北部边防建设，著有《两镇三关志》等书，他很清楚明代内长城的位置。因此他所描述的赵肃侯北长城与张守节一样，也是指北齐至隋长城而言。而且他还指出了石州一段长城，北齐天保三年长城的起点正位于石州附近，天保三年长城以后也是天保七年长城的组成部分。

张维华在描述赵肃侯北长城时，曾言"至于自宁武至大河之一段，抑至今兴县即古合河县境为止，抑经今静乐、岚县，而至今离石县境为止，则未敢定"，实际上前者是天保六年长城的西延段落，后者是天保三年长城，它们均

---

[1] 张维华：《中国长城建置考》（上编），北京，中华书局，1979年，第100～102页。张氏所引《大清一统志》一段文字，可见《嘉庆重修一统志》（第九册），上海，上海书店，1984年影印本。
[2] （汉）桓宽撰，王利器校注：《盐铁论校注》（定本），北京，中华书局，1992年，第526页。
[3] 赵瑞民：《长城研究虚实论》，山西省考古学会、山西省考古研究所编：《山西省考古学会论文集》（四），太原，山西人民出版社，2006年，第299页。
[4] 叶小燕：《中国早期长城的探索与存疑》，《文物》，1987年第7期，第46页。
[5] 景爱：《中国长城史》，上海，上海人民出版社，2006年，第116～119页。赵瑞民：《长城研究虚实论》，山西省考古学会、山西省考古研究所编：《山西省考古学会论文集》（四），太原，山西人民出版社，2006年，第298页。

是天保七年长城的组成部分。张维华还说"盖从《元和郡县志》说，似合河县北有古长城遗址"。查《元和郡县图志》，岚州合河县条载："隋长城，起县北四十里，东经幽州，延袤千余里，开皇十六年（596）因古迹修筑。"[1] 不知张氏为何没有顾及这段话中提到的"隋长城"呢？关于山西省北部的北齐至隋长城，详见本文北齐、北周和隋代长城诸章的论述。

相较于张守节和尹耕，寿鹏飞的描述更为细化，长城东起蔚县飞狐口，向南至涞源县，转西经灵丘县、浑源县、经平型关、北楼关、雁门关、宁武关、偏头关至河曲县黄河岸。[2] 这样的长城走向基本上是与明代内长城吻合的。按前引文所述，寿氏认为这道长城始筑于赵，明代重修，称为内长城。如此，寿氏实际上是将明代内长城比附作赵肃侯北长城。关于明代内长城，详见《山西省明代长城资源调查报告》。[3]

总之，今山西省北部的北齐至隋长城，或明代内长城曾被错误地认为是战国时期赵肃侯所筑长城。所谓的赵肃侯北长城并不存在。

2.2.3 地方志中赵肃侯北长城或赵国长城的辨识

山西省北部诸地的方志资料中，赵肃侯北长城或赵国长城的记载甚多。它们或将北齐至隋长城误作，或将明代内、外长城误作，此外还有其他一些有误的认识。接下来将对有关方志中的这类资料进行梳理、辨识。

（一）将北齐至隋长城误作赵肃侯北长城或赵国长城

今本《广灵县志》，指出广灵县南境长城，据光绪《蔚州志》为战国赵肃侯十七年（前333）所筑，据《蔚县地名资料汇编》也当为赵肃侯长城。[4]

今广灵县南境长城实为北齐长城。

乾隆《崞县志·古迹》载："长城梁，县西四十五里，始于赵武灵王，至秦始皇更增筑也，今遗址犹存。"[5] 此是误将原平市西北的东魏、北齐长城误作赵武灵王长城。

乾隆《宁武府志》记载宁武县东寨镇楼子山有古长城遗迹，称"紫塞长城"，其时代或为战国赵。乾隆《宁武府志·古迹·宁武县》载："古长城，在楼子山上有古长城遗迹。明正德中（1506—1521）兵备张凤翧立石山下，曰紫塞长城，或疑为六国赵时所筑之旧。"[6] 楼子山位于东寨镇北，所谓的"紫塞长城"，实际上就是今宁武县东寨镇坝沟湾村和窑子湾村附近的北齐长城。

今本《五寨县志》认为五寨县城南大洼山上的长城为赵肃侯十七年长城。[7] 此实为北齐天保三年长城。

康熙《岢岚州志·山川附古迹》载："长城，城北一里许，俗呼长城梁。旧《志》云蒙恬筑，一云赵武灵王筑。嘉靖间（1522—1566）有地名牛圈窊者，掘得石刻，其文云：隋开皇元年（581）赞皇县丁夫筑。"[8] 光绪《岢岚州志·形胜·古迹》载："长城，在城北一里许，俗呼长城梁。旧《志》蒙恬筑，一云赵武灵王筑。嘉靖间（1522—

---

[1]（唐）李吉甫撰，贺次君点校：《元和郡县图志》，北京，中华书局，1983年点校本，第397页。
[2] 笔者按：依寿鹏飞原文描述的诸关顺序，将雁门关放在宁武关和偏头关之间不合它们本来的顺序，疑寿氏只是言明经过了哪些关隘，而其方位顺序问题倒没有关心。
[3]《山西省明代长城资源调查报告》，北京，文物出版社（待版）。
[4]《广灵县志》，北京，人民出版社，1993年版，第459、586、587页。
[5] 乾隆《崞县志》，《中国地方志集成·山西府县志辑》（第14册），南京，凤凰出版社，2005年影印本，第230页。光绪《续修崞县志·舆地志·古迹》有相同记载（《中国地方志集成·山西府县志辑》<第14册>，南京，凤凰出版社，2005年影印本，第344页）。雍正《山西通志·古迹四》代州崞县条则仅言为秦始皇筑，"长城梁，西四十五里。始皇筑，址存。"（雍正《山西通志》<第二册>，储仲君等总点校，北京，中华书局，2006年点校本，第1402页）
[6] 乾隆《宁武府志》，《中国地方志集成·山西府县志辑》（第11册），南京，凤凰出版社，2005年影印本，第135页。《嘉庆重修一统志·宁武府》有相同记载，该志古迹条载："古长城，在宁武县东南楼子山上，有古长城遗迹。《府志》：明正德中（1506～1521），兵备张凤翧立石山下，曰紫塞长城，或疑为六国赵所筑之旧。"（《嘉庆重修一统志》<第九册>，上海，上海书店，1984年影印本）
[7]《五寨县志》，北京，人民日报出版社，1992年，第290、347页。
[8] 康熙《岢岚州志》，《中国地方志集成·山西府县志辑》（第17册），南京，凤凰出版社，2005年影印本，第481页。

1566）有地名牛圈窊者，掘其地得石刻，其文云：隋开皇元年（581）赞皇县丁夫筑。考赵武灵王破林胡、楼烦，自阴山、高阙抵雁门、云中筑长城，阴山、高阙皆岢岚地。后，宋太宗五年（笔者按：指太平兴国五年，980）筑长城于草城川口，历天涧堡而东。岢岚，赵地，楼烦故墟，是长城筑于赵，而隋、而宋修之无疑。其谓蒙恬所筑者，误矣。旧址至今尚存。"[1] 今本《岢岚县志》载："长城在县城北1千米处，沿东山王家岔至高龙峁大梁，蜿蜒直抵大庙沟山顶，连续绵延30余千米。旧志载'蒙恬筑'，一云'赵武灵王筑'明嘉靖间（1522—1566），牛圈窊[掘石刻云：'隋开皇元年(581)赞皇县丁夫筑'，后宋太宗太平兴国五年（980）筑长城于草城川口，历天涧堡而东，岢岚赵地楼烦故墟，县长城筑于赵，而隋，而宋修之无疑。现遗址尚存。"][2] 这些记载认为岢岚县北的长城始筑于赵武灵王，以后隋代、北宋重修。之所以认为始于赵武灵王，是因为岢岚县为楼烦故墟，有阴山、高阙。岢岚县为楼烦故地无误，但阴山、高阙就相距很远了，岢岚县北距阴山200余千米，它们之间根本没有关系。光绪《岢岚州志》还将《史记》中的"筑长城，自代并阴山下，至高阙为塞。而置云中、雁门、代郡"[3] 一语径记为"自阴山、高阙抵雁门、云中筑长城"，歪曲了《史记》原文。诸志硬将岢岚县北的长城与赵武灵王长城联系起来。今岢岚县北有北齐长城，隋代和北宋又经修缮利用。

今本《兴县志》载："战国赵长城，战国赵肃侯为防御山部侵犯而筑。东起蔚州（今河北省蔚县），西至岚州合河县（今兴县）北。在今木崖头乡石槽嘴村至裴家津仍有断续的长城残迹。"[4] 此将北齐长城误作赵肃侯长城。以上各县市长城详见本文东魏、北齐、北周和隋代长城诸章。

（二）将明代内、外长城误作赵肃侯北长城或赵国长城

《嘉庆重修一统志·大同府》古迹条载："长城，在大同县北一百四十里，亘天镇、阳高二县北，东接直隶宣化府界，西接朔平府界。《史记·赵世家》：肃侯十七年，筑长城，从云中以北至代。"[5]《嘉庆重修一统志》在引《史记》文字时，将《史记》原文与《史记正义》所述刘伯庄语混谈一处。姑且不论刘伯庄语所指为何，这种引文本身就是错误的。天镇、阳高、大同诸县以北有明代外长城，此处当是误将明代外长城认为是赵肃侯十七年长城。

今本《繁峙县志》认为繁峙县东境从大营镇团城口村，向南经横涧乡西跑池村、平型关村、桥儿沟村、神堂堡乡韩庄村、茨沟营村一线长城，始筑于战国赵，隋代重修，明代增筑。[6] 实则这段长城是明代内长城。明代内、外长城详见《山西省明代长城资源调查报告》。[7]

（三）保德县偏桥村的调查

康熙《保德州志·形胜·古迹》载："长城，在州南偏桥村，西抵黄河，南接兴县八十里，考《关志》，秦并赵筑长城于岚州紫塞，是时云中、五原皆为郡，则宣大之南、河保之北皆为内地，必不与岚州别为塞也，盖赵肃侯尝筑长城矣，此殆肃侯所筑舆。"[8]

雍正《山西通志·古迹四》保德州条载："长城，在偏桥村。西抵黄河，南接兴县八十里。《三关志》：秦并赵，筑长城于岚县紫塞。或云赵肃侯筑。"[9]

---

[1] 光绪《岢岚州志》，《中国地方志集成·山西府县志辑》（第17册），南京，凤凰出版社，2005年影印本，第562页。
[2]《岢岚县志》，太原，山西古籍出版社，1999年，第464页。
[3]《史记·匈奴列传》，第2885页。
[4]《兴县志》，北京，中国大百科全书出版社，1993年，第339页。
[5]《嘉庆重修一统志》（第九册），上海，上海书店，1984年影印本。
[6]《繁峙县志》，北京，今日中国出版社，1995年，第397页。
[7]《山西省明代长城资源调查报告》，北京，文物出版社（待版）。
[8] 康熙《保德州志》，《中国方志丛书·华北地方·山西省》（第38册），台北，成文出版社，1976年，第167页。乾隆《保德州志·形胜·古迹》有相同记载（《中国地方志集成·山西府县志辑》<第15册>，南京，凤凰出版社，2005年影印本，第421页）。
[9] 雍正《山西通志》（第二册），储仲君等总点校，北京，中华书局，2006年点校本，第1403页。

今本《保德县志》载:"史书记载,本县有长城段,但遗迹尚难查清。旧志载:'长城,在州南偏桥村,西抵黄河,南接兴县,八十里。……赵肃侯当筑长城矣,此殆肃侯所筑。'今人张亚平,为山西省长城考察队负责人,在《山西文物通讯》撰文,也指出:'此城东起河北省涞源北界、蔚县南界之飞狐口以东之地……再往西北,到保德县黄河岸止。'"[1]

以上诸志,均言及保德州(今保德县)南偏桥村与兴县交界地带有长城,西抵黄河,长八十里。这段长城按康熙《保德州志》,并非秦始皇灭赵国后所筑,而是赵肃侯所筑。雍正《山西通志》则没肯定是秦始皇长城,还是赵肃侯长城。今本《保德县志》提到张亚平的一篇文章,介绍了东起河北省涞源县北界和蔚县南界的飞狐口以东,向西至保德县黄河岸的一段长城。但并未言及这段长城的时代,从行文逻辑来看,作者当认为是赵肃侯长城的。依以上诸志,保德县南偏桥村一带,很有可能有所谓的赵肃侯长城。偏桥村,今属保德县南河沟乡,位于保德县南部与兴县交界区域。根据这些线索,2009年我们对偏桥村一带进行了大面积的调查与走访,调查范围达25平方千米。除找到一些当地人士所说的长城外,一无所获。当地所谓的那些长城,既无夯层,也无包含物,均位于洪水冲沟两侧,显系洪水长期冲刷形成的土垅,形似高墙,才被误认为是长城。因此,偏桥村一带原来到底有无长城,至少从遗迹上是没有证据的,更遑论去推断属赵肃侯长城了!

2.3 山西省东南部的战国长城遗迹(略)

第三章 东汉长城(略)
第四章 北魏长城(略)

第五章 东魏长城

东魏长城据《北史》《魏书》《北齐书》和《资治通鉴》等记载,有武定元年(543)所筑的肆州长城。另外部分学者认为还有武定三年(545)在幽、安、定三州北界修筑的长城。

由于《魏书·地形志》是以东魏孝静帝武定年间(543—550)行政区划为蓝本,补以北魏孝武帝永熙年间(532—534)资料而成的,[2]反映了北魏末年、东魏时期的行政区划情况。施和金在《北齐地理志》一书中指出《魏书·地形志》所载下限直至东魏后期,北齐行政区划与其很相近,而且从疆域范围来说,北齐在大部分时间内也与东魏相似。[3]因此这两书为我们探讨东魏长城涉及的某些州郡的分布范围提供了重要的信息。

关于幽、安、定三州北界长城的记载来源于《北史·齐本纪上·神武帝纪》:武定三年(545)"十月丁卯,神武(笔者按:神武帝即高欢)上言,幽、安、定三州北接奚、蠕蠕,请于险要修立城戍以防之。躬自临履,莫不严固。"[4]《北齐书·神武帝纪》据《北史》补,文字记载一致。[5]幽州治蓟城,在今北京市西南,该州范围大致包括今北京市、天津市大部以及河北省与京津南部交界的区域,北界大致在军都山一线。安州在东魏元象年间(538—539)寄治于幽州北界,所属郡县分布在今北京市密云县周围。定州治在今河北省定州市,该州北界大致在今河北省中部太行山一线。[6]据此,三州北境大抵在军都山、太行山一线,呈东北—西南走向,若有长城,主要分布在今

---

[1]《保德县志》,太原,山西人民出版社,1990年,第260页。
[2]《魏书·地形志上》,第2455页。
[3] 施和金:《北齐地理志》,北京,中华书局,2008年,第2页。
[4]《北史·齐本纪上·神武帝纪》,第228页。
[5]《北齐书·神武帝纪下》,第22页。
[6] 幽州见《魏书·地形志上》第2475～2477页和施和金《北齐地理志》(北京,中华书局,2008年)第96～105页。安州见《魏书》第2485、2486页,《北齐地理志》第106～112页。定州见《魏书》第2461～2464页,《北齐地理志》第43～57页。

北京市和河北省境，与山西省无甚牵连。故本章主要考述肆州长城。

5.1 肆州长城的位置和修建背景

5.1.1 肆州长城有关地名的考证

《北史·齐本纪上·神武帝纪》载：武定元年（543）八月"是月，神武命于肆州北山筑城，西自马陵戍，东至土隥。四十日罢。"[1]《北齐书·神武帝纪下》补自《北史》，故其记载一致。[2]《魏书·孝静帝纪》略有差异，其中"神武命"为"齐献武王［笔者按：高欢死后天保（550—559）初年谥献武帝，天统元年（565）谥神武帝］召夫五万"。[3] 可见肆州长城的位置须依肆州、北山、马陵戍、土隥等地名来确定。

据《魏书·地形志上》，东魏肆州治九原。[4]《元和郡县图志·河东道三》载："忻州，古并州之城。……后魏宣武帝（499—515）又于今州西北十八里故州城移肆州理此，因肆卢川为名也。隋开皇十八年（598）改置忻州，因州界忻川口为名也。大业二年（606）省忻州。义旗初（义旗指617年五月李渊起兵）又置新兴郡，武德元年（618）废郡，复置忻州。二年（619）陷刘武周。四年（621）武周平，依旧置忻州。"[5] 则东魏肆州，即隋唐忻州，今仍其名，称忻州市。肆州北山即今宁武县南部汾河与桑干河上游的分水岭，地处恒山与吕梁山支脉云中山、芦芽山、管涔山诸山交结之地，具有重要的战略地位。[6] 马陵戍或为今宁武县苗庄古城，土隥在原平市西北。[7] 因此这段长城大致位于今宁武县中部至原平市西北部，基本走向为从西向东，其遗存今仍存，将在第二节中详细叙述。

5.1.2 肆州长城的修建背景

东魏修筑肆州长城的目的是什么？景爱认为是为防御西魏而修的。其所列材料是《北史·魏本纪五·西魏文帝纪》所记载的西魏大统二年（536）东魏攻陷夏州，大统三年（537）西魏在沙苑大破东魏，大统四年（538）东魏攻陷西魏的南汾、颍、豫、广四州等东西魏间的战事，[8] 并以为这种互有胜负的战争是东魏修筑长城的原因。[9] 但翻阅《北史·魏本纪五·西魏文帝纪》《东魏孝静帝纪》《齐本纪上·高祖神武帝纪》《周本纪上·太祖文帝纪》和《魏书·孝静帝纪》《北齐书·神武帝纪下》《周书·文帝纪下》诸文，可以看出东西魏之间的战争主要发生在今河南省及山西省西南部和陕西省的关中东部地区，与肆州相距很远。因此肆州长城应与东西魏的战争无关。而此时北方的柔然依旧是东魏政府的主要威胁，其修筑长城的目的也应在于此。

据《北史·蠕蠕传》载，东魏元象元年（538）柔然与东魏交恶。当年五月，柔然可汗阿那瓌进犯幽州范阳（今河北省涿州市），南至易水。九月，又掠肆州秀容（今山西省岚县古城村[10]），至三推（笔者按："推"应为"堆"，今山西省静乐县[11]）。并杀害了东魏使者元整。东魏也囚禁了柔然使者温豆拔等。这之后双方关系又逐渐转好，尤其是兴和二年（540）东魏使者张徽纂的一番利害关系的劝说后，阿那瓌"便归诚于东魏"。以后兴和三年（541）

---

[1]《北史·齐本纪上·神武帝纪》，第228页。《资治通鉴·梁纪十四》载：大同九年（543）十一月"丞相高欢筑长城于肆州北山，西自马陵，东至土［土隥］。四十日罢。"（第4920页）时间与《北史》在月份上有别，地点上马陵戍记为马陵，土隥之"隥"记为"［土隥］"。本文以《北史》记载为准。
[2]《北齐书·神武帝纪下》，第22页。
[3]《魏书·孝静帝纪》，第306页。
[4]《魏书·地形志上》，第2473页。
[5]（唐）李吉甫撰，贺次君点校：《元和郡县图志》，北京，中华书局，1983年点校本，第400页。
[6] 谭其骧《中国历史地图集》北朝《东魏》图。艾冲在《北朝诸国长城新考》一文中的观点与谭其骧相同（中国长城学会编：《长城国际学术研讨会论文集》，长春，吉林人民出版社，1995年，第137页）。
[7] 郎保利：《山西长城的历史与现状》，《山西长城》，2008年第1期，第22页。山西省文物局长城调查组在《东魏肆州长城》一文中，虽未明指马陵戍、土隥所在，但特别强调了东魏肆州长城起点处的宁武县苗庄古城与长城遗址时代一致，并怀疑止点处的原平市西北的黑峪障城可能就是土隥（《文物世界》，2001年第3期，第67页）。
[8]《北史·魏本纪五·西魏文帝纪》，第176、177页。
[9] 景爱：《中国长城史》，上海，上海人民出版社，2006年，第225页。
[10] 刘纬毅编著：《山西历史地名通检》，太原，山西教育出版社，1990年，第90、105、132页。
[11] 刘纬毅编著：《山西历史地名通检》，太原，山西教育出版社，1990年，第85、98页。

兰陵公主出嫁阿那瑰子庵罗辰后，阿那瑰"自是朝贡东魏相寻"。兴和四年（542）阿那瑰将孙女邻和公主嫁于高欢第九子高湛，武定四年（546）阿那瑰又将女儿嫁于高欢，"自此东魏边塞无事，至于武定（543—550）末，使贡相寻。"[1]然高欢对阿那瑰并不放心，在兴和三年（541）兰陵公主出嫁时，高欢"虑阿那瑰难信，又以国事加重，躬送公主于楼烦之北"，而阿那瑰也"每奉国书，邻敌抗礼"。[2]因此，虽然兴和二年（540）以后双方关系趋于平缓，但高欢并未放松对柔然的防范。之所以在肆州北境修筑长城，一方面如元象元年（538）阿那瑰曾进犯肆州，另一方面从兴和三年（541）阿那瑰迎接公主和高欢躬送公主的地点也透露出肆州北境此时已经是东魏与柔然的交界地带了。《北史·蠕蠕传》载，当年阿那瑰遣使迎公主于新城之南，高欢躬送公主于楼烦之北。[3]

新城即《魏书》中所记代国穆帝猗卢六年（313）于灅水（今桑干河）之阳黄瓜堆所筑的新平城或献文帝皇兴三年（469）新设平齐郡之北新城。据《魏书·序纪》载，穆帝猗卢六年（313）："城盛乐以为北都，修故平城以为南都。帝登平城西山，观望地势，乃更南百里，于灅水之阳黄瓜堆筑新平城，晋人谓之小平城，使长子六脩镇之，统领南部。"[4]可知新平城肇建于穆帝猗卢六年（313），位于故平城南百里灅水之阳的黄瓜堆。《崔玄伯附崔道固传》载："乃徙青齐士望共道固守城者数百家于桑乾，立齐郡于平城西北新城。以道固为太守，赐爵临淄子，加宁朔将军。寻徙治京城西南二百余里旧阴馆之西。"[5]李凭指出，新平城或北新城位于今山阴县北周庄镇新岱岳村东，在桑干河北岸。[6]

关于新平城的位置，通过与桑乾郡位置的对应关系也可予以印证。

《水经注·漯水》载："桑乾水又东南迳黄瓜阜曲西，又屈迳其堆南。徐广曰：猗卢废嫡子曰利孙于黄瓜堆者也。又东，右合枝津。枝津上承桑乾河，东南流迳桑乾郡北"。[7]

光绪《山西通志·府州厅县考》大同府山阴县条载："山阴县（今山阴县古城镇），汉置汪陶县，隶雁门郡。后汉、晋并同。晋建兴元年（313），代公猗卢于今县西北黄花岭下筑新平城。后魏天赐三年（406），复于今县北建灅南宫，筑外城，后置桑乾郡，隶司州。……孝文迁都，以桑乾郡隶恒州。孝昌中（525—527）废。""猗卢之新城在桑乾河北，道武之新城在桑乾河南，对代都之平城而言谓之小平城、南平城；两城相对而言，则猗卢之城为北新城。其桑乾郡自在道武所建之城，平齐郡在北新城也。""黄瓜阜以南地势大半平衍，河道迁徙无常，约以《注》考之，猗卢之城当在新岱岳以东，桑乾郡当在城北十许里。"[8]

《水经注·漯水》与光绪《山西通志》的记载是相吻合的，猗卢之新平城（亦称北新城、南平城、小平城）位于山阴县西北黄花岭（或称黄瓜堆、黄瓜阜）下，灅南宫之桑乾郡亦位于山阴县北，这两处地方是隔桑干河南北相对的。新平城位于今山阴县北周庄镇新岱岳村东，桑乾郡位于今山阴县古城镇与桑干河之间，前者位于桑干河北岸，后者位于桑干河南岸。《魏书·太祖纪》载天赐三年（406）修筑灅南宫和外城之前的天兴六年（403）九月，道武帝"行幸南平城，规度灅南，面夏屋山，背黄瓜堆，将建新邑。"[9]南平城即猗卢之新平城，新邑位于黄瓜堆和夏屋山之间的桑干河南岸，也与上述《水经注》与光绪《山西通志》相对应。

---

[1]《魏书·孝静帝纪》载东魏孝静帝在位时，天平四年（537）、兴和二年（540）至四年（542）、武定元年（543）至八年（550）间，除武定五年（547）外，柔然每岁皆遣使朝贡（第302、304~308、311、312页）。
[2]《北史·蠕蠕传》，第3264~3266页。
[3]《北史·蠕蠕传》，第3265页。
[4]《魏书·序纪》，第8页。
[5]《魏书·崔玄伯附崔道固传》，第630页。下文指出北新城在今山阴县北周庄镇新岱岳村东，因此引文中的"平城西北"当为"平城西南"之讹。
[6]李凭：《北魏平城时代》，上海，上海古籍出版社，2011年，第346页。
[7]（北魏）郦道元著，陈桥驿校证：《水经注校证》，北京，中华书局，2013年，第298页。
[8]光绪《山西通志》（第六册），刘克文总点校，北京，中华书局，1990年点校本，第2492、2493页。
[9]《魏书·太祖纪》，第41页。

关于新平城或北新城的位置，还有如下一些意见。殷宪在《北齐〈张谟墓志〉与北新城》一文中，据《太平寰宇记》"高齐天保六年（555）又于今州西南四十七里新城置朔州"[1]和《括地志》"新城一名小平城，在朔州善阳县西南四十七里"[2]等文献记载，结合自己的实地考察，指出北新城位于今朔州市朔城区窑子头乡梵王寺村城址。[3]施和金在《北齐地理志》北朔州条中指出，新城即新平城，《太平寰宇记》所记朔州西南四十七里，应为东北四十七里，新平城位置与李凭所指相近。[4]刘纬毅据"灅水之阳黄瓜堆筑新平城"则认为新城故地在今山阴县北新岱岳村东；同时，据前引《魏书·崔玄伯附崔道固传》和《慕容白曜传》中"乃徙二城民望于下馆，朝廷置平齐郡"[5]一句，认为立平齐郡之北新城和下馆应为同地，且上引《括地志》中的"善阳县西南"疑为"东南"，因此新城后又迁至今朔州市朔城区夏关城村（笔者按：即阴馆或下馆故城）。[6]

汉晋时设楼烦县，属雁门郡。据《魏书·序纪》载，穆帝猗卢三年（310）："晋怀帝进帝（猗卢）大单于，封代公。帝以封邑去国悬远，民不相接，乃从（刘）琨求句注陉北之地。琨自以迁附，闻之大喜，乃徙马邑、阴馆、楼烦、繁畤、崞五县之民于陉南，更立城邑，尽献其地，东接代郡，西连西河、朔方，方数百里。帝乃徙十万家以充之。"[7]可知西晋后期，刘琨将楼烦从陉北移徙至陉南。句注陉即勾注陉，系今雁门关。《读史方舆纪要·山西一》载："勾注山，在太原府代州（笔者按：今代县）西北二十五里。一名西陉山，亦曰雁门。……《河东记》：'勾注以山形勾转水势注流而名。'亦曰陉岭，自雁门以南谓之陉南，以北谓之陉北。"[8]也就是说汉晋楼烦县在今雁门关北。据张畅耕、雷云贵调查考证，汉晋楼烦县在今朔州市朔城区窑子头乡梵王寺村西，[9]正位于雁门关北。那么雁门关南的楼烦在何地呢？

北魏时在陉北、陉南均无楼烦郡或楼烦县建置。《魏书·地形志上》载，肆州雁门郡原平县有"楼烦城"。[10]西汉至北魏时，原平县在今原平市，[11]位于陉南，如此"楼烦城"也在陉南，当即刘琨移至陉南之楼烦。以后直到隋唐时才复置楼烦郡或楼烦县。[12]因此高欢送公主之楼烦当指《魏书》所载原平县的"楼烦城"。

《括地志》代州崞县条载："原平故城，汉原平县也，在代州崞县南三十五里。楼烦在代州崞县界。"[13]依此，原平县在崞县南三十五里，楼烦又在崞县界，与《魏书》"楼烦城"在原平县的记载相合。《通典·州郡九·古冀州下》雁门郡代州崞县条载"有汉楼烦郡故城，在今县东"，[14]《太平寰宇记·河东道》代州崞县条载"楼烦故城……

---

[1]（宋）乐史撰，王文楚等点校：《太平寰宇记》，北京，中华书局，2007年点校本，第1067页。
[2]（唐）李泰等著，贺次君辑校：《括地志辑校》，北京，中华书局，1980年，第70页。
[3] 殷宪：《北齐〈张谟墓志〉与北新城》，《晋阳学刊》，2012年第2期，第14、15页。
[4] 施和金：《北齐地理志》，北京，中华书局，2008年，第180页。
[5]《魏书·慕容白曜传》，第1119页。
[6] 刘纬毅编著：《山西地名通检》，太原，山西教育出版社，1990年，第71页。另外关于北新城变迁的研究，还有戴卫红《新平城、南平城、北新城考释》、支配勇等《怀仁日中城即汉勷阳城代公新平城考》诸文（戴卫红：《新平城、南平城、北新城考释》，殷宪主编：《北朝研究》〈第七辑〉，北京，科学出版社，2010年；支配勇等：《怀仁日中城即汉勷阳城代公新平城考》，《黄河文化论坛》编辑部编：《黄河文化论坛》（第九辑），北京，中国戏剧出版社，2003年）。
[7]《魏书·序纪》，第7页。
[8]（清）顾祖禹撰，贺次君、施和金点校：《读史方舆纪要》，北京，中华书局，2005年点校本，第1786页。
[9] 支配勇等：《怀仁日中城即汉勷阳城代公新平城考》附《西汉雁门郡古城遗址调查概况》表，《黄河文化论坛》编辑部编：《黄河文化论坛》（第九辑），北京，中国戏剧出版社，2003年，第70页。
[10]《魏书·地形志上》，第2475页。
[11] 刘纬毅编著：《山西地名通检》，太原，山西教育出版社，1990年，第93页。
[12]《隋书·地理志中》载大业四年（608）置楼烦郡（第853页）；《旧唐书·地理志二·河东道》载天宝元年（742）改岚州为楼烦郡（第1485页）；龙纪元年（889）置楼烦县（第1486页）。刘纬毅指出隋代楼烦郡在今宁武县西南一百里宁化乡，唐代楼烦郡在今岚县北二十五里岚城北，楼烦县在今娄烦县（刘纬毅编著：《山西地名通检》，太原，山西教育出版社，1990年，第29、107页）。
[13]（唐）李泰等著，贺次君辑校：《括地志辑校》，北京，中华书局，1980年，第69页。
[14]（唐）杜佑：《通典》，北京，中华书局，1988年点校本，第4741页。

在今县东",[1]《永乐大典·太原府二》代州崞县条载："县东，楼烦故城遗址存焉",[2] 它们都指出楼烦故城在崞县东。隋唐以后崞县在今原平市崞阳镇。[3] 又《永乐大典·太原府六》载："楼烦城，在崞县东一十五里……今遗址存焉",[4] 雍正《山西通志·古迹四》代州崞县条载："楼烦城，（崞县）东十五里大阳都",[5] 进一步指出楼烦城在崞县东十五里，今原平市崞阳镇东7千米多有大阳村，正与《永乐大典》和雍正《山西通志》所载对应。因此楼烦城在今原平市崞阳镇东7千米多的大阳村。[6]

综上所述，可以看出阿那瑰遣使迎公主之新城，在今山阴县北周庄镇新岱岳村东，抑或在今朔州市朔城区梵王寺村或夏关城村。无论哪种意见，这些地点均位于今雁门关北。而高欢躬送公主之楼烦，在今原平市崞阳镇东，位于雁门关南。如此，当时新城之南、楼烦之北已经是东魏与柔然的交界地带了，正合肆州北境。

还有学者认为肆州长城有防御山胡的目的。[7] 据《北史·稽胡传》和《齐本纪上·高祖神武帝纪》载，稽胡（即山胡）主要活动于"离石以西、安定以东"的山谷之间，"凶悍恃险，数为寇"。北魏孝昌年间（525—527），刘蠡升在云阳谷自称天子，使得"汾、晋之间，略无宁岁"。高欢在东魏建立后，于天平二年（535）讨平刘蠡升。天平三年（536）九月又讨平汾州胡王迢触、曹贰龙的反叛。此后又于修筑完肆州长城的次年，即武定二年（544）十一月再次讨平山胡。[8] 虽然武定二年（544）的讨伐并未记载是哪个地区的山胡，但结合上述，可知山胡并不活动于肆州一带，[9] 而且高欢也始终保持着对山胡的进攻态势。因此防御山胡的可能性并不大，肆州长城的主要作用还在于防范柔然。

5.2 山西省的肆州长城遗迹

山西省肆州长城遗迹的调查与确认，缘于山西省文物局为编写《中国文物地图集·山西分册》长城遗址部分，组织人员从2000年至2003年对省境长城遗迹进行的调查，其成果主要反映在《东魏肆州长城》一文[10] 和《中国文物地图集·山西分册》[11] 的有关记述之中。以后2009—2010年的山西省早期长城资源调查工作又对其进行了更为系统的调查与记录。由于调查时是按照从东向西的顺序进行调查的，因此也将按此顺序分县叙述调查成果。

东魏肆州长城遗迹分布于山西省原平市和宁武县，总体大致呈东—西走向。

5.2.1 原平市

肆州长城从原平市段家堡乡黑峪村西南1千米处（海拔1479米）起，向西至南坨村东南0.8千米（海拔1471米），转西南经西庄头村南，至下马铺村东南0.6千米（海拔1461米），又向西至轩岗镇陡沟村东南0.5千米（海拔1342米），再向西南至大立石村东0.5千米（海拔1504米），长14287米。墙体为石墙，外部块石或片石砌筑，内部填以碎石泥土。墙体剖面大致呈不规则的梯形，底宽4~9、顶宽1.2~3、残高0.8~6米。其中黑峪村西南至南坨村东南，长城长1826

---

[1] （宋）乐史撰，王文楚等点校：《太平寰宇记》，北京，中华书局，2007年点校本，第1029页。
[2] 《永乐大典》卷五二〇〇（第三册），北京，中华书局，1986年影印本，第2255页。
[3] 刘纬毅编著：《山西地名通检》，太原，山西教育出版社，1990年，第93、94页。
[4] 《永乐大典》卷五二〇四（第三册），北京，中华书局，1986年影印本，第2293页。
[5] 雍正《山西通志》（第二册），储仲君等总点校，北京，中华书局，2006年点校本，第1402页。
[6] 刘纬毅编著：《山西地名通检》，太原，山西教育出版社，1990年，第95页。
[7] 山西省文物局长城调查组：《东魏肆州长城》，《文物世界》，2001年第3期，第64页。
[8] 《北史·齐本纪上·高祖神武帝纪》，第224、225、229页；《北史·稽胡传》，3194、3195页。《北齐书·神武帝纪下》（第18、19、22页）、《魏书·孝静帝纪》（第298、299、307页）、《北史·魏本纪五·东魏孝静帝纪》（第185页）和《周书·稽胡传》（第896、897页）有类似记述。
[9] 据《北齐书·斛律金传》载：武定三年（545），高欢自北道度赤幈岭，斛律金从南道出黄栌岭，于乌突戍会合击破山胡（第220页）。该卷"校勘记"认为此事应系于武定二年十一月（第231页）。若此，则这次讨伐的山胡主要活动于乌突戍一带。乌突戍即以后北周乌突县、隋太和县、唐临泉县，在今临县白文镇故县村（刘纬毅编著：《山西地名通检》，太原，山西教育出版社，1990年，第104、115、116页），也合本文"山胡并不活动于肆州一带"之说。
[10] 山西省文物局长城调查组：《东魏肆州长城》，《文物世界》，2001年3期，第64~67页。
[11] 国家文物局主编，山西省文物局编制：《中国文物地图集·山西分册》（中册），北京，中国地图出版社，2006年，第556、628页。

米，石墙内部为夯土墙体，夯层厚 0.15~0.2 米。在南坨村西南 1.2 千米长城北侧（外侧）存关一座（西庄头东梁关），平面呈矩形，周长 80 米，墙体石筑，外侧残高 4.4、内侧残高 0.6~0.7 米。

从大立石村东 0.5 千米向西北经大立石村西北 0.5 千米（海拔 1572 米），转西经四十亩村东 0.1 千米（海拔 1626 米），再向西北至四十亩村西北 1.5 千米（海拔 1656 米），长 4097 米。墙体为石墙，部分段落内部为夯土墙体，夯层厚 0.1 米。墙体底宽 4~8、顶宽 1.6~2、残高 2~3.5 米。部分段落曾经火烧，内部有多层木炭或木炭灰，表面石块之间有黑色凝结物。在当地流传有"火烧边墙"的传说。

长城继向西南经长畛村东、村南，至北梁上村西南 0.5 千米（海拔 1941 米）入宁武县，长 8812 米，除长畛村东有一段长 442 米山险外，其余为石墙。墙体底宽 7~12、顶宽 1.2~5、残高 1.1~6 米。长畛村西南长城北侧（外侧）0.04 千米，存堡一座（长畛西梁堡），平面呈矩形，周长 146 米，墙体石筑，外侧残高 1.7~6、内侧残高 1.3~1.4 米。北梁上村东北 2 千米长城北侧（外侧）存关一座（麇子洼西北梁关），平面呈不规则的矩形，周长 316 米，墙体石筑，底宽 8、顶宽 0.9~3.2、外侧残高 0.5~4.2 米。

原平市东魏肆州长城总长 27196 米，绝大多数为石墙，有 26754 米，占 98% 余；山险仅长 442 米。三座关堡，均位于长城外侧。另外据《东魏肆州长城》一文，在段家堡乡黑峪村附近长城内侧有一座障城（原文称为黑峪障城遗址），平面呈矩形，周长 290 米，墙体夯筑而成，底宽 2.5、顶宽 1.4、残高 1.8 米。遗址附近采集有素面板瓦等遗物。[1]

5.2.2 宁武县

表 5.1 山西省原平市和宁武县东魏肆州长城墙体类型统计表

县市	石墙	土墙	山险与河险	合计
原平市	26754	0	442	27196
宁武县	11022	2116	1014	14152
合计	37776	2116	1456	41348
百分比	91.4%	5.1%	3.5%	100%

长城从原平市轩岗镇北梁上村西南 0.5 千米（海拔 1941 米）入宁武县，向西偏北经余庄乡后村北、三张村北，至东坝沟村东北 2.3 千米（海拔 1662 米），长 7746 米。墙体为石墙，外部块石或片石砌筑，内部填以碎石泥土。墙体剖面大致呈不规则的梯形，底宽 6~10、顶宽 0.7~3、残高 2~6 米。后村东北 2.5 千米、0.8 千米各存关一座（尖山崞关和阎王壁关），东西相距约 5 千米。尖山崞关，位于长城内侧，关东墙、北墙利用长城墙体，平面呈矩形，周长 360 米，南墙不存，墙体石筑，底宽 5、顶宽 2~2.3、残高 1~1.5 米。阎王壁关位于长城北侧（外侧），平面呈不规则的矩形，周长 82 米，墙体石筑，底宽 5、顶宽 2~2.2、残高 1.5~3 米。三张村东 0.4 千米存堡一座（三张庄北梁堡），位于长城南侧（内侧），北距长城约 1.5 千米。堡平面呈椭圆形，东西 34、南北 40 米，周长约 116 米。底部有夯土台基，高 3.5 米。墙体石筑，底宽 3、残高 1.8~4.2、西墙设门。

从东坝沟村东北 2.3 千米，向西经东坝沟村西北、坝上村南、苗庄村北至硫磺沟村东南 0.7 千米（海拔 1765 米），长 2792 米，除恢河河谷一段河险长 626 米外，其余多为土墙，长 2116 米，石墙仅一小段，长 50 米。土墙夯层厚 0.05~0.1 米，底宽 1.8~7.5、顶宽 0.2~2.6、残高 0.1~6 米。石墙底宽 2.8、顶宽 0.2~1、残高 0.3~0.6 米。

苗庄村北约 0.6 千米的长城南侧（内侧）存关一座（苗庄古城关），北墙即为长城墙体。苗庄古城关由东、西

---

[1] 山西省文物局长城调查组：《东魏肆州长城》，《文物世界》，2001 年 3 期，第 66 页。

两城组成，东城平面呈不规则的梯形，周长1052米，西城平面呈矩形，周长920米，西城南墙无存。墙体为土墙，夯土版筑而成，版筑长度1.7~2、夯层厚0.08~0.1、夯窝径0.03~0.05、夯窝间距0.08~0.1米。墙体内有排列整齐的夯架柱窝，间距0.5~0.6、洞径0.1~0.12米，深度不一，有的穿透城墙，有的仅0.3~0.5米。北墙见有椽孔，孔径0.1米，间距1.3~1.5、行距0.55~0.7米。东城墙体底宽4~11.5、顶宽1.5~6、残高5~8米；西城墙体底宽6~10、顶宽4~6、残高5~6米。东城南墙正中设城门，宽6米。两城中间的隔墙有豁口，宽8米，可能为两城相通的城门。两城北墙存马面三座。（图5.1）东城北半部有几处建筑遗迹，地表散存有大型布纹板瓦和石块，在东城还发现了素面平沿平底陶盆、素面敛口平底陶碗和铁蒺藜，铁蒺藜是防御骑兵的重要武器。苗庄西城南、北0.3千米各存烽火台一座（苗庄古城南、北烽火台）。苗庄古城南烽火台，平面呈圆形，顶径11.7、残高2.1米。底部有台基，台基高2.9米。台基和台体均为夯筑而成，夯层厚0.07~0.1米。苗庄古城北烽火台，平面呈椭圆形，顶部东西9.6、南北6.6、残高4.2米。台体夯筑而成，夯层厚0.1米。烽火台附近散落有石块和青灰色砖块，原或包有砖石。长城从硫磺沟村东南0.7千米，向西北经榆树坪村东北0.3千米（海拔1862米），转西至榆树坪村西北2.4千米（海拔2151米），除榆树坪村西北有一段长388米山险外，其余为石墙，长3226米。墙体底宽1.2~7.1、顶宽0.1~4.2、残高0.2~6米。硫磺沟村东南、榆树坪村东北存关四座（硫磺沟1—4号关），均为石筑，位于长城墙体南侧（内侧）。1、2号关东西相邻，平面呈不规则的矩形，1号关周长83米，2号周长50米。3号关平面呈三角形，周长73米。4号关平面呈不规则的矩形，周长263米，墙体底宽2.5、顶宽0.1~0.3、残高1.5~2米。榆树坪村西北0.7千米长城墙体上存敌台一座（硫磺沟4段长城1号敌台），平面呈矩形，东西7.5、南北7.7米。台体石筑，残高1.5~1.9米，东壁设门，宽0.8米；南壁存矩形射孔两个，长0.25、宽0.2米。

宁武县东魏肆州长城总长14152米，以石墙最长，有11022米，占78%；土墙仅2116米，占15%；其余为山险和河险，长1014米。除阎王壁障关位于长城外侧，其余关堡均位于内侧。另外据《东魏肆州长城》一文，在余庄乡后村西北0.5千米的长城南侧（内侧）5~10米有一座障城（原文称为三张庄后村障城遗址），周长460米。[1]

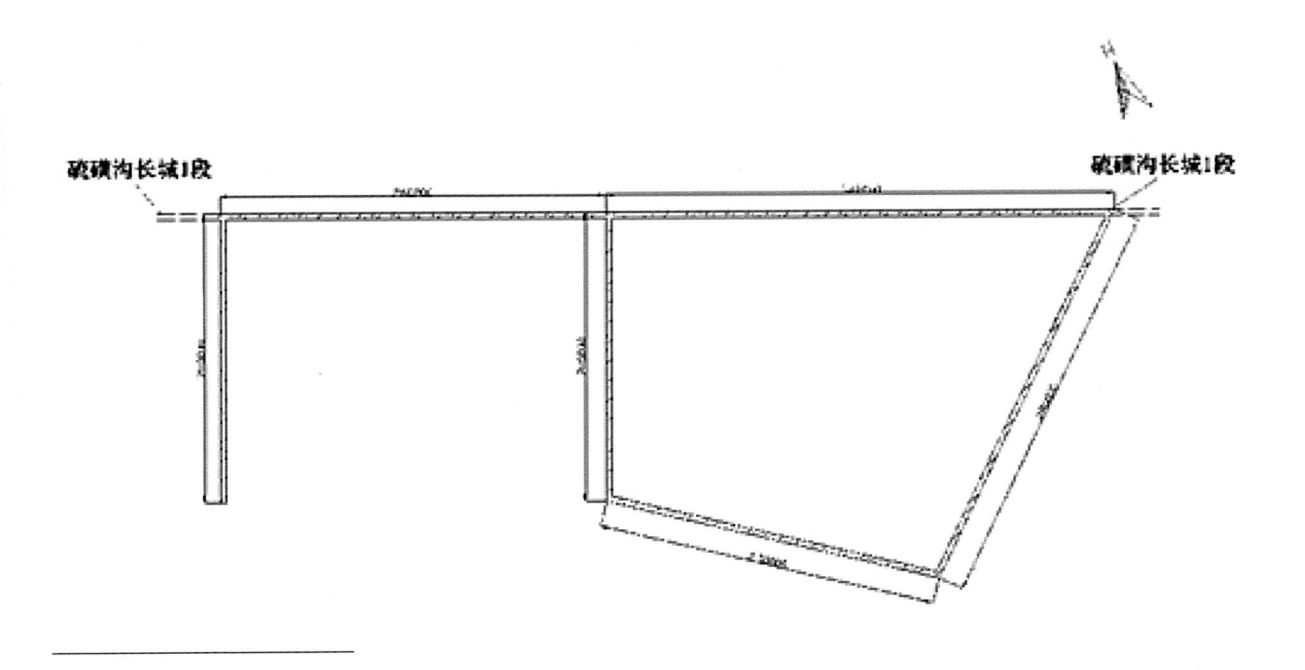

---

[1] 山西省文物局长城调查组：《东魏肆州长城》，《文物世界》，2001年3期，第65页。

5.2.3 肆州长城遗迹考察

原平市段家堡乡黑峪村向西至宁武县余庄乡榆树坪村间长城，位于恒山与云中山、芦芽山、管涔山诸山交结之地，即肆州北山，其地望与文献记载的东魏肆州长城相对应。结合长城和沿线城址的建筑方式、遗物特征等，这段长城遗迹属东魏肆州长城。

关于肆州长城东端的土隥，胡三省在《资治通鉴》中注引《九域志》曰："代州崞县有土[土登]寨。"[1]《读史方舆纪要·山西二》代州崞县土[土登]寨条载："土[土登]寨。在县西北。"[2] 学界据《九域志》和《读史方舆纪要》，都认为土隥在今原平市崞阳镇（笔者按：即崞县所在）西北，亦为原平市西北。[3] 谭其骧《中国历史地图集》北朝《东魏》图就将土[土登]标示在今原平市西北。黑峪村附近的黑峪障城，正位于今原平市崞阳镇西北，当即"土隥"所在。

宁武县苗庄古城所处地理位置显著，地处恒山与云中山、芦芽山、管涔山交结之地，位于桑干河上游恢河西岸，南通汾河谷地，北连大同盆地，具有重要的军事战略地位，当为肆州长城西端的"马陵戍"所在。《读史方舆纪要·山西二》太原府静乐县马陵戍条记："马陵戍，在县北。"[4] 王国良、王仲荦、景爱、朱大渭等人据此指出马陵戍在今静乐县北或西北。苗庄古城正位于今静乐县北。[5] 苗庄古城有东、西两城，总周长达1772米，北墙有三座马面，古城南北设立有烽火台，向西2千米的距离内还设有四座关，这些都说明其位置的重要性。再看其时代。有学者认为苗庄古城出土的陶器和板瓦为北朝遗物，并指出依夯层、夯窝和遗物特征，黑峪障城与苗庄古城的时代是一致的；[6] 还有学者进一步指出苗庄古城出土的陶器和铁蒺藜为汉代遗物，布纹板瓦为北朝遗物，故苗庄古城的时代从汉延至北朝。[7]

这段长城总长41348米，其两端均为山险，未见长城墙体。东端在原平市黑峪村西南1千米，向东北利用山体形成山险，长5400米，至段家堡乡白鸠川村东南1千米处始见长城墙体；西端在宁武县榆树坪村西北2.4千米，向西南也利用山体形成山险，长6000米，至大木场村西北2.5千米处始见长城墙体。墙体类型绝大多数为石墙，长37776米，占91%余，土墙仅2116米，占5%余；其余为山险和河险，长1456米。土墙主要见于苗庄古城两侧，夯层较薄，厚0.05~0.1米，与苗庄古城墙体特征一致。石墙均为外部块石或片石砌筑，内部填以碎石泥土，仅原平市有局部段落的内部为夯土墙体。石墙沿线的关堡、敌台也均为石筑。值得注意的是，原平市部分石墙曾经火烧，其

---

[1] 见《资治通鉴·梁纪十四》，第4920页。
[2]（清）顾祖禹撰，贺次君、施和金点校：《读史方舆纪要》，北京，中华书局，2005年点校本，第1861页。
[3] 如王国良认为土[土登]在崞县西北（王国良编：《中国长城沿革考》，商务印书馆，1931年，第43页，《长城研究资料两种》，香港，香港龙门书店，1978年影印本）；王仲荦认为在今原平市崞阳镇西北三十里之庙岭（《北周地理志》，北京，中华书局，1980年，第892页）；刘纬毅认为土[土登]在今原平市崞阳镇北二十五里的土屯寨（刘纬毅编著：《山西历史地名通检》，太原，山西教育出版社，1990年，第98页）；艾冲认为在今原平市西北的土隥镇（《北朝诸国长城新考》，中国长城学会编：《长城国际学术研讨会论文集》，长春，吉林人民出版社，1995年，第137页。笔者按：今原平市西北并无土隥镇）；景爱认为土磴（笔者按：景爱错写"隥"为"磴"）在今原平市崞阳镇西北（《中国长城史》，上海，上海人民出版社，2006年，第225页）；朱大渭认为在今原平市北（《北朝历代建置长城及其军事战略地位》，《中国史研究》，2006年第2期，第55页。笔者按：朱文将原平市误写为平原市）。
[4]（清）顾祖禹撰，贺次君、施和金点校：《读史方舆纪要》，北京，中华书局，2005年点校本，第1835页。
[5] 王国良编：《中国长城沿革考》，商务印书馆，1931年，第43页（《长城研究资料两种》，香港，香港龙门书店，1978年影印本）。王仲荦：《北周地理志》，北京，中华书局，1980年，第892页。景爱：《中国长城史》，上海，上海人民出版社，2006年，第224页。朱大渭：《北朝历代建置长城及其军事战略地位》，《中国史研究》，2006年第2期，第55页。另艾冲认为马陵戍在今五寨县东部的山上，其所依据不知为何（《北朝诸国长城新考》，中国长城学会编：《长城国际学术研讨会论文集》，长春，吉林人民出版社，1995年，第137页）。
[6] 山西省文物局长城调查组：《东魏肆州长城》，《文物世界》，2001年3期，第67页。
[7] 国家文物局主编，山西省文物局编制：《中国文物地图集·山西分册》（中册），北京，中国地图出版社，2006年，第628页。另有学者认为苗庄古城及其附近长城建于西汉（郭银堂等：《宁武苗庄古城及长城考》，山西省考古学会、山西省考古研究所编：《山西省考古学会论文集》（三），太原，山西古籍出版社，2000年，第104页）。

原因与修筑有关？还是与战争有关？或为自然原因，还需深入调查研究。总之，这段长城从建筑方式上来说，保持着较高的一致性；其两端均为山险，再向两侧均见北齐长城（详见后章），从位置上能与北齐长城区别开来；长城沿线的黑峪障城、苗庄古城等遗址采集到北朝板瓦，再结合地望，这段长城即东魏肆州长城遗迹。乾隆《崞县志》和光绪《续修崞县志》均载，崞县（今原平市崞阳镇）西四十五里有长城梁，"始于赵武灵王，至秦始皇更增筑也，今遗址犹存。"[1] 考其位置，实言原平市崞阳镇西北的东魏肆州长城。

表 5.2 山西省原平市和宁武县东魏肆州长城之石墙、土墙一览表

县市名	墙体类型	长度（米）	建筑方式	剖面形制	尺寸	其他设施遗存
原平市	石墙	26754	外部块石或片石砌筑，内部填以碎石泥土，部分段落内部为夯土墙体，夯层厚 0.1～0.2 米，部分段落有火烧痕迹	不规则的梯形	底宽 4～12、顶宽 1.2～5、残高 0.8～6 米	关 2 座，堡 1 座
宁武县	石墙	11022	外部块石或片石砌筑，内部填以碎石泥土		底宽 1.2～10、顶宽 0.1～4.2、残高 0.2～6 米	关 6 座，堡 1 座，敌台 1 座
	土墙	2116	夯层厚 0.05～0.1 米		底宽 1.8～7.5、顶宽 0.2～2.6、残高 0.1～6 米	关 1 座，烽火台 2 座

为取得更准确的信息，曾于 2004 年在苗庄古城北墙橡孔内采集桦树皮用于测年，后又在 2009 年于火烧边墙段落采集烧结物进行测定，虽然至今仍未有测定结果，但这些工作无疑将会成为我们确定长城时代和性质的重要手段。

第六章 北齐长城

北齐虽立国仅 27 年，但修筑长城的次数却是历代王朝中最为频繁的。北齐与西邻的西魏和北周、北邻的柔然和突厥之间虽有联姻与媾和，但始终伴随着战争。山西正处于西邻西魏和北周、北邻柔然和突厥这样的位置，因此山西也成为北齐长城的重要分布地区。为易于区分，我们按北齐长城的修筑时间与经由地名对其进行命名，分别是①天保三年的黄栌岭至社干戍长城，②天保六年的幽州北夏口至恒州长城，③天保七年以前的西河总秦戍至海长城，④天保八年的库洛拔至坞纥戍重城，⑤河清二年的轵关长城，⑥天统三年的库堆戍至海长城，⑦武平元年的汾北长城。

6.1 天保三年的黄栌岭至社干戍长城

《北齐书》《北史》和《资治通鉴》等书记载了天保三年（552）北齐文宣帝高洋到离石后，修筑了南起黄栌岭，北至社干戍（干字或作于、平、子等字，以下为行文方便，除引文外均作干）、长四百余里的长城的史实。

《北齐书·文宣帝纪》载：天保三年（552）"九月辛卯，帝自并州幸离石。冬十月乙未，至黄栌岭，仍起长城，北至社干戍四百余里，立三十六戍。"[2]《北史·齐本纪中·显祖文宣帝纪》载：天保三年（552）"冬十月乙未，次黄栌岭。仍起长城，北至社于戍，四百余里，立三十六戍。"[3]《资治通鉴·梁纪二十》载：承圣元年（552）"冬，十月，齐主自晋阳如离石，自黄栌岭起长城，北至社平戍，四百余里，置三十六戍。"[4] 可以看出，这段长城涉及的地名主要是黄栌岭和社干戍两处。至于离石，在今山西省吕梁市离石区。战国时赵国称为离石邑，从汉代至西

---

[1] 乾隆《崞县志》，《中国地方志集成·山西府县志辑》（第 14 册），南京，凤凰出版社，2005 年影印本，第 230 页。光绪《续修崞县志》，《中国地方志集成·山西府县志辑》（第 14 册），南京，凤凰出版社，2005 年影印本，第 344 页。
[2] 《北齐书·文宣帝纪》，第 56 页。
[3] 《北史·齐本纪中·显祖文宣帝纪》，第 249 页。
[4] 《资治通鉴·梁纪二十》，第 5093 页。

晋称离石县，属西河郡，北魏时称离石镇，北齐天保三年（552）改名昌化县，并设怀政郡和西汾州，北周建德六年（577）复名离石县，郡改为离石郡，州改为石州。其后隋唐因之。[1]

6.1.1 黄栌岭和社干戍位置的考证

黄栌岭，也称黄芦岭，明清在此设关置戍。《嘉庆重修一统志·汾州府》山川条载："黄栌岭，在汾阳县西北六十里，接永宁州界。"关隘条载："黄芦岭关，在汾阳县西六十里，置关岭上，凭高为险。明宣德中（1426—1435）置巡司，本朝乾隆二十一年（1756）裁。"[2] 今吕梁市离石区吴城镇黄芦沟村东南有黄芦岭，地当离石区东南约41千米，汾阳市西北约22千米，与上述"汾阳县西北六十里，接永宁州界"大致吻合。[3] 刘纬毅指出黄芦岭关在今汾阳市西六十里王家池村西，表述的也是相同的意见。[4]《北齐书·斛律金传》载：东魏武定三年（545），高欢"出军袭山胡，分为二道。以金为南道军司，由黄栌岭出。高祖自出北道，度赤裾岭，会金于乌突戍，合击破之。"[5] 这段文字指出了黄栌岭与乌突戍的位置关系，黄栌岭应大致在乌突戍的南方。乌突戍，在今临县白文镇故县村，[6] 正位于上指黄栌岭位置的西北方向，与此记载相合。

社干戍，据《读史方舆纪要·山西四》汾州府永宁州黄栌岭条："社平，《齐纪》作'社子'，盖在今朔州之废武州界。"[7] 武州，在今五寨县小河头镇大武洲村，城址仍存。[8]《读史方舆纪要·山西六》大同府朔州武州城条："武州城，州西百五十里，南去岢岚州百十里。战国时赵之武州塞也……其故城周五里有奇"。[9] 顺治《云中郡志·方舆志·古迹》："武州城：朔州西一百五十里，本赵武州塞"。[10] 雍正《山西通志·古迹三》宁武府五寨县条："武州城，周五里二百步。本赵武州塞"。[11] 这些记载与武州城位置相互印证。社干戍在今五寨县境。

胡三省和顾祖禹对这段长城涉及的地名和走向进行过考证。胡三省在上引《资治通鉴》文字后注曰："此长城盖起于唐石州，北抵武州之境。栌，音卢。'社平'，《齐纪》作'社子'按《斛律金传》：黄栌岭在乌突戍东。"[12]《读史方舆纪要·山西四》汾州府永宁州黄栌岭条："黄栌岭，在州西北八十里。高齐天保三年（552）自晋阳如离石，自黄栌岭起长城，北至社平戍四百余里，置三十六戍。社平，《齐纪》作'社子'，盖在今朔州之废武州界。又《斛律金传》'黄栌岭在乌突戍东'，盖与今临县接界。亦作'黄芦岭'，今为戍守要地。"[13]

如前所述，唐石州在今吕梁市离石区，武州在今五寨县小河头镇大武洲村。胡、顾均据《北齐书·斛律金传》言"黄栌岭在乌突戍东"，如上所述，黄栌岭正位于乌突戍的东南方。顾氏认为社干戍在"今朔州之废武州界"，表述的也是与胡氏所言"武州之境"相同的概念。因此，依胡、顾二人所述，这段长城从今吕梁市离石区，北延至今五寨县境。顾氏说黄栌岭"在州西北八十里"，"与今临县接界"之语，其中"州"他指永宁州（今吕梁市离石区），并由此得出与临县交界一说。首先黄栌岭若在永宁州西北、与临县交界之处，那么将位于乌突戍之西南，这与他自

---

[1] 刘纬毅编著：《山西历史地名通检》，太原，山西教育出版社，1990年，第107、109、126、127页。施和金：《北齐地理志》，北京，中华书局，2008年，第205、206页。王仲荦：《北周地理志》，北京，中华书局，1980年，第851页。
[2]《嘉庆重修一统志》（第八册），上海，上海书店，1984年影印本。
[3] 清代一里约等于480米（丘光明等：《中国科学技术史·度量衡卷》，北京，科学出版社，2001年，第421页），六十里约长28千米，与今测22千米略当。
[4] 刘纬毅编著：《山西历史地名通检》，太原，山西教育出版社，1990年，第135页。
[5]《北齐书·斛律金传》，第220页。
[6] 详见本文东魏肆州长城一章的有关注释。
[7]（清）顾祖禹撰，贺次君、施和金点校：《读史方舆纪要》，北京，中华书局，2005年点校本，第1954页。
[8] 刘纬毅编著：《山西历史地名通检》，太原，山西教育出版社，1990年，第78页。
[9]（清）顾祖禹撰，贺次君、施和金点校：《读史方舆纪要》，北京，中华书局，2005年点校本，第2037、2038页。
[10] 顺治《云中郡志》，许殿玺、马文忠点校，许殿玺注释，大同市地方志办公室，1988年点校注释本，第57页。
[11] 雍正《山西通志》（第二册），储仲君等总点校，北京，中华书局，2006年点校本，第1372页。
[12] 见《资治通鉴·梁纪二十》，第5093页。
[13]（清）顾祖禹撰，贺次君、施和金点校：《读史方舆纪要》，北京，中华书局，2005年点校本，第1954页。

己所说的黄栌岭在乌突戍东相矛盾。他所言"在州西北八十里"之"州"应指汾州府而言，"八十里"疑为"六十里"之讹。至于"盖与今临县接界"应只是他据黄栌岭在永宁州西北八十里得出的错误看法。

今人对黄栌岭和社干戍的位置以及这段长城的走向也做出过一些推断。

艾冲认为黄栌岭在今吕梁市离石区西北40千米处，社干戍在今五寨县附近。长城从今吕梁市离石区西北40千米处，向北偏东经方山县、临县、岚县、岢岚县，抵五寨县北部，再向东与东魏肆州长城相接。[1] 艾冲所说黄栌岭的位置，应源自上引《读史方舆纪要》黄栌岭条所言。如上所述，《读史方舆纪要》将黄栌岭说成"在（永宁）州西北八十里"是存在讹误的。同时艾冲又据前引《北齐书·文宣帝纪》"立三十六戍"之后"十二月壬子，帝还宫。戊午，帝如晋阳"一句，[2] 描述出高洋这次修筑长城所走的路线：九月从并州（今太原市）至离石（今吕梁市离石区），十月至黄栌岭开始修筑长城，十二月返回离石行宫，几天后回到晋阳（今太原市）。依照这样的路线，艾冲认为高洋"途中并未在汾阳停顿"，因此否定了黄栌岭在今汾阳市西北的观点。《文宣帝纪》这段文字中的"宫"，有可能指天池或祁连池（今宁武县中部的马营海子）附近的行宫。天池或祁连池是高氏政权活动的重要地点，东魏天平四年（537）六月，高欢在天池"获瑞石，隐起成文曰，'六王三川'"；北齐天保六年（555），高洋北讨柔然时集军于祁连池；九年（558）六月，高洋北巡至祁连池；武平七年（576）十月，后主高纬大狩于祁连池。[3] 以后隋大业四年（608），隋炀帝诏于天池营建汾阳宫。[4] 因此很有可能北齐时在天池也修筑有行宫。如此再来看一下高洋的行动路线：九月从并州至离石，十月至黄栌岭开始修筑长城，长城往北修到了今五寨县境的社干戍，高洋也到了社干戍附近，长城完工后，高洋于十二月到达天池行宫，然后返回晋阳。这样的路线更符合文献所载。因此并不能成为否定黄栌岭在今汾阳市西北的证据。

郎保利、王杰瑜、尚珩等指出黄栌岭在今吕梁市离石区吴城镇舍科里村东南，社干戍在今五寨县，今五寨县城南大洼山上的长城，就是天保三年长城的北端。[5] 景爱认为黄栌岭在今汾阳市西北，社干戍在今五寨县境内，长城位于汾河西岸沿吕梁山延伸。[6] 王育民、李孝聪指出黄栌岭在南朔州治西河郡（今汾阳市。笔者按：北齐南朔州实寄治今介休市[7]）西北六十里，社干戍在朔州治广安郡（今朔州市朔城区）西南的汾河上源或今五寨县境。[8] 谭其骧《中国历史地图集》北朝《齐》图将黄栌岭标示在今吕梁市离石区东南、汾阳市西北，社干戍在今五寨县北。这些观点与本文基本一致。

综上所述，黄栌岭在今吕梁市离石区东南吴城镇黄芦沟村黄芦岭，社干戍在今五寨县境，这段长城从南向北沿吕梁山延伸，经离石区、方山县、岚县、岢岚县，至五寨县，很有可能再折向东与东魏肆州长城相连。

另外还有一种看法与上述观点出入较大。王仲荦指出黄栌岭在今隰县附近，社干戍在今静乐县西南十五里社干

---

[1] 艾冲：《北朝诸国长城新考》，中国长城学会编：《长城国际学术研讨会论文集》，长春，吉林人民出版社，1995年，第139、140页。
[2] 《北齐书·文宣帝纪》，第56页。
[3] 《北齐书·神武帝纪下》，第20页；《文宣帝纪》，第60、65页；《后主纪》，109页。
[4] 《读史方舆纪要·山西二》太原府静乐县汾阳宫条（清 顾祖禹撰，贺次君、施和金点校：《读史方舆纪要》，北京，中华书局，2005年点校本，第1834页）。
[5] 郎保利：《山西长城的历史与现状》，《山西长城》，2008年第1期，第23页（原文将吴城镇"东南"误记为"西南"）。王杰瑜等：《山西省北齐长城调查与研究》，《山西长城》，2008年第1期，第36页。尚珩：《北齐长城考》，《文物春秋》，2012年第1期，第47页。
[6] 景爱：《中国长城史》，上海，上海人民出版社，2006年，第226页。
[7] 施和金：《北齐地理志》，北京，中华书局，2008年，第219页。
[8] 王育民：《中国历史地理概论》（下册），北京，人民教育出版社，1988年，第447页。李孝聪：《北齐长城》，中国长城学会编：《长城百科全书》，长春，吉林人民出版社，1994年，第81页。其中王育民言为汾河上源，李孝聪言为今五寨县境。

河附近。[1]

《元和郡县图志·河东道一》隰州隰川县条："黄栌水出县东北黄栌谷。"[2]《水经注·河水》："河水又南，蒲川水出石楼山，南迳蒲城东。即重耳所奔之处也。又南历蒲子县故城西，今大魏之汾州治。……其水南出，得黄卢水口，水东出蒲子城南，东北入谷，极溪便水之源也。"[3]王仲荦认为《水经注》之黄卢即《元和郡县图志》之黄栌，亦即东魏北齐时黄栌岭所在。隰川县和蒲子县故城均在今隰县。他还有一个证据，即前引《北齐书·斛律金传》所述斛律金南出黄栌岭，高欢北出赤谼岭，会军于乌突戍击败山胡一事，其中赤谼岭在今吕梁市离石区东北，乌突戍在今临县西，隰县正位于二者的南方。前文已述，黄栌岭应大致在乌突戍的南方，依此，黄栌岭在今隰县倒也符合。

《嘉庆重修一统志·忻州》山川条载："社干河，在静乐县西南十五里，源出太原府岚县梅家庄，东流入汾河，与岚、临三县，及永宁州，皆取道于此。"[4]王仲荦据此认为社干戍在今静乐县西南十五里社干河附近。刘纬毅也有类似说法，他在《山西历史地名词典》中指出社干戍故址在今岚县东北16千米的社安村。[5]永乐《太原府志·至到》也载：静乐县"西至岚县社干沟界三十里"，岚"东至静乐县社干沟界三十里"。[6]今岚县顺会乡与静乐县交界地域有舍安村、明家庄村，位于岚县东北、静乐县西，从地理位置和距离上，社干河、社干沟、社干戍和梅家庄村大致与今舍安村和明家庄村相对应。黄栌岭至社干戍长城长四百余里，按北齐一里约等于451米计算，[7]这段长城长在180千米以上。按照王仲荦之说，从黄栌岭到社干戍的直线距离约200千米；按照离石五寨说，长约180千米，这两种说法的长度均合于记载。接下来我们再从当年高洋的行动路线以及这些地点所处的地形位置来考察这两种观点。

天保三年（552）九月，高洋从晋阳（今太原市）至离石（今吕梁市离石区），十月至黄栌岭开始修筑长城。从今离石区到离石区东南的黄芦岭约41千米，而到今隰县则较远，约100千米。而且高洋若从今太原市到隰县，沿汾河谷地这条线路似更合理，没有必要取道离石。再说《斛律金传》提到的南道出黄栌岭，北道度赤谼岭，合兵于乌突戍这条记载。前文已述乌突戍在今临县北部的白文镇故县村，王仲荦指出乌突戍在今临县西，地望相当。但从今隰县到临县的乌突戍距离达150千米以上，远较离石区东南黄芦岭到乌突戍的100千米左右的距离长。当年十二月，长城至社干戍完工后，高洋去了天池行宫，然后返回晋阳。从今静乐县西南至天池约70千米，而今五寨县到天池只有30多千米。因此从距离上来说，离石五寨说更显合理。

再看黄栌岭和社干戍的地形位置。今隰县位于吕梁山的南端，再往南就是汾河谷地了，静乐县和岚县则地处云中山、芦芽山之间的汾河谷地，南北两端均地势开放。反观今离石区东南的黄芦岭是吕梁山上的一处重要关隘，五寨县正位于吕梁山北端与恒山相接处。故此在地形地势方面，也是离石五寨说更为合理。今五寨县城南大洼山上的长城恰可印证此说。

6.1.2 天保三年黄栌岭至社干戍长城的修筑背景

关于天保三年黄栌岭至社干戍长城修筑的背景，不同的学者提出了不同的认识。郎保利认为是防范柔然和山胡的进犯。王仲荦、朱大渭、李鸿宾认为是针对山胡的。王育民、李孝聪、景爱认为其防御对象是黄河西岸的西魏。

---

[1] 王仲荦：《北周地理志》，北京，中华书局，1980年，第846、847、892页。王仲荦言赤谼岭在今吕梁市离石区东北，乌突戍在今临县西，赤谼岭因无明确史料，本文未指位置，乌突戍本文指出在今临县白文镇故县村，位于临县北境，与王说相接近。
[2]（唐）李吉甫撰，贺次君点校：《元和郡县图志》，北京，中华书局，1983年点校本，第346页。
[3]（北魏）郦道元著，陈桥驿校证：《水经注校证》，北京，中华书局，2013年，第82、83页。
[4]《嘉庆重修一统志》（第九册），上海，上海书店，1984年影印本。
[5] 刘纬毅：《山西历史地名词典》，太原，山西古籍出版社，2004年，第126页。
[6] 永乐《太原府志》，杨淮点校，太原市地方志编纂委员会整理：《太原府志集全》，太原，山西人民出版社，2005年点校本，第53页。
[7] 丘光明等：《中国科学技术史·度量衡卷》，北京，科学出版社，2001年，第287页。

尚珩认为是防御西魏和山胡的。[1]依据这段长城的位置所在，笔者认为针对山胡的可能性最大。

据《北史·稽胡传》载，稽胡（即山胡）主要活动于"离石以西、安定以东"的山谷之间，"凶悍恃险，数为寇"。[2]东魏时，高欢曾数次平定汾州、晋州的山胡叛乱。[3]进入北齐后，山胡依然威胁着北齐政府。为了防范山胡的进攻，并为以后扫平山胡叛乱做战争准备，高洋主持修建了这段长城。这段长城的作用很快便发挥出来。第二年即天保四年（553）正月山胡围攻离石，在高洋亲征还未到离石时，山胡已经纷纷逃窜，[4]长城已经起到了威慑的作用。天保五年（554）正月，高洋发动了大规模讨伐山胡的战争。他本人从离石道，斛律金从显州道，高演从晋州道，掎角夹攻，大破山胡，斩首数万，获杂畜十余万，"于是远近山胡莫不慑服"。[5]此后北齐境内山胡再无叛乱之事。

至于是否与西魏有关，一方面在天保三年（552）以前，北齐与西魏之间战事有限，且主要集中在今山西省南部和河南省一带，[6]另一方面黄栌岭、社干戍及吕梁山一线，西距黄河较远，约七八十千米左右，与防御西魏似无多大关系。

6.2 天保六年的幽州北夏口至恒州长城

北齐天保六年（555），高洋动员一百八十万人修筑了从幽州北夏口至恒州的长城。在修筑这段长城之前，有关文献还有高洋于天保五年（554）十二月巡视达速岭准备起建长城的记载。

《北齐书·文宣帝纪》载：天保五年（554）"十二月庚申，帝北巡至达速岭，览山川险要，将起长城。"天保六年（555）"发夫一百八十万人筑长城，自幽州北夏口至恒州九百余里。"[7]《北史·齐本纪中·显祖文宣帝纪》载：天保五年（554）"十二月庚申，车驾北巡，至达速岭，亲览山川险要，将起长城。"天保六年（555）三月"发寡妇以配军士筑长城"。"是岁……诏发夫一百八十万人筑城，自幽州北夏口，西至恒州，九百余里。"[8]《资治通鉴·梁纪二十》载：承圣三年（554）十二月"庚申，齐主北巡，至达速岭，行视山川险要，将起长城。"绍泰元年（555）"六月，庚戌朔，齐发民一百八十万筑长城，自幽州夏口西至恒州九百余里，命定州刺史赵郡王（高）叡将兵监之。"[9]从以上引文可以看出，天保五年（554）十二月，高洋巡视达速岭，准备起建长城，至次年的三月或六月开始兴筑，并于当年完成了长城的修筑。

这段长城的监筑者是高叡。[10]《北齐书·赵郡王琛附高叡传》载："六年（555），诏叡领山东兵数万监筑长

---

[1] 郎保利：《山西长城的历史与现状》，《山西长城》，2008年第1期，第23页。王仲荦：《北周地理志》，北京，中华书局，1980年，第847页。朱大渭：《北朝历代建置长城及其军事战略地位》，《中国史研究》，2006年第2期，第65页。李鸿宾：《隋朝的北部防务与长城问题》，《中国边疆史地研究》，2006年第4期，第45、46页。王育民：《中国历史地理概论》（下册），北京，人民教育出版社，1988年，第447页。李孝聪：《北齐长城》，中国长城学会编：《长城百科全书》，长春，吉林人民出版社，1994年，第81页。景爱：《中国长城史》，上海，上海人民出版社，2006年，第226页。尚珩：《北齐长城考》，《文物春秋》，2012年第1期，第47页（笔者按：尚文误将西魏记为北周）。
[2]《北史·稽胡传》，第3194页。
[3]《北史·齐本纪上·高祖神武帝纪》，第224、225、229页。
[4]《北齐书·文宣帝纪》，第57页；《北史·齐本纪中·显祖文宣帝纪》，第249页。
[5]《北齐书·文宣帝纪》，第58页。《北史·齐本纪中·显祖文宣帝纪》载高洋大破山胡后，"男子十二已上皆斩，女子及幼弱以赏军"（第250页）。
[6] 西魏侵犯北齐事见《北齐书·文宣帝纪》，天保元年（550）"十一月，周文帝率众至陕城，分骑北渡，至建州。"（第54页）此事在《北齐书·潘乐传》中记载较详："周文东至崤、陕，遣其行台侯莫陈崇自齐子岭趣轵关，仍同杨檦从鼓钟道出建州，陷孤公戍。诏乐总大众御之。乐昼夜兼行，至长子，遣仪同韩永兴从建州西趣崇，崇遁遁。"（第201页）
[7]《北齐书·文宣帝纪》，第59、61页。
[8]《北史·齐本纪中·显祖文宣帝纪》，第252、253页。
[9]《资治通鉴·梁纪二十》，第5122、5130页。
[10] 高叡是记载最为明确的天保六年长城监筑者。此外，张纂和阳斐也可能是天保六年长城的监筑者。《北齐书·张纂传》载张纂"后与平原王段孝先、行台尚书辛术等攻围东楚，仍拔广陵、泾州数城，斩贼师东方白额。授仪同三司，监筑长城大使，领步骑数千镇防北境。还，迁护军将军，寻卒。"（第359页）据《北齐书·段荣附段韶传》，斩东方白额为天保五年（554）六月之事（第210页），因此张纂任监筑长城大使就是天保五年（554）六月以后之事，很有可能监筑的就是天保六年长城。《北齐书·阳斐传》载阳斐"天保（550—559）初，除镇南将军、尚书吏部郎中。以公事免，久之，除都水使者。显祖亲御六军，北攘突厥，仍诏斐监筑长城。作罢，行南谯州事，加通直散骑常侍，寿阳道行台左丞。"（第554页）据《北齐书·文宣帝纪》，天保四年（553）"十二月己未，突厥复攻茹茹，茹茹举国南奔。癸亥，帝自晋阳北讨突厥，迎纳茹茹。乃废其主库提，立阿那瑰子庵罗辰为主，置之马邑川，给其廪饩缯彩。亲追突厥于朔州，突厥请降，许之而还。于是贡献相继。"（第58页）知高洋"亲御六军，北攘突厥"事为天保四年（553）十二月，那么阳斐"监筑长城"也应不早于天保四年（553）十二月，很有可能是天保五年（554）以后之事，即监筑天保六年长城。考虑到天保六年长城是动用人力最多的一次长城之役，多人监筑亦属正常。

453

城。于时盛夏六月，叡在途中"。[1] 可见这次长城修筑，不仅动用了大量的人力，达一百八十万，而且监筑的士兵也达到了数万。为保障此役的顺利进行，北齐政府还将大量的寡妇配与军士。修筑完长城后，民夫的返乡问题在《赵郡王琛附高叡传》中也有交代，"先是，役徒罢作，任其自返。丁壮之辈，各自先归；赢弱之徒，弃在山北，加以饥病，多致僵殒。叡于是亲帅所部，与之俱还，配合州乡，部分营伍，督帅监领，强弱相持，遇善水草，即为停顿，分有余，赡不足，赖以全者十三四焉。"[2] 这是东魏、北齐以来有记载的动用人力最多的一次长城之役。关于这段长城的位置与走向，涉及地名主要有幽州、夏口、恒州以及达速岭等。

6.2.1 幽州与夏口

北魏至北齐时，幽州治蓟城，在今北京市西南。[3]

胡三省和顾祖禹指出北齐天保六年长城起点的幽州"夏口"实为"下口"之讹。胡三省在上引《资治通鉴》文字后对"幽州夏口"注曰："幽州夏口，盖即居庸下口也。幽州军都县西北有居庸关。湿余水出上谷沮阳县之东，南流出关，谓之下口。'夏'当作'下'。"[4] 胡氏认为下口在湿余水南流出居庸关的地方。《读史方舆纪要·北直一》居庸关条指出居庸关有北口和南口，汉至北魏时分属居庸县和军都县，故各称居庸关、军都关，唐以后方居庸、军都混称，其南口也称为下口，即《北齐书》中的"夏口"。[5] 胡、顾二人所说的"下口"在《水经注》和《魏书》中也有记载。《水经注·湿余水》载："湿余水出上谷居庸关东……其水历山南迳军都县界，又谓之军都关。……其水南流出关，谓之下口。"[6]《魏书·常景传》载孝昌年间（525—527）杜洛周起义时，居庸下口或军都关是北魏政府与起义军对峙与争夺的重要关隘。[7]

从这些记载或考证中可以看出，"夏口"或"下口"位于居庸关的南口，或称为军都关。今北京市昌平区南口镇正位于居庸关关隘的南口，即"夏口"或"下口"所在，在幽州治所蓟城的北方，合"幽州北夏口"一语。谭其骧《中国历史地图集》北朝《齐》图中，就将下口标示在今北京市南口镇附近。景爱、罗哲文、李孝聪、王杰瑜等也持此观点。[8] 朱大渭只是据胡三省注笼统地指出夏口是居庸关，[9] 王国良认为在居庸关北，寿鹏飞则认为居庸关下口是指北口而言，[10] 王、寿二人观点虽与本文所指南口有所差异，但亦相差不远。

与以上观点出入较大的是艾冲，他认为夏口在今北京市密云县古北口。之所以有这样的观点，是艾冲认为北齐政府在长城筑就后于此置库推成，而"库推，后音转为虎北（口），再音谐为古北，即今古北口"。[11] 此说仅据音的转化，说服力不强。夏口更可能是大多数学者所指出的居庸关南口。[12]

---

[1]《北齐书·赵郡王琛附高叡传》，第171页。
[2]《北齐书·赵郡王琛附高叡传》，第171页。这段长城完成的时间应是天保六年（555）当年。除所引诸文表述当年修筑长城外，在《北齐书·赵郡王琛附高叡传》中民夫返乡的一段文字之后，紧接有"七年（556），诏以本官都督沧瀛幽安平东燕六州诸军事、沧州刺史"，也表明天保七年（556）时，这次长城之役已然结束。
[3] 施和金：《北齐地理志》，北京，中华书局，2008年，第96、97页。
[4] 见《资治通鉴·梁纪二十》，第5130页。
[5] （清）顾祖禹撰，贺次君、施和金点校：《读史方舆纪要》，北京，中华书局，2005年点校本，第429～431页。
[6] （北魏）郦道元著，陈桥驿校证：《水经注校证》，北京，中华书局，2013年，第321页。
[7]《魏书·常景传》，第1804、1805页。
[8] 景爱：《中国长城史》，上海，上海人民出版社，2006年，第226页。罗哲文：《长城》，北京，北京旅游出版社，1988年，第41页。李孝聪：《北齐长城》，中国长城学会编：《长城百科全书》，长春，吉林人民出版社，1994年，第81页。王杰瑜等：《山西省北齐长城调查与研究》，《山西长城》，2008年第1期，第35页。
[9] 朱大渭：《北朝历代建置长城及其军事战略地位》，《中国史研究》，2006年第2期，第56页。
[10] 王国良：《中国长城沿革考》，商务印书馆，1931年，第45页。寿鹏飞：《历代长城考》，得天庐存稿之二，1941年，第13页（王、寿书均见《长城研究资料两种》，香港，香港龙门书店，1978年影印本）。王氏书中附图显示下口在居庸关南，并在考证湿余水位置时，又言夏口在关南，与自己所言夏口在居庸关北相矛盾。
[11] 艾冲：《北朝诸国长城新考》，中国长城学会编：《长城国际学术研讨会论文集》，长春，吉林人民出版社，1995年，第138页。
[12] 本章在叙述天统三年库推成至海长城时，述及夏口与库推成有可能在同地或相距不远，这点倒是与艾冲认为夏口即库推成的观点相似，惟艾冲认为在今密云县古北口不敢苟同。

6.2.2 恒州与达速岭

《魏书·地形志上》恒州条载："恒州，天兴中（398—404）置司州，治代都平城，太和中（477—499）改。孝昌中（525—527）陷，天平二年（535）置，寄治肆州秀容郡城。"[1]

《元和郡县图志·河东道三》云州条载："孝文帝迁都洛邑，改置恒州。孝昌（525—527）之际，乱离尤甚，恒、代之北，尽为邱墟，高齐文宣帝天保七年（556）置恒安镇，徙豪杰三千家以实之，今名东州城。其年废镇，又置恒州。周武平齐，州郡并废，又以其所置恒安镇，属朔州。"[2]

这两段文字记载了北朝诸代恒州的变迁。北魏孝文帝迁洛后将原司州的一部分改置为恒州。孝昌年间（525—527）由于战乱废弃。东魏天平二年（535）于肆州秀容郡侨置恒州。北齐天保七年（556）于旧平城置恒安镇，当年又废镇复置恒州。北周灭齐后，恒州废置。由于北齐恒州位于东魏恒州之北，所以也称为北恒州。[3]北魏迁都后及北齐天保七年（556）以后之恒州，均治北魏平城，即今山西省大同市。王国良、寿鹏飞、罗哲文、艾冲、景爱、朱大渭、李孝聪、王杰瑜等认为天保六年长城所涉的恒州即此恒州。[4]但幽州北夏口至恒州长城是修筑于天保六年（555），因此这段长城所涉的恒州当指东魏于肆州秀容郡侨置之恒州。据《魏书·地形志上》肆州秀容郡条载，秀容郡置于永兴二年（410），郡治秀容县，[5]位于今山西省岚县县城南的古城村。[6]

《读史方舆纪要·山西六》大同府大同县达速岭条载："达速岭，在府西北境。高齐天保五年北巡至此，行视山川险要，将起长城。明年遂发民筑长城，自幽州西至恒州是也。"[7]艾冲据此指出达速岭为今山西省大同市西北、内蒙古自治区凉城县南境的山岭，并认为这段长城的西端即达速岭。[8]朱大渭也认为达速岭在今大同市西北。[9]《嘉庆重修一统志·朔平府》山川条载："达速岭，在平鲁县（治今山西省朔州市平鲁区凤凰城镇）西北。"[10]按此说，地当今大同市西，但大略与前说亦差不多。

既然本文已指出，天保六年长城所涉的恒州很有可能是位于今山西省岚县古城村的侨立恒州，那么达速岭当距此不远，应位于侨立恒州的北境。谭其骧《中国历史地图集》北朝《齐》图将达速岭标示在今山西省宁武县南管涔山主峰是有道理的。乾隆《宁武府志》记载达速岭在宁武、神池两县交界处。该志《山川·神池县》载："黄华岭，一名摩天岭，高齐之世所称达速岭也。中峰高四十丈，周蟠七十余里，上盖有长城旧迹。云其东南绵亘宁武，西北蹲乎神池者过三十里焉。"《山川·宁武县》载："黄华岭，在县北十三里，大岭也。宁武、神池南北限焉，上有

---

[1] 《魏书·地形志上》，第2479页。
[2] （唐）李吉甫撰，贺次君点校：《元和郡县图志》，北京，中华书局，1983年点校本，第409页。
[3] 北恒州之名见于《隋书·地理志中》马邑郡条：云内县"又有后齐安远、临塞、威远、临阳等郡属北恒州，后周并废。"（第853页）
[4] 王国良编：《中国长城沿革考》，商务印书馆，1931年，第45页。寿鹏飞：《历代长城考》，得天庐存稿之二，1941年，第13页（王、寿书均见《长城研究资料两种》，香港，香港龙门书店，1978年影印本）。罗哲文：《长城》，北京，北京旅游出版社，1988年，第41页。艾冲：《北朝诸国长城新考》，中国长城学会：《长城国际学术研讨会论文集》，长春，吉林人民出版社，1995年，第138页。景爱：《中国长城史》，上海，上海人民出版社，2006年，第226页。朱大渭：《北朝历代建置长城及其军事战略地位》，《中国史研究》，2006年第2期，第56页。李孝聪：《北齐长城》，中国长城学会编：《长城百科全书》，长春，吉林人民出版社，1994年，第81页。王杰瑜等：《山西省北齐长城调查与研究》，《山西长城》，2008年第1期，第35页。
[5] 《魏书·地形志上》，第2474页。
[6] 刘纬毅编著：《山西历史地名通检》，太原，山西教育出版社，1990年，第90、105页。
[7] （清）顾祖禹撰，贺次君、施和金点校：《读史方舆纪要》，北京，中华书局，2005年点校本，第2008页。
[8] 艾冲：《北朝诸国长城新考》，中国长城学会编：《长城国际学术研讨会论文集》，长春，吉林人民出版社，1995年，第138页。艾冲在同文第139页，又指出达速岭在今凉城县南境，而未提大同市西北。以后在《北朝拓跋魏、高齐、宇文周诸国长城再探索——兼与朱大渭先生商榷》一文中又有些许变化，达速岭即"今大同市西北、内蒙古凉城县西南境的杀虎口附近山岭"（《社会科学评论》，2007年第3期，第65页）。
[9] 朱大渭：《北朝历代建置长城及其军事战略地位》，《中国史研究》，2006年第2期，第56页。
[10] 《嘉庆重修一统志》（第九册），上海，上海书店，1984年影印本。

墩台、敌楼。"[1] 今本《宁武县志》《神池县志》也记载宁武与神池两县交界有黄花岭，又名摩天岭、达速岭。[2] 可见这些资料均以黄华（花）岭为达速岭，地当神池县与宁武县交界的管涔山区，与本文推断相符合。

6.2.3 关于天保六年长城走向的各种观点

景爱认为长城东起于今北京市昌平区南口镇，向西经河北省北部的涿鹿县、蔚县、阳原县，山西省北部的大同县，抵大同市境。[3] 朱大渭指出长城东起今北京市延庆县居庸关（笔者按：今居庸关实属昌平区），向西经北燕州（治今河北省涿鹿县），至恒州（治今山西省大同市）西北的达速岭，大体沿朱氏描述的北魏畿上塞围延伸，惟西段往南收缩。[4]

艾冲认为天保六年长城是以后天保七年西河总秦戍至海长城的组成部分，其东端为北京市密云县古北口，西端为内蒙古自治区凉城县南境的达速岭，从达速岭向东至兴和县境，沿北魏泰常长城抵河北省赤城县独石口，转趋东南抵古北口。[5]

由于以上诸说均未考虑到天保六年长城所涉的恒州应指东魏于肆州秀容郡侨置之恒州，因此他们描述的长城走向均有不妥之处。[6] 因为天保七年西河总秦戍至海长城，一般认为是包括天保六年长城在内的，因此我们将天保六年长城的走向问题放在下一节中继续讨论。

6.3 天保七年的西河总秦戍至海长城

《北齐书·文宣帝纪》载：天保七年（556）十二月"先是，自西河总秦戍筑长城东至于海，前后所筑东西凡三千余里，率十里一戍，其要害置州镇，凡二十五所。"[7]《北史·齐本纪中·显祖文宣帝纪》和《资治通鉴·梁纪二十二》记载与此相同。[8] 因为明言"先是""前后"，因此多认为这里记述的天保七年西河总秦戍至海长城是包括以前修筑的长城在内，并再次进行了延伸。这段长城所涉及的西河总秦戍的位置的确定，不仅能帮助我们确定天保七年长城的走向，更对我们确定它是否利用前期长城或哪一期长城具有重要的意义。

6.3.1 西河及总秦戍位置的考证

由于史籍中罕见总秦戍的记载，因此考证东魏、北齐时西河郡的位置和范围将有助于我们大致确定总秦戍的位置。

西河郡在《魏书·地形志上》中有两处记载，[9] 汾州及西河郡条载："汾州，延和三年（434）为镇，太和十二年（488）置州。治蒲子城（今山西省隰县）。孝昌中（525—527）陷，移治西河。""西河郡，汉武帝置，晋乱罢。太和八年（484）复。治兹氏城。领县三：隰城、介休、永安。"[10] 晋州西河郡条载："西河郡，旧汾州西河民，孝昌二年（526）

---

[1] 乾隆《宁武府志》，《中国地方志集成·山西府县志辑》（第11册），南京，凤凰出版社，2005年影印本，第44、49页。
[2] 《宁武县志》，北京，红旗出版社，2001年，第362页。《神池县志》，北京，中华书局，1999年，第308页。
[3] 景爱：《中国长城史》，上海，上海人民出版社，2006年，第226页。
[4] 朱大渭：《北朝历代建置长城及其军事战略地位》，《中国史研究》，2006年第2期，第56页。
[5] 艾冲：《北朝诸国长城新考》，中国长城学会编：《长城国际学术研讨会论文集》，长春，吉林人民出版社，1995年，第138、139页。
[6] 李文信在《中国北部长城沿革考》一文中，指出"幽州北夏口"即今居庸关南口，恒州指侨置之肆州秀容郡之恒州，这些与本文推论相合，但他又指出肆州秀容郡城在今山西省原平市崞阳镇西南，与本文相别［《中国北部长城沿革考》（下），《社会科学辑刊》，1979年第2期，第138页］。尚珩在《北齐长城考》一文中言及这段长城所涉恒州指寄治肆州秀容郡之恒州，但其据《中国文物地图集·内蒙古分册》描述天保六年长城东起北京市昌平区南口镇附近，向西北经延庆县，河北省赤城县、崇礼县、张北县、康保县，入内蒙古自治区化德县，向西经商都县、察右后旗、察右中旗、四子王旗、达尔罕茂明安联合旗至武川县（国家文物局主编：《中国文物地图集·内蒙古分册》，西安，西安地图出版社，2003年），并未涉及他说的侨立恒州（《文物春秋》，2012年第1期，第48页）。故此本文未纳李、尚之说。
[7] 《北齐书·文宣帝纪》，第63页。
[8] 《北史·齐本纪中·显祖文宣帝纪》，第253、254页；《资治通鉴·梁纪二十二》，第5156页。
[9] 西河郡在《魏书·地形志上》实有三处记载，除本文中提到的两处外，沧州浮阳条载：高城县"有平津乡。兴和中（539—542）缩流民立东西河郡和隰城县。武定（543—550）末罢。"（第2472页）。因沧州的东西河郡和隰城县存在时间很短，且与长城无涉，并不在我们的考证范围。故本文言为两处记载。
[10] 《魏书·地形志上》，第2483页。

为胡贼所破,遂居平阳界,还置郡。领县三:永安,孝昌中置,治白坑城;隰城,孝昌中置;介休,孝昌中置。"[1] 据此可知,北魏时,西河郡置于太和八年(484),治隰城县,即汉兹氏县[2](今山西省汾阳市[3]),属汾州。孝昌年间(525—527),西河郡侨置平阳郡,治永安县(今山西省临汾市北[4]),属晋州。与此同时,汾州也因战乱从蒲子城移治西河郡。[5]由于《魏书·地形志》是"录武定之世(543—550)以为志焉"[6]的,因此在东魏时,汾州西河郡与晋州西河郡南北并立。

侨置西河郡的情况在《隋书》和《读史方舆纪要》中也有述及。《隋书·地理志中》临汾郡条:临汾县"又有东魏西河、敷城、伍城、北伍城、定阳等五郡,后周废为西河、定阳二郡。开皇(581—600)初郡并废。又有后魏永安县,开皇(581—600)初改为西河,大业(605—618)初省。"[7]《读史方舆纪要·山西三》平阳府洪洞县西河废县条:"西河废县,县西南三十里。后魏孝昌三年(527)侨置西河郡,治永安县。隋开皇(581—600)初郡废,改县曰西河,属晋州。大业(605—618)初县废。"[8]可见西河侨郡从北魏末年设立后,[9]直至隋初方废,郡治永安县同时也改名为西河县,以后大业(605—618)初年废置。

前引《魏书》,汾州于孝昌年间(525—527)移治西河。此西河是否是侨置后的西河郡呢?《元和郡县图志·河东道二》汾州介休县条载:"介休县……后魏明帝时(516—528)为胡贼所破,至孝静帝(534—550)更修筑,迁朔州军人镇之,因立为南朔州,但领军人不领郡县,其介休县仍属汾州。"[10]可知东魏孝静帝时,汾州仍立,并未南迁。既然如此,孝昌年间(525—527)汾州所移治的西河郡仍是原西河郡,而非西河侨郡。本文上述东魏时存在汾州西河郡和晋州西河郡是有道理的。

北齐时,汾州与西河郡是否发生变迁了呢?目前所见资料过于简略,没有较详细、准确的关于北齐汾州与西河郡的历史记录,只能通过有关记载中的只言片语做出判断。

《隋书·地理志中》西河郡条:"西河郡,后魏置汾州,后齐置南朔州,后周改曰介州。"龙泉郡条:"龙泉郡,后周置汾州。"[11]《元和郡县图志·河东道二》汾州条:"高齐又于此城置南朔州。周武帝(561—578)废南朔州,宣帝(578—579)于此置汾州。隋大业三年(607)废汾州,还于隰城县置西河郡。"[12]《太平寰宇记·河东道二》汾州条:"后魏于西河郡兼置汾州,取汾河为名。北齐又改为南朔州,后周改曰介州。隋初亦如之,大业中(605—

---

[1] 《魏书·地形志上》,第2479、2480页。
[2] 《元和郡县图志·河东道二》汾州西河县条载:"西河县,本汉兹氏县也,曹魏于此置西河郡,晋改为国,仍改兹氏县为隰城县,上元元年(674或760)改为西河县。"(唐·李吉甫撰,贺次君点校:《元和郡县图志》,北京,中华书局,1983年点校本,第377页)可知兹氏县在西晋时改称隰城县,那么北魏西河郡治兹氏县也即隰城县所在。
[3] 施和金:《北齐地理志》,北京,中华书局,2008年,第221、222页。王仲荦:《北周地理志》,北京,中华书局,1980年,第827页。刘纬毅编著:《山西历史地名通检》,太原,山西教育出版社,1990年,第105页。
[4] 永安县在隋开皇(581—600)初改称西河县,大业(605—618)初废置。据《读史方舆纪要·山西三》平阳府洪洞县西河废县条"西河废县,县西南三十里"(清·顾祖禹撰,贺次君、施和金点校:《读史方舆纪要》,北京,中华书局,2005年点校本,第1878页),王仲荦、施和金指出该县位于洪洞县西南(王仲荦:《北周地理志》,北京,中华书局,1980年,第812页;施和金:《北齐地理志》,北京,中华书局,2008年,第241页)。刘纬毅据《清一统志·平阳府》"西河废县,在临汾县北"指出位于临汾市北(刘纬毅编著:《山西历史地名通检》,太原,山西教育出版社,1990年,第154页)。笔者按:今临汾市北3千米左右有永安村和北永安村,疑即旧永安县所在,所以本文将永安县址定在了今临汾市北。另《嘉庆重修一统志·平阳府》古迹条载"西河废县,在临汾县西"[《嘉庆重修一统志》(第九册),上海,上海书店,1984年影印本],与刘纬毅所引《清一统志》指称在临汾县北有别。
[5] 除《魏书·地形志上》汾州"孝昌中(525—527)陷,移治西河"一语外,《魏书·裴延儁附裴良传》也记载了汾州刺史裴良迁治西河的背景和具体经过(第1531页)。
[6] 《魏书·地形志上》,第2455页。
[7] 《隋书·地理志中》,第851页。
[8] (清)顾祖禹撰,贺次君、施和金点校:《读史方舆纪要》,北京,中华书局,2005年点校本,第1878页。
[9] 具体侨置时间,如文中所述,《魏书》是孝昌二年(526),《读史方舆纪要》是孝昌三年(527),相差一年。
[10] (唐)李吉甫撰,贺次君点校:《元和郡县图志》,北京,中华书局,1983年点校本,第378、379页。
[11] 《隋书·地理志中》,第851、852页。
[12] (唐)李吉甫撰,贺次君点校:《元和郡县图志》,北京,中华书局,1983年点校本,第377页。

618）废州，复为西河郡。"[1] 以上几条记载中，《元和郡县图志》与《隋书》和《太平寰宇记》之间有一些差别，主要是未记北周改置介州一事。王仲荦、刘纬毅梳理这些材料后指出，北魏、东魏时的汾州，到北齐时又置南朔州，北周灭齐后废南朔州，并改北齐汾州为介州，另于龙泉郡（治龙泉城，今山西省隰县）复置汾州，入隋后于大业年间（605—618）废介州为西河郡。[2] 关于南朔州，施和金在《北齐地理志》中已经指明，北齐在汾州介休县侨立南朔州时，汾州与南朔州是并立的，"非改汾州为南朔州"，即汾州仍存，并未废置。[3]

据《隋书·地理志中》西河郡条，隰城县"旧置西河郡，开皇（581—600）初郡废，大业（605—618）初复。"[4] 知西河郡延续至隋开皇（581—600）初方废，后又于大业年间（605—618）复郡，仍治隰城县。由此可见，北齐时汾州和西河郡仍旧位于北魏、东魏时所在。

综上所述，可知东魏、北齐时西河郡有两处，即汾州西河郡和侨立于晋州的西河郡，前者郡治位于今山西省汾阳市，后者位于今临汾市北。两处西河郡的地域范围依据它们的领县大致可以确定。前引《魏书》已载明它们的领县，汾州西河郡辖隰城、介休、永安三县，[5] 晋州西河郡为侨郡，所领隰城、介休、永安三县为随郡侨县。汾州西河郡所领三县，隰城县如上所述在今汾阳市，永安县在今灵石县东或孝义市，介休县在今介休市或介休市东南。[6] 因此汾州西河郡的范围大致在今汾阳市、孝义市、介休市及灵石县一带。晋州西河郡及所领三县均寄治于平阳郡，侨置地点应位于同地，即今临汾市北附近。[7] 这样，总秦戍的位置也只能在这两个范围内确定。

目前关于总秦戍位置的意见主要有以下几种。

（1）今山西省大同市西北。此说的主要依据来自《读史方舆纪要》。《读史方舆纪要·山西六》大同府大同县总秦戍条载："总秦戍，在府西北境。"[8]

艾冲认为西河并非郡名，而是指今内蒙古自治区托克托县和陕西省潼关县之间的一段黄河，总秦戍位于达速岭以西的黄河东岸，在今内蒙古自治区清水河县西北境的宏河镇二道塔村。[9] 朱大渭并未指出西河所指为何，只是据《读史方舆纪要》指出总秦戍在今山西省大同市西北境，比达速岭更偏西至黄河东岸。[10] 王国良也认为总秦戍在今大同市西北境，但他将"西河"与"总秦戍"分裂开来，指出"西河"为"西汾"之误，是指西汾州而言，而西汾州治今山西省离石县（现为吕梁市离石区）。[11] 李孝聪既指出西河郡治在今山西省汾阳市，但又认为总秦戍在今大同市西北境。[12]

---

[1]（宋）乐史撰，王文楚等点校：《太平寰宇记》，北京，中华书局，2007年点校本，第865页。
[2] 王仲荦：《北周地理志》，北京，中华书局，1980年，第827、835、836、845页。刘纬毅编著：《山西历史地名通检》，太原，山西教育出版社，1990年，第110页。
[3] 施和金：《北齐地理志》，北京，中华书局，2008年，第219、220页。
[4]《隋书·地理志中》，第852页。
[5] 施和金《北齐地理志》指出，北齐时介休县另置定阳郡，西河郡只领隰城、永安二县，其时间应为天保七年（556）以后（北京，中华书局，2008年，第221、225页）。为求保险，下文我们仍旧将介休县列入叙述的范围。
[6] 施和金《北齐地理志》指出永安县在今灵石县东（北京，中华书局，2008年，第222页），介休县在今介休市（第226页）。刘纬毅编著《山西历史地名通检》指出永安县在今孝义市（太原，山西教育出版社1990年，第116、117页），隋以前介休县在今介休市东南十五里（第13页）。
[7] 施和金：《北齐地理志》，北京，中华书局，2008年，第241、242页。
[8]（清）顾祖禹撰，贺次君、施和金点校：《读史方舆纪要》，北京，中华书局，2005年点校，第2017页。
[9] 艾冲：《北朝诸国长城新考》，中国长城学会编：《长城国际学术研讨会论文集》，长春，吉林人民出版社，1995年，第138、139页。艾冲在该文中还提到有认为西河总秦戍在今内蒙古自治区清水河县黄河畔老牛湾的，但并未注明此说出处。
[10] 朱大渭：《北朝历代建置长城及其军事战略地位》，《中国史研究》，2006年第2期，第57页。朱氏在文中注引《读史方舆纪要》曰：达速岭、总秦戍皆在府西北部，而总秦戍更偏西至黄河东岸。查《读史方舆纪要》并无此记载，只有分开叙述达速岭和总秦戍"在府西北境"之语，且无"而总秦戍更偏西至黄河东岸"之语。
[11] 王国良编：《中国长城沿革考》，商务印书馆，1931年，第47页（《长城研究资料两种》，香港，香港龙门书店，1978年影印本）。西汾州置于北齐天保三年（552），州治在今山西省吕梁市离石区（施和金：《北齐地理志》，北京，中华书局，2008年，第205、206页）。
[12] 李孝聪：《北齐长城》，中国长城学会编：《长城百科全书》，长春，吉林人民出版社，1994年，第81页。

(2) 今山西省西北部黄河东岸。郎保利认为约在今山西省兴县至偏关县的黄河岸边，尚珩进一步认为在今兴县西北、保德县西南的黄河东岸。他们的依据主要是《中国文物地图集·山西分册》，该书指出天保七年长城在山西省境内西起今兴县的黄河东岸。[1] 王杰瑜等认为在今兴县、保德县或岢岚县的某个地方，[2] 其依据是光绪《山西通志·沿革谱下·保德州》载："总秦戍，北齐天保筑长城起此。在（保德）州南十五里。"[3]

(3) 今山西省汾阳市境。景爱认为既然西河郡治在今山西省汾阳市，那么总秦戍也应在汾阳市境内。汾阳市西北的黄垆岭疑即总秦戍。[4] 景爱之说是唯一符合前述西河郡范围的，因此笔者认为此说是有道理的，西河总秦戍与黄垆岭或在同地，或相距不远。

关于海的所指，主要有两种观点。艾冲认为指渤海北岸，天保七年长城东端具体在今辽宁省台安县南的古辽水入海口。[5] 王国良、景爱、朱大渭认为是指山海关附近的渤海沿岸。[6] 天保四年（553）十月，高洋大破契丹后返回时曾"登碣石山，临沧海"，[7] 碣石山在今河北省昌黎县北，东北距山海关约60千米。据此，后说还是很有可能的。而前说将在下一小节中述其难以成立。

6.3.2 天保七年长城与以前长城的关系

如前所述，因为明言"先是""前后"，所以天保七年西河总秦戍至海长城应包括以前修筑的长城在内，那么它是利用了以前的哪一期或哪几期长城的呢？主要有两种看法，一种认为只是包括天保六年长城在内，另一种则认为还包括天保三年长城。

持第一种观点者有艾冲。他认为天保六年幽州北夏口至恒州长城修筑完后，天保七年进一步将长城向东西延长，形成了西河总秦戍至海的长城。也就是说他认为天保七年长城是天保六年长城的延伸。结合他指出西河总秦戍位于在今内蒙古自治区清水河县二道塔村，达速岭在今内蒙古自治区凉城县南境，夏口在今北京市密云县古北口，海为渤海北岸，天保六年、七年长城的走向为起自今内蒙古自治区清水河县二道塔村，向东过凉城县南境的达速岭，至兴和县境沿北魏泰常长城抵河北省赤城县独石口，转趋东南抵北京市密云县古北口，再向东北至河北省承德县境，因袭北魏"长堑"，止于古辽水入渤海处。其中兴和县至独石口间段落利用了北魏泰常长城，承德县以东段落利用了北魏"长堑"。[8] 换句话说，艾冲认为天保六年长城利用了北魏泰常长城兴和县至独石口间段落，并向东南延伸至密云县古北口，向西延伸至凉城县南境的达速岭。天保七年时，又继续向东利用了北魏"长堑"延伸至渤海北岸，向西延伸至黄河东岸的总秦戍。在北魏长城一章中，笔者已谈及北魏"长堑"的问题，即北魏北部边境并不存在连续的长城或壕堑，因此其东端在辽宁省台安县南古辽水入海口的说法难以成立。至于西河总秦戍、恒州、达速岭、夏口等地名位置，艾氏所言均与本文相异，因此艾氏描述的天保六年、七年长城的走向是有误的。

王杰瑜等在1999、2000年对山西省北部的北齐长城调查后，指出天保七年长城起自今山西省岢岚县西境，经五

---

[1] 郎保利：《山西长城的历史与现状》，《山西长城》，2008年第1期，第23页。尚珩：《北齐长城考》，《文物春秋》，2012年第1期，第50页（尚文虽指出西河郡为今汾阳市之西河郡，但其所指总秦戍位置距离西河郡治甚远）。国家文物局主编，山西省文物局编制：《中国文物地图集·山西分册》（中册），北京，中国地图出版社，2006年，第1223页。
[2] 王杰瑜等：《山西省北齐长城调查与研究》，《山西长城》，2008年第1期，第37页。
[3] 光绪《山西通志》（第三册），刘克文总点校，北京，中华书局，1990年点校本，第589页。
[4] 景爱：《中国长城史》，上海，上海人民出版社，2006年，第227页。
[5] 艾冲：《北朝诸国长城新考》，中国长城学会编：《长城国际学术研讨会论文集》，长春，吉林人民出版社，1995年，第138页。
[6] 王国良编：《中国长城沿革考》，商务印书馆，1931年，第46页（《长城研究资料两种》，香港，香港龙门书店，1978年影印本）。景爱：《中国长城史》，上海，上海人民出版社，2006年，第227页。朱大渭：《北朝历代建置长城及其军事战略地位》，《中国史研究》，2006年第2期，第57页。
[7] 《北齐书·文宣帝纪》，第57页；《北史·齐本纪中·显祖文宣帝纪》，第250页。
[8] 艾冲：《北朝诸国长城新考》，中国长城学会编：《长城国际学术研讨会论文集》，长春，吉林人民出版社，1995年，第138、139页。

寨县南境、宁武县、神池县,北至大同市附近与天保六年长城相接。[1]王杰瑜此说虽也不包括天保三年长城在内,但其走向与艾冲所言的区别还是很大的。

持第二种观点有景爱。如前述,西河总秦戍与黄栌岭或在同地,或相距不远,那么天保七年长城肯定是包括天保三年长城在内的。景爱认为今山西省五寨县境内的社干戍接近恒州南境,天保三年和天保六年长城在恒州南境相连,形成了天保七年长城的西段。东段则是从今北京市昌平区南口镇至河北省秦皇岛市山海关。[2]这种观点,也由于错指了恒州所在,因此其走向也有不妥之处。但总秦戍或即黄栌岭,夏口即居庸下口,海指山海关附近渤海沿岸等地名考证是比较可靠的,因此天保七年长城是包括天保三年黄栌岭至社干戍长城和天保六年幽州北夏口至恒州长城在内的,并向东修筑至渤海沿岸。

与景爱观点类似的还有朱大渭、王国良等,他们描述的长城走向也大致相近,只是在"西河总秦戍"的认识上存在差异。

朱大渭认为天保七年长城东起渤海沿岸山海关,向西北经平州(治今河北省卢龙县北),西至居庸关,经北燕州(治今河北省涿鹿县)北部(今河北省张家口市南),折向西南至恒州西北达速岭(今山西省大同市西北),南下至社干戍(今山西省朔州市西),经三堆戍(今山西省静乐县),至黄栌岭。其中从居庸关东至海和恒州西北至社干戍两段为天保七年(556)修筑,从而将天保三年和天保六年长城相连,并东延至渤海。[3]

王国良虽认为总秦戍在今山西省大同市西北境,但由于他将"西河"与"总秦戍"分裂开来,认为"自总秦戍筑长城"指天保六年长城,"自西河筑长城"指天保三年长城。之所以"自西河筑长城"指天保三年长城,是因为"西河"实为"西汾"之误,指治在今山西省离石县(现为吕梁市离石区)的西汾州而言,而黄栌岭他又据《读史方舆纪要》所述的在今吕梁市离石区西北八十里,两相对应,故天保七年的"自西河筑长城"实即指天保三年起自黄栌岭的长城。在此基础上,王氏对天保七年长城走向描述为,起自今山西省吕梁市离石区西北的黄栌岭(属北齐西汾州),北行到朔州市西的社干戍,折向东斜经大同市西北的总秦戍,入河北省赤城县,转南至居庸关东,又转东达渤海北岸山海关。[4]

---

[1] 王杰瑜等:《山西省北齐长城调查与研究》,《山西长城》,2008年第1期,第36页。
[2] 景爱:《中国长城史》,上海,上海人民出版社,2006年,第227页。如前文所述,景爱认为天保六年长城的西端是恒州,即今大同市。但在叙述天保七年长城时,为了让天保三年长城能够与天保六年长城相连,又将天保六年长城的西端定在了恒州辖境,而恒州南境的今神池县与五寨县境内的社干戍相近。景爱指出今神池县位于恒州南境,应是依据谭其骧《中国历史地图集》北朝魏《并肆恒朔等州》图,他并没有考虑到北齐时恒州辖境并不与北魏时一致(可参见施和金:《北齐地理志》,北京,中华书局,2008年,第178、179页),遑论今大同市的北齐恒州实系天保七年(556)以后重置的了。景爱认为天保三年与天保六年长城相连是有可能的,但说是在恒州南境相连就有问题了。另外本文中的"西段""东段"两词是笔者据其书中意思所写的。
[3] 朱大渭:《北朝历代建置长城及其军事战略地位》,《中国史研究》,2006年第2期,第57页。关于朱氏此说,有几点需要说明:(1)朱氏曾言西河总秦戍在今山西省大同市西北境,比走速岭更偏西至黄河东岸,但他说的这条线路的终点却是黄栌岭而非总秦戍,不知怎么把总秦戍给忽略了;(2)本文在天保三年黄栌岭至社干戍长城一节,并未提及朱氏的观点,是因为朱氏在论述该段长城时只是依据胡三省所说的石州北抵武州之语,指出天保三年南起今山西省吕梁市离石区,至朔州市西,而并未讨论黄栌岭与石州、社干戍与武州的关系以及它们的具体位置所在,加之他所指出的这个走向与多数学者也并无贰,故前文未提到他的观点;(3)仍旧是天保三年长城,他在该部分论述时所指出的走向,不知怎么到论述天保七年长城时,又多出了"经三堆戍(今山西省静乐县)"这样一句话,非常突兀;(4)天保六年长城的走向,在他论述天保六年长城时和天保七年长城时也有一些变化,即北燕州后多出了"北部"一词,亦不知何故前后不一。另外李孝聪观点与朱大渭相近,他认为天保七年长城是利用天保三年和天保六年长城,加以连缀、增补而成,幽州夏口至海一段长城是沿燕山南麓至今河北省抚宁县渤海沿岸。虽然李氏也认为总秦戍在今山西省大同市西北境,但他同朱氏一样,在描述天保七年长城时,也忽略了总秦戍的位置(李孝聪:《北齐长城》,中国长城学会编:《长城百科全书》,长春,吉林人民出版社,1994年,第81页)。
[4] 王国良编:《中国长城沿革考》,商务印书馆,1931年,第47、48页(《长城研究资料两种》,香港,香港龙门书店,1978年影印本)。关于王氏此说,有几点需要说明:(1)前一小节中,已对《读史方舆纪要》所述黄栌岭"在(永宁)州西北八十里"进行了考证,指出应为"在汾州西北六十里"之讹,即王氏这条依据的本身是错误的;(2)本文在天保三年黄栌岭至社干戍长城一节,因为王氏观点不出胡三省和顾祖禹之说,故并未单独提王氏的观点,他认为天保三年长城南起于今山西省吕梁市离石区西北八十里,北至朔州市西约一百五十里。

6.3.3 天保七年长城的走向

前述天保六年长城所涉的恒州是侨置于今山西省岚县古城村的恒州，而非以后在今大同市所置的北恒州，今五寨县境的社干戍和宁武县南的达速岭大致位于侨立恒州的北境，相距不远，天保三年与天保六年长城在社干戍附近相连是很有可能的。

西河总秦戍应在今汾阳市境，或即为黄栌岭。天保七年长城是包括天保三年和天保六年长城在内的，其走向大致南起于今吕梁市离石区东南、汾阳市西北的黄栌岭（西河总秦戍），沿吕梁山向北延伸至今五寨县境的社干戍，在社干戍附近与天保六年长城相连，今宁武县南的达速岭是天保六年长城经过的一处地点，它与今五寨县境的社干戍相距不远。天保六年长城的东端为今北京市昌平区南口镇的夏口，继而由此又兴修了向东延伸至山海关附近的一段长城，最终形成了西河总秦戍至海的长城。其中天保六年长城的西端很有可能延伸至今兴县北部的黄河东岸。

根据2009—2011年山西省早期长城资源调查工作的成果，天保六年长城在山西省境内的走向是西起今兴县的黄河东岸，向东北经岢岚县、五寨县、宁武县、原平市、代县、山阴县、应县、浑源县至广灵县，入河北省蔚县，大致呈西南—东北走向，宁武县以东部分沿恒山山脉延伸，以西部分则越过了吕梁山及其支脉芦芽山、管涔山、云中山等，正位于侨立恒州的北境。天保三年长城仅在吕梁山沿线的方山县和五寨县发现部分遗迹。结合天保三年和天保六年长城的位置与走向，它们大致在今岢岚、五寨、宁武三县交界处相交，印证了上述天保三年和天保六年长城在社干戍附近相连的观点。关于山西省境内的这些长城遗迹，将在本章第六节叙述。接下来将对北齐天保年间（550—559）北方边境地区战争所涉地名进行考证，以期证明本文所述走向是合理的。

天保三年（552）正月，高洋在代郡大破库莫奚，缴获大量俘虏与牲畜。[1] 代郡，据《魏书·地形志上》，属恒州，"孝昌中（525—527）陷，天平二年（535）置"，领平城、太平、武周和永固四县。[2] 此处之代郡与恒州一样，均寄治于肆州秀容郡城。[3] 很明显，"大破库莫奚"之代郡并非此侨立之代郡。西汉在代县设代郡，北魏时不晚于太武帝神䴥三年（430）二月，亦在代县设代郡，属司州，领代、平舒二县。孝文帝迁洛后，原司州大部改置恒州，立代郡等；原司州东部新立燕州，代县之代郡改属燕州，因位于恒州代郡以东，故又称东代郡。郡治代县，在今河北省蔚县暖泉镇西、山西省广灵县东北。[4] 其后因为北魏末年的战乱，恒州代郡南迁，东代郡也废置而未再设。高洋"大破库莫奚"之代郡很有可能是指原东代郡而言的。

天保四年（553）九月至十月，高洋亲征契丹，这是《北齐书》和《北史》记载的北齐和契丹之间唯一的一次战争。天保四年（553）"九月，契丹犯塞。壬午，帝北巡冀、定、幽、安，仍北讨契丹。冬十月丁酉，帝至平州，遂从西道趣长堑。诏司徒潘相乐率精骑五千自东道趣青山。辛丑，至白狼城。壬寅，经昌黎城。复诏安德王韩轨率精骑四千东趣，断契丹走路。癸卯，至阳师水，倍道兼行，掩袭契丹。甲辰，帝亲逾山岭，为士卒先，指麾奋击，大破之，虏获十万余口、杂畜数十万头。乐又于青山大破契丹别部。所虏生口皆分置诸州。是行也，帝露头袒膊，昼夜不息，行千余里，唯食肉饮水，壮气弥厉。丁未，至营州。丁巳，登碣石山，临沧海。十一月己未，帝自平州，遂如晋阳。"[5] 从这段记载可以看出，北齐时，营州（治和龙城，今辽宁省朝阳市）是契丹袭扰的主要地区。至

---

[1]《北齐书·文宣帝纪》，第56页；《北史·齐本纪中·显祖文宣帝纪》，第249页。
[2]《魏书·地形志上》，第2497页。
[3] 施和金：《北齐地理志》，北京，中华书局，2008年，第197页。
[4] 李凭：《北魏平城时代》，上海，上海古籍出版社，2011年，第325、326页。王仲荦：《北周地理志》附录《北魏延昌地形志北边州镇考证》，北京，中华书局，1980年，第1108、1109页。另外谭其骧《中国历史地图集》西汉《并州朔方刺史部》和北朝魏《相冀幽平等州》图中，将代县标示在今河北省蔚县东北，与李、王之说略有差异。
[5]《北齐书·文宣帝纪》，第57页。《北史·齐本纪中·显祖文宣帝纪》（第250页）和《北史·契丹传》（第3128页）有稍简略的文字记述。

于契丹的聚居地,据《魏书·契丹传》和《北史·契丹传》载,北魏时居于和龙(也称龙城,位于今辽宁省朝阳市,十六国时曾为前燕、后燕和北燕的首都,北朝诸朝时也为营州治所在)以北数百里,后来在太和三年(479),由于畏惧柔然与高句丽的侵伐,首领勿于率其部落内附于北魏,"止于白狼水东"。[1]《水经注·大辽水》提到有白狼水、白狼城,白狼水为今大凌河之西段,其东段在《水经注》中称为渝水。[2] 白狼城即北朝诸代营州建德郡所在,位于今辽宁省建昌县西北、喀喇沁左翼蒙古族自治县西南。白狼水东大致在今辽宁省西部,北朝诸代时为营州范围。因此北齐时,营州既是契丹的主要聚居地,也是北齐与契丹争夺的重要地区。位于营州之南的平州(治肥如城,今河北省迁安市境)就成了重要的前方要地,高洋进攻时在平州布置东西两道攻略,回师时又经过了平州境内的碣石山。这也是本文前述天保七年长城东至的"海"应指山海关附近渤海沿岸的重要佐证。[3]

天保四年(553)十二月,突厥攻击柔然,柔然举国南奔。高洋将柔然安置于马邑川,新立庵罗辰为主。与此同时,高洋北讨突厥,追击至朔州,突厥请降。于是柔然"贡献相继"。[4] 施和金指出,北魏孝昌年间(525—527)在汉定襄郡故城(今内蒙古自治区和林格尔县西北)置朔州,东魏、北齐时朔州先寄治今山西省寿阳县,后移治于今介休市,亦称南朔州。北齐天保六年(555)又于新平城(今山西省山阴县北周庄镇新岱岳村东)重置朔州,八年(557)移治马邑城(今山西省朔州市朔城区),此朔州亦称北朔州。[5] 由此,高洋追突厥之朔州,肯定不是南朔州,也并非天保六年(555)以后新置的北朔州,那就只能是北魏置于今和林格尔县的朔州了。《水经注·漯水》载:"桑乾水自源东南流,右会马邑川水,水出马邑西川……其水东迳马邑县故城南。"[6] 马邑川即今桑干河上游恢河,位于今山西省宁武县北境和朔州市南境。[7] 高洋先将柔然安置于今朔州市境的马邑川,再北上至今和林格尔县附近的朔州讨伐突厥。这样的路线合乎常理。同时,这个事实也说明,当时的马邑川一带应该属于边界地带,而北魏朔州则已属柔然、突厥等的势力范围了。

天保五年(554)三月,柔然可汗庵罗辰反叛,高洋亲征,大破柔然,庵罗辰父子北逃。四月,柔然兵犯肆州。高洋亲征至恒州,柔然已散。还军时在黄瓜堆遭遇柔然突袭,高洋大败柔然,"伏尸二十里,获庵罗辰妻子及生口三万余人"。五月,高洋北击柔然,再次大破之。六月,柔然向东迁徙时欲南侵,高洋率军于金山堵截,柔然"闻而远遁"。天保六年(555)六月,高洋大举远征柔然。七月经白道,在怀朔、沃野大破柔然,俘获柔然贵族、平民等两万余人。在北齐和突厥的双重攻击下,当年柔然覆灭。[8] 关于恒州与黄瓜堆的关系,《北齐书·文宣帝纪》和《北史·蠕蠕传》将恒州与黄瓜堆联在一起,似表明黄瓜堆地属恒州,而《北史·齐本纪中·显祖文宣帝纪》和《资治通鉴》则如本文所述,是分开的,有先后关系。天保五年(554)五月北征柔然一事,《资治通鉴》系于四月。六月之"金

---

[1]《魏书·契丹传》,第2223页;《北史·契丹传》,第3127页。《隋书·契丹传》中,"白狼水东"记为"白貔河"(第1881页),"白狼水"和"白貔河"应指同一条河流。
[2] (北魏)郦道元著,陈桥驿校证:《水经注校证》,北京,中华书局,2013年,第335、336页。
[3] 营州、平州、龙城或和龙城、白狼城、白狼水等地名今位置,见施和金《北齐地理志》(北京,中华书局,2008年,第112~115、124页)和谭其骧《中国历史地图集》北朝魏《相冀幽平等州》、北朝《东魏》、北朝《齐》诸图。施和金在《北齐地理志》中言平州州治在今河北省卢龙县西北三十里,实已为迁安市境。
[4]《北齐书·文宣帝纪》,第58页。《北史·齐本纪中·显祖文宣帝纪》(第250页)和《北史·蠕蠕传》(第3266页)有相似记载,但将"朔州"记为"朔方"。《资治通鉴·梁纪二十一》将此事系于当年十一月,也记为"朔州"(第5107页)。本文依"朔州"进行讨论。若原应为"朔方",考两汉朔方郡在今内蒙古自治区河套西部,北魏、西魏、北周时,朔方郡治在今陕西省子长县东(见谭其骧《中国历史地图集》西汉《朔州朔方刺史部》、东汉《并州刺史部》、北朝魏《雍秦豳夏等州沃野薄骨律等镇》、北朝《西魏》、北朝《周》诸图),那么有可能指两汉朔方郡所在。但这并不影响本文"当时的马邑川一带应该属于边界地带,而北魏朔州则已属柔然、突厥等的势力范围了"的观点。
[5] 施和金:《北齐地理志》,北京,中华书局,2008年,第180~183页。新平城所在可参见本文东魏肆州长城一章。
[6] (北魏)郦道元著,陈桥驿校证:《水经注校证》,北京,中华书局,2013年,第297页。
[7] 谭其骧《中国历史地图集》北朝魏《并肆恒朔等州》图。
[8]《北齐书·文宣帝纪》,第58、60页;《北史·齐本纪中·显祖文宣帝纪》,第251、252页;《北史·蠕蠕传》,第3266、3267页;《资治通鉴·梁纪二十一》,第5112、5113、5115页,《资治通鉴·梁纪二十二》,第5131页。

山"，《北齐书》记为"金山"，《北史·蠕蠕传》和《资治通鉴》则记为"金川"。另外，《资治通鉴》在六月柔然远遁后，接"营州刺史灵丘王峻设伏击之，获其名王数十人"一句。

上段文字中所涉地名在前文多已提及，如北魏泰常长城一节中，指出白道位于今内蒙古自治区呼和浩特市西北与武川县东南交界一带；北魏六镇长城一节中，指出沃野镇在今内蒙古自治区乌拉特前旗境，怀朔镇在今内蒙古自治区固阳县境；东魏肆州长城一章中，指出肆州治在今山西省忻州市，东魏时该州北界在今雁门关一带，黄瓜堆位于今山西省山阴县北，在桑干河北岸。恒州据上节天保六年长城所述，显非侨置于肆州秀容郡之恒州，而北齐北恒州又设立于天保七年（556），因此天保五年（554）的这处恒州只能是指北魏孝文帝迁洛后于平城所置之恒州而言的。本节叙述天保四年（553）征讨契丹事时，指出营州治在今辽宁省朝阳市。这些地名的考证不再赘述。

金川又称金河，《读史方舆纪要·山西六》大同府大同县金河条载："金河，在府西北。……亦曰金川。北齐高洋天保五年（554）邀柔然于金川，柔然远遁。"[1] 金川即今内蒙古自治区大黑河。[2] 与天保四年（553）高洋追突厥之朔州相近。

从上述诸地可以看出，北齐天保五年（554）以前，其北部疆界，西侧大致在今山西省朔州市、山阴县境的马邑川、黄瓜堆一线，中部大致在今山西省广灵县、河北省蔚县的代郡一带，东部则在今河北省东部、辽宁省西部的平州和营州一带。随着对外战争的胜利，北齐的北部疆界得到了开拓，其势力也影响到了今内蒙古自治区的大黑河和河套地区。[3] 在这种形势下，天保六年（555）重置朔州，天保七年（556）又置恒州。高洋在对外积极战争的同时，也非常重视边防建设。天保六年长城修建的时间，也正是大举进攻柔然的时间。柔然虽然当年覆灭了，但北境仍有突厥与库莫奚、契丹环伺，修筑长城使得边防得到了加强。在天保七年（556）将以前修筑的黄栌岭至社干戍长城和幽州北夏口至恒州长城相连，并向东延伸至北齐与契丹势力交错的营州、平州一带的渤海沿岸，最终形成了长达三千余里的长城防线。

长城的防务工作也有专人负责。天保八年（557），任命曾监筑天保六年长城的高叡负责这段长城西段的防务工作。《北齐书·赵郡王琛附高叡传》载，天保八年（557），"征叡赴邺，仍除北朔州刺史，都督北燕、北蔚、北恒三州，及库推以西黄河以东长城诸镇诸军事。叡慰抚新迁，量置烽戍，内防外御，备有条法，大为兵民所安。"[4] 可知高叡负责着北朔、北恒、北蔚、北燕诸州的长城边防事务。北蔚州和北燕州的重置时间与北朔州和北恒州大致同时。北蔚州置于北齐天保年间（550—559）或北周灭北齐［承光元年（577）正月］之前，治灵丘县（今山西省灵丘县）。[5] 北齐北燕州，治怀戎县（今河北省涿鹿县西南），而怀戎县置于天保六年（555），因此北燕州也大致设立于此时。[6]

本文所述的天保七年长城走向，不仅与当时北齐的北部边界相吻合，其西段（主体是天保六年长城）也正处于高叡所负责的北方四州境内。因此本文关于天保六年和天保七年长城走向的论述是合理的。至于《高叡传》中言及"库推以西黄河以东"，不论是黄栌岭或西河总秦戍，还是根据调查成果显示天保六年长城的西端有可能位于今山西省

---

[1]（清）顾祖禹撰，贺次君、施和金点校：《读史方舆纪要》，北京，中华书局，2005年点校本，第2010、2011页。
[2] 谭其骧《中国历史地图集》隋《河东诸郡》、唐《京畿道关内道》诸图。
[3] 据《北齐书·斛律金传》："后以茹茹为突厥所破，种落分散，虑其犯塞，惊扰边民，乃诏金率骑二万屯白道以备之。而房帅豆婆吐久将三千余户密欲西过，候骑还告，金勒所部追击，尽俘其众。茹茹但钵将举国西徙，金获其候骑送之，并表陈房可击取之势。显祖于是率众与金共讨之于吐赖，获二万余户而还。"（第221页）说明白道在天保五年（554）时已成为北齐防御与反攻柔然的重要战略据点。
[4]《北齐书·赵郡王琛附高叡传》，第171页。
[5] 施和金：《北齐地理志》，北京，中华书局，2008年，第192～194页。
[6] 施和金：《北齐地理志》，北京，中华书局，2008年，第150～152页。其中天保六年（555）置怀戎县据《太平寰宇记》（宋·乐史撰，王文楚等点校：《太平寰宇记》，北京，中华书局，2007年点校本，第1428页）。

兴县北部的黄河东岸，都位于"黄河以东"，而"库推"所在，因其是天统三年库堆戍至海长城的重要地点，将放在后文再予论及。

按本文所述，今山西省代县雁门关是位于天保六年长城走向上的。河清二年（563）十二月至河清三年（564）正月发生了突厥与北周联合进犯晋阳的战争，雁门关及其所在之长城成为双方进退攻守的重要战场。

《北史·齐本纪下·世祖武成帝纪》载：河清二年（563）十二月，周将杨忠与突厥联兵二十余万，"自恒州分为三道"进逼晋阳（今山西省太原市）。第二年正月，周军和突厥大败而逃，齐将段韶追击，"出塞而还"。[1] 杨忠在率周军南进时，曾在陉岭遭遇到齐兵的抵抗。《周书·杨忠传》载："齐人守陉岭之隘，忠纵奇兵奋击，大破之。"[2]《周书·突厥传》亦有"（杨）忠军度陉岭"之句。[3] 陉岭之隘即今雁门关，陉岭即今雁门关所在之勾注山，此在东魏肆州长城一章中已考，不再赘述。当时在"陉岭之隘"是建有长城的。《周书·晋荡公护传》和《贺若敦传》均载：杨忠与突厥"破齐长城，至并州而还"。[4]《武帝纪上》亦载"破齐长城，至晋阳而还"，惟将此事系于保定四年（564）正月。[5]

《资治通鉴·陈纪三》除记载天嘉四年（563）十二月"齐人守陉岭之隘，（杨）忠击破之"外，还描述了第二年正月突厥北逃的经过，"段韶追之，不敢逼。突厥还至陉岭，冻滑，乃铺毡以度，胡马寒瘦，膝下皆无毛；比至长城，马死且尽，截稍杖之以归。"[6] 明言在陉岭之上有长城。据前文之恒州考证，上述杨忠"自恒州分为三道"显系北齐天保七年（556）以后所置之北恒州（今山西省大同市），陉岭及长城正位于北恒州与晋阳之间，与天保六年长城相合。胡三省就在"比至长城"下注曰："长城，即文宣所筑者。"同时上述记载也均未言及北恒州附近有双方攻守的长城，是我们排除天保六年长城所涉之恒州为今大同市的北恒州、西河总秦戍在今大同市西北等观点的重要佐证。

6.4 河清二年的轵关长城（略）

6.5 北齐时代的其他长城

北齐时代的长城除上述以外，还有天保八年修筑的库洛拔至坞纥戍重城和天统三年的库堆戍至海长城。前者由于史料缺乏，难以辨明其位置。后者分布在今北京市至山海关一线，很有可能是对天保七年长城东段的修缮加固。另外，北齐还有可能在武平元年于汾河北岸修筑长城，但也有记载明言此为城而非长城。

6.5.1 天保八年的库洛拔至坞纥戍重城

北齐天保年间（550—559）最后一次修筑长城是在天保八年（557）修筑的库洛拔至坞纥戍的重城。《北齐书·文宣帝纪》载：天保八年（557）"于长城内筑重城，自库洛拔而东至于坞纥戍，凡四百余里。"[7]《北史·齐本纪中·显祖文宣帝纪》和《资治通鉴·陈纪一》所载相同，惟《资治通鉴》将库洛拔之"拔"作"枝"字，坞纥戍之"坞"字，诸本除"坞"之外，还作"鸠"或"鸣"字。[8]（以下为行文方便，均作库洛拔、坞纥戍）由于这段长城位于长城之内，故称重城。至于库洛拔和坞纥戍所在，由于没有明确的史料依据，仅有近人的一些论断，这段重城的位置与

---

[1]《北史·齐本纪下·世祖武成帝纪》，第283、284页。
[2]《周书·杨忠传》，第318页。
[3]《周书·突厥传》，第911页。
[4]《周书·晋荡公护传》，第169页；《贺若敦传》，第476页。
[5]《周书·武帝纪上》，第69页。《北齐书·武成帝纪》（第92页）和《北史·隋本纪上·高祖文帝纪上》（第397、398页）、《突厥传》（第3289页）、《邵惠公颢附宇文护传》（第2062页）、《周本纪下·高祖武纪》（第350页）均有相同记载。
[6]《资治通鉴·陈纪三》，第5237、5238页。
[7]《北齐书·文宣帝纪》，第64页。
[8]《北史·齐本纪中·显祖文宣帝纪》，第254、255页；《资治通鉴·陈纪一》，第5171页。

走向实难以明晰。

清人吴熙载在《资治通鉴地理今释》中指出库洛拔在山西大同、朔平两府（清代大同府治在今山西省大同市，朔平府治在今右玉县右卫镇）。[1] 寿鹏飞据此也说库洛拔在今山西省大同市和朔州市间，另指出坞纥成在平型关东北。[2] 王国良认为吴熙载之说不准确，他认为库洛拔在今山西省偏关县东境，坞纥成在泰戏山（今称孤山，在山西省繁峙县东境，平型关即位于此）附近。[3] 艾冲则认为库洛拔在土隥以东，约在今山西省朔州市和代县交界处，坞纥成位于平型关东北，在今灵丘县西南境。这段长城西与东魏肆州长城相接，沿恒山山脉延伸。[4] 朱大渭认为库洛拔在今山西省偏关县和朔州市之间，坞纥成在今灵丘县西、平型关东北。[5] 李孝聪认为库洛拔在北齐广安郡（今山西省朔州市）西境，坞纥成在灵丘郡（今灵丘县）境，长城从偏关县东北沿管涔山向东南，经神池县、宁武县北境，再向东北，依恒山经代县、繁峙县北境至灵丘县，与明代内长城相重合。[6]

综上可见，诸说均认为坞纥成在平型关附近，只是库洛拔大致有认为在今大同市、右玉县一带，在今偏关县东境与朔州市之间，在今朔州市和代县交界处三种意见。但由于诸说均无所依据，本文仅述其大略，不予以考证。

6.5.2 天统三年的库堆戍至海长城（略）

6.5.3 武平元年的汾北长城（略）

6.6 山西省北齐长城遗迹

北齐时代长城，据前数节考证，分布在今山西省的有天保三年黄栌岭至社干戍长城、天保六年幽州北夏口至恒州长城和河清二年的轵关长城，其中天保三年和天保六年长城在天保七年时又成为西河总秦戍至海长城的一部分。天保八年的库洛拔至坞纥成重城由于史载不明，难以确定是否分布在今山西省。至于天保七年长城东段和天统三年的库堆戍至海长城，大致位于今北京市至山海关间，[7] 与山西省无涉。而武平元年的汾北长城，虽分布于山西省，但从史料上难以肯定其是否为长城，而且在汾河北岸也无田野资料发现。

根据2009—2011年山西省早期长城资源调查工作的成果，天保三年长城仅在吕梁山沿线的方山县和五寨县发现部分遗迹。天保六年长城西起今兴县黄河东岸，向东北经岢岚县、五寨县、宁武县、原平市、代县、山阴县、应县、浑源县至广灵县，入河北省蔚县，大致呈西南—东北走向，其中宁武县以东部分沿恒山山脉延伸，以西部分则越过了吕梁山及其支脉芦芽山、管涔山、云中山等。《中国文物地图集·山西分册》指出兴县至广灵县一线长城是天保七年长城。[8] 如上所述，天保七年长城包括天保六年长城在内，因此与本文观点并不相悖。而且为保持与以前研究的连续性，本文也将兴县至广灵县间长城按天保七年长城对待。今泽州县境的明长城很有可能是在北齐轵关长城

---

[1] 参见王国良编：《中国长城沿革考》，商务印书馆，1931年，第48页（《长城研究资料两种》，香港，香港龙门书店，1978年影印本）。

[2] 寿鹏飞：《历代长城考》，得天庐存稿之二，1941年，第14页（《长城研究资料两种》，香港，香港龙门书店，1978年影印本）。

[3] 王国良编：《中国长城沿革考》，商务印书馆，1931年，第49页（《长城研究资料两种》，香港，香港龙门书店，1978年影印本）。王国良在书中指出重城，即内城，西起今山西省偏关县东境，向东经雁门关、北楼关、平型关等，达山西、河北两省交界的泰戏山入河北省境，东北经插箭岭口、浮图峪、小五台山、大龙门口，过永定河、经居庸关，东达怀柔县北与外城相合，其中库洛拔在重城西端，以里数计，坞纥成当在泰戏山附近。王氏此说最大的问题，就是将史载的库洛拔至坞纥成重城又给向东延长了。

[4] 艾冲：《北朝诸国长城新考》，中国长城学会编：《长城国际学术研讨会论文集》，长春，吉林人民出版社，1995年，第140页。

[5] 朱大渭：《北朝历代建置长城及其军事战略地位》，《中国史研究》，2006年第2期，第57页。

[6] 李孝聪：《北齐长城》，中国长城学会编：《长城百科全书》，长春，吉林人民出版社，1994年，第81页。

[7] 据唐晓峰等《北京北部山区的古长城遗址》一文，在今北京市西北部和北部的门头沟、昌平、延庆、怀柔、密云等县、区有北齐长城遗迹，大致呈西南—东北走向，沿西山、军都山延伸（《文物》，2007年第2期，第15～20页）。据张立敏《秦皇岛市境内的古长城》一文，今秦皇岛市山海关区姚山村南的渤海北岸西至抚宁县车厂村西南一线的长城遗迹，很有可能就是北齐天保七年长城（《文物春秋》，2001年第3期，第49～51页）。

[8] 国家文物局主编，山西省文物局编制：《中国文物地图集·山西分册》（中册、下册），北京，中国地图出版社，2006年，第112、122、123、167、173、556、599、628、649、654、655、1222、1223页。

的基础上修建而成的。

6.6.1 天保三年黄栌岭至社干戍长城遗迹

2010年5、6月，我们沿吕梁山对黄栌岭至社干戍长城进行了调查。首先在离石区东南与汾阳市交界区域的黄芦岭一带展开调查。今离石区吴城镇黄芦沟村东南5千米有黄芦岭，从黄芦沟村至黄芦岭间有一条沟谷，即黄芦沟，被利用为道路。在黄芦岭山上有城址一座，仅存南墙，城址内遍布近代房址，散落有大量砖瓦碎块，并见有两通石碑，一通字迹漫漶不清，另一通为清道光二十七年（1847）的捐资碑。黄芦岭山凹处存关址一座，平面呈矩形，东西约80、南北约18米，墙体夯筑，底宽约5、顶宽约3、残高2~7米。东、西墙中部设门，宽约3.3、进深约4.05、高约3.75米，道路从关门而过。关址外东侧存清嘉庆十一年（1806）所立界碑一通，宽0.6、高1.1米，碑文楷书"永宁州东界"五字。竹筐村位于黄芦沟中段，南距黄芦岭2.3千米，在村东0.2千米的山石崖壁上有一处清咸丰年间（1851—1861）的石刻，记述了在黄芦沟和黄芦岭筑路的经过。我们以黄芦沟和黄芦岭为中心，东至吴城镇新发庄村，西至赵成沟村，北至石槽沟村，对方圆约40平方千米的范围进行了大面积的调查，除发现上述的清代城址、关址和石碑等外，未发现早期长城遗迹，应早已湮失。

从黄芦岭向北，我们循吕梁山，沿离石区与汾阳市、文水县、交城县交界，方山县与交城县、娄烦县、岚县交界，岚县与娄烦县、兴县、岢岚县交界，岢岚县与宁武县交界，至五寨县南境进行了详细的踏查。除调查了以往就发现的五寨县城南大洼山上的长城外，仅在方山县发现一段长城。

方山县马坊镇温家沟村西北2~2.5千米间（海拔1967~2078米）有一段石墙，长916米，呈西南—东北走向。这段长城位于宝塔山顶部山脊之上，东南侧为悬崖，西北侧为陡坡。石墙系片石垒砌而成，缝隙间填以碎石泥土，所用片石多不规整。部分段落利用自然山石修筑，或直接利用自然山石形成防线。墙体顶宽0.3~1.5、残高0.2~3米。

五寨县境的天保三年长城，位于县城南大洼山上，起自砚城镇南关村东南2.5千米（海拔1929米），向西北至南关村东南2.2千米（海拔1689米），转向东北至南关村东南2千米（海拔1693米），存长1430米，其中石墙长947米，土墙长483米。石墙外部块石或片石砌筑，内部填以碎石泥土。墙体剖面大致呈不规则的梯形，底宽5.5~6.5、顶宽0.6~3.2、残高1.5~3.5米。土墙为黄土夯筑而成，顶宽0.6~1.2、残高1~1.3米。在南关村东南约3千米存堡一座（大凹山堡），东北距长城约0.15千米。堡平面呈圆角矩形，周长110米。墙体石筑，底宽0.8~2.5、顶宽0.6~1.2、残高0.6~1.5米。

方山县和五寨县发现的长城墙体，均位于吕梁山山体之上，存长合计2346米，其中石墙长1863米，占79%；土墙长483米，占21%。

虽然我们对吕梁山沿线进行了细致的调查，但除发现上述遗迹外，未再有更多发现。由于吕梁山山势险峻，足资防御，有可能原就以山险为主，所以没有发现更多的人工墙体。当然更可能还是由于长城墙体遭受自然和人为破坏而消失殆尽。

6.6.2 天保七年西河总秦戍至海长城遗迹

如本节开始部分所言，今山西省从兴县至广灵县一线长城遗迹即属于天保六年幽州北夏口至恒州长城，也是天保七年长城西河总秦戍至海长城的组成部分。为保持与《中国文物地图集·山西分册》研究的连续性，本文将这段长城按天保七年长城对待。在2009—2011年调查时是按照从东向西，即从广灵县向西南至兴县的方向进行的，接下来也将依这样的顺序分县叙述这些调查资料。

6.6.2.1 广灵县（略）

6.6.2.2 浑源县（略）

6.6.2.3 应县（略）

6.6.2.4 代县与山阴县

长城从代县胡峪乡长城村东北 2.1 千米处山顶（海拔 1912 米）进入本县，向西南经长城村，跨胡峪沟至刘元坪村东南 0.15 千米（海拔 1584 米），再跨盆峪沟至上磨坊乡义成沟村北 1.15 千米四棱山山顶（海拔 2175 米），经大滩梁村东北 1.9 千米（海拔 2312 米），越馒头山（海拔 2426 米）、金岗脑山（海拔 2298 米），至蔡家园村西北 1.6 千米处山顶（海拔 1995 米）。长城长 25766 米，其间跨河沟者以河险论，长 430 米，其余为石墙，长 25336 米。石墙外部块石或片石砌筑，内部填以碎石泥土。墙体剖面大致呈不规则的梯形，底宽 1~8、顶宽 1~3、残高 0.3~3 米，部分段落两壁仍存较为整齐的石砌壁面，底宽 1.5~2.5、残高 0.4~3 米。

从上磨坊乡蔡家园村西北 1.6 千米处山顶向西南，利用陡峭山体形成山险，跨水峪沟经黑石头湾村西北 1.2 千米（海拔 1630 米），至雁门关乡高二沟村北 1.3 千米（海拔 1906 米），长 3294 米，包括河沟一段，长 645 米。

长城继向西南，沿代县与山阴县交界至雁门关乡后腰铺村北 2.2 千米处山顶（海拔 1892 米）进入山阴县，经山阴县张家庄乡新广武村东南 1.9 千米（海拔 1352 米），跨河谷至新广武村南 3.25 千米（海拔 1757 米）。长城长 10343 米，除河沟一段长 380 米外，其余为石墙，长 9963 米。墙体底宽 1.5~5、顶宽 1~2、残高 0.3~2 米，部分段落两壁仍存较为整齐的石砌壁面，底宽 2~3、顶宽 1.5~2 米。山阴县境内个别石墙消失的地段处见有夯土墙体，夯层厚 0.1 米。从山阴县新广武村南 3.25 千米，即白草口村东 1.85 千米处长城再次进入代县，向西南延伸至雁门关乡白草口村东北 0.3 千米（海拔 1293 米），跨白草沟至王庄村西北 2.15 千米处山顶（海拔 1942 米），沿代县和朔州市朔城区交界至王庄村西 2.16 千米处山顶（海拔 2135 米），此处为代县和朔城区、原平市三地交界点。长城长 6870 米，除河沟一段长 488 米外，其余为石墙，长 6382 米。墙体底宽 3~4、残高 0.5~1.5 米，部分段落两壁仍存较为整齐的石砌壁面，底宽 1~1.5、残高 0.3 米。白草沟东侧已无北齐石墙，现存为明代砖石墙体。白草沟西侧，北齐石墙和明代砖石墙体相距很近，北齐长城位于山脊之上，明代长城位于山脊北侧，相距最远约 0.35 千米，并逐渐相交。在二者相交后，明代利用北齐长城，并建有敌台。一直向西南延伸至原平市段家堡乡立梁泉村西北，明代完全利用了北齐长城。可见明代在白草口一带规划长城时，除在部分地段的北齐长城北侧新修墙体外，大多段落沿用了前代长城。

代县与山阴县北齐长城总长 46273 米，其中石墙长 41681 米，占 90%，[1] 其余为山险和河险，长 4592 米。

6.6.2.5 原平市

长城自原平市和代县、朔州市朔城区三地交界点处山顶（海拔 2135 米）进入原平市，从段家堡乡田庄村西北 1.3 千米处起，沿原平市和朔城区交界处山梁向西南延伸至老窝村东北 1.3 千米（海拔 2096 米），经老窝村北，至道佐村东北 2.5 千米（海拔 2127 米）、西北 1.5 千米（海拔 2185 米），其中绝大部分位于原平市和朔城区交界处，其余位于原平市境。石墙分布于老窝村北和道佐村东北 2.5 千米至西北 1.5 千米之间，长 4390 米。石墙外部块石或片石砌筑，内部填以碎石泥土。墙体剖面大致呈不规则的梯形，底宽 3.5~4、顶宽 2~3.2、残高 2~3 米。其余段落为山险，长 6617 米。

从道佐村西北 1.5 千米，长城从原平市和朔城区交界处转至原平市境，向南经立梁泉村西、要子贝东、牛食窑村东，至南岭村东北 0.8 千米（海拔 1870 米）。其间在立梁泉村西有两段山险，长 1508 米。[1] 其余为石墙，长 4498 米，底宽 3~14、顶宽 3~7、残高 0.6~4 米。在立梁泉村西北 1 千米的长城西侧（外侧），存关一座（立梁泉西梁关），平面呈矩形，周长 140 米，墙体石筑，底宽 2.2、残高 0.3~1.1 米。

长城从南岭村东北 0.8 千米转向西南，经东窑头村北，至白鸠川村东南 1 千米（海拔 1584 米），仅在白鸠川村东南有小段长城为石筑，长 214 米，底宽 3、顶宽 0.6、残高 0.4 米。其余多为土墙，长 5161 米，夯层厚 0.15~0.2 米，

---

[1] 如文中所言，山阴县境内个别石墙消失的地段处见有夯土墙体，其长度约 100 余米，但原始调查资料并未单独列出，整段按石墙处理。本文为保持原始调查成果的唯一性，此处仍按石墙进行统计。

底宽 1、顶宽 0.6、残高 0.5~3 米。

长城继向西南至黑峪村西南 1 千米（海拔 1479 米），其间为山险，长 5400 米。再向西为东魏肆州长城，北齐时代利用了东魏肆州长城。

原平市北齐长城总长 27788 米，其中山险长 13525 米，石墙长 9102 米，占 32% 多；土墙长 5161 米，占 18% 多。如仅统计人工建造的长城墙体，石墙比例占 63% 多，土墙占 36% 余。

6.6.2.6 宁武县与五寨县

宁武县余庄乡榆树坪村西北 2.4 千米（海拔 2151 米）以东为东魏肆州长城，与原平市东魏肆州长城相连。北齐长城从榆树坪村西北 2.4 千米向西南至大木场村西北 2.5 千米（海拔 2585 米），利用山体形成山险，长 6000 米。

从大木场村西北 2.5 千米向西南，经小木场村西、三百户村西、东寨镇车道沟村西北、坝沟湾村北、窑子湾村东北、村南、大洼村北、村西、谢岗地村西、李家沟村东、村南、后马仑村东、化林沟村南，至化林沟村西南 5 千米（海拔 2703 米），其间除山险、河险长 13408 米，其余为石墙，长 19742 米。石墙外部块石或片石砌筑，内部填以碎石泥土。墙体剖面大致呈不规则的梯形，底宽 0.8~11、顶宽 0.2~8、残高 0.1~4 米。在坝沟湾村北、大洼村西北、谢岗地村西北，墙体壁面存有橡孔，孔深 0.12 米，间距 0.3~0.5、行距 0.3~0.6 米。大洼村西北 0.2 千米有一段墙体仍存女墙，顶宽 0.9、高出墙体 0.8~0.9 米。大洼村西北 0.6 千米长城北侧（外侧）存关一座（大洼北梁关），平面呈矩形，周长 82 米，墙体石筑，底宽 4.5、顶宽 0.8~1.3、外侧残高 0.8~1.4、内侧残高 0.5~1.2 米。

长城从化林沟村西南 5 千米，向西南沿五寨县与宁武县交界至五寨县前所乡洞儿上村西南 8 千米（海拔 2767 米），即五寨、宁武和岢岚三县交界点处的荷叶坪，长 8802 米。墙体为石墙，底宽 3.5~12、顶宽 0.9~3.1、残高 0.5~2.1 米。

宁武县与五寨县北齐长城总长 47952 米，石墙长 28544 米，占 59% 多；其余为山险和河险，长 19408 米。

6.6.2.7 岢岚县

长城自岢岚与五寨、宁武三县交界点处的荷叶坪（海拔 2767 米）进入岢岚县，从王家岔乡武家坪村东北 3.5 千米向西南，经武家坪村西南、黄土坡村北、正虎沟村南、水泉子村南至王家岔村西 0.5 千米（海拔 1680 米），长 12540 米，除武家坪村东北 2.5 千米有一段山险长 250 米外，其余均为石墙，长 12290 米。石墙外部块石或片石砌筑，内部填以碎石泥土。墙体剖面大致呈不规则的梯形，底宽 2~15.6、顶宽 0.3~7.1、残高 0.2~3.7 米。从武家坪村东北 1.8 千米至王家岔村东 0.5 千米间，墙体壁面有矩形橡孔，边长 0.1~0.15 米，间距 0.35、行距 0.35~0.4 米。其间从武家坪村西南 2.5 千米至水泉子村南 1.5 千米，墙体顶部仍存垛口墙，宽 0.7、高 0.2~0.3 米。在王家岔村东有一段分支，长 770 米。

从王家岔村西，长城转向西北，经北沟村西南、岚漪镇红眼沟村南、武家沟村南、高家沟村南、牛家庄村北至牛家庄村西北 2 千米（海拔 1466 米），长 18976 米。其中王家岔村西和牛家庄村西北 1.5~2 千米，各有一段土墙，分别长 428、286 米。另在牛家庄村西北 1 千米有一段山险，长 127 米。其余均系石墙，长 18135 米。石墙底宽 1.8~10、顶宽 0.6~5.7、残高 0.5~6.8 米。在红眼沟村西南 2 千米至武家沟村东南 2 千米间，墙体壁面有矩形橡孔，边长 0.1~0.15 米，间距 0.35、行距 0.35~0.4 米。在牛家庄村东北 2 千米，有两段分支，分别长 60、809 米。王家岔村西的土墙为灰褐色土夯筑而成，夯层厚 0.1 米，底宽 3.2~3.6、顶宽 1.3~2.2、残高 1.2~1.3 米。牛家庄村西北 1.5~2 千米的土墙为黄土夯筑而成，夯层厚 0.06~0.08，底宽 7.5~8、顶宽 2.2~2.6、残高 2.2~3 米。

自牛家庄村西北 2 千米向西北至北道坡村西北 2 千米（海拔 1603 米），墙体消失，长 5600 米。

长城从北道坡村西北 2 千米，继向西北延伸至道生沟村西南 1 千米（海拔 1701 米），转向西南经灰窑沟村南、大庙沟村南、阳坪乡庄子壕村南、神堂沟村南、大榆沟村南、大滩沟村南至松井村南 0.5 千米（海拔 1284 米），长 17967 米。其中山险、河险长 7732 米。其余主要为石墙，长 7290 米。土墙仅在大滩沟村南 1 千米有 74 米长一段。

土墙两端墙体消失1471米，不明原为何种类型的墙体。另在灰窑沟村南0.5千米至大庙沟西南1千米间，墙体亦消失，长1400米。石墙底宽0.7~7.2、顶宽0.5~3.6、残高0.3~4.5米。在道生沟村西南1千米至灰窑沟村东北1千米，大庙沟村西南1.5千米至庄子壕村西南1.5千米，神堂沟村南1千米、西南1.5千米，墙体壁面仍存矩形椽孔，边长0.1~0.15米，间距0.4、行距0.5米。很短的一段土墙为黄土夯筑而成，夯层厚0.08~0.12米，底宽3.5~4.5、顶宽0.5~1、残高1.2~2.6米。

在松井村南0.5千米至温泉乡后温泉村北1千米间，未发现墙体，直线距离7200米。

从后温泉村北1千米（海拔1427米）至西北1.2千米（海拔1230米），有石墙，长1991米，呈东南—西北走向。墙体底宽0.5~3、顶宽0.2~2、残高0.2~3米。再向西至兴县魏家滩镇木崖头村方重见长城。

岢岚县北齐长城总长57074米，以石墙居多，长39706米，占70%；土墙长788米，仅占1%；山险和河险总长8109米。另有8471米墙体消失，不明原为何种类型的墙体。如仅统计人工建造的长城墙体，石墙比例高达98%，土墙仅占2%。

岢岚县关存有6座，见于王家岔乡黄土坡村北至岚漪镇大庙沟村西南间，间距2~10千米。除一座位于长城外侧，其余均位于长城内侧。关平面均呈矩形，墙体均为石墙，周长44~64米。马面存9座，见于王家岔乡水泉子村南至岚漪镇高家沟村西南间，间距0.6~2.5千米。均为石筑而成，突出于墙体内侧。平面形状可辨者有矩形、方形和圆形三种，周长多在20~29.5米之间，仅一座周长13.2米。

6.6.2.8 兴县（略）

6.6.2.9 天保七年长城考察

原平市、宁武县的东魏肆州长城在北齐时得以利用或重修，与北齐天保七年长城连为一体，长城总长377160米。若不包括东魏肆州长城，北齐长城长335812米。墙体的主要类型为石墙，外部块石或片石砌筑，内部填以碎石泥土，这是从广灵县至兴县一线长城属于同一时代长城的重要依据。如仅统计人工建造的长城墙体，石墙比例高达94%余。在广灵、浑源、应县、宁武和岢岚诸县，石墙壁面仍存方形或矩形椽孔，椽孔形状和间距、行距比较一致，边长0.1~0.17、深0.12~0.95米，间距0.3~0.9、行距0.2~0.6米，这是又一重要佐证。诸县市北齐石墙还有其他一些特点，如女墙（见于宁武县）、垛口墙（见于岢岚县）、马面（见于广灵县、岢岚县）等墙体设施，沿线的关（见于原平市、宁武县和岢岚县）也均为石筑，平面呈矩形，周长40~82米。此外还在兴县石墙的底部存有夯土基础。

目前仅在广灵县、浑源县、应县、山阴县、原平市、岢岚县见有少段土墙。

表6.2 山西省北部诸县市北齐天保七年长城之石墙一览表

县市名	长度（米）	建筑方式	剖面形制	尺寸	其他设施遗存	备注
广灵县	40340	外部块石或片石砌筑，内部填以碎石泥土	不规则的梯形	墙体底宽1.1~14.3、顶宽1.5~3.8、残高0.1~6.5米	马面1座，铺舍2座	墙体壁面存椽孔
浑源县	39456			底宽1~16、顶宽1~3.6、残高0.2~5米	铺舍	墙体壁面存椽孔
应县	45056			底宽0.5~10、顶宽0.3~5、残高0.2~3.2米	铺舍4座	墙体壁面存椽孔
代县与山阴县	41681			底宽1~8、顶宽1~3、残高0.3~3米		
原平市	9102			底宽3~14、顶宽0.6~7、残高0.4~4米	关1座	
宁武县与五寨县	28544			底宽0.8~12、顶宽0.2~8、残高0.1~4米	关1座	墙体壁面存椽孔，顶部存女墙
岢岚县	39706			底宽2~15.6、顶宽0.3~7.1、残高0.2~3.7米	关6座，马面9座	墙体壁面存椽孔，顶部存垛口墙
兴县	628			底宽0.4~3、顶宽0.2~2.5、残高0.2~4米		墙体底部有夯筑基础

广灵县只在宜兴乡磨湾村东南见有一段土墙。这段土墙仅长306米，夯层厚0.07~0.13米，底部出露有碎石，很有可能原为石墙，只是在修缮时改筑为土墙。土墙上还存马面，但马面的夯层厚度（0.18—0.23米）明显厚于土墙，它们之间的时代存在差异。因此一方面这段土墙与相邻石墙不属于同一次工程所筑，另一方面这段土墙上的马面应是另一个时代或工程的产物。浑源县只在大磁窑镇柳林村西北见有一段土墙，仅长334米，夯层厚0.1~0.12米。应县土墙与广灵、浑源县相比，是最长的，但长度与石墙相比仍很短，长7783米，夯层厚0.07~0.12米。山阴县境内个别石墙消失的地段处见有土墙，夯层厚0.1米。由于附近还有明代长城，为我们提供了直接比照的对象。山阴县新广武村一带的明代长城，位于北齐长城北侧和西侧，主要有砖墙或石墙，外部砖石砌筑，内部为夯土墙体，夯层厚0.08~0.26米。[1] 这些土墙，它们既不位于明代长城走向上，又与明代长城夯层厚度有一定差别，因此很有可能是北齐以后、明代以前朝代的修缮遗存。岢岚县土墙仅长788米，夯层厚0.06~0.12米。对照这几个县土墙的夯层厚度，可以看出大略都在0.1米左右（0.06~0.13米）。但并无法确定它们是同一次工程或同一时代修缮而为。原平市土墙长5161米，夯层厚0.15~0.2米，与广灵县、浑源县、应县、山阴县诸县相比要厚，反映出与广灵诸县土墙也并非同一次工程或同一时代产物。山西省北境诸县市北齐长城在北周和隋代又历多次重修，这些土墙当为重修产物，但难于指证其到底属哪一次。

乾隆《宁武府志》和今本《宁武县志》记载，宁武县东寨镇楼子山有古长城遗迹，称"紫塞长城"，其时代或

表6.3 山西省北部诸县市北齐天保七年长城之土墙一览表

县市名	长度（米）	建筑方式	剖面形制	尺寸	其他设施遗存	备注
广灵县	306	黄土或红土夯筑而成，夹杂碎石粒，夯层厚0.07~0.13米	不规则的梯形	底宽2.8、残高2.5~8米	马面1座	土墙底部出露碎石。马面夯层厚度与土墙相差较大
浑源县	334	黄土夯筑而成，夯层厚0.1~0.12米		底宽0.5~2、残高0.2~2.3米		
应县	7783	黄土夯筑而成，夹杂碎石粒、红土块，夯层厚0.07~0.12米		底宽1.5~6、顶部最宽2、残高0.2~2.5米		
山阴县	未统计	夯层厚0.1米				见于个别石墙消失的地段
原平市	5161	夯层厚0.15~0.2米		底宽1、顶宽0.6、残高0.5~3米		
岢岚县	788	黄土或灰褐色土夯筑而成，夯层厚0.06~0.12米		底宽3.2~8、顶宽0.5~2.6、残高1.2~3米		

为战国赵，或为秦，或为汉。乾隆《宁武府志·古迹·宁武县》载："古长城，在楼子山上有古长城遗迹。明正德中（1506—1521）兵备张凤翀立石山下，曰紫塞长城，或疑为六国赵时所筑之旧。"[2] 今本《宁武县志》称："县内东寨镇楼子山坡上的'支锅奇石'下石壁上，至今可见明正德七年（1512）兵备张凤翀题写的'紫塞长城'4个大字。

---

[1] 《明代长城资源调查报告》，北京，文物出版社（待版）。
[2] 乾隆《宁武府志》，《中国地方志集成·山西府县志辑》（第11册），南京，凤凰出版社，2005年影印本，第135页。《嘉庆重修一统志·宁武府》有相同记载，该志古迹条载："古长城，在宁武县东南楼子山上，有古长城遗迹。《府志》：明正德中（1506—1521），兵备张凤翀立石山下，曰紫塞长城，或疑为六国赵所筑之旧。"[《嘉庆重修一统志》（第九册），上海，上海书店，1984年影印本]。

据崔豹《古今注·都邑》载：'秦筑长城，土色皆紫，汉塞亦然，故称紫塞焉。'"[1]山西省文物局长城考察队在《山西长城考》一文中，对"紫塞长城"也有记述，并认为其时代属战国赵，"宁武楼子山上现保存有2.5千米的赵长城，高出地面0.8米左右，隐隐约约依稀可辨，最宽处2米，窄处1.3米，夯层厚0.01米，花色土夹砂石，构筑松疏，山下'紫塞长城'的石刻犹在，字迹模糊。"[2]楼子山位于东寨镇北，这些资料中所称的"紫塞长城"，实际上就是2009年调查资料中坝沟湾村和窑子湾村附近的北齐长城。

岢岚县王家岔乡王家岔村西向西北经北沟村西南、岚漪镇红眼沟村南、武家沟村南、高家沟村南、牛家庄村北至牛家庄村西北2千米间段落，对应于《中国文物地图集·山西分册》所载的岚漪镇窑子坡村东约0.2千米向东延伸至王家岔乡王家岔村间长城。据《中国文物地图集》，这段长城长约20千米，为北宋在北齐长城基础上重新修筑。《武经总要前集·河东路》载北宋景德年间（1004—1007）曾在岢岚军草城川一带修筑长城，"草城川，川口阔一里余，川中有古城。景德中（1004—1007）筑长城，控扼贼路。"而且上述长城墙体内侧有附于墙体的33座类似马面的方形或矩形台体，形制明显有别于邻近的北齐长城，因此系北宋在北齐长城基础上重新修筑。[3]

岢岚县的北宋长城，在一些方志中也有记载。光绪《山西通志·关梁考四》载："宋太平兴国五年（980），筑长城，沿天涧堡。今州北一里，俗名长城梁。"[4]光绪《岢岚州志·形胜·古迹》载："长城，在城北一里许，俗呼长城梁。旧《志》蒙恬筑，一云赵武灵王筑。嘉靖间（1522—1566）有地名牛圈窊者，掘其地得石刻，其文云：隋开皇元年（581）赞皇县丁夫筑。考赵武灵王破林胡、楼烦，自阴山、高阙抵雁门、云中筑长城，阴山、高阙皆岢岚地。后，宋太宗五年（笔者按：指太平兴国五年，980）筑长城于草城川口，历天涧堡而东。岢岚，赵地，楼烦故墟，是长城筑于赵，而隋、而宋修之无疑。其谓蒙恬所筑者，误矣。旧址至今尚存。"[5]今本《岢岚县志》载："长城在县城北1千米处，沿东山王家岔至高龙峁大梁，蜿蜒直抵大庙沟山顶，连续绵延30余千米。旧志载'蒙恬筑'，一云'赵武灵王筑'。明嘉靖间（1522—1566），牛圈窊□□掘石刻云'隋开皇元年赞皇县丁夫筑'，后宋太宗太平兴国五年（980）筑长城于草城川口，历天涧堡而东，岢岚，赵地，楼烦故墟，县长城筑于赵，而隋、而宋修之无疑。现遗址尚存。"[6]这些记载记录了今岢岚县北长城梁的长城，始筑于战国赵，后经隋、北宋重修。岢岚县北的长城对应于前述岢岚县的北齐长城，当属北齐天保七年遗迹；牛圈窊发现的隋代刻石将在隋代长城一章中讨论；北宋长城位于草城川口，经天涧堡向东延伸。依这些记载，知北宋对前代长城进行了重建。但时间上有出入，方志中都记为太平兴国五年（980），与《武经总要前集》所记的景德年间（1004—1007）相差较大，疑方志在传抄中出现讹误。

今岢岚县北有北川河，北川河从东北向西南在岢岚县城北汇入东西向的岚漪河。今岢岚县北7千米处有草城村，位于北川河西岸，属高家会乡。疑今北川河或即草城川。如此草城川口或也在今岢岚县城以北一带。天涧堡也位于今岢岚县北。《读史方舆纪要·山西二》岢岚州洪谷保隘条载："天涧保隘，在州北五里，路通大同、朔州。两山并峙，深狭如涧，因名。"[7]康熙、光绪《岢岚州志》均载天涧堡在"城北五里"。[8]光绪《山西通志·关梁考四》载："天涧口，在岢岚州北五里，道通宁武，古草城川口也。旧有堡，有长城。"[9]可见草城川口也称天涧口，天

---

[1]《宁武县志》，北京，红旗出版社，2001年，第475页。
[2] 山西省文物局长城考察队：《山西长城考》，山西省文物局内部资料，1983年。
[3] 国家文物局主编，山西省文物局编制：《中国文物地图集·山西分册》（中册），北京，中国地图出版社，2006年，第655页。《武经总要前集》引文见《中国兵书集成》（第四册），北京，解放军出版社，沈阳，辽沈书社，1988年影印本，第854页。
[4] 光绪《山西通志》（第八册），刘克文总点校，北京，中华书局，1990年点校本，第3537页。
[5] 光绪《岢岚州志》，《中国地方志集成·山西府县志辑》（第17册），南京，凤凰出版社，2005年影印本，第562页。
[6]《岢岚县志》，太原，山西古籍出版社，1999年，第464页。
[7]（清）顾祖禹撰，贺次君、施和金点校：《读史方舆纪要》，北京，中华书局，2005年点校本，第1864页。
[8] 康熙《岢岚州志》，《中国地方志集成·山西府县志辑》（第17册），南京，凤凰出版社，2005年影印本，第482页。光绪《岢岚州志》，《中国地方志集成·山西府县志辑》（第17册），南京，凤凰出版社，2005年影印本，第562页。
[9] 光绪《山西通志》（第八册），刘克文总点校，中华书局，1990年点校本，第3536页。

涧堡就位于草城川口附近。但天涧堡具体位置今已难辨。无论如何，岢岚县北的北宋长城位置与北齐长城是对应的，指称北宋利用北齐长城是有道理的。

在2009年调查岢岚县早期长城时，对《中国文物地图集》所称的类似马面的方形或矩形台体也进行了重新调查。调查结果显示，在王家岔乡水泉子村南至岚漪镇高家沟村西南间存马面9座，间距0.6—2.5千米。均为石筑而成，突出于墙体内侧。平面形状可辨者有矩形、方形和圆形三种，周长多在20—29.5米之间，仅一座周长13.2米。从广灵县至兴县的北齐长城沿线，除广灵县有一座外，仅在此处见有马面，将其视作北齐以后朝代建筑的设施也是有道理的。但如上所言，山西省北境诸县市北齐长城在北周和隋代又历多次重修，马面又无直接证据证明其时代，因此并不能径直将这些马面视为北宋建筑，只是有可能为北宋时所建。

傅淑敏曾于1991年在兴县瓦塘镇裴家川口村北约2千米调查一座城址。城址平面呈矩形，东西102、南北105米。残存东、西、北墙残段，残长约220米。墙体夯筑，夯层厚0.17—0.2米，上部有增补痕迹，夯层厚0.2—0.23米，底宽1.5、残高2—5米。北墙中部设门，残宽约3.6米。西南城角外侧有一座夯土台基，平面呈矩形，东西14、南北13、残高7.2米，夯层厚0.1—0.17米。西墙底部出土有东魏的泥质灰陶四系罐、青釉瓷盆、盘及素面板瓦等；夯土台基中采集有泥质灰陶素面罐口沿及五铢钱。城内地表采集有宋至明代的残陶片、瓷片、板瓦、铁刀和锄头等。据此推断，夯土台基为东魏所建，城墙原建于东魏，宋代废弃后重建，明代有所增补。傅氏转引清乾隆十八年（1753）《裴氏族谱序》载："忆自魏高欢创立合河关，其下有合河营，在岚漪水入河之处。以地理考之，即今村也。而村之名为裴家川口者，不知始自何年。"确定城址为合河关，裴家川口村即合河营。[1]

本文前述在兴县瓦塘镇裴家津村东南调查的一段石墙，与合河关城址相距很近，它们之间应有密切联系。合河关虽被傅氏定为东魏始建，但我们认为那些陶器、瓦片实难以区分是东魏还是北齐的遗物，况且北齐天保年间（550—559）紧接东魏，合河关肇建于北齐天保年间（550—559）是很有可能的。结合山西省北境诸县市北齐长城遗迹的分布与走向，可以大胆推断，合河关附近就是天保六年幽州北夏口至恒州长城的西端。如本章第三节所述，天保三年长城的社干戌和天保六年长城的达速岭，相距不远，长城大致在今岢岚、五寨、宁武三县交界处相交。其中从相交处向西至黄河的段落，不排除是在天保七年（556）增修的。本文笼统地将这个段落记为天保六年长城的一部分，一来是无可靠材料确定其属于天保六年（555）还是天保七年（556），二来也是由于天保七年长城利用了天保六年的长城，模糊了它们之间的界限，三是考虑到从广灵县向西南至兴县一线长城的连续性，才将这个段落视为天保六年长城的一部分。总之，这一段落既有可能是天保六年（555）修筑、天保七年（556）利用，也有可能是天保七年（556）新修的。

6.6.3 河清二年轵关长城遗迹（略）

第七章 北周长城和隋代长城

北周于577年灭齐后，北方重又统一，寻即又被另一个短命王朝——隋朝所取代。而此时，突厥已成为威胁中原王朝北境的主要势力，为此北周和隋朝多次修筑长城，成为我国长城史上又一个重要的建设时期。除新修长城外，在原北齐境，北周和隋主要是修缮利用旧有长城。山西作为北齐长城分布的重要地区，其境内的长城也多经修缮。这也是我们没有将北周和隋这两个朝代分开而放在同一章的重要原因。

7.1 北周大象长城

---

[1] 傅淑敏：《合河古城与合河关考查记》，《晋阳学刊》，1994年第1期，第111、112页。《中国文物地图集·山西分册》据傅文对合河关城址也进行了叙述（国家文物局主编，山西省文物局编制：《中国文物地图集·山西分册》下册，北京，中国地图出版社，2006年，第1223页）。

472

北周建德六年、北齐承光元年（577）正月，周武帝消灭北齐政权。大定元年（581）二月，隋文帝称帝代周。在这短短的几年时间里，北周政权也进行过长城的修筑。《周书·宣帝纪》：大象元年（579）六月，"发山东诸州民，修长城。"[1] 因修筑于大象元年（579），我们将这段长城称之为"大象长城"。

7.1.1 大象长城的走向与位置

大象长城由大司徒于翼负责修筑，《周书·于翼传》载："大象（579—580）初，征拜大司徒。诏翼巡长城，立亭鄣。西自雁门，东至碣石，创新改旧，咸得其要害云。"[2] 由此可知，这段长城西起雁门，东至碣石。雁门关在今山西省代县县城西约15千米处，碣石山在今河北省昌黎县北，东北距山海关约60千米。这两处地名在探讨北齐天保六年幽州北夏口至恒州长城和天保七年西河总秦戍至海长城时均有述及，雁门关是天保六年长城（因天保七年长城包括天保六年长城在内，以下述及时均只言天保七年长城）行经的重要地点，山海关附近的碣石山与天保七年长城终点处的"海"有密切关系。如此，大象长城的位置与走向就与北齐天保七年长城相合，它利用了前代的长城。这也符合《于翼传》所称的"创新改旧"。胡三省在《资治通鉴·陈纪七》太建十一年（579）"六月，周发山东诸民修长城"一语下注云："修齐所筑长城也。齐筑长城，见百六十六卷梁敬帝太平元年。"[3] 梁太平元年即北齐天保七年（556），可见胡三省就认为大象长城是对北齐天保七年长城的修缮利用。

7.1.2 大象长城的修筑背景

一般认为大象长城是为了应对突厥的侵扰，[4] 所据史料是《周书·宣帝纪》载大象元年（579）五月"突厥寇并州"一事。[5] 但这些说法往往过于简略。本文将针对北周修建大象长城时的边防形势和所涉地名位置，从中考察它与北齐天保七年长城的关系。

北周建德六年（577）二月，即周武帝消灭北齐的次月，原北齐定州刺史、范阳王高绍义叛入突厥。当年十二月，原北齐营州刺史高宝宁（"宝"或作"保"）拥高绍义称帝。第二年，即宣政元年（578），高宝宁占领平州，突厥也举兵南下，号称为高齐王朝报仇。四月，突厥兵至幽州，杀掠吏民，周将刘雄战殁。五月，周武帝开始北伐。六月周武帝病逝，北伐终止。周宣帝即位后，当年闰六月，幽州人卢昌期在范阳举兵响应高绍义，被周将宇文神举平息。与此同时，高绍义、高宝宁联合契丹、靺鞨举兵救援卢昌期，闻卢昌期死，高绍义逃归突厥，高宝宁还据营州。大象元年（579）五月突厥寇并州。六月于翼主持修筑长城。于翼修完长城后，"仍除幽定七州六镇诸军事、幽州总管。先是，突厥屡为寇掠，居民失业。翼素有威武，兼明斥候，自是不敢犯塞，百姓安之。"[6] 而高绍义也于周静帝大象二年（580）七月被俘，只高宝宁占据营州持续至隋朝建立以后方被收复。[7] 可以看出北齐灭亡后，北周面临的主要威胁来自突厥和北齐旧臣高绍义以及占据营州的高宝宁等，他们进犯的主要地区就是幽州和并州。

---

[1]《周书·宣帝纪》，第120页。《北史·周本纪下·宣帝纪》（第376页）和《资治通鉴·陈纪七》（第5398页）有相同记载。
[2]《周书·于翼传》，第526页。
[3] 见《资治通鉴·陈纪七》，第5398页。
[4] 艾冲：《北朝诸国长城新考》，中国长城学会编：《长城国际学术研讨会论文集》，长春，吉林人民出版社，1995年，第141页；《北朝拓跋魏、高齐、宇文周诸国长城再探索——兼与朱大渭先生商榷》，《社会科学评论》，2007年第3期，第68页。李孝聪、李鸿宾：《北周长城》，中国长城学会编：《长城百科全书》，长春，吉林人民出版社，1994年，第82页。朱大渭：《北朝历代建置长城及其军事战略地位》，《中国史研究》，2006年第2期，第58页。景爱：《中国长城史》，上海，上海人民出版社，2006年，第228页。王国良：《中国长城沿革考》，商务印书馆，1931年，第51页（《长城研究资料两种》，香港，香港龙门书店，1978年影印本）。
[5]《周书·宣帝纪》，第120页。
[6]《周书·于翼传》，第526页。
[7] 北周与北齐残余势力和突厥的斗争之事见《周书·武帝纪下》（第101、105、106页）、《宣帝纪》（第116、117、120页）、《静帝纪》（第132页）、《刘雄传》（第505页）、《宇文神举传》（第715页）、《于翼传》（第526页）、《突厥传》（第912页）和《北齐书·范阳王绍义传》（第157页）、《高保宁传》（第547、548页）、《隋书·阴寿传》（第1148页）。另《资治通鉴·陈纪七》《陈纪八》和《北史·周本纪下·高祖武帝纪》《周本纪下·宣帝纪》《刘雄传》《东平公神举传》《突厥传》《范阳王绍义传》《阴寿传》等有相同记载。

北周灭齐后，北齐旧臣高宝宁占据营州，《周书·武帝纪下》也称为北营州。营州治和龙城，也称黄龙城，今辽宁省朝阳市。[1] 平州治肥如城，今河北省迁安县境。

幽州治蓟县，今北京市西南。范阳郡治涿县，今河北省涿县。并州治龙山县，今山西省太原市。[2]

对照北齐天保七年长城的位置与走向，它正位于并州和幽州北部，其东端也在营州和平州一带的渤海沿岸。北周政权为了抵御突厥和北齐残余势力的进攻，充分利用旧有长城，对北齐长城进行了"创新改旧"，沿边设立亭郭，从而加强了长城的防御体系，正如《周书·于翼传》所言："咸得其要害"，而突厥也"不敢犯塞"。

如上所述，北周大象长城是对北齐天保七年长城的修缮利用。由于它们的经由走向是相同的，而且时间也仅隔20余年，因此将二者从遗迹上区别开来是很难的。北齐天保七年长城经北周利用后，以后在隋代又再次得到了重修利用。

7.2 隋代开皇初年长城

隋文帝于北周大定元年（581）二月禅代北周，改元开皇。开皇九年（589）正月，隋灭陈朝，统一全国。至大业十四年（618）三月，隋炀帝驾崩，五月，李渊建立唐朝，隋朝覆灭。在短短的30余年时间里，隋朝政权曾数度修筑长城，无论是次数，还是长度以及动用人力等方面，不逊于另一个短命的北齐政权。隋文帝开皇（581—600）初年所修长城横贯北境，我们将之称为开皇初年长城。有些资料记录了开皇末年修筑长城的事实，我们将之称为开皇末年长城。隋炀帝时于大业三年（607）和四年（608）两筑长城，分别是大业三年的榆林至紫河长城和大业四年的榆谷长城。开皇初年长城行经今山西省，开皇末年长城是据今山西省岢岚县发现的开皇十九年刻石得以确立的，它们与山西省密切联系。大业三年榆林至紫河长城所涉的紫河，今称浑河或红河，其上游在山西省右玉县境；大业四年所涉的榆谷也有记载为榆林谷的，可能与大业三年所涉的榆林郡有关系，因此本文也将讨论大业三年和四年长城。

7.2.1 开皇初年长城的有关记载

开皇初年长城，由于史料记载分散，学界在探讨时往往未能将这些分散的资料有机地联系起来，无法把握开皇初年长城的全貌，更重要的是明确记有修筑时间的仅有开皇元年（581）的寥寥两条，其他的记载往往被定性为不同年代的、互不关联的长城。接下来首先将梳理有关史料，对这些记载显示的长城全貌进行概括，最后再通过当时的边境形势印证本文之说。

（一）开皇元年修筑长城的记载

明确记载隋代在开皇元年（581）修筑长城的史料见于《隋书·高祖纪上》和《资治通鉴》。

《隋书·高祖纪上》载：开皇元年（581）四月，"发稽胡修筑长城，二旬而罢。"[3]

《资治通鉴·陈纪九》载：太建十三年（581）四月"隋主召汾州刺史韦冲为兼散骑常侍。时发稽胡筑长城，汾州胡千余人，在途亡叛。帝召冲问计，对曰：'夷狄之性，易为反覆，皆由牧宰不称之所至。臣请以理绥静，可不劳兵而定。'帝然之，命冲绥怀叛者，月余皆至，并赴长城之役。"[4]

《资治通鉴》中提到的韦冲在《隋书》中有传，此事所记与《资治通鉴》相同。

---

[1] 施和金：《北齐地理志》，北京，中华书局，2008年，第112～114页。
[2] 王仲荦：《北周地理志》，北京，中华书局，1980年，并州见第854～858页，幽州见第994、995页，范阳郡见第997页，平州见第1009～1011页。王仲荦书中指出平州治肥如城在今河北省卢龙县西北三十里，实考之，已在今河北省迁安县境。
[3] 《隋书·高祖纪上》，第15页。本节所引《隋书》纪、传，在《北史》中多也有纪、传，二书所记内容大体相似或接近，若有区别之处本文均明确指出。
[4] 《资治通鉴·陈纪九》，第5441页。

《隋书·韦世康附韦冲传》载："于时稽胡屡为寇乱，冲自请安集之，因拜汾州刺史。高祖（隋文帝）践阼，征为兼散骑常侍，进位开府，赐爵安固县侯。岁余，发南汾州胡千余人北筑长城，在途皆亡。上呼冲问计，冲曰：'夷狄之性，易为反覆，皆由牧宰不称之所至也。臣请以理绥静，可不劳兵而定。'上然之，因命冲绥怀叛者。月余皆至，并赴长城，上下书劳勉之。寻拜石州刺史，甚得诸胡欢习。"[1]

由以上记载可知，开皇元年（581）四月，隋朝征发稽胡修筑长城，其中有千余汾州或南汾州的稽胡在路上逃跑了。后在汾州刺史韦冲的劝说下前去修筑长城。此次长城之役仅二十天。韦冲随后被任命为石州刺史。单纯从这几条记载中难以判定长城在哪里，仅有的一些信息就是汾州、南汾州和石州这几个地名。北周灭齐后至隋初，汾州治龙泉城，在今山西省隰县；南汾州治定阳县，在今吉县；石州治离石县，在今吕梁市离石区。[2] 但这些州与长城之间的位置关系，并不明确，唯一可以肯定的是据"北筑长城"之语，确定长城位于这些州以北的地域。至于到底是汾州胡还是南汾州胡，因两地相距很近，对长城位置的考证并无太多意义。

（二）有可能修筑于开皇元年的幽并长城（略）

（三）有可能修筑于开皇三年至五年间的幽州长城（略）

（四）开皇四年以前修筑的朔方长城（略）

（五）开皇六年和七年长城（略）

（六）开皇初年卫玄监筑的长城

《隋书·卫玄传》载："及高祖受禅，迁淮州总管，进封同轨郡公，坐事免。未几，拜岚州刺史。会起长城之役，诏玄监督之。俄检校朔州总管事。后为卫尉少卿。仁寿（601—604）初，山獠作乱，出为资州刺史以镇抚之。"[3] 从这段记载中难以判断这次长城之役的时间，只能确定是隋文帝继位的开皇元年（581）至仁寿（601—604）初年之间。至于位置更难确定，可能是位于岚州或朔州境。

隋代岚州的设置情况，通过以下记载大致可以明确。《读史方舆纪要·山西二》太原府静乐县条："北齐置岢岚县，隋开皇十年（590）改曰汾源，又置州于此。宋白曰：'后魏尝置岚州，隋因之。仁寿（601—604）末岚州刺史乔钟葵以汉王谅举兵并州，将兵赴谅。大业（605—618）初州废。四年（608）改县曰静乐，又置楼烦郡治焉。'唐武德四年（621）改置管州，五年（622）又改为北管州。八年（625）州省，以县属岚州。"[4] 又据《隋书·地理志中》楼烦郡静乐县条："静乐，旧曰岢岚。开皇十八年（598）改为汾源，大业四年（608）改焉。"[5] 知《读史方舆纪要》所言"隋开皇十年（590）改曰汾源"漏掉"八"字，实为"开皇十八年（598）"。《通典·州郡九·古冀州下》楼烦郡岚州条载："岚州，今理宜芳县。……后魏末，于其地置岚州。隋炀帝置楼烦郡。大唐为岚州，或为楼烦郡。"[6]《元和郡县图志·河东道三》岚州："后魏于今理置岚州，因州西岢岚山为名也。隋大业四年（608），于静乐县界置楼烦郡，因汉楼烦县为名。隋乱陷贼，武德四年（621）平刘武周置东会州，六年（623）省东会州，重置岚州。天宝元年（742）改为楼烦郡，乾元元年（758）复为岚州。"领县有宜芳、静乐、合河、岚谷四县。宜芳县，"后魏于此置岢岚县，隋开皇十八年（598）改为汾源县，大业四年（608）改汾源为静乐县。八年（612），分静乐置岚城县，属楼烦郡，武德四年（621）改为宜芳县。"静乐县，"城内有堆阜三，俗名三堆城。隋开皇三年（583），

---

[1]《隋书·韦世康附韦冲传》，第1269、1270页。
[2] 王仲荦：《北周地理志》，北京，中华书局，1980年，第836、837、844、845、861页。刘纬毅编著：《山西历史地名通检》，太原，山西教育出版社，1990年，第109、141～143页。
[3]《隋书·卫玄传》，第1501页。
[4]（清）顾祖禹撰，贺次君、施和金点校：《读史方舆纪要》，北京，中华书局，2005年点校本，第1831页。
[5]《隋书·地理志中》，第853页。
[6]（唐）杜佑：《通典》，北京，中华书局，1988年点校本，第4740页。

自今宜芳县北移岢岚县于三堆城，十八年（598）改为汾源县，大业二年（606。笔者按：据上引《隋书》静乐县条，应为大业四年）改为静乐县。武德四年（621）于县置北管州，因管涔山为名。六年（623）省，县属岚州。"[1]

由上述记载可知，北魏曾置岚州，治岢岚县。隋代开皇（581—600）、仁寿（601—604）年间仍置岚州，州治岢岚县（开皇三年移徙三堆城），开皇十八年（598）改称汾源县。大业（605—618）初年废州，大业四年（608）改汾源县为静乐县，并置楼烦郡。开皇三年（583）以前的旧岢岚县，很有可能就是大业八年（612）由静乐县析置的岚城县，入唐后于武德四年（621）改称宜芳县，成为东会州和岚州治所在。武德四年（621）至六年（623）或八年（625）曾一度在静乐县置管州或北管州，后废入岚州。隋唐静乐县在今山西省静乐县，北魏岢岚县、唐宜芳县在今岚县岚城镇北。[2] 隋代岚州治或初在今山西省岚县岚城镇北，开皇三年（583），岢岚县和岚州均移治今静乐县。

至于朔州，在北齐天保七年长城一节中，曾述及北齐天保六年（555）于新平城（今山西省山阴县北周庄镇新岱岳村东）重置朔州，亦称北朔州。天保八年（557）移治马邑城（今山西省朔州市朔城区）。北周灭齐后，周武帝置北朔州（或朔州）总管府。《周书·武帝纪下》载，建德六年（577）二月，置北朔州总管府。[3]《太平寰宇记·河东道十二》朔州条亦云："周武帝置朔州总管。"[4] 入隋后开皇年间（581—600）仍置朔州总管府，大业（605—618）初年废朔州及总管府。《隋书·地理志中》马邑郡条载："马邑郡，旧置朔州。开皇（581—600）初置总管府，大业（605—618）初府废。"善阳县条载："又有后魏桑干郡，后齐以置朔州及广宁郡。后周郡废，大业（605—618）初州废。"[5]

以上关于隋代岚州、朔州沿革和地望的叙述，不仅确定了其位置，同时它们的兴废也印证了卫玄监督的这次长城之役的时间是在开皇（581—600）初年至仁寿年间（601—604）。隋代岚州和朔州在开皇（581—600）和仁寿（601—604）年间仍置，均废于大业（605—618）初年。[6] 那么卫玄任"岚州刺史""检校朔州总管事"也应在开皇（581—600）和仁寿年间（601—604），结合其传中任检校朔州总管事至仁寿（601—604）初任资州刺史之间还有其他任职经历，可再排除仁寿年间（601—604），仅限于开皇年间（581—600）。再据"高祖受禅""未几"之语，这次长城之役在开皇（581—600）初年当无误。从时间上来说，肯定不是开皇元年（581），因为卫玄出任淮州刺史是在开皇元年（581）十二月，[7] 但是否就是开皇六年（586）或七年（587）呢？因并无资料证明卫玄任岚州刺史和检校朔州总管事的具体时间，实无法确定，还是笼统地将其定在开皇（581—600）初年为宜。

7.2.2 开皇初年长城是一条东西连贯的长城防线

如上一小节所述，开皇初年只有稽胡修筑的长城有明确的时间记载，是开皇元年（618）四月，但很可惜只记有

---

[1] （唐）李吉甫撰，贺次君点校：《元和郡县图志》，北京，中华书局，1983年点校本，第395、396页。
[2] 刘纬毅编著：《山西历史地名通检》，太原，山西教育出版社，1990年，第111、122页。施和金：《北齐地理志》，北京，中华书局，2008年，第185页。王仲荦：《北周地理志》，北京，中华书局，1980年，第890页。王仲荦还言及北魏岚州实称广州（第890、891页）。
[3] 《周书·武帝纪下》，第101页。
[4] （宋）乐史撰，王文楚等点校：《太平寰宇记》，北京，中华书局，2007年点校本，第1067页。
[5] 《隋书·地理志中》，第853页。
[6] 据《隋书》所记，在朔州、岚州任总管、刺史者均见于开皇（581—600）和仁寿（601—604）年间，至大业年间（605—618）不再有此类官职，这也是朔州、岚州存在于开皇（581—600）和仁寿（601—604）年间的重要证据。隋代开皇年间（581—600）任朔州总管有吐万绪、源雄、李充、郭衍、赵仲卿、杜彦、宇文弼等人，任检校朔州总管事者除卫玄外，还有韩洪（《隋书·高祖纪上》第23、25页，《高祖纪下》第36、43、44页，《吐万绪传》第1538页，《源雄传》第1154页，《李充传》第1359页，《郭衍传》第1469页，《赵仲卿传》第1696页，《杜彦传》第1372页，《宇文弼传》第1390页，《韩擒虎附韩洪传》第1342页）。仁寿年间（601—604）任朔州总管的有杨义臣（《杨义臣传》第1499页），任岚州刺史的有乔钟葵（《李景传》第1530页）。
[7] 时间据《隋书·高祖纪上》，第16页。

具体时间、修筑时长，以及修筑者是稽胡，包括千余的汾州或南汾州的胡人，至于长度、位置、背景等无从知晓，只能大致推测位于汾州、南汾州和石州以北地区。

隋文帝敕修长城的时间基本可以确定是在开皇元年（581），但是也无具体位置、长度等信息，只能大致确定位于幽、并二州北境，东段在平州境。其修筑的直接原因是突厥和高宝宁的南犯。据"缘边修保鄣，峻长城"之语，这次长城之役是修缮旧有长城无疑。从时间和位置来看，开皇元年稽胡修筑长城和隋文帝敕修长城应指同事。到周摇任幽州总管时，在开皇三年（583）至五年（585），继续加强幽州边防。

不晚于开皇三年（583），崔仲方于朔方、灵武修了西至黄河、东至绥州、南至勃出岭，长七百里的长城。绥州东越黄河即为石州、并州，因此这段长城与黄河东岸的并州、幽州北境长城相连，形成了横贯隋朝北境的连续的长城防线。第二年，他又于朔方以东修筑了数十座与长城配套的城障。

卫玄监督的长城，据其前后官职，可能位于岚州或朔州境。它与上述开皇元年长城或有密切联系，都处于并州以北，都位于今山西省北部。既然幽州长城在持续修缮，并州以北岚州或朔州的长城也肯定在不断地修缮之中，因此卫玄所监长城之役很有可能也是开皇元年"缘边修保鄣，峻长城"的持续。由此我们还可以确定，并州北境并非严格地指并州的北界，而是并州以北这样的一个区域概念。开皇六年（586）、七年（587）的长城之役也当指隋朝北境长城分期、分地区的修缮工作。

我们将开皇初年的这些资料整合在一起，一条东西连贯的长城防线就展现在我们的面前。这条长城防线是应对突厥进犯，加强北境防御的产物。

7.2.3 开皇初年长城修筑时的边境形势

开皇元年（581）四月，隋文帝继位仅月余，就开始修筑长城，而且距北周大象长城的修筑不到两年。大象元年（579）六月，为应对突厥和北齐残余势力对平州、幽州、并州的进攻，于翼主持对北齐天保七年长城进行了修缮利用，突厥"自是不敢犯塞"。但北齐残余势力高绍义仍栖身于突厥，北周要求突厥遣送高绍义，他钵可汗留而不遣。直到第二年（580）七月方送高绍义于周。盘踞营州的高宝宁，常与突厥、契丹、靺鞨联兵进犯平州、幽州，隋文帝遣使招慰，但高宝宁"竟不臣周"。[1] 正是在这种严峻的边境形势下，隋文帝的长城之役很早就开始了。

开皇元年（581）隋朝代周后，突厥可汗沙钵略认为隋文帝待之礼薄，而且可汗夫人本为北周公主，请求可汗为周复仇。于是就有了前述突厥与高宝宁合兵攻陷临渝镇，隋文帝命令修筑长城，重兵屯守幽州、并州之事。北齐天保七年长城和北周大象长城正位于并州和幽州北部，其东端也在营州和平州一带的渤海沿岸，隋文帝敕修长城正是对旧有长城的修缮利用。

开皇二年（582）隋朝与突厥之间交战频繁，互有胜败。四月，隋将韩僧寿破突厥于鸡头山（今宁夏回族自治区南部隆德县东），李充破突厥于河北山。五月，突厥和高宝宁合兵突破长城，进犯平州。六月，李充再破突厥于马邑（今山西省朔州市朔城区）。突厥兵寇兰州（治子城县，今甘肃省兰州市西北）时被贺娄子干（时为凉州总管，凉州治姑臧县，今甘肃省武威市）在可洛峐击败。隋朝加强了重要地区的防备力量。太子杨勇屯咸阳（郡治石安县，今陕西省泾阳县），虞庆则屯弘化（郡治岩绿县，今陕西省靖边县北部白城子），冯昱屯乙弗泊（胡三省认为在鄯州以西，鄯州治西都县，今青海省乐都县），叱列长叉守临洮（胡三省认为即北周洮州所在，洮州治美相县，今甘肃省卓尼县西）。

---

[1] 北周大象长城的修筑情况详见北周长城一节。大象长城修完以后至隋初的边境形势参见《周书·静帝纪》（第132页）、《突厥传》（第912页）和《北齐书·范阳王绍义传》（第157页）、《高宝宁传》（第547、548页），《隋书·阴寿传》（第1148页）。

当年底与第二年初,突厥又数次入寇。当年十二月,突厥进犯周槃,隋将达奚长儒遭遇失败。突厥于是纵兵从木硖(今宁夏回族自治区南部固原市西南)、石门(今宁夏回族自治区南部海原县东南)两道入寇,"武威(属凉州,郡治姑臧县,今甘肃省武威市)、天水(郡治上封县,今甘肃省天水市)、金城(属兰州,郡治子城,今甘肃省兰州市西北)、上郡(郡治洛交县,今陕西省富县)、弘化、延安(郡治肤施县,今陕西省延安市东北)六畜咸尽"。[1] 隋文帝震怒,下诏进行反击,并要求诸将"广开边境,严治关塞,使其不敢南望,永服威刑",[2] 隋朝发动了大规模的北伐。

开皇三年(583)四月,杨爽在白道(在今内蒙古自治区呼和浩特市西北与武川县东南交界一带)重创沙钵略;阴寿击败高宝宁,收复营州,高宝宁被部下所杀;五月,李晃破突厥于摩那渡口,窦荣定破突厥与吐谷浑于凉州;八月,高颎出宁州(治赵兴城,今甘肃省宁县)道,虞庆则出原州(治宁高县,今宁夏回族自治区固原市)道,攻击突厥。[3] 虽然突厥在六月曾一度击败幽州总管李崇,但在隋军的强大攻势下,突厥内部分裂,沙钵略可汗与阿波可汗相攻不已,实力大减。双方均向隋请和求援,隋文帝皆不准许。

开皇四年(584),突厥诸部纷纷请降。当年九月,沙钵略夫人求为隋文帝女,隋文帝许之。开皇五年(585)七月,沙钵略上表称臣。八月,遣子库合真来朝,"自是岁时贡献不绝",[4] 隋文帝也准许沙体略部落移徙白道川。开皇七年(587)正月,又许在恒、代之间狩猎。双方关系进入相对平和的一个时期。直至开皇十七年(597),边衅再起。[5]

综上所述,可以看出开皇初年隋与突厥的战争在整个隋朝北境广泛展开。为巩固北部边防,先有隋文帝"缘边修保鄣,峻长城"的敕令,后又颁诏"广开边境,严治关塞",在这种形势之下,长城的修筑不再单单只是一时、一地之事,而是一项持续的、系统的边境之策。黄河以东,有北齐长城可资利用,黄河以西,又新筑朔方长城,形成了东西连续的一条防线。其中,黄河以东利用的长城,主体是北齐天保七年西河总秦戍至海长城,而天统三年库堆戍至海长城和北周大象长城,如相关章节所述,也是对北齐天保七年长城的修缮利用。

7.3 隋代开皇末年长城

《元和郡县图志》有开皇十六年(596)修筑长城的记载。近年在山西省岢岚县发现的一方刻石记录了开皇十九年(599)修筑长城的事实。但这些内容在《隋书》和《资治通鉴》等史书中并无记载。

7.3.1 《元和郡县图志》关于开皇十六年修筑长城的记载

《元和郡县图志·河东道三》岚州合河县条载:"隋长城,起县北四十里,东经幽州,延袤千余里,开皇十六

---

[1] 《隋书·突厥传》,第1866页。
[2] 《隋书·突厥传》,第1867页。
[3] 本段所涉地名,鸡头山、木硖、石门今位置见谭其骧《中国历史地图集》隋《关陇诸郡》图。王仲荦《北周地理志》(北京,中华书局,1980年)指出以下地名今位置:咸阳(第29、30页)、原州(第86、89页)、宁州(第93~95页)、弘化(第122页)、天水(第140页)、洮州(第189、190页)、兰州、金城(第200页)、鄯州(第206、207页)、凉州、武威(第209~211页),其中王书指出弘化郡治岩绿县在今内蒙古乌审旗南境白城子,白城子今实在陕西省靖边县北境。马邑城、白道今位置在前文已述。河北山、可洛峐、周槃、摩那渡口今位置不明。《隋书·李充传》载:"开皇中(581—600),频以行军总管击突厥有功,官至上柱国、武阳郡公、拜朔州总管,甚有威名,为房所惮。"(第1359页)朔州治马邑城,因此,河北山应在马邑一带。可洛峐应在兰州、凉州一带。《隋书·虞庆则传》载:开皇二年(582)冬,"突厥入寇,庆则为元帅讨之。部分失所,士卒多寒冻,堕指者千人。偏将达奚长儒率骑兵二千人别道邀贼,为房所围,甚急。庆则案营不救。由是长儒孤军独战,死者十八九。"(第1174页)达奚长儒是虞庆则的偏将,据"别道邀贼"推测,周槃应在虞庆则屯兵的弘化郡一带。上郡、延安郡据《隋书·地理志上》均于大业三年(607),北周及隋初并未置这二郡(第811页),文中所注今位置见谭其骧《中国历史地图集》隋《关陇诸郡》图。胡三省关于乙弗泊和临洮之说见《资治通鉴·陈纪九》(第5458页)。
[4] 《隋书·突厥传》,第1870页。
[5] 开皇元年(581)隋朝代周至开皇七年(587),隋与突厥双方的战和之事,主要以《隋书·高祖纪上》(第16~23页)、《突厥传》(第1865~1870页)和《资治通鉴·陈纪九》(第5456~5460、5462~5467页)、《陈纪十》(第5473、5475~5477、5482、5483、5489页)有关记载,并参考《隋书·长孙晟传》(第1330~1332页)及其他所涉人物列传写成。

年（596）因古迹修筑。"蔚州灵丘县条载："开皇长城，西自繁畤县，经县北七十里，东入飞狐县界。"[1] 唐代合河县在今山西省兴县西北五十里黄河东岸，繁畤县在今山西省繁峙县南三里谷园村东，灵丘县在今山西省灵丘县，飞狐县在今河北省涞源县。[2] 灵丘县条所载的有关地名正位于合河县条所载的合河县至幽州的长城沿线，它们所指的长城相同，所以我们将这两条记载放在了一起。

如上节所述，开皇（581—600）初年，隋文帝曾于幽、并二州北境修筑长城，它是对北齐天保七年西河总秦戍至海长城的修缮利用。《元和郡县图志》中的这条西起合河县，向东经繁畤县、灵丘县、飞狐县至幽州的长城，也正与北齐天保七年长城相重合，反映隋代曾反复对北齐天保七年长城进行过修缮利用。

7.3.2 岢岚县发现的开皇十九年修筑长城的刻石

2009年在山西省岢岚县调查早期长城资源时，发现了一方记录开皇十九年（599）修筑长城的刻石。该刻石是岢岚县岚漪镇大庙沟村村民在耕地时发现，地点在大庙沟村东南0.4千米，现收藏于村民家中。刻石平面呈矩形，长0.41、宽0.25、厚0.08米。刻文楷书，部分文字缺失，存6行、34字，行间刻画竖线。刻文为"开皇十九年七月一日栾州元氏县王口黎长宗领丁卅人筑长城廿步一尺西至……王口"。在《隋书》和《资治通鉴》等史书中，未见开皇十九年（599）修筑长城的记载。但这方刻石明确显示开皇十九年（599）曾修筑长城。刻石记录了修筑时间、民夫来源和人数、修筑长城的长度等信息，是与长城有关的非常珍贵的文物。

栾州，置于开皇十六年（596），治栾城县（今河北省栾城县西）。大业二年（606）废栾州，并于赵州。[3] 元氏县，置于开皇六年（586），位于今河北省元氏县西北。[4] 隋代开皇（581—600）、仁寿（601—604）年间，一尺约等于29.6厘米。[5] 据此，刻文中的"廿步一尺"约等于30米。

这块刻石发现于岢岚县灰窑沟村南0.5千米至大庙沟村西南1千米之间的山险沿线，东北、西南分别距长城石墙0.8千米余和0.5千米余。今岢岚县位于隋代岚州北境，地处并州以北，刻文记录的这段长城当也反映了开皇十九年（599）对北齐天保七年长城的修缮利用。[6] 但是否能与前述卫玄任岚州刺史时"会起长城之役"对应起来呢？正如上节所述，卫玄的"长城之役"当在开皇（581—600）初年。虽然二者都涉岚州，但并不对应。

---

[1]（唐）李吉甫撰，贺次君点校：《元和郡县图志》，北京，中华书局，1983年点校本，合河县条见第397页，灵丘县条见第406页。
[2] 刘纬毅编著：《山西历史地名通检》，太原，山西教育出版社，1990年，第60、96、125页。谭其骧《中国历史地图集》唐《河东道》图。
[3]《隋书·地理志中》载："赵郡，开皇十六年（596）置栾州，大业三年（607）改为赵州。（第855页）《元和郡县图志·河北道二》载："隋开皇十六年（596）又于栾城县置栾州，大业二年（606）废栾州，以县并赵州。三年（607），以赵州为赵郡。"（唐李吉甫撰，贺次君点校：《元和郡县图志》，北京，中华书局，1983年点校本，第489页）杨守敬在《隋书地理志考证》中认为"隋开皇十六年（596）以后栾、赵二州并立，至大业二年（606）始并栾州入赵州。"《隋书·地理志中》之"大业三年"为"大业二年"之误（清杨守敬著，施和金点校：《隋书地理志考证》，谢承仁主编：《杨守敬集》（第二册），武汉，湖北人民出版社、湖北教育出版社，1997年点校本，第344、345页）。本文采《元和郡县图志》和杨守敬之说，即栾州废于大业二年（606）。栾城县今位置见王仲荦《北周地理志》（北京，中华书局，1980年，第958页）和施和金《北齐地理志》（北京，中华书局，2008年，第81页）。谭其骧《中国历史地图集》隋《河北诸郡》图也将栾城县标于今栾城县西。
[4]《隋书·地理志中》载："元氏，旧县，后齐废，开皇六年（586）置。"（第855页）《元和郡县图志·河北道二》载："其两汉元氏县，在今县西北十五里故城是也。晋属赵国，高齐废。隋开皇六年又置元氏县，属赵州。皇朝因之。"（唐李吉甫撰，贺次君点校：《元和郡县图志》，北京，中华书局，1983年点校本，第490、491页）杨守敬在《隋书地理志考证》中指出元氏县在今元氏县西北（清杨守敬著，施和金点校：《隋书地理志考证》，谢承仁主编：《杨守敬集》（第二册），武汉，湖北人民出版社、湖北教育出版社，1997年点校本，第345页）。此外王仲荦《北周地理志》（北京，中华书局，1980年，第958页）和施和金《北齐地理志》（北京，中华书局，2008年，第81页），也均指出元氏县在今元氏县西北。谭其骧《中国历史地图集》隋《河北诸郡》图也将元氏县标于今元氏县西北。
[5] 丘光明等：《中国科学技术史·度量衡卷》，北京，科学出版社，2001年，第301页。
[6] 文宣《山西岢岚县发现隋朝筑长城刻石》一文，对这方刻石也进行了描述，并指出长城"是因南北朝长城旧址重建"，表述的是与本文一致的意见。该文还记述在刻石发现地点附近的山体顶部有石筑长城，山腰部有土筑长城（《中国文物报》，2009年9月18日，第2版。笔者按：该文将岢岚县之"岢"误写为"苛"）。但如本文在叙述岢岚县北齐长城遗迹时，大庙沟村附近并无土墙。

7.3.3 方志中提到的开皇元年刻石

康熙《岢岚州志·山川附古迹》载:"长城,城北一里许,俗呼长城梁。旧《志》云蒙恬筑,一云赵武灵王筑。嘉靖间(1522—1566)有地名牛圈宎者,掘得石刻,其文云:隋开皇元年(581)赞皇县丁夫筑。"[1]光绪《岢岚州志·形胜·古迹》载:"长城,在城北一里许,俗呼长城梁。旧《志》蒙恬筑,一云赵武灵王筑。嘉靖间(1522—1566)有地名牛圈宎者,掘其地得石刻,其文云:隋开皇元年(581)赞皇县丁夫筑。考赵武灵王破林胡、楼烦,自阴山、高阙抵雁门、云中筑长城,阴山、高阙皆岢岚地。后,宋太宗五年(笔者按:指太平兴国五年,980)筑长城于草城川口,历天涧堡而东。岢岚,赵地,楼烦故墟,是长城筑于赵,而隋、而宋修之无疑。其谓蒙恬所筑者,误矣。旧址至今尚存。"[2]今本《岢岚县志》载:"长城在县城北1千米处,沿东山王家岔至高龙峁大梁,蜿蜒直抵大庙沟山顶,连续绵延30余千米。旧志载'蒙恬筑',一云'赵武灵王筑'。明嘉靖间(1522—1566),牛圈宎□□掘石刻云:'隋开皇元年赞皇县丁夫筑',后宋太宗太平兴国五年(980)筑长城于草城川口,历天涧堡而东。岢岚,赵地,楼烦故墟,县长城筑于赵,而隋、而宋修之无疑。现遗址尚存。"[3]这些记载类似,均言岢岚县北的长城,始筑于战国赵,隋代因有刻石表明也曾重修,宋太宗时再次修筑。本文在此主要说说牛圈宎发现的那块刻石。

刻石所记年代为开皇元年(581),民夫来自赞皇县。但赞皇县据《隋书·地理志中》置于开皇十六年(596),属栾州。[4]因此开皇元年(581)应是误记。若将此刻石与前述开皇十九年(599)刻石对照,可以发现民夫的来源地相同,一为赞皇县,一为元氏县,二地相邻,均属栾州。故方志中提到的这块刻石也当属开皇(581—600)末年之物,反映的是与前述开皇十九年(599)刻石相同的事件。牛圈宎这个地名今已无考。[5]

7.3.4 开皇末年长城修筑时的边境形势

开皇七年(587)以后,隋与突厥的关系进入一个相对平和的时期,突厥常年遣使朝贡。但隋文帝一直重视防范、分化突厥,"欲离间北夷"。[6]隋文帝离间突厥的政策,见于长孙晟的一篇奏文。突厥可汗雍虞闾欲请婚于隋,长孙晟上奏曰:"臣观雍闾,反覆无信,特共玷厥有隙,所以依倚国家。纵与为婚,终当必叛。今若得尚公主,承藉威灵,玷厥、染干必又受其征发。强而更反,后恐难图。且染干者,处罗侯之子也,素有诚款,于今两代。臣前与相见,亦乞通婚,不如许之,招令南徙,兵少力弱,易可抚驯,使敌雍闾,以为边捍。"[7]于是开皇十七年(597),隋文帝按照长孙晟所奏,将安义公主许给突利可汗,并准其南徙度斤旧镇,"锡赉优厚"。招致雍虞闾大怒,"于是朝贡遂绝,数为边患"。[8]双方又进入争战的一段时期。

开皇十七年(597),韩僧寿屯兰州以防备突厥。十八年(598),杨秀出灵州道攻击突厥。十九年(599),杨谅为元帅,高颎率王詧、赵仲卿出朔州道,杨素率李彻、韩僧寿出灵州道,燕荣出幽州,并击突厥。与此同时,雍虞闾打败亲隋的突利可汗。四月,突利可汗南投隋朝。十月,突利可汗被册封为"意利珍豆启民可汗",长孙晟在

---

[1] 康熙《岢岚州志》,《中国地方志集成·山西府县志辑》(第17册),南京,凤凰出版社,2005年影印本,第481页。
[2] 光绪《岢岚州志》,《中国地方志集成·山西府县志辑》(第17册),南京,凤凰出版社,2005年影印本,第562页。
[3] 《岢岚县志》,太原,山西古籍出版社,1999年,第464页。
[4] 《隋书·地理志》,第855页。另《元和郡县图志》将赞皇县设置时间记为"开皇六年",也属"十六年"之误。《元和郡县图志·河北道二》载:"赞皇县,本汉鄗邑县地,属常山郡,隋开皇六年(586)于此置赞皇县,县南有赞皇山,因以为名,属栾州。大业二年(606)改属赵州,皇朝因之。"(唐 李吉甫撰,贺次君点校:《元和郡县图志》,北京,中华书局,1983年点校本,第492页)前文已述栾州置于开皇十六年(596),赞皇县属栾州也应是开皇十六年(596)以后之事。
[5] 文宣《山西岢岚县发现隋朝筑长城刻石》一文言及牛圈宎距岢岚县大庙沟村10余里(《中国文物报》,2009年9月18日,第2版。笔者按:该文将岢岚县之"岢"误写为"苛"。但我们在大庙沟村附近并未寻到此地。另今本《宁武县志》转引《宁武府志·余录》,将刻石出土地点记为中圈洼,"中"或为"牛"之讹误(《宁武县志》,北京,红旗出版社,2001年,第475页)。
[6] 《隋书·突厥传》,第1872页。
[7] 《隋书·长孙晟传》,第1333页。
[8] 《隋书·突厥传》,第1872页。

朔州筑大利城安置其部落。由于启民可汗遭到雍虞闾的多次侵掠，隋文帝一方面将启民可汗迁至河南，"在夏、胜二州间，发徒掘堑数百里，东西距河，尽为启民畜牧之地"，[1] 另一方面遣杨素出灵州，韩僧寿出庆州，史万岁出燕州，姚辩出河州，准备进攻雍虞闾。当年十二月，雍虞闾为部下所杀。突厥陷入内乱，达头可汗自立。二十年（600）四月，隋文帝遣杨广与杨素出灵州，杨谅与史万岁出朔州攻击达头可汗，达头可汗败逃而去。仁寿元年（601）正月，代州总管韩洪在恒安被突厥击败。隋文帝诏杨素为云州道行军元帅，率启民可汗北征。仁寿二年（602）数败突厥，赵仲卿并筑金河、定襄二城，安置启民可汗部落。仁寿三年（603），在隋和铁勒、奚、霫等的共同打击下，达头可汗逃奔吐谷浑。启民可汗"遂有其众，遣使朝贡"，[2] 隋与突厥再次进入一个和平共处的阶段。[3]

从上面的叙述中，很容易为开皇十九年长城的修筑找到依据，今岢岚县正位于隋代朔州以南。而开皇十六年（596），隋与突厥处于和平时期，似无修长城的必要。但如上所述，隋文帝非常重视防范、分化突厥，在这种背景下，于和平时期继续修缮长城也是合情合理的。再回头看一下，上一节提到的长城修筑的开皇六年（586）、七年（587），不也是处于沙钵略上表称臣之后的和平时期吗？总之，开皇十六年（596）、十九年（599）长城，是为防御突厥对原有的北齐天保七年长城进行修缮利用，而这种修缮利用在开皇（581—600）年间，从初年一直持续到了末年。

北齐天保七年长城遗迹在前文已述，长城全线或部分段落在北周、隋代被修缮利用，因建筑方法保持着较高的一致性，现在并无准确的证据能将它们区分开来，因此本章不再具体描述长城遗迹。

7.4 隋代大业三年和四年长城（略）

第八章　山西省境的其他长城遗迹

山西省境除前文所述各时代长城遗迹外，在史书中还见有其他时代长城的记载，如唐长城、北宋长城。同时还有一些不见载于史书，但在地方志中有记载的长城，我们在2009—2010年调查早期长城资源时，根据这些资料对有关区域也进行了调查。北宋长城在前文考察北齐天保七年长城遗迹时已有述及，本章将首先介绍史书中的唐长城及我们的调查情况，再按县域对依据地方志资料发现的长城进行叙述。

8.1 文献所载唐代长城的调查（略）
8.2 地方志记载长城的调查

2009—2010年，我们在调查早期长城资源时，对一些不见于史书，但在地方志中有记载的长城也都进行了调查。目前在左云县、偏关县和平鲁区发现了长城遗迹，此外在神池县还发现一段不见于任何记载的长城。

8.2.1 左云县三屯乡的长城（略）

8.2.2 偏关县和平鲁区交界区域的长城

今本《忻州地区志》载："北齐长城在偏关县老营堡南，现存有20多公里，残高3米，底宽约4米，顶宽约0.5米。"[4] 郭俊卿《忻州境内的长城遗迹》一文对《忻州地区志》所载的这段长城有略详细的介绍："东部长城，在老营南梁坡至神池县石湖村之间。据《北齐书》载：建于天保三年、六年、七年。老营至地椒峁一段与内长城并行，在地椒

---

[1]《隋书·突厥传》，第1873页。
[2]《隋书·突厥传》，第1874页。
[3] 开皇十七年（597）至仁寿三年（603），隋与突厥双方战事，主要以《隋书·高祖纪下》（第44～46页）、《突厥传》（第1872～1874页）和《资治通鉴·隋纪二》（第5558、5563、5564、5568、5569页）、《隋纪三》（第5571、5572、5588、5590、5600页）有关记载，并参考所涉人物列传写成。其中雍虞闾被杀时间，《隋书·高祖纪下》（第44页）和《资治通鉴·隋纪二》（第5569页）记为开皇十九年（599）十二月，《隋书·长孙晟传》（第1334页）则为开皇二十年（600），本文取前说。
[4]《忻州地区志》，太原，山西古籍出版社，1999年，第887页。

崞北折，与内长城分离，经上子房北山、南泉寺、大桦沟、枣梨山，向南折入神池县石湖、野猪口后，与内长城并行，共长20公里。"[1] 我们依照这些线索，按照自南向北的顺序，从神池县烈堡乡野猪口村、石湖村向西北，入头乡信虎辛窑村、下纸坊村，再入偏关县南堡子乡上纸坊村、地椒崞村，至老营镇间，对沿线约30千米的范围进行了仔细的搜寻。在偏关县南堡子乡和平鲁区下水头乡的交界区域，仍存一段长城。

长城东南起自偏关县南堡子乡教子沟村东北0.6千米（海拔1494米），沿偏关县和平鲁区交界，向西北至教子沟村北0.7千米（海拔1567米），墙体为土墙，长420米。再向西北至教子沟村北0.8千米（海拔1623米），墙体为石墙，长128米。又向西北延伸至教子沟村北1千米（海拔1619米），利用陡峭山体形成山险，长338米。长城进入平鲁区，向西北至平鲁区下水头乡信虎辛窑村西南1.1千米（海拔1513米），墙体为土墙，长755米。由此向西北至信虎辛窑村西北3.7千米（海拔1721米），墙体消失3100米。长城再次沿偏关县和平鲁区交界，向西北至偏关县南堡子乡地椒崞村东北1.84千米（海拔1790米），进入偏关县，向西延伸至地椒崞村北1.1千米（海拔1706米），墙体为石墙，长2119米。这段长城的西端止点接偏关县明代内长城的一座马面（地椒崞长城2段4号马面）。[2] 长城总体走向大致呈东南—西北，长6860米，其中石墙长2247米，土墙长1175米，山险长338米，另有3100米消失。石墙外部块石或片石砌筑，内部填以碎石泥土。墙体剖面大致呈不规则的梯形，底宽1.5~5、顶宽0.7~4、残高0.3~4.6米。土墙为黄土夯筑而成，夯层中夹杂有碎石，夯层厚0.2~0.4米，底宽1.2~3.4、顶宽0.3~1.1、残高0.2~4.7米。

长城沿线发现有敌台4座、马面4座和烽火台2座。

敌台均为土质敌台，位于土墙之上，黄土夯筑而成，除一座夯层厚度不详外，其余三座夯层厚0.18~0.29米。平面呈矩形或方形，剖面呈梯形，底部周长22.6~40、残高3.5~8.7米。其中一座还有夯筑的台基和围墙，夯层厚0.24~0.3米。马面有一座土质马面，其余为石质马面。土质马面位于土墙之上，石质马面则位于石墙之上，均位于墙体南侧。石质马面为外部块石垒砌，内部填以碎石泥土，平面呈矩形，剖面呈梯形，底部周长20~37、残高5~7米。土质马面为黄土夯筑而成，夯层厚0.08~0.13米，底部周长23、残高7.1米。烽火台均为土质台体，黄土夯筑而成，夯层厚0.24~0.32米，其中一座的夯层中夹杂有少量碎石。平面呈矩形，剖面呈梯形，底部周长31~49.2、残高4~7.6米。有一座烽火台的底部还有石砌台基。土质敌台和烽火台的夯层厚度与长城墙体大致接近，而唯一的一座土质马面的夯层厚度（0.08~0.13米）则远薄于长城墙体。

偏关县和平鲁区交界区域的这段长城，若仅统计未消失墙体，以石墙居多，占59.8%，土墙占31.3%，其余为山险。在这段长城西侧的偏关县南堡子乡大庄窝村、地椒崞村等地有明代内长城，明代地椒崞长城2段4号马面还是它们的相接之处。二者相距较近，但它们在建筑方式上还是有区别的。明代长城均为土墙，夯层厚0.05~0.21米，明显要薄，同时未见石墙。因此这段长城的时代很有可能不属明代。上述土质马面的夯层厚度倒与明代长城墙体相近，表明它有可能修筑于明代。

按前引资料，认为这段长城的时代属北齐。但据北齐长城一章的考证，该区域并不存在北齐长城。将这段长城指为北齐长城，是站不住脚的。

8.2.3 神池县的壕沟与长城

今本《神池县志》载："北齐长城，自温岭乡大泉窊村南黄花岭入境，沿山东进，过青泉岭村南坝堰梁、大石限山蜿蜒东行，到小狗儿涧村南山岭折转东北，过马头山，至龙元村终止。"[3] 2009年我们对这段文字所涉的龙泉镇大泉窊村、青泉岭村、小狗儿涧村和龙元村一线区域展开调查，仅在大泉窊村东发现一段壕沟，未见长城墙体。

---

[1] 郭俊卿：《忻州境内的长城遗迹》，郭俊卿编：《忻州考古论文集》，太原，山西科学技术出版社，2008年，第483页。
[2] 《明代长城资源调查报告》，北京，文物出版社（待版）。
[3] 《神池县志》，北京，中华书局，1999年，第420页。

壕沟南起于神池县龙泉镇大泉凹村南 2 千米的摩天岭（海拔 2085 米），沿神池县与宁武县交界处山脊西侧数十米的山坡，顺山势从南向北，经大泉凹村东，延伸至青泉岭村东南 0.7 千米的一处峭壁（海拔 1864 米），大致呈南北走向，总长 3733 米。壕沟为挖掘筑成，呈槽状，宽 1.6~8.5 米。壕沟两侧堆以黄土与石块形成地垅，保存略好的一段，壕沟东侧地垅宽 5.3~5.4、最高 1.5~1.8、距沟表面 0.6~2 米（笔者按：指地垅的底表面，下同），西侧地垅宽 3.5~5、高 0.8、距沟表面 0.4~1.7 米。

在壕沟止点处峭壁的顶部散布有较规整的石块和青砖，青砖均碎裂，宽 0.17~0.185、厚 0.06 米。我们专门对龙元村明代长城墙体上的青砖进行了测量，长 0.3、宽 0.17、厚 0.055 米，二者尺寸是相当的。在龙泉镇项家沟村明代长城东或东北 0.02~0.12 千米，也存有壕沟。壕沟宽 2~7、深 1.5~2 米，两侧的墙体（笔者按：也即两侧的地垅）底宽 2~3、残高 1~2.5 米。[1] 可见在壕沟宽度、两侧地垅宽度等方面，二者基本相近。所以从青砖的尺寸及与明代壕沟尺寸的对比中，可以推断壕沟的时代很有可能为明代。至于是否为北齐遗迹，我们在北齐长城一章讨论天保六年长城所涉达速岭位置时，曾指出谭其骧《中国历史地图集》北朝《齐》图将达速岭标示在今山西省宁武县南管涔山主峰是有道理的，而且乾隆《宁武府志》、今本《宁武县志》《神池县志》等也记载神池县与宁武县交界的管涔山区有黄华（花）岭，又名摩天岭或达速岭，从而印证了本文关于达速岭位于北齐侨立恒州北境的观点。如此，这段壕沟也有可能与北齐天保六年长城相对应。但考虑到这只是一段壕沟，未见长城墙体，而且它与明代壕沟存在着相似性，因此其属北齐的可能性并不大。

2010 年，我们在神池县龙泉镇西的环岛湖北侧山体上调查了一段石墙，大致呈东南—西北走向，长 675 米。墙体系石块混合泥土垒砌而成，底宽 2~5、顶宽 1~3、残高 0.3~1.8 米。在这段长城的周围，我们也进行了搜寻，再没有发现长城遗迹。这段长城不见于任何记载，其时代无从确定。

本节所述的长城和壕沟遗迹，虽然在地方志资料中都有指出它们的时代，但如本文所分析的那样，方志中所指的时代是明显有误的。这些遗迹，由于缺乏可靠的历史记载，实难以准确地判断其时代，遑论其性质。

表 8.1　山西省境时代不详长城和壕沟遗迹一览表

县区名	墙体或遗迹类型	长度（米）	建筑方式	其他设施或采集遗物	对应地方志资料	时代性质简论
左云县	土墙	9847	黄土堆筑而成	汉至北朝时期陶片、瓦片，辽金时期瓷片	《左云县志》"北魏金陵围墙"	与金陵无关系；时代可排除东汉或明代
偏关县和平鲁区	石墙	2247	外部块石或片石砌筑，内部填以碎石泥土	敌台 4 座、马面 4 座和烽火台 2 座	《忻州地区志》"北齐长城"	时代可排除北齐、明代
	土墙	1175	黄土夯筑而成，夹杂碎石，夯层厚 0.2～0.4 米			
	山险	338				
	消失	3100				
神池县	壕沟	3733	挖掘筑成，呈槽状，壕沟两侧堆以黄土与石块形成地垅		《神池县志》"北齐长城"	时代可排除北齐，有可能属明代
	石墙	675	石块混合泥土垒砌而成		无	不详

---

[1]《山西省明代长城资源调查报告》，北京，文物出版社（待版）。

第九章　结语

通过前述各章对各种文献有关记载的梳理，有关地名位置的考证，结合田野调查资料的分析研判，我们基本摸清了山西早期各时代长城的分布情况。这种研究，建立在多种资料、多种线索环环相扣、相互印证的基础之上，包括史书中的基本史实，古代地理学著作的有关记载，今天的历史地理学研究成果，古今各种地方志记载，现代学者编撰的调查研究论著，长城本身所关联的各时代民族关系和政治、军事形势，这些是文献方面的；在田野方面，主要是全国长城资源调查工作获得的资料，包括长城的分布、位置、走向，长城墙体类型和建筑方式的分析对比，沿线采集遗物的特征，等等。各种资料都有自身的局限性，只有将它们通盘考虑，才能看到更接近历史真相的事实。

在前言中，我们已提及文献方面的一些主要问题，在讲到田野调查时，强调了田野调查工作的科学性。虽然通过科学的田野调查，可以获得科学的田野调查资料，为我们的长城研究提供分布、走向、建筑技术、所处自然地势等方面的信息，但就长城这种遗迹而言，调查资料也有其明显的不足。

本章首先将概略描述山西早期历代长城的分布情况，以及它们所处的自然地理形势，然后针对早期长城遗迹本身，综合考察其建筑方式，进而探讨建筑方式、采集遗物等田野资料的局限性，主要是时代判断方面的问题。

9.1 山西早期长城的分布情况

9.1.1 山西早期各时代长城的分布情况

山西长城的时代，综合各种文献的有关记载，有战国中山、战国赵、秦、西汉、东汉、北魏、东魏、北齐、北周、隋、唐、五代、北宋、明和清等。其中，唐代长城当已消失湮灭，明、清长城遗迹仍较清晰。其他时代的长城，通过本文的考察，有战国赵、东汉、北魏、东魏、北齐、北周、隋以及北宋等，至于战国中山、秦、西汉和五代长城则并无分布。

今山西省东部娘子关和固关的长城，虽然有学者认为属战国中山国长城，但根据我们的调查结果，这里现存的长城均属明代内长城。横贯山西省北部的所谓"赵肃侯北长城"并不存在，它是由于唐代以后学者们误读史书，并错误地把北齐至隋长城或明代内长城比附为赵国长城的产物。山西省最早的长城遗存，是战国后期秦赵长平之战时秦国为"遮绝赵救及粮食"，在东起太行山、西至沁河的长治、晋城两盆地交界的山地沿线修筑的长城，今壶关、陵川、高平、沁水诸县市仍存断续的长城遗迹。

秦朝与西汉时期所筑长城与山西省无涉。以往很少关注的东汉长城在今天镇、左云、右玉和广灵诸县得以发现和确认。其中，左云、右玉两县有建武十二年杜茂所筑长城，天镇县有建武二十一年马援所筑长城，广灵县的一座城址有可能是建武十三年王霸和杜茂修筑的障城之一。建武十五年马成缮治的四段障塞中的"河上至安邑"和"太原至井陉"两段涉及山西省，但在有关地区调查后未见遗迹。

北朝诸代延至隋朝，山西有着重要的地理位置，加之纷乱的政治环境和复杂的民族关系，长城的修建非常频繁。山西省东北部的天镇县发现的一段长城，就属北魏长城，但到底是泰常长城，还是畿上塞围，有待进一步的勘察研究。而北魏时期所谓的"六镇长城"本无修筑，被认为是长城的"广长堑"或"长堑"，亦不能被视为长城，错误认识的产生是由于硬将高闾奏请修建的"六镇长城"与《水经注》和《北齐书》所记的"广长堑"和"长堑"联系到了一起，加之对文献资料和地名位置缺乏认真考据所致。今宁武县中部至原平市西北部的长城，从其分布位置、遗迹特征等可以确定为东魏肆州长城，这里在当时也是东魏的北部边界。

北齐时，在今山西省西部有天保三年的黄栌岭至社干戍长城，北部有天保六年的幽州北夏口至恒州长城，它们在天保七年时又成为西河总秦戍至海长城的一部分。在山西省东南部有河清二年的轵关长城。目前，在吕梁山沿线的方山县和五寨县存天保三年长城的部分遗迹；在西起今兴县黄河东岸，向东北经岢岚县、五寨县、宁武县、原平市、代县、山阴县、应县、浑源县至广灵县，存天保六年长城遗迹，因天保六年长城以后又是天保七年长城的组成部分，将这段长城定为天保七年长城也是合理的。这段长城是山西省除明、清长城以外，保存最为连续、遗迹也较为清晰的现存长城。山西省东南部泽州县与河南省沁阳市交界地带的明代长城遗迹，很有可能是在北齐轵关长城的基础上修建而成的。另外，天保八年的库洛拔至坞纥戍重城由于史载不明，难以确定是否分布在山西省。至于武平元年的汾北长城，虽分布于山西省，但从史料上难以肯定其是否为长城，而且在汾河北岸也无田野资料发现。

北周和隋朝也多次修筑长城，涉及今山西省的包括北周大象元年的雁门至碣石长城，隋朝开皇元年稽胡修筑的长城和隋文帝敕修的长城，以后又有岚州刺史卫玄监筑的长城，还有开皇十六年、十九年修筑的长城，它们都位于山西省北部，是对旧有北齐长城，主要是北齐天保七年长城的修缮利用。隋炀帝大业三年的榆林至紫河长城、大业四年的榆谷长城经过考证，与山西省无涉。

隋以后至明代，山西长城的修筑明显减少。唐初的马岭长城经大范围调查后未发现相关遗迹。上述秦赵长平之战时所筑长城，以往曾被认为是五代时期梁晋交战时所筑。但这种说法的主要证据与长城无关，可以排除其为五代长城。北宋长城位于今岢岚县境，它也是对最初为北齐修筑，后经北周和隋多次重修的长城的利用。

9.1.2 山西早期长城的分布与自然地理形势的关系

山西早期长城的分布，从政治地理来说，均位于各诸侯国或各朝各代的边界或边疆地带，与当时的军事战争和民族斗争密切相关；从自然地理来说，主要分布于山地地带，一些大的山系或分水岭，如吕梁山、恒山、太行山等都有长城分布，充分利用了自然地势。此外，在较平缓地带，则利用河流与长城共同构成防御体系。

战国时期秦赵长平之战，秦国为防赵国援军修筑的长城，位于今山西省长治盆地和晋城盆地之间的山地地带，地当两盆地的分水岭。长城向东延伸至今河南省境内，在河南、山西两省交界的太行山区，也发现了长城。

左云、右玉两县的东汉长城，我们推定为建武十二年杜茂所筑，其中左云县靠东段落分布于十里河谷地北侧较低的山地或丘陵的顶部，从东南向西北地势逐渐增高；然后向西北沿山西、内蒙古两省区交界的山梁延伸入右玉县。相比较于右玉县山地地带的长城，左云县地势较缓地带的长城则要宽厚高大，底部最宽达18米，顶部最宽达7.8米，残存最高达8.5米，都要远大于右玉县长城的数据。说明可能平缓地带因无山可凭，防御形势较为困难，因此墙体会修得比较宽厚高大。

天镇县西洋河两岸的东汉长城，我们推定为建武二十一年马援所筑，它大致呈东南—西北走向，西洋河以南为山地地形，长城沿山脊分布，西洋河以北为平川地形，长城原有可能继续向东南和西北延伸，西北方向与北侧的东西向山体相连，从而形成较为封闭的防御体系。西洋河以南长城夯层厚度多在0.17—0.4米，还有小段夯层更薄，为0.1—0.2米，西洋河以北夯层厚度在0.26~0.5米，可见西洋河以南长城夯层厚度要薄于以北长城，这或说明了当时可能以西洋河为界划分工段，抑或在山体上和在平川地带采取了不同的夯筑方法。

天镇县西洋河北岸的北魏长城，地处平川地带，明显是利用河流与长城共同形成防御体系。

东魏肆州长城位于恒山与云中山、芦芽山、管涔山诸山交结之地，南通汾河谷地，北连大同盆地，是东魏与柔然的交界地带，具有重要的军事战略地位。

北齐天保三年黄栌岭至社干戍长城，从南向北沿吕梁山延伸。大约在今山西省岢岚、五寨、宁武三县交界处与以后的天保六年长城相交。天保六年幽州北夏口至恒州长城西起今兴县黄河东岸，向东经岢岚县、五寨县、宁武县、原平市、代县、山阴县、应县、浑源县至广灵县，入河北省蔚县，山西省境段落大致呈西南—东北走向，其中宁武县以东部分沿恒山山脉延伸，以西部分则越过了吕梁山及其支脉芦芽山、管涔山、云中山等。天保三年和六年长城，在天保七年又成为西河总秦戍至海长城的一部分。可见山西省境内的北齐长城，充分利用了吕梁山、恒山两大山脉及其支脉形成防御体系。以后北周和隋代开皇年间（581—599）又数次重修北齐天保七年长城。

唐长城虽未见遗迹，但依马岭、平城等地名，知其处于今太原盆地和长治盆地之间太岳山和太行山的联结地带。

9.2 山西早期长城的建筑方式及田野资料的局限性问题

9.2.1 山西早期长城建筑方式的综合考察

山西早期长城的建筑类型主要有两种，一为石墙，一为土墙。山西省境北部的东魏肆州长城和北齐天保七年长城，多系石墙，其结构为外部块石或片石砌筑，内部填以碎石泥土。再观山西省东南部的战国长城，也是大致相当的结构构造。如果要找到它们之间的区别，似乎山西省东南部战国长城外部所用块石或片石的形状很不规整，但北齐长城也不尽然都很规整，不规整的情况也很多见，因此块石或片石形状很不规整，只是将二者放在一起对比的直观印象，我们认为这一点不具有严格的客观评判意义。

再说土墙。同为东汉长城，天镇县土墙的夯层厚度（多为 0.25~0.44 米，最厚 0.5、最薄 0.1 米）明显厚于左云、右玉两县（0.07~0.17 米），这是同一时代、不同地域特征的一种表现。另外，在天镇县西洋河附近，还分布有北魏长城(夯层厚0.09~0.2米)和明代长城（夯层厚0.12~0.3米)，在左云、右玉两县东汉长城的北侧也分布有明代长城（夯层厚0.18~0.26米），这些又为我们提供了同一区域不同时期长城的对比材料，从而能将长城的时代区别开来。还必须注意，不同地域、不同时代也有可能有接近的情况，如东魏肆州长城在苗庄古城两侧的土墙，夯层厚 0.05~0.1 米，而右玉县东汉长城的夯层厚度为 0.08~0.13 米，二者非常接近。

石墙和土墙的情况都说明，在很长的历史时期，长城的建筑技术传统是单调的，或者说具有较强的稳定性。因此，我们不能随意将结构相同或相似的长城认为是同一时代，反之亦然。北齐天保七年长城只有少段墙体为土筑墙体，与全线大段的石墙相异，这些土墙有可能是天保七年以后数次修缮的遗留。但这也只是推测。

相对于明代长城，早期长城的墙体设施及相关遗存的种类、数量都不是很多，主要有敌台、马面、烽火台、关、堡、铺舍等。敌台是指突出于城墙的高台，一般骑墙而建。马面是指依附于城墙、与城墙同高的台子。烽火台是长城沿线用烽、火传递军事信息的高台，不与长城墙体相连。关、堡均为驻兵场所，关与墙体相连，堡则与墙体不相连。本文中还提到障城，也是堡的一种称呼。铺舍是指长城沿线供士兵居住、储存物品的场所，即房屋一类的建筑物。通常石墙沿线设施遗存的材质也为石筑，土墙沿线则为土筑。此外岢岚县、宁武县墙体顶部还存有垛口墙、女墙一类墙体设施。垛口墙指城墙顶部外侧的连续凹凸的矮墙，女墙一般是指内侧的平的矮墙。[1]

9.2.2 长城沿线遗物在墙体年代判断上的意义

上一小节提及长城建筑方式在时代判断方面的局限性，接下来再说说相关遗物在判断年代方面的意义。关于采集到的遗物，依考古地层学原理，墙体中遗物的年代大体相当于或早于墙体的修筑年代。[2] 但往往大多数墙体中难见遗物，其周围散存的遗物是否能成为判断年代的依据呢？显然不能，因为长城沿线地区有着相对较为连续的人类生活，自然会有不同年代的遗物留存下来。可以这样说，墙体周围散存的遗物在墙体时代判断方面，只具有参考价值。

如天镇县东汉长城的墙体夯层中存有汉代遗物，那么长城时代当为汉代或稍晚。天镇县北魏长城的墙体夯层中也有汉代的陶片，表明长城时代也当为汉代或晚于汉代。但是一方面这二者之间，以及它们与附近的明代长城在建筑技术上是能明显区别开来的，说明它们的时代不一；另一方面很重要的就是有关的文献记载表明这个地区有东汉长城和北魏长城，结合有关地名位置的考证、地望的判断，将前者确定为东汉长城，后者确定为北魏长城，这与墙体中遗物给出的时代范围是相吻合的。

---

[1] 本段与长城有关的设施和遗存名称的界定，依国家文物局编制的《长城资源调查名称使用规范》确定。见国家文物局、国家测绘局编印，山西省文物局、山西省测绘局翻印：《长城资源调查工作手册》，2007年4月，第46～48页。

[2] 夏鼐、王仲殊：《考古学》，《中国大百科全书·考古学》，北京，中国大百科全书出版社，1986年，第13页。

左云、右玉两县东汉长城的墙体中未发现遗物，只在长城沿线采集到与天镇县东汉长城墙体中遗物相似的陶片、瓦片等遗物，遗物的时代同属汉代。但这样的证据，只是我们判断左云、右玉两县长城时代的一个重要参考或佐证，并不像天镇县遗物那样具有较强的指征意义。与此同时，在左云、右玉两县长城沿线还发现了明显属于辽金时期的遗物，由于没有辽金时期在这些地方修筑长城的记载，可排除长城属辽金时期。

《中国文物地图集·山西分册》曾交代在高平市丹朱岭试掘长城遗址时发现有战国陶片，在沁水县试掘长城遗址时出土有残瓷片，[1]但可惜未见发掘简报或有关报道，不明确这些遗物是出土于长城墙体之下的地层中，还是在长城周围的土层中，而且也未指出沁水县出土瓷片的大致时代。如此这些发现物在判断年代方面的使用要谨慎，如果是在墙体之下，那么它们的时代，高平市长城当不早于战国，沁水县长城当不早于瓷片的年代。本文指出高平市、沁水县长城均为战国时期，一方面参考了高平市发掘出土战国陶片这一材料，但这也只是参考，其时代的判断还是综合考虑有关文献记载、这段长城的建筑特征、与周邻地区长城遗迹的关系等做出来的。

长城沿线判断年代最理想、也最具说服力的是碑刻之类的遗物。但目前山西早期长城也就只在岢岚县存有隋代开皇十九年(599)修筑长城的一方刻石。近年来，有调查者尝试对长城墙体椽孔内残留的树木标本进行碳14年代测定。如2003、2004年郭银堂等在调查岢岚县长城时，曾于王家岔村附近墙体椽孔中采集到3件树木标本，经北京大学测定，年代在380至600年之间，[2]这倒是印证了我们所说的岢岚县长城属北齐天保六年或七年长城，在隋代开皇年间（581—600）又多次重修的观点。由于这类标本长期暴露于大气之中，可能存在污染，其可靠程度还有待深入研究。但无论如何，这种工作的深入开展，将有助于我们对长城时代和性质的确定。

虽然有不同程度的局限性，开展长城调查，不断完善调查手段和方法，搜集各种田野调查资料，仍然是长城研究中的重要支柱。

本文从已有的文献记载和田野资料两个方面对山西早期各时代长城进行了综合而系统的考察，揭示了山西早期长城的历史面貌和发展过程，一方面对于我们探索研究山西有关历史时期的政治、社会、军事和民族关系的发展变化有着积极的意义；另一方面，这种研究对于今后的长城调查也将具有强烈的指导价值；再者，也为长城的保护管理和规划利用提供了重要的理论和现实依据，促进长城的可持续保护与利用。

本文讨论的山西诸时期长城，多数绵延至其他省份。由于全国长城资源调查工作2011年才全部结束，各省的早期长城调查资料仍未公开，本文使用的其他省份资料仍是这次全国性调查以前发表的资料，因此未来在各省资料公开以后，还应当重新检视本文的有关论述。再者，无论对于那些已经确定时代，还是难以确定时代的长城遗迹，都需要我们更广泛、更深入地从文献记载和田野调查中发掘出更多的有价值信息，为长城的科学研究提供持续不断的助力。

---

[1] 国家文物局主编，山西省文物局编制：《中国文物地图集·山西分册》（中册），北京，中国地图出版社，2006年，第420、482页。

[2] 郭银堂等：《山西北部古长城调查新收获》，山西省考古学会、山西省考古研究所编：《山西省考古学会论文集》（四），太原，山西人民出版社，2006年，第169页。

作者简介：赵杰，山西大学历史文化学院考古学副教授。

参考文献：

说明：本文参考文献大致分为史书，古今的历史地理研究著作，古今方志资料，近现代的研究著作和论文，以及其他一些与本文写作有关的工具书、地图册等。它们排列的大致顺序是：史书中二十五史以历史时代为序，其他以作者时代为序；古代地理著作以作者时代为序；近现代地理著作以对应的历史时代为序；古今方志除先列全省通志外，县市资料以今《山西省地图册》所列县市序排序；近现代论著资料则以出版或发表时间排序。

本文中引文凡为二十五史和《资治通鉴》的，注释时仅标出书名和页码，不再写作者和版权等信息。正文中凡提及谭其骧《中国历史地图集》者，均不再单独标注；若注释为谭其骧《中国历史地图集》者，也仅写出图名，不再写其版权信息。本文历史纪年均依方诗铭编《中国历史纪年表》一书（上海辞书出版社，1980年）。

参考文献书写格式依《山西大学毕业研究生学位论文撰写要求》编写。

（一）史书

汉 司马迁. 史记. 北京，中华书局，1959年点校本.

汉 班固. 汉书. 北京，中华书局，1962年点校本.

宋 范晔. 后汉书. 北京，中华书局，1965年点校本.

晋 陈寿. 三国志. 北京，中华书局，1959年点校本.

北齐 魏收. 魏书. 北京，中华书局，1974年点校本.

唐 李百药. 北齐书. 北京，中华书局，1972年点校本.

唐 令狐德棻等. 周书. 北京，中华书局，1971年点校本.

唐 魏征，令狐德棻. 隋书. 北京，中华书局，1973年点校本.

唐 李延寿. 北史. 北京，中华书局，1974年点校本.

后晋 刘昫等. 旧唐书. 北京，中华书局，1975年点校本.

宋 欧阳修，宋祁. 新唐书. 北京，中华书局，1975年点校本.

宋 薛居正等. 旧五代史. 北京，中华书局，1976年点校本.

宋 欧阳修. 新五代史. 北京，中华书局，1974年点校本.

汉 桓宽撰，王利器校注. 盐铁论校注（定本）. 北京，中华书局，1992.

唐 杜佑. 通典. 北京，中华书局，1988年点校本.

宋 司马光编著，元 胡三省音注. 资治通鉴. 北京，中华书局，1956年点校本.

宋 曾公亮，丁度. 武经总要前集. 中国兵书集成（第四册）. 北京，解放军出版社，沈阳，辽沈书社，1988年影印本.

永乐大典. 北京，中华书局，1986年影印本.

清 吴乘权等辑，施意周点校. 纲鉴易知录. 北京，中华书局，1960年点校本.

（二）古代历史地理著作

北魏 郦道元著，陈桥驿校证. 水经注校证. 北京，中华书局，2013.

陈桥驿译注，王东补注. 水经注. 北京，中华书局，2009.

唐 李泰等著，贺次君辑校. 括地志辑校. 北京，中华书局，1980.

唐 李吉甫撰，贺次君点校. 元和郡县图志. 北京，中华书局，1983年点校本.

宋 乐史撰，王文楚等点校. 太平寰宇记. 北京，中华书局，2007年点校本.

清 顾祖禹撰，贺次君，施和金点校. 读史方舆纪要. 北京，中华书局，2005年点校本.

清 杨守敬编绘. 北魏地形志图. 历代舆地沿革图（第16册）. 台北，台北联经出版事业公司，1975年影印本.

清 杨守敬著，施和金点校. 隋书地理志考证. 谢承仁主编. 杨守敬集（第二册）. 武汉，湖北人民出版社，湖北教育出版社，1997年点校本．

（三）近现代历史地理著作

谭其骧．中国历史地图集．北京，中国地图出版社，1982．

王育民．中国历史地理概论（下册）．北京，人民教育出版社，1988．

山西省地图集编纂委员会编制．山西省历史地图集．北京，中国地图出版社，2000．刘纬毅编著．山西历史地名通检．太原，山西教育出版社，1990．

刘纬毅．山西历史地名词典．太原，山西古籍出版社，2004．

李玉明主编．山西古今地名词典．太原，三晋出版社，2009．

后晓荣．战国政区地理．北京，文物出版社，2013．

周振鹤编著．汉书地理志汇释．合肥，安徽教育出版社，2006．

李晓杰．东汉政区地理．济南，山东教育出版社，1999．

钱林书编著．续汉书郡国志汇释．合肥，安徽教育出版社，2007．

王仲荦．北周地理志．北京，中华书局，1980．

施和金．北齐地理志．北京，中华书局，2008．

吴松弟编著．两唐书地理志汇释．合肥，安徽教育出版社，2002．

曲英杰．水经注城邑考．北京，中国社会科学出版社，2013．

（四）古代方志（含民国时期）

大元大一统志（上册），台北，正中书局，1985年影印本．

大明一统志，台北，台联国风出版社，1977年影印本．

嘉庆重修一统志（第八、九册）．上海，上海书店，1984年影印本．

成化 山西通志．李裕民，任根珠总点校．北京，中华书局，1998年点校本．

雍正 山西通志．储仲君等总点校．北京，中华书局，2006年点校本．

光绪 山西通志．刘克文总点校．北京，中华书局，1990年点校本．

永乐 太原府志．杨淮点校．太原市地方志编纂委员会整理．太原府志集全．太原，山西人民出版社，2005年点校本．

乾隆 太原府志（一）．中国地方志集成·山西府县志辑（第1册）．南京，凤凰出版社，2005年影印本．

顺治 云中郡志．许殿玺，马文忠点校．许殿玺注释．大同市地方志办公室，1988年点校注释本．

光绪 平定州志．中国地方志集成·山西府县志辑（第21册）．南京，凤凰出版社，2005年影印本．

弘治 潞州志．张作宾等点校．北京，中华书局，1995年点校本．

万历 潞安府志．马书岐，连德先点校．王连成主编．潞安府志（明万历版）．太原，山西古籍出版社，2006年点校本．

顺治 潞安府志．王连成等点校．长治市地方志办公室整理．潞安府志（顺治版 乾隆版）．北京，中华书局，2002年点校本．

乾隆 潞安府志（一）．中国地方志集成·山西府县志辑（第30册）．南京，凤凰出版社，2005年影印本．

嘉庆 长子县志．王卫星等点校．王庆峰主编．长子县志（明弘治版 明正德版 清康熙版 清嘉庆版），太原，山西古籍出版社，2007年点校本．

光绪 长子县志．中国地方志集成·山西府县志辑（第8册）．南京，凤凰出版社，2005年影印本．

雍正 泽州府志．中国地方志集成·山西府县志辑（第32册）．南京，凤凰出版社2005年影印本．

乾隆 太谷县志．中国地方志集成·山西府县志辑（第19册）．南京，凤凰出版社，2005年影印本．

光绪 太谷县志．新修方志丛刊·山西方志之七．台北，台湾学生书局，1968年影印本．

民国 太谷县志．中国地方志集成·山西府县志辑（第19册）．南京，凤凰出版社，2005年影印本．

光绪 榆社县志．中国地方志集成·山西府县志辑（第18册）．南京，凤凰出版社，2005年影印本．

乾隆 崞县志．中国地方志集成·山西府县志辑（第14册）．南京，凤凰出版社，2005年影印本．

光绪 续修崞县志.中国地方志集成·山西府县志辑（第14册）.南京，凤凰出版社，2005年影印本.
乾隆 宁武府志.中国地方志集成·山西府县志辑（第11册）.南京，凤凰出版社，2005年影印本.
康熙 保德州志.中国方志丛书·华北地方·山西省（第38册），台北，成文出版社，1976年.
乾隆 保德州志.中国地方志集成·山西府县志辑（第15册）.南京，凤凰出版社，2005年影印本.
康熙 岢岚州志.中国地方志集成·山西府县志辑（第17册）.南京，凤凰出版社，2005年影印本.
光绪 岢岚州志.中国地方志集成·山西府县志辑（第17册）.南京，凤凰出版社，2005年影印本.
光绪 蔚州志.清光绪三年（1877）刻本影印本.
嘉靖 彰德府志.天一阁藏明代方志选刊（第45册），上海，上海古籍书店，1964年影印本.

（五）现代方志

山西通志·文物志.北京，中华书局，2002.

左云县志（1991—2003）.北京，方志出版社，2005.

天镇县志.太原，山西教育出版社，1997.

广灵县志.北京，人民出版社，1993.

阳泉市志.北京，当代中国出版社，1998.

平定县志.北京，社会科学出版社，1992.

盂县志.北京，方志出版社，1995.

长子县志.北京，海潮出版社，1998.

壶关县志.北京，海潮出版社，1999.

晋城市志（1985—2008）.北京，中华书局，2011.

高平县志.北京，中国地图出版社，1992.

陵川县志（1997—2007）.北京，中华书局，2009.

沁水县志.太原，山西人民出版社，1987.

右玉县志.北京，中华书局，1999.

忻州地区志.太原，山西古籍出版社，1999.

宁武县志.北京，红旗出版社，2001.

神池县志.北京，中华书局，1999.

五寨县志.北京，人民日报出版社，1992.

保德县志.太原，山西人民出版社，1990.

岢岚县志.太原，山西古籍出版社，1999.

繁峙县志.北京，今日中国出版社，1995.

兴县志.北京，中国大百科全书出版社，1993.

（六）近现代研究著作

王国良编.中国长城沿革考.商务印书馆，1931.香港，香港龙门书店，1978年影印本.

寿鹏飞.历代长城考.得天庐存稿之二，1941.长城研究资料两种.香港，香港龙门书店，1978年影印本.

张维华.中国长城建置考（上编），北京，中华书局，1979.

文物编辑委员会编.中国长城遗迹调查报告集.北京，文物出版社，1981.

刘金柱.万里长城.哈尔滨，黑龙江科学技术出版社，1985.

罗哲文.长城.北京，北京旅游出版社，1988.

林幹.东胡史.呼和浩特，内蒙古人民出版社，1989.

高旺.内蒙古长城史话.呼和浩特，内蒙古人民出版社，1991.

中国长城学会编.长城百科全书.长春，吉林人民出版社，1994.

内蒙古文物考古研究所编．内蒙古文物考古文集（第一辑）．北京，中国大百科全书出版社，1994．
艾冲．中国的万里长城．西安，三秦出版社，1994．
董耀会．长城万里行．郑州，河南科学技术出版社，1994．
（日）前田正名著，李凭等译．平城历史地理学研究．北京，书目文献出版社，1994．
中国长城学会编．长城国际学术研讨会论文集．长春，吉林人民出版社，1995．
张午时，冯志刚编著．赵国史．石家庄，河北人民出版社，1996．
内蒙古文物考古研究所编．内蒙古文物考古文集（第二辑）．北京，中国大百科全书出版社，1997．
杨晓国．遗产生态的魅力．太原，山西经济出版社，1997．
翁一．长城梦——翁一万里长城拍摄记．南昌，江西美术出版社，百花洲出版社，1998．
林岩、李益然主编．长城辞典．上海，文汇出版社，1999．
沈长云等．赵国史稿．北京，中华书局，2000．
国家文物局主编．中国文物地图集·内蒙古分册．西安，西安地图出版社，2003．
董耀会．万里长城纵横谈．北京，人民教育出版社，2004．
董耀会．长城．北京，中国水利水电出版社，2004．
国家文物局主编，山西省文物局编制．中国文物地图集·山西分册．北京，中国地图出版社，2006．
景爱．中国长城史．上海，上海人民出版社，2006．
林幹．突厥与回纥史．呼和浩特，内蒙古人民出版社，2007．
景爱．长城．北京，学苑出版社，2008．
杜士铎主编．北魏史．太原，北岳文艺出版社，2011．
李凭．北魏平城时代．上海，上海古籍出版社，2011．

（七）近现代研究论文

张郁．内蒙古大青山后东汉北魏古城遗址调查记．考古通讯，1958，3．
李文信．中国北部长城沿革考（上、下）．社会科学辑刊，1979，1、2．
《文物》月刊记者．长城保护研究工作座谈会侧记．文物编辑委员会编．中国长城遗迹调查报告集．北京，文物出版社，1981．
山西省文物工作委员会古建队．山西省境内长城简况．文物编辑委员会编．中国长城遗迹调查报告集．北京，文物出版社，1981．
郑绍宗．河北省战国、秦、汉时期古长城和城障遗址．文物编辑委员会编．中国长城遗迹调查报告集．北京，文物出版社，1981．
项春松．昭乌达盟燕秦长城遗址调查报告．文物编辑委员会编．中国长城遗迹调查报告集．北京，文物出版社，1981．
盖山林，陆思贤．阴山南麓的赵长城．文物编辑委员会编．中国长城遗迹调查报告集．北京，文物出版社，1981．
内蒙古大学内蒙古史研究室．长城文献资料辑略．文物编辑委员会编．中国长城遗迹调查报告集．北京，文物出版社，1981．
吕志毅．河北境内的长城要隘．河北学刊，1982，1．
陆思贤．乌兰察布盟境内的古长城遗迹．乌兰察布文物，1982，总第2期．
山西省文物局长城考察队．山西长城考．山西省文物局内部资料，1983．
黄展岳．秦汉长城遗迹的调查．中国社会科学院考古研究所编著．新中国的考古发现和研究．北京，文物出版社，1984．
内蒙古文物工作队，包头市文物管理所．内蒙古白灵淖城圐圙北魏古城遗址调查与试掘．考古，1984，2．
李逸友．汉光禄城的考察．内蒙古文物考古，1984，总第3期．

夏鼐，王仲殊．考古学．中国大百科全书·考古学．北京，中国大百科全书出版社，1986．

俞伟超．战国长城．中国大百科全书·考古学．北京，中国大百科全书出版社，1986．

吴永春．天镇北部的长城．山西文物，1986，2．

叶小燕．中国早期长城的探索与存疑．文物，1987，7．

乌兰察布盟文物工作站．察右后旗克里孟古城调查简报．乌兰察布文物，1989，总第3期．

李俊清．北魏金陵地理位置的初步考察．文物季刊，1990，1．

靳生禾，赵成玉．灵丘道钩沉．山西大学学报（哲社版），1991，8．

吴永春．天镇北部长城的现状与历史考释．山西省考古学会，山西省考古研究所编．山西省考古学会论文集（1）．太原，山西人民出版社，1992．

郭郛．元察罕脑儿行宫实地考辨．文物春秋，1993，2．

李孝聪．中山长城．中国长城学会编．长城百科全书．长春，吉林人民出版社，1994．

李孝聪．魏长城．中国长城学会编．长城百科全书．长春，吉林人民出版社，1994．

李孝聪．赵长城．中国长城学会编．长城百科全书．长春，吉林人民出版社，1994．

李孝聪．北魏长城．中国长城学会编．长城百科全书．长春，吉林人民出版社，1994．

李孝聪．北齐长城．中国长城学会编．长城百科全书．长春，吉林人民出版社，1994．

李孝聪，李鸿宾．北周长城．中国长城学会编．长城百科全书．长春，吉林人民出版社，1994．

李孝聪．隋长城．中国长城学会编．长城百科全书．长春，吉林人民出版社，1994．

乌兰察布博物馆．武川县二份子北魏古城调查记．内蒙古文物考古研究所编．内蒙古文物考古文集（第一辑）．北京，中国大百科全书出版社，1994．

傅淑敏．合河古城与合河关考查记．晋阳学刊，1994，1．

张焯．北魏金陵考索．大同高等专科学校学报（社科版），1994，2．

赵化成．中国早期长城的考古调查与研究．中国长城学会编．长城国际学术研讨会论文集．长春，吉林人民出版社，1995．

艾冲．北朝诸国长城新考．中国长城学会编．长城国际学术研讨会论文集．长春，吉林人民出版社，1995．

王文楚．飞狐道的历史变迁．古代交通地理丛考．北京，中华书局，1996．

包头市文物管理处等．达茂旗希日穆仁城圐圙古城调查．内蒙古文物考古研究所编．内蒙古文物考古文集（第二辑）．北京，中国大百科全书出版社，1997．

李隽．忻州长城小考．文物季刊，1998，1．

常谦．北魏长川古城遗址考略．内蒙古文物考古．1998，总18期．

史念海．西北地区诸长城的分布及其历史军事地理．河山集·七集．西安，陕西师范大学出版社，1999．

郭银堂等．宁武苗庄古城及长城考．山西省考古学会，山西省考古研究所编．山西省考古学会论文集（三）．太原，山西古籍出版社，2000．

刘叙杰．中国古代城墙．国家文物局文物保护司等编．中国古城墙保护研究．北京，文物出版社，2001．

李逸友．中国北方长城考述．内蒙古文物考古，2001，1．

山西省文物局长城调查组．东魏肆州长城．文物世界，2001，3．

张立敏．秦皇岛市境内的古长城．文物春秋，2001，3．

张增午．豫北长城遗址的探索．河南省文物考古学会编．中原文物考古研究．郑州，大象出版社，2003．

支配勇等．怀仁日中城即汉勷阳城代公新平城考．《黄河文化论坛》编辑部编．黄河文化论坛（第九辑），北京，中国戏剧出版社，2003．

黄今言．两汉边防战略思想的发展及其主要特征．中国边疆史地研究，2004，1．

刘光华．西汉西北边塞．西北大学学报（哲社版），2005，1．

赵瑞民．长城研究虚实论．山西省考古学会，山西省考古研究所编．山西省考古学会论文集（四）．太原，山西人民出版社，2006．

郭银堂等．山西北部古长城调查新收获．山西省考古学会，山西省考古研究所编．山西省考古学会论文集（四）．太原，山西人民出版社，2006．

郭建中．北魏泰常八年长城寻踪．内蒙古文物考古，2006，1．

朱大渭．北朝历代建置长城及其军事战略地位．中国史研究，2006，2．

艾冲．再论北魏长城的位置与走向——与李逸友先生商榷．陕西师范大学继续教育学报，2006，3．

李鸿宾．隋朝的北部防务与长城问题．中国边疆史地研究，2006，4．

唐晓峰等．北京北部山区的古长城遗址．文物，2007，2．

艾冲．北朝拓跋魏、高齐、宇文周诸国长城再探索——兼与朱大渭先生商榷．社会科学评论，2007，3．

郭俊卿．忻州境内的长城遗迹．郭俊卿编，忻州考古论文集，太原，山西科学技术出版社，2008．

郎保利．山西长城的历史与现状．山西长城，2008，1．

王杰瑜等．山西省北齐长城调查与研究．山西长城，2008，1．

罗火金．山西晋城大口隘关城及长城调查与研究．中国历史文物，2008，2．

古鸿飞．北魏金陵初探．山西大同大学学报（社科版），2008，5．

陈得芝．秦汉时期的北疆．元史及民族与边疆研究集刊（第二十一辑）．上海，上海古籍出版社，2009．

文宣．山西苛岚县发现隋朝筑长城刻石．中国文物报，2009年9月18日，第2版．(笔者按：该文将岢岚县之"岢"误写为"苛")

魏坚．金陵与畿上塞围——左云北魏遗存初识．边疆考古研究（第9辑）．北京，科学出版社，2010．

戴卫红．新平城、南平城、北新城考释．殷宪主编．北朝研究（第七辑）．北京，科学出版社，2010．

赵杰．山西省汉代长城资源调查．中国考古学年鉴（2010）．北京，文物出版社，2011．

张玲．秦汉关隘制度研究．河南大学博士论文，2012．

殷宪．北魏畿上塞围考辨．中国魏晋南北朝史学会第十届年会暨国际学术研讨会论文集．太原，北岳文艺出版社，2012．

崔彦华．北魏前期"盛乐—平城"两都格局——兼论北魏金陵之所在．中国魏晋南北朝史学会第十届年会暨国际学术研讨会论文集．太原，北岳文艺出版社，2012．

尚珩．北齐长城考．文物春秋，2012，1．

殷宪．北齐《张谟墓志》与北新城．晋阳学刊，2012，2．

黄永美，徐卫民．汉长城的修建、功能及现实意义．科学经济社会，2012，3．

山西大学历史文化学院考古系．明代河南省长城考察简报．华夏考古，2012，4．

魏坚，郝园林．秦汉九原—五原郡治的考古学观．中国历史地理论丛，2012，4．

梁云等．汉渭河三桥的新发现．中国国家博物馆馆刊，2013，4．

（八）工具书及其他

方诗铭编．中国历史纪年表．上海，上海辞书出版社，1980．

丘光明等．中国科学技术史·度量衡卷．北京，科学出版社，2001．

山西省测绘处，山西省军区测绘处编制．中华人民共和国山西省地图集．上海，中华印刷厂，1973年印刷．

山西省基础地理信息院编．山西省地图集．济南，山东省地图出版社，2005．

中国地图出版社编著．山西省地图册．北京，中国地图出版社，2012年修订本．

内蒙古自治区地图制印院．内蒙古自治区地图册．北京，中国地图出版社，2012年修订本．

国家文物局，国家测绘局编印，山西省文物局，山西省测绘局翻印．长城资源调查工作手册．2007．

另外，我们已编撰完成《山西省明代长城资源调查报告》，即将由文物出版社出版。

忻州长城蕴含精彩文化

李培林

一、天成形胜，军事必争之地

忻州地境，西断峡谷大河，东踞巍巍太行，北阻绵绵恒山，南接太原，东南可出河北。恒山正中绝岭之上，天成一线南北通道，上古称"隃"，战国秦汉称"句注"，魏晋南北朝时期称"陉岭"，唐宋称"雁门寨"，明清称"雁门关"。历朝历代得则开疆拓土，国泰民安，祚运绵长；失则藩篱尽失，门户洞开，三晋华北屋脊落于敌手，使成高屋建瓴之势，中原国都必将危殆，雁门关诚为华夏列国特别重要之北大门。

春秋时期周元王元年（前475），赵国国君赵襄子设宴于句注山上（今代县北草垛山），阴使厨人用铜斗击杀代（戎）王，吞并代国，使赵国百年未有北方之忧。赵武灵王逾句注山，破林胡、楼烦，开拓国土，北至内蒙古阴山一线，筑长城为国界，后大将李牧被郭开谗言致死，秦国破句注险隘，赵国遂灭。汉高祖七年（前200），刘邦驻大军于广武（今代县阳明堡古城村），未待辎重过句注山，即率轻骑袭攻匈奴，被围困于平城（今大同）七日，用陈平奇计，方受辱解脱奔归，随后周勃、灌婴平定大同盆地，用和亲政策，方使北方无虞。北魏道武帝登国二年（387），率大军四十万，南出陉岭之隘，平晋阳，定中山，统一了北方。北周保定三年（563），大元帅杨忠出奇兵，大破北齐陉岭长城防线，攻袭晋阳，北齐由此渐衰而终灭。北宋初年，大将杨业挺陇上雄姿，驻守雁门寨长城沿线，数次打败辽军，被俘后绝食而死，忠义感动天地。明朝末年，李自成义军攻破雁门关，倒取宁武关，攻占北京城，明朝灭亡。此皆雁门关三千年政治军事概略撮要。

二、多民族共同生活的家园

商周时期，恒山、管涔山、滹沱河、汾河上游谷地生活着燕京戎、代戎、林胡、楼烦、鲜虞、无终等戎狄族，春秋时期周景王四年（前541），晋国势力北扩，太原一战，打败以无终为首的戎狄部落联军，占有滹沱河上游，无终、鲜虞东走河北。战国时期，赵国赵襄子灭代国，赵武灵王破林胡、楼烦。东汉末年，迫于鲜卑、乌桓侵压，南匈奴内迁长城内，曹操分为五部安置在山西中南部，北部匈奴部分居住在忻州市的静乐县、忻府区、定襄县、五台县等县（区），迁塞外五郡于忻府区，设新兴郡。三国魏明帝青龙元年（233），并州刺史毕轨讨伐鲜卑犯境，轻出陉岭，为鲜卑轲比能所败。晋武帝泰始八年（272），并州刺史胡奋在陉岭一线击败并斩杀叛逃的匈奴中部帅刘猛，凯歌奏还，刊石立碑于定襄县居士山上，以纪军功。其时，晋武帝安置部分乌桓、鲜卑居住在今五台县、原平市、代县、繁峙县等县（市）地境。其时，塞上塞下黄河沿岸深谷溪水间，散居着鲜卑、乌桓、匈奴、羯、氐、羌、稽胡、契胡等众多民族。后新兴郡匈奴人刘渊揭竿而起，众胡云集，于离石建汉国，后改建赵国，由此风云离合，内迁民族纷纷建国，此处渐成龙兴之地，涌现出刘渊、刘曜、刘聪、赫连勃勃等帝王。北魏、北齐、隋唐时期，中亚等国士人渐入此地定居，聚成村邑，如五台县石村，就因唐代昭武九姓中石国人居住而得名（有墓志为证）。大元奄有天下，此地居住中亚回回人中有自诩为雁门人的诗人萨都剌。

三、多民族文化交流融合和创新

殷商时期，此地为商王朝附庸国方国之地，保德林遮峪商墓出土文物反映了当时游牧民族和中原农耕文化融合的特征。战国初期，此地初步融入赵国版图，滹沱河上游古墓葬出土文物反映了晋文化和本土戎狄文化融合的特征。

赵武灵王变华风为戎俗，胡服骑射，以成霸业。北朝时期，匈奴、鲜卑骑马射猎风气流行，忻府区九原冈北朝壁画墓游猎长画，生动反映了此时此地风尚。隋唐以下，众所悉知，不复赘述。唯元朝时，蒙古人攻与此地，改木河之名为牧马河。

四、中外贸易之重要通道

商周时期，此地与中原即有商贸往来，保德县林遮峪晚商墓葬出土的铜贝和中原青铜器，反映了当时游牧民族与中原汉民族即有商贸往来。战国时期，随着赵武灵王开疆拓土，版图北扩至大青山、阴山一线，忻府区、定襄县、原平市、代县，遂成南北及东西重要商贸通道，今原平市武彦农场出土的数千枚战国时期列国钱币，即证当时此地商贸之繁荣景象。此后历今两千余年，此地遂成中外南北重要贸易之通道，亦成为万里茶马古道一个重要节点。

五、佛教文化繁荣之地

中华文化最大之变动，为佛教入传并流布中国。西汉末年，佛教初传中国，然未广为流布。十六国时期，河北扶柳人释道安在太行、恒山一带传播佛教，雁门人慧远、慧持二兄弟投师其门皈依佛门，另有雁门人支昙讲亦与道安为友。慧远博综六经，尤善老、庄，隐居庐山三十余年，为僧伽争人格，与王侯相抗颉，礼接西方僧人，协助翻译佛教经典，中外僧俗，服其人格高尚，礼敬瞻拜，为佛教中国化做出了不可磨灭的贡献。北魏末期，雁门人昙鸾，离道入佛，致力于念诵宣扬阿弥陀佛信仰，成为中国净土宗初祖。起于北魏，经北齐、隋、唐、宋、元、明、清等历代帝王之扶持，五台山成为中国佛教圣地。

作者简介：李培林，任职于忻州市文物考古研究所。

后记

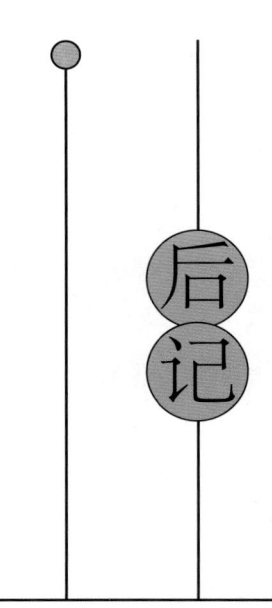

《忻州文物·长城卷》付梓在即，这是忻州文物史上的一件大事，是首部全方位展现长城资源及其重要论述的兼具学术性和权威性的著作，她的问世来之不易。

首先我们要感谢在忻州长城资源调查中付出巨大艰辛的长城专家和文物工作者，他们获取的第一手资料是本书的灵魂，他们不仅提供了精准的数据，还补充了曾被遗漏的和新发现的长城资源，使得本书具有了前所未有的完整性。

我们要感谢书中精选论文的作者，他们对忻州长城全方位的研究和多角度的论述，赋予了本书极高的学术价值。

我们要感谢为本书提供图片的摄影家、航拍师、摄影爱好者和基层文物工作者，他们跋山涉水，记录和捕捉了长城最美的瞬间，留下了宝贵的影像资料。

我们也要感谢在成书过程中给予关怀和指导的省市领导、各级文物部门的相关领导；感谢忻州市长城学会的支持和努力；感谢为研究忻州长城、保护忻州长城呕心沥血的专家学者们……

感谢所有为本书付出努力的幕后工作者。

本书以国家文物局公布的长城资源调查数据为基础，对于山西偏关与内蒙古清水河之间的权属问题暂不涉及。此外，由于近年来部分县市撤乡并镇，局部长城资源的归属地发生了变化，本书仍然沿用2007年至2010年国家文物局组织进行全国长城资源调查时的行政区划和地名。

书中选用的图片除了摄影师主动提供的之外，有一部分配图来源于忻州市文物局提供的长城资源调查资料，在此谨向图片作者统一致谢。

需要声明的还有，书中所选论文均来源于国家工程技术数字图书馆（http://netl.istic.ac.cn/site/home），部分作者无法联系，在此特别致谢。论文观点仁者见仁，智者见智，抛砖引玉，欢迎有识之士进行研究与讨论。此外，因论文发表时间不一，体例及格式仍保留各自原貌，未作统一，每篇论文所述仅限于该论文发表时的已知情况。作者简介也仅指作者发表该论文时的身份。

因编者水平有限，书中出现的失误及不妥之处，敬请批评指正。

图书在版编目（CIP）数据

忻州文物.长城卷/于喜海主编；忻州市文物局编.—太原：三晋出版社，2021.12
ISBN 978-7-5457-2395-3

Ⅰ.①忻… Ⅱ.①于… ②忻… Ⅲ.①文物-介绍-忻州②长城-介绍-忻州 Ⅳ.①K872.253 ②K928.77

中国版本图书馆CIP数据核字(2021)第262792号

忻州文物·长城卷

编　　者：	忻州市文物局
主　　编：	于喜海
责任编辑：	落馥香
出 版 者：	山西出版传媒集团 三晋出版社(山西古籍出版社有限责任公司)
地　　址：	太原市建设南路21号
邮　　编：	030012
电　　话：	0351—4956036（总编室） 0351—4922203（印制部）
网　　址：	http://www.sjcbs.cn
经 销 者：	新华书店
承 印 者：	山西金艺印刷有限公司
开　　本：	880mm×1230mm　　1/16
印　　张：	32.5
字　　数：	500千字
版　　次：	2022年1月　第1版
印　　次：	2022年1月　第1次印刷
书　　号：	ISBN 978-7-5457-2395-3
定　　价：	298.00元

如有印装质量问题，请与本社发行部联系。电话：0351-4922268